Vertiefen und vernetzen mit den Sonderseiten:

W0295111

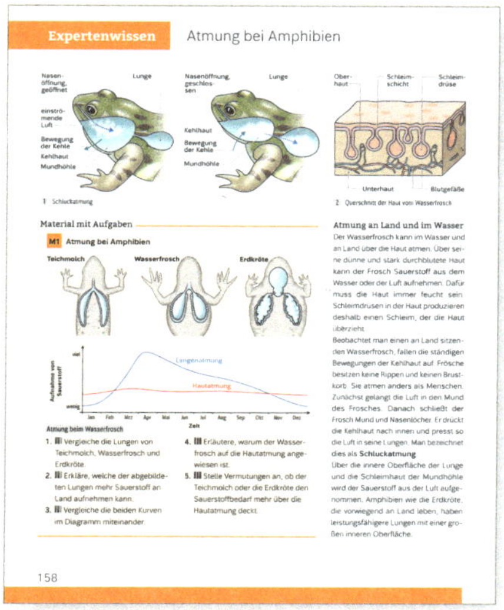

Expertenwissen: Auf diesen Seiten werden bestimmte Themen des Kapitels vertieft. Hier wirst du zur Expertin oder zum Experten.

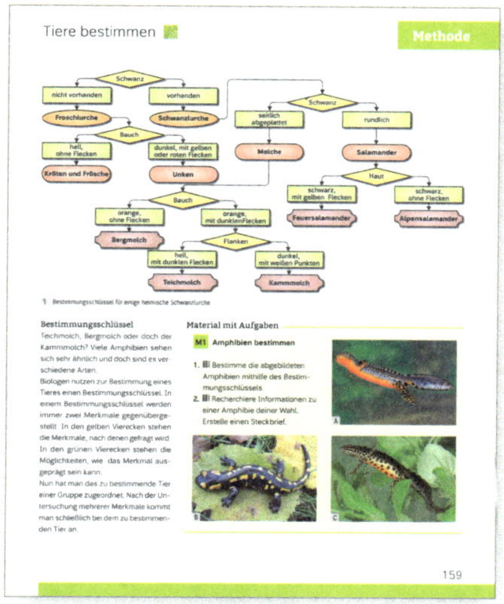

Methode: Auf diesen Seiten werden dir naturwissenschaftliche Methoden vorgestellt. Du lernst auch, diese selber anzuwenden.

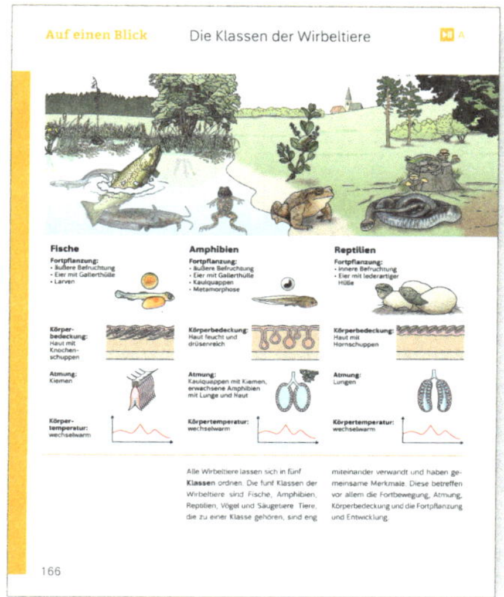

Auf einen Blick: Auf diesen Seiten werden verschiedene Themen des Kapitels miteinander vernetzt.

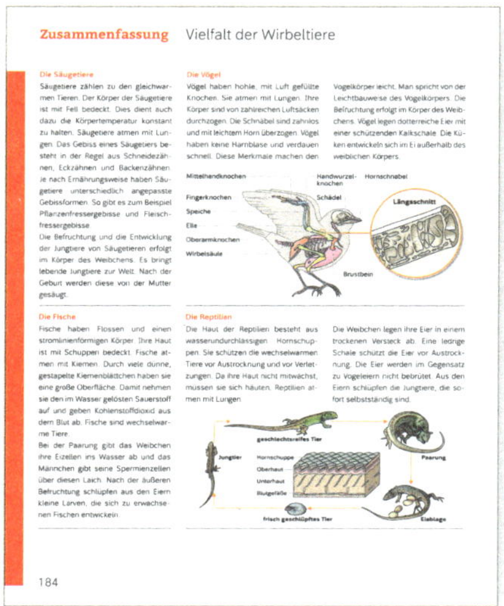

Zusammenfassung: Auf diesen Seiten sind die wichtigsten Inhalte des Kapitels noch einmal für dich zusammengefasst.

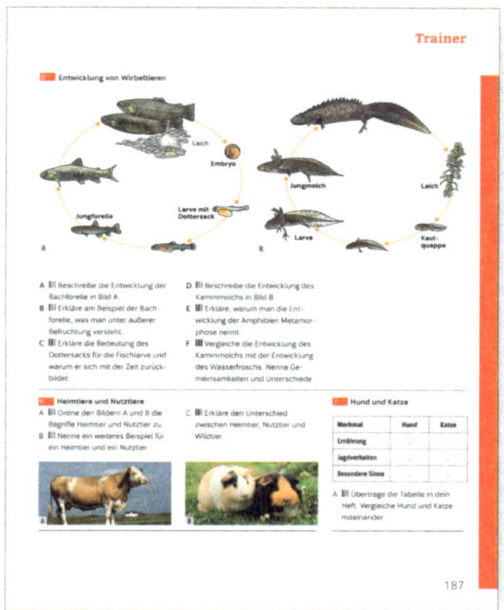

Trainer: Auf diesen Seiten findest du viele Aufgaben, mit denen du dein Wissen trainieren kannst.

A+F

Zu vielen Aufgaben und Grafiken stehen dir Filme und interaktive Animationen zur Verfügung, die du dir passend zu dem jeweiligen Thema anschauen kannst.
Scanne dazu den QR-Code oder gib auf **www.westermann.de/blickpunkt-101993** folgenden Online-Schlüssel ein:

Online-Schlüssel
K5NC-PCZR-RXNT

westermann

blickpunkt.

MENSCH–NATUR–TECHNIK

1

blickpunkt.
MENSCH-NATUR-TECHNIK

in Teilen eine Bearbeitung von:
978-3-14-188000-7
978-3-14-188025-0
978-3-14-102025-0

unter Mitarbeit der Verlagsredaktion

Druck A[4] / Jahr 2023
Alle Drucke der Serie A sind im Unterricht parallel verwendbar.

Grafikkonzept: Atelier tigercolor Tom Menzel
Illustrationen: Matthias Berghahn, Hannes von Goessel, Thorsten Hardel/www.39punkt.de, Atelier Tigercolor Tom Menzel, Michal Rössler, Birgit und Olaf Schlierf
Umschlaggestaltung: LIO Design GmbH, Braunschweig
Layout: LIO Design GmbH, Braunschweig
Druck und Bindung: Westermann Zwickau GmbH, Crimmitschauer Straße 43, 08058 Zwickau

ISBN 978-3-14-**101993**-3

Arbeiten im Fachraum 8
Auf einen Blick Basiskonzepte 10

Modul 1 - Naturwissenschaftliche Arbeitsmethoden

Kapiteleinstieg 12
Mensch, Natur und Technik 14
Expertenwissen Zellen - Grundbausteine des Lebens 17
Methode Beobachten und beschreiben 18
Mit Sinnen beobachten 20
Schätzen und messen 22
Temperaturen empfinden 24
Temperaturen messen 26
Methode Temperaturen richtig messen 28
Methode Darstellen von Messwerten 29
Lupe und Binokular 30
Zusammenfassung 32
Trainer 33

Modul 2 - Pflanzen

Kapiteleinstieg ... 34
Bau von Samenpflanzen ... 36
Expertenwissen Bionik ... 39
Die Fotosynthese ... 40
Bau von Blüten ... 42
Methode Ein Herbarium anlegen ... 44
Methode Blüten untersuchen ... 45
Bestäubung von Blüten ... 46
Von der Blüte zur Frucht ... 50
Ausbreitung von Samen und Früchten ... 52
Keimung und Wachstum ... 54
Methode Ein Versuchsprotokoll erstellen ... 56
Methode Nährstoffe nachweisen ... 58
Methode Eine digitale Präsentation erstellen ... 59
Auf einen Blick Entwicklung der Kirsche ... 60
Pflanzen ordnen ... 62
Gräser ernähren uns ... 64
Methode Eine Mindmap erstellen ... 66
Methode Einen kurzen Vortrag halten ... 67
Weitere Nutzpflanzen ... 68
Stoff und Gegenstand ... 70
Stoffe bestehen aus Teilchen ... 72
Die Aggregatzustände ... 74
Stoffeigenschaften mit Hilfsmitteln untersuchen ... 78
Methode Stoffsteckbriefe erstellen ... 83
Reinstoffe und Stoffgemische ... 84
Gewinnung von Kochsalz ... 88
Destillation ... 90
Weitere Trennverfahren ... 92
Expertenwissen Chromatografie ... 95
Müll wird getrennt ... 96
Müll wird wiederverwertet ... 98
Auf einen Blick Trennverfahren im Schullabor ... 100
Stoffe wandeln sich um ... 102
Ohne Energie läuft nichts ... 104
Zusammenfassung ... 106
Trainer ... 108

Modul 3 - Vielfalt der Wirbeltiere

Kapiteleinstieg 110
Die Klassen der Wirbeltiere 112
Ernährung von Wirbeltieren 116
Bewegung und Geschwindigkeit 120
Auf einen Blick Fortbewegung der Wirbeltiere 122
Kräfte im Alltag 124
Methode Der Federkraftmesser 127
Strömung 128
Wie Vögel fliegen 130
Expertenwissen Vögel nutzen den Auftrieb 133
Die Vögel 134
Entwicklung der Vögel 138
Expertenwissen Nesthocker und Nestflüchter 141
Die Angepasstheiten der Vögel 142
Schwimmen, schweben, steigen, sinken 144
Expertenwissen Auftrieb 147
Methode Bestimmung der Dichte und des Volumens 148
Die Fische 150
Fortpflanzung und Entwicklung bei Fischen 154
Die Amphibien 156
Expertenwissen Atmung bei Amphibien 158
Methode Tiere bestimmen 159
Fortpflanzung und Entwicklung bei Amphibien 160
Die Reptilien 162
Expertenwissen Vielfalt der Reptilien 165
Auf einen Blick Die Klassen der Wirbeltiere 166
Der Mensch lebt mit Tieren 168
Methode Ein Plakat erstellen 170
Der Hund 172
Expertenwissen Der Geruchssinn von Hunden 175
Vom Wolf zum Hund 176
Das Verhalten von Wolf und Hund 178
Die Katze 180
Expertenwissen Der Sehsinn der Katze 183
Zusammenfassung 184
Trainer 186

Modul 4 - Gesunderhaltung des Körpers

Kapiteleinstieg 188
Das Skelett 190
Expertenwissen Bau eines Röhrenknochens 193
Die Wirbelsäule 194
Hebel 196
Expertenwissen Werkzeuge 199
Gelenke und Muskeln 200
Nahrung liefert Energie und Baustoffe 204
Ausgewogene Ernährung 206
Essstörungen 208
Die Verdauung 210
Expertenwissen Wirkweise von Enzymen 213
Die Zahnpflege 214
Der Blutkreislauf 216
Das Herz 218
Die Lunge 220
Expertenwissen Abhängigkeit 223
Den Körper fit halten 224
Wärmetransport 226
Wärmedämmung 230
Die Haut 232
Schutz der Haut 236
Die Pubertät 238
Die männlichen Geschlechtsorgane 240
Die weiblichen Geschlechtsorgane 242
Von der Schwangerschaft bis zur Geburt 246
Grenzen und Verantwortung 250
Expertenwissen Eltern tragen Verantwortung 253
Zusammenfassung 254
Trainer 255

Modul 5 - Lebensräume

Kapiteleinstieg ... 256
Lebensräume ... 258
Der Maulwurf ... 262
Die Fledermaus ... 266
Expertenwissen Orientierung der Fledermaus ... 269
Die Honigbiene ... 270
Der Regenwurm ... 274
Expertenwissen Vielfalt der Wirbellosen ... 277
Aufbau des Waldes ... 278
Nahrungsbeziehungen im Wald ... 280
Laub- und Nadelbäume ... 282
Expertenwissen Bedecktsamer und Nacktsamer ... 285
Lebensraum See ... 286
Von der Quelle zur Mündung ... 290
Methode Wasserqualität bestimmen ... 293
Methode Arbeiten mit dem Mikros‹op ... 294
Methode Ein mikroskopisches Präparat herstellen ... 296
Methode Eine Fachzeichnung anfertigen ... 297
Das Wetter ... 298
Expertenwissen Das Klima ... 301
Leben im Eis ... 302
Leben in der Wüste ... 304
Überwinterung von Säugetieren ... 306
Überwinterung von Vögeln ... 310
Überwinterung von wechselwarmen Tieren ... 314
Das Rind ... 316
Das Schwein ... 320
Das Huhn ... 324
Methode Diagramme auswerten ... 327
Regelkreise in Natur und Technik ... 328
Natur- und Artenschutz ... 330
Zusammenfassung ... 332
Trainer ... 334

Anhang

Hilfen ... 336
Register ... 350
Gefahrenhinweise und Laborgeräte ... 358
Bildquellen ... 360

1 Schüler und Schülerinnen beim Experimentieren

Arbeiten im Fachraum

Experimentieren im Fachraum

In den Naturwissenschaften wird oft experimentiert. Viele Experimente werden zu zweit oder in Gruppen durchgeführt. Damit jeder weiß, was er zu tun hat, sollten die Aufgaben vorher verteilt und besprochen werden. Der Arbeitsplatz sollte auch beim Experimentieren aufgeräumt sein. Zur Vermeidung von Unfällen müssen die Sicherheitsregeln und die Anweisungen der Lehrkraft eingehalten werden.

Sicherheitsregeln

Damit man sich und andere beim Experimentieren nicht verletzt, muss man Einiges beachten:

- **Nicht essen** • Im Fachraum darf man nicht essen und trinken. Man darf auch keine Lebensmittel offen herumstehen lassen.
- **Schutzbrille** • Eine Schutzbrille muss beim Experimentieren mit Gasbrennern, Chemikalien oder auf Anweisung der Lehrkraft getragen werden.
- **Versuchsaufbau** • Der Aufbau sollte immer auf einer festen Unterlage und die Geräte in sicherer Entfernung zur Tischkante stehen.
- **Wärmequellen** • Beim Umgang mit Gasbrennern, Herdplatten oder Kerzen muss man vorsichtig sein. Wärmequellen sollten sicher auf einer festen, nicht brennbaren Unterlage stehen. Es dürfen sich in ihrer Nähe keine brennbaren Materialien wie Papier befinden.
- **Umgang mit Strom** • Strom wird nur aus Batterien oder Netzgeräten und nie aus der Steckdose genutzt.

Sicherheitseinrichtungen

Im Fachraum gibt es nicht nur Anschlüsse für Wasser, Strom und Gas. Einrichtungen wie der Erste-Hilfe-Kasten mit Verbandsmaterial dienen der Sicherheit:

- **Not-Ausschalter** • Den Not-Aus-Schalter findet man neben den Türen und am Lehrerpult. Wird der rote Knopf gedrückt, wird der elektrische Strom abgeschaltet und die Gaszufuhr wird sofort unterbrochen.
- **Augendusche** • Gelangen beim Experimentieren Fremdkörper ins Auge, muss schnell der Fremdkörper entfernt werden. Mit der Augendusche kann man im Notfall schnell das Auge ausspülen.
- **Fluchtweg** • Das grüne Schild zeigt einem den schnellsten Fluchtweg ins Freie. Bei einem Brand bringt man sich so in Sicherheit und sammelt sich an einem Sammelplatz.
- **Löschmittel** • Ein kleiner Brand kann häufig mit einer **Löschdecke** oder einem **Feuerlöscher** gelöscht werden. Bei größeren Bränden muss man schnell die Feuerwehr rufen.
- **Abzug** • Bei vielen Experimenten entstehen giftige Gase, die gesundheitsschädlich sind. Diese Experimente müssen unter dem Abzug von der Lehrkraft durchgeführt werden.

Arbeitsplatz aufräumen

Nach dem Experimentieren muss man seinen Arbeitsplatz aufräumen. Die benutzten Geräte und Materialien werden immer sauber zurückgestellt. Reste von Chemikalien müssen besonders entsorgt werden. Dafür müssen die Anweisungen der Lehrkraft befolgt werden.

2 Sicherheitseinrichtungen im Fachraum

Material mit Aufgaben

M1 Arbeiten im Fachraum

1. Nenne die Sicherheitseinrichtungen, die in dem Bild zu sehen sind.
2. Erkläre, warum Sicherheitseinrichtungen wichtig sind.
3. Beschreibe, welche Sicherheitsregeln die Schülerinnen und Schüler im Bild beachten.

Basiskonzepte

Bei allen Lebewesen kann man eine Vielzahl unterschiedlicher Merkmale und Eigenschaften beobachten. Viele Regeln und Erklärungsmuster tauchen in unterschiedlichen Themen der Naturwissenschaften immer wieder auf. Man bezeichnet sie als **Basiskonzepte**. Sie helfen, übergeordnete Prinzipien und Zusammenhänge in den Naturwissenschaften besser zu verstehen und zu vergleichen.

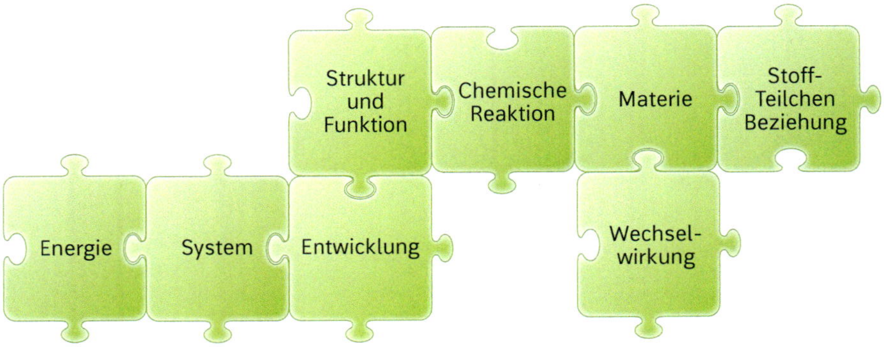

Basiskonzept Struktur und Funktion

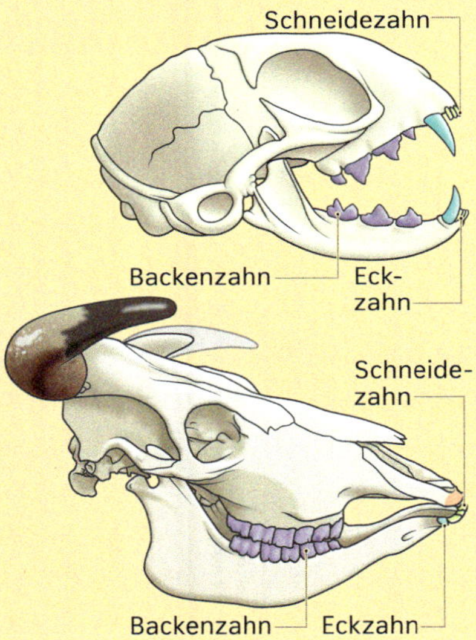

Die Körper von Lebewesen haben Merkmale, die man als Struktur bezeichnet. Jede biologische Struktur erfüllt eine bestimmte Funktion.

▸ Katzen sind reine Fleischfresser. Sie haben lange Eckzähne, mit denen sie ihre Beutetiere festhalten können. Mit ihren spitzen Backenzähnen zerteilen sie ihre Beutetiere.
Rinder haben als Pflanzenfresser kleine Eckzähne und breite, flache Backenzähne, mit denen sie Pflanzen zermahlen. Die Struktur beider Gebisse zeigt eine Angepasstheit an ihre jeweilige Aufgabe.

Basiskonzept Entwicklung

Alle Lebewesen pflanzen sich fort. Ihre Nachkommen wachsen im Laufe der Zeit und verändern sich dabei.

▸ Katzen entwickeln sich von hilflosen Kätzchen zu erwachsenen Katzen. Diese können wieder Nachkommen hervorbringen. Dies bezeichnet man als Individualentwicklung.

Basiskonzept System

Ein System besteht aus verschiedenen Bestandteilen, die arbeitsteilig verschiedene Aufgaben erfüllen. Nur durch ihr Zusammenwirken ist ein Lebewesen lebensfähig.

▸ Jedes Organ im Körper hat eine bestimmte Aufgabe. Mehrere Organe arbeiten zusammen. So wirken der Magen, die Leber und der Dünndarm bei der Verdauung mit. Sie bilden ein Organsystem.
Der Organismus besteht aus mehreren solcher Organsysteme.

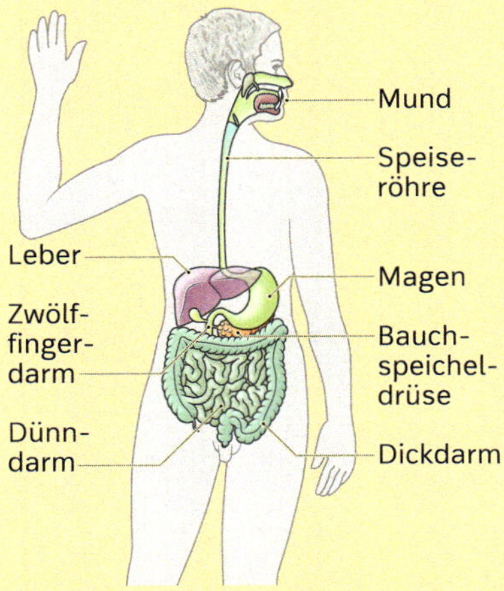

Basiskonzept Energie

Energie begegnet uns in verschiedenen Energieformen. Diese können von einer Energieform in eine andere umgewandelt werden.

▸ Mithilfe der Energie des Sonnenlichts bauen grüne Pflanzen Nährstoffe auf. Die Strahlungsenergie der Sonne wird in chemische Energie umgewandelt. Wir Menschen nehmen die chemische Energie mit der Nahrung auf. Mithilfe der aufgenommen Energie können wir uns zum Beispiel bewegen und wachsen. Der Körper wandelt die aufgenommene Energie in Bewegungsenergie und Wärme um.

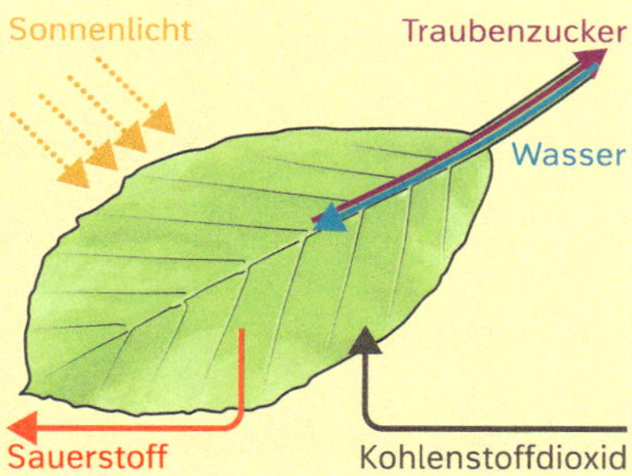

Basiskonzept Chemische Reaktion

Vorgänge, bei denen aus Ausgangsstoffen neue Stoffe entstehen, nennt man chemische Reaktion.

▸ Für eine Verbrennung braucht man einen Brennstoff wie Kohle. Kohle fängt aber nicht von selbst an zu brennen. Sie muss erwärmt werden, bis die Zündtemperatur erreicht ist. Wenn genügend Sauerstoff vorhanden ist, entzündet sich die Kohle. Bei der Verbrennung wird Kohlenstoffdioxid abgegeben und aus der Kohle wird Asche. Aus den Ausgangsstoffen Holz und Sauerstoff sind die Stoffe Asche und Kohlenstoffdioxid entstanden.

Basiskonzept Wechselwirkung

Körper können sich gegenseitig beeinflussen. Man spricht von einer Wechselwirkung.

▸ Ein Magnet zieht einen Körper aus Eisen an. Der Körper aus Eisen zieht jedoch auch den Magneten an.

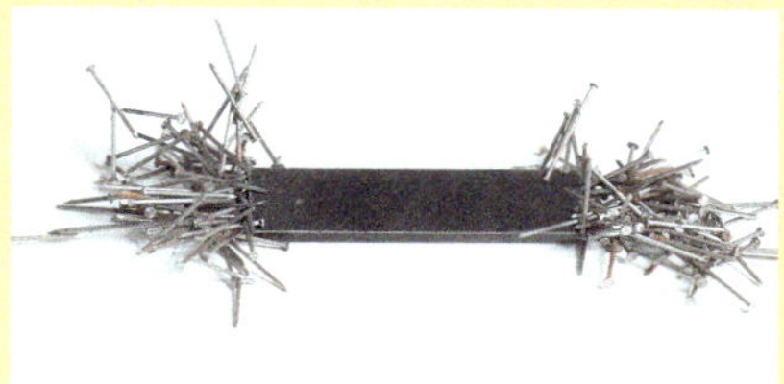

Basiskonzept Stoff-Teilchen-Beziehung

Jeder Körper besteht aus Stoffen. Den Aufbau von Stoffen verdeutlicht das Teilchenmodell.

▸ Reinstoffe bestehen nur aus einem Stoff. Im Teilchenmodell erkennt man, dass sie aus gleichen Teilchen mit gleichen Eigenschaften bestehen. Stoffgemische bestehen aus verschiedenen Teilchen mit unterschiedlichen Eigenschaften.

Basiskonzept Materie

In der Natur liegen Stoffe in unterschiedlichen Zustandsformen vor: fest, flüssig und gasförmig.

▸ Im festen Zustand sind die Teilchen regelmäßig angeordnet. Sie schwingen auf ihren Plätzen. Bei Erwärmung, bewegen sich die Teilchen schneller. Der Stoff schmilzt. Erhitzt man den Stoff weiter, verdampft er. Im gasförmigen Zustand haben die Teilchen einen großen Abstand zueinander.

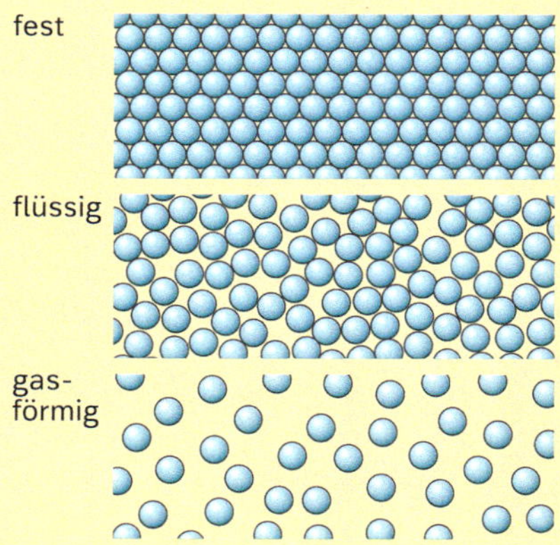

Was kann man in der Natur beobachten?

Wie arbeiten Naturwissenschaftler?

Was ist Wärme?

Naturwissen-schaftliche Arbeitsmethoden

Modul 1

An einem sonnigen Tag wird es schnell warm. Man kann dann in Gärten, auf Wiesen oder im Wald viele verschiedene Pflanzen und Tiere sehen. Mithilfe von Lupen kann man auch viele kleine Lebewesen betrachten, mit Ferngläsern weit entfernte Vögel, die am Himmel fliegen.

1 Mädchen auf dem Bauernhof

Mensch, Natur und Technik

Mensch, Natur und Technik

Auf einem Bauernhof leben verschiedene Tiere. Rinder liegen auf der Weide, Schweine suhlen sich im Schlamm und Hühner scharren. Katzen verstecken sich im Heu, ein Hund passt auf den Hof auf. Der Mensch lebt mit Tieren zusammen. Er nutzt sie als Nahrungsquelle und Begleiter. Auf den Feldern wachsen verschiedene Pflanzen. Mithilfe von Maschinen wird die Ernte eingefahren. Der Mensch nutzt die Natur und die Technik.

Kennzeichen des Lebendigen

Jedes Lebewesen besitzt eine Reihe von Kennzeichen, die es von nicht lebenden Gegenständen unterscheidet. Man spricht von den **Kennzeichen des Lebendigen**. Fehlt auch nur eines dieser Kennzeichen, handelt es sich nicht um ein Lebewesen.

‣ **Fortpflanzung** • In der Paarungszeit treffen sich das erwachsene Hundemännchen und das erwachsene Hun-

A

B

C

2 Hund: **A** Mutter säugt ihre Jungtiere, **B** Welpe beim Spielen, **C** Erwachsener Hund

deweibchen. Sie paaren sich. Nach etwa 62 Tagen bringt das Weibchen mehrere lebende Jungtiere zur Welt. So pflanzen sich Hunde fort.
Lebewesen stammen von anderen Lebewesen ab und bekommen auch selbst Nachkommen. Die **Fortpflanzung** ist ein Kennzeichen des Lebendigen.

‣ **Wachstum und Entwicklung** • Bei der Geburt wiegt ein Welpe je nach Rasse zwischen 70 und 700 Gramm. Er nimmt an Körpergröße und Körpergewicht zu. Er wächst. Das Jungtier entwickelt sich mit der Zeit zu einem erwachsenen Hund. Ein ausgewachsener Hund kann je nach Rasse zwischen 3 und 120 Kilogramm schwer werden.
Das **Wachstum** und die **Entwicklung** sind ebenfalls Kennzeichen des Lebendigen.

‣ **Bewegung** • Nach der Geburt bewegt sich der Welpe eigenständig zu den Milchdrüsen der Mutter und wird mit Muttermilch gesäugt. Je älter er wird, desto mehr läuft und springt er umher. Diese aktive **Bewegung** kennzeichnet ebenfalls ein Lebewesen.

‣ **Reizbarkeit** • Hunde jagen sehr gerne geworfenen Bällen hinterher. Dabei verfolgen sie mit ihren Augen den Ball, um ihn manchmal sogar schon aus der Luft zu fangen. Hunde nehmen also Reize mit ihren Sinnesorganen auf und reagieren darauf. Jedes Lebewesen kann Reize aus seiner Umgebung aufnehmen und auf die reagieren.
Diese **Reizbarkeit** ist ein weiteres Kennzeichen des Lebendigen.

‣ **Stoffwechsel** • Mit der Muttermilch nimmt der Welpe energiereiche Stoffe auf. Wenn er älter ist, frisst er Fleisch. Die Nahrung wird im Körper verdaut. Dabei werden die in der Nahrung enthaltenen Stoffe umgewandelt. So gewinnt der Hund Energie. Diese wird für das Wachstum und die Versorgung des Körpers genutzt. Die Aufnahme, den Umbau und die Abgabe von Stoffen durch Lebewesen bezeichnet man als **Stoffwechsel**.

A Nenne Beispiele wie der Mensch die Natur und Technik nutzt.

Material mit Aufgaben

M1 Kennzeichen des Lebendigen

1. Vergleiche eine Drohne mit einem Uhu. Übernimm die Tabelle in dein Heft und ergänze sie.
2. Erläutere, ob die Drohne oder der Uhu ein Lebewesen ist.
3. Wähle eine der Aufgaben aus:

a Erkläre, ob eine Wolke ein Lebewesen ist.

b Erkläre, ob es sich bei einer brennenden Kerze um ein Lebewesen handelt. Begründe deine Antwort.

Kennzeichen	Drohne	Uhu
Fortpflanzung	...	...
Wachstum und Entwicklung	...	...
Bewegung	...	...
Reizbarkeit	...	...
Stoffwechsel	...	...

3 Eiche: **A** Keimling, **B** ausgewachsener Baum

Sind Pflanzen auch Lebewesen?

Wenn Pflanzen Lebewesen sind, müssen sie alle Kennzeichen des Lebendigen zeigen.

Das **Wachstum** und die **Entwicklung** kann man an der Eiche gut beobachten. Aus einem heruntergefallenen Samen wachsen Wurzeln und ein Stängel. Im Laufe der Zeit wächst der Stängel zu einem mächtigen Baumstamm mit vielen Ästen heran. Es entwickelt sich eine Baumkrone mit vielen Laubblättern. Im Frühjahr bildet eine Eiche Blüten, in denen sich später wieder neue Samen bilden. Ihre Blüten mit den Samen dienen der **Fortpflanzung**.

Die Blüten der Gänseblümchen sind am Morgen noch geschlossen. Mit dem ersten Sonnenlicht öffnen sich die Blüten. Wenn die Sonne untergeht, schließen sich ihre Blüten wieder. Sie reagieren auf die Reize des Sonnenlichts. **Reizbarkeit** und **Bewegung** weisen auch Pflanzen auf. Alle Pflanzen nehmen Stoffe aus ihrer Umgebung auf. Mithilfe des Sonnenlichts wandeln sie diese in ihren grünen Blättern in Traubenzucker und andere Nährstoffe um. Dabei geben sie Sauerstoff an die Luft ab. Pflanzen nehmen Stoffe auf, wandeln sie um und geben andere Stoffe wieder ab. Sie haben einen **Stoffwechsel**.

Material mit Aufgaben

M2 Venusfliegenfalle

Die Venusfliegenfalle kommt aus den USA. Sie wächst in mineralstoffarmen Böden. Daher fängt und „verdaut" die Venusfliegenfalle kleine Tiere wie zum Beispiel Insekten. So erhält sie wichtige Stoffe für ihren Stoffwechsel.

1. Beschreibe den auf den Bildern dargestellten Vorgang.
2. Erkläre, welche Kennzeichen des Lebendigen bei der Pflanze in den Bildern gezeigt werden.
3. Erkläre die Bedeutung des Vorgangs für die Venusfliegenfalle.

Lebewesen bestehen aus Zellen

Untersuchungen mit dem Mikroskop zeigen eine weitere Gemeinsamkeit aller Lebewesen. Die kleinen „Körperbausteine“, die man mit dem Mikroskop entdeckt, sind die kleinsten Einheiten des Lebens. Alle Lebewesen bestehen aus diesen **Zellen**. In ihnen laufen alle Lebensvorgänge ab.

Einzeller und Vielzeller

Menschen, Tiere und Pflanzen bestehen aus Millionen von Zellen. Man nennt sie **Vielzeller**. Sie haben verschiedene Zellen, die unterschiedliche Aufgaben erfüllen. Meistens liegen gleichartige Zellen dicht beieinander und bilden einen Zellverband.
Viele winzige Lebewesen wie die Amöbe oder das Pantoffeltierchen bestehen aus nur einer einzigen Zelle. Die Amöbe und das Pantoffeltierchen gehören zu den **Einzellern**.
Die Amöbe lebt zum Beispiel in kleinen Wassertröpfchen in Moospolstern. Sie kann chemische Stoffe im Wasser erkennen und so kleine Nahrungsteilchen aufspüren. Sie bewegt sich aktiv auf die Nahrungsteilchen zu, umfließt die Nahrung und nimmt sie dann in ihr Zellinneres auf. Unverdauliche Reste scheidet die Amöbe wieder aus. Ist die Amöbe groß genug, kann sie sich teilen. Aus einer Amöbe werden zunächst zwei kleinere Amöben. Sie wachsen jeweils zu ihrer endgültigen Größe heran. Einzeller wie die Amöbe zeigen also alle Kennzeichen des Lebendigen.

A Nenne die Unterschiede zwischen einem Menschen und einer Amöbe.

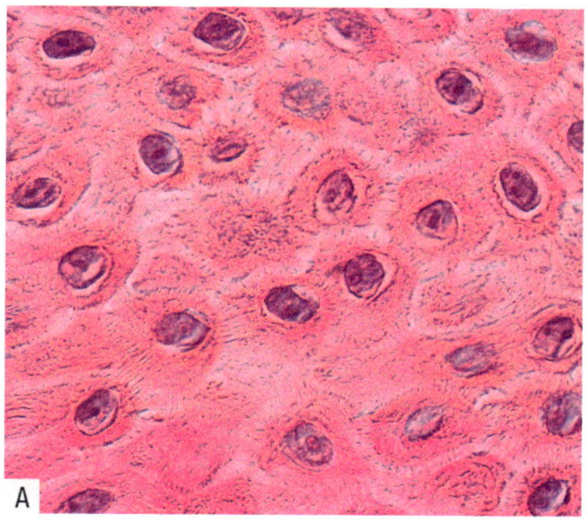

1 Zellen: **A** Tierzellen, **B** Pflanzenzellen

Material mit Aufgaben

M1 Amöbe

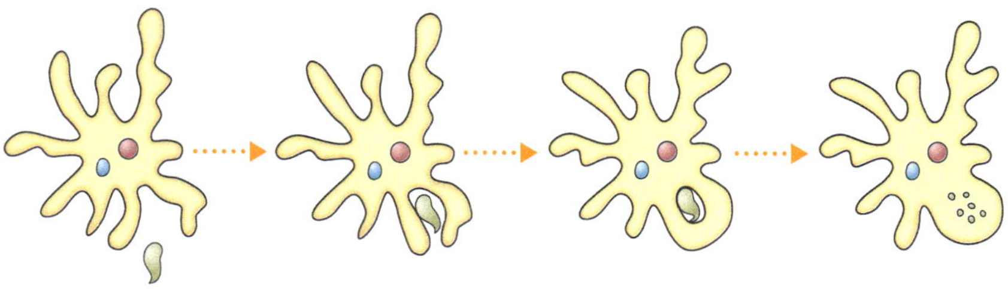

A Amöbe beim Fressen

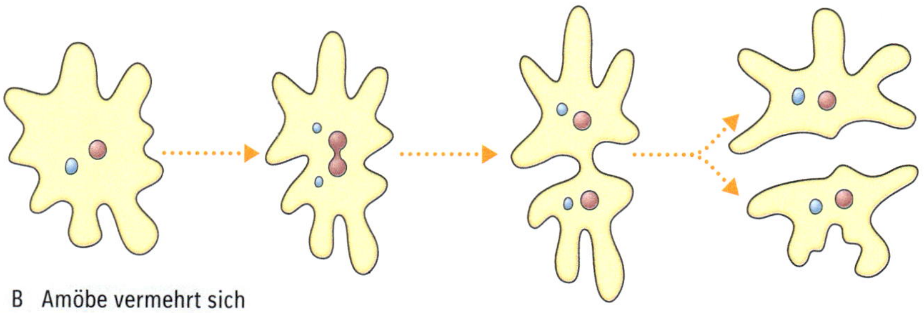

B Amöbe vermehrt sich

1. **III** Beschreibe, wie sich die Amöbe ernährt.
2. **III** Beschreibe, wie sich die Amöbe vermehrt.
3. **III** Stelle anhand des Textes und der Bilder heraus, dass Einzeller alle Kennzeichen des Lebendigen zeigen.

1 Ein Kinobesuch

Mit Sinnen beobachten

Umwelteinflüsse

Ständig wirken Umwelteinflüsse auf uns ein. Im Kino sind diese sehr vielfältig: Wenn die Lampen im Kinosaal ausgehen, sieht man nichts mehr, bis der Film beginnt. Über Lautsprecher hört man die Musik. Es riecht nach Popcorn und anderen Süßigkeiten. Die Chips schmecken salzig. Beim Trinken spürt man die Kälte des Bechers auf der Haut.

Sinn	Sehsinn	Gehörsinn	Geruchsinn	Geschmacks-sinn	Tastsinn
Sinnes-organ	Auge 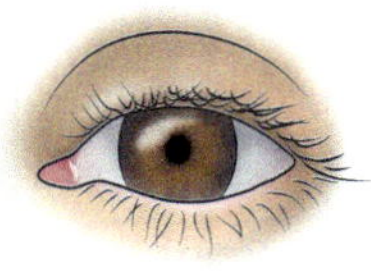	Ohr 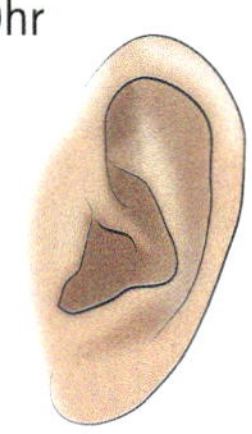	Nase 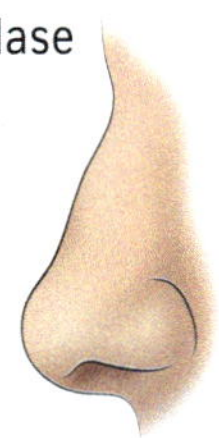	Zunge 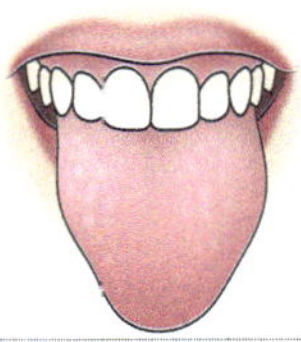	Haut 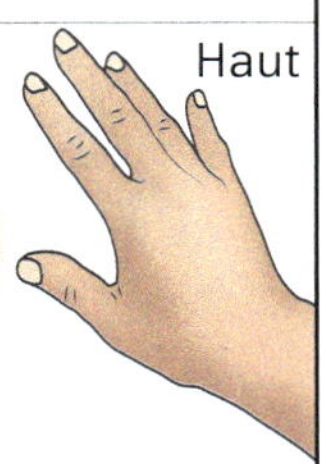
Reiz	Licht	Schall	Duftstoffe	Geschmacks-stoffe	Druck

2 Sinne, Sinnesorgane und Reize

Sinne und Sinnesorgane

Verschiedene Umwelteinflüsse wie im Kinosaal oder der Natur erkennen wir mit allen unseren Sinnen: dem **Sehsinn**, **Gehörsinn**, **Geruchssinn**, **Geschmackssinn** und **Tastsinn**. Der Körper besitzt für jeden einzelnen Sinn spezielle **Sinnesorgane**. Dies sind die Augen, die Ohren, die Nase, die Zunge und die Haut.

Alle Sinnesorgane haben **Sinneszellen**. Sie reagieren nur auf bestimmte Umwelteinflüsse, den entsprechenden **Reiz**. Die Lichtsinneszellen der Augen reagieren auf Licht. Die Hörsinneszellen der Ohren werden durch Schall gereizt. In der Nase reagieren Geruchssinneszellen auf Duftstoffe. Die Geschmackssinneszellen auf der Zunge erkennen Geschmacksstoffe. Tastsinneszellen der Haut reagieren auf Berührungen. Mithilfe der Haut kann man auch Kälte und Wärme wahrnehmen.

Zellen – Grundbausteine des Lebens

Lebewesen bestehen aus Zellen

Untersuchungen mit dem Mikroskop zeigen eine weitere Gemeinsamkeit aller Lebewesen. Die kleinen „Körperbausteine“, die man mit dem Mikroskop entdeckt, sind die kleinsten Einheiten des Lebens. Alle Lebewesen bestehen aus diesen **Zellen**. In ihnen laufen alle Lebensvorgänge ab.

Einzeller und Vielzeller

Menschen, Tiere und Pflanzen bestehen aus Millionen von Zellen. Man nennt sie **Vielzeller**. Sie haben verschiedene Zellen, die unterschiedliche Aufgaben erfüllen. Meistens liegen gleichartige Zellen dicht beieinander und bilden einen Zellverband.

Viele winzige Lebewesen wie die Amöbe oder das Pantoffeltierchen bestehen aus nur einer einzigen Zelle. Die Amöbe und das Pantoffeltierchen gehören zu den **Einzellern**.

Die Amöbe lebt zum Beispiel in kleinen Wassertröpfchen in Moospolstern. Sie kann chemische Stoffe im Wasser erkennen und so kleine Nahrungsteilchen aufspüren. Sie bewegt sich aktiv auf die Nahrungsteilchen zu, umfließt die Nahrung und nimmt sie dann in ihr Zellinneres auf. Unverdauliche Reste scheidet die Amöbe wieder aus. Ist die Amöbe groß genug, kann sie sich teilen. Aus einer Amöbe werden zunächst zwei kleinere Amöben. Sie wachsen jeweils zu ihrer endgültigen Größe heran. Einzeller wie die Amöbe zeigen also alle Kennzeichen des Lebendigen.

A Nenne die Unterschiede zwischen einem Menschen und einer Amöbe.

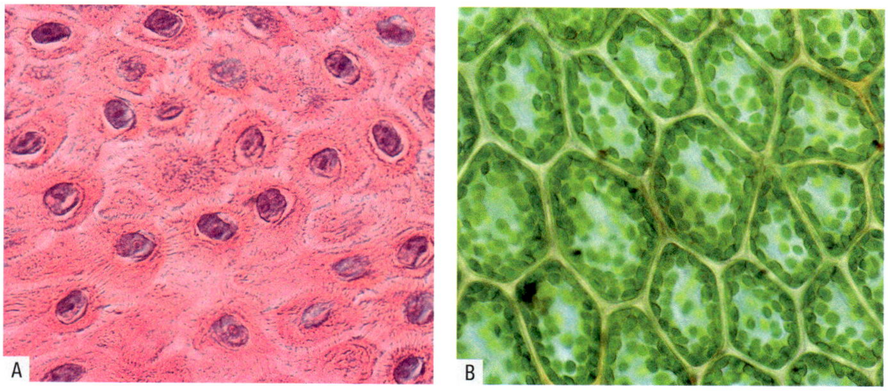

1 Zellen: **A** Tierzellen, **B** Pflanzenzellen

Material mit Aufgaben

M1 Amöbe

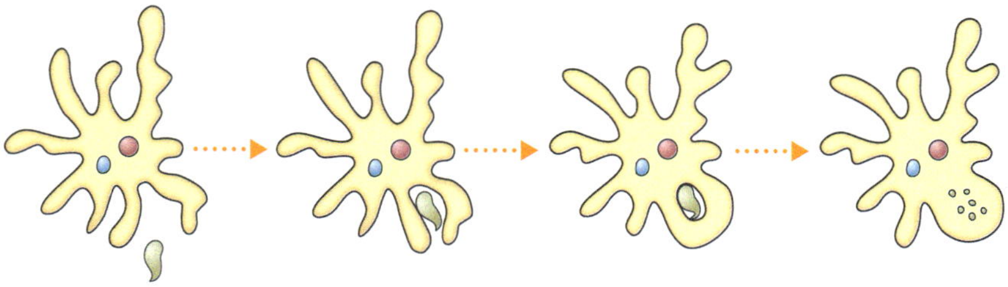

A Amöbe beim Fressen

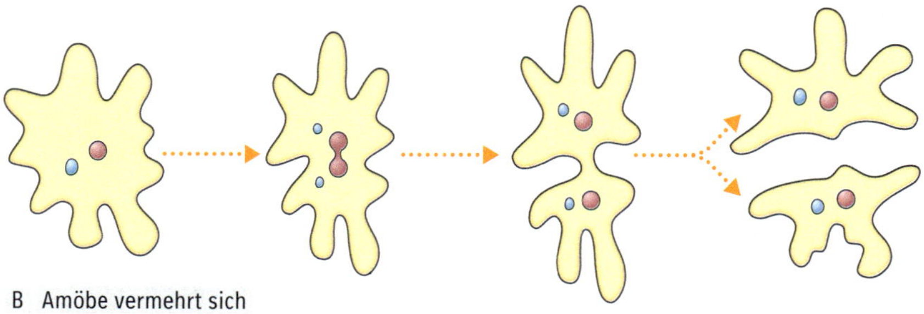

B Amöbe vermehrt sich

1. Beschreibe, wie sich die Amöbe ernährt.
2. Beschreibe, wie sich die Amöbe vermehrt.
3. Stelle anhand des Textes und der Bilder heraus, dass Einzeller alle Kennzeichen des Lebendigen zeigen.

Methode

Beobachten und beschreiben

Das Eichhörnchen ist vom Kopf bis zum Schwanzende ungefähr 40 cm lang. Sein Körper ist sehr schlank. Es hat einen langen, buschigen Schwanz. An den Vorder- und Hinterbeinen befinden sich lange Krallen an den Pfoten. Sein Fell ist rotbraun.

1 Beschreibung eines Eichhörnchens

Beobachten

Das ganze Jahr über kann man viele Tiere beobachten. Während man Insekten, Spinnen und Schnecken besonders von Frühling bis Herbst beobachten kann, findet man manche Vögel das ganze Jahr. Um Tiere in der Natur beobachten zu können, braucht man zum Beispiel Ferngläser, Lupen, Bechergläser und auch Pinsel, Kescher und Pinzetten. Mit dem Kescher kann man durch Wiesen oder den Rasen streichen. Mithilfe von Pinzetten und Pinseln kann man kleine Tiere aufsammeln, die man unter Steinen findet. Auf der Suche nach Tieren muss man sich ruhig verhalten. Außerdem dürfen die Tiere nicht gequält werden. Setze sie nach der Beobachtung wieder aus.

Bei Beobachtungen sollte man sorgfältig und ruhig vorgehen. Ansonsten können einem Einzelheiten entgehen. Außerdem werden Beobachtungen nicht mit Erklärungen oder persönlichen Empfindungen vermischt. Beobachtungen können in Tabellen, Texten, Diagrammen oder Bildern festgehalten werden.

Beschreiben

Bei einer Beschreibung stellt man seine Beobachtungen von Lebewesen, Gegenständen oder Abläufen so dar, dass andere Personen sie verstehen oder erkennen können.

Bevor man etwas beschreibt, sollte man sich geeignete **Kriterien** suchen. Danach beschreibt man Merkmale oder Eigenschaften, die ein Kriterium kennzeichnen. Kriterien für die Beschreibung eines Tieres können zum Beispiel die Körpergliederung, die Körperbedeckung und das Verhalten sein.

Material mit Aufgaben

P1 Tiere beobachten

Material: Kescher, Pinsel, Pinzette, Lupe, Schale, Gläser, Bestimmungsbücher oder Bestimmungsapps

Durchführung: Geht zu einer Wiese und streicht dort mit dem Kescher durch die Gräser. Sammelt die gefangenen Tiere mithilfe von Pinzette und Pinsel aus dem Kescher.

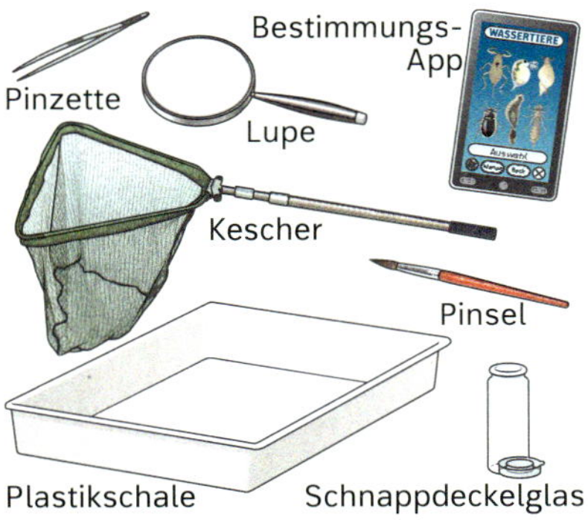

1. Beobachte die gefangenen Tiere mit der Lupe.

2. Such dir ein Tier aus und beschreibe es.

Material mit Aufgaben

M2 Vögel am See

1. Beschreibe Aufenthaltsorte von Vögeln in und am See.
2. Suche dir zwei Vögel aus und beschreibe sie einem Mitschüler oder einer Mitschülerin so, dass sie das Tier erkennen.

1 Ein Kinobesuch

Mit Sinnen beobachten

Umwelteinflüsse

Ständig wirken Umwelteinflüsse auf uns ein. Im Kino sind diese sehr vielfältig: Wenn die Lampen im Kinosaal ausgehen, sieht man nichts mehr, bis der Film beginnt. Über Lautsprecher hört man die Musik. Es riecht nach Popcorn und anderen Süßigkeiten. Die Chips schmecken salzig. Beim Trinken spürt man die Kälte des Bechers auf der Haut.

Sinn	Sehsinn	Gehörsinn	Geruchsinn	Geschmacks-sinn	Tastsinn
Sinnes-organ	Auge 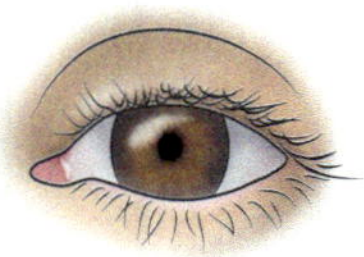	Ohr 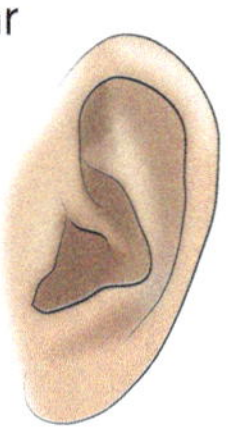	Nase 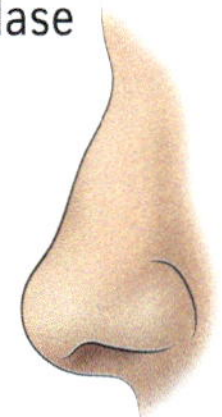	Zunge 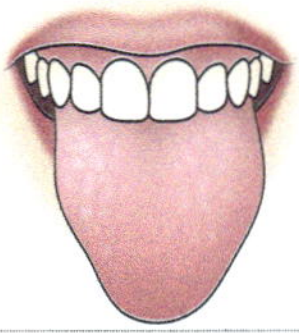	Haut 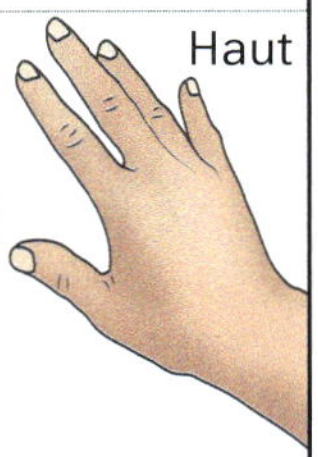
Reiz	Licht	Schall	Duftstoffe	Geschmacks-stoffe	Druck

2 Sinne, Sinnesorgane und Reize

Sinne und Sinnesorgane

Verschiedene Umwelteinflüsse wie im Kinosaal oder der Natur erkennen wir mit allen unseren Sinnen: dem **Sehsinn**, **Gehörsinn**, **Geruchssinn**, **Geschmackssinn** und **Tastsinn**. Der Körper besitzt für jeden einzelnen Sinn spezielle **Sinnesorgane**. Dies sind die Augen, die Ohren, die Nase, die Zunge und die Haut.

Alle Sinnesorgane haben **Sinneszellen**. Sie reagieren nur auf bestimmte Umwelteinflüsse, den entsprechenden **Reiz**. Die Lichtsinneszellen der Augen reagieren auf Licht. Die Hörsinneszellen der Ohren werden durch Schall gereizt. In der Nase reagieren Geruchssinneszellen auf Duftstoffe. Die Geschmackssinneszellen auf der Zunge erkennen Geschmacksstoffe. Tastsinneszellen der Haut reagieren auf Berührungen. Mithilfe der Haut kann man auch Kälte und Wärme wahrnehmen.

Sehen
Man erkennt mit den Augen zum Beispiel die **Farbe** und **Form** von Gegenständen oder Lebewesen. Metalle haben einen metallischen Glanz, andere Stoffe wie Holz nicht.

Tasten und Fühlen
Die **Oberfläche** eines Gegenstands kann rau oder glatt sein. Er kann sich kühl oder warm anfühlen. Ein Gegenstand aus Metall fühlt sich meistens kühler an als ein Gegenstand aus Holz.

Hören
Wenn man draußen ist, kann man Vögel oder ein vorbeifahrendes Auto hören. Auch wenn ein Gegenstand auf den Boden fällt, kann man oft am Geräusch schon erkennen, um welchen Gegenstand es sich handelt.

Schmecken
In der Küche kann man Mehl oder Puderzucker leicht am **Geschmack** unterscheiden. Mehl staubt im Mund und ist leicht bitter. Zucker ist dagegen süß. Im Fachraum düfen keine Geschmacksproben von Chemikalien genommen werden, da viele Chemikalien giftig sind.

Riechen
Viele Lebensmittel haben einen bestimmten **Geruch**. So erkennt man sauren Essig schnell. Auch viele Chemikalien im Labor kann man am Geruch erkennen. Viele Chemikalien sind schädlich und reizen die Nase. Daher darf nur vorsichtig an Chemikalien gerochen werden, indem man den Geruch mit der Hand zufächelt.

Material mit Aufgaben

M1 Duftproben

1. Beschreibe, wie man im Fachraum eine Duftprobe von Chemikalien durchführt.
2. Erkläre, warum man Duftproben im Fachraum auf diese Weise durchführen muss.

P2 Stoffe am Geruch erkennen

Material: Verschiedene Dosen, Zucker, Salz, Pfeffer, Chili, Zimt, Essig, Zitronensaft, Kaffeepulver und andere Stoffe

Durchführung: Die einzelnen Dosen mit den verschiedenen Gerüchen nummerieren. Prüfe den Geruch der Stoffe in den Dosen mit verbundenen Augen durch vorsichtiges Zufächeln. Verschließe nach jeder Geruchsprobe die Dosen wieder.

1. Erstelle eine Tabelle und notiere die Ergebnisse deiner Duftproben
2. Erkläre, warum man bei Proben auf Geschmackstests im Fachraum verzichten sollte.

1 Rote Beete und Karotten sind nicht gleich schwer.

Schätzen und messen

Die Masse gibt in den Naturwissenschaften an, wie schwer etwas ist.

Schätzen

Im Alltag kann man mithilfe seiner Sinne Größen wie die Länge oder die Zeit schätzen. Möchte man die Körpergröße von jemanden schätzen, dann orientiert man sich an seiner eigenen Größe. Um eine ungefähre Zeit zu erhalten, zählt man die Sekunden im Kopf. Schätzungen geben nur einen ungefähren Wert an. Um genaue Größen zu erhalten, muss man **Messungen** durchführen.

Messwerte

In den Naturwissenschaften benötigt man exakte Angaben. Daher führt man häufig Messungen durch. Als Ergebnis erhält man **Messwerte**. Die Messwerte bestehen immer aus einem **Zahlenwert** und einer **Einheit**. Misst man zum Beispiel die Länge bei einem Weitsprung, bekommt man als Messwert 2 Meter. Bei diesem Messwert ist 2 der Zahlenwert und Meter die Einheit.

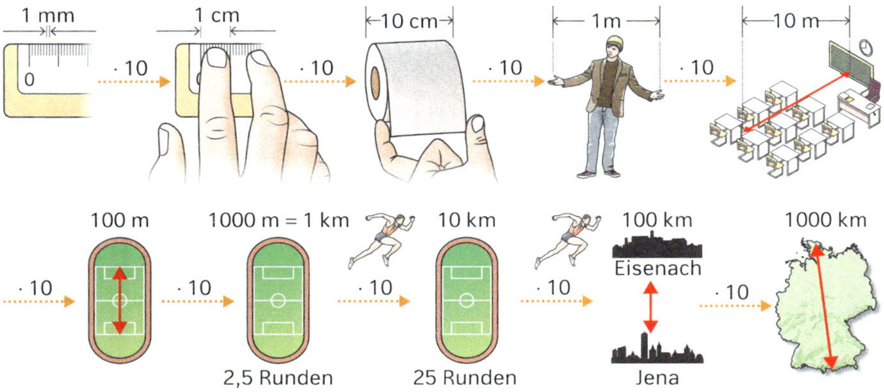

2 Längenumrechnung

Die richtige Einheit

Für jede Messgröße gibt es die passende Einheit. Die Zeit wird in Sekunden (s) gemessen, die Masse in Kilogramm (kg), die Länge in Metern (m), das Volumen in Kubikmeter (m^3) oder Liter (l) und die Temperatur in Grad Celsius (°C). Um kleinere oder größere Messwerte übersichtlich anzugeben, benutzt man Vorsätze. So gibt es neben Meter auch Millimeter (mm) für kleinere Messwerte und Kilometer (km) für größere.

Richtig messen

Für die verschiedenen Messgrößen gibt es unterschiedliche Messgeräte. Massen werden zum Beispiel mit Waagen bestimmt, Temperaturen mit einem Thermometer. Bei jeder Messung muss man auf die verschiedensten Dinge achten.

- **Temperaturen messen** • Temperaturen werden mit einem Thermometer bestimmt. Bevor man misst, sollte man sicherstellen, dass man ein Thermometer mit einem geeigneten **Messbereich** hat. Bevor man abliest, sollte man warten, bis sich der Messwert nicht mehr verändert. Beim Ablesen sollte man von vorne auf die Skala schauen.
- **Zeiten messen** • Werden Zeiten mit einer Stoppuhr gemessen, sollte immer die gleiche Person die Zeit stoppen. Da jeder Mensch eine andere Reaktionszeit hat, wird so die Messung nicht verfälscht.
- **Massen messen** • Massen werden mithilfe einer Waage bestimmt. Bei der Bestimmung der Masse muss vorher eine Waage mit geeignetem Messbereich ausgewählt werden. Außerdem muss man darauf achten, dass die Objekte immer mittig auf die Waage gelegt werden.
- **Längen messen** • Längen können mithilfe von Geodreiecken, Linealen oder Zollstöcken gemessen werden. Auch hier kommt es auf die richtige Wahl des Messbereichs an. Es muss außerdem darauf geachtet werden, dass die Messgeräte immer gerade gehalten werden. Ansonsten kann es zu falschen Messwerten kommen.

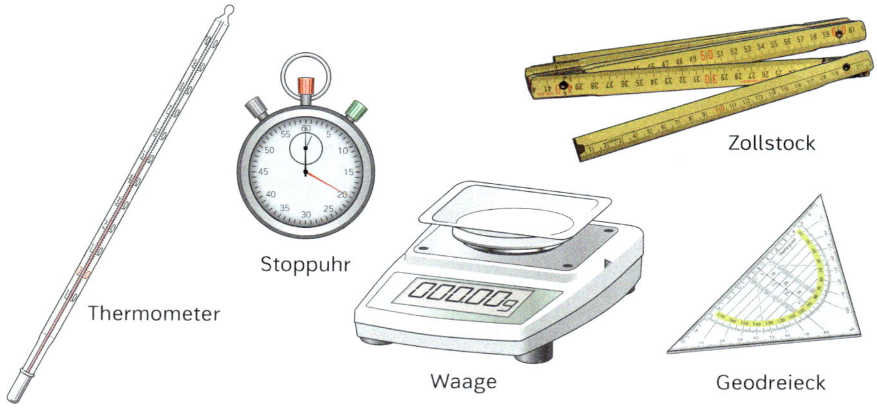

3 Verschiedene Messgeräte

Material mit Aufgaben

P1 Schätzen und messen

Material: Geodreieck oder kurzes Lineal, Zollstock oder Bandmaß, Gegenstände unterschiedlicher Länge

Durchführung: Arbeitet zu Zweit. Schätzt gegenseitig eure Körpergröße und danach die Länge von verschiedenen Gegenständen. Messt danach mit den unterschiedlichen Messgeräten eure Körpergrößen und die Längen der Gegenstände.

1. Übertrage die Tabelle in dein Heft und trage deine Werte ein.
2. Erkläre die unterschiedlichen Ergebnisse.

	Geschätzter Wert	Messwert Lineal	Messwert Zollstock
Körpergröße	…	…	…
…	…	…	…
…	…	…	…

1 Kinder beim Baden in einem See.

Temperaturen empfinden

Temperatur und Wärme

Wenn man in einem Kochtopf Nudelwasser auf der Herdplatte erwärmt, wird kaltes Wasser erhitzt bis es siedet.

Damit 20 °C warmes Wasser auf 100 °C siedendes Wasser erhitzt werden kann, muss Energie in Form von **Wärme** zugeführt werden. Je weniger Wasser im Topf ist, desto schneller verteilt sich die Wärme im Wasser. Die **Temperatur** des Wassers steigt dadurch schneller an. Schaltet man die Herdplatte aus, wird keine Energie in Form von Wärme mehr zugeführt. Die Temperatur des Wassers sinkt. Wärme wird dabei auch an die Luft abgegeben. Dieses Beispiel verdeutlicht, dass man zwischen Temperatur und Wärme unterscheiden muss. Die Temperatur kann man mit einem Messgerät, dem **Thermometer**, genau messen. Wärme wird einem Körper immer zugeführt oder auch abgeleitet. Wird einem Körper Wärme zugeführt, steigt die Temperatur des Körpers. Wird Wärme abgeleitet, sinkt seine Temperatur.

Material mit Aufgaben

M1 Temperatur und Wärme

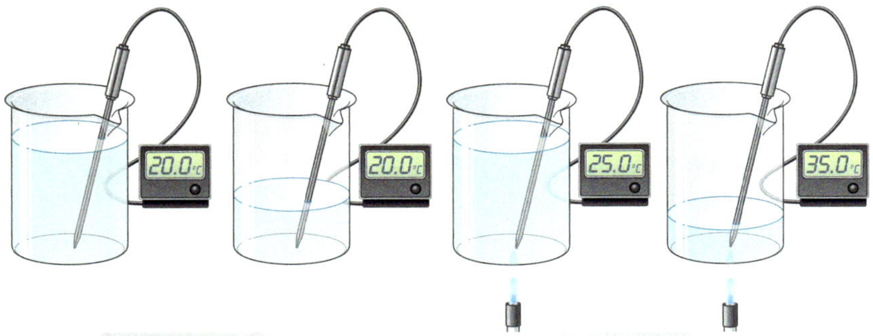

1. Beschreibe den Aufbau und die Durchführung des Versuchs.
2. Erkläre die Temperaturunterschiede beim Erhitzen.

Wärme und Kälte empfinden

Der Körper kann Wärme und Kälte mit der Haut wahrnehmen. Das geschieht mit bestimmten Teilen der Haut, den **Wärme-** und **Kälterezeptoren**. Jedoch können zwei Personen die gleiche Temperatur unterschiedlich empfinden. Was sich für die eine Person angenehm warm anfühlt, kann sich für eine andere Person kalt anfühlen. Das Temperaturempfinden ist davon abhängig, ob man vorher in einer wärmeren oder einer kälteren Umgebung war. Kommt man an einem kalten Wintertag von draußen in eine Wohnung, empfindet man die Raumtemperatur als warm. Kommt man aber an einem heißen Sommertag in eine Wohnung, empfindet man die gleiche Raumtemperatur als kühl.

Temperaturwechsel

Der Körper kann nur gut wahrnehmen, ob etwas wärmer oder kälter geworden ist als zuvor. Man kann also vor allem Temperaturunterschiede feststellen. Jedoch können die Wärme- und Kälterezeptoren des Körpers nicht messen, wie hoch die Temperatur wirklich ist. Dazu benötigt man ein Thermometer.

A Erkläre den Unterschied zwischen Temperatur und Wärme.

B Tarek kommt an einem kalten Wintertag vom stundenlangen Rodeln nach Hause. Beschreibe, wie er die Temperatur in der Wohnung empfindet.

C Lilly trifft folgende Aussage: „Das Thermometer zeigt eine Wärme von 23 °C an.“ Nimm Stellung zu ihrer Aussage.

Material mit Aufgaben

P2 Temperaturen empfinden

Material: 3 Schüsseln, Wasser

Durchführung: Die drei Schüsseln sind mit Wasser gefüllt. Eine Schüssel enthält kaltes Wasser, die andere lauwarmes Wasser und die dritte warmes Wasser. Lege eine Hand für zwei Minuten ins kalte Wasser und gleichzeitig die andere Hand ins warme Wasser. Danach legst du beide Hände gleichzeitig in die mittlere Schüssel mit dem lauwarmen Wasser.

1. Beschreibe die Versuchsergebnisse.
2. Erkläre die Ergebnisse des Versuchs.

M3 Temperaturempfinden im Schwimmbad

1. Beschreibe die Situation in den beiden Bildern.
2. Erkläre, warum die Mädchen das Wasser im Schwimmbecken unterschiedlich empfinden.

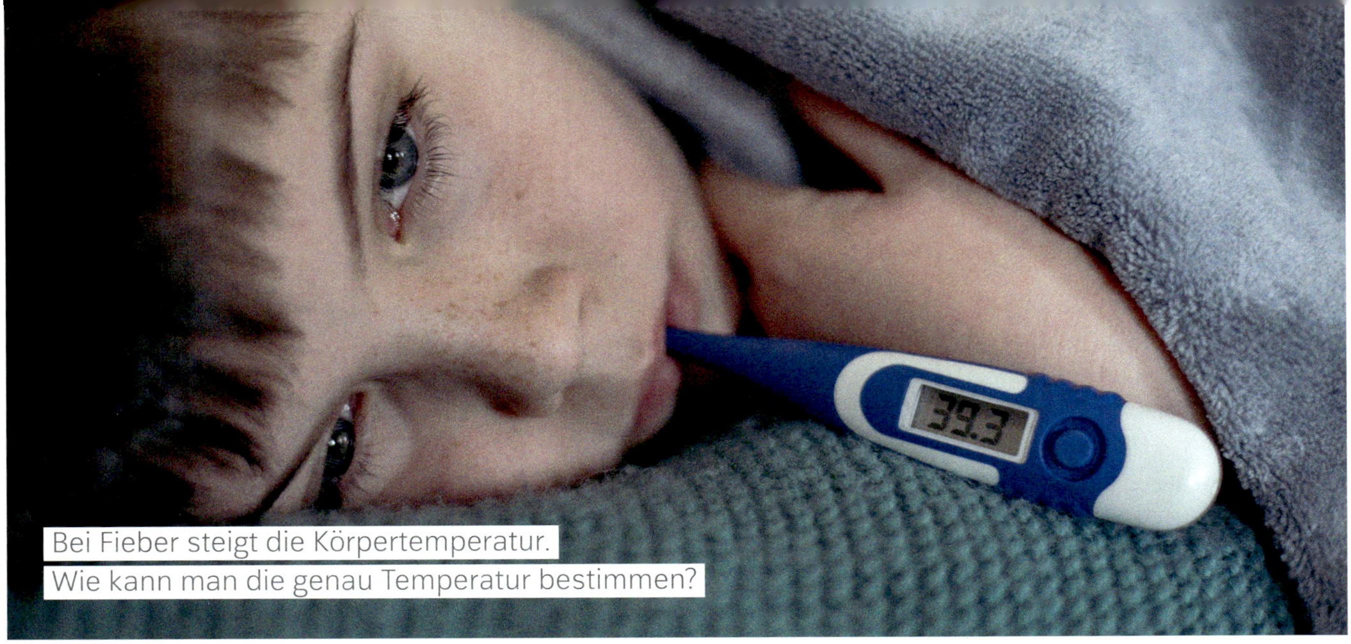

1 Körpertemperatur messen

Temperaturen messen

Temperaturen feststellen

Im Alltag und in der Technik werden genaue Temperaturangaben gebraucht. Die physikalische Größe **Temperatur** gibt an, wie warm ein Körper ist. Mit einem Thermometer kann man jeder Temperatur einen Zahlenwert zuordnen.

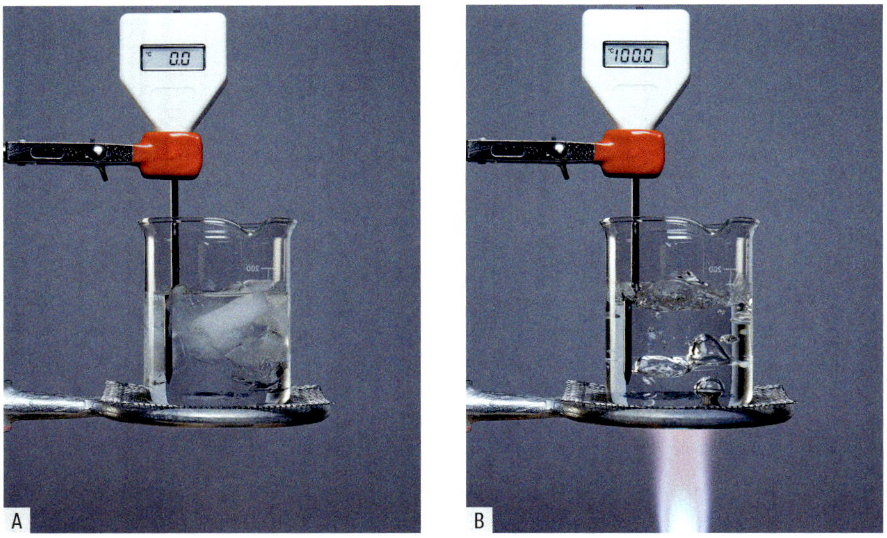

2 Fixpunkte: **A** Eis schmilzt, **B** Wasser siedet

Die Einheit der Temperatur

Wenn man Temperaturen misst, dann gibt man die Messwerte in der Einheit **Grad Celsius** an, abgekürzt **°C**.
Der Schwede Anders Celsius hat eine **Temperaturskala** entwickelt. Er hat das Verhalten von Wasser beim Erwärmen und Abkühlen beobachtet. Celsius legte zwei Punkte für seine Skala fest: Den Schmelzpunkt von gefrorenem Wasser, Eis, und den Siedepunkt von Wasser. Diese beiden Werte nennt man daher **Fixpunkte**. Celsius wählt sie aus, weil sie überall auf der Welt etwa gleich sind. Für den Schmelzpunkt legte er eine Schmelztemperatur von 0 °C fest und für den Siedepunkt eine Siedetemperatur von 100 °C. Den Abstand zwischen beiden Fixpunkten unterteilte er in 100 gleiche Abstände.
Misst man Temperaturen die unter Null Grad Celsius liegen, schreibt man ein Minus vor den entsprechenden Temperaturwert.

Flüssigkeitsthermometer

In der Schule werden für Experimente oft Thermometer verwendet, die mit einer farbigen Flüssigkeit gefüllt sind. In solchen **Flüssigkeitsthermometern** befindet sich die Flüssigkeit in einem Vorratsgefäß, welches mit einem Steigrohr verbunden ist. Je nach Temperatur der Flüssigkkeit ändert sich die Höhe der Flüssigkeitssäule. Auf oder neben dem Steigrohr ist die Temperaturskala angebracht. An der oberen Kante der Flüssigkeitssäule im Steigrohr kann die Temperatur abgelesen werden. In einem Flüssigkeitsthermometer können sich unterschiedliche Flüssigkeiten befinden. Je nach Flüssigkeit, können Temperaturen im Bereich zwischen −80 °C und +1000 °C gemessen werden. Diesen Temperaturbereich bezeichnet man als den **Messbereich** eines Thermometers.

Digitalthermometer

Im Alltag werden mittlerweile sehr oft digitale Thermometer eingesetzt. Beispiele sind das Fiebermessen oder um beim Kochen die Temperatur von einem Stück Fleisch zu überprüfen. Die Temperaturmessung erfolgt bei einem digitalen Thermometer elektronisch. Der gemessene Wert wird dann direkt auf dem Display des Thermometers angezeigt.

Infrarot-Thermometer

Infrarot-Thermometer messen Temperaturen ohne Berührung. Selbst aus mehreren Metern Entfernung kann man die Temperatur von Gegenständen oder Menschen bestimmen. Ein Elektriker kann mithilfe dieses Thermometers prüfen, ob zum Beispiel ein Kabel in einer elektrischen Anlage verschmort.

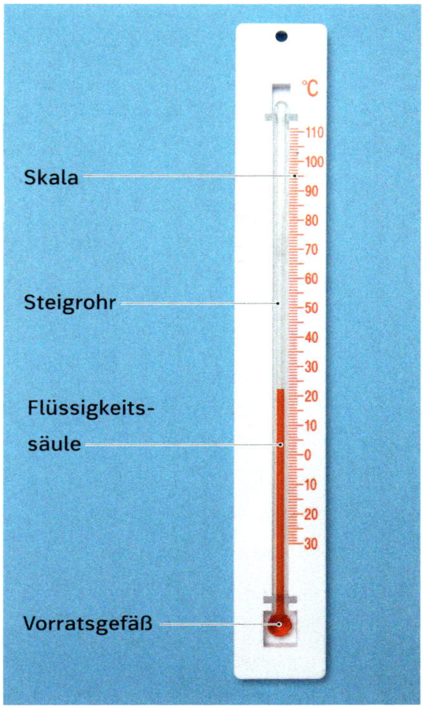

3 Flüssigkeitsthermometer

Material mit Aufgaben

M1 Thermometer

1. Gib jeweils die Temperatur und den Messbereich auf den dargestellten Thermometern an.
2. Heutzutage werden als Fieberthermometer Digitalthermometer verwendet. Beschreibe die Vorteile eines digitalen Thermometers gegenüber einem Flüssigkeitsthermometer.
3. In einem Hochofen wird Stahl stark erhitzt. Stahl schmilzt bei Temperaturen von über 1000 °C. Stelle Vermutungen an, mit welchem Thermometer die Temperatur gemessen wird.

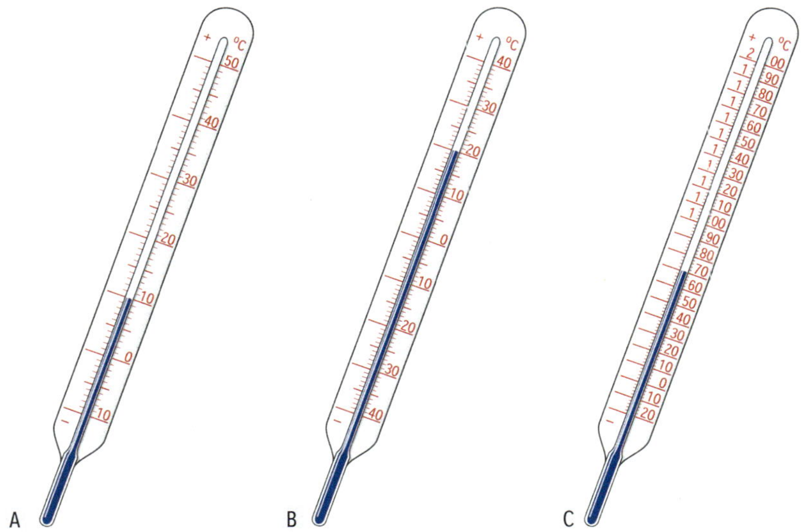

Temperaturen richtig messen

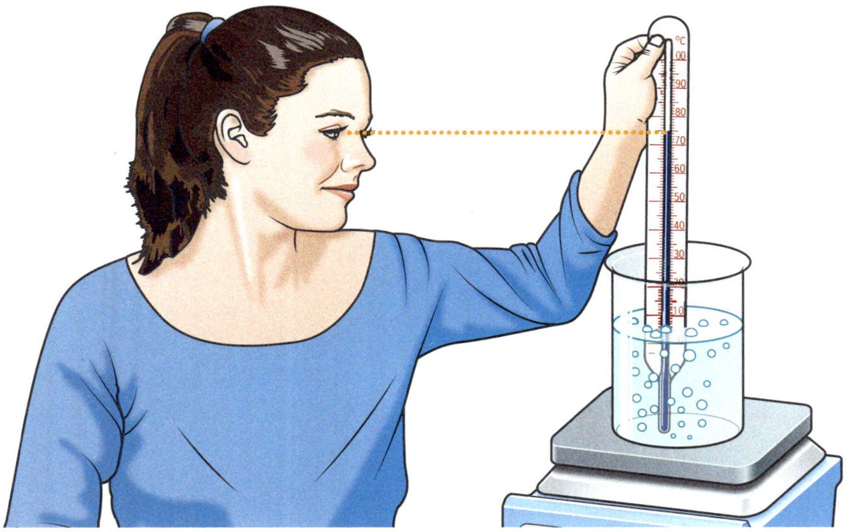

1 Die Temperatur richtig ablesen

Temperaturen messen

Beim Kochen, Heizen oder Experimentieren ist es wichtig, bestimmte Temperaturen einzuhalten. Dafür benötigt man ein Thermometer. Mit einem Thermometer kann man Temperaturen messen und vergleichen. Dabei solltest du einige Regeln beachten:

1 Das Thermometer muss für den Messbereich geeignet sein, in dem du die Temperatur messen willst. Ein Fieberthermometer mit einem Messbereich von 36 °C bis 42 °C eignet sich nicht, die Temperatur von siedendem Wasser zu messen.

2 Das Thermometer benötigt einige Zeit, bis es die Temperatur der Umgebung anzeigt. Warte mit dem Ablesen, bis sich die Anzeige auf deinem Thermometer nicht mehr ändert.

3 Wenn du die Temperatur von Flüssigkeiten mit einem Messfühler bestimmst, muss der Messfühler vollständig eingetaucht sein. Er sollte die Wand des Gefäßes nicht berühren und nicht aus der Flüssigkeit heraus genommen werden, wenn die Temperatur abgelesen wird.

4 Schaue beim Ablesen genau von vorne auf die Skala. Du darfst nicht schräg von oben oder unten ablesen, sonst liest du einen falschen Wert ab.

5 Wenn du die Außentemperatur messen möchtest, sollte das Thermometer immer im Schatten und nicht in der Sonne platziert werden.

Material mit Aufgaben

M1 Wassertemperaturen messen

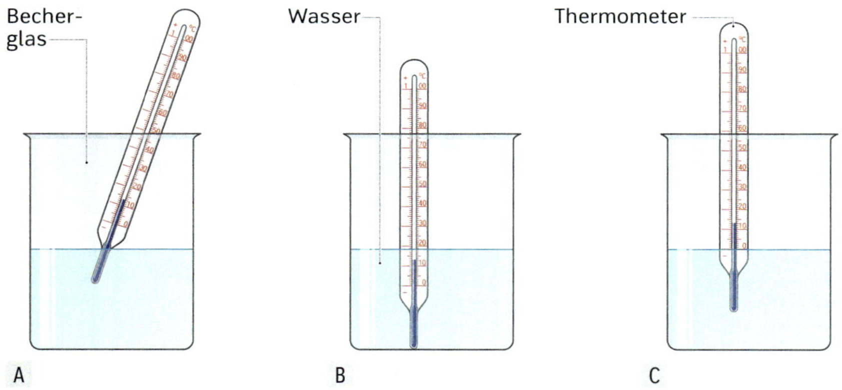

In einem Becherglas wurde fünf Minuten lang Wasser erwärmt. Jetzt soll die Wassertemperatur gemessen werden.

1. Beschreibe die unterschiedlichen Methoden A bis C.
2. Entscheide, welche der drei Methoden die richtige ist, um die Temperatur zu messen. Begründe deine Entscheidung.
3. Beschreibe, wie man die Temperatur richtig vom Thermometer abliest.

Darstellen von Messwerten

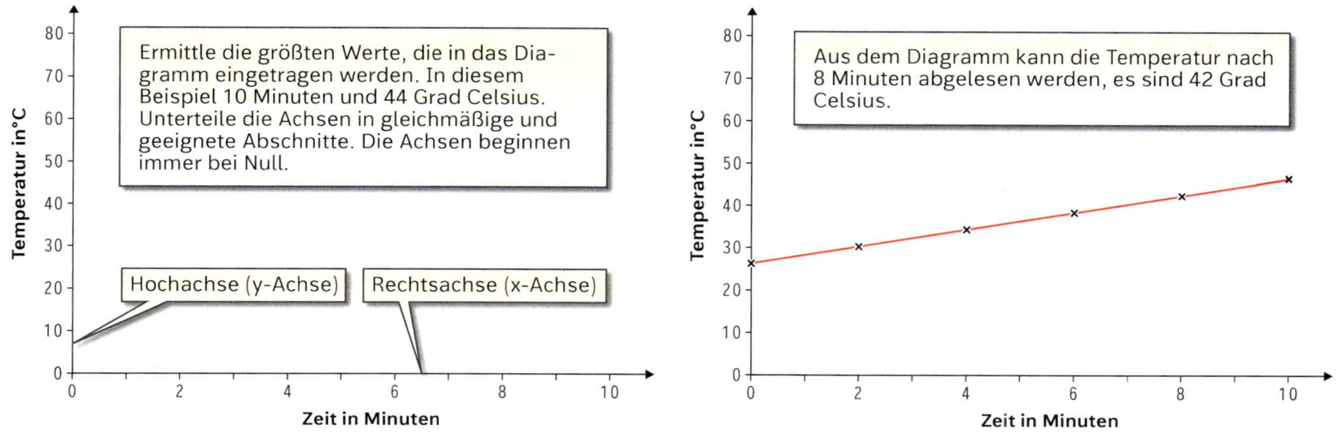

1 Die Temperatur richtig ablesen

A Messwerte erfassen

Bei vielen Versuchen werden Messungen durchgeführt. Die Messwerte müssen übersichtlich festgehalten werden. Dafür trägt man die ermittelten Messwerte am besten in eine Tabelle ein. In diesem Beispiel wird die Temperatur von Wasser zu verschiedenen Zeiten gemessen. Die Tabelle besteht daher aus zwei Spalten: Eine Spalte für die Zeit und eine zweite für die Temperatur.

B Diagramm zeichnen

Damit man die Messwerte anschaulich macht, kann man sie in einem Diagramm darstellen:

1 Zeichne mit Lineal ein Achsenkreuz. In oben dargestellten Beispiel ist auf der **Rechtsachse** (x-Achse) die Zeit und auf der **Hochachse** (y-Achse) die Temperatur aufgetragen.

2 Trage auf die Zeitachse die Zeit in Minuten und auf der Hochachse die Temperatur in Grad Celsius ein. Wähle die Größe und die Einteilung der Achsen so, dass für alle Werte deiner Tabelle Platz ist.

3 Trage die Messwertpaare in das Diagramm ein. Suche den Zeitwert auf der Rechtsachse. Gehe dann senkrecht nach oben, bis du in der Höhe deines Temperaturwerts auf der Hochachse bist. Markiere diesen Punkt.

4 Am Schluss kannst du die Punkte durch eine Linie verbinden.

Zeit in Minuten	Temperatur in °C
0	26
2	30
4	34
6	39
8	42
10	47

2 Eine Wertetabelle

Material mit Aufgaben

M1 Ein Diagramm erstellen

Zeit in Minuten	0	5	10	15	20
Temperatur in °C	20	35	50	60	75

Lisa hat die Temperatur des Wassers beim Erhitzen gemessen.

1. Erstelle ein Liniendiagramm mit den Werten der Tabelle.

1 Beobachtungen mit einer Lupe

Lupe und Binokular

Kleine Dinge betrachten

Manche Einzelheiten von Lebewesen sind so klein, dass man sie mit bloßem Auge nicht erkennen kann. Mit Hilfsmitteln zur **Vergrößerung** kann man Einzelheiten vergrößert betrachten.

Material mit Aufgaben

M1 Arbeiten mit der Lupe

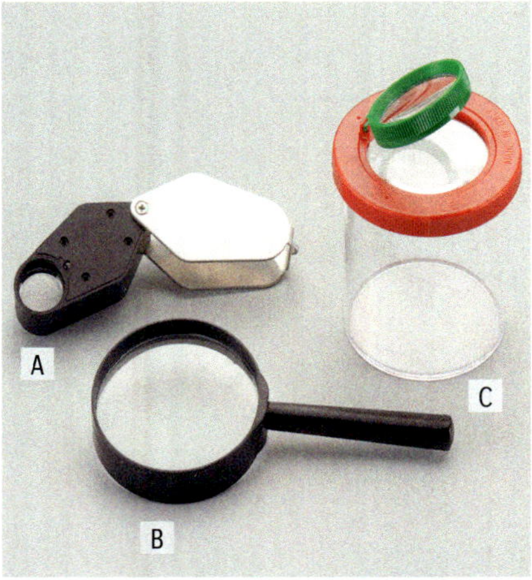

1. Ordne den Lupen die folgenden Bezeichnungen zu: Becherlupe, Einschlaglupe, Stiellupe.
2. Beschreibe mithilfe der Tabelle die Vor- und Nachteile der einzelnen Lupen.

Lupe	Vorteile	Nachteile
Becherlupe	auch für lebende Objekte	...
...	...	...

3. Erkläre, für welche Zwecke die verschiedenen Lupen jeweils geeignet sind.

Lupe

Mithilfe einer Lupe kann man zum Beispiel die Blüte einer Pflanze oder die Flügel eines Insektes bis zu 20-fach vergrößert betrachten.

Je nach Untersuchungsobjekt oder Untersuchungsort verwendet man ganz unterschiedliche Lupen. Die kleinen **Einschlaglupen** vergrößern relativ stark. Sie sind gut für das Arbeiten im Freiland geeignet. **Stillupen** vergrößern nicht so stark. Dafür kann man mit ihnen einen größeren Ausschnitt betrachten. **Becherlupen** sind gut für die Beobachtung von bewegten Objekten wie Insekten geeignet.

Bei Untersuchungen mit Lupen sieht man immer nur mit einem Auge durch die Lupe. Das andere Auge bleibt geschlossen. Wenn möglich, bleibt die Lupe immer dicht am Auge und das zu untersuchende Objekt wird immer näher Richtung Auge bewegt, bis man es scharf sehen kann.

Binokular

Mit einem Binokular kann man Gegenstände mit beiden Augen gleichzeitig betrachten. Daher kann man hier noch kleinere Strukturen erkennen als mit einer Lupe. Ein Binokular besteht aus mehreren geschliffenen und gewölbten Linsen. Die Linsen, die sich beim Beobachten unmittelbar vor dem Auge befinden, bezeichnet man als **Okular**. Die Linse, die dem zu beobachtenden Gegenstand, dem Objekt, zugewandt ist, bezeichnet man als **Objektiv**. Mit dem Binokular, auch Stereolupe genannt, lässt sich ein Objekt mit beiden Augen gleichzeitig betrachten.

2 **A** Binokular, **B** Fernglas

Fernglas

Mithilfe von Lupen und Binokularen kann man kleine Objekte und Lebewesen untersuchen. Möchte man aber weit entfernte Objekte genauer betrachten, braucht man andere Hilfsmittel.
Mit einem **Fernglas** kann man weit entfernte Objekte, wie zum Beispiel Vögel beobachten. Wie auch beim Binokular, kann man mit einem Fernglas Objekte mit zwei Augen betrachten. Allerdings ist bei einem Fernglas das Objektiv weniger gekrümmt als das Okular. Dadurch werden entfernte Objekte scharf gesehen.

A Beschreibe den Unterschied zwischen einer Lupe und einem Fernglas.

B Betrachte kleine Blüten oder Insekten mit der Lupe und dem Binokular möglichst bei gleicher Vergrößerung. Zeichne die Objekte, die du betrachtest.

Material mit Aufgaben

M2 Arbeiten mit dem Binokular

1. Beschreibe die Details, die du bei der Vergrößerung der Tulpenblüte erkennen kannst.
2. Beschreibe die Details, die du bei der Vergrößerung des Flügels der Libelle erkennen kannst.
3. Untersuche ein Objekt deiner Wahl mit dem Binokular. Arbeite mit unterschiedlichen Vergrößerungen.

Zusammenfassung Naturwissenschaftliche Arbeitsmethoden

Kennzeichen des Lebendigen

Jedes Lebewesen besitzt eine Reihe von Kennzeichen, die es von nicht lebenden Gegenständen unterscheidet. Die Kennzeichen des Lebendigen sind: Fortpflanzung, Wachstum und Entwicklung, Bewegung, Reizbarkeit und ein Stoffwechsel. Nicht nur Tiere und Menschen zeigen alle Kennzeichen des Lebendigen, sondern auch Pflanzen.

Mit Sinnen beobachten

Mithilfe seiner Sinne kann der Körper die verschiedenen Reize aus der Umwelt aufnehmen. Mit den Sinnen Sehen, Hören, Fühlen sowie Schmecken und Riechen findet man sich in der Umwelt zurecht. Mit den Augen kann man Form und Farbe eines Gegenstandes erkennen, mit der Haut stellt man fest wie die Oberfläche beschaffen ist. Mithilfe der Ohren hört man, mit der Nase nimmt man die verschiedenen Gerüche wahr und mit der Zunge den Geschmack.

Temperaturen fühlen und messen

Mit der Haut können wir fühlen, ob etwas heiß oder kalt ist. Jedoch kann man nur mit einem Thermometer die genaue Temperatur bestimmen.
Die meisten Thermometer verwenden die Celsius-Skala. Diese Skala verwendet zwei Fixpunkte: die Temperatur des schmelzenden Eises bei 0 °C und die Temperatur des siedenden Wassers bei 100 °C. Der Abstand zwischen den Fixpunkten ist in 100 gleiche Teile eingeteilt.

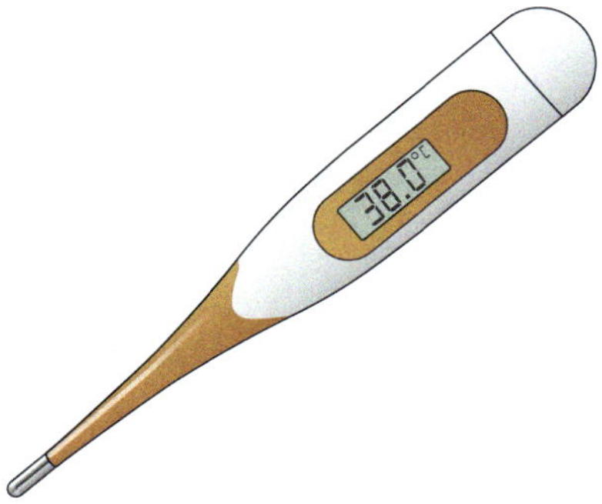

Lupe und Fernglas

Mithilfe von Lupen kann man kleine Objekte genauer betrachten. Je nach Objekt werden andere Lupen verwendet. Mit einer Einschlaglupe arbeitet man vorzugsweise im Freien. Sie vergrößert sehr stark. Mit Stillupen kann man größere Objekte genauer betrachten und Becherlupen eignen sich für das Beobachten von beweglichen Objekten. Mithilfe von Ferngläsern kann man große, weit entfernte Objekte, zum Beispiel Vögel, genauer betrachten.

1 Kennzeichen des Lebendigen

A Erkläre bei jeder Abbildung, ob es sich um ein Lebewesen handelt oder warum nicht.

B Nenne die möglichen Kennzeichen des Lebendigen, die in den Bildern zu sehen sind.

C Beschreibe für jedes Kennzeichen des Lebendigen ein weiteres Beispiel.

A

B

C

2 Temperaturen messen

A Nenne die Temperaturen, die die Thermometer anzeigen.

B Ordne den Thermometern die Begriffe Digitalthermometer und Infrarot-Thermometer zu.

C Beschreibe, die Funktionsweise eines Flüssigkeitsthermometers.

D Vergleiche Flüssigkeitsthermometer, Digitalthermometer und Infrarot-Thermometer miteinander.

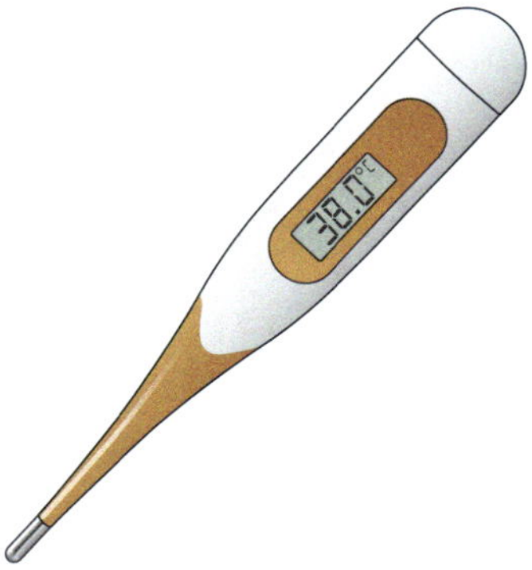

A

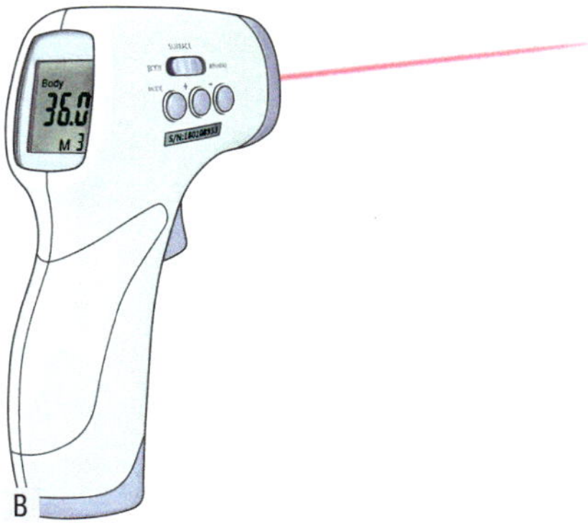

B

3 Schätzen und messen

A Benenne die abgebildeten Messgeräte A bis E.

B Nenne die Messgrößen mit Einheiten, die mithilfe der Messgeräte bestimmt werden.

C Erkläre, warum man zum Messen der Körpergröße kein Lineal verwenden sollte.

D Erkläre den Unterschied zwischen schätzen und messen.

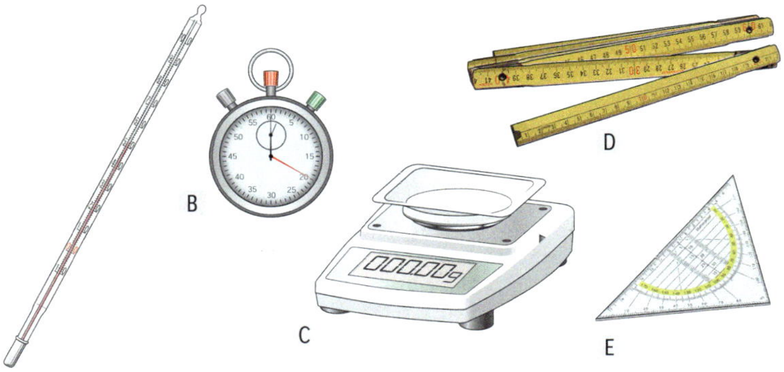

Wie funktioniert die Bestäubung von Blüten?
Warum bilden Pflanzen Samen und Früchte?
Was sind Stoffe?

Pflanzen

Modul 2

Im Frühling sind Wiesen und Felder voller Blumen. Obwohl sie alle unterschiedlich aussehen, sind sie doch ähnlich aufgebaut.
Schmetterlinge wie der Kohlweißling flattern zwischen den Blumen hin und her. Mit ihrem langen Rüssel saugen sie den Nektar aus den Blüten. Dabei übertragen sie Pollen von einer Blüte zur anderen und ermöglichen so die Fortpflanzung der Blütenpflanzen.

1 Raps und Kirschen sind Samenpflanzen.

Bau von Samenpflanzen

Grundbauplan

Pflanzen, die wie die Rapspflanze Blüten bilden, nennt man **Samenpflanzen**. Sie sind aus **Wurzel, Sprossachse** und **Laub-** und **Blütenblättern** aufgebaut. Diese Pflanzenorgane bilden den **Grundbauplan** einer Samenpflanze.

Wurzel

Samenpflanzen sind mit ihrer Wurzel im Boden verankert. Die Rapspflanze hat eine Hauptwurzel, von der zahlreiche kleinere Nebenwurzeln abzweigen. Mit ihren Wurzeln nimmt die Rapspflanze Wasser und die darin gelösten Mineralstoffe aus dem Boden auf. An der Wurzel befinden sich zahlreiche, dünne Härchen, die **Wurzelhärchen**. Sie vergrößern die **Oberfläche** der Wurzel und verbessern so die Aufnahme von Wasser und Mineralstoffen aus dem Boden.

Sprossachse

Die oberirdischen Teile einer Samenpflanze werden **Spross** genannt. Er besteht aus der **Sprossachse** und den **Blättern**. Die Sprossachse gibt der Pflanze ihre typische Form und Stabilität. Sie trägt die Laubblätter und die Blütenblätter. In der Sprossachse verlaufen röhrenförmige Bahnen, die Leitungsbahnen. Sie transportieren

Material mit Aufgaben

M1 Wurzelhärchen

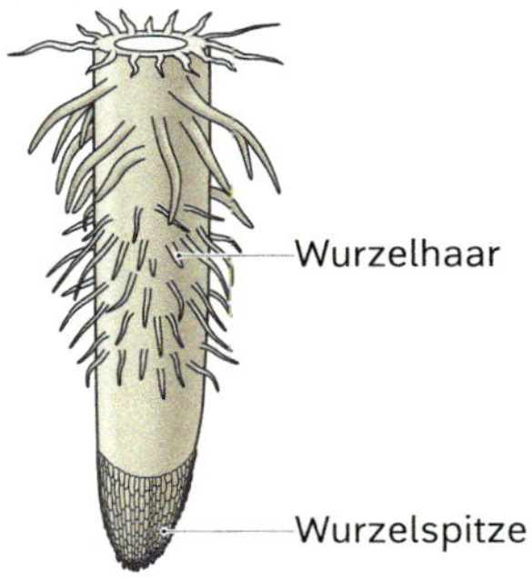

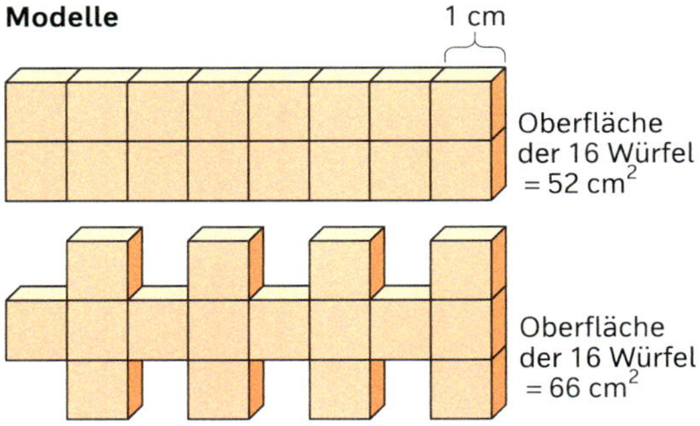

1. Beschreibe den Wurzelaufbau.
2. Vergleiche die Würfelmodelle mit dem Bau der Wurzel. +
3. Erkläre Vorteile, die sich aus der großen Zahl von Wurzelhärchen ergeben.

Wasser, Mineralstoffe und Nährstoffe. Bei unverholzten, **krautigen Pflanzen**, wie dem Raps, nennt man die Sprossachse auch Stängel. **Bäume** besitzen eine verholzte Sprossachse, den Stamm. Durch die Bildung von Holz wird ihre Sprossachse fest und stabil. Andere Holzgewächse, die **Sträucher**, haben mehrere dünne Stämmchen.

Blätter

Die Laubblätter vieler Samenpflanzen sind durch den grünen Blattfarbstoff **Chlorophyll** grün gefärbt. Sie stellen mithilfe des Lichts aus Kohlenstoffdioxid und Wasser energiereichen Traubenzucker und Sauerstoff her. Diese Stoffumwandlung nennt man **Fotosynthese**. Das für die Fotosynthese notwendige Gas Kohlenstoffdioxid gelangt über Blattöffnungen an der Unterseite aus der Luft in die Blätter. Auf umgekehrten Weg wird Sauerstoff an die Luft abgegeben. Die Blattöffnungen nennt man **Spaltöffnungen**. Über sie wird auch Wasser an die Luft abgegeben.
Blütenblätter sind umgewandelte Laubblätter. Sie sind oft bunt gefärbt und locken Insekten an. Die Blüten dienen der geschlechtlichen Fortpflanzung. Aus den weiblichen Blütenteilen können sich Früchte entwickeln, in denen die Samen heranreifen. Mit diesen vermehren und verbreiten sich Samenpflanzen.

A Zergliedere eine Samenpflanze in ihre Organe und ordne sie auf einem Blatt an. Benenne die Organe.

B Beschreibe die Aufgaben der Pflanzenorgane.

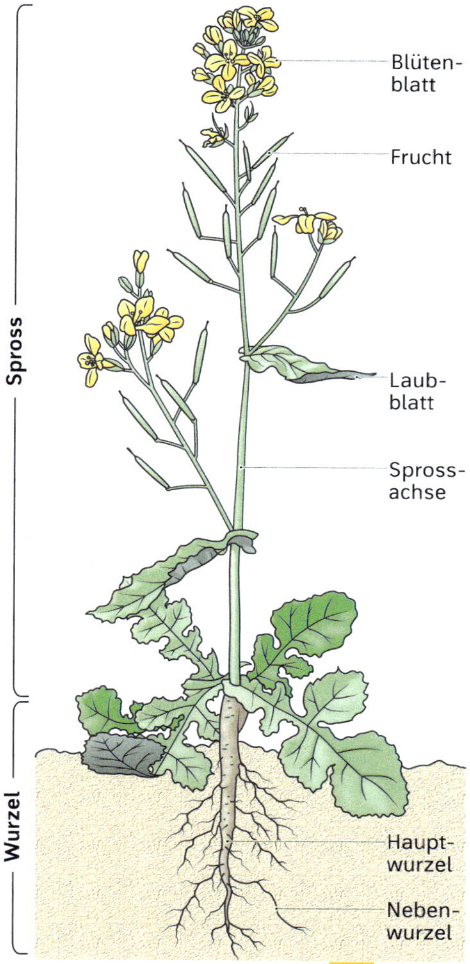

2 Bau einer Rapspflanze A+F

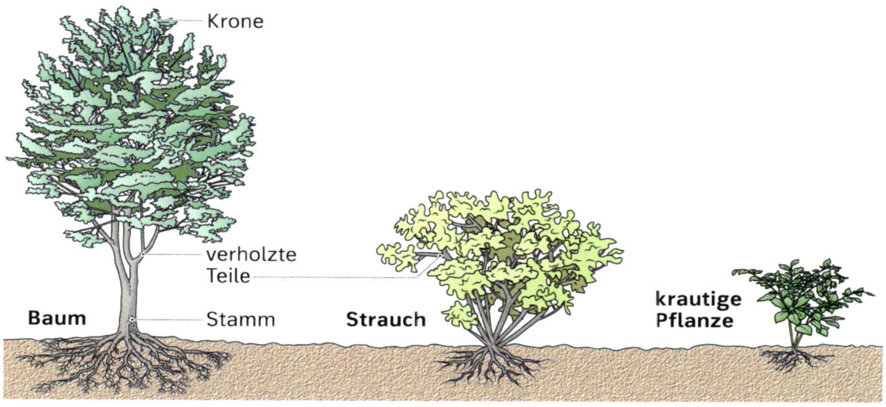

3 Wuchsformen von Samenpflanzen

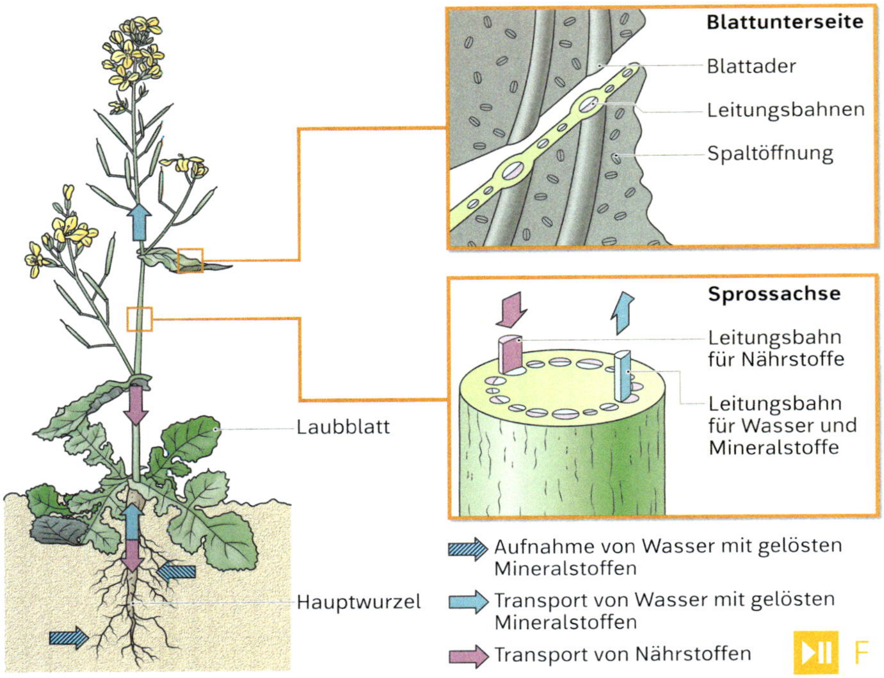

4 Transportvorgänge in Pflanzen

Leitungsbahnen

Wurzeln, Sprossachse, Blätter und Blüten von Pflanzen sind von Leitungsbahnen durchzogen. In diesen langen Röhren werden Wasser und darin gelöste Stoffe transportiert. In den Laubblättern kann man diese Leitungsbahnen besonders gut als Blattadern sehen.

Transport von Wasser

Die Nebenwurzeln haben feine Wurzelhaare. Über deren große Oberfläche dringt Wasser aus dem Boden in die Pflanze. Die **Wasserleitungsbahnen** transportieren das Wasser in den Spross bis zu den Laubblättern und Blüten. In den Blättern werden mithilfe des Lichts aus Wasser und Kohlenstoffdioxid Nährstoffe wie Traubenzucker gebildet. Dabei wird Sauerstoff frei und über die Spaltöffnungen der Blätter abgegeben. Diesen Vorgang bezeichnet man als Fotosynthese. Ein großer Teil des aufgenommenen Wassers wird über die Spaltöffnungen als Wasserdampf abgegeben. Man spricht von Verdunstung.

Transport von Nährstoffen

Die bei der Fotosynthese in den Blättern gebildeten Nährstoffe müssen auch zu den Blüten und Wurzeln gelangen. Dort werden sie genutzt, um Energie für die Lebensvorgänge zu gewinnen. Sie werden über **Nährstoffleitungsbahnen** in der Pflanze verteilt.

D Beschreibe den Transport von Wasser und Nährstoffen in Pflanzen.

E Beschreibe, wie ein Großteil des Wassers wieder abgegeben wird.

Material mit Aufgaben

M2 Verdunstung von Wasser

Eine Ölschicht auf einer Wasseroberfläche verhindert Verdunstung.

1. Beschreibe den Versuchsaufbau.
2. Stelle Vermutungen an, wie sich die Wasserstände in den Glaszylindern im Laufe der Zeit verändern.
3. Wähle eine der Aufgaben aus:

a Erläutere, wie sich der Wasserstand ändern würde, wenn die Pflanze in A mehr Blätter hätte.

b Erläutere, welchen Einfluss die Umgebungstemperatur auf die Ergebnisse des Versuchs hat.

Bionik

Getreide wie Weizen oder Gerste zählen zu den Samenpflanzen. Ihr dünner Spross wird Halm genannt. Der Halm ist sehr dünn, er kann jedoch hoch wachsen. Er ist so stabil, dass er selbst bei starkem Wind nicht umknickt. Ein Fernsehturm zeigt Ähnlichkeiten im Bau. Auch er ist so gebaut, dass er mit wenig Materialaufwand in große Höhen reicht, aber auch starken Winden standhält. Die Baupläne von Lebewesen werden in der Technik und Bauwirtschaft nachgeahmt und in Bauwerken oder technischen Geräten umgesetzt. Wissenschaftler und Ingenieure betrachten dabei vor allem Struktur-Funktions-Prinzipien. Man spricht von **Bionik**. Dieses Wort setzt sich aus den Begriffen Biologie und Technik zusammen.

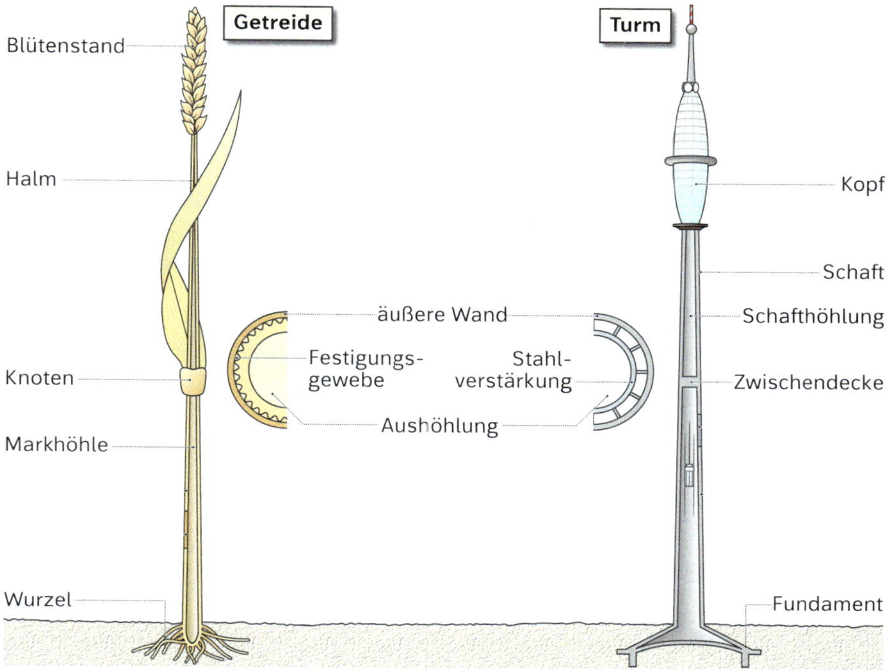

1 Bau einer Getreidepflanze und eines Fernsehturms

Material mit Aufgaben

M1 Bionik

A Löwenzahn

B Krebsschere

C Wasser auf einem Blatt

D Zange

E Wasser auf Autolack

F Schirmgleiter

1. Ordne den Bildern A bis C passend die Bilder D bis F zu. Begründe deine jeweiligen Zuordnungen.
2. Beschreibe an den Beispielen möglichst genau, welche Merkmale aus der Natur in der Technik umgesetzt wurden.
3. Erläutere an einem der Beispiele den Begriff der Bionik.
4. Recherchiere weitere Beispiele für Bionik.

1 Reh frisst Blätter

Die Fotosynthese

Nährstoffe: energiereiche Stoffe, die Tiere mit der Nahrung aufnehmen. Kohlenhydrate, Eiweiße und Fette sind Nährstoffe.

Fotosynthese: Der Begriff Fotosynthese stammt aus dem Lateinischen und bedeutet „Aufbau durch Licht".

Aufbau von Traubenzucker

Alle Lebewesen benötigen Nährstoffe zum Leben und Wachsen. Im Gegensatz zu Tieren nehmen Pflanzen keine Nährstoffe auf, sondern stellen diese selbst her. Dafür benötigen sie Wasser und das Gas Kohlenstoffdioxid. Das Wasser nehmen Pflanzen mit den Wurzeln aus dem Boden auf. Es gelangt über Leitungsbahnen in die Blätter. Das Kohlenstoffdioxid nehmen Pflanzen über die Spaltöffnungen der Blätter aus der Luft auf. In dem Chlorophyll der Chloroplasten wird dann mithilfe der Energie aus dem Sonnenlicht Traubenzucker aufgebaut. Hierbei entsteht Sauerstoff. Der Aufbau von energiereichem Traubenzucker aus den energiearmen Stoffen Wasser und Kohlenstoffdioxid heißt **Fotosynthese**.

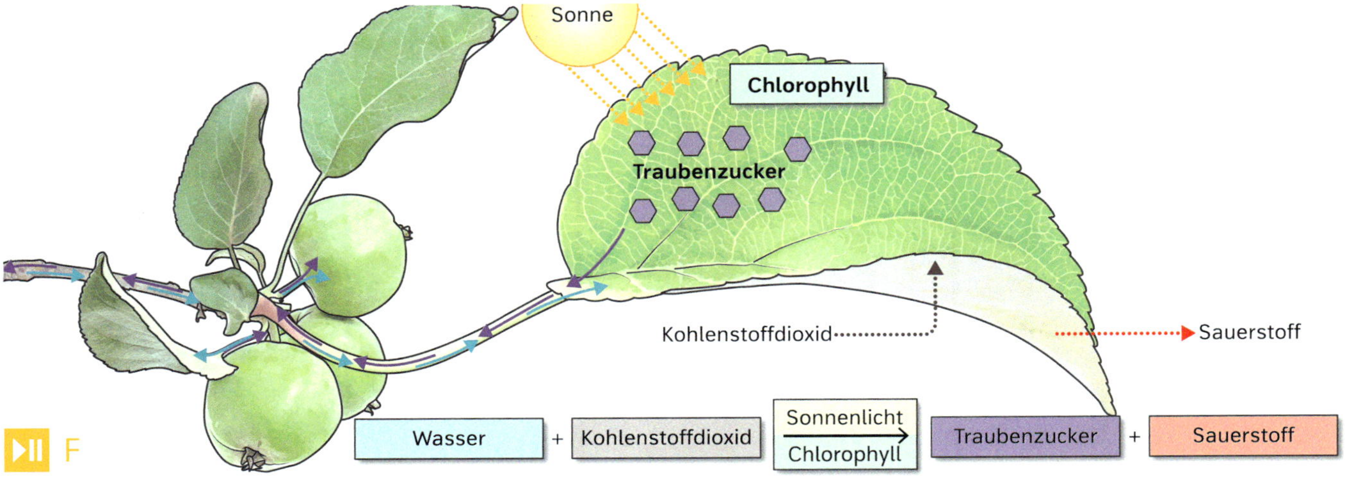

F

2 Fotosynthese

Speicherung von Nährstoffen

Aus dem Traubenzucker können Pflanzen auch Stärke aufbauen. Für Fette und Eiweiße brauchen sie zusätzliche Mineralstoffe. Diese nehmen Pflanzen mit dem Wasser aus dem Boden auf.
Häufig werden die Nährstoffe dann in bestimmten Pflanzenteilen gespeichert. Früchte enthalten zum Beispiel viel Zucker. In Nüssen oder Sonnenblumenkernen ist viel Fett vorhanden. Erbsen und Bohnen sind eiweißreiche Pflanzensamen. In Kartoffelknollen und Getreidekörnern ist aus Traubenzucker aufgebaute Stärke gespeichert.

Bedeutung der Fotosynthese

Pflanzen sind die Erzeuger von Nährstoffen und Sauerstoff. Sie werden deshalb als **Produzenten** bezeichnet. Menschen und Tiere können keine Fotosynthese betreiben. Sie müssen von den Nährstoffen und dem Sauerstoff der Pflanzen leben. Man nennt sie deshalb Verbraucher oder **Konsumenten**. Sie benötigen den bei der Fotosynthese freigesetzten Sauerstoff und die im Traubenzucker gespeicherte Energie. Der Sauerstoff und die Energie im Traubenzucker werden zum Beispiel für die Atmung, die Verdauung oder die Bewegung genutzt. Die aufgenommenen Eiweiße sind wichtig für den Aufbau und den Erhalt von Zellen.

A Beschreibe den Vorgang der Fotosynthese.

B Martin macht folgende Aussage: „Ohne Sonnenlicht verhungern alle Tiere und Pflanzen.“ Nimm Stellung zu dieser Aussage.

Material mit Aufgaben

M1 Licht und Fotosynthese

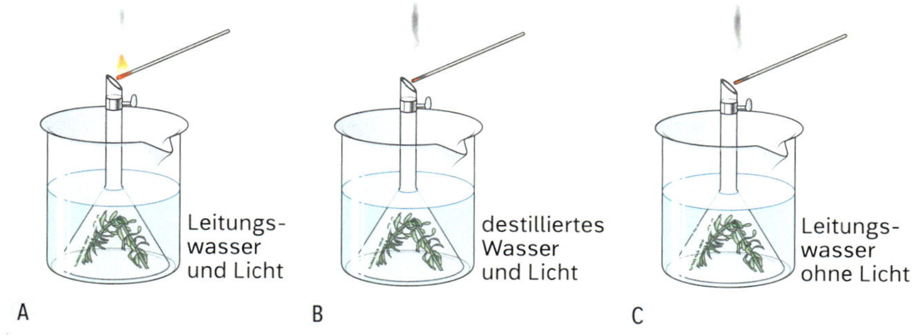

Beachte: Leitungswasser enthält auch Kohlenstoffdioxid, destilliertes Wasser nicht. Mit der Glimmspanprobe weist man Sauerstoff nach. Wenn Sauerstoff vorhanden ist, flammt der Glimmspan auf.

1. Beschreibe den Aufbau des Versuches.
2. Erkläre, warum der Glimmspan bei A zu brennen beginnt.
3. Erkläre, warum der Glimmspan in Bild B und C nicht aufflammt.

M2 Van-Helmont-Experiment

Johan Baptista van Helmont war ein belgischer Naturforscher. Er lebte im 16. Jahrhundert. In einem seiner Experimente wollte er herausfinden, wie sich Pflanzen ernähren. Sein Versuch ist im Bild dargestellt.

1. Beschreibe den Versuchsaufbau.
2. Erkläre die Versuchsergebnisse des Experiments. Nutze dazu deine Kenntnisse zum Stoffaufbau bei Pflanzen.

1 Kirschblüten an einem Ast

Bau von Blüten

Grundbauplan der Blüten

Die Blüten verschiedener Pflanzen können unterschiedlich aussehen. Ihr Aufbau und die Reihenfolge der Bestandteile von außen nach innen ist aber gleich. Sie unterscheiden sich in Anzahl und Aussehen der Blütenbestandteile. An vielen Pflanzen sind die Blüten nicht einzeln, sondern stehen dicht beieinander. Sie bilden einen Blütenstand.

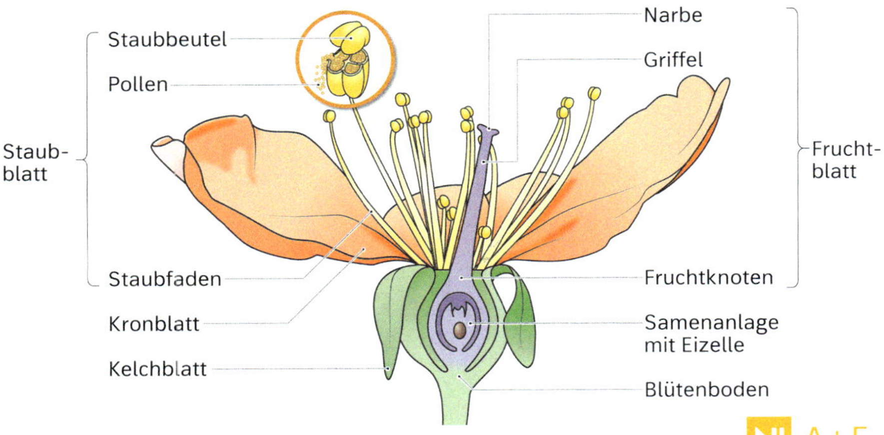

2 Schema einer Kirschblüte

A+F

Aufbau der Kirschblüte

An einer Kirschblüte kann man den Blütenaufbau besonders gut erkennen.

- **Kelchblätter** • Am Rande des kelchförmigen Blütenbodens sind grüne Kelchblätter. Sie schützen das Innere der Blüte.

- **Kronblätter** • Besonders auffallend sind die fünf weißen Kronblätter. Sie locken Insekten an. Bei geschlossener Blüte schützen sie die inneren Blütenblätter.

- **Staubblätter** • Im Inneren der Blüten sind über 30 Staubblätter. Jedes besteht aus dem **Staubfaden** und dem **Staubbeutel**. Der Staubbeutel enthält den Blütenstaub, der auch **Pollen** genannt wird. In den Pollen befinden sich die männlichen Geschlechtszellen. Die Staubblätter sind die männlichen Blütenorgane.

▸ **Fruchtblatt** • In der Mitte der Blüte ragt das auffällige Fruchtblatt hervor. Es besteht unten aus einem verdickten **Fruchtknoten**, dem langgezogenen **Griffel** und der klebrigen **Narbe**. Im verdickten Fruchtknoten liegt die Samenanlage. Hier befindet sich die weibliche Geschlechtszelle, die Eizelle.

Zwitterblüten

An jeder einzelnen Kirschblüte befinden sich ein Fruchtblatt und mehrere Staubblätter. Solche Blüten, wie die Kirschblüte, tragen männliche und weibliche Blütenorgane. Deshalb nennt man sie **Zwitterblüten**.

Legebild und Blütendiagramm

Damit die Anzahl und die Anordnung von Blütenblättern besser verglichen werden können, fertigt man **Legebilder** an. Dazu werden um einen Punkt drei Kreise gezogen. Auf dem Punkt liegt das Fruchtblatt. Entsprechend der Anordnung wie in der Blüte werden auf die Kreise die Blütenblätter gelegt. Die schematische Darstellung einer Blüte bezeichnet man als **Blütendiagramm**.

A Beschreibe anhand der Kirschblüte den Grundbauplan einer Zwitterblüte.

B Nenne die Funktion der verschiedenen Blütenbestandteile. Fertige dazu eine Tabelle an.

C Beschreibe, wie in einem Legebild die verschiedenen Blütenbestandteile angeordnet werden.

D Erkläre, weshalb Blüten oft auffällig gefärbt sind und duften.

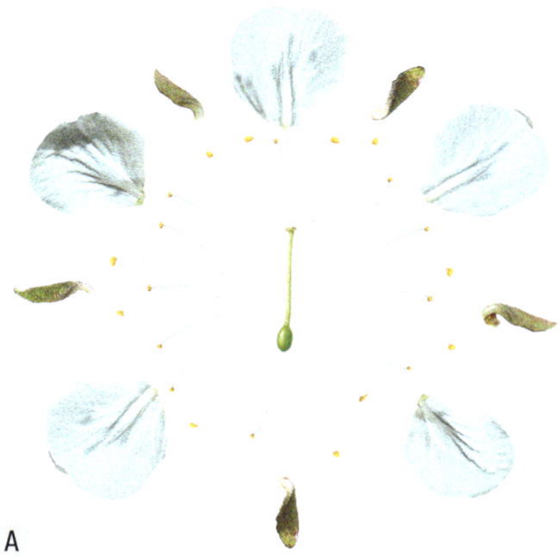

A

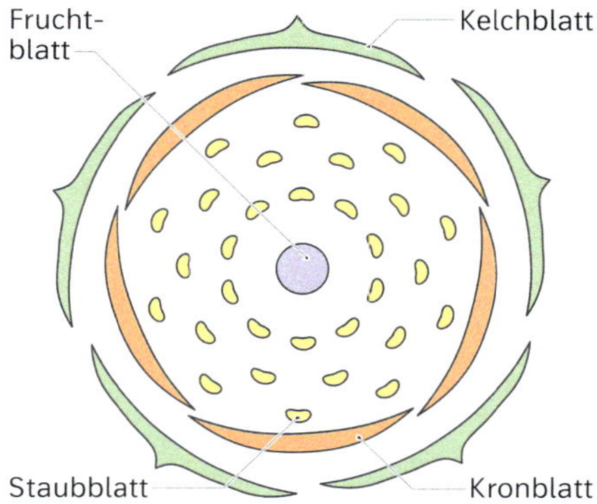

B

3 Kirschblüte: **A** Legebild, **B** Blütendiagramm

Material mit Aufgaben

A

M1 Blütendiagramme

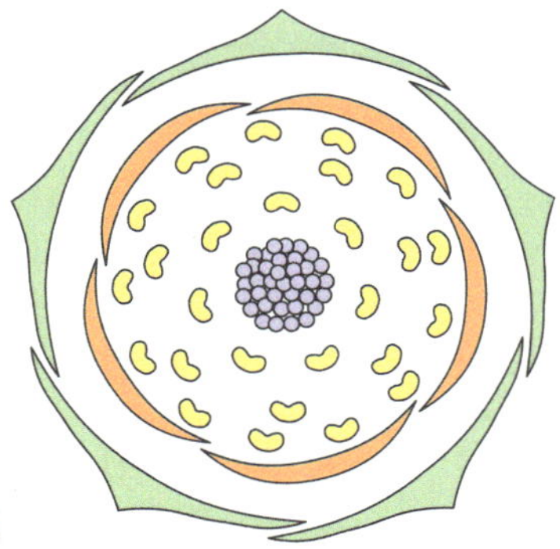

A

B

1. Vergleiche die Blütendiagramme A und B. Nenne Gemeinsamkeiten und Unterschiede.

2. Ordne den Raps und den Hahnenfuß begründet den beiden Blütendiagrammen zu.

Ein Herbarium anlegen

1 Beispiel für Herbariumsbögen

Material mit Aufgaben

P1 Ein Herbarium anlegen

Material: Gartenschere, Bestimmungsbuch oder Bestimmungs-App, Zeitungspapier, Klebestreifen, Herbariumsbögen, schwere Bücher

Durchführung:
Sucht in der Umgebung der Schule verschiedene Pflanzen. Bestimmt die Pflanzen, bevor sie gesammelt werden. Presst anschließend die gesammelten Pflanzen, bis sie vollständig getrocknet sind.

Planzenart: Gewöhnliches Hirtentäschel
Familie: Kreuzblütengewächse
Standort: Feldrand
Fundort: Rottenbach
Datum: 24.8.2021
Name: Heiko Schulz

1. Erstelle aus den gesammelten Pflanzen ein Herbarium. Nutze den Beispielbogen als Hilfe.

Ein Herbarium erstellen

In einem Herbarium werden getrocknete und gepresste Pflanzen aufbewahrt. Neben den Pflanzen stehen Informationen wie der Name, die Pflanzenfamilie oder der Fundort. Biologen nutzen Herbarien für wissenschaftliche Zwecke.

Vorgehensweise

- **Sammeln und bestimmen** • Gehe zum Beispiel in den Schulgarten und sammle verschiedene Pflanzen. Schneide dafür die Pflanzen knapp über dem Boden ab und notiere den Fundort. Damit du keine geschützten Pflanzen abschneidest, bestimme vor dem Sammeln die Pflanze mithilfe eines Bestimmungsbuchs oder einer Bestimmungs-App.
- **Pflanzen pressen** • Nach dem Sammeln werden die Pflanzen direkt gepresst. Dafür werden sie zwischen unbeschichtetes Zeitungspapier gelegt. Achte darauf, dass keine Pflanzenteile geknickt werden. Beschwere dann das Zeitungspapier mit den Pflanzen mithilfe von schweren Büchern oder anderen Gegenständen. Tausche das Zeitungspapier täglich aus, bis die Pflanzen vollständig getrocknet sind.
- **Herbariumsbogen anlegen**• Nach dem Trocknen wird jede Pflanze auf ein einzelnes Blatt, dem Herbariumsbogen, mit Klebestreifen geklebt. Verwende als Herbariumsbogen am besten dünne Pappe. Beschrifte den Bogen mit Angaben zur Pflanze und dem Fundort. Verwende keine Klarsichtfolien, da die Pflanzen darin leicht schimmeln.

Blüten untersuchen

Methode

1 Blüten untersuchen: **A** Kreisschema, **B** Legebild, **C** Blütendiagramm

Legebild und Blütendiagramm

Damit Biologen den Aufbau von verschiedenen Blüten besser vergleichen können, fertigen sie **Legebilder** an. Um einen noch einfacheren Überblick zu erhalten, kann man **Blütendiagramme** aus den Legebildern erstellen.

Vorgehensweise

- **Kreisschema erstellen** • Nimm ein Stück Pappe und zeichne mit einem Zirkel einen kleinen Kreis. Vergrößere danach den Abstand der Zirkelhälften um 3 cm. Nutze die gleiche Einstichstelle für den Zirkel und ziehe einen weiteren Kreis. Wiederhole dieses Vorgehen, bis du insgesamt vier Kreise hast.
- **Legebild erstellen** • Zupfe mit einer Pinzette zuerst die äußersten, gleichen Blütenbestandteile ab. Achte beim Zupfen darauf, möglichst dicht an der angewachsenen Stelle anzusetzen. Verteile die äußersten Bestandteile gleichmäßig auf dem äußersten Kreis. Zupfe danach die nächsten Blütenbestandteile ab und verteile sie auf dem nächsten freien Kreis. Fahre so lange fort, bist du in der Mitte der Blüte angekommen bist. Ist dein Legebild fertig, decke es mit einer selbstklebenden Folie ab. Jetzt kann man das Legebild noch vereinfacht als Blütendiagramm darstellen.

Material mit Aufgaben

P1 Ein Legebild erstellen

Material: Pinzette, Pappe, Zirkel, verschiedene Blüten

Durchführung:
Zeichne mit dem Zirkel mehrere Kreisschema auf die Pappe. Sucht dann in der Umgebung der Schule verschiedene Blüten.

1. Erstelle aus den gesammelten Blüten Legebilder.
2. Vergleicht in der Klasse Legebilder von veschiedenen Blüten.
3. Zeichne mithilfe von Bild 1C ein Blütendiagramm von einem deiner Legebilder.

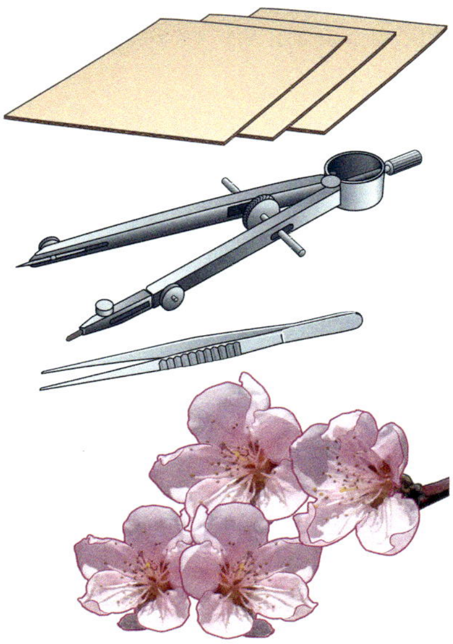

1 Hummel auf einer Kirschblüte

Bestäubung von Blüten

Bestäubung

Bienen und Hummeln werden von den auffällig gefärbten Kronblättern und vom Duft der Blüten angelockt. Am Blütenboden bilden Drüsen einen zuckerhaltigen, duftenden Saft, den **Nektar**. Dieser dient Bienen, Hummeln und anderen Insekten als Nahrung. Zudem sammelt die Biene den Pollen zur Aufzucht ihrer Nachkommen. Bei ihrer Nahrungssuche in der Blüte drückt sie die Staubblätter auseinander. Dabei bleibt der Pollen am Pelz der Biene hängen. Fliegt die Biene zu einer weiteren Kirschblüte, bringt sie den Pollen mit in die Blüte. Die Übertragung eines Pollenkorns auf die Narbe einer Blüte nennt man **Bestäubung**. Sie ist eine Voraussetzung dafür, dass sich aus einer Blüte eine Frucht mit Samen bildet.

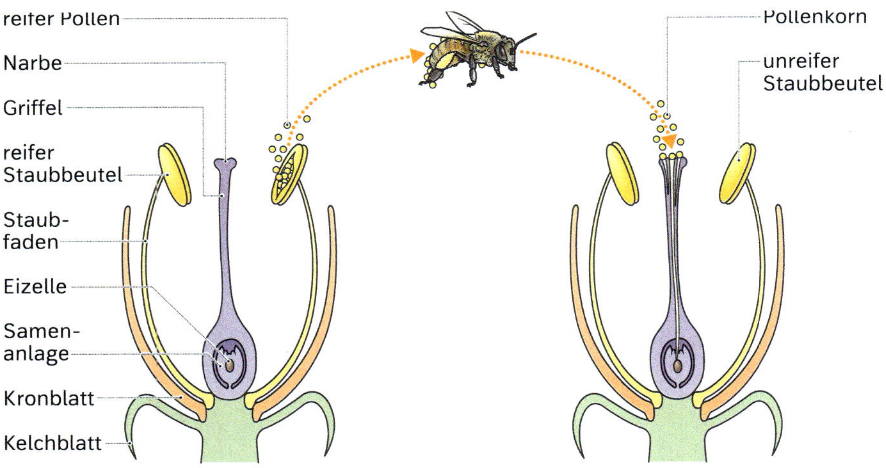

2 Fremdbestäubung bei der Kirsche

F

Insektenbestäubung

Bei den zweigeschlechtlichen, zwittrigen Kirschblüten sind die Staubblätter und der Stempel meist nicht gleichzeitig reif. Zuerst öffnen sich die Narben und werden klebrig. Erst später reifen die Staubblätter. Landet eine Biene auf einer Blüte, drückt sie die Staubblätter zur Seite.

Bei älteren Blüten platzen die reifen Staubbeutel auf und die klebrigen Pollenkörner bleiben am Pelz der Biene hängen. Fliegt die Biene danach zu einer jungen Blüte, sind deren Fruchtblätter reif und die Narbe klebrig. Es kann nur eine Bestäubung von einer älteren zu einer jüngeren Blüte stattfinden. Die **Selbstbestäubung** der Blüte, die zu anfälligeren Nachkommen führt, wird so verhindert. Die Blüten eines Kirschbaums werden durch die Blüten eines anderen Kirschbaums bestäubt. Diesen Vorgang nennt man **Fremdbestäubung**. Da im Fall des Kirschbaums die Bienen die Pollenkörner übertragen, spricht man von **Insektenbestäubung**.

Vielfalt der Bestäuber

Insekten haben unterschiedlich ausgeformte Mundwerkzeuge. Die Biene kann mit ihrem kurzen Saugrüssel Nektar aus flachen und kurzen Blüten saugen. Fliegen haben sehr kurze Mundwerkzeuge. Daher findet man sie häufig nur an sehr flachen Blüten. Schmetterlinge haben dagegen je nach Art unterschiedlich lange, aufrollbare Saugrüssel. Damit gelangen sie sogar an den Nektar von Blüten, deren Kronblätter lange, röhrenförmige Blüten bilden. Bestimmte Blüten können also nur von gewissen Insekten mit besonders angepassten Mundwerkzeugen bestäubt werden.

A Beschreibe die Funktion des Nektars für die Bestäubung von Kirschblüten.

B Erkläre, wie die Kirsche eine Bestäubung der Blüte mit Pollenkörnern derselben Blüte verhindert.

Material mit Aufgaben

M1 Fremdbestäubung bei der Schlüsselblume

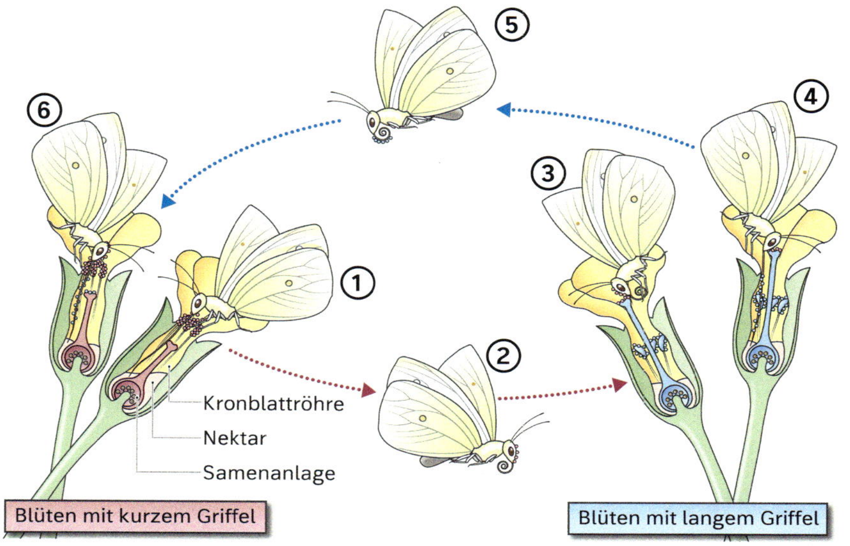

Schlüsselblumen haben tiefe Blüten und werden von Schmetterlingen bestäubt. Ihre Blüten sind unterschiedlich gebaut. Manche Blüten haben einen kurzen Griffel und lange Staubblätter. Andere haben lange Griffel und kurze Staubblätter.

1. Beschreibe die Bestäubung der Schlüsselblume.
2. Erkläre, welche Art der Bestäubung gezeigt wird.
3. Erkläre, wie bei der Schlüsselblume die Selbstbestäubung verhindert wird.

M2 Vielfalt der Bestäuber

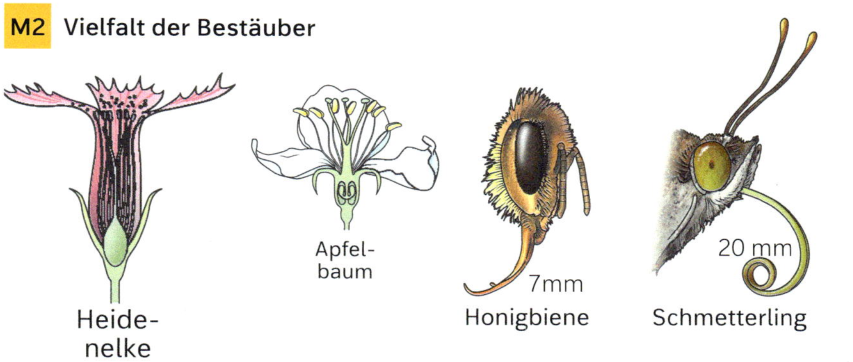

1. Vergleiche die Blüten der abgebildeten Pflanzen.
2. Vergleiche die Mundwerkzeuge der abgebildeten Insekten.
3. Erkläre, welche Insekten in welchen Blüten erfolgreich Nektar finden.

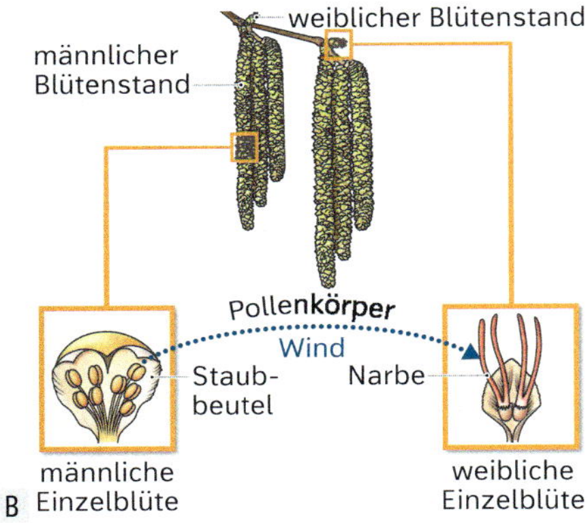

3 Hasel: **A** weiblicher und männlicher Blütenstand, **B** Windbestäubung

Material mit Aufgaben

M3 Pollenkörner

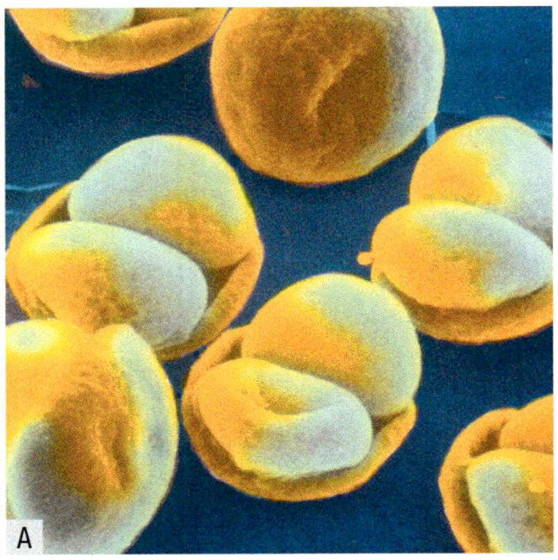

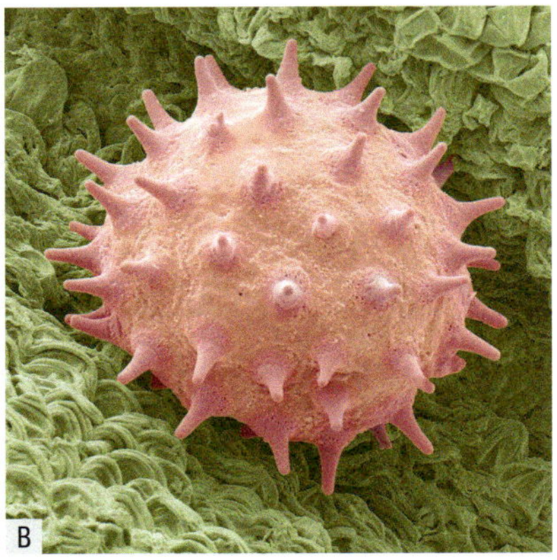

Windblütige Pflanzen besitzen meist nicht klebrige Pollenkörner, die eine glatte Oberfläche haben. Manche besitzen auch Flugeinrichtungen. Die Pollenkörner insektenblütiger Pflanzen sind meist größer, duften und sind klebrig. Manche besitzen auch hakenartige Fortsätze.

1. Vergleiche die Pollenkörner in den Bildern A und B.
2. Ordne die Pollenkörner der Windbestäubung und der Insektenbestäubung zu. Begründe.
3. Erkläre, warum windblütige Pflanzen meist eine große Anzahl von Pollenkörnern bilden.
4. Beim Haselstrauch entwickeln sich die Blüten vor dem Austreiben der Blätter. Erläutere diesen Sachverhalt.

Windbestäubung bei der Hasel

Der Haselstrauch blüht schon sehr früh im Jahr, wenn bei kalten Temperaturen noch keine Insekten aktiv sind. An seinen noch kahlen Zweigen hängen gelbe Blütenstände aus eng zusammenliegenden Einzelblüten. Bei diesen gelben „Kätzchen" handelt es sich um die männlichen Blüten des Haselstrauchs. Die Staubblätter liegen frei, damit sie dem Wind ausgesetzt sind. Bei jedem Windstoß werden aus den Staubbeuteln der Kätzchen Millionen von Pollenkörnern freigesetzt. Mit dem Wind gelangen die Pollenkörner auf die unscheinbaren, weiblichen Blüten des Haselstrauchs. Aus ihnen ragen pinselartige, klebrige Narben heraus. Da die Pollenkörner durch den Wind auf die Narben übertragen werden, spricht man bei dem Haselstrauch von **Windbestäubung**.

Geschlechter bei Pflanzen

Beim Haselstrauch liegen die männlichen und weiblichen Blütenorgane in unterschiedlichen Blüten. Sie wachsen aber am selben Strauch. In der Botanik sagt man daher auch „in einem Haus". Die Hasel ist **getrenntgeschlechtlich** und **einhäusig**. Dabei sind an einem Strauch meist nicht beide Blüten gleichzeitig reif. So können die weiblichen Blüten also nur durch die männlichen Blüten eines anderen Haselstrauchs bestäubt werden. Auch Birken, Eichen, Nadelbäume und Gräser werden durch den Wind bestäubt. Pflanzen, die durch Wind bestäubt werden, bilden eine sehr große Anzahl winziger Pollenkörner. Ihre Blüten sind meist unauffällig, bilden keinen Nektar und duften daher kaum.

Fremdbestäubung der Salweide

Schon aus der Ferne kann man bei der Salweide unterschiedlich blühende Bäume unterscheiden. Eine gelb blühende Salweide trägt nur Blüten mit Staubblättern. Sie besitzt nur männliche Blüten. Ein Baum mit weiblichen Blüten erkennt man an den grünen Stempeln.
Sowohl die männlichen als auch die weiblichen Blüten stehen in Blütenständen, den sogenannten Kätzchen. Da es bei der Salweide männliche und weibliche Bäume gibt, ist die Salweide **getrenntgeschlechtlich** und **zweihäusig**.
An den ersten warmen Tagen im Frühjahr fliegen Bienen und Hummeln zwischen den Kätzchen der Weiden hin und her. So werden Weiden fremdbestäubt. Die Salweide ist insektenbestäubt.

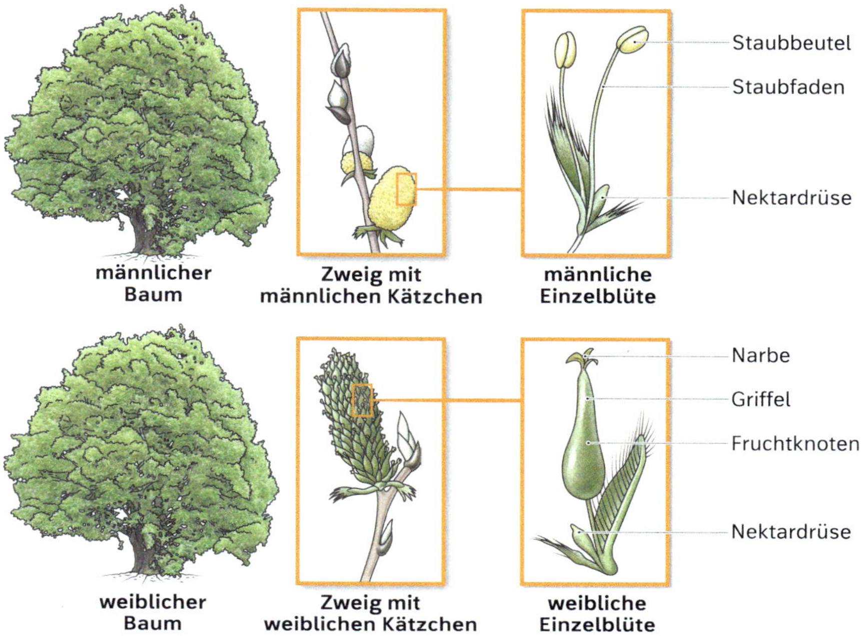

4 Bestäubung bei der Salweide

Material mit Aufgaben

M4 Geschlechter von Pflanzen

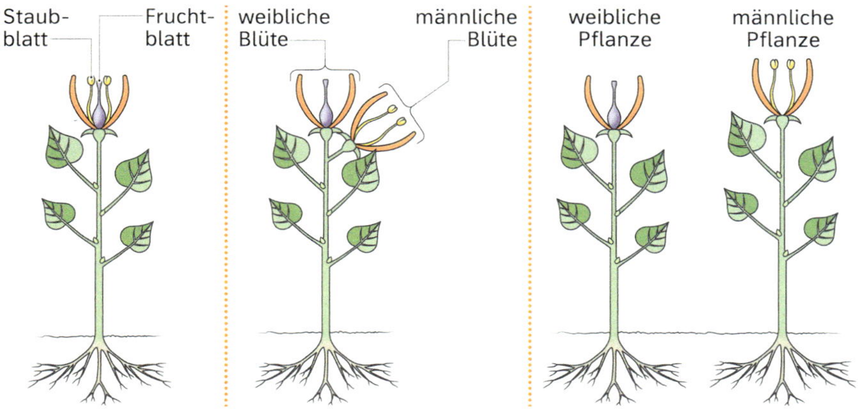

1. Ordne den Schemazeichnungen die Begriffe einhäusig, zweihäusig, getrenntgeschlechtich und zwittrig zu. Begründe deine Zuordnung.

2. Erkläre, warum es bei zweihäusigen Pflanzen wie der Salweide keine Selbstbestäubung geben kann.

3. Bei einhäusigen Seggen und Rohrkolben sind die männlichen Blüten oberhalb der weiblichen Blüten. Erläutere mögliche Formen der Bestäubung.

1 Reife Kirschen am Baum

Von der Blüte zur Frucht

Befruchtung

Nach der Bestäubung einer Kirschblüte liegen Pollenkörner auf der klebrigen Narbe. Sie enthalten die männlichen Geschlechtszellen. Aus den Pollenkörnern wächst ein kleines, schlauchartiges Gebilde, der **Pollenschlauch**. Dieser wächst durch die Narbe und den Griffel bis ins Innere des Fruchtknotens. Hier liegt die Samenanlage mit der weiblichen Eizelle. Der Pollenschlauch, der am schnellsten wächst, dringt in die Samenanlage ein. Er öffnet sich und gibt seine männliche Geschlechtszelle ab. Die weibliche Eizelle und die männliche Geschlechtszelle verschmelzen. Auch die beiden Zellkerne verschmelzen miteinander. Diesen Vorgang bezeichnet man als **Befruchtung**.

Material mit Aufgaben

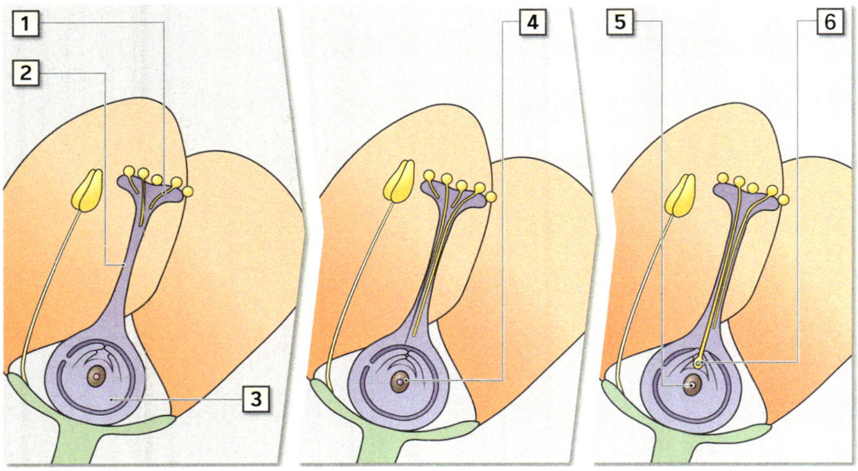

M1 Befruchtung A+F

1. Bennene die mit Ziffern gekennzeichneten Bestandteile.
2. Beschreibe den dargestellten Vorgang.
3. Wähle eine der Aufgaben aus:

a Erkläre, warum der Kirschbaum nur nach einer erfolgreichen Befruchtung Samen bilden kann.

b Beschreibe Gemeinsamkeiten und Unterschiede bei der Fortpflanzung von Kirsche und Hund.

Entwicklung der Frucht

Nur wenn eine Befruchtung stattgefunden hat, entwickelt sich eine Kirsche. Zuerst welken die Kronblätter und fallen ab. Auch der Griffel mit der Narbe wird nicht mehr benötigt. Er vertrocknet und fällt ebenfalls ab. Der Fruchtknoten dagegen wird dicker.
Die kleine grüne Kirsche wächst und wird rot und süß. Aus der Wand des Fruchtknotens entwickelt sich die Fruchtwand. Sie besteht aus der äußeren Fruchtschale, dem saftigen Fruchtfleisch und der inneren Fruchtschale. Umschlossen von der inneren Fruchtschale liegt der Kirschstein. In ihm bildet sich aus der befruchteten Eizelle ein Samen. Er enthält Nährstoffe und einen Pflanzenembryo mit Wurzel, Sprossachse und Blättern. Ungefähr drei Monate nach der Befruchtung ist die Kirsche reif. Fällt der Stein dann auf den Boden, kann der Samen im nächsten Jahr keimen und ein neuer Kirschbaum wächst heran.

Fruchtformen

Früchte, die wie die Kirsche aufgebaut sind, heißen **Steinfrüchte**. Auch Pflaumen und Aprikosen gehören zu den Steinfrüchten.
Beeren sind saftig und enthalten viele Samen. Zu ihnen zählen Stachelbeeren, Kiwis und Tomaten.
Bei den Früchten des Haselstrauchs, den **Nüssen**, ist die ganze Fruchtwand ausgehärtet. Innen liegt der weichere Samen.
Bei **Hülsenfrüchten** wie der Erbse entwickelt sich aus der Fruchtwand eine lange Fruchtschale mit vielen Samen.

Material mit Aufgaben

M2 Von der Blüte zur Frucht

1. Benenne die mit Ziffern gekennzeichneten Bestandteile.
2. Vergleiche den Aufbau von Kirschblüte und Kirschfrucht.
3. Wähle eine der Aufgaben aus:
a Beschreibe die Fruchtbildung der Kirsche. Beachte dabei, welche Teile der Blüte zu welchen Teilen der Frucht werden.
b Stelle den Vorgang der Fruchtbildung mithilfe eines Fließschemas dar.

A Erkläre am Beispiel der Kirsche den Unterschied zwischen Bestäubung und Befruchtung.

B Bewerte die Aussage: „Bienen befruchten Kirschblüten."

1 Baum auf Felsen im Meer

Ausbreitung von Samen und Früchten

Windverbreitung

Die Samen vieler Nadelbäume besitzen dünne Flughäute. Sie werden durch den Wind verbreitet. Die Samen funktionieren wie die Flügel eines Segelfliegers. Durch die dünnen und leichten Flughäute der Samen und Flügel eines Segelfliegers, können Samen und Flieger weite Strecken zurück legen.

Auch die Früchte des Löwenzahns werden durch den Wind verbreitet. Oben an der Frucht sitzt ein Stiel, der in einem Schirm aus kleinen Härchen endet. So ein Schirmflieger fliegt bis zu zehn Kilometer weit. Nach der Landung verankert sich die Frucht mit Widerhaken im Boden. Der Löwenzahn bildet **Flugfrüchte**.

Material mit Aufgaben

P1 Modell eines Schirmfliegers

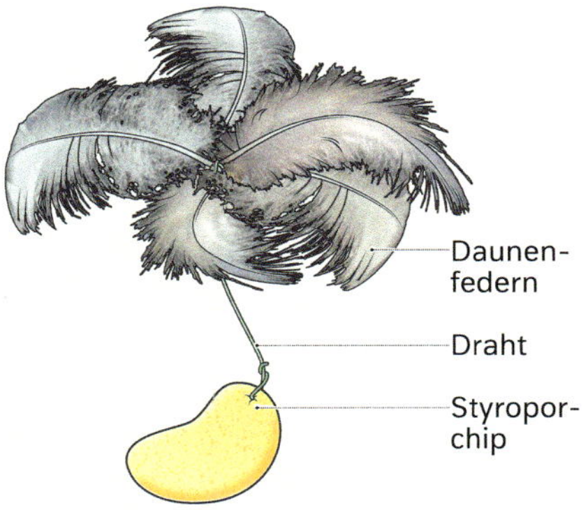

Material: Stoppuhr, Föhn, Maßband, Daunenfedern, Styroporchips, dünner Draht oder Nylonfaden, Klebstoff

Durchführung: Baue mithilfe des Bildes ein Modell eines Schirmfliegers. Lasse das Modell mehrmals aus etwa zwei Metern Höhe fallen. Erzeuge bei einigen Versuchen mit dem Föhn einen leichten Wind. Miss jeweils die Flugstrecken und die Flugzeiten. Notiere die Werte in einer Tabelle.

Entferne den Schirm und wiederhole die Versuche.

1. Beschreibe, welche Teile des Modells welchen Teilen der Löwenzahnfrucht entsprechen.
2. Wähle eine der Aufgaben aus:
   a Vergleiche Strecken und Zeiten. Erläutere die Unterschiede.
   b Vergleiche die Flugfrucht des Löwenzahns mit einem Fallschirm.

Verbreitung durch Tiere

Die **Klettfrüchte** verschiedener Pflanzen haben an der Oberfläche Haken. Mit diesen verankern sie sich im Gefieder oder im Fell von Tieren. Sie werden eine Zeit lang mitgeschleppt und an einem anderen Ort wieder abgestreift.
Die Samen der Schneeglöckchen haben fettreiche, nahrhafte Anhängsel, die von Ameisen gefressen werden. Solche Früchte heißen **Ameisenfrüchte**. Ameisen verlieren einige Früchte beim Transport und verbreiten so die Samen.
Die Früchte der Eberesche locken durch ihre auffällige Färbung Vögel an. Sie fressen diese **Lockfrüchte**. Die unverdaulichen Samen werden nach einiger Zeit mit dem Kot ausgeschieden. Der Kot der Vögel dient gleichzeitig als Dünger.

Selbstverbreitung

Wenn die Frucht des Springkrautes reif ist, trocknet sie ein. Bei Berührung platzt sie dann auf und der Samen wird herausgeschleudert. Das Springkraut hat **Schleuderfrüchte**. Bei einigen Pflanzen vertrocknen die Früchte und reißen auf. So werden die Samen bei solchen **Streufrüchten** ausgestreut.

Wasserverbreitung

Die Früchte von Pflanzen wie dem Riesen-Bärenklau, die im oder am Wasser leben, haben oft mit Luft gefüllte Kammern. Diese **Schwimmfrüchte** treiben auf dem Wasser und werden auf diese Weise weit verbreitet.

A Erkläre, durch welche Ausbreitungsart der Nadelbaum in Bild 1 auf den Felsen gelangt ist.

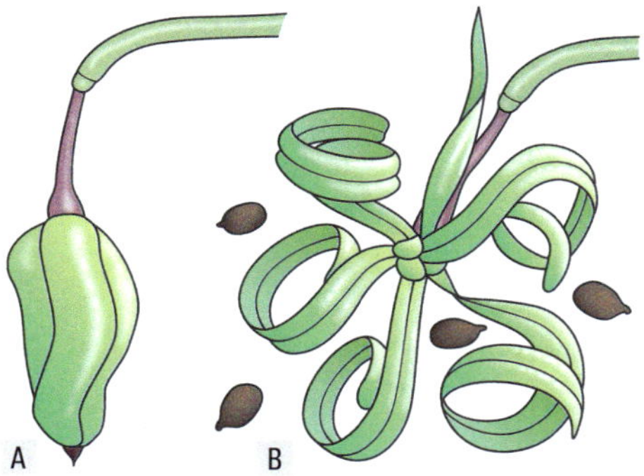

2 Frucht des Springkrauts: **A** geschlossen, **B** offen

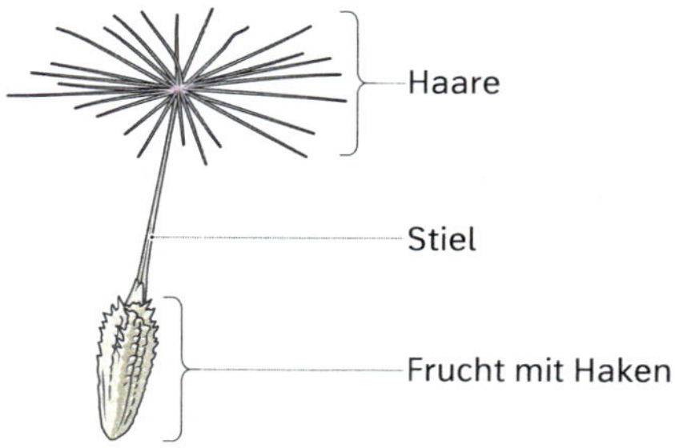

3 Schirmflieger des Löwenzahns

Material mit Aufgaben

M2 Ausbreitung von Samen und Früchten

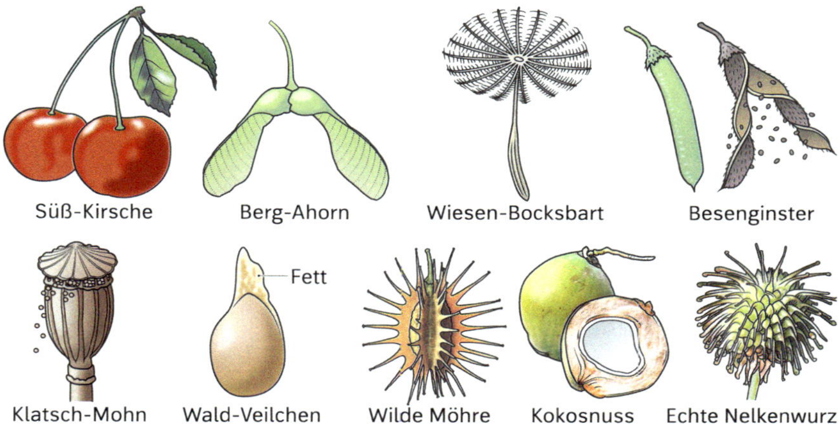

1. Ordne folgende Fruchttypen zu: Flugfrucht, Schwimmfrucht, Lockfrucht, Ameisenfrucht, Streufrucht und Schleuderfrucht.
2. Erstelle eine Tabelle mit den Spalten: „Pflanzenart“, „Fruchttyp“, „Begründung“ und ordne die abgebildeten Früchte zu.
3. Wähle eine der Aufgaben aus:
   a Erläutere Bau und Funktion einer Flugfrucht und einer Lockfrucht.
   b Erläutere, welche der gezeigten Früchte auch von Menschen verbreitet werden könnten.

1 Bohnensamen der Feuerbohne

Keimung und Wachstum

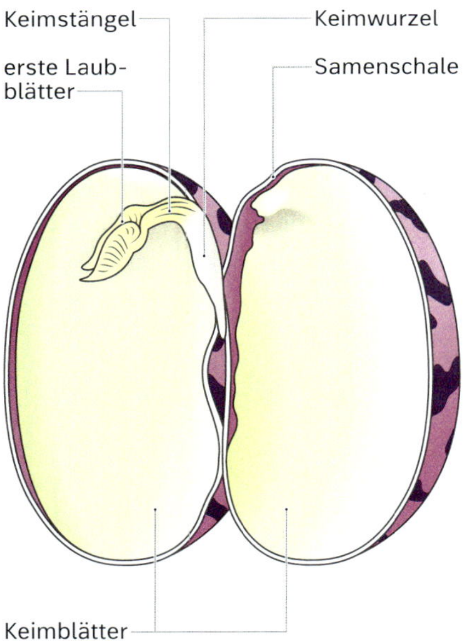

2 Aufbau eines gequellten Bohnensamens

Aufbau eines Samens

Feuerbohnensamen sind von einer harten **Samenschale** umgeben. Sie schützt den Samen vor Beschädigungen und Trockenheit. Im Inneren sind zwei große, dicke Hälften, die **Keimblätter**. In ihnen sind Nährstoffe für die Entwicklung gespeichert. Zwischen den beiden Hälften liegt der **Embryo**. Er besteht aus der **Keimwurzel**, dem **Keimstängel** und den **ersten Laubblättern**. Auch die Keimblätter gehören zum Embryo. Die Samen der Feuerbohne enthalten also eine vollständige kleine Pflanze, die nur noch heranwachsen muss.

Quellung

Samen können Trockenheit oder Frost auch über längere Zeit überstehen. Der Samen zeigt dann keine Veränderungen. Dies bezeichnet man als **Samenruhe**. Liegt ein Samen dagegen in feuchter Umgebung wie beispielsweise in feuchter Erde, dringt Wasser in den Samen ein. Er wird größer und schwerer. Nach einigen Tagen in feuchter Erde reißt die Samenschale auf. Diesen Vorgang nennt man **Quellung**.

Keimung

Nach einiger Zeit wächst die Keimwurzel senkrecht in die Erde und bildet Seitenwurzeln. Auch der gebogene Keimstängel und die ersten Laubblätter werden größer. Der Keimstängel wächst aus der Erde und richtet sich auf. Im Licht werden der Stängel und die ersten Laubblätter grün. Die Keimblätter bleiben in der Erde. Bei dieser Entwicklung werden die Nährstoffe aus den Keimblättern verbraucht. Die Keimblätter werden immer kleiner und sterben ab. Die Entwicklung von der Quellung bis zur Entfaltung der ersten grünen Laubblätter heißt **Keimung**.

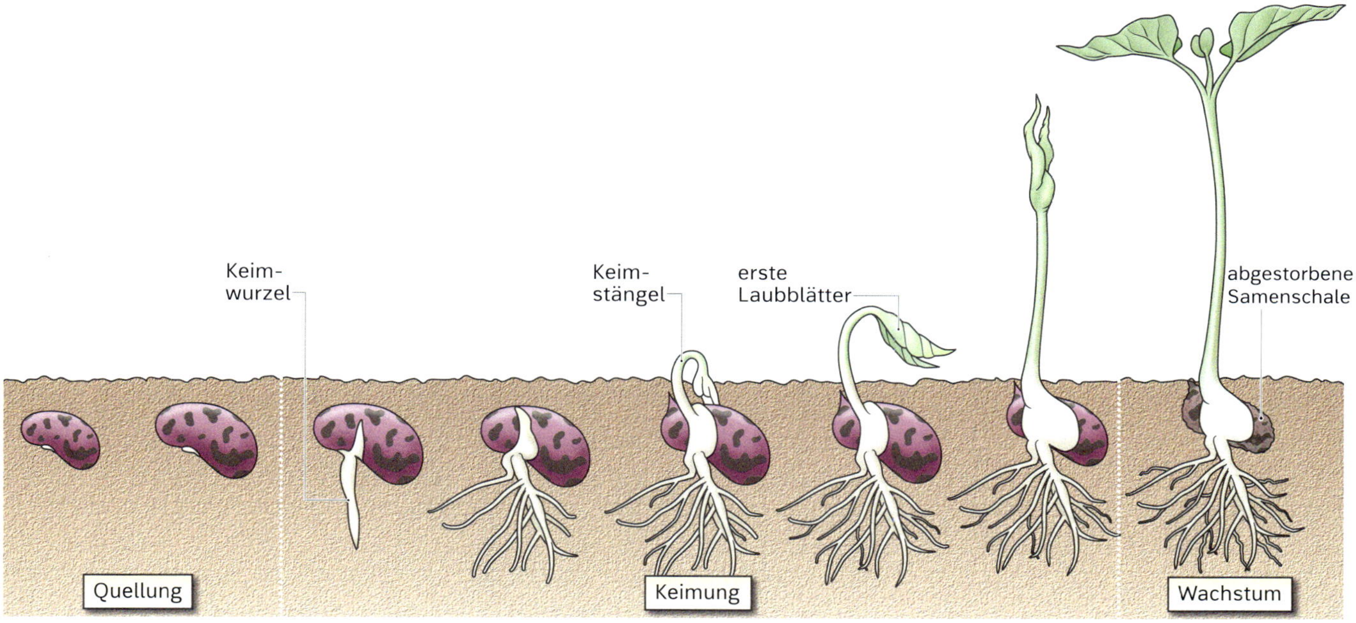

3 Quellung, Keimung und Wachstum der Feuerbohne

Wachstum

Nach der Keimung wächst die jetzt grüne Pflanze weiter. Wie gut sie sich entwickelt, hängt von Faktoren wie Licht, Temperatur, Wasser, Luft und der Art des Bodens ab. Diese Umweltbedingungen nennt man **abiotische Faktoren**.

A Beschreibe die Quellung, die Keimung und das Wachstum der Feuerbohne mithilfe von Bild 3.

B Fertige eine Zeichnung eines gequellten Bohnensamens an und beschrifte deine Zeichnung mit den richtigen Fachbegriffen.

Material mit Aufgaben

M1 Keimungsbedingungen

1. Das Bild zeigt Keimungsversuche mit Kressesamen. Beschreibe die Versuchsdurchführung.
2. Beschreibe die Versuchsergebnisse. Übertrage dazu die Tabelle in dein Heft und ergänze sie.

Versuch	Abiotische Faktoren					Versuchsergebnis
1	keine Erde	Wasser	Licht	Wärme	Luft	Samen keimt
2	…	…	…	…	…	…

3. Erkläre, welche abiotischen Faktoren die Kresse für Keimung und Wachstum benötigt.

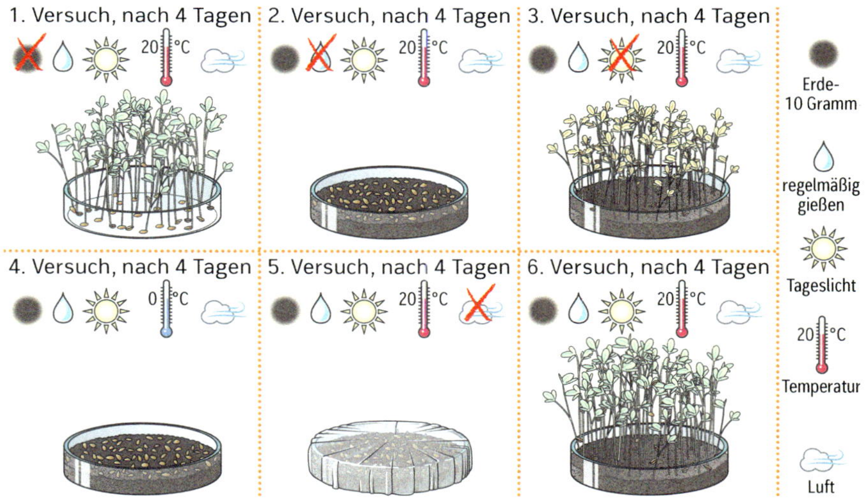

Ein Versuchsprotokoll erstellen

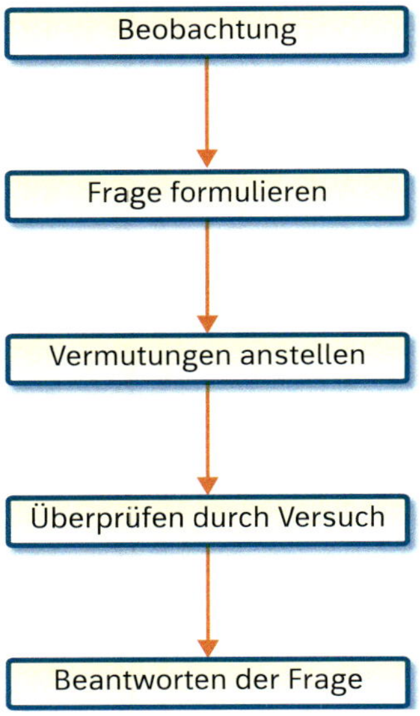

1 Erkenntnisgewinnung in den Naturwissenschaften

Bestandteile eines Protokolls

Damit der Vergleich von Versuchen einfacher ist, schreibt man Versuchsprotokolle. Darin werden der Versuchsaufbau und das Ergebnis vermerkt. So können auch andere Personen den Versuch durchführen und die Ergebnisse überprüfen. Ein Versuchsprotokoll besteht aus folgenden Teilen:

1. Frage formulieren: Am Anfang eines Protokolls wird eine Frage gestellt, die mit dem Versuch beantwortet wird.

2. Vermutungen anstellen: Zu deiner Frage werden Vermutungen angestellt. Beim Anstellen der Vermutungen nutzt man sein Vorwissen.

3. Versuche: Zu Überprüfung deiner formulierten Vermutungen werden Versuche durchgeführt.

A Liste der Materialien: Liste alle Versuchsmaterialien auf, die man für den Versuch benötigt.

B Versuchsskizze anfertigen: Wenn es aufwändigere Versuchsaufbauten sind, fertige eine einfache Zeichnung, eine Skizze, an. Dazu wird der Versuchsaufbau mit einem Bleistift skizziert.

C Versuchsdurchführung: Beschreibe möglichst genau die Durchführung des Versuchs. Je eindeutiger die Durchführung beschrieben ist, desto einfacher kann jemand anderes den Versuch ebenfalls durchführen.

4. Beobachtung und Ergebnis: Notiere deine Beobachtungen während des Versuchs. Messwerte können beispielsweise in Tabellen festgehalten werden.

5. Auswertung: Hier beantwortest du deine anfangs formulierte Frage. Deine Vermutungen werden überprüft. Sollte die eingangs angestellte Vermutung nicht zutreffen, kann es sein, dass sich aus dem Versuchsergebnis neue Fragen ergeben.
Mögliche Fehler, die während des Versuches auftauchen, werden hier angesprochen. Dies nennt man Fehlerdiskussion.
Wenn sich mithilfe des Versuchs deine Vermutungen nicht bestätigen lassen, müssen neue Vermutungen angestellt und überprüft werden.

Frage: Welche abiotischen Faktoren benötigt Kresse um zu Keimen?
Vermutungen: Kresse benötigt folgende abiotische Faktoren zur Keimung: Erde, Wasser, Licht, Wärme und Luft.
Materialien: Kressesamen, 6 Petrischalen, Watte, Frischhaltfolie, 1 Karton, Wasser, Erde
Durchführung: Es wird eine Petrischale vorbereitet, in der alle vermuteten abiotischen Faktoren gegeben sind. Bei den restlichen Petrischalen fehlt immer ein Faktor. Die Petrischalen werden mehrere Tage beobachtet.

Versuch	Abiotische Faktoren					Versuchsergebnis
1	Erde	Wasser	Licht	Wärme	Luft	Samen keimt
2	Watte	Wasser	Licht	Wärme	Luft	Samen keimt
3	Erde	kein Wasser	Licht	Wärme	Luft	Samen keimt nicht
4	Erde	Wasser	kein Licht	Wärme	Luft	Samen keimt
5	Erde	Wasser	Licht	keine Wärme	Luft	Samen keimt nicht
6	Erde	Wasser	Licht	Wärme	keine Luft	Samen keimt nicht

Ergebnis:
Die Kressesamen keimen nicht in den Versuchen 3, 5 und 6. In allen anderen Versuchen keimen sie.
Auswertung:
Für die Keimung benötigt die Kresse Wasser, Luft und Wärme. Wenn sie einen dieser abiotischen Faktoren nicht zur Verfügung hat, findet keine Keimung statt. Dies kann man in den Versuchen erkennen, denn immer, wenn einer dieser Faktoren fehlt, keimt in diesem Versuchsansatz keine Kressepflanze.

Versuchsaufbau:

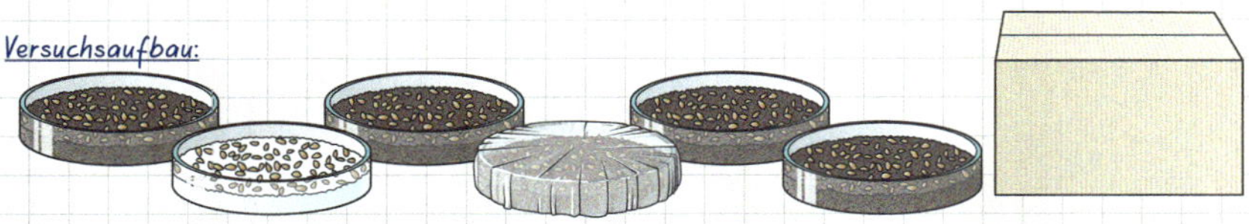

2 Ein Versuchsprotokoll

Material mit Aufgaben

P1 Wachstum der Sprossachse

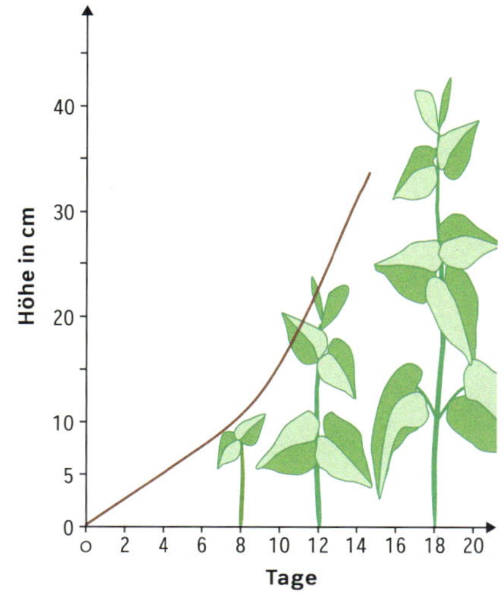

Anna-Lena hat eine Bohnenpflanze erst zum Keimen und dann zum Wachsen gebracht. Sie hat das Längenwachstum der Sprossachse regelmäßig gemessen und in einem Diagramm dargestellt.

Material: gequollene Samen der Feuerbohne oder Gartenbohne, Blumentopf, Blumenerde, Lineal, Zeichenmaterial

Durchführung: Bringe die gequollenen Bohnensamen zum Keimen. Setze die Keimlinge in einen Topf mit Blumenerde. Miss über einen Zeitraum von 3 Wochen das Längenwachstum der Sprossachse.

1. Zeichne aus deinen eigenen Werten ein Liniendiagramm, welches das Längenwachstum der Bohnenpflanze zeigt.
2. Erstelle für den Versuch ein Versuchsprotokoll.

M2 Keimung der Erbse

1. Benenne die mit Ziffern gekennzeichneten Bestandteile.
2. Beschreibe die Keimung der Erbse.
3. Beschreibe, wann der Keimstängel grün wird.
4. Erkläre, warum viele Samen bei Frost nicht keimen können.
5. Erläutere, welche Funktion die Samenruhe für viele Pflanzen hat.

Nährstoffe nachweisen

1 Nachweis von Stärke

Nährstoffnachweise

Mithilfe von chemischen Methoden kann man das Vorhandensein von verschiedenen Nährstoffen in Pflanzen und anderen Lebensmitteln nachweisen. Dazu kann man flüssige Chemikalien oder Teststäbchen benutzen. Beide wechseln beim Vorhandensein eines bestimmten Stoffes ihre Farbe. Zum Beispiel kann man mit Iod-Kaliumiodid-Lösung Stärke nachweisen. Die Lösung verfärbt sich bei Stärke blau-violett. Dies ist der **positive Kontrollversuch**.
Iod-Kaliumiodid-Lösung verfärbt sich beispielsweise bei Salz dagegen nicht. Dies ist der **negative Kontrollversuch**. Durch den Abgleich kann man bestimmen, ob die untersuchten Lebensmittel einen bestimmten Stoff enthalten. Man kann aber nicht feststellen, wie viel von dem Stoff enthalten ist.

Material mit Aufgaben

P1 Nachweisverfahren

Frage: Welche Lebensmittel enthalten Stärke?

Material: 2 Bechergläser, Tropfpipette, Glasstab, Stärke-Lösung, Iod-Kaliumiodid-Lösung, Wasser

Durchführung: Fülle in ein Becherglas 10 ml Wasser und in das andere 10 ml Stärke-Lösung. Gib jeweils 3 Tropfen Iod-Kaliumiodid-Lösung hinzu. Rühre mit dem Glasstab um.

1. Führe die drei Nährstoffnachweise bei folgenden Lebensmitteln durch: Vollmilch (3,8%), Mandelmilch, Reismilch, Sojamilch und Sahne. Trage in eine Tabelle ein, welche Nährstoffe die untersuchten Stoffe enthalten.
2. Führe die Nährstoffnachweise bei Pflanzensamen durch.

Frage: Welche Lebensmittel enthalten Eiweiß?

Material: Reagenzgläser, Pipette, Stopfen, Wasser, Eiklar, frischer Zitronensaft oder Speiseessig

Durchführung: Fülle ein Reagenzglas mit 3 ml Wasser und eins mit verdünntem Eiklar (0,5 ml Eiklar und 2 ml destilliertes Wasser). Tropfe in die Reagenzgläser ein paar Tropfen Essig. Verschließe sie mit einem Stopfen und schüttele vorsichtig. Wenn Eiweiß mit Säure zusammenkommt, bilden sich Flocken.

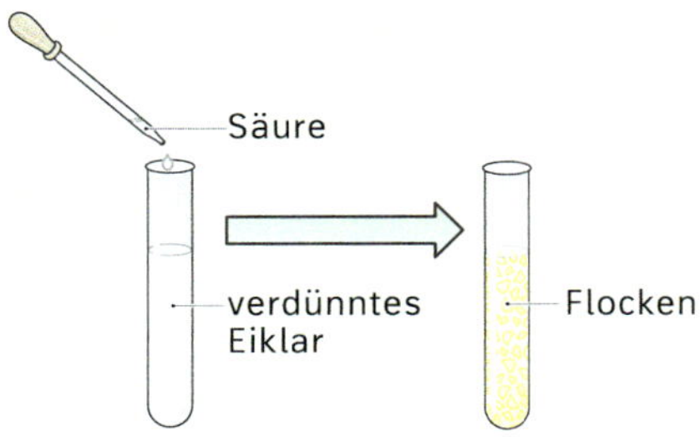

Frage: Welche Lebensmittel enthalten Fett?

Material: Rundfiltrierpapier, Stift, Pipetten, Föhn, Speiseöl, Wasser

Durchführung: Zeichne mit dem Stift zwei Kreise auf das Filtrierpapier. Gib mit der Pipette Speiseöl in den einen Kreis und mit der zweiten Pipette Wasser in den anderen. Trockne das Filtrierpapier mit dem Föhn und halte es gegen das Licht.

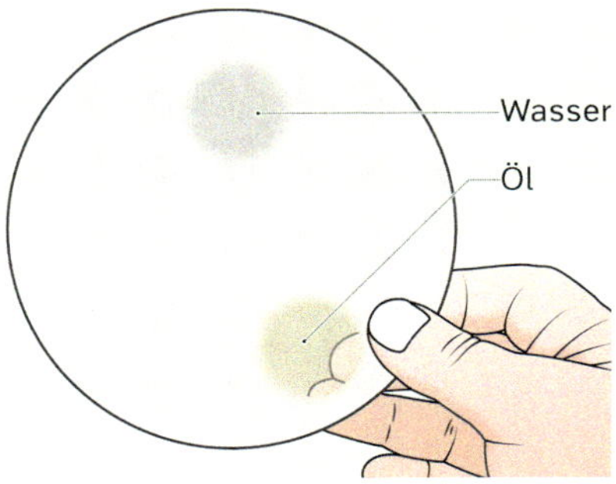

Eine digitale Präsentation erstellen

Digitale Präsentationen

Mit Präsentationsprogrammen kann man digitale Präsentationen am Computer erstellen. Mit diesen kannst du Vorträge unterstützen. Es ist sehr wichtig, eine digitale Präsentation richtig aufzubauen und zu gestalten. Im Vordergrund des Vortrages steht immer die vortragende Person und nicht die Präsentation. Eine Präsentation enthält nicht nur Text, sondern auch Bilder, Diagramme oder Videos. Das macht sie interessanter für die Zuhörer.

Wenn die Präsentation in das Internet, beispielsweise auf eine Homepage, gestellt wird, oder sie außerhalb des Klassenzimmers gezeigt wird, braucht man die Erlaubnis vom Ersteller des Bildes, Tons oder des Videos.

Aufbau einer Präsentation

Die einzelnen Seiten einer digitalen Präsentation nennt man **Folie**. Eine Präsentation wird in unterschiedliche Abschnitte eingeteilt:

- **Titelfolie** • Auf der ersten Folie stehen der Titel der Präsentation und die Namen der Präsentierenden. Es kann auch ein Untertitel und ein passendes Bild hinzugefügt werden. Die Titelfolie sollte das Interesse der Zuhörenden wecken.
- **Gliederung** • Die Gliederung zeigt dem Publikum, worüber du sprechen wirst. Sie sollte kurz und knapp sein und dem Publikum nur einen groben Überblick geben.
- **Inhalt** • Auf den nächsten Folien werden die wichtigsten Stichpunkte, ergänzende Bilder oder Videos kurz und übersichtlich gezeigt.
- **Zusammenfassung** • Zum Schluss führst du die wichtigsten Aussagen deines Vortrags auf. Die Zusammenfassung sollte kurz sein und keine unnötigen Details beinhalten.
- **Quellen** • Schreibe auf die letzte Folie die Quellen aller Bilder, Töne und Videos, die du nicht selbst erstellt hast. Nenne den Ersteller und wo du den Inhalt gefunden hast.

Material mit Aufgaben

M1 Digitale Präsentation

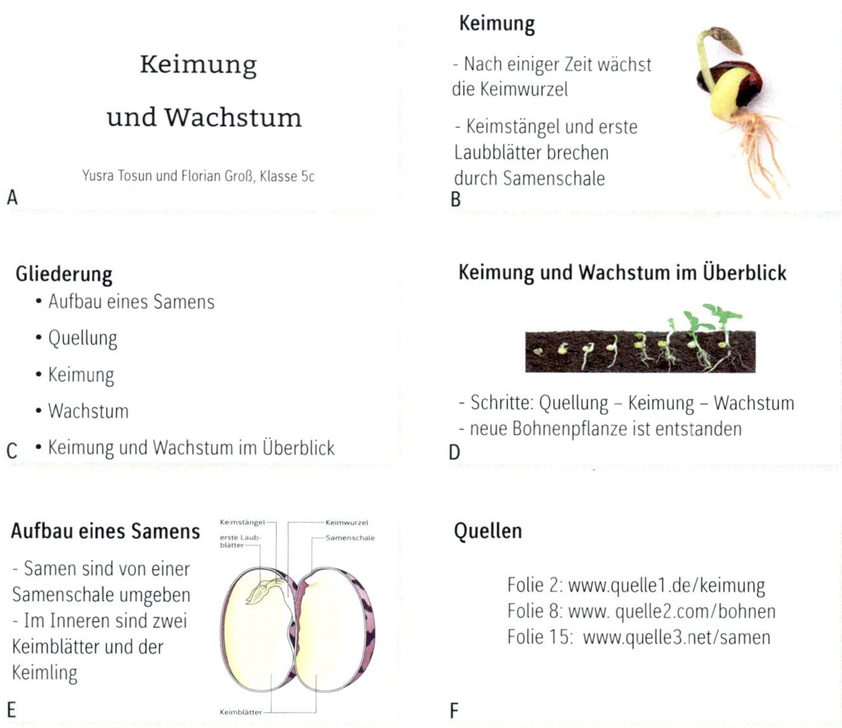

1. Ordne den Folien A-F die Abschnitte Titelfolie, Gliederung, Inhalt, Zusammenfassung und Quellen zu.

2. Nenne Vorteile von digitalen Präsentationen.

Entwicklung der Kirsche

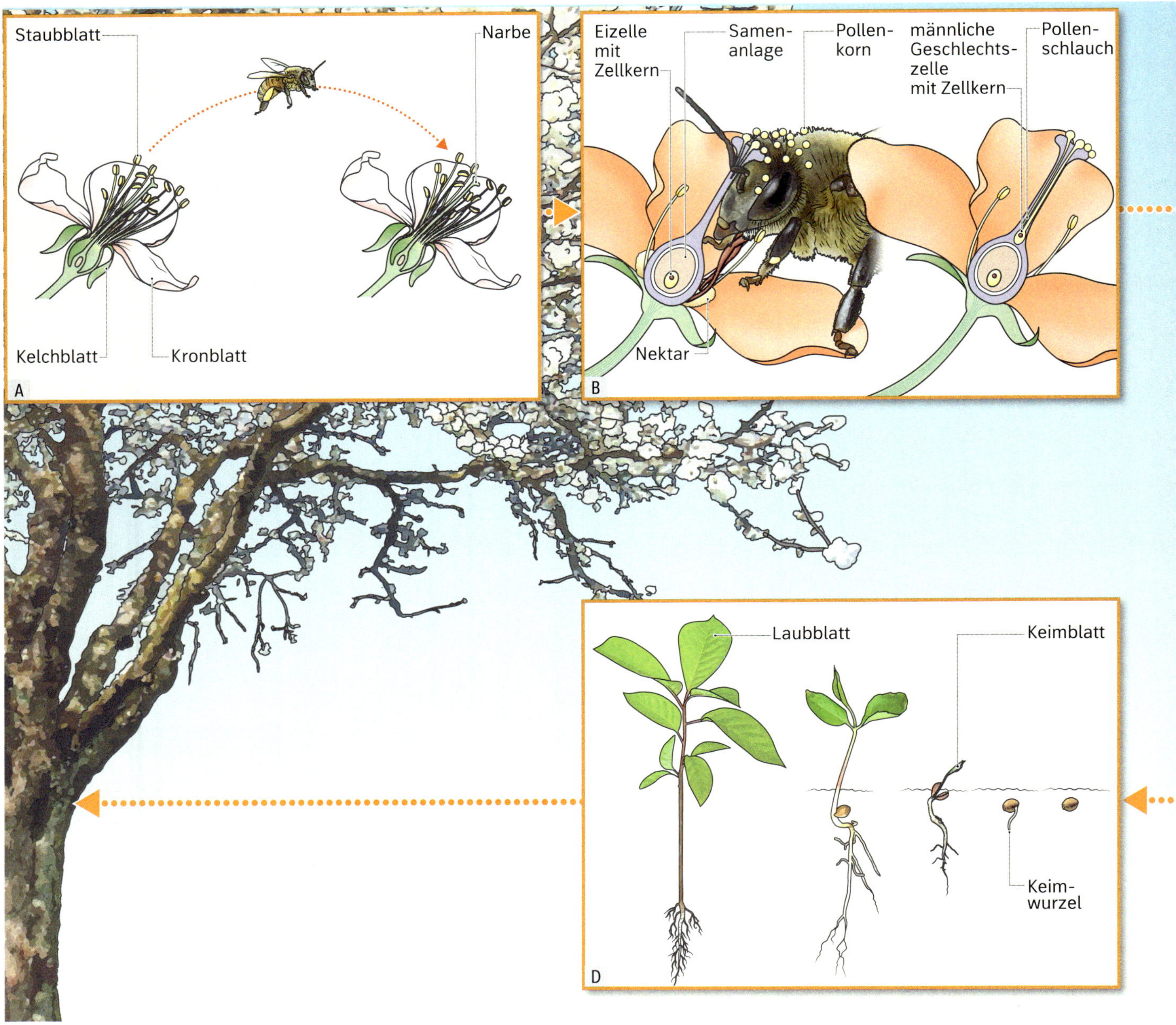

In den Blüten befinden sich die Fortpflanzungsorgane. Eine Blüte muss zur Fortpflanzung bestäubt werden. Die Bestäubung erfolgt zum Beispiel durch Insekten oder durch den Wind.

Nach der Bestäubung folgt die Befruchtung. Dabei verschmilzt die männliche Geschlechtszelle mit der weiblichen Eizelle. Aus der befruchteten Eizelle entwickeln sich die Früchte mit den Samen.

Die Samen oder die Früchte werden zum Beispiel durch Tiere, Wind oder Wasser verbreitet. Wenn die Samen auf den Boden fallen, keimen sie und entwickeln sich zu einer neuen Pflanze.

1. Benenne die in den Bildern A bis D dargestellten Vorgänge.
2. Erkläre, warum es wichtig ist, dass Bienen oder andere Insekten Kirschblüten besuchen.
3. Beschreibe den Vorgang, der in der Kirschblüte in Bild B stattfindet.
4. Erkläre, warum Früchte wie die Kirsche oft auffällig gefärbt sind.

1 Eine Blumenwiese ist vielfältig.

Pflanzen ordnen

2 Familie Kreuzblütengewächse: **A** Raps, **B** Wiesen-Schaumkraut

Vielfalt der Pflanzen

Es gibt auf der Erde etwa 240 000 Arten von Samenpflanzen. Sie sind unterschiedlich nah verwandt. Die einzelnen Arten unterscheiden sich häufig durch den Bau ihrer Blüten, ihre Früchte oder unterschiedlich gestaltete Blätter.

Ordnung in der Vielfalt

Eng miteinander verwandte Pflanzen besitzen häufig gemeinsame Merkmale, die sie von anderen Pflanzen unterscheiden. Anhand dieser Merkmale lassen sich Pflanzen bestimmen und ordnen, ähnlich wie man Gegenstände in Regalen und Schränken übersichtlich unterbringt. Dabei ordnet man Pflanzen entsprechend ihrer Verwandtschaft.

- **Art** • Gleiche Pflanzen bilden eine Art. Alle Rapspflanzen gehören zum Beispiel zur selben Art.

- **Gattung** • Eng miteinander verwandte Arten werden in einer Gattung zusammengefasst. Sie stimmen in wesentlichen Merkmalen überein. Zur Gattung Kohl gehören zum Beispiel die Arten Raps und Gemüsekohl. Zur Gattung Schaumkräuter gehört zum Beispiel das Wiesen-Schaumkraut.

- **Familie** • Nah verwandte Gattungen bilden eine Familie. Die Gattungen Kohl und Schaumkräuter gehören zur Familie der Kreuzblütengewächse. Viele Familien lassen sich an der Form der Blüten erkennen. Kreuzblütengewächse haben vier kreuzförmig angeordnete Kronblätter.

- **Ordnung** • Mehrere verwandte Pflanzenfamilien bilden eine Ord-

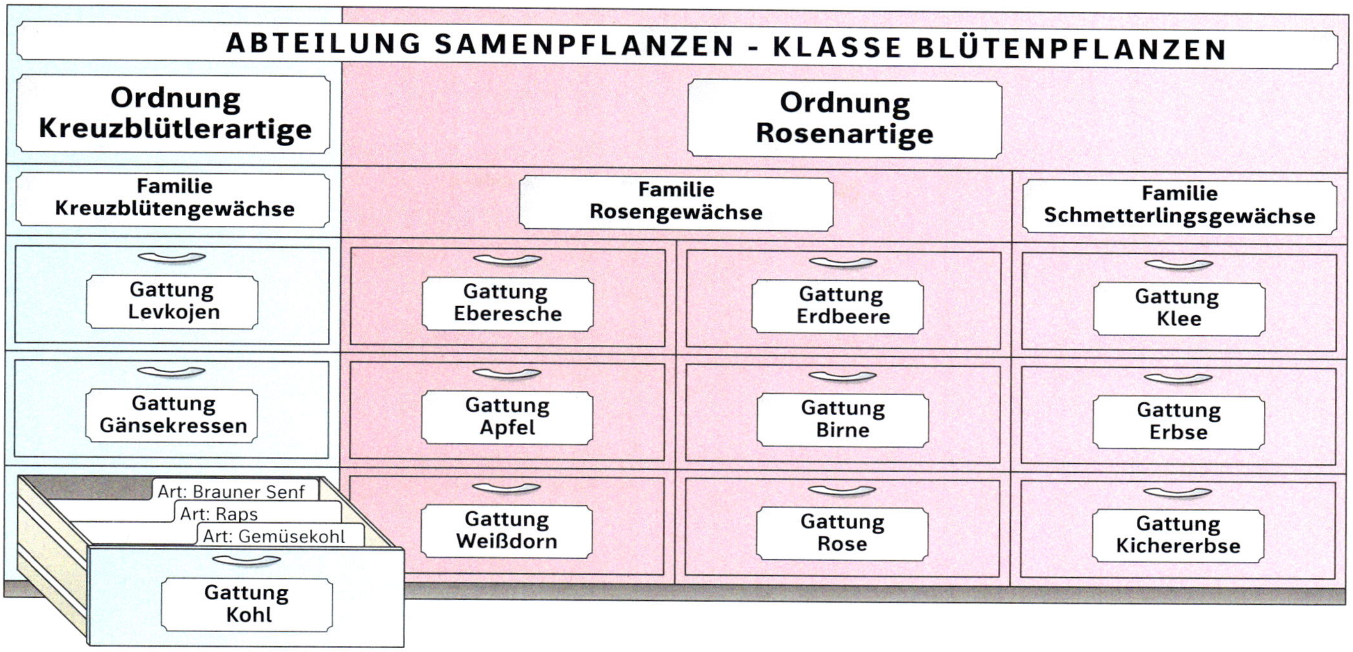

3 Einteilung des Pflanzenreichs (Ausschnitt)

nung. Die Familie Kreuzblütengewächse bildet zum Beispiel mit anderen Familien die Ordnung Kreuzblütlerartige.

- **Klasse** • Verwandte Ordnungen bilden eine Klasse. Zum Beispiel gehören alle Pflanzen, die Blüten ausbilden, zur Klasse der Blütenpflanzen.
- **Abteilung** • Alle Pflanzen, die sich mit Samen fortpflanzen, gehören zur Abteilung Samenpflanzen.
- **Reich** • Alle Pflanzen sind als Pflanzenreich zusammengefasst. Alle Tiere werden ebenfalls in einem Reich zusammengefasst.

A Ordne die Art Raps den Ordnungskategorien Gattung bis Reich zu.

Material mit Aufgaben

M1 Die Vielfalt der Pflanzen ordnen

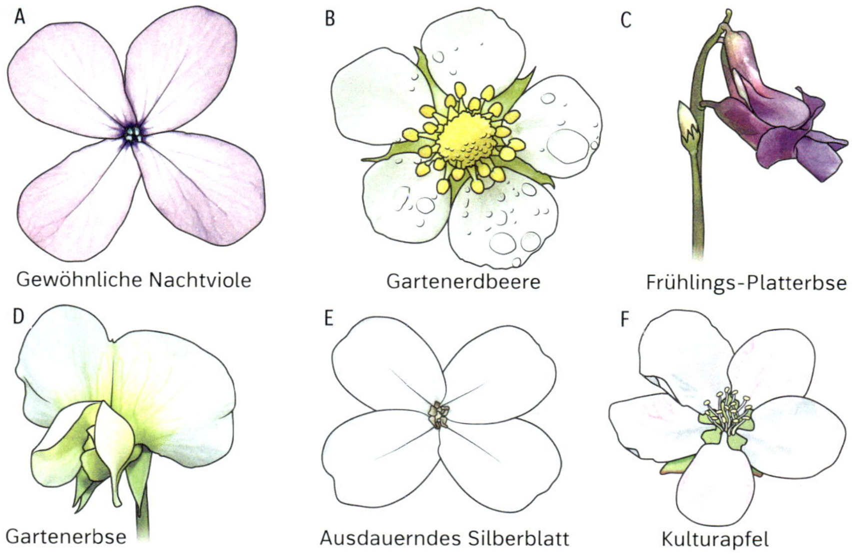

1. Beschreibe Merkmale, mit denen man die abgebildeten Blüten A bis F einer Pflanzenfamilie zuordnen könnte.
2. Ordne die Art der Gartenerdbeere und die Art der Gartenerbse den Ordnungskategorien Gattung bis Reich zu. Nimm Bild 3 dafür zu Hilfe.

1 Weizenfeld

Gräser ernähren uns

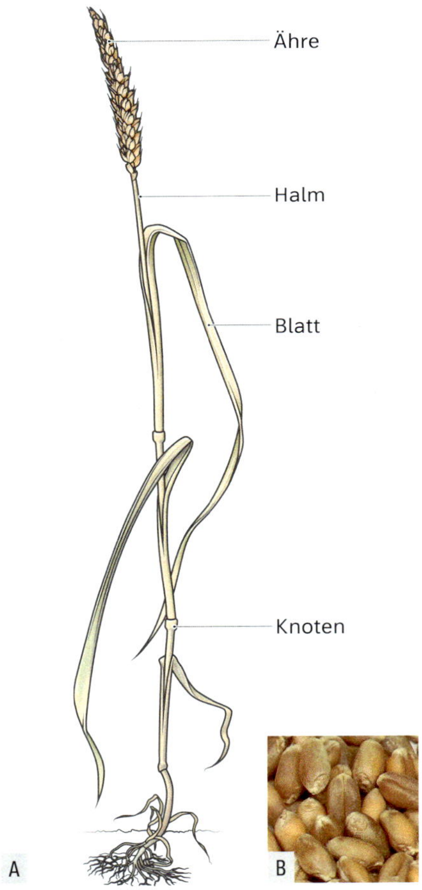

2 Weizen: **A** Pflanze, **B** Körner

Getreidepflanzen sind Gräser

Alle Getreidearten gehören zu den Gräsern. An einer Weizenpflanze erkennt man gut die Merkmale der Gräser. Ein gemeinsames Merkmal aller Gräser ist die hohle Sprossachse, auch **Halm** genannt. Er ist durch Knoten untergliedert. So knickt er nicht so schnell ein. Die unscheinbaren Blüten des Weizens stehen in einem Blütenstand, der **Ähre**, zusammen. Die Bestäubung erfolgt durch den Wind. Die Früchte des Weizens sind kleine, harte **Körner**.

Bau eines Getreidekorns

Jedes Getreidekorn ist von einer harten Schale umgeben. Sie besteht aus der Fruchtschale und der Samenschale. Beide Schalen enthalten viele Ballaststoffe und Mineralstoffe. Im Inneren des Korns befinden sich der Keimling und der Mehlkörper. Der Mehlkörper besteht aus Stärke, Zucker und Eiweißstoffen. Er ist von einer Eiweißschicht umgeben. Die Eiweißschicht enthält neben Eiweiß auch Mineralstoffe und Vitamine.

Lebensmittel aus Getreide

Viele unserer Lebensmittel bestehen aus Getreide. Nahrungsmittel aus Weizen sind zum Beispiel Brot, Brötchen und Nudeln. Genutzt werden dabei die Körner. Weißes Mehl wird nur aus dem Mehlkörper hergestellt. Es enthält kaum Ballaststoffe. Bei **Vollkornprodukten** wird das ganze Korn verarbeitet. Sie enthalten Stärke, Zucker und Eiweißstoffe und auch Vitamine und viele Ballaststoffe. Vollkornprodukte sind daher wichtig für eine gesunde Ernährung.

Züchtung durch Auslese

Getreidearten wurden aus Wildpflanzen, den Wildgräsern, gezüchtet. Ziele der Züchtung waren mehr und größere Körner und ein standfester Stängel. Man säte immer nur Samen von Pflanzen mit den gewünschten Eigenschaften aus. So wurde durch die Auslesezüchtung die Größe und das Gewicht eines Korns verdreifacht. Pflanzen die durch Züchtung veränderrt wurden, bezeichnet man als Kulturpflanzen.

Getreidearten

- **Roggen** • Roggen ist neben Weizen ein wichtiges Brotgetreide. Er hat lange Fortsätze an den Blüten und den Körnern, die sogenannten Grannen. Roggenbrot ist dunkler als Brot aus Weizenmehl. Statt Roggen wird heute eine Kreuzung aus Roggen und Weizen, das Triticale, angebaut.
- **Gerste** • Gerste wird hauptsächlich als Viehfutter angebaut. Dieses Getreide bildet eine wichtige Grundlage für die Herstellung von Bier.
- **Hafer** • Hafer bildet keine dichte Ähre. Er dient vor allem als Viehfutter. Der Anbau ist zurückgegangen, da andere Getreidesorten, wie Mais, für die Versorgung des Viehs verwendet werden. Aus Haferkörnern werden Haferflocken für Müsli hergestellt.
- **Mais** • Mais stammt aus Mittelamerika. Heute gibt es auch in Europa große Anbaugebiete. Maiskörner werden überwiegend als Viehfutter genutzt. Die Maiskolben werden auch so gegessen. In weiten Teilen Deutschlands wird Mais angebaut, um elektrischen Strom in Biogasanlagen zu erzeugen.
- **Reis** • Reis stammt aus Ostasien und wird in vielen Teilen der Welt angebaut. Er benötigt viel Wasser und Wärme. Ungefähr die Hälfte der Erdbevölkerung ernährt sich von Reis. Der Reis hat keine Ähre.

A Erkläre mithilfe der Bilder, an welchen Merkmalen man die einzelnen Getreidearten unterscheiden kann.

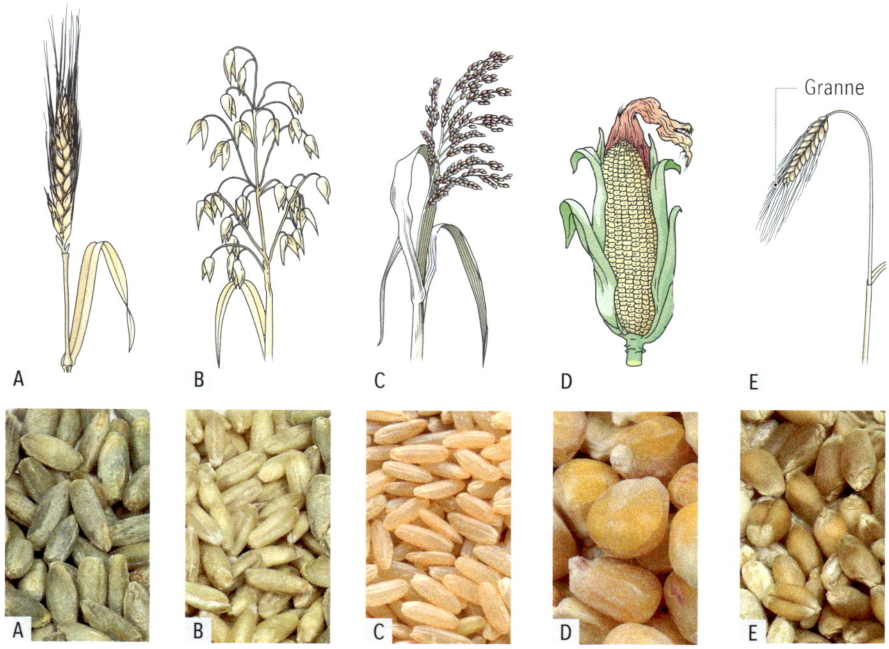

3 Wichtige Getreidearten und ihre Körner: **A** Roggen, **B** Hafer, **C** Reis, **D** Mais, **E** Gerste

Material mit Aufgaben

A

P1 Bau eines Weizenkorns

Material: Becherglas, Pinzette, Skalpell, Lupe, Weizenkörner (12 Stunden in Wasser gequollen)

Durchführung: Stelle von einem gequollenen Weizenkorn einen Längsschnitt her. Arbeite vorsichtig mit dem Skalpell. Betrachte die Schnittfläche mit der Lupe.

1. Fertige eine Zeichnung an und beschrifte sie.
2. Ergänze deine Zeichnung durch die in den Schichten jeweils enthaltenen Stoffe.

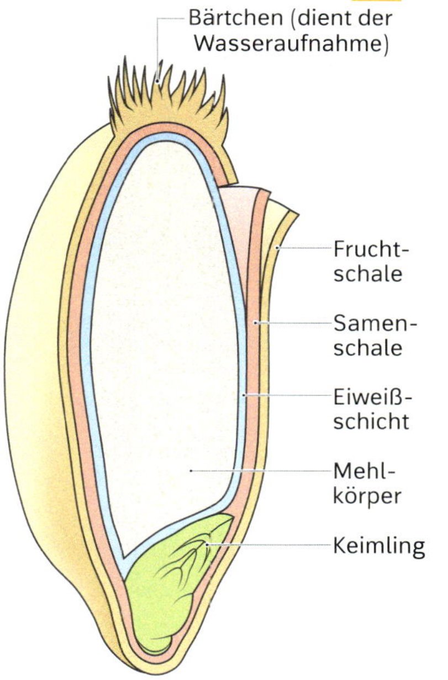

Eine Mindmap erstellen

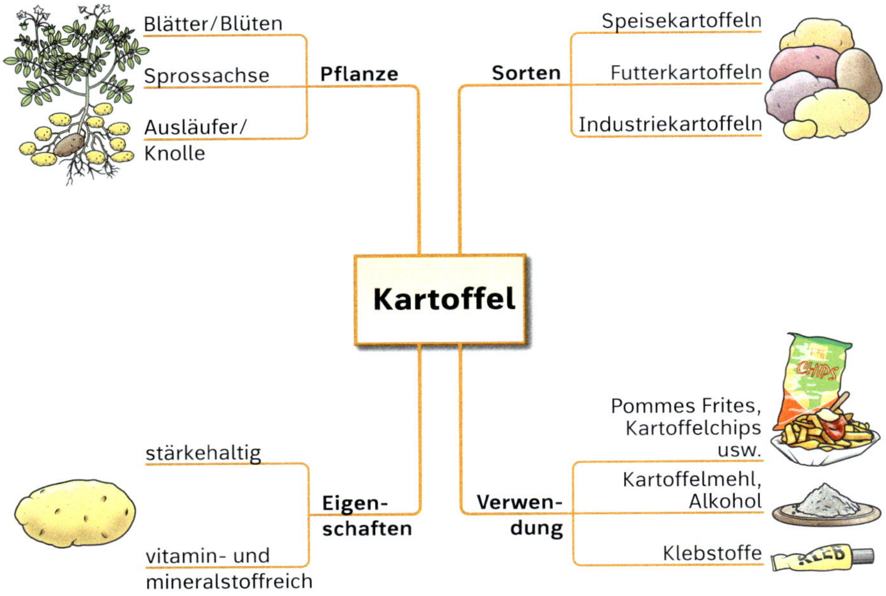

1 Beispiel für eine Mindmap

Was ist eine Mindmap?

Du musst dich auf eine Leistungsüberprüfung zum Thema Gräser vorbereiten. Dazu eignet sich eine **Mindmap**. In ihr notierst du deine Gedanken in einer Art „Gedankenlandkarte".

Eine Mindmap hilft dir nicht nur einen Überblick über ein bestimmtes Thema zu bekommen. Zum Beispiel kannst du eine Mindmap auch zur Vertiefung eines Themas oder als Gedankenstütze für einen Vortrag verwenden.

Zum Thema Nutzgräser hast du bereits Informationen gesammelt, die du aber zunächst ordnen musst.

So entsteht eine Mindmap

1 Lege eine Heftseite quer. Schreibe das Thema in die Mitte des Blattes und kreise es farbig ein.

2 Zeichne vom Thema ausgehend Linien für Gliederungspunkte. Diese können auch in verschiedenen Farben gestaltet sein.

3 Schreibe an jede Linie möglichst mit ein oder zwei Worten, was dir zu den einzelnen Gliederungspunkten einfällt.

4 An jede Linie kannst du jetzt noch weitere Abzweigungen zeichnen. Schreibe an jede Abzweigung weitere Ideen, die dir zu den Begriffen auf den Linien einfallen.

5 Du kannst die Begriffe auch noch mit Bildern oder Zeichen versehen. Dies kann dir später helfen, dich wieder an deine Ideen zu erinnern.

Material mit Aufgaben

M1 Mindmap zum Thema „Gräser"

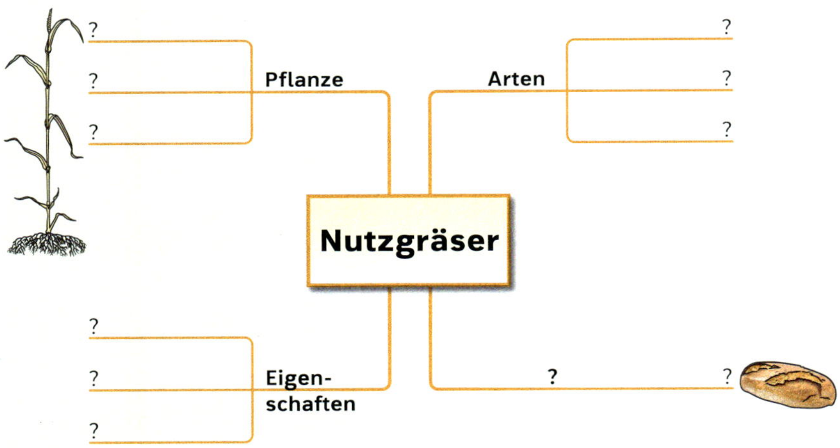

In der Abbildung wurde eine Mindmap angefangen, die verschiedene Informationen zu Nutzgräsern enthält.

1. Übertrage die Mindmap in dein Heft und vervollständige sie.
2. Ergänze weitere Informationen zu den Unterpunkten.

Einen kurzen Vortrag halten

Einen Vortrag vorbereiten

1 Sammele zu deinem Thema Informationen aus dem Internet oder aus Fachbüchern. Stelle das Material für den Vortrag zusammen. Dies können Fotos, Grafiken, Tabellen oder Modelle sein.

2 Ordne die gesammelten Informationen, sodass sich eine sinnvolle Reihenfolge für deinen Vortrag ergibt.

3 Schreibe den Text für den Vortrag vor. Bereite Karteikarten mit kurzen Stichpunkten aus dem Text vor, mit denen du den Vortrag frei halten kannst.

4 Übe den Vortrag mehrfach zu Hause.

Einen Vortrag halten

1 Sei beim Vortrag selbstbewusst. Du hast den Vortrag vorbereitet und beherrschst dein Thema.

2 Beginne erst mit deinem Vortrag, wenn die Klasse ruhig ist.

3 Sprich langsam und deutlich. Schaue dabei deine Zuhörer oft an und lies nicht nur von den Karteikarten ab.

4 Erkläre Fachbegriffe und Bilder, die du während des Vortrags einsetzt.

5 Gib deinen Zuhörern die Möglichkeit, Fragen zu stellen.

Gliederung eines Vortrags:

Einleitung:
- Beginne mit einem passenden Bild oder einer Schlagzeile.
- Beschreibe kurz, wie dein Vortrag aufgebaut ist.

Hauptteil:
- Vermittele in diesem Teil das Wissen zum Thema.
- Lockere deinen Vortrag durch Bilder oder durch Gegenstände auf.

Schluss:
- Fasse das Wichtigste zusammen.
- Gib den Zuhörern die Möglichkeit Fragen zu stellen.

Material mit Aufgaben

M1 Einen Vortrag halten

Mithilfe des Bildes kannst du einen Vortrag vorbereiten und halten.

1. Notiere dir eine mögliche Überschrift für deinen Vortrag.
2. Sammle Informationen aus der Abbildung und fertige eine Gliederung für deinen Vortrag an.
3. Schreibe zu der Gliederung einen Vortrag mithilfe der Informationen aus der Abbildung.
4. Bereite mithilfe deines Textes Karteikarten mit Stichpunkten für deinen Vortrag vor und übe ihn.
5. Halte deinen Vortrag vor der Klasse.
6. Vergleicht und bewertet gemeinsam die einzelnen Vorträge.

Auf dem Markt und im Supermarkt werden viele Gemüsesorten angeboten. Alle stammen von Pflanzen. Welche Pflanzenteile essen wir eigentlich?

1 Marktstand mit Gemüse

Weitere Nutzpflanzen

Essbare Pflanzenteile

Pflanzen enthalten neben Vitaminen und Mineralstoffen auch wichtige Nährstoffe. Diese werden in verschiedenen Speicherorganen gespeichert, die der Mensch als Nahrung nutzt.

Samen, Früchte und Blüten

Besonders viele Nährstoffe werden in Samen und Früchten gespeichert. Pflaumen, Äpfel, Kirschen und Melonen sind Früchte. Von manchen Früchten werden die Samen gegessen, wie zum Beispiel von Erbsen, Bohnen oder Sonnenblumen. Beim Blumenkohl sind die verdickten Blütenstände der Pflanzen essbar. Kamillenblüten werden getrocknet und als Tee genutzt.

Blätter, Sprossachse und Wurzeln

Vom Spinat und Salat werden die Blätter gegessen. Blätter werden auch zum Würzen benutzt, beispielsweise die Blätter vom Basilikum. Vom Spargel wird die verdickte Sprossachse der Spargelpflanze gegessen. Auch Radieschen sind Teile der Sprossachse. Bei Möhre und Rettich werden die verdickten Wurzeln als Nahrung verwendet.

Kartoffeln sind keine Früchte

Kartoffeln sind ein wichtiges Nahrungsmittel. Sie enthalten viele Nährstoffe wie Stärke. Legt man eine Kartoffel in die Erde, entwickeln sich kleine, weiße Sprossen, die **Triebe**. Sie wachsen aus den Knospen, den „Augen“, der Kartoffel. An den Trieben sind kleine Wurzeln. Einige Triebe durchbrechen die Erde und entwickeln sich zu einer grünen Pflanze. Die Triebe unter der Erde bleiben weiß. Sie bilden unterirdische Ausläufer. Ihre Enden verdicken sich zu Knollen, in denen Stärke speichert wird. Die Kartoffelknolle ist eine **Sprossknolle**. Nur die Sprossknollen der Kartoffelpflanze sind essbar. Die grünen Früchte sind giftig.

Vermehrung der Kartoffel

Vermehrt man Kartoffelpflanzen mithilfe der Kartoffelknollen, so sind keine Pollenkörner oder Eizellen beteiligt. Man spricht von einer **ungeschlechtlichen Vermehrung**. Bei ungeschlechtlicher Vermehrung gleichen die Nachkommen in ihren Eigenschaften der Mutterpflanze. In Saatzuchtbetrieben werden neue Kartoffelsorten aber auch durch geschlechtliche Fortpflanzung gezüchtet. So erhalten die Pflanzen Eigenschaften beider Elternpflanzen.

A Betrachte Bild 1 und nenne verschiedene Nutzpflanzen.

B Beschreibe den Unterschied zwischen ungeschlechtlicher Vermehrung und geschlechtlicher Fortpflanzung am Beispiel der Kartoffel.

C Bewerte die Aussage: „Die Sprossknollen der Kartoffeln keimen."

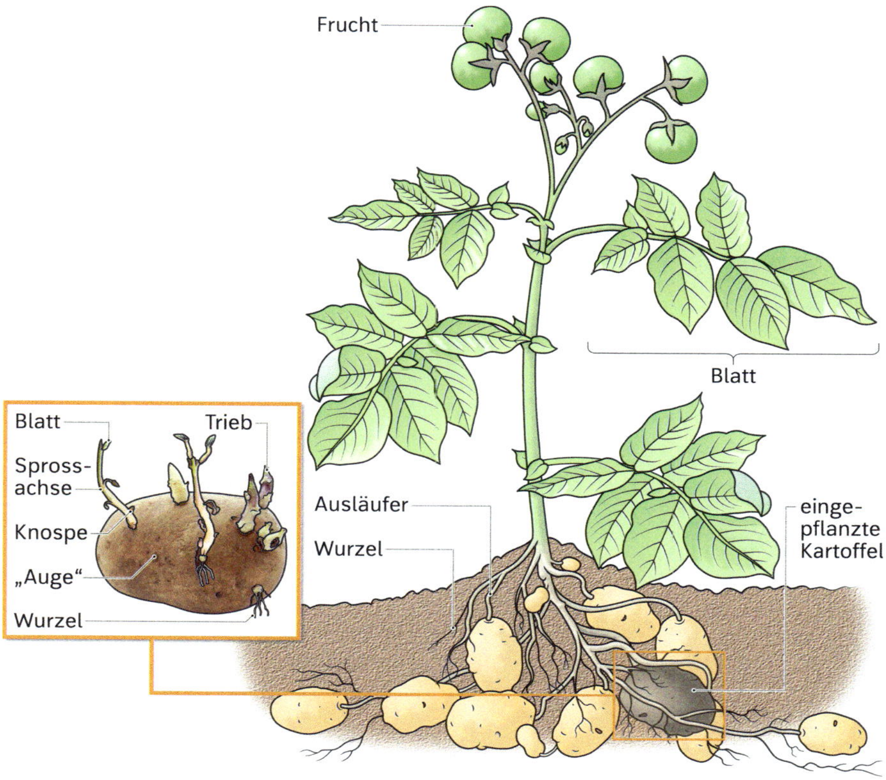

2 Kartoffelpflanze

Material mit Aufgaben

M1 Kohlsorten

Aus dem Wildkohl wurden verschiedene Kohlsorten gezüchtet, die alle zur gleichen Art gehören.

1. Benenne die Teile der jeweiligen Kohlsorte, die genutzt werden. Erstelle eine Tabelle.
2. Beschreibe welche Pflanzenteile bei folgenden Pflanzen genutzt werden: Möhre, Spinat, Tomate, Birne, Weizen.
3. Erläutere am Beispiel des Kohls den Begriff der Züchtung.

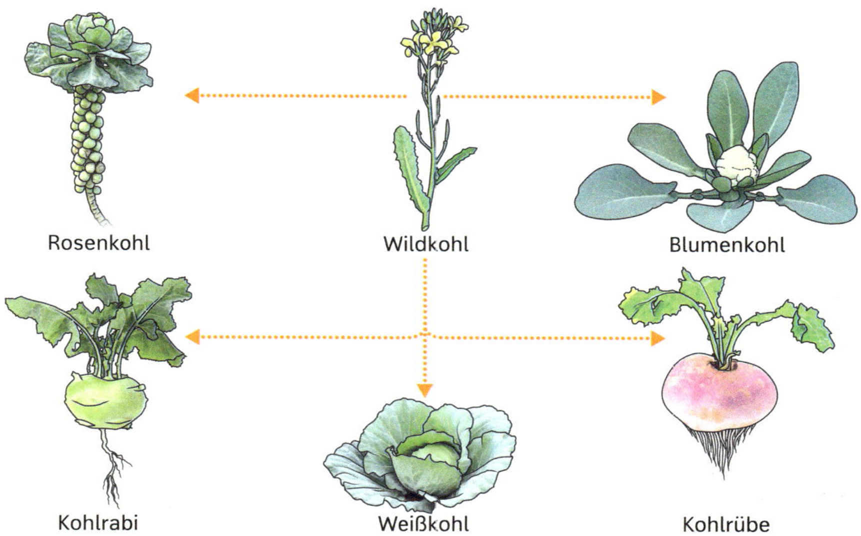

1 Löffel können aus vielen Stoffen hergestellt sein.

Stoff und Gegenstand

Die Welt der Stoffe

In den Naturwissenschaften interessiert man sich dafür, aus welchem Material ein **Gegenstand** besteht. Jeder Gegenstand besteht aus mindestens einem Material, einem **Stoff**. Damit ist nicht nur der Stoff eines Kleidungsstücks gemeint, sondern alle Materialien, aus denen Gegenstände hergestellt werden. Ein Nagel besteht zum Beispiel aus dem Stoff Eisen und ein Ballon kann mit dem Gas Helium gefüllt sein.

2 Ein Smartphone besteht aus vielen Stoffen.

Ein Gegenstand – viele Stoffe

Es gibt Gegenstände, die aus unterschiedlichen Stoffen bestehen oder hergestellt sein können. So gibt es Löffel aus Aluminium, Silber, Kunststoff, Porzellan oder Holz. Es gibt also eine große Vielfalt an Stoffen. Die Stoffe haben unterschiedliche Eigenschaften. Stahl und Silber leiten Wärme besser als Holz. Kunststoff und Holz sind weniger hart als Stahl oder Silber. Kochlöffel sind daher meist aus Holz oder Kunststoff, damit beim Umrühren die Beschichtung des Topfes nicht beschädigt wird und damit man sich nicht die Finger verbrennt. Die Wahl eines Stoffes zur Herstellung eines Gegenstands richtet sich also nach seiner Verwendung.
Viele Gegenstände wie Smartphones bestehen aus vielen Stoffen: So ist das Display aus Glas, das Gehäuse aus Kunststoff und im Innern sind viele verschiedene Metalle in den elektrischen Bauteilen verbaut.

Gegenstände sind Körper

Wenn eine Glasflasche zerbricht, kann man sie nicht mehr zum Trinken benutzen. Jedoch kann man aus dem Stoff Glas wieder neue Flaschen oder andere Gegenstände herstellen. In den Naturwissenschaften werden Gegenstände auch als Körper bezeichnet. So ist ein Löffel oder eine Flasche ein **Körper**. Damit man einen Körper genau beschreiben kann, gibt man oft zum Stoff noch seine Form an. Man spricht zum Beispiel von einer Glasflasche.

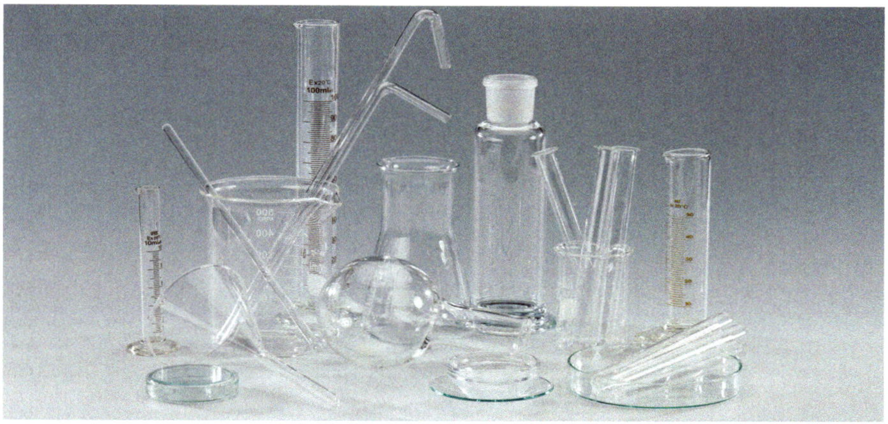

3 Viele Gegenstände aus einem Stoff

A Erläutere die Begriffe „Stoff" und „Körper".

Material mit Aufgaben

M1 Körper und Stoffe

Körper	Stoff
Eiswürfel	Wasser
Nagel	...
...	Luft

Eiswürfel, Aluminium, Buch, Eisen, Faden, Gummi, Holz, Kaffeetasse, Luftblase, Porzellan, Ehering

1. Übertrage die Tabelle in dein Heft. Trage alle Körper und Stoffe vom Zettel in die Tabelle ein.
2. Ergänze bei jedem Körper einen passenden Stoff und bei jedem Stoff einen passenden Körper.

M2 Sortierung

A

B

1. Erläutere, nach welchem Kriterium in den Bildern jeweils sortiert wurde.
2. Entscheide, welche Ordnung für eine Chemiesammlung die bessere Wahl ist. Begründe deine Entscheidung.
3. Auch in einem Kleiderschrank gibt es eine Ordnung. Beschreibe unter Verwendung von Fachbegriffen die Ordnung in einem Kleiderschrank.

1 Lösen von Zucker in Tee

Stoffe bestehen aus Teilchen

2 Zucker: **A** Haushaltszucker, **B** Puderzucker **C** Zuckerkristalle (vergrößert)

Haushaltszucker

Den alltäglichen Haushaltszucker gibt es in vielen unterschiedlichen Sorten. Es gibt staubfeinen Puderzucker, feinkörnigen Haushaltszucker oder auch Würfelzucker. Es handelt sich dabei jedoch immer um den gleichen Stoff, nämlich Haushaltszucker.

Zuckerkristalle

Bei allen Zuckersorten kann man mit der Lupe unterschiedlich große, aber ähnlich geformte kleine, kantige Körper erkennen. Es handelt sich um Zuckerkristalle. Mit einem Mikroskop kann man selbst bei Puderzucker Zuckerkristalle sehen.

Zucker auflösen

Wenn man Würfelzucker in Wasser gibt, ist er nach einer Weile nicht mehr zu sehen. Er scheint verschwunden zu sein. Doch der süße Geschmack des Zuckerwassers zeigt, dass der Zucker nicht verschwunden ist. Der Zucker ist in dieser Lösung so klein, dass man ihn mit einem Mikroskop nicht mehr erkennen kann. Er hat sich **gelöst**.

Aus der Zuckerlösung kann man wieder festen Zucker zurückgewinnen. Dazu lässt man das Wasser verdunsten. Es bilden sich dann wieder Zuckerkristalle. So kann der Zucker in der Lösung nachgewiesen werden.

Zucker im Teilchenmodell

Die Vorgänge beim Lösen von Zucker lassen sich mit dem **Teilchenmodell** erklären. Nach diesem Modell bestehen alle Stoffe aus vielen kleinen Teilchen, die man nicht weiter zerlegen kann. Sie werden vereinfacht als Kugeln dargestellt. Man kann sie nicht sehen, weil sie so klein sind. Ein Stück Würfelzucker besteht aus sehr vielen kleinen Zuckerteilchen, die alle gleich sind.

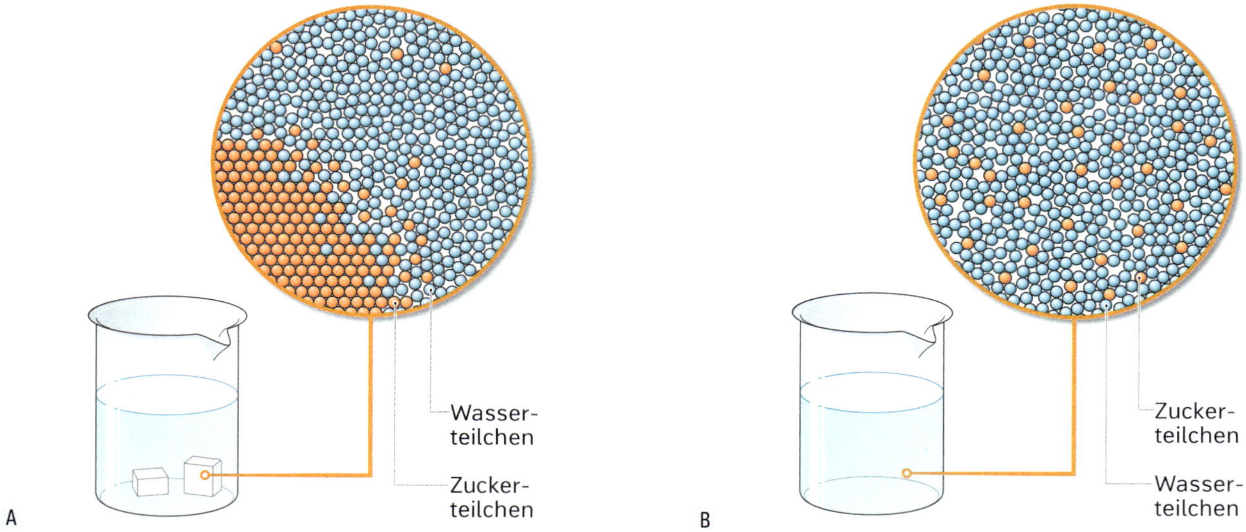

3 Ein Zuckerwürfel löst sich in Wasser

Zuckerwürfel im Wasser

In Bild 3A sieht man ein Becherglas, in dem sich ein Zuckerwürfel und Wasser befinden. Die Teilchen des Zuckers sind als orangene Kugeln dargestellt. Die Wasserteilchen sind als blaue Kugeln gezeichnet. In einem festen Zuckerwürfel sind die Teilchen dicht beieinander. Sie sind regelmäßig angeordnet. Zwischen ihnen gibt es kaum Abstände. In flüssigem Wasser sind die Wasserteilchen ebenfalls sehr dicht zusammen, aber unregelmäßiger angeordnet.

Lösen im Teilchenmodell

Legt man den Zuckerwürfel in Wasser, beginnen sich die Wasserteilchen zwischen die Zuckerteilchen zu schieben. Beide Teilchensorten verteilen sich gleichmäßig. Wenn man keinen festen Zucker mehr im Becherglas sieht, haben sich alle Zucker- und Wasserteilchen vermischt. Der Zucker ist gelöst.

A Erkläre, was man unter dem Teilchenmodell versteht.

B Beschreibe, was in Bild 1 mit den Zuckerwürfeln im Tee passiert.

Material mit Aufgaben

M1 Lösen von Kaliumpermanganat

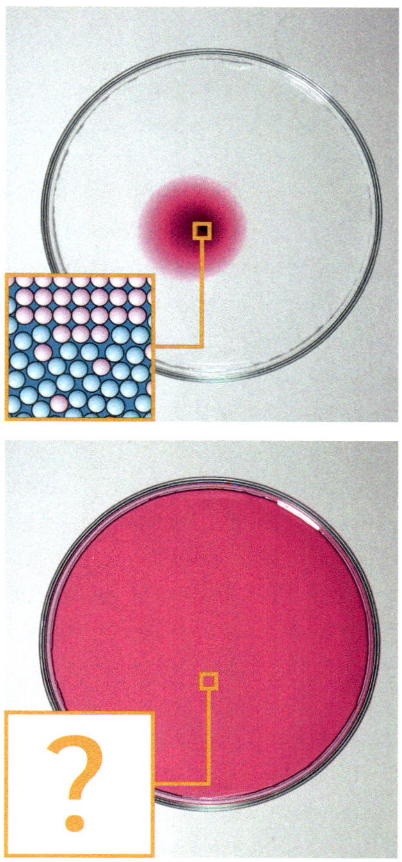

Kaliumpermanganat ist ein dunkelvioletter Feststoff. Gibt man einen kleinen Kristall Kaliumpermanganat in Wasser, löst er sich langsam auf. Mit der Zeit sind die Teilchen gleichmäßig verteilt.

1. Beschreibe das Lösen von Kaliumpermanganat in Wasser.
2. Erkläre den beginnenden Vorgang des Lösens mithilfe des Teilchenmodells.
3. Wähle eine der Aufgaben aus:

a Zeichne das Teilchenmodell, wenn sich das Kaliumpermanganat vollständig in Wasser gelöst hat.

b Zeichne Zwischenschritte im Lösevorgang, in denen sich das Kaliumpermanganat noch nicht aufgelöst hat, im Teilchenmodell.

1 Wasser in verschiedenen Zustandsformen

Die Aggregatzustände

2 Aggregatzustände von Wasser

Fest, flüssig, gasförmig

Wasser muss nicht immer flüssig sein. Im Winter kann es auch als Eis und Schnee vorkommen. Beim Kochen in der Küche entsteht Wasserdampf. Wasser kommt also in drei verschiedenen Zustandsformen vor: **fest**, **flüssig** und **gasförmig**. Diese Formen bezeichnet man als **Aggregatzustände**. Es hängt von der Temperatur ab, in welchem Aggregatzustand Wasser vorliegt.

Aggregatzustände von Wasser

Wasser ist der einzige Stoff, der in allen drei Aggregatzuständen in der Natur vorkommt: als festes Eis, als flüssiges Wasser und als gasförmiger Wasserdampf. Der Wasserdampf ist jedoch unsichtbar. Die Dampfschwaden über einem Kochtopf oder die Wolken enthalten bereits feine, flüssige Wassertröpfchen. Man kann aber auch Übergänge bei den Aggregatzuständen beobachten. So kann man aus Wasser Eiswürfel machen, indem man es in einer Schale ins Gefrierfach stellt. Eiswürfel im Getränk schmelzen und werden wieder zu Wasser. Beim Kochen entsteht Wasserdampf, der sich an kalten Fensterscheiben als flüssiges Wasser niederschlägt.

Schmelztemperatur

Nimmt man Eiswürfel, also festes Wasser, aus dem Tiefkühlschrank, haben diese eine Temperatur von -15 °C. Lässt man die Eiswürfel bei Raumtemperatur liegen, erwärmen sie sich langsam. Das feste Eis wird nach und nach flüssig. Es **schmilzt**. Umgekehrt wird flüssiges Wasser zu festem Eis, wenn man es in den Tiefkühlschrank stellt. Das flüssige Wasser **erstarrt**. Schmelzen und Erstarren von Wasser laufen bei 0 °C ab.
Die Temperatur, bei der ein Stoff zwischen dem festen Aggregatzustand und dem flüssigen Aggregatzustand wechselt, heißt **Schmelztemperatur**.

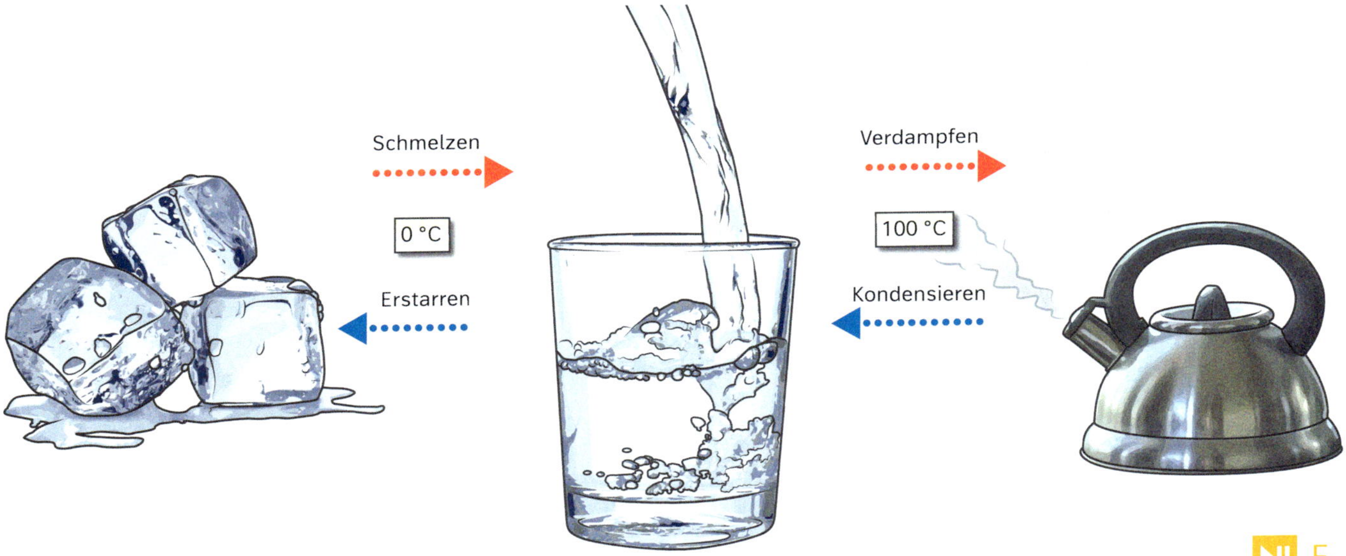

3 Übergänge der Aggregatzustände von Wasser

Siedetemperatur

Erhitzt man Wasser in einem Becherglas, erwärmt es sich immer weiter. Bei 100 °C beginnt es zu **sieden**. Dabei wird flüssiges Wasser zu unsichtbarem, gasförmigem Wasserdampf. Es **verdampft**. Wenn sich der heiße Wasserdampf an einer kühlen Oberfläche abkühlt, werden Wassertropfen sichtbar. Der Wasserdampf ist wieder flüssig geworden. Er ist **kondensiert**. Verdampfen und Kondensieren des Wassers laufen bei 100 °C ab. Die Temperatur, bei der ein Stoff zwischen dem flüssigen und dem gasförmigen Aggregatzustand wechselt, heißt **Siedetemperatur**. Oberhalb seiner Siedetemperatur kann ein Stoff nur gasförmig sein.

Flüssigkeiten wie Wasser werden auch unterhalb der Siedetemperatur gasförmig. Sie **verdunsten**. So trocknet eine Pfütze durch die Energie der Sonne mit der Zeit. Je höher die Temperatur, desto schneller verdunstet das Wasser.

A Beschreibe die Zustandsformen von Wasser in Bild 1.

Material mit Aufgaben

M1 Schmelz- und Siedetemperatur

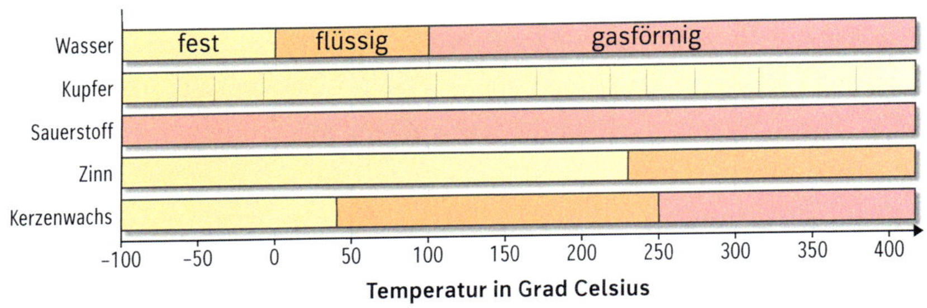

Zu Silvester wurde früher häufig Bleigießen durchgeführt. Dabei wurde ein kleines Stück Blei auf einem Löffel über einer Kerzenflamme geschmolzen. Blei hat eine Schmelztemperatur von 327 °C.
Danach wurde das flüssige Blei vom Löffel in Wasser gegossen. Das Metall wurde sofort wieder fest. Aus den entstehenden Gebilden soll man Vorhersagen für das neue Jahr machen können.

1. Gib mithilfe des Diagramms an, in welchem Aggregatzustand die Stoffe bei 20 °C vorliegen.
2. Nenne den Aggregatzustand von Wasser bei: -12 °C, 37 °C, 112 °C.
3. Erkläre folgende Begriffe: Schmelzen, Verdampfen und Kondensieren.
4. Beschreibe, welche Vorgänge beim Bleigießen ablaufen.
5. Blei ist giftig. Man nimmt heute einen anderen Stoff. Erkläre, welcher Stoff sich eignen würde.

4 Aggregatzustände und ihre Übergänge

5 Raureif an Früchten

Übergänge überspringen

Ein Stoff kann direkt aus dem festen Zustand gasförmig werden. Ein Gas kann auch fest werden, ohne dass der flüssige Zustand als Übergang vorlag.

Material mit Aufgaben

M2 Übergänge

Festes Iod wird in einem Becherglas mithilfe eines Gasbrenners erhitzt. Die Eiswürfel auf dem Uhrglas dienen zur Kühlung des Iods im Becherglas.

1. Beschreibe den abgebildeten Versuchsaufbau.
2. Beschreibe die Wechsel der Aggregatzustände bei Iod mithilfe des Versuchs. +
3. Erkläre die Vorgänge während des Versuchs unter Verwendung der Fachbegriffe.
4. Erkläre die Bedeutung der Eiswürfel im Versuch.

Von fest zu gasförmig

Eis kann direkt zu Wasserdampf werden, ohne vorher flüssig zu sein. Wasser kann also den flüssigen Aggregatzustand überspringen.

So kann eine gefrorene Wasserpfütze im Winter auch unter 0 °C Außentemperatur verschwinden. Das Eis ist zu Wasserdampf **sublimiert**. Den Vorgang, bei dem feste Stoffe direkt gasförmig werden, nennt man **Sublimation**.

Von gasförmig zu fest

An sehr kalten Tagen bildet sich an Blättern und Ästen manchmal ein eisiger Belag. Diesen bezeichnet man als Raureif. Auch an Fenstern können nachts sogenannte Eisblumen entstehen. Aus Wasserdampf in der Luft haben sich Eiskristalle gebildet. Der Wasserdampf ist **resublimiert**. Den Vorgang, bei dem gasförmige Stoffe direkt fest werden, nennt man **Resublimation**.

B Beschreibe die Wechsel der Aggregatzustände mithilfe von Bild 4.

Teilchenmodell

Nach dem Teilchenmodell sind alle Stoffe aus winzigenTeilchen aufgebaut. Man kann sie sich als Kugeln vorstellen.
In **Feststoffen** sind die Teilchen dicht gepackt und regelmäßig angeordnet. Sie schwingen nur um ihre Plätze herum, können diese aber nicht verlassen.
Erwärmt man Feststoffe, bewegen sich die Teilchen schneller. Ist die Schmelztemperatur erreicht, verlassen sie ihre Plätze. Der Stoff ist flüssig. Die Teilchen liegen ungeordnet vor, berühren sich aber noch und sind beweglich.
Werden **Flüssigkeiten** erhitzt, werden sie gasförmig. Ist die Siedetemperatur erreicht, bewegen sich die Teilchen sehr schnell. Gase breiten sich daher schnell aus. Sie nehmen den ganzen zur Verfügung stehenden Raum ein.

Von fest zu flüssig

Im Eis sind die Teilchen an ihrem festen Platz und schwingen ein wenig. Beim Erwärmen werden die Schwingungen stärker. Die Bewegungen werden so stark, dass die Teilchen ihre Plätze verlassen. Das Eis schmilzt.

Von flüssig zu gasförmig

Wird flüssiges Wasser weiter erhitzt, verstärkt sich die Bewegung der Teilchen. Sie bewegen sich noch schneller. Ihre Abstände zueinander werden immer größer. Das Wasser verdampft.

Ausnahme Wasser

Normalerweise sind Stoffe im festen Zustand am dichtesten gepackt. Bei Wasser ist es jedoch anders. Die Wasserteilchen sind im Eis zu einem Gitter mit großen Hohlräumen verbunden. Schmilzt das Eis, bricht das Gitter der Wasserteilchen langsam zusammen. Im flüssigen Wasser liegen die Teilchen dichter zusammen.

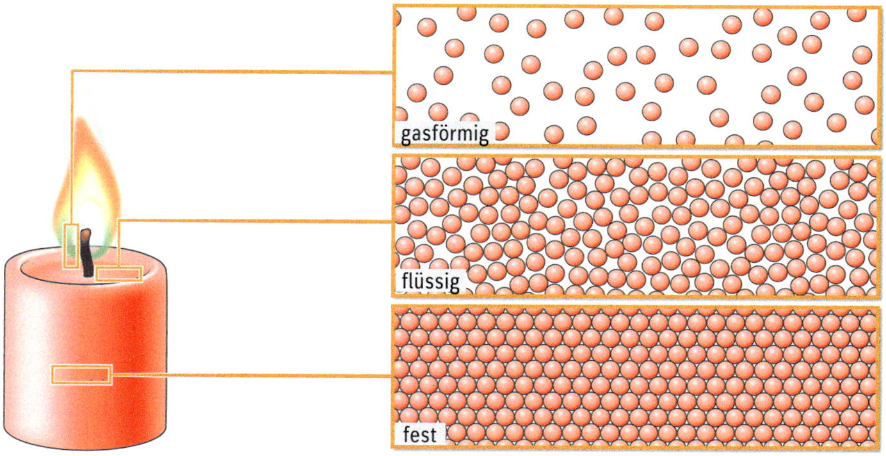

6 Aggregatzustände im Teilchenmodell

Material mit Aufgaben

M3 Aggregatzustände bei Wasser

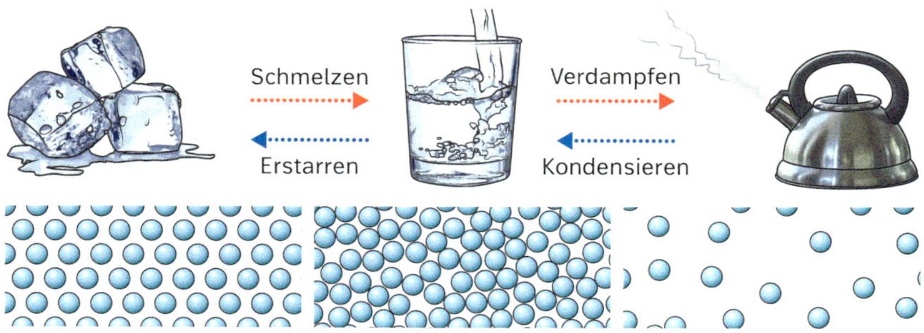

1. Beschreibe den Zustand der Wasserteilchen in den verschiedenen Aggregatzuständen.
2. Beschreibe die Übergänge der Aggregatzustände beim Schmelzen und Verdampfen mithilfe des Teilchenmodells.
3. Wähle eine der Aufgaben aus:
   a Vergleiche die Anordnung der Teilchen im festen Zustand bei Kerzenwachs und Wasser.
   b Erkläre, warum Wasser im flüssigen Zustand am dichtesten gepackt ist.

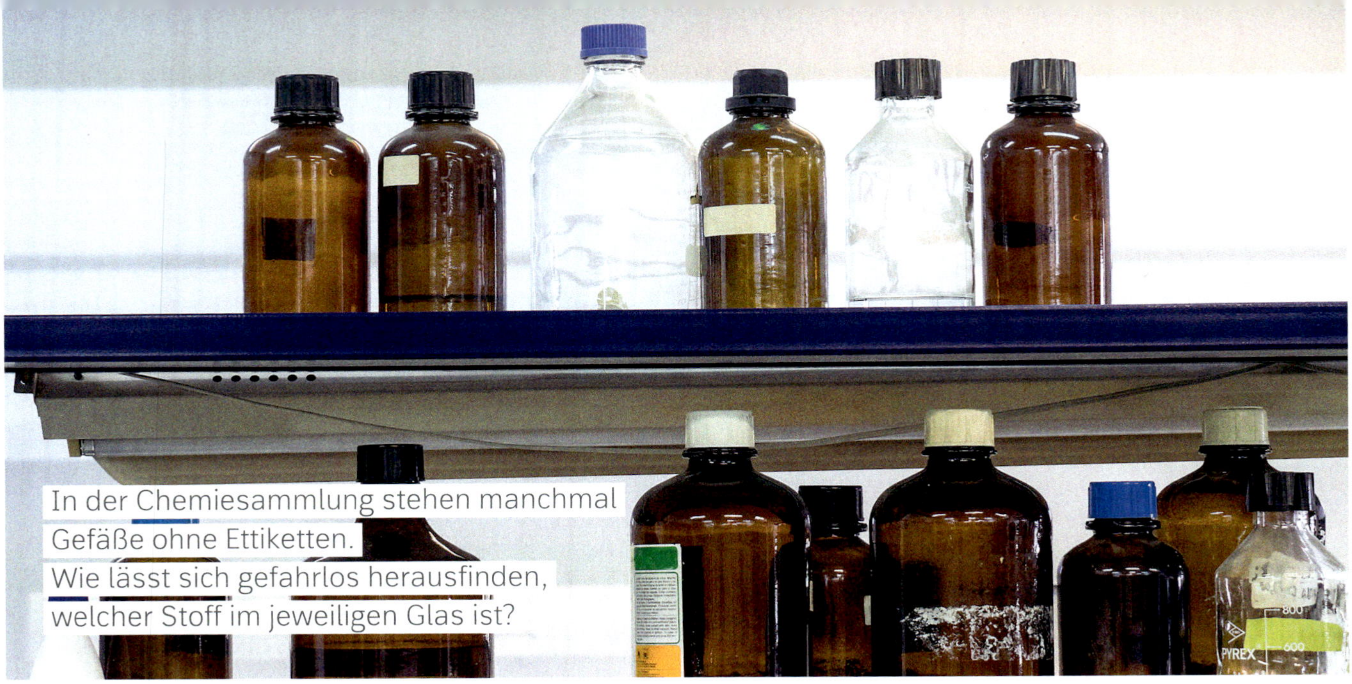

1 Unordnung in der Sammlung

Stoffeigenschaften mit Hilfsmitteln untersuchen

Stoffeigenschaften untersuchen

Einige Stoffe lassen sich mithilfe der Sinne sehr gut unterscheiden. Manchmal sehen die Stoffe aber sehr ähnlich aus. Zur besseren Unterscheidung benötigt man weitere **Stoffeigenschaften**. Es handelt sich dabei um Eigenschaften, die man misst und mit Werten festlegt, oder mit Hilfsmitteln testen kann.

Löslichkeit

Gibt man zu Hause etwas Salz in Wasser, so sieht man den Stoff nach einiger Zeit nicht mehr. Dass der Stoff nicht wirklich verschwunden ist, erkennt man am salzigen Geschmack des Wassers. Man sagt, dass sich das Salz in Wasser gelöst hat. Einige Stoffe wie Salz oder Zucker lösen sich sehr gut in Wasser. Die **Löslichkeit** in Wasser ist eine Stoffeigenschaft. Es gibt auch Stoffe, die schlecht oder gar nicht wasserlöslich sind. Hierzu gehören beispielsweise Fette und Öle.

Material mit Aufgaben

P1 Was löst sich?

Material: Vier Bechergläser (200 ml), Glasstab, Spatel, Mehl, Zucker, Eisennagel, Speiseöl, Leitungswasser

Durchführung: Fülle die Bechergläser zur Hälfte mit 100 Mililiter Leitungswasser. Gib je eine Spatelspitze Zucker und Mehl, einen Eisennagel und fünf Tropfen Speiseöl in das Wasser eines der Gläser. Rühre danach jede Flüssigkeit mit dem Glasstab gut um.

1. Nenne die Stoffe, die sich lösen und die sich nicht lösen.

Härte

Wenn man ein Holzstück mit einem Eisennagel ritzt, verursacht dies einen Kratzer im Holz. Umgekehrt kann man mit einem Holzstück keinen Kratzer in einem Eisennagel erzeugen. Durch solche wechselseitigen Ritzversuche, kann man Stoffe in der **Härte** vergleichen. Die Härte eines Stoffes ist ein Maß dafür, wie schwierig es ist, in einen Stoff einzudringen. Diamant ist der härteste Stoff. Ihm wurde auf der Härteskala der Wert 10 zugeordnet. Speckstein ist sehr weich und hat den Wert 1.

Verhalten beim Erhitzen

Manche Metalle können schmelzen, wenn man sie in die Flamme eines Gasbrenners hält. Eisen schmilzt erst bei sehr hohen Temperaturen. Wird Zucker über einer Kerze erhitzt, wird er zunächst braun und dann schwarz. Er verkohlt. Auch Holz verkohlt, wenn es im Reagenzglas erhitzt wird. Salz bleibt beim Erhitzen über einer Kerze weiß und körnig. Einige Stoffe verändern sich beim Erhitzen und andere nicht.

Material mit Aufgaben

P2 Härte

Material: Holz, Aluminium (Aluminiumblock), Keramik (Fliese), Gummi (Schlauch), Stahl (Stahlplatte), Eisennagel

Durchführung: Prüfe die Härte der unterschiedlichen Stoffe zunächst mit deinem Daumennagel. Versuche sie dann mit dem Eisennagel einzuritzen.

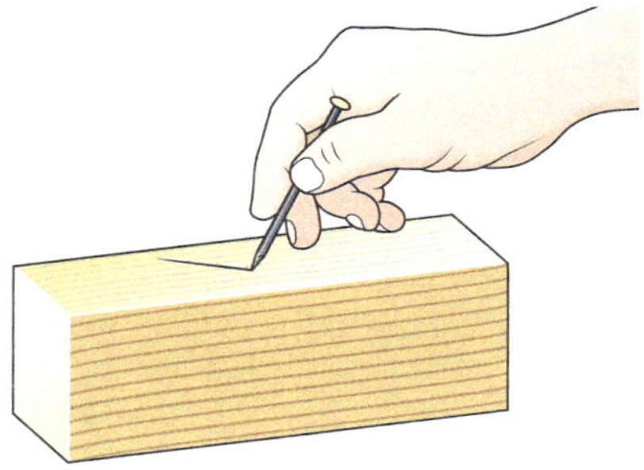

1. Sortiere die Stoffe nach der Härte in einer Tabelle.
2. Stelle Vermutungen an, an welcher Stelle Glas eines Wasserglases in deiner Reihenfolge der untersuchten Stoffe eingefügt werden muss.

Verformbarkeit

Manche Stoffe wie Eisen, Kupfer oder Aluminium lassen sich leicht verbiegen. Sie sind **verformbar**. Andere Stoffe wie Glas oder Porzellan zerbrechen, wenn man versucht sie zu verformen. Sie sind **spröde**. Die **Verformbarkeit** ist eine weitere Stoffeigenschaft.

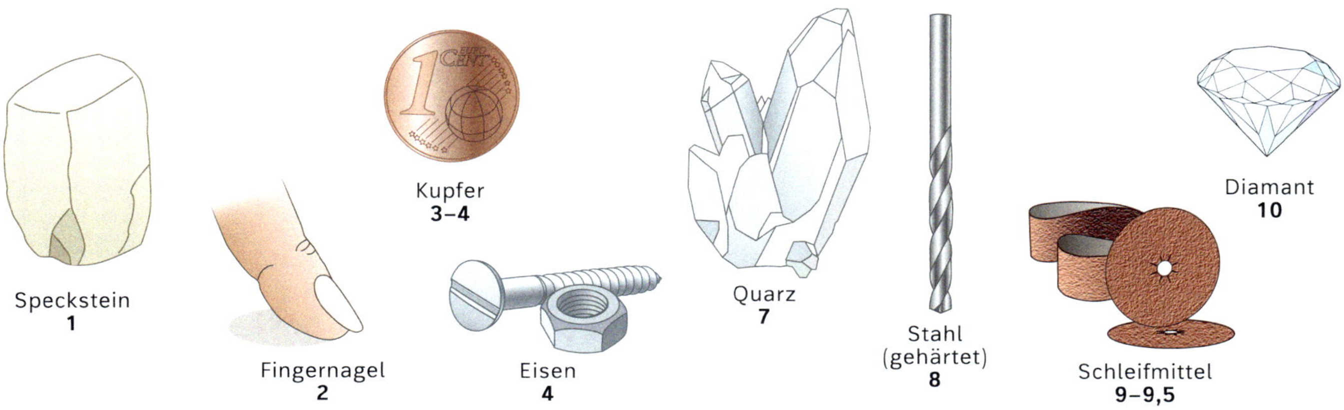

2 Härten verschiedener Stoffe

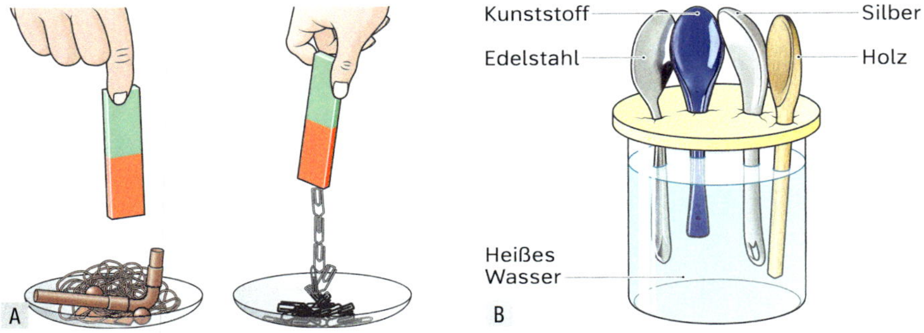

3 **A** Test der magnetischen Eigenschaft, **B** Test zur Wärmeleitfähigkeit

Wärmeleitfähigkeit

Stellt man einen Löffel aus Metall in warmes Wasser, fühlt er sich schnell warm an. Aluminium, Kupfer und Eisen leiten Wärme gut. Sie haben eine hohe **Wärmeleitfähigkeit**. Metalle sind gute Wärmeleiter. Ein Löffel aus Kunststoff im warmen Wasser fühlt sich länger kühl an. Holz, Porzellan oder Kunststoffe sind schlechte Wärmeleiter.

Magnetische Eigenschaften

Ein Stabmagnet zieht Eisennägel an. Aber nicht alle Metalle werden angezogen. Nur die Metalle Eisen, Kobalt und Nickel sind **magnetisch**. Kupfer oder Aluminium werden nicht von einem Stabmagneten angezogen. Auch andere Stoffe wie Holz, Glas oder Kunststoffe sind nicht magnetisch.

Elektrische Leitfähigkeit

Kupfer, Eisen und Aluminium leiten wie alle Metalle den elektrischen Strom. Metalle sind **elektrische Leiter**. Auch Flüssigkeiten wie Salzwasser oder Essig leiten den Strom. Holz, Glas, Zucker oder Kunststoff leiten den Strom nicht. Sie sind wie auch destilliertes Wasser oder Salatöl **elektrische Nichtleiter**. ▶

Material mit Aufgaben

P3 **Welche Stoffe leiten den elektrischen Strom?**

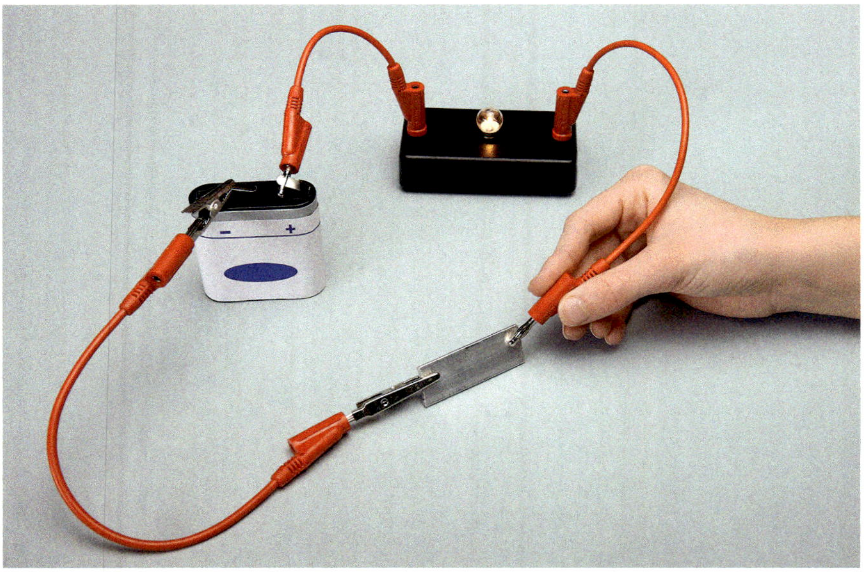

Material: Batterie, Glühlampe oder LED, Kabel, Krokodilklemmen, Eisennagel, Kunststoffteile, Bleistiftmine, Aluminiumfolie, Schälchen mit Zucker, Kupferblech

Durchführung: Baue den Stromkreis wie im Bild auf. Berühre die einzelnen Stoffe mit den beiden Krokodilklemmen. Wenn die Lampe leuchtet, leitet der Stoff den elektrischen Strom.

1. Nenne die Stoffe, die elektrische Leiter sind und die Stoffe, die den elektrischen Strom nicht leiten.

Material mit Aufgaben

M4 Stoffe unterscheiden

Die in den Fotos dargestellten Stoffpaare sind auf den ersten Blick kaum zu unterscheiden. Tabellen mit Stoffeigenschaften können bei der Unterscheidung helfen.

1. Wähle zunächst ein Stoffpaar aus. Beschreibe einen möglichen Versuch, mit denen du deine beiden Stoffe unterscheiden und somit bestimmen kannst.
2. Bild C zeigt vier weiße Stoffe, die mit bloßem Auge schwer zu unterscheiden sind. Es handelt sich um Zucker, Kalk, Kochsalz und Mehl. Plane mithilfe der Tabelle eine Versuchsreihe, mit der man die Stoffe bestimmen kann, ohne Geschmacks- und Geruchsproben durchzuführen.

Stoffpaar A: Eisen und Aluminium

Stoffpaar B : Gummi und Graphit

C

Stoff	Zustandsform bei Raumtemperatur (20 °C)	Farbe	elektrisch leitfähig	magnetisch	wasserlöslich	Verhalten beim Erhitzen über einer Kerzenflamme
Eisen	fest	grau	ja	ja	nein	keine Veränderung
Aluminium	fest	silber	ja	nein	nein	keine Veränderung
Kalk	fest	weiß	nein	nein	nein	keine Veränderung
Gummi	fest	beliebig	nein	nein	nein	schmilzt
Kochsalz	fest	weiß	nein	nein	ja	keine Veränderung
Zucker	fest	weiß	nein	nein	ja	schmilzt
Mehl	fest	weiß	nein	nein	ja	wird schwarz
Graphit	fest	grau-schwarz	ja	nein	nein	keine Veränderung

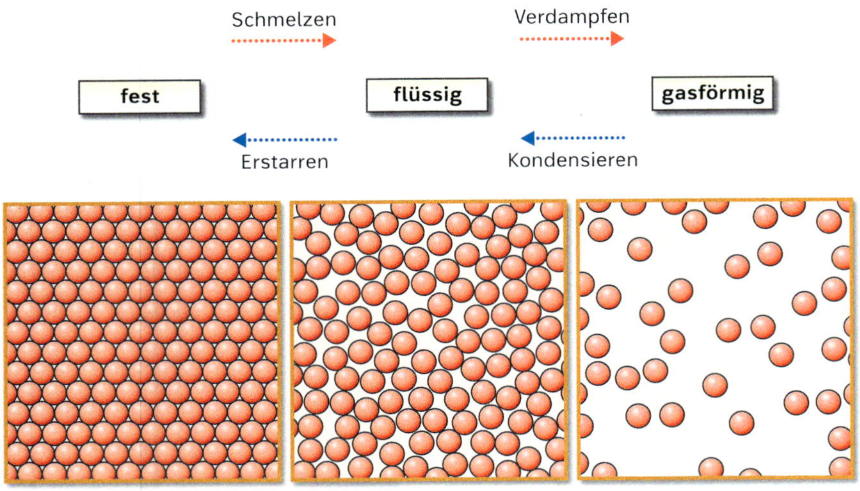

4 Aggregatzustände

Stoff	Schmelztemperatur	Siedetemperatur
Wasser	0 °C	100 °C
Eisen	1538 °C	2862 °C
Aluminium	660 °C	2450 °C
Kerzenwachs	40 °C	250 °C
Gold	1064 °C	2940 °C
Blei	327 °C	1744 °C

5 Schmelz- und Siedetemperaturen

Material mit Aufgaben

M5 Kerze im Teilchenmodell

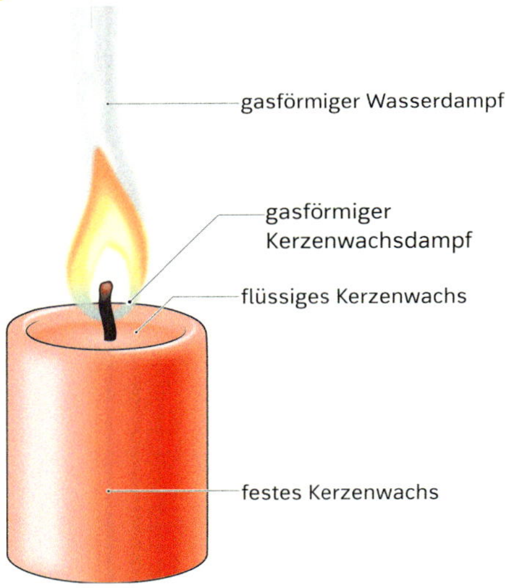

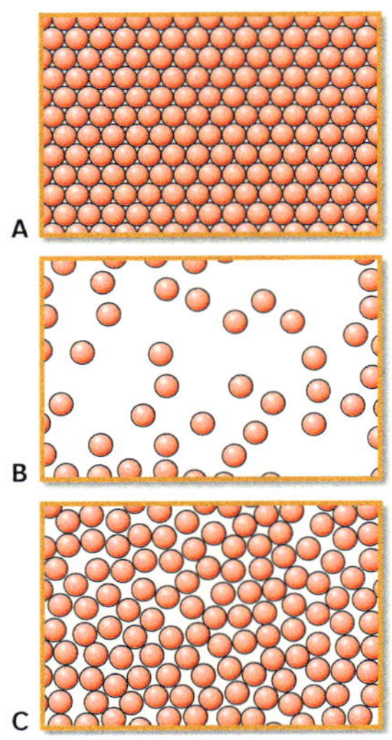

1. Beschreibe die Aggregatzustände einer Kerze.
2. Ordne die Teilchenmodelle den Aggregatzuständen zu.
3. Wähle eine der Aufgaben aus:
   a Beschreibe die Veränderung der Teilchen in den verschiedenen Aggregatzuständen.
   b Erläutere den Einfluss der Temperatur auf die Aggregatzustände des Kerzenwachses.

Schmelz – und Siedetemperatur

Brennt eine Kerze, wird das Kerzenwachs flüssig. Beim Auspusten der Kerze, steigt unsichtbarer gasförmiger Wachsdampf auf. Durch das Vermischen mit Luft und Ruß wird er sichtbar.
Stoffe können fest, flüssig oder gasförmig sein. Diese Zustandsformen nennt man **Aggregatzustände**. Der Aggregatzustand hängt von der Temperatur ab. Wenn ein Feststoff erhitzt wird, schmilzt er bei einer bestimmten Temperatur, der **Schmelztemperatur**. Er ist nun flüssig. Erhitzt man den flüssigen Stoff weiter, dann siedet er und verdampft dabei. Der Stoff wird gasförmig. Diese Temperatur nennt man **Siedetemperatur**. Oberhalb dieser Temperatur ist ein Stoff immer gasförmig. Verschiedene Stoffe haben unterschiedliche Schmelztemperaturen und Siedetemperaturen. Man kann sie zum Beispiel mit einem Thermometer bestimmen. Die Schmelztemperatur und Siedetemperatur sind messbare **Stoffeigenschaften**.

Stoffsteckbriefe erstellen

Steckbriefe

Steckbriefe kennst du zum Beispiel aus Zoos. Dort werden oft Tiere mithilfe von Steckbriefen genau beschrieben. Damit die Tiere bestimmt werden können, werden viele unverwechselbare Merkmale und Eigenschaften so genau wie möglich angegeben: das Aussehen, die Größe, das Gewicht, der Lebensraum, die Verbreitung oder die Fortpflanzung. Steckbriefe kennst du auch von Pflanzen. Sie helfen die Lebewesen miteinander zu vergleichen.
Wie die Lebewesen werden auch die Stoffe durch eine Vielzahl von Eigenschaften bestimmt. Es ist jedoch wichtig, nicht nur eine Stoffeigenschaft zu benennen, sondern möglichst viele Stoffeigenschaften aufzulisten. Nur so kann der Stoff eindeutig beschrieben und bestimmt werden. Die Stoffeigenschaften in Steckbriefen sollten übersichtlich geordnet sein und möglichst kurz beschrieben werden. So ist ein Steckbrief leicht zu lesen.

Steckbrief von Kochsalz

Farbe:	weiß
Aggregatzustand bei Raumtemperatur:	fest
Schmelztemperatur:	801 °C
Siedetemperatur:	1465 °C
Härte:	hart
Elektrische Leitfähigkeit:	nein
Magnetische Eigenschaft:	nein
Dichte:	größer als die von Wasser (mit 2,16 g/cm³)
Löslichkeit in Wasser:	gut
Verhalten beim Erhitzen:	keine Veränderung

Material mit Aufgaben

M1 Steckbrief erstellen

1. Übertrage den Steckbrief von Zucker in dein Heft und vervollständige ihn.
2. Erstelle einen Steckbrief mit Eigenschaften für einen Mitschüler oder eine Mitschülerin, den dein Sitznachbar oder deine Sitznachbarin erraten soll.

Steckbrief von Zucker

Farbe:	...
Aggregatzustand bei Raumtemperatur:	...
Schmelztemperatur:	186 °C
Siedetemperatur:	keine
Härte:	...
Elektrische Leitfähigkeit:	...
Magnetische Eigenschaft:	...
Dichte:	...
Löslichkeit in Wasser:	...
Verhalten beim Erhitzen:	...

1 Kochsalz und Steinsalz

Reinstoffe und Stoffgemische

Reinstoffe – nur ein Stoff

Kochsalz besteht ausschließlich aus kleinen Salzkristallen. Sie lassen sich nicht mit dem Auge, mit einer Lupe oder unter einem Lichtmokroskop voneinander unterscheiden und haben alle die gleichen Stoffeigenschaften. Stoffe, die aus einer einzigen Stoffart bestehen, bezeichnet man als **Reinstoffe**.

Gemische – mehr als einen Stoff

Kochsalz kann aus Steinsalz gewonnen werden. Betrachtet man Steinsalz unter der Lupe, fallen unterschiedliche Stoffe auf: regelmäßig geformte, wasserlösliche Salzkristalle, nicht wasserlösliche Gesteinsstückchen sowie kleine andere Mengen an Stoffen wie Gips. Steinsalz besteht aus mehreren Stoffen mit unterschiedlichen Stoffeigenschaften. Es ist ein **Stoffgemisch**. Im Haushalt sind zum Beispiel Waschmittel oder Duschgels Gemische aus mehreren Stoffen.

Homogene Gemische

Wenn man wasserlösliche Feststoffe wie Kochsalz mit Wasser verrührt, erhält man eine **Lösung**. Auch Flüssigkeiten wie Tinte lösen sich in Wasser. In Sprudelwasser ist Kohlenstoffdioxid gelöst. Eine Lösung sieht wie ein einheitlicher Stoff aus. Selbst unter dem Mikroskop erkennt man die gelösten Stoffe nicht mehr. Eine Lösung ist ein **homogenes** Gemisch. Die Luft besteht vor allem aus den Gasen Stickstoff, Sauerstoff und Argon. Die Luft ist ein homogenes **Gasgemisch**. Zwei miteinander verschmolzene Metalle nennt man eine **Legierung**. Aus Kupfer und Zink entsteht zum Beispiel die Legierung Messing.

Heterogene Gemische

Gemische, bei denen man die einzelnen Bestandteile mit den Augen oder weinem Mikroskop unterscheiden kann, heißen **heterogene** Gemische.

Wichtige heterogene Gemische

- **Gemenge** • Eine Gewürzmischung, Müsli oder auch Steinsalz sind Mischungen aus verschiedenen festen Bestandteilen. Stoffgemische, die aus mindestens zwei Feststoffen bestehen, bezeichnet man als **Gemenge**.
- **Suspension** • Vermischt man einen wasserunlöslichen Feststoff wie Lehm mit flüssigem Wasser, erhält man eine **Suspension**. Auf einer Flasche Orangensaft und anderen trüben Fruchtsäften findet man oft den Hinweis: „Vor Gebrauch schütteln". Dadurch verteilen sich die abgesetzten, festen Bestandteile der Frucht gleichmäßig. Sie sind in Wasser unlöslich und setzen sich mit der Zeit am Boden der Flasche ab.
- **Emulsion** • Bei einer **Emulsion** ist eine Flüssigkeit als Tröpfchen in einer anderen Flüssigkeit verteilt. Ein bekanntes Beispiel für eine Emulsion ist Milch.
- **Nebel** • In Flusstälern verdunstet häufig viel Wasser zu gasförmigem Wasserdampf. Wenn nachts die Luft abkühlt, kondensiert der Wasserdampf in der kühleren Luft zu kleinen flüssigen Wassertröpfchen. Verteilen sich diese feinsten Flüssigkeitströpfchen in einem Gas wie Luft, entsteht **Nebel**. Ein weiteres Beispiel für Nebel ist zerstäubtes flüssiges Parfum in der Luft.
- **Rauch** • Wenn sich feinste Feststoffteilchen in einem Gas verteilen, wird das Gemisch als **Rauch** bezeichnet. Beim Rauch des Feuers vermischen sich Staub und Ruß mit der Luft.

A

B

2 Stoffgemische: **A** Gewürzmischung (Gemenge), **B** Milch (Emulsion)

Material mit Aufgaben

F

M1 Reinstoff und Stoffgemisch

Aggregatzustände der Bestandteile	Homogenes Gemisch	Beispiel	Heterogenes Gemisch	Beispiel
fest in fest	Legierung	...	...	Müsli
fest in flüssig	Lösung	...	...	Orangensaft
fest in gasförmig	—	—	Rauch	...
flüssig in flüssig	...	Tintenwasser	...	Milch
flüssig in gasförmig	—	—	Nebel	...
gasförmig in flüssig	...	Sprudel	Schaum	Sprühsahne
gasförmig in gasförmig	Gasgemisch	...	—	—

1. Übertrage die Tabelle in dein Heft und ergänze die fehlenden Gemische und Beispiele.

2. Erläutere, welcher der Apfelsäfte eine Lösung und welcher eine Suspension ist.

klarer Apfelsaft

naturtrüber Apfelsaft

3 Teilchenmodell von: **A** einem Reinstoff, **B** einem Gemenge

Reinstoffe im Teilchenmodell

Alle Reinstoffe bestehen aus kleinen Teilchen. Die einzelnen Teilchen sind untereinander gleich. Reinstoffe bestehen aus einer einzigen Teilchensorte mit einer bestimmten Größe. Bekannte Beispiele sind Zucker und Kochsalz.

Gemenge im Teilchenmodell

Gemenge sind mindestens aus zwei Reinstoffen zusammengesetzt. Steinsalz ist ein Gemenge aus unterschiedlichen Feststoffen. Es besteht aus mehreren Teilchensorten.

Lösung im Teilchenmodell

Eine Zuckerlösung ist klar. Die unterschiedlichen Bestandteile erkennt man nicht. Das Wasser besteht nur aus Wasserteilchen, Zucker nur aus Zuckerteilchen. Im Zuckerwasser befinden sich die Zuckerteilchen zwischen den Wasserteilchen. Die Teilchen sind so klein, dass man sie mit einem Mikroskop nicht sehen kann. In homogenen Gemischen wie einer Lösung sind die einzelnen Teilchen der Stoffe verteilt.

Suspension im Teilchenmodell

Wenn man einen Pinsel mit Tuschkastenfarbe in Wasser reinigt, erkennt man, dass feine Feststoffstückchen im Wasser schweben. Die Tuscheteilchen bleiben in größeren Gruppen zusammen. Die Tuscheteilchen sind regelmäßig angeordnet. Dadurch bilden sich sichtbare Schwebstoffe im Wasser. Es handelt sich dabei um eine Suspension. In heterogenen Stoffgemischen wie einer Suspension liegen Teilchen von Feststoffen in größeren Gruppen in einer Flüssigkeit vor.

4 Teilchenmodell von: **A** einer Lösung (Zuckerwasser), **B** einer Suspension (Tusche-Wasser-Gemisch), **C** einer Emulsion (Milch)

Emulsion im Teilchenmodell

In Milch schweben kleine, flüssige Fetttröpfchen im Wasser. Das Fett in der Milch liegt als flüssiges Öl vor. Milch ist eine Emulsion.
Die Fettteilchen bleiben in größeren Gruppen zusammen. Die einzelnen Fettteilchen sind unregelmäßig angeordnet. In heterogenen Stoffgemischen wie einer Emulsion liegen größere Gruppen von flüssigen Teilchen in einer Flüssigkeit vor.

A Erkläre mithilfe des Teilchenmodells den Unterschied zwischen einer Lösung und einer Suspension.

Material mit Aufgaben

M2 Sprudelwasser

Mit einer Sprudelmaschine kann man selbst Sprudelwasser herstellen. Dabei wird das Gas Kohlenstoffdioxid mit hohem Druck in eine Flasche mit Wasser gepresst. Wird die Flasche wieder geöffnet, kann das Gas entweichen.

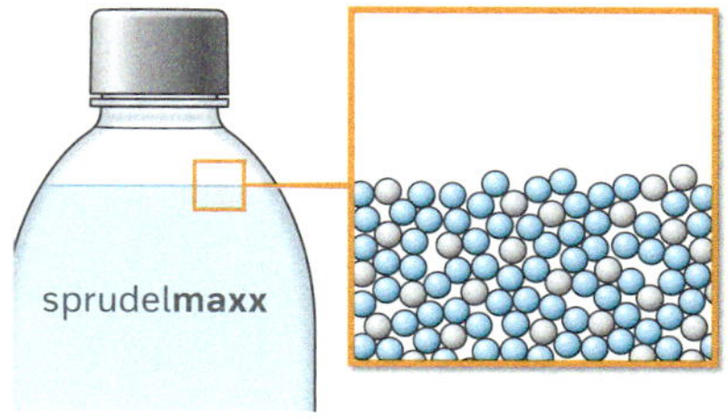

1. Ordne dem Sprudelwasser einen Gemischtyp zu. Begründe deine Zuordnung mithilfe des Teilchenmodells.

2. Skizziere im Teilchenmodell, wie sich die Darstellung ändert, wenn die Flasche längere Zeit offen steht.

Material mit Aufgaben

M3 Andere Stoffgemische

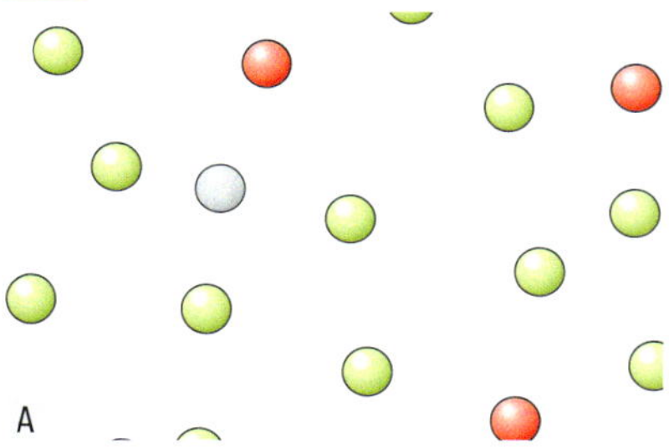
A

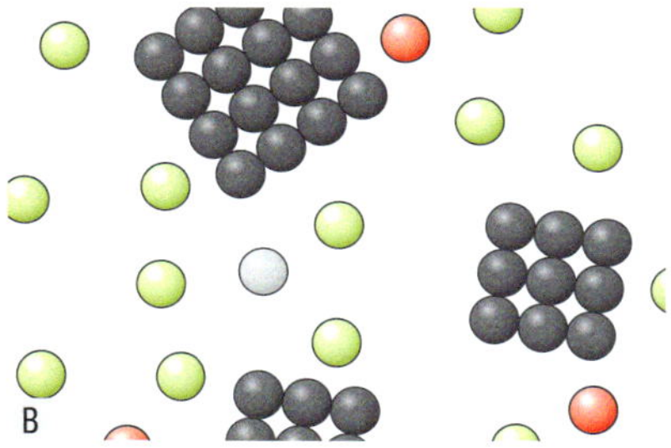
B

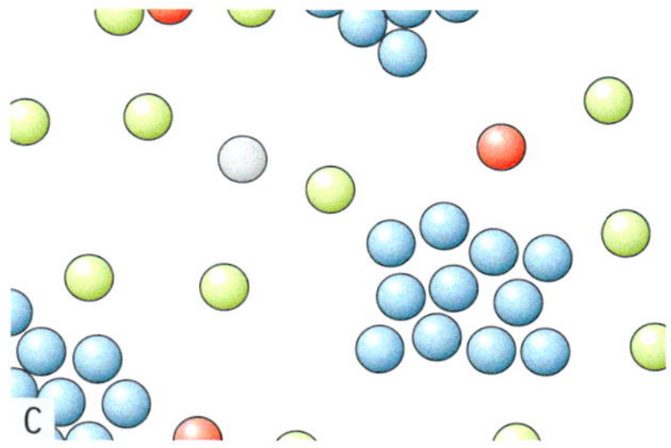
C

Nebel

Luft

Rauch

Welches Teilchenmodell gehört zu dem Gasgemisch Luft, welches zu Rauch und welches zu Nebel?

1. Ordne jedem der drei Bilder das passende Teilchenmodell zu. Begründe deine Zuordnungen.

2. Erläutere, welche der dargestellten Gemische zu den homogenen oder heterogenen Stoffgemischen zählen.

1 Abbau von Steinsalz

Gewinnung von Kochsalz

Kochsalz ist lebenswichtig

Wir essen jeden Tag Speisen, die mit Kochsalz zubereitet werden. Kochsalz spielt in unserem Alltag eine wichtige Rolle: als Gewürz, Konservierungsmittel oder auch als Streusalz. Für den menschlichen Körper ist Kochsalz überlebenswichtig. Es regelt zum Beispiel den Wasserhaushalt des Körpers.
Das Kochsalz wird heute preiswert aus unterirdischen Salzlagerstätten abgebaut oder aus dem Salzwasser des Meeres gewonnen.

Abbau von Steinsalz

Kochsalz kann aus dem Rohstoff Steinsalz gewonnen werden. Steinsalz liegt in unterirdischen Gesteinsschichten. Mithilfe von Baggern und Sprengstoff werden diese **Salzlagerstätten** abgebaut. Dabei gewinnt man ein **Gemisch**, das neben Steinsalzbrocken auch Steine und Sand enthält. Über Laufbänder und mithilfe von Ladefahrzeugen wird dieses Salz-Sand-Stein-Gemisch transportiert. In Förderschächten wird es an die Erdoberfläche gebracht und in Brechanlagen weiter verarbeitet.

Material mit Aufgaben

P1 Salzgewinnung

Material: Ein Gemisch aus Steinen, Salz und Sand, Wasser

Durchführung: Mische das Wasser mit dem Stein-Sand-Salz Gemisch. Trenne das fertige Gemisch mithilfe der im Text angegebenen Trennverfahren.

1. Beschreibe den Trennvorgang.
2. Stelle den Trennvorgang als Fließschema dar.

Gewinnung von Kochsalz

In den Brechanlagen werden zunächst große Gesteinsbrocken mit sichtbar wenig Steinsalz **aussortiert**. Anschließend wird das Gemisch durch große Walzen und Hämmer zerkleinert.
Danach wird das Gemisch mit Wasser vermengt. Kleinere Gesteinsbrocken setzen sich mit der Zeit aufgrund der höheren Dichte am Boden des Gefäßes ab. Dieses Absetzen bezeichnet man als **Sedimentieren**. In der Salz-Sand-Wasser-Suspension befinden sich aber immer noch kleine Schwebstoffe und Sandkörner.
Die Flüssigkeit läuft aus diesem Grund danach durch einen Filter. In den engen Poren des Filters bleiben kleine Feststoffe als Rückstand hängen. Die Flüssigkeit fließt durch den Filter und landet als **Filtrat** im Auffanggefäß. Es ist eine **Salzlösung** als Filtrat entstanden. Dieses Trennverfahren bezeichnet man als **Filtrieren**. Dabei werden die unterschiedlichen Teilchengrößen der Stoffe als Stoffeigenschaft genutzt.
Damit man anschließend das feste Kochsalz zurück gewinnt, wird die Salzlösung stark erhitzt. Das Wasser verdampft und das zuvor gelöste Salz bleibt zurück. Dabei nutzt man die unterschiedlichen Siedetemperaturen der Stoffe aus. Dieses Trennverfahren nennt man **Eindampfen**.

A Beschreibe, welche Rolle Kochsalz in unserem Leben spielt.

B Nenne die verschiedenen Trennverfahren, die bei der Gewinnung von Kochsalz aus Steinsalz eine Rolle spielen.

Material mit Aufgaben

M2 Kochsalz herstellen

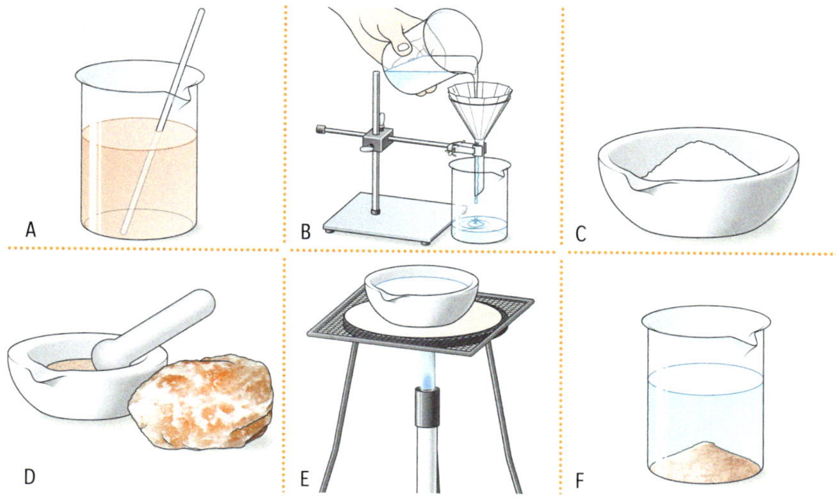

1. Bringe die Bilder in eine sinnvolle Reihenfolge.
2. Finde für die Bilder A-F passende Überschriften.

M3 Filtrieren und Eindampfen im Teilchenmodell

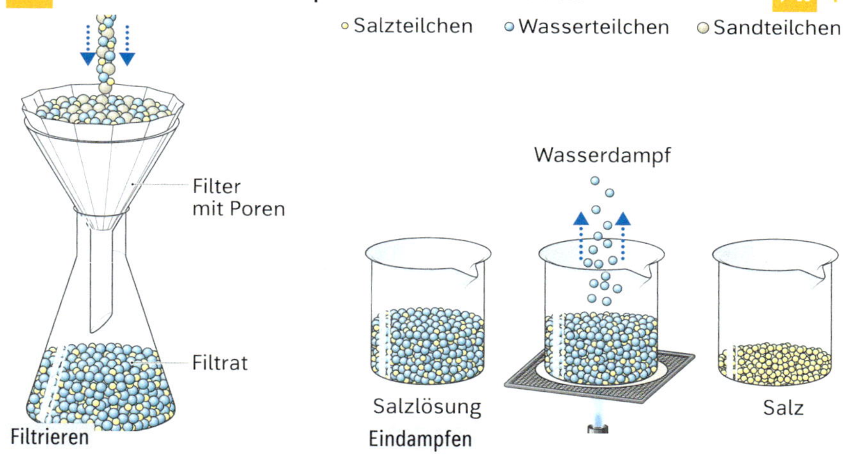

1. Beschreibe das Filtrieren und Eindampfen mithilfe des Teilchenmodells.
2. Erkläre, welche Art von Gemischen mit den Trennverfahren getrennt werden können.
3. Erläutere, welche Stoffeigenschaften bei den beiden Trennverfahren genutzt werden.

1 Wasserhahn am Meer

Destillation

Trinkwasser aus Meerwasser

In warmen Ländern die am Meer liegen, wird ein Teil des Trinkwassers aus Meerwasser gewonnen. Das Meerwasser wird dazu in großen, mit Glas überdachten Anlagen von der Sonne erwärmt. Das Meerwasser **verdunstet** dort zu Wasserdampf. Dieser steigt auf und **kondensiert** dann an den kühlen Glasflächen. Das flüssige Wasser fließt an den Scheiben herunter und wird aufgefangen. Das Salz bleibt im zurückgebliebenen Salzwasser. Es bildet sich **Sole**.

Material mit Aufgaben

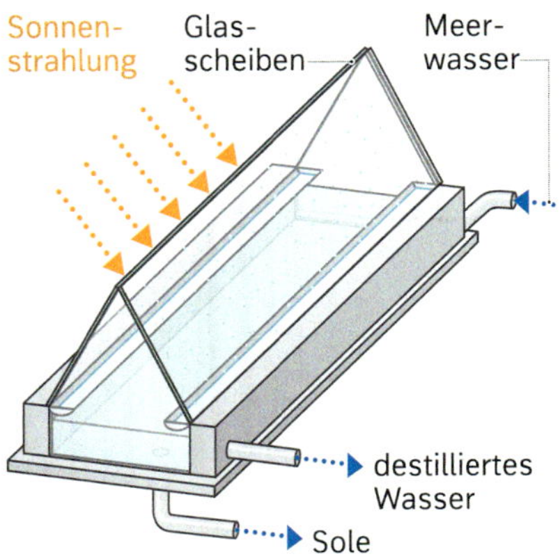

M1 Trinkwassergewinnung

1. Beschreibe den Aufbau einer einfachen Entsalzungsanlage.
2. Erkläre die Funktionsweise der Entsalzungsanlage.
3. Plane einen Versuch, bei dem man das Prinzip einer Entsalzungsanlage zeigen kann.

Destillation im Schullabor

Auch im Schullabor kann man aus Salzwasser Trinkwasser gewinnen. Dazu wird Salzwasser in einem Kolben bis zum Sieden erhitzt. Der aufsteigende Wasserdampf enthält kein Salz, denn das Salz siedet erst bei viel höheren Temperaturen. Der Wasserdampf wird nun gekühlt, damit er wieder flüssig wird. Dazu nutzt man den **Liebigkühler**. Er besteht aus einem inneren Rohr und einem äußeren Rohr. Durch das innere Rohr strömt der heiße Wasserdampf. Durch das äußere Rohr fließt in der entgegen gesetzten Richtung kaltes Wasser, was das Kondensieren beschleunigt. Der Wasserdampf kondensiert an dem gekühlten Glasrohr und sammelt sich als **Destillat** im Auffanggefäß. Das Verdampfen und anschließende Kondensieren nennt man **Destillation**.

Destillieren von Alkohol

Rotwein ist ein Gemisch aus Alkohol, Wasser, Zucker sowie Farb- und Geschmacksstoffen. Der Alkohol kann durch Destillation gewonnen werden. Dazu nutzt man die unterschiedlichen Siedetemperaturen der Bestandteile aus. Alkohol siedet bei einer Temperatur von 78 °C, Wasser erst bei 100 °C. Erhitzt man den Rotwein langsam, siedet zunächst der Alkohol. Die Alkoholdämpfe leitet man durch den Kühler. Dabei kondensieret der Dampf zu flüssigem Alkohol, der sich als Destillat sammelt.

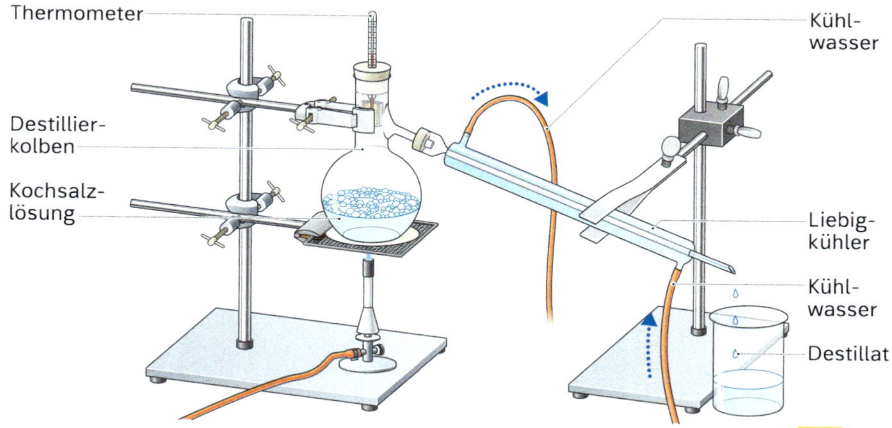

2 Destillation einer Kochsalz-Lösung

Material mit Aufgaben

M2 Destillation – ganz einfach

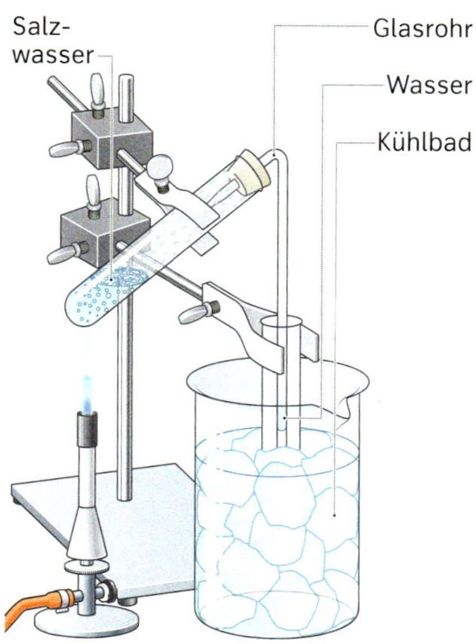

1. Beschreibe den Aufbau und die Funktionsweise des dargestellten Versuchs.

M3 Destillation von Alkohol

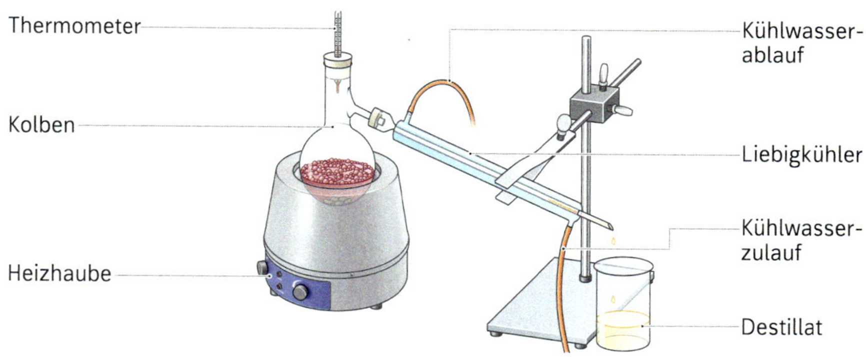

1. Beschreibe den Aufbau der im Bild dargestellten Destillationsapparatur.
2. Beschreibe die Gewinnung von Alkohol aus Rotwein.
3. Wähle eine der Aufgaben aus:
   a Erkläre, warum es bei der Alkohol-Destillation wichtig ist, den Wein nicht über 78 °C zu erhitzen.
   b Erkläre, warum das Kühlwasser von hinten nach vorne durch den Liebigkühler geleitet wird.

1 Sand sinkt zu Boden

Weitere Trennverfahren

Sedimentieren und Zentrifugieren
Gibt man Gartenerde in Wasser, entsteht ein Erde-Wasser-Gemisch. In diesem schweben viele Feststoffe. Es handelt sich dabei um eine **Suspension**. Die Erdeteilchen setzen sich mit der Zeit langsam am Boden ab. Sie haben im Vergleich zu Wasser eine höhere **Dichte**. Diesen Vorgang bezeichnet man als **Sedimentieren**. Die am Boden des Gefäßes abgesetzten Erdeteilchen nennt man Bodensatz oder **Sediment**. Den Vorgang des Sedimentierens kann man beschleunigen, indem man das Gemisch schnell dreht. Dabei werden die Feststoffe der Suspension nach außen geschleudert und setzen sich schneller ab. Dieses Trennverfahren bezeichnet man als **Zentrifugieren**.

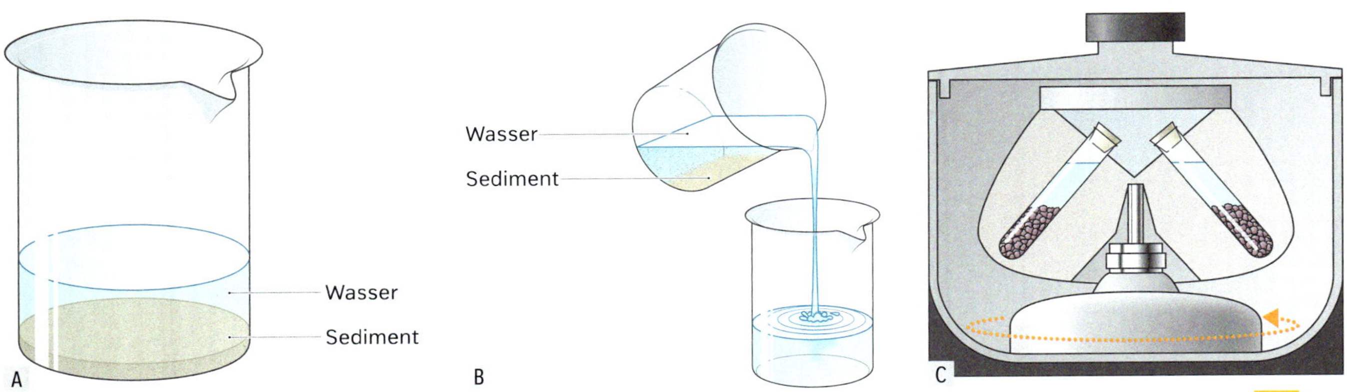

2 Trennverfahren: **A** Sedimentieren, **B** Dekantieren, **C** Zentrifugieren

F

Dekantieren

Nach dem Sedimentieren oder Zentrifugieren haben sich die Erdeteilchen wegen ihrer höheren Dichte am Boden abgesetzt. Darüber steht eine klarere Flüssigkeit. Diese Flüssigkeit kann man abgießen. Durch vorsichtiges und langsames Abgießen lässt sich die Flüssigkeit vom Bodensatz trennen. Dieses „Vorsichtig-über-die-Kante-Gießen" nennt man **Dekantieren**. Falls noch Feststoffe im Wasser vorhanden sind, kann das Gemisch noch filtriert werden.

Adsorbieren

Tintenwasser ist eine Lösung. Mithilfe eines Filters können die Tintenteilchen und Wasserteilchen nicht getrennt werden. Dafür kann man ein besonderes Trennverfahren nutzen. Dazu wird dem Tintenwasser Aktivkohle zugesetzt. Dieser Feststoff löst sich nicht im Tintenwasser. Aktivkohlekörnchen sind sehr rau und haben eine große Oberfläche. An dieser bleiben die Tintenteilchen aufgrund ihrer **Haftfähigkeit** hängen. Anschließend wird das Gemisch mit den anhaftenden Tintenteilchen filtriert. Das Trennverfahren, bei dem man das Haften eines Stoffs an einer Oberfläche nutzt, nennt man **Adsorbieren**. Bei diesem Trennverfahren nutzt man die unterschiedliche Haftfähigkeit von Stoffen. Die Aktivkohle wird bei diesem Trennverfahren als **Adsorptionsmittel** eingesetzt. Mit ihr können aus Flüssigkeiten und Gasen unerwünschte ungelöste und gelöste Stoffe entfernt werden.

A Nenne alle im Text genannten Trennverfahren und beschreibe sie.

Material mit Aufgaben

M1 Trennverfahren in der Küche

Salatschleuder

Fettkännchen

1. Beschreibe, wie die beiden abgebildeten Küchengeräte funktionieren.
2. Erkläre, welches Stofftrennverfahren und Stoffeigenschaften bei den Geräten genutzt werden.

M2 Filtration und Adsorption

F

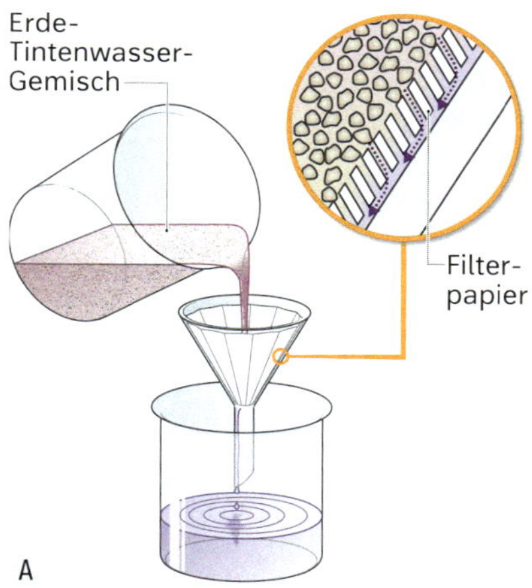

A

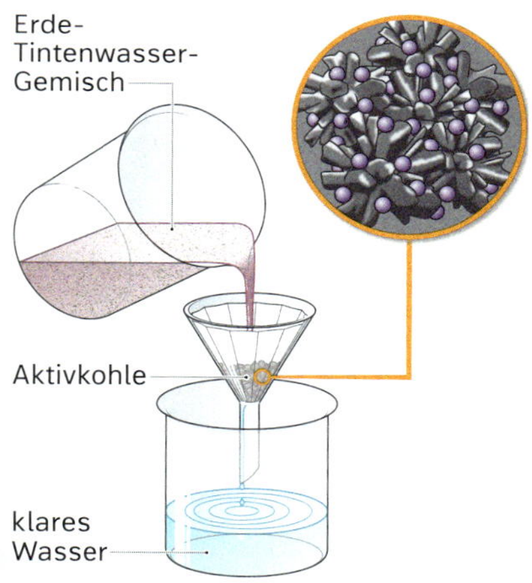

B

1. Beschreibe das Ergebnis in Bild B, wenn das Gemisch durch einen Aktivkohlefilter gegeben wird.
2. Nenne die in den Bildern A und B dargestellten Trennverfahren.
3. Wähle eine der Aufgaben aus:
   a Erkläre das Prinzip des Stofftrennverfahrens bei Bild A.
   b Erkläre das Prinzip des Stofftrennverfahrens bei Bild B.
4. Erkläre, weshalb die Aktivkohlekörnchen stark zerklüftet sind.

3 Extraktion

Extrahieren

Hält man einen Teebeutel mit Teeblättern in Wasser, bilden sich farbige Schlieren. Bei der Zubereitung von Tee löst das heiße Wasser die Geschmacks- und Farbstoffe aus den Teeblättern. Sie werden **extrahiert**. Das Wasser ist dabei das **Extraktionsmittel**. In den Teebeuteln bleiben nicht gelöste Feststoffe zurück. Bei der Extraktion wird die unterschiedliche **Löslichkeit** der Gemischbestandteile genutzt. Auch bei der Herstellung von Parfüm nutzt man das Verfahren der **Extraktion**. Viele Parfüms haben den Duft von Rosenblüten. Die Duft- und Farbstoffe der Rosenblüten sind schlecht in Wasser, aber gut im benzinhaltigen Lösemittel löslich. Daher legt man die Blätter für längere Zeit in Benzin ein und extrahiert die Duft- und Farbstoffe aus den Rosenblättern. Das so gewonnene Gemisch kann dann zu Parfüm verarbeitet werden.

Material mit Aufgaben

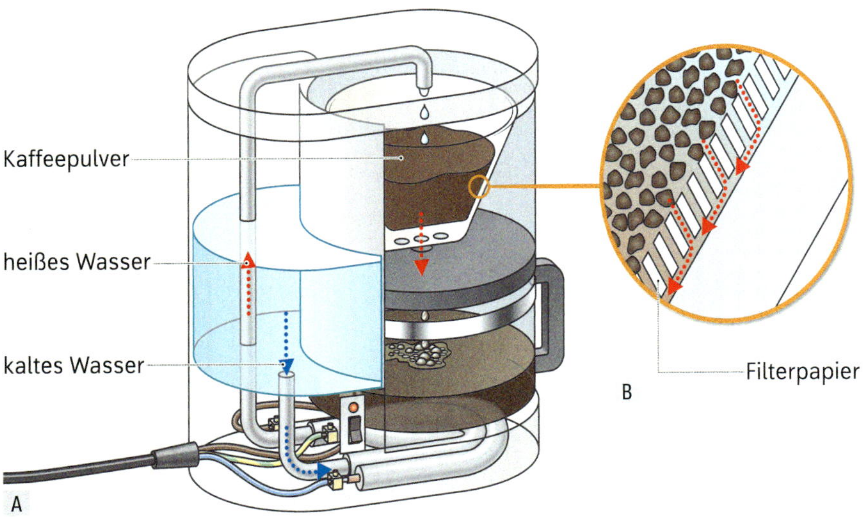

M3 Filterkaffee brühen

1. Beschreibe mithilfe von Bild A das Brühen von Filterkaffee.
2. Nenne die zwei Trennverfahren, die zum Einsatz kommen.
3. Erkläre mithilfe von Bild B das Trennverfahren Extraktion.
4. Wähle eine der Aufgaben aus:

a Erläutere, welche Stoffeigenschaft des Kaffepulvers genutzt wird.

b Erläutere, um welchen Gemischtyp es sich bei fertig gebrühtem Kaffee handelt.

Chromatografie

Chromatografie

Schwarze und bunte Filzstiftfarben sind je nach Hersteller aus unterschiedlichen Farbstoffen zusammengesetzt. Es sind Gemische. Filzstiftfarbe verläuft auf Filtrierpapier, wenn sie mit Wasser in Verbindung kommt. Dabei kann man bunte Muster erkennen.

Hält man das Filtrierpapier mit den Filzstiftpunkten in Wasser, steigt das Wasser langsam im Papier nach oben. Die Farbstoffe der Filzstiftpunkte werden mittransportiert und dabei voneinander getrennt. Die Farbstoffe, die nur schlecht am Filtrierpapier haften, werden schneller mittransportiert. Farbstoffe, die gut am Papier haften, wandern langsamer durch das Filtrierpapier. Durch diese unterschiedliche **Haftfähigkeit** der Farbstoffe trennt sich das Farbstoffgemisch des Filzstifts auf. Man kann die unterschiedlichen Farbstoffe auf dem Filtrierpapier deutlich erkennen.

1 Entstehung Chromatogramm

F

Man bezeichnet dieses Trennverfahren als **Chromatografie**. Das dabei entstandene Bild der getrennten Stoffe heißt **Chromatogramm**.

Material mit Aufgaben

P1 **Chromatografie von Filzstiften**

Material: 2 Rundfilterpapiere, 1 Petrischale, wasserlösliche Filzstifte

Durchführung: Fülle etwas Wasser in eine Petrischale. Stich in die Mitte des einen Rundfilterpapiers ein Loch. Male mit einem Filzstifte mit etwas Abstand einen Kreis um das Loch. Rolle danach das zweite Rundfilterpapier zu einem schmalen Docht zusammen und stecke ihn durch das Loch des ersten Rundfilterpapiers. Der Docht sollte dabei unten in das Wasser der Petrischale eintauchen. Dein gemalter Kreis sollte nach oben zeigen. Warte einige Zeit und beobachte was passiert.

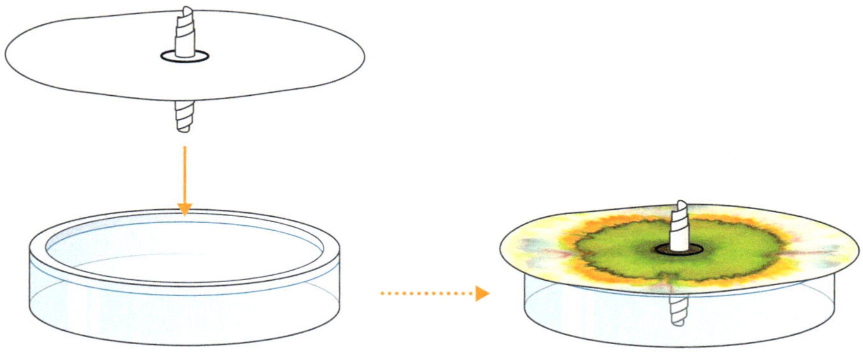

1. II Erkläre die Versuchsergebnisse.
2. III Vergleicht die Chromatogramme in der Klasse. Stellt Vermutungen über die Unterschiede an.

1 Müll wird getrennt

Müll wird getrennt

Wachsender Müllberg
Im Supermarkt sind die meisten Waren mit unterschiedlichen Verpackungen verpackt. Manche Waren wie Schokolade oder Parfüm sind sogar mehrfach verpackt. Jährlich fallen in Deutschland pro Kopf etwa 600 Kilogramm Müll an.

Mülltrennung
Viele Müllbestandteile sind wertvoll. Müll wird daher in verschiedene Behälter sortiert. **Papier** kommt in die blaue Tonne, **Küchen- und Gartenabfälle** kommen als Biomüll in die braune Biotonne oder auf den Kompost. **Glas** wird nach Farben sortiert und kommt in Glascontainer. **Wertstoffe** wie Alufolie, Konservendosen und Kunststoffverpackungen werden in der gelben Tonne oder dem gelben Sack gesammelt. Metalle oder Elektrogeräte bringt man zum Wertstoffhof. Babywindeln, Staubsaugerbeutel oder Papiertaschentücher sind **Restmüll**. Dieser kommt in die schwarze Restmülltonne.

2 Müllberge

Sondermüll
Müll wie Farbreste oder Batterien sind für Mensch und Umwelt schädlich. Sie müssen als **Sondermüll** beim Händler oder auf Wertstoffhöfen gesammelt werden. Batterien können oft in Läden in Sammelbehälter eingeworfen werden.

In der Müllsortieranlage
Der Wertstoffmüll wird oft zu einer **Müllsortieranlage** gefahren. Trifft der Wertstoffmüll in der Sortieranlage an, wird er zunächst auf automatische Förderbänder verteilt. Bei vielen Sortieranlagen können Menschen bestimmte Materialien aufgrund ihres Aussehens und ihrer Größe **aussortieren**. Danach sortieren Maschinen die Materialien. Sie nutzen dabei die unterschiedlichen Stoffeigenschaften der Wertstoffe. Zuerst werden mithilfe von **Sieben** kleine von großen Gegenständen getrennt. Die Größe der Maschen eines Siebes bestimmt, was hindurchfällt und was nicht durchfällt.

- **Windsichten** Leichte Stoffe wie Papier oder Kunststofffolien werden durch starke Gebläse hoch und zur Seite in verschiedene Behälter geblasen. Die schweren Gegenstände bleiben auf dem Förderband.
- **Magnettrennen** Im Wertstoffmüll befinden sich auch Materialien, die Eisen, Nickel oder Kobalt enthalten. Diese Stoffe sind **magnetisierbar**. Sie werden mit einem Magneten aus dem Müll gezogen. Dazu läuft der Müll über einen feststehenden Magneten. Magnetisierbare Stoffe werden vom Magneten angezogen und so vom übrigen Müll getrennt.
- **Schwimm-Sink-Verfahren** Der übrig gebliebene Müll wird zerkleinert und im Wasserbecken nach der **Dichte** der Stoffe getrennt. Papier und Kunststoffe mit geringer Dichte schwimmen auf dem Wasser und werden dann abgefischt. Andere Kunststoffarten haben eine größere Dichte und sinken unterschiedlich schnell zu Boden. So lassen sie sich aussortieren. Glas oder im Müll gebliebene nicht magnetisierbare Metallteile sinken ebenfalls schneller zu Boden.

A Nenne die verschiedenen Müllsorten.

B Ordne folgende Materialien der passenden Müllsorte zu: Kartoffelreste, Zeitung, leere Gummibärchenverpackung, leeres Marmeladenglas, benutzte Babywindeln, Autolack.

C Erläutere, warum die Trennung von Müll wichtig ist.

Material mit Aufgaben

M1 Trennverfahren einer Müllsortieranlage

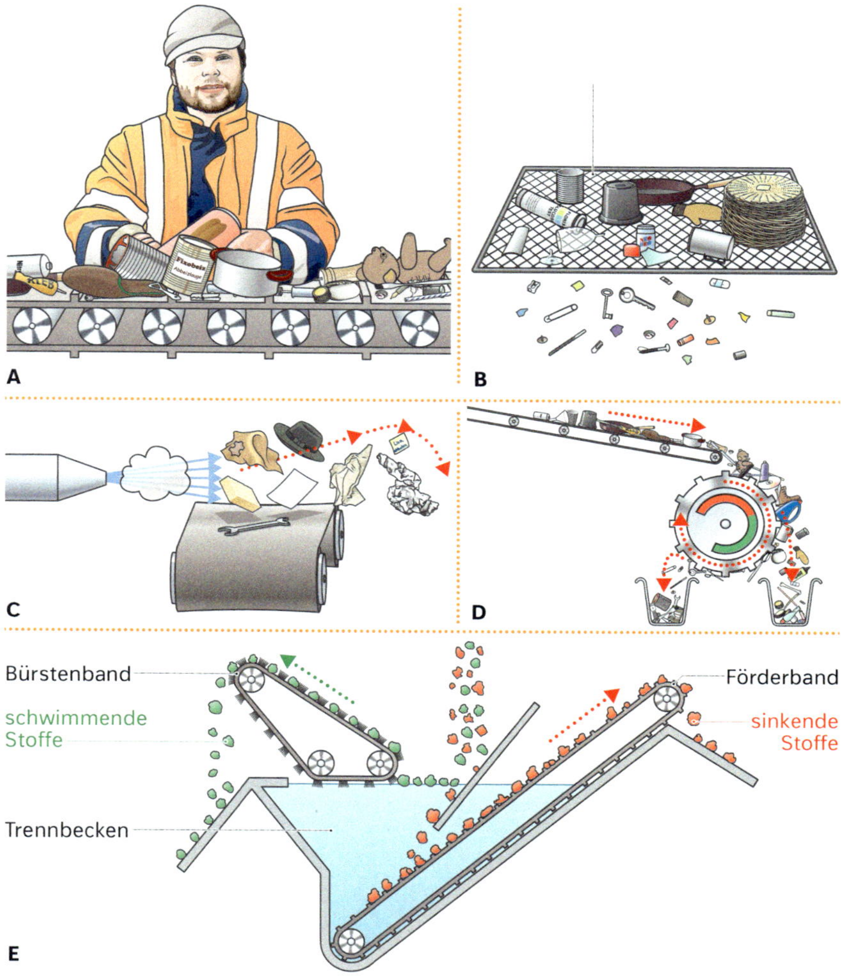

1. Beschreibe die abgebildeten Trennverfahren einer automatischen Sortieranlage.
2. Nenne jeweils die Stoffeigenschaft, die genutzt werden.
3. Erkläre, warum beim Magnettrennen keine Metalle wie Silber oder Kupfer vom Müll getrennt werden können.
4. Wähle eines der Müllgemische aus und plane, wie du sie mit einfachen Mitteln trennen kannst.
   a Metalldosen, Nägel (Messing und Eisen), Papier.
   b Verschiedene Kunststoffe, Schrauben, Stücke von Eisendraht, Stücke von Kupferdraht, Glas.

Taschen aus recyceltem Kunststoff sieht man oft.
Was versteht man unter dem Begriff Recycling?

1 Taschen aus recyceltem Kunststoff

Müll wird wiederverwertet

Recycling

In unserem Müll stecken viele wertvolle Stoffe wie Glas, Eisen oder Kupfer. Damit die Rohstoffreserven nicht unnötig verbraucht werden, ist es wichtig, die wertvollen Stoffe im Müll zurückzugewinnen. Aus diesen Stoffen können wieder neue Gegenstände hergestellt werden. Diese **Wiederverwendung** nennt man **Recycling**. Dadurch fällt weniger Müll an. Man benötigt weniger Rohstoffe und spart Energie für die Herstellung von Waren. Recycling ist nachhaltig.

Recycling ist ein englisches Wort. „Re" bedeutet „zurück" und „cycle" heißt „Kreislauf"

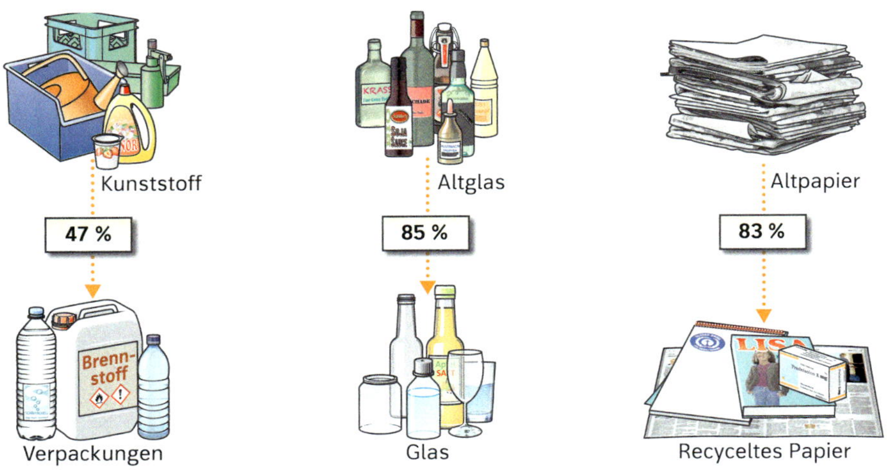

2 Recyclingquote

Recycling von Papier

Papier gewinnt man aus Holz. Beim Recycling von Papier und Pappe werden diese zerkleinert und mit Wasser zu einem Brei verrührt. Fremdstoffe und Druckfarben werden dadurch herausgelöst. Anschließend wird der Brei getrocknet und wieder zu neuem Papier ausgerollt. Je mehr Recyclingpapier verwendet wird, desto weniger Holz muss aus den Wäldern entnommen und verarbeitet werden. Papier, das vollständig aus Altpapier hergestellt wurde, trägt das Symbol „blauer Engel".

Recycling von Kunststoffen

Etwa die Hälfte des anfallenden Kunststoffmülls wird verbrannt. Der restliche Teil wird zu neuen Gegenständen verarbeitet. Der Kunststoff wird dazu geschmolzen und in eine neue Form gebracht.

Recycling von Elektroschrott

Alte Smartphones und andere elektrische Geräte enthalten wertvolle Metalle wie Kupfer, Silber oder Gold. Oft sind auch für die Umwelt schädliche Stoffe verbaut. Daher dürfen die Geräte nicht zu Hause in der Mülltonne entsorgt werden. Sie werden zum Händler zurückgebracht oder auf einem Wertstoffhof entsorgt.

Recycling von Glas

Glasflaschen werden aus dem Rohstoff Quarzsand hergestellt. Dieser wird dazu bei sehr hohen Temperaturen geschmolzen. Das benötigt viel Energie. Durch die Zugabe von Farbstoffen kann man neben Weißglas auch Braunglas oder Grünglas herstellen. Auch Altglas kann recycelt werden. Zunächst wird es nach Farben sortiert. Danach wird es zerkleinert. Die Verschlüsse und Deckel aus Kunststoff werden abgetrennt. Anschließend wird das Glas eingeschmolzen. Es entsteht eine flüssige Glasschmelze. Aus dieser Schmelze lassen sich neue Flaschen und Gläser herstellen.

A Erkläre, was man unter Recycling versteht.

B Beschreibe Recyclingprodukte, die aus Müll hergestellt werden können. Nimm Bild 1 und 2 zu Hilfe.

Material mit Aufgaben

M1 Recycling von Papier

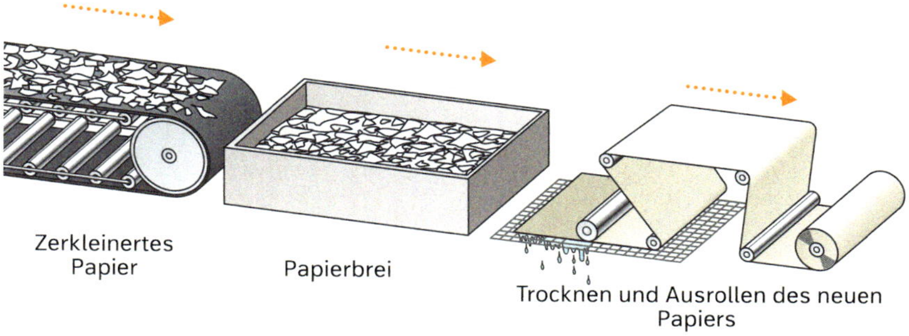

1. Beschreibe das Recycling von Altpapier.
2. Begründe, warum die Verwendung von Recyclingpapier die Umwelt schont.

1 Kilogramm	Holz	Wasser
Recyclingpapier	0 kg	10-20 Liter
neues Papier	2 kg	30-100 Liter

M2 Recycling von Glas

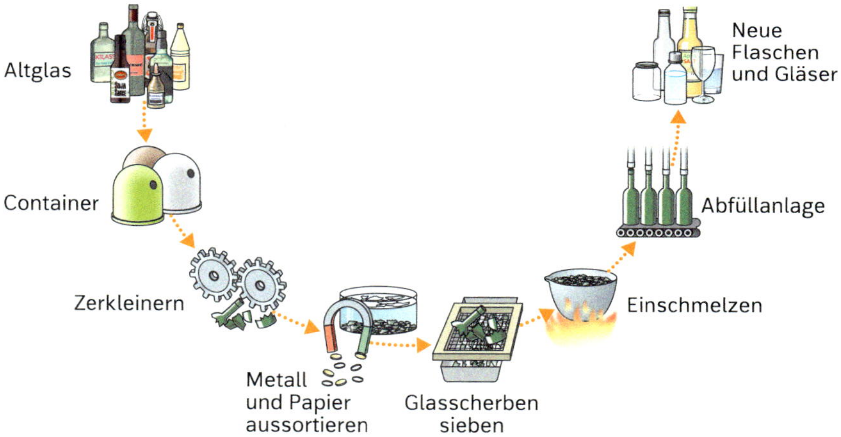

1. Beschreibe das Recycling von Glas.
2. Erkläre, welche Trennverfahren beim Recycling von Glas eine Rolle spielen. Nenne die dabei genutzten Stoffeigenschaften.
3. Wähle eine der Aufgaben aus:
   a Erkläre, warum auch für das Recycling von Glas Energie benötigt wird.
   b Erkläre, warum bei der Herstellung von Weißglas aus Altglas eine vorherige Trennung nach Farben nötig ist.

Trennverfahren im Schullabor

Sedimentieren

Absetzen von unlöslichen Stoffen in Flüssigkeiten durch unterschiedliche Dichten.

Beispiel:
Erde setzt sich in Wasser am Boden ab.

Dekantieren

Trennung von unlöslichen Stoffen in Flüssigkeiten durch unterschiedliche Dichten.

Beispiel:
Bei der Fettkanne schwimmt das Öl auf dem Wasser und wird nicht mit abgegossen.

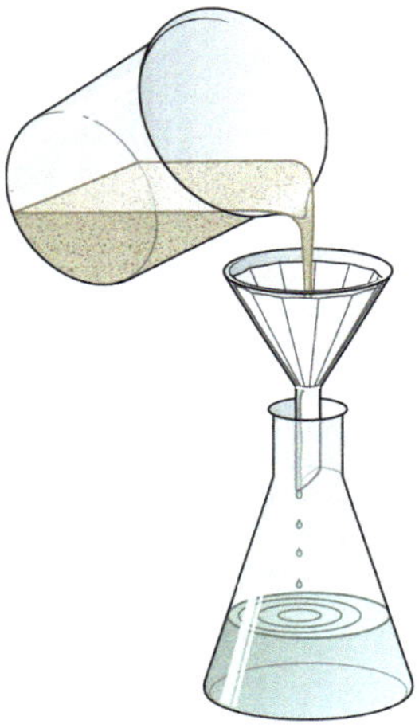

Filtrieren

Trennung von Stoffen mit unterschiedlicher Partikelgröße mithilfe von Filterpapier.

Beispiel:
Bei einem Sand-Wasser-Gemisch bleibt der Sand im Filtrierpapier. Das Wasser fließt durch.

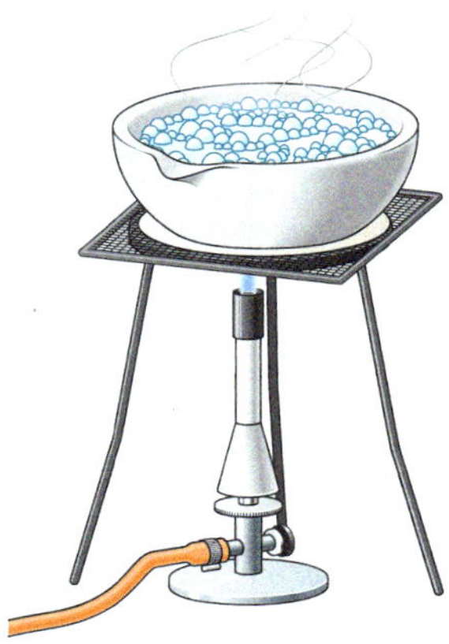

Eindampfen

Trennung von in Flüssigkeiten gelösten festen Stoffen durch Erhitzen.

Beispiel:
Wenn das Tuschwasser verdampft, dann bleibt nur die Farbe übrig.

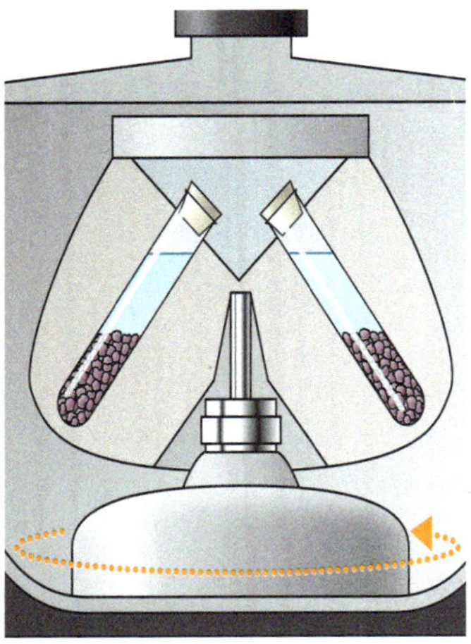

Zentrifugieren

Trennung von Stoffen unterschiedlicher Dichten mithilfe von schnellem Drehen.

Beispiel:
Dreht man ein Erde-Wasser-Gemisch, setzt sich die Erde schnell am Boden ab.

Adsorbieren

Trennung durch Ablagerung eines Stoffes an einem Adsorptionsmittel.

Beispiel:
Die Farbstoffteilchen von Cola bleiben an der Aktivkohle haften.

Extrahieren

Trennung von Stoffen mit Lösemitteln durch unterschiedliche Löslichkeit.

Beispiel:
Farb- und Geschmacksstoffe von Kaffeepulver lösen sich im heißen Wasser.

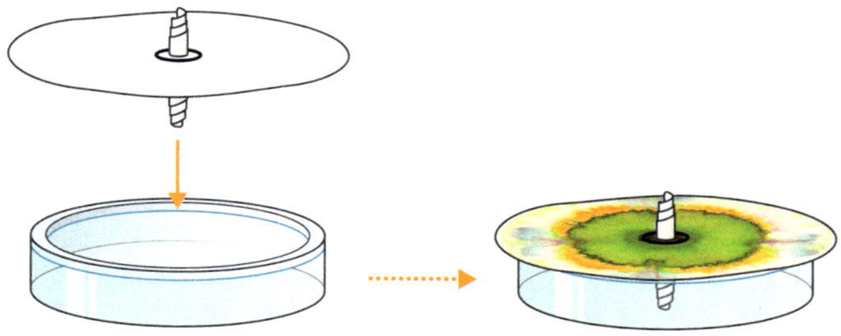

Chromatografieren

Trennung von Stoffen durch unterschiedliche Haftfähigkeit an Papier.

Beispiel:
Unterschiedliche Farbpartikel von Filzstiften haben verschiedene Haftfähigkeiten.

Destillieren

Trennung von Flüssigkeiten durch unterschiedliche Siedetemperaturen.

Beispiel:
Alkohol siedet früher als Wasser. Der Dampf wird in einem Kühler abgekühlt und als Destillat aufgefangen.

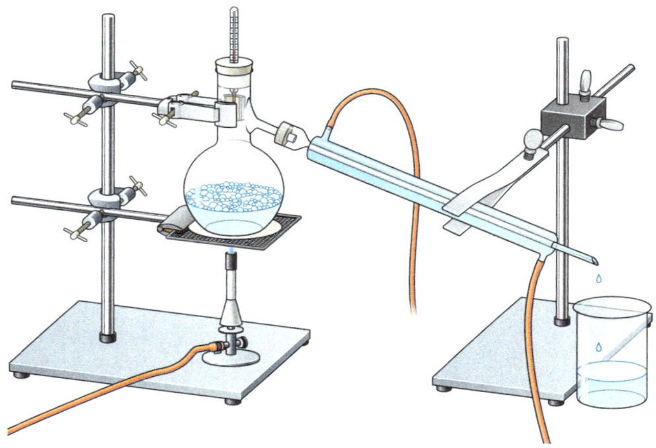

1. Übertrage die Tabelle in dein Heft und ergänze sie.
2. Erkläre, mit welchen Trennverfahren man folgende Gemische trennen kann: Salzwasser, Lehmwasser, Öl-Wasser-Gemisch und Tintenwasser.
3. Erkläre den Unterschied zwischen der Destillation und Eindampfen.

Trennverfahren	Stoffeigenschaft	Beispiel
Filtrieren	…	…
Chromatografieren	…	…
Adsorbieren	…	…
Sedimentieren	…	…
Zentrifugieren	…	…
Destillieren	…	…
Dekantieren	…	…
Eindampfen	…	…
Extrahieren	…	…

1 Aus Brotteig wird ein Brot

Stoffe wandeln sich um

Brot backen

Ein Brotteig ist ein Gemisch aus Wasser, Mehl und Hefe. Der sehr klebrige Teig wird nach dem Kneten ruhen gelassen. Im Teig bilden sich Hohlräume, die das Volumen des Teigs vergrößern. Man sagt, der Teig geht auf. Die Hohlräume entstehen durch ein sich bildendes Gas, welches anfangs noch nicht da war. Wenn das Brot gebacken ist, ist es nicht mehr blass und weich. Es hat sich eine harte, bräunliche Brotkruste gebildet. Der Brotteig hat sich beim Backen zum fertigen Brot umgewandelt. Es hat eine **Stoffumwandlung** stattgefunden.

Erhitzen von Zucker

Bei der Herstellung von Karamell sind die Stoffumwandlungen leichter zu sehen als beim Brotbacken. Erhitzt man Zucker, dann schmilzt er. Er ist erst farblos und dünnflüssig. Nach einiger Zeit wird er braun und zähflüssig. Aus dem Zucker wurde gut riechendes Karamell. Wenn man das Karamell zu lange erhitzt, bildet sich ein fester, schwarzer, übel riechender Stoff. Beim Erhitzen von Zucker verändern sich der Geschmack, die Farbe und der Geruch dauerhaft. Alle Stoffumwandlungen bezeichnet man als **chemische Reaktion**.

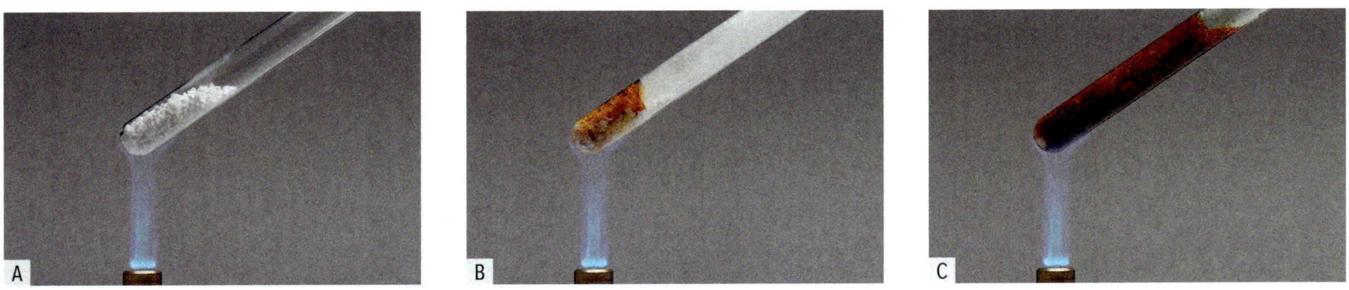

2 Erhitzen von Zucker: **A** Zucker, **B** Karamell, **C** verbrannter Stoff

Chemische Reaktion

Beim Grillen im Garten verwendet man häufig Grillkohle. Diese besteht aus Kohlenstoff. Die Verbrennung von Grillkohle benötigt den Sauerstoff aus der Luft. Mit der Zeit verschwindet die Grillkohle. Es entsteht bei dieser Verbrennung das Gas Kohlenstoffdioxid und es bleibt Asche im Grill übrig. Diese chemische Reaktion kann man in einer Wortgleichung darstellen. Der Pfeil bedeutet: reagiert zu.

Grillkohle (Kohlenstoff) + Sauerstoff → Asche + Kohlenstoffdioxid

Die Stoffe, die vor einer chemischen Reaktion vorliegen, bezeichnet man als **Ausgangsstoffe**. Die bei der chemischen Reaktion entstehenden neuen Stoffe werden als **Reaktionsprodukte** bezeichnet. Ausgangsstoffe und Reaktionsprodukte unterscheiden sich in ihren **Stoffeigenschaften**.

Keine chemische Reaktion

Wenn Eis erwärmt wird, schmilzt es zu flüssigem Wasser. Wird Wasser weiter erhitzt, verdampft es. Bei diesen Vorgängen ändert sich nur der Aggregatzustand des Wassers. Der Wechsel des Aggregatzustands ist keine chemische Reaktion, sondern ein physikalischer Vorgang. Erhitzt man ein Glasstück mit einer Brennerflamme, wird das Glas zunächst weich und lässt sich verformen. Es handelt sich dabei nicht um eine chemische Reaktion, sondern um einen **physikalischen Vorgang**. Wenn der Stab abkühlt, ist er etwas verformt, aber es ist weiterhin der Stoff Glas.

3 Chemische Reaktion: **A** Grillkohle (Ausgangsstoff), **B** Asche (Reaktionsprodukt)

Energie

Stoffumwandlungen sind immer mit Energie verknüpft. Wird bei einer Stoffumwandlung sehr viel Energie freigesetzt, dann sind die Ausgangsstoffe **energiereich**. Stoffe wie zum Beispiel Stärke sind energiereiche Stoffe. Stoffe die weniger Energie besitzen bezeichnet man als **energiearme** Stoffe. Zum Beispiel sind Wasser und Kohlenstoffdioxid energiearme Stoffe.

Material mit Aufgaben

M1 Stoffumwandlung

1. Nenne die Ausgangsstoffe und Reaktionsprodukte beim Abbrennen einer Kerze.
2. Beschreibe physikalische Vorgänge und Stoffumwandlungen, die an einer Kerze stattfinden.
3. Erstelle eine Wortgleichung für diese Verbrennung.
4. Erläutere am Beispiel der Kerze den Unterschied zwischen chemischen Reaktionen und physikalischen Vorgängen.

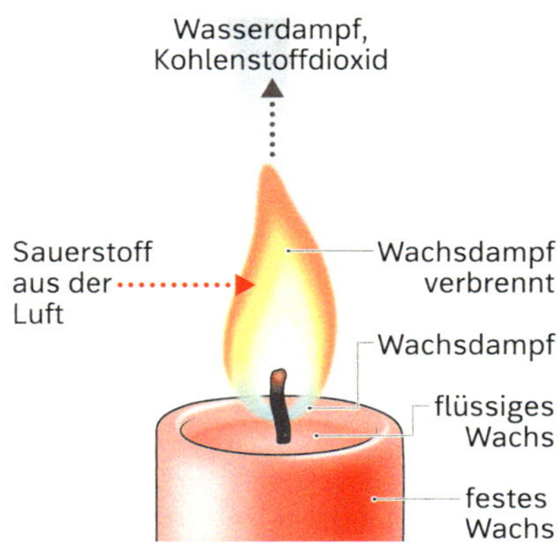

1 Ein Freefall-Tower

Ohne Energie läuft nichts

Ohne Energie läuft nichts

Im Freizeitpark bieten Freefall-Tower für Mutige einen aufregenden Nervenkitzel. Wenn die Gondel an der Spitze des Turms stehen bleibt, blickt man hinunter in den Abgrund. Werden die Bremsen gelöst, fällt sie in die Tiefe. Erst die Bremsen am Ende beenden den Fall.

Die beschriebenen Vorgänge laufen nicht von selbst ab. Die Gondel des Freefall-Towers braucht etwas, dass sie in Gang setzt und in Gang hält. Dieses „Etwas“ bezeichnet man als **Energie**.

Energieformen

- **Bewegungsenergie** • Eine rollende Kugel stößt beim Bowling die Pins um. Die Kugel hat Bewegungsenergie. Je schneller ein Körper ist, desto größer ist seine Bewegungsenergie.
- **Lageenergie** • Vor dem Start werden die Sitze beim Free-Fall-Tower nach oben gefahren. Wegen der erhöhten Lage haben sie Lageenergie. Je höher der Startpunkt, desto größer ist die Lageenergie.
- **Strahlungsenergie** • Die Sonne ist als Lichtquelle für das Leben auf der Erde unentbehrlich. Licht ist auch eine Form von Energie. Ein Großteil der Strahlungsenergie auf der Erde stammt von der Sonne. Sie erwärmt den Erdboden und die Luft.
- **Spannenergie** • Beim Bogenschießen wird die Sehne gespannt, damit ein Pfeil weit fliegt. Die Sehne besitzt vor dem Loslassen Spannenergie. Je mehr sie gespannt wird, desto größer ist die Energie.

- **Elektrische Energie** • Mithilfe von Strom wird elektrische Energie transportiert. Ohne die elektrische Energie funktioniert kein elektrisches Gerät wie ein Computer oder ein Smartphone.
- **Wärme (Thermische Energie)** • Heißes Wasser hat thermische Energie. Je höher die Temperatur eines Stoffes oder Körpers ist, desto größer ist die thermische Energie.
- **Chemische Energie** • Brennstoffe wie Holz oder Kohle besitzen chemische Energie. Bei der Verbrennung wird die Energie als Strahlungsenergie und Wärmeenergie nutzbar. Auch Nahrungsmittel haben chemische Energie. Durch viele Vorgänge im Körper wird die Energie nutzbar gemacht.

Speichern von Energie

In Treibstoffen wie Benzin oder Diesel ist chemische Energie gespeichert. Diese gespeicherte Energie kann man nutzen, indem man beispielsweise die Treibstoffe in einem Motor verbrennt. So kann zum Beispiel ein Auto in Bewegung gesetzt werden.

Energie nutzen

Befindet sich die Gondel eines Freefall-Towers auf einem hohen Punkt, besitzt sie eine große Lageenergie. Wird die Gondel gelöst, fällt sie blitzschnell nach unten. Sie hat Bewegungsenergie. Die Lageenergie der Gondel wird in Bewegungsenergie **umgewandelt.**
Energie kann nicht verloren gehen, sie wird immer nur in andere Formen von Energie umgewandelt.

Material mit Aufgaben

M1 Energie geht nicht verloren

A

B

Viele technische Geräte wandeln eine Energieform in eine oder mehrere Formen um. Dabei wird aber nicht immer die gesamte Energie in die gewünschte Form umgewandelt. Es treten auch nicht gewünschte Energieformen auf.

1. Beschreibe die Energieumwandlungen in den beiden Bildern A und B.
2. Erkläre, welche nicht gewünschten Energieformen in den Bildern A und B auftreten.

M2 Bungeesprung

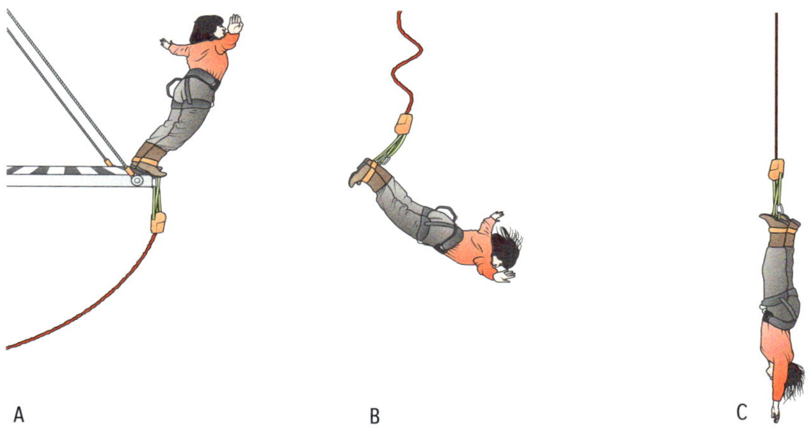
A B C

1. Nenne die zu den Bildern A bis C passende Energieform.
2. Beschreibe die verschiedenen Energieformen die während eines Bungeesprungs vorkommen.
3. Erläutere am Beispiel des Bungeejumpings, dass Energie von einer Energieform in eine andere Energieform umgewandelt werden kann.

Zusammenfassung Pflanzen

Aufbau von Samenpflanzen und Blüten

Samenpflanzen haben Wurzeln und einen Spross. Der Spross besteht aus der Sprossachse und den Blättern. Manche Blätter sind zu Blüten umgewandelt. Durch die gesamte Pflanze verlaufen Leitungsbahnen. Über die Wurzeln nimmt die Pflanze Wasser und darin gelöste Mineralstoffe auf und verteilt diese über Wasserleitungsbahnen. Über Nährstoffleitungsbahnen verteilt die Pflanze die durch die Fotosynthese gebildeten Nährstoffe. Das weibliche Blütenorgan ist das Fruchtblatt. Es besteht aus der Narbe, dem Griffel und dem Fruchtknoten. In ihm befindet sich die Eizelle mit der Samenanlage. Die Staubblätter sind die männlichen Blütenorgane. Sie bestehen aus dem Staubfaden und dem Staubbeutel mit den Pollenkörnern. In jedem Pollenkorn liegt eine männliche Geschlechtszelle. Blüten mit weiblichen und männlichen Blütenorganen nennt man Zwitterblüten.

Bestäubung und Befruchtung

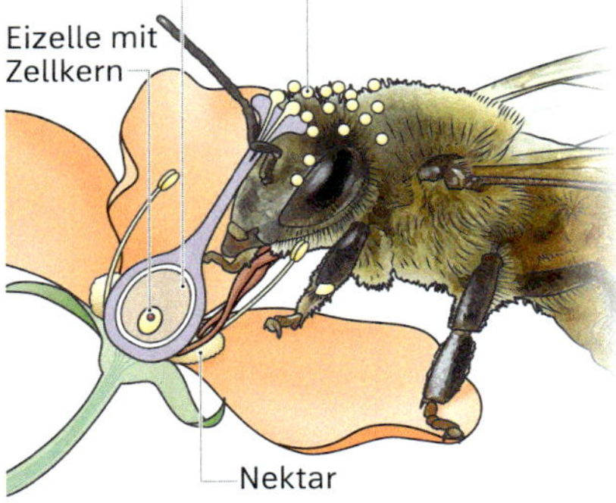

Die Übertragung von Pollen auf die Narbe heißt Bestäubung. Je nachdem, wie die Pollenkörner übertragen werden, unterschiedet man Insekten- und Windbestäubung.

Die Verschmelzung der männlichen Geschlechtszelle aus dem Pollenkorn mit der weiblichen Eizelle im Fruchtknoten nennt man Befruchtung. Nach der Befruchtung entwickelt sich aus dem Fruchtknoten die Frucht.

Verbreitung und Vermehrung

Früchte und Samen können durch den Wind, Tiere und Wasser verbreitet werden. Flugfrüchte findet man etwa beim Löwenzahn. Lockfrüchte und die darin enthaltenen Samen wie die Vogelbeere werden durch Tiere verbreitet. So besiedeln Pflanzen neue Lebensräume. Manche Pflanzen vermehren sich auch ungeschlechtlich ohne Bildung von Samen. Die Kartoffel vermehrt sich mithilfe von Sprossknollen.

Pflanzenfamilien

Pflanzen kann man vor allem an ihren Blüten unterscheiden. Wichtig sind dabei Anzahl, Form und Farbe der Blütenblätter. Weitere Merkmale können die Position der Blüten an der Pflanze, die Form der Blätter und die Früchte sein. Pflanzen mit ähnlichen Merkmalen gehören zu einer Pflanzenfamilie. Sie sind eng miteinander verwandt.

Zu den bekanntesten heimischen Pflanzenfamilien gehören Schmetterlingsblütengewächse, Kreuzblütengewächse, Lippenblütengewächse und Rosengewächse.

Zusammenfassung

Stoff und Gegenstand

In den Naturwissenschaften ist ein Stoff das Material, aus dem ein Gegenstand besteht. Gegenstände werden auch als Körper bezeichnet. Manche Stoffeigenschaften wie die Farbe kann man mit den Sinnesorganen feststellen. Andere Stoffeigenschaften wie die Siedetemperatur kann man nur mit Hilfsmitteln feststellen.

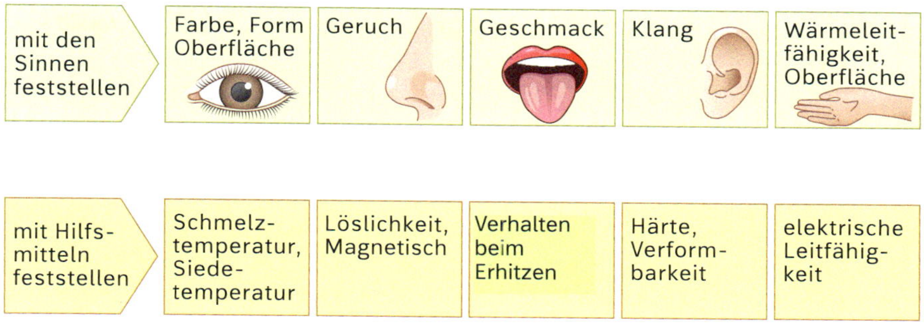

Stoffeigenschaften

Jeder Stoff lässt sich durch eine charakteristische Kombination von Stoffeigenschaften in einem kurzen Steckbrief beschreiben.
Eisen ist bei Raumtemperatur fest und hat eine hohe Härte. Es schmilzt erst bei 1538 °C und siedet bei 2862 °C. Eisen ist ein guter elektrische Leiter. Außerdem lässt es sich nicht in Wasser lösen und ist magnetisch.

Steckbrief von Eisen

Farbe:	silberfarben
Aggregatzustand (20 °C):	fest
Schmelztemperatur:	1538 °C
Siedetemperatur:	2862 °C
Härte:	hart
Elektrisch leitfähig:	ja
Löslichkeit in Wasser:	nein
magnetisch:	ja

Reinstoffe und Stoffgemische

Reinstoffe haben typische, unveränderliche Stoffeigenschaften. Sie sind einheitlich aus einer Teilchensorte aufgebaut. Gemische bestehen mindestens aus zwei Stoffen mit unterschiedlichen Teilchensorten. Bei einer Zuckerlösung sind die Bestandteile Wasser und Zucker selbst mit einer Lupe nicht zu erkennen. Es ist ein einheitlich aussehendes, homogenes Gemisch. Steinsalz sieht nicht einheitlich aus. Man kann die verschiedenen Bestandteile mithilfe einer Lupe erkennen und unterscheiden. Steinsalz ist ein heterogenes Stoffgemisch.

Kochsalz

Zucker in Wasser

Stofftrennverfahren

Bei der Trennung von Gemischen werden die unterschiedlichen Eigenschaften der Stoffe im Gemisch genutzt. Erhitzt man zum Beispiel eine Salzlösung, verdampft das Wasser und das zuvor gelöste Salz bleibt zurück. Beim Eindampfen nutzt man die unterschiedlichen Siedetemperaturen der Stoffe. Die Stofftrennverfahren spielen bei der Gewinnung von Rohstoffen eine große Rolle.

Filtrieren

Sedimentieren

1 Aufbau einer Pflanze und Blüte

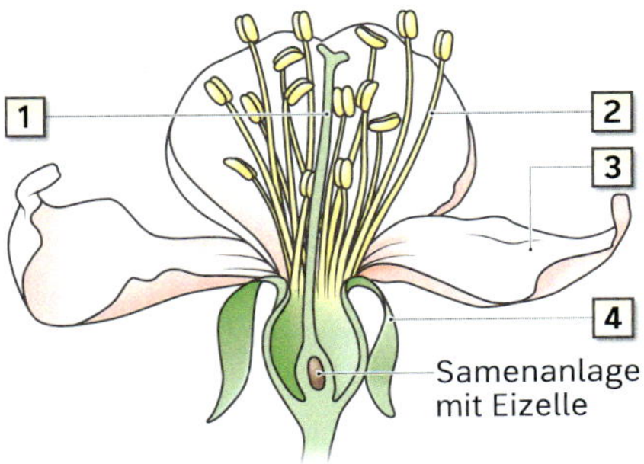

A Nenne die Bestandteile einer Blütenpflanze und ordne ihnen ihre Aufgabe zu.

B Benenne die mit Ziffern gekennzeichneten Bestandteile der Blüte.

C Beschreibe die Aufgaben der einzelnen Blütenbestandteile. Erstelle dazu eine Tabelle.

2 Von der Bestäubung zur Frucht

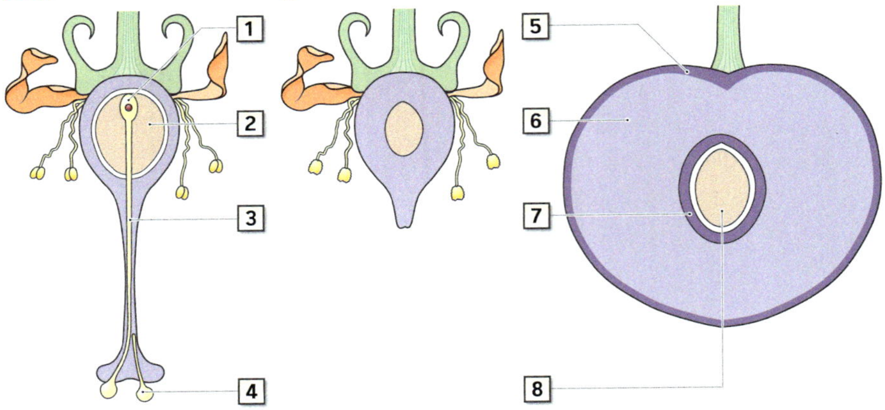

A Beschreibe den Vorgang der Bestäubung der Kirsche.

B Erkläre, was bei der Kirschblüte zwischen der Bestäubung und der Befruchtung geschieht.

C Benenne die mit Ziffern gekennzeichneten Bestandteile.

D Beschreibe, wie sich aus der Kirschblüte nach der Befruchtung die Kirsche entwickelt.

3 Keimung und Wachstum

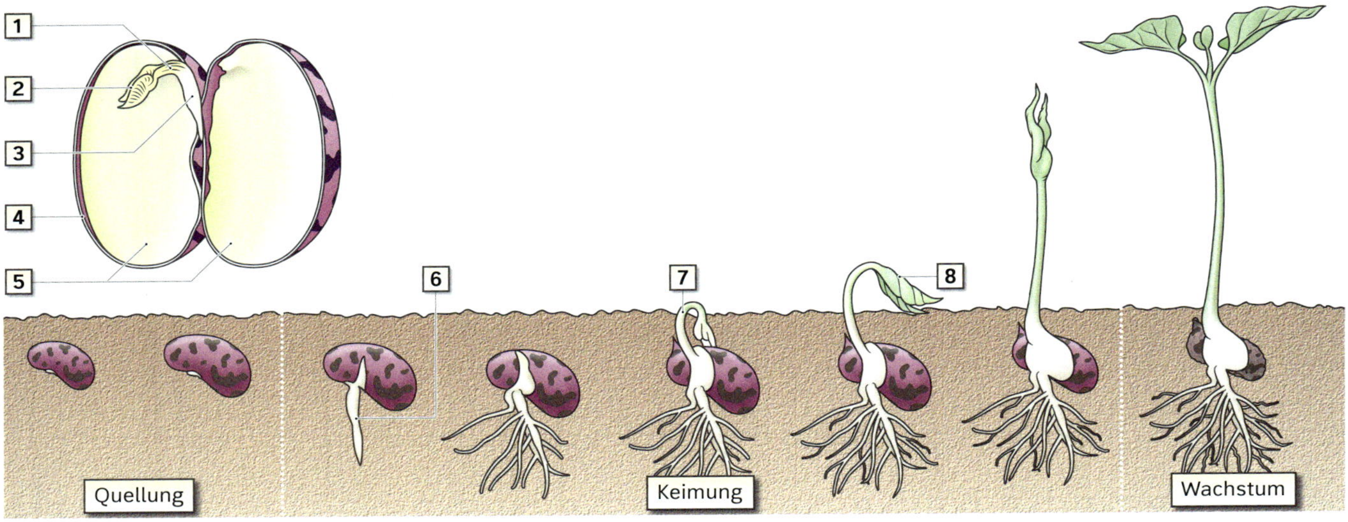

A Benenne die mit Ziffern gekennzeichneten Bestandteile.

B Beschreibe, was mit dem Samen bei der Quellung passiert.

C Beschreibe den Vorgang der Keimung der Feuerbohne.

D Erläutere die Bedeutung des Lichts für das Pflanzenwachstum.

E Beschreibe einen Versuch, mit dem du herausfinden kannst, unter welchen Voraussetzungen Samen keimen.

4 Stoffe bestehen aus Teilchen

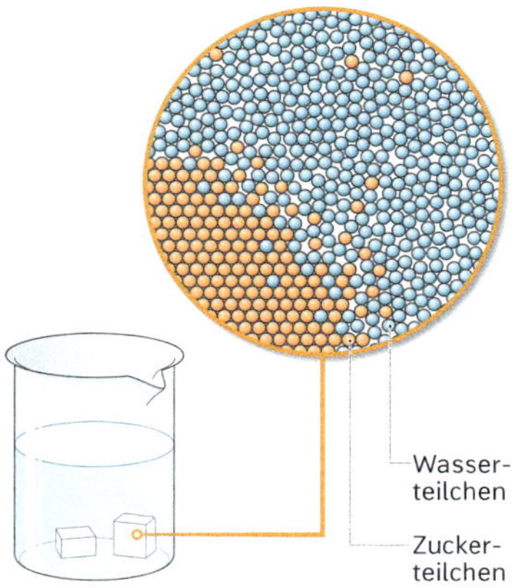

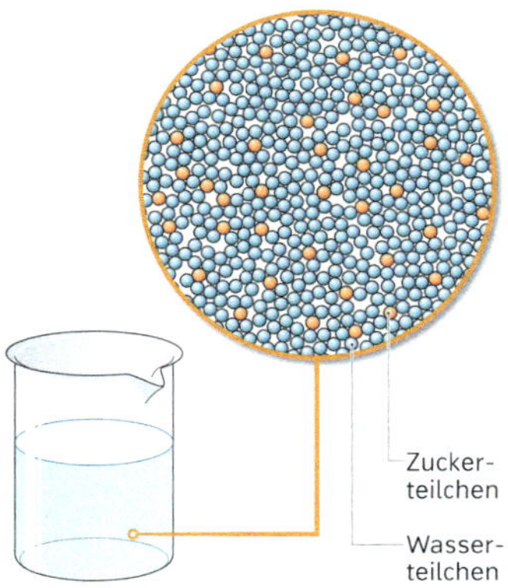

A Beschreibe den Lösevorgang von Zucker in Wasser mithilfe des Teilchenmodells.

B Erkläre, warum man den Zucker in einer Zuckerlösung mit bloßem Auge nicht mehr sehen kann.

C In Eisteegranulat sind neben Zucker auch Geschmackstoffe enthalten. Zeichne den Lösevorgang von Eisteegranulat in Wasser mit dem Teilchenmodell.

5 Stoffe mit Hilfsmitteln untersuchen

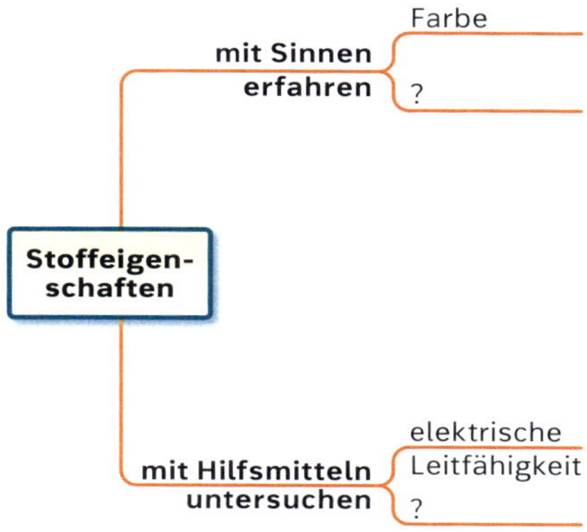

A Ergänze die vorgegebene Mindmap zu den Eigenschaften von Stoffen.

B Nenne Hilfsmittel zur Untersuchung von Stoffeigenschaften.

6 Gefahrstoffe

A Gib an, was die angegebenen Gefahrstoffsymbole bedeuten.

B Nenne weitere Gefahrstoffsymbole.

7 Stoffe trennen

A Nenne fünf verschiedene Trennverfahren.

B Ordne den Bildern verschiedene Trennverfahren zu.

C Beschreibe, wie man ein Gemisch aus Wasser, kleinen Eisenkugeln und Kies trennen kann.

8 Vielfältige Gemische

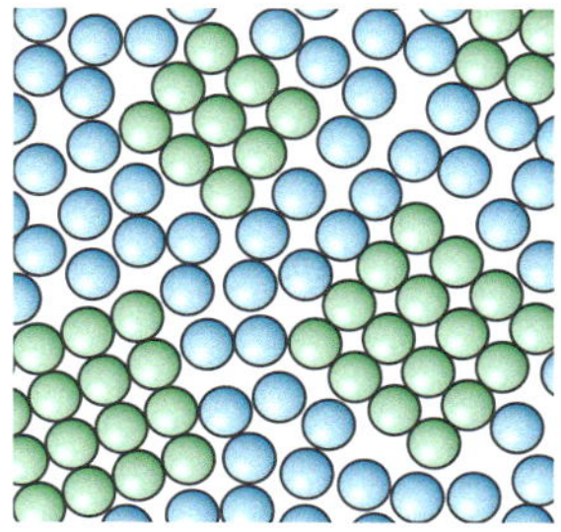

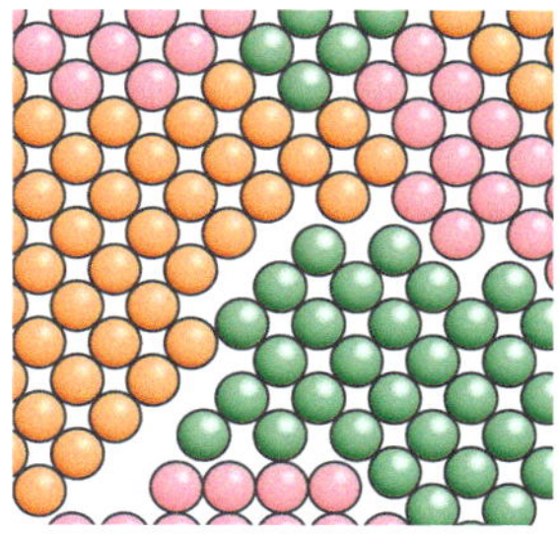

A Ordne den Teilchenmodellen den passenden Gemischtyp zu. Begründe deine Zuordnungen.

B Nenne das passende Gemisch für folgende Beispiele: Zucker und Wasser, Öl und Wasser.

C Ordne folgenden Lebensmitteln einen Gemischtyp zu: Zitronenlimonade, Salatdressing, Kräutersalzmischung.

D Erläutere den Unterschied zwischen heterogenen und homogenen Gemischen.

Vielfalt der Wirbeltiere

Modul 3

Wo leben überall Tiere?
Wie können Vögel fliegen?
Wie wird aus einer Kaulquappe ein Frosch?

Überall in der Umgebung kann man Tiere entdecken. Sie haben verschiedene Lebensräume wie Wälder, Wiesen oder Felder.
Der Uhu frisst kleinere Tiere. Er findet seine Nahrung auch in verschiedenen Lebensräumen. Der Uhu jagt auf Feldern, Wiesen und in Wäldern.

1 Schildkröte (Reptil), Ente (Vogel), Karpfen (Fisch)

Die Klassen der Wirbeltiere

A

B

2 Wirbeltiere: **A** Amphibie, **B** Säugetier

Wirbeltiere

Viele Tiere besitzen ein innen liegendes Skelett mit einer Wirbelsäule aus Knochen. Die Wirbelsäule trägt den Kopf und stützt den Rumpf. Tiere mit einer Wirbelsäule werden als Wirbeltiere bezeichnet. Wirbeltiere werden in fünf Gruppen, den **Klassen**, eingeteilt: Fische, Amphibien, Reptilien, Vögel und Säugetiere.

Fische

Die Fische leben im Wasser. Zur Fortbewegung im Wasser besitzen sie je zwei Brustflossen und zwei Bauchflossen sowie eine Schwanzflosse. Ihre schleimige Haut ist mit dachziegelartig angeordneten Schuppen bedeckt und so vor Verletzungen geschützt. Bei der Paarung geben die Weibchen ihre Eier unbefruchtet ins Wasser. Die Männchen geben ihre Spermienzellen über die Eier und befruchten sie. Die Befruchtung findet außerhalb des Körpers des Weibchens statt. Man nennt diesen Vorgang äußere Befruchtung. Aus den befruchteten Eizellen entwickeln sich zunächst Larven. Diese entwickeln sich zu jungen Fischen. Die Körpertemperatur der Fische ähnelt der sie umgebenden Wassertemperatur. Man zählt Fische daher zu den **wechselwarmen** Tieren.

Amphibien

Zu den Amphibien zählen Frösche und Molche. Sie sind wir die Fische wechselwarme Tiere. Amphibien können nur in einer feuchten Umgebung überleben. Daher ist die Haut feucht und hat viele Schleimdrüsen. Die Fortpflanzung der Amphibien findet im Wasser statt. Nach der äußeren Befruchtung entwickeln sich aus den befruchteten Eizellen Kaulquappen. Diese wachsen dann zu Jungtieren heran.

Reptilien

Zu den Reptilien zählen Eidechsen, Schlangen und Schildkröten. Eidechsen und Schildkröten bewegen sich meist kriechend an Land mit vier Gliedmaßen fort. Schlangen kriechen auf ihren Bauchschuppen. Ihre trockene Haut bildet Hornschuppen aus, welche die Tiere vor Austrocknung schützen. Die Weibchen legen nach innerer Befruchtung Eier in den Boden ab. Aus ihnen schlüpfen selbstständige Jungtiere. Wie Fische und Amphibien zählen Reptilien zu den wechselwarmen Tieren.

Vögel

Die Vordergliedmaßen der Vögel sind zu Flügeln umgewandelt. Ihr Körper ist mit Federn bedeckt. Die Körpertemperatur der Vögel ist unabhängig von der Umgebungstemperatur immer ungefähr gleich hoch. Vögel zählen daher zu den **gleichwarmen** Tieren. Die Weibchen legen nach der inneren Befruchtung Eier. Diese werden dann bebrütet. Durch das Brüten wird das Ei auf einer gleichmäßigen Temperatur gehalten, bis das Küken schlüpft.

Säugetiere

Säugetiere wie der Wolf sind gleichwarm. Bei vielen Säugetieren wird die Haut von Haaren bedeckt. Sie gebären bis auf wenige Ausnahmen lebende Jungtieres. Sie werden nach der Geburt mit Muttermilch gesäugt. Die Entwicklung der Jungtiere erfolgt nach der inneren Befruchtung im Mutterleib.

A Nenne die fünf Klassen der Wirbeltiere und ihre typischen Merkmale.

Material mit Aufgaben

A

M1 **Körperbau der Wirbeltiere**

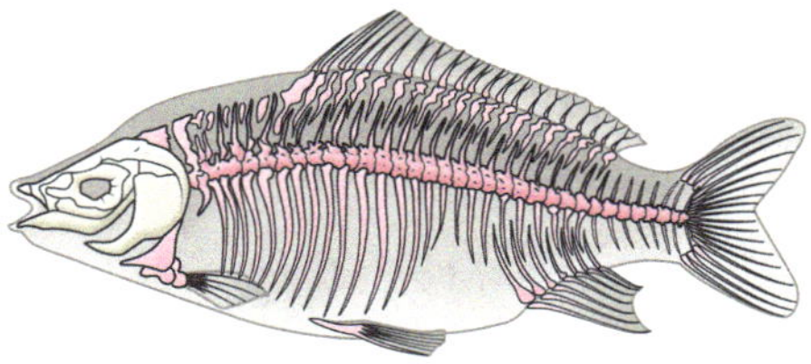

Fische

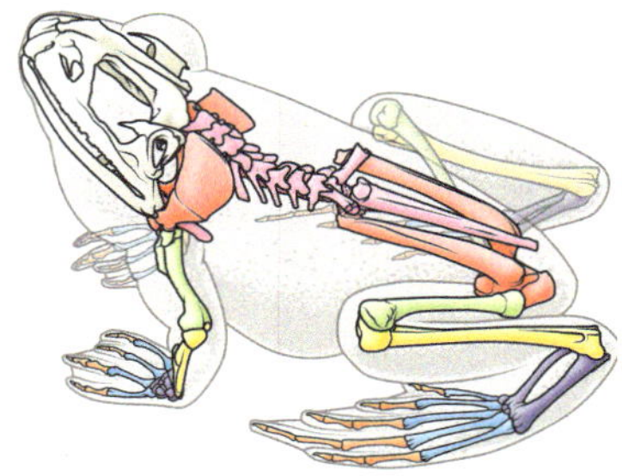

Amphibien

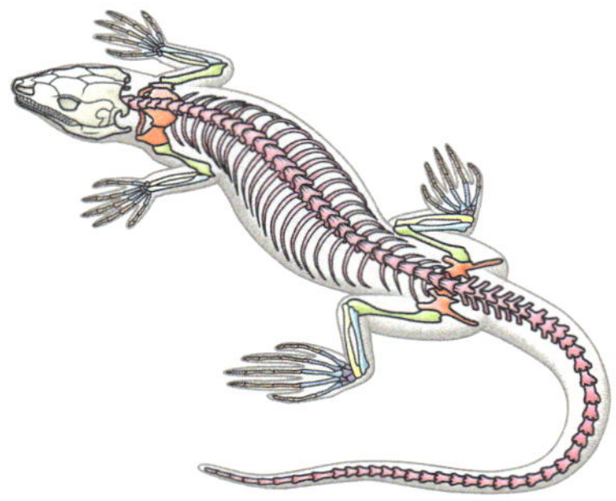

Reptilien

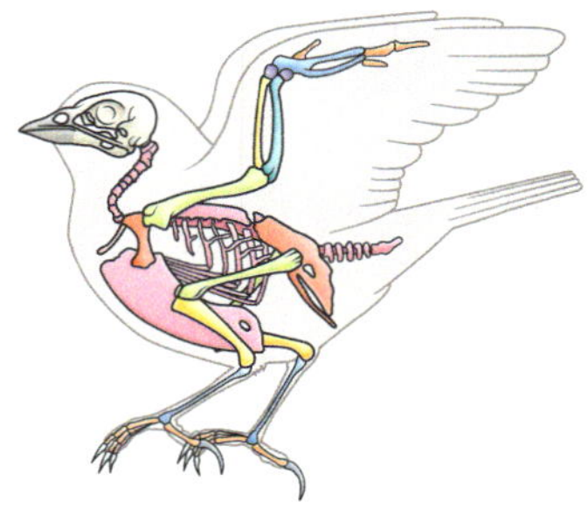

Vögel

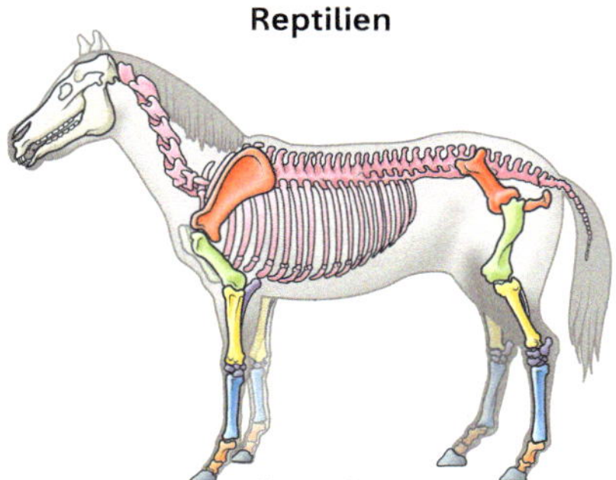

Säugetiere

1. Beschreibe die Merkmale, die alle Wirbeltiere gemeinsam haben.
2. Vergleiche die Vordergliedmaßen der einzelnen Klassen.
3. Erläutere an zwei Beispielen, wie die Gliedmaßen an die Bewegung angepasst sind.
4. Die Gliedmaßen von Säugetieren sind an ihren Lebensraum angepasst. Erläutere wie die Gliedmaßen einiger Säugetiere vom Grundaufbau abweichen. Wähle aus folgenden Tieren aus: Maulwurf, Fledermaus und Delfin.

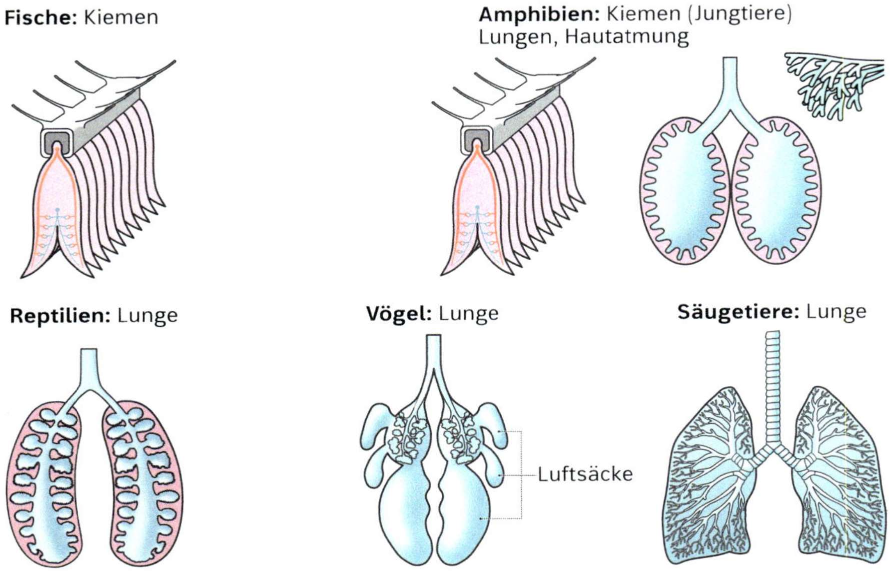

3 Atmungsorgane der Wirbeltiere

Material mit Aufgaben

M2 Gasaustausch und Oberflächenvergrößerung

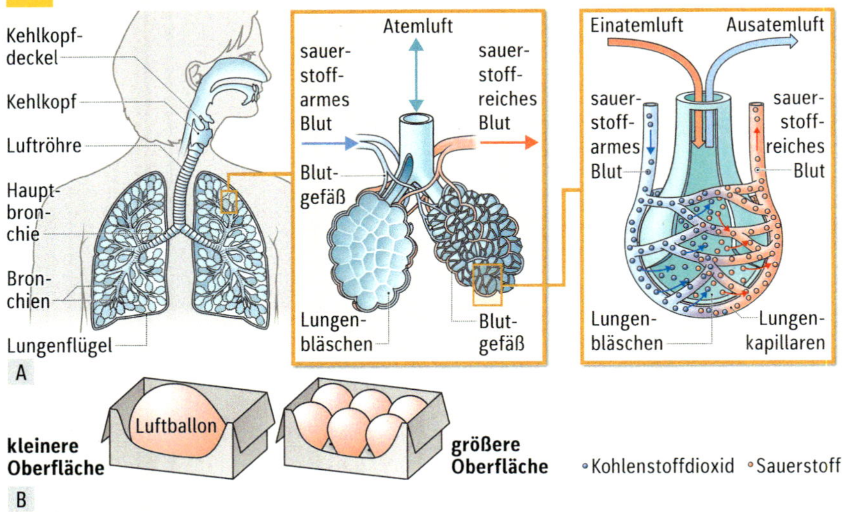

1. Beschreibe den Bau der Lunge des Menschen.
2. Beschreibe den Stoffaustausch an den Lungenbläschen mithilfe von Bild A.
3. Beschreibe das Modell der Oberflächenvergrößerung in B.
4. Erläutere am Beispiel der Lunge von Säugetieren das Prinzip der Oberflächenvergrößerung.

Atmung der Wirbeltiere

Außer den Fischen besitzen alle Wirbeltiere **Lungen**, mit denen sie atmen. So können sie die Luft und das darin enthaltene Gas Sauerstoff aufnehmen und das bei den Tätigkeiten der Organe entstehende Gas Kohlenstoffdioxid ausatmen. Die Einstülpungen in den Lungen vergrößern die Oberfläche. Dieses Prinzip nennt man **Oberflächenvergrößerung**. Je größer die Oberfläche der Lunge ist, desto mehr Sauerstoff kann aufgenommen werden. Der Sauerstoff tritt durch die Lungenwand ins Blut über und gelangt so zu den Organen.

- **Fische** • Die Fische leben im Wasser. Sie atmen mit **Kiemen**. Diese sind gut durchblutet. Beim Vorbeiströmen des Wassers an den Kiemen, wird der im Wasser gelöste Sauerstoff aus dem Wasser aufgenommen.
- **Amphibien** • Die Kaulquappen, leben noch im Wasser. Sie atmen mit Kiemen. Die Kiemen werden beim Heranwachsen zurückgebildet. Das erwachsene Tier atmet dann an Land mit einer Lunge. Viele Amphibien atmen zusätzlich über ihre dünne, feuchte Haut.
- **Reptilien** • Die Reptilien leben an Land. Sie sind reine Lungenatmer.
- **Vögel** • Die Vögel atmen durch Lungen. Die Lungen sind durch zusätzliche Luftsäcke stark vergrößert.
- **Säugetiere** • Die Lunge von Säugetieren ist durch eine Vielzahl von Lungenbläschen stark vergrößert.

B Vergleiche mithilfe von Bild 3 die Atmungsorgane der Wirbeltiere.

Geschlossener Blutkreislauf

Wirbeltiere sind im Vergleich zu Insekten groß. Das kleinste Wirbeltier ist größer als die meisten Insekten. Der Körper der Wirbeltiere muss mit einem leistungsfähigen System mit Stoffen versorgt werden. Das Blut von Wirbeltieren fließt in Adern, den **Blutgefäßen**. Die Blutgefäße durchziehen den gesamten Körper wie ein riesiges Netz und bilden im Körper ein geschlossenes Röhrensystem. Das Blut durchläuft einen Kreislauf, den **Blutkreislauf**. Man spricht bei Wirbeltieren von einem geschlossen Blutkreislauf. Das Herz der Wirbeltiere arbeitet wie eine Pumpe und treibt den Blutfluss an.

4 Blutkreislauf eines Wirbeltiers

Aufgaben des Blutes

Das Blut transportiert die bei der Verdauung aufgenommenen Nährstoffbausteine und den bei der Atmung aufgenommen Sauerstoff. Es bringt diese Stoffe zu den Organen, damit diese arbeiten können. Im Bereich der Organe bilden die Blutgefäße ein verzweigtes Netz aus sehr dünnen Blutgefäßen, den **Kapillaren**. Diese ermöglichen den Stoffaustausch zwischen dem Blut und den Organen. Durch die Tätigkeit der Organe und Muskeln bilden sich Abfallstoffe und Kohlenstoffdioxid. Das Blut transportiert Kohlenstoffdioxid und andere Abfallstoffe von den Organen zur Lunge beziehungsweise zu den Kiemen und den Ausscheidungsorganen. Danach können sie aus dem Körper ausgeatmet und ausgeschieden werden.

C Beschreibe die verschiedenen Aufgaben des Blutes.

Material mit Aufgaben

M3 Blutkreisläufe im Vergleich

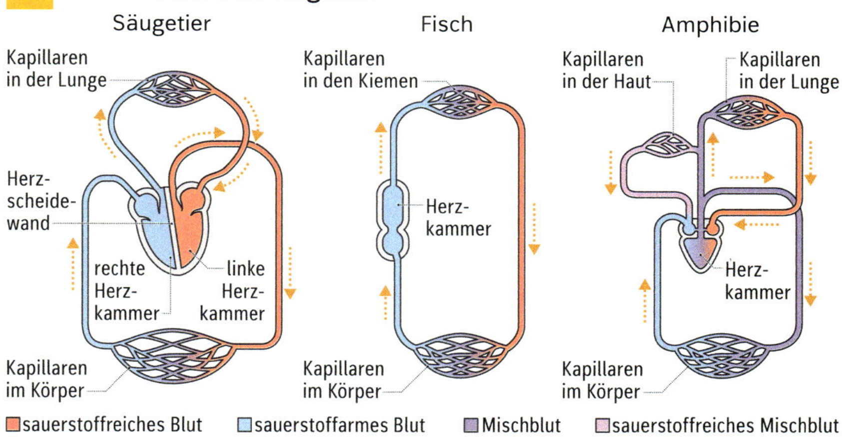

1. Beschreibe den unterschiedlichen Bau der Herzen.
2. Vergleiche die Blutkreisläufe von Fischen, Amphibien und Säugetieren.
3. Erkläre, warum die Kapillaren sehr verzweigt und dünn sind.
4. Beschreibe die Verteilung von Sauerstoff im Blut von ...
   a Fischen und Säugetieren.
   b Amphibien.
5. Erläutere, warum der Blutkreislauf von Säugetieren leistungsfähiger als der von Amphibien ist.

1 Luchs frisst ein junges Reh.

Ernährung von Wirbeltieren

Bedeutung der Nahrung
Alle Wirbeltiere müssen regelmäßig Nahrung zu sich nehmen. Die Nahrung liefert wichtige Stoffe und Energie, damit die Tiere überleben. Die Energie ist dabei in den Nährstoffen gebunden. Zu den Nährstoffen zählen die Kohlenhydrate, Fette und Eiweißstoffe. Die Nährstoffe sind **Energieträger**.

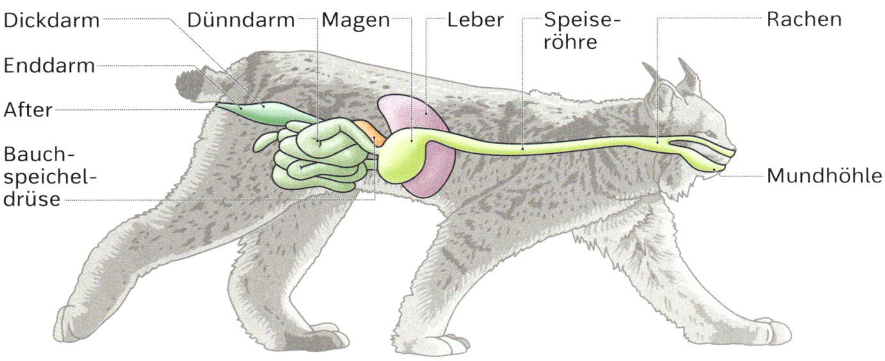

2 Verdauungsorgane eines Luchs

Der Weg der Nahrung
Frisst der Luchs Fleisch, wird die Nahrung von den **Zähnen** in der Mundhöhle zerkleinert. Über die **Speiseröhre** gelangt die zerkleinerte Nahrung in den **Magen** und wird dort vorverdaut. Vom Magen gelangt die Nahrung in den Darm. Im Darm findet die eigentliche Verdauung statt.

Nährstoffe
Zucker wie Traubenzucker und Stärke sind **Kohlenhydrate**. Stärke ist ein langkettiges Kohlenhydrat und kommt zum Beispiel in Kartoffeln und Getreidekörnern vor. Der Einfachzucker Traubenzucker ist in vielen Früchten enthalten. Auch in Gras stecken Kohlenhydrate. So ist die Zellulose ein wichtiger Baustoff vieler Pflanzen. Kohlenhydrate sind sehr energiereich. **Eiweißstoffe** kommen vor

allem in Fleisch und Fisch vor. Aber auch einige Hülsenfrüchte wie Bohnen und Erbsen enthalten viele Eiweißstoffe. Diese sind Baustoffe und daher wichtig für das Wachstum von Lebewesen. **Fette** liefern viel Energie und sind wichtige Baustoffe für die Zellen. Viele Samen wie Rapssamen und Nüsse sind reich an pflanzlichen Fetten, Fleisch hat viele tierische Fette.

Verdauung der Nährstoffe

Damit die Energie in der aufgenommenen Nahrung genutzt werden kann, muss sie verdaut werden. Die aufgenommenen, körperfremden Nährstoffe müssen mithilfe von **Verdauungssäften** im Darm in kleinere Bausteine zerlegt werden. Die Bausteine der Nährstoffe sind danach so klein, dass sie durch die Darmwand ins Blut gelangen. Sie können jetzt zu den Organen und Muskeln transportiert werden. In den Zellen der Organe und Muskeln werden die energiereichen Nährstoffbausteine umgewandelt. Dabei wird Wärme und Energie frei. Die Energie wird von den Lebewesen für die Bewegung, Wachstum und Versorgung des Körpers genutzt.

Unterschiedliche Darmlängen

Das Ring und das Pferd sind Pflanzenfresser. Pflanzliche Nahrung ist schwer verdaulich. Daher haben Pflanzenfresser einen langen Darm. So nimmt die Nahrung einen langen Weg durch den Darm. Der Luchs und der Wolf sind Fleischfresser. Sie haben als Fleischfresser einen kürzeren Darm, da Fleisch leichter verdaulich ist als pflanzliche Nahrung.

Material mit Aufgaben

M1 Verdauung der Nährstoffe

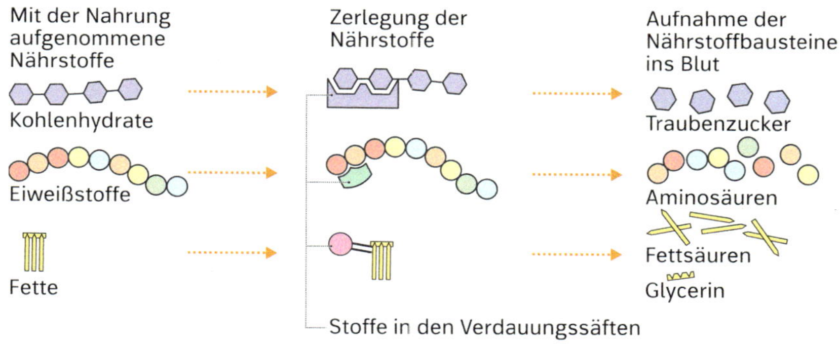

1. Nenne die drei Gruppen der Nährstoffe.
2. Nenne die kleinsten Bausteine der Nährstoffgruppen.
3. Erkläre, warum sich Tiere ernähren müssen.
4. Beschreibe die Verdauung der Nährstoffe im Bild. Beachte dabei die Rolle der Verdauungssäfte.
5. Erkläre, warum die Nährstoffe in ihre kleinsten Bausteine zerlegt werden müssen.

M2 Darmlängen

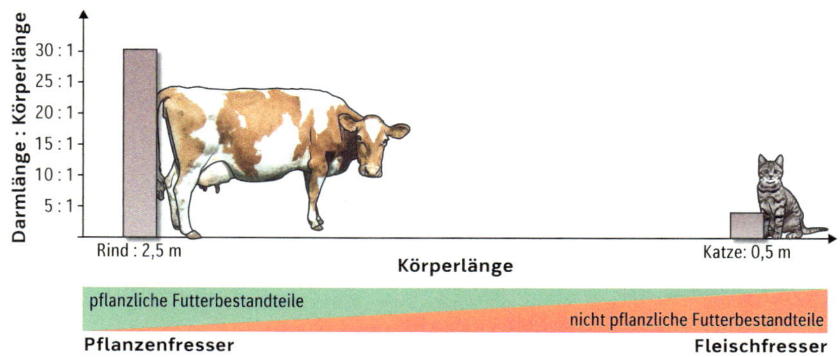

1. Beschreibe, was das Diagramm zeigt.
2. Vergleiche die Länge des Darms von Pflanzen- und Fleischfressern.
3. Begründe die Unterschiede von Pflanzen- und Fleischfressern.
4. Das Schwein ist ein typischer Allesfresser. Es frisst sowohl pflanzliche und tierische Nahrung. Stelle Vermutungen über die Darmlänge des Schweins an. Erläutere, wie du das Schwein in das Diagramm einzeichnen würdest.

A

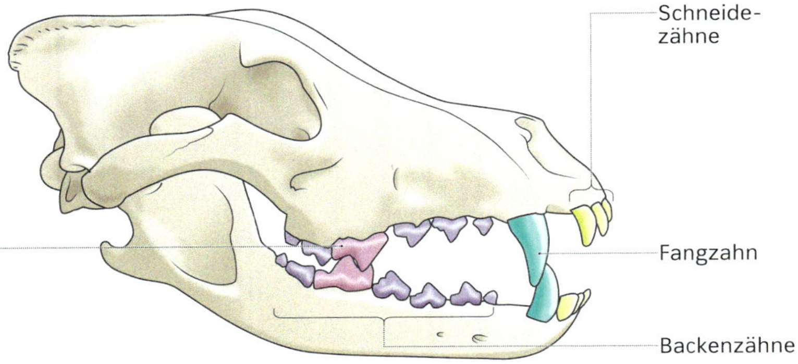

B

3 Fleischfresser: **A** Wolf beim fressen, **B** Gebiss

A

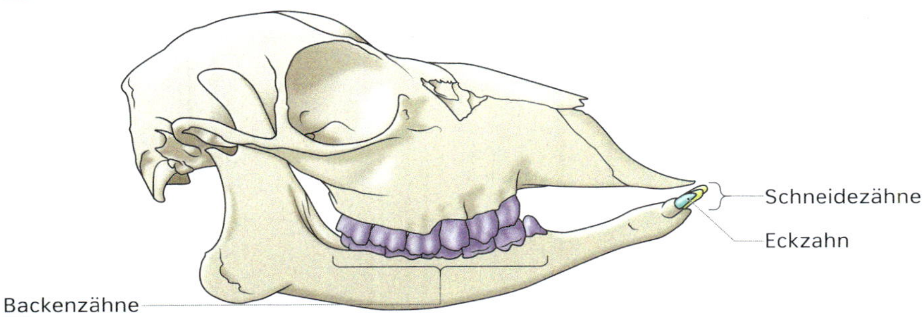

B

4 Pflanzenfresser: **A** Reh beim fressen, **B** Gebiss

Fleischfresser

Je nach Art der Ernährung sind die Gebisse von Säugetieren an die Art der Nahrung angepasst. Wölfe können mit ihrem kräftigen Gebiss Knochen zerkauen. Vorne sitzen im Ober- und Unterkiefer scharfe Schneidezähne. Mit ihnen kann er Fleisch vom Knochen abschaben. Dahinter folgen lange, dolchartige Eckzähne, mit denen sich der Wolf in seiner Beute verbeißt und diese festhält und tötet. Die Eckzähne werden beim Wolf daher als **Fangzähne** bezeichnet. Die größten Backenzähne des Wolfes heißen **Reißzähne**. Schließt der Wolf sein Maul gleiten seine Reißzähne wie die Klingen einer Schere aneinander vorbei. So kann er Fleisch zerreißen. Der Wolf ist ein typischer **Fleischfresser**. Mit seinen hinteren Backenzähnen kann er harte Knochen zermahlen.

Pflanzenfresser

Das Reh ist ein **Pflanzenfresser**. Beim Grasen auf einer Wiese umschließt es Grasbüschel mit seiner Zunge. Mit den kleinen Schneidezähnen im Unterkiefer drückt es die Grasbüschel gegen eine **Hornleiste** im Oberkiefer. Durch ruckartiges Bewegen und Heben des Kopfes wird das Gras dann abgerissen. Pflanzliche Nahrung ist hart und auch schwer verdaulich. Die Nahrung muss daher gründlich zerkaut werden. Das Gebiss des Rehs ist dafür gut geeignet. Die Backenzähne sind breit und stehen dicht nebeneinander. Auf den großen Kauflächen wird die Nahrung wie zwischen zwei Mahlsteinen zerrieben. Die Backenzähne des Rehs werden daher auch als **Mahlzähne** bezeichnet.

Insektenfresser

Der Igel frisst vor allem Würmer und Insekten. Er ist ein **Insektenfresser**. Die Beute ergreift er mit seinen langen Eckzähnen. Alle Zähne seines Gebisses sind sehr spitz und scharfkantig. Mit den Zähnen des Insektenfressergebisses kann der Igel den harten Panzer von Insekten oder den zähen Körper von Würmern zerkleinern.

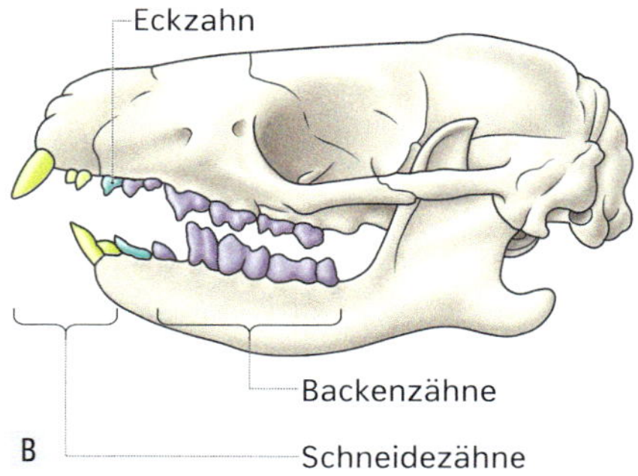

5 Insektenfresser: **A** Igel beim fressen, **B** Gebiss

Allesfresser

Der Waschbär ist ein Säugetier und stammt ursprünglich aus Nordamerika. Er frisst Insekten, Würmer, Eier und Pflanzen, aber auch kleine Säugetiere und Vögel. Er ist ein **Allesfresser**. Mit seinen spitzhöckrigen vorderen Backenzähnen kann er Fleisch zerschneiden. Er kann mit seinen breiten hinteren Backenzähnen gut Pflanzen zermahlen.

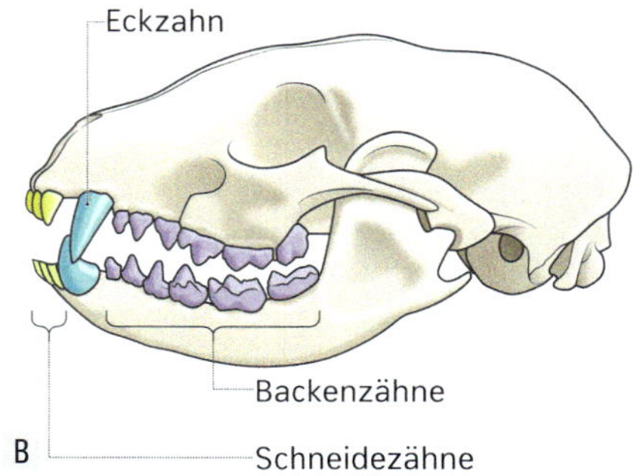

6 Allesfresser: **A** Waschbär beim fressen, **B** Gebiss

Material mit Aufgaben

M3 Gebisse

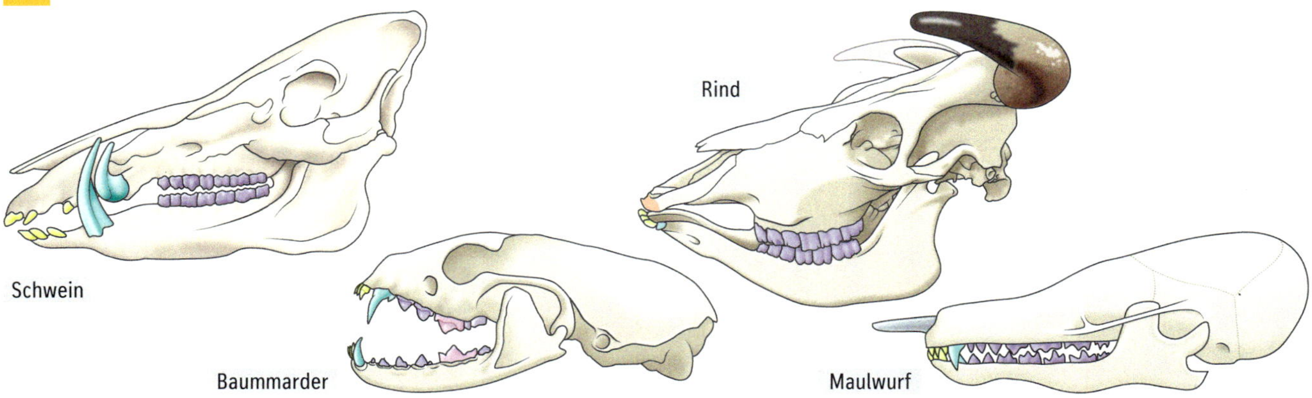

1. Ordne den Gebissen eine Art der Ernährung zu. Begründe.
2. Beschreibe eines der Gebisse genauer.
3. Erkläre, warum man die Eckzähne des Baummarders als Fangzähne und die Backenzähne des Rindes als Mahlzähne bezeichnet.
4. Beschreibe den Bau und die Funktion der Reißzähne.

1 Ein Gepard beim Jagen

Bewegung und Geschwindigkeit

Bewegungsarten

Läuft ein Gepard einer Antilope hinterher ohne einen Haken zu schlagen, bewegt er sich geradeaus. Man sagt auch, er führt eine **geradlinige Bewegung** aus. Schaukelt man auf einer Schaukel, bewegt man sich vor und zurück. Eine solche Bewegung nennt man **Schwingung**. Bewegt man sich im Kreis, dann nennt man das **Kreisbewegung**.

Geschwindigkeit

Jagt der Gepard eine Antilope, schleicht er sich erst an und rennt dann plötzlich los. Er bewegt sich unterschiedlich schnell. Man sagt, der Gepard ändert seine **Geschwindigkeit**. Die Geschwindigkeit gibt an, wie schnell oder langsam sich etwas bewegt. Je höher die Geschwindgkeit, desto schneller ist die Bewegung.

Gleichförmig und ungleichförmig

Wenn der Gepard auf der Jagd ist, dann rennt er mal schneller und mal langsamer. Man sagt, die ausgeführte Bewegung ist **ungleichförmig**. Fährt ein Auto beispielsweise immer mit der gleichen Geschwindigkeit, dann ist seine Bewegung **gleichförmig**. Man kann also zwischen gleichförmigen und ungleichförmigen Bewegungen unterscheiden.

A

B

2 Bewegungsarten: **A** Schwingung, **B** Kreisbewegung

Geschwindigkeiten berechnen

Mithilfe der Geschwindigkeit kann man angeben, was für ein Weg in einer bestimmten Zeit zurückgelegt wurde. Die Geschwindigkeit berechnet man, indem man den Weg durch die Zeit teilt:

$$\text{Geschwindigkeit} = \frac{\text{Weg}}{\text{Zeit}}$$

Im Alltag gibt man die Geschwindigkeit oft in Kilometer pro Stunde an (km/h). Fährt man mit einem Fahrrad 15 km/h, dann würde man in einer Stunde einen Weg von 15 Kilometern zurück legen.

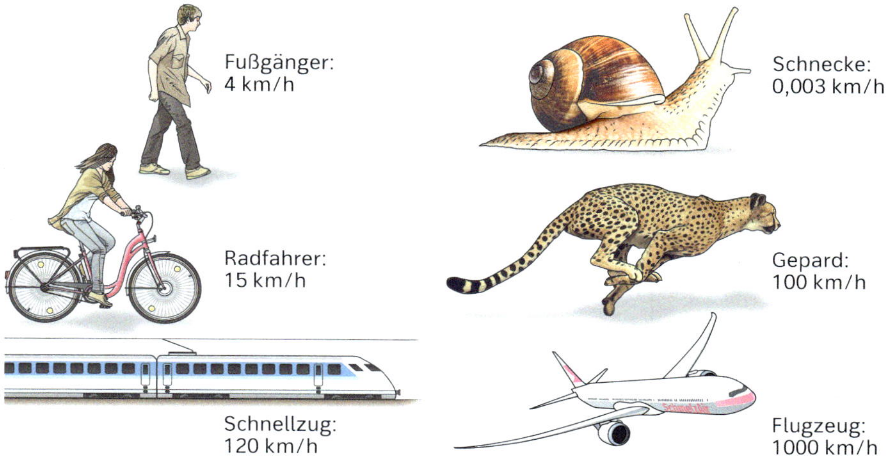

3 Verschiedene Geschwindigkeiten

Geschwindigkeiten umrechnen

In den Naturwissenschaften wird die Geschwindigkeit meist in Metern pro Sekunde angegeben (m/s). Die Einheiten Meter pro Sekunde und Kilometer pro Stunde kann man ineinander umrechnen. Dabei entsprechen 1 m/s einer Geschwindigkeit von 3,6 km/h.

$$1\,\frac{\text{m}}{\text{s}} = 3{,}6\,\frac{\text{km}}{\text{h}}$$

Möchte man eine Geschwindigkeit von m/s in km/h umrechnen, dann muss man den Wert in m/s mal 3,6 nehmen. Wenn also ein Auto mit einer Geschwindigkeit von 15 m/s fährt, enrspricht das einer Geschindigkeit von 54 km/h.

$$15\,\frac{\text{m}}{\text{s}} \cdot 3{,}6 = 54\,\frac{\text{km}}{\text{h}}$$

Will man eine Geschwindkigkeit von km/h in m/s umrechnen, muss der Wert in km/h durch 3,6 geteilt werden.

$$54\,\frac{\text{km}}{\text{h}} : 3{,}6 = 15\,\frac{\text{m}}{\text{s}}$$

Material mit Aufgaben

M1 Bewegungen

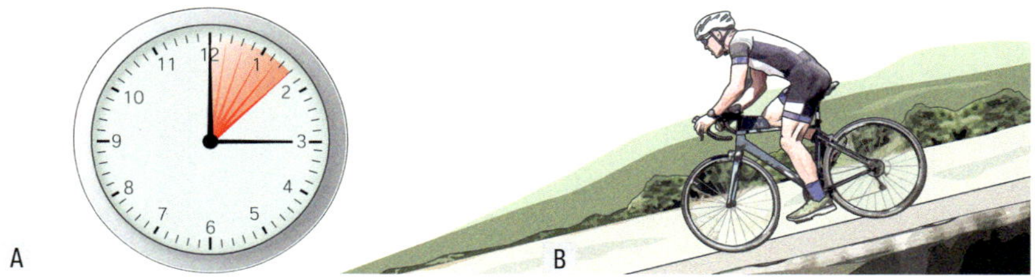

Läufer	1	2	3
Weg	100 m	215 m	18 km
Zeit	10 s	...	3 h
Geschwindigkeit in m/s	...	15 m/s	...
Geschwindigkeit in km/h	...	...	...

1. Beschreibe die Bewegungsarten in den Bildern A und B.
2. Erkläre, ob es sich bei den Bewegungen in den Bildern A und B um gleichförmige Bewegungen oder ungleichförmige Bewegungen handelt.
3. Wähle eine der Aufgaben aus:
   a Übertrage die Tabelle in dein Heft und vervollständige sie.
   b Ein Fußgänger geht mit einer Geschwindigkeit von 5 km/h. Berechne, wie weit er in 4 Stunden gehen kann.

Fortbewegung der Wirbeltiere

Fliegen

Beim Fliegen bewegt man sich aus eigener Kraft in der Luft, ohne dabei den Boden zu berühren.

Gleiten

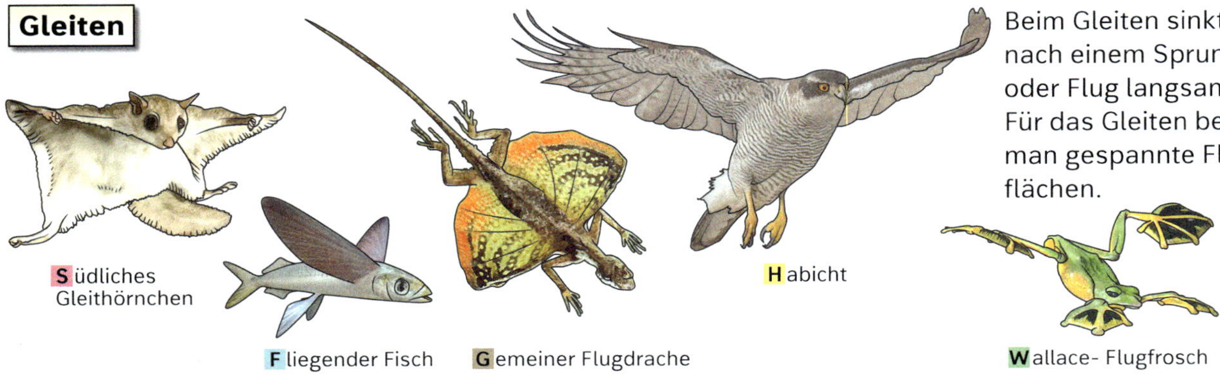

Beim Gleiten sinkt man nach einem Sprung oder Flug langsam ab. Für das Gleiten benötigt man gespannte Flugflächen.

Laufen/Springen

Das Laufen und Springen kennzeichnet eine schnelle Fortbewegung an Land, bei der zeitweise nicht alle Füße den Boden berühren.

Vögel   Amphibien   Fische   Säugetiere   Reptilien

Tiere mit einer Wirbelsäule werden als Wirbeltiere bezeichnet. Wirbeltiere werden in fünf Klassen eingeteilt: Fische, Amphibien, Reptilien, Vögel und Säugetiere.

Die Wirbeltiere können sich auf die verschiedensten Weisen fortbewegen. Sie können zum Beispiel fliegen, gleiten, laufen, springen, kriechen, schwimmen oder tauchen.

Auf einen Blick

Kriechen

Kreuzotter

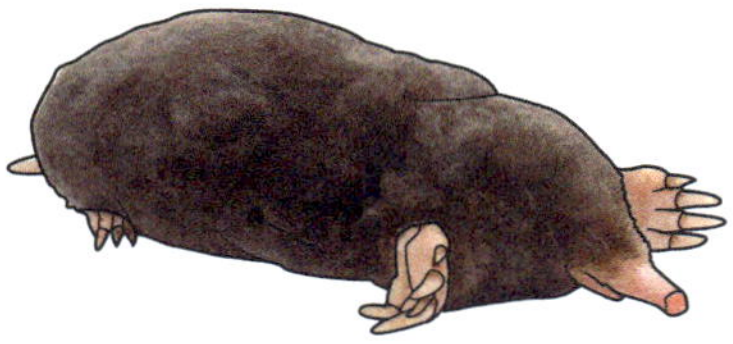
Europäischer Maulwurf

Teichmolch

Das Kriechen kennzeichnet die langsame Fortbewegung nah am Boden. Fast der ganze Körper liegt auf dem Boden auf.

Schwimmen

Wasserfosch

Haushund

Höckerschwan

Ringelnatter

Beim Schwimmen bewegt man sich aus eigener Kraft mit bestimmten Bewegungen im Wasser fort. Dabei ragt immer ein Teil des Körpers aus dem Wasser.

Tauchen

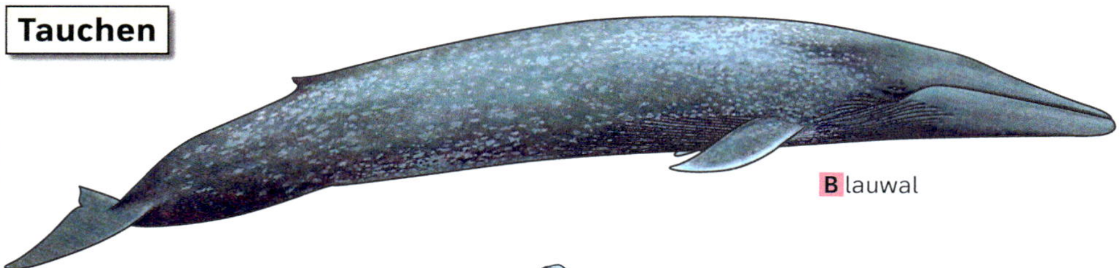
Blauwal

Gelbbrauner Kofferfisch

Grüne Meeresschildkröte

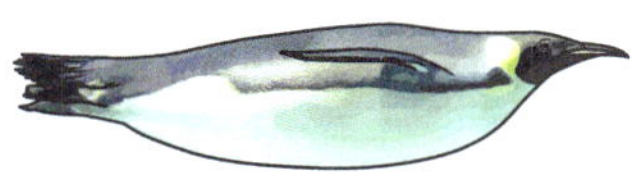
Königspinguin

Wasserfosch

Während des Tauchens befindet sich der gesamte Körper unter Wasser.

1. Beschreibe die verschiedenen Formen der Fortbewegung von Wirbeltieren.
2. Nenne für jede der sechs Bewegungsformen ein weiteres Beispiel.
3. Beschreibe die möglichen Fortbewegungsarten von zwei Wirbeltierklassen.
4. Florian behauptet: „Jede Wirbeltierklasse kann sich nur auf eine einzige Art fortbewegen." Nimm Stellung zu seiner Aussage.
5. Erläutere, welche Bedeutung der Lebensraum für die Fortbewegungsart der Tiere hat.

1 Ein Crashtest

Kräfte im Alltag

Kräfte

Bei einem Crashtest fahren zwei Autos mit hoher Geschwindigkeit gegeneinander. Dazu werden sie zuerst beschleunigt. Beim Aufprall werden sie verformt. Bei diesem Vorgang spielt Kraft eine Rolle. Man kann die Kraft nicht sehen, aber an ihrer Wirkung erkennen. Sie wirkt immer zwischen zwei Objekten. Man bezeichnet die Kraft daher auch als **Wechselwirkungsgröße**.

Kraft kann Körper verformen

Manche Gegenstände verändern ihre Form, wenn eine Kraft auf sie wirkt. Zieht man zum Beispiel ein Gummiband auseinander, übt man Kraft auf das Band aus. Das Gummiband wird länger, es wird **verformt**. Übt man keine Kraft mehr auf das Gummiband aus, zieht es sich wieder zu seiner ursprünglichen Form zusammen. Verformungen, die wieder in ihren Ausgangszustand zurückgehen, nennt man **elastische Verformungen**. Bei dem Crashtest wirken Kräfte auf die Autos und verformen sie. Wirkt keine Kraft mehr, dann behalten die Autos ihre neue Form. Diese Art der Verformung nennt man **plastische Verformung**.

Material mit Aufgaben

M1 Verformung

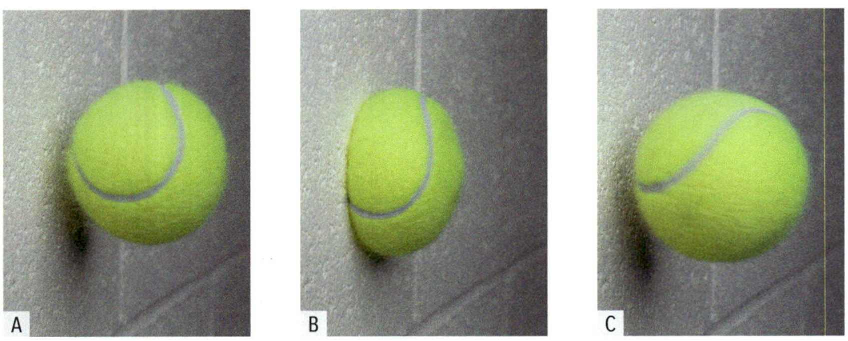

1. Beschreibe den Ablauf der Bildserie.

2. Entscheide, ob die Bildserie eine plastische oder elastische Verformung zeigt.

2 Verschiedene Wirkungen von Kräften

Kraft kann Körper bewegen

Sitzt man auf dem Fahrrad und tritt in die Pedale, fährt man los. Mithilfe der Muskelkraft bewegt sich das Fahrrad. Die Kraft kann auch dafür sorgen, dass man mit dem Fahrrad immer schneller wird. Man sagt dann, das Fahrrad wird **beschleunigt**.

Zieht man während der Fahrt an der Bremse, wird das Fahrrad langsamer. Die Kraft der Bremse wirkt der Bewegung des Fahrrads entgegen. Das Fahrrad wird **gebremst**.

Wind kann auch eine Kraft ausüben. Trifft während der Fahrt ein starker Windstoß von der Seite auf das Fahrrad, kann es in eine andere Richtung gedrückt werden. Kraft kann also auch eine **Richtungsänderung** eines Körpers bewirken.

A Erkläre den Unterschied zwischen elastischen Verformungen und plastischen Verformungen.

B Beschreibe die drei Formen, wie Kraft die Bewegung eines Körpers beeinflussen kann.

Material mit Aufgaben

M2 Wirkung von Kräften

A

B

C

1. Beschreibe die Situationen in den Bildern A bis C.
2. Beschreibe, welche Wirkungen von Kräften in den Bildern A bis C zu sehen sind.
3. Louis schießt im Trainingsspiel einen Elfmeter. Der Ball prallt am Pfosten ab und Peter stoppt den Ball im Strafraum. Beschreibe, welche Wirkungen von Kräften in diesem Beispiel auftreten.

4 Wirkungsrichtungen von Kräften

Kraft hat eine Richtung

Beschleunigt man ein Auto, wirkt die Kraft in die Fahrtrichtung. Hängt man ein Gewicht an eine Schraubenfeder, übt dieses eine nach unten gerichtete Kraft auf die Feder aus. Jede Kraft hat eine bestimmte Richtung, in die sie wirkt. Um die **Wirkungsrichtung** von Kräften zu veranschaulichen, benutzt man Pfeile. Der Punkt, an dem der Kraftpfeil beginnt, nennt man **Angriffspunkt**. In die Richtung, in die der Pfeil zeigt, wirkt die Kraft. Je länger der Pfeil ist, desto stärker wirkt die Kraft.

Drücken ein Kind und ein Erwachsener von gegenüberliegenden Seiten an einer Kiste, wirken die Kräfte in entgegengesetzte Richtungen. Die Kraftpfeile zeigen zueinander. Der Kraftpfeil von der stärkeren Person ist länger. Die Kiste bewegt sich in Richtung der stärker wirkenden Kraft. Schieben beide in die gleiche Richtung, wirken die Kräfte zusammen.

Einheit der Kraft

Die Kraft hat das Formelzeichen **F** und die Einheit **Newton** (N). Die Kraft, die zum Beispiel eine 100 Gramm schwere Schokoladentafel auf eine Feder ausübt, entspricht 1 Newton.

Material mit Aufgaben

M3 Kraft hat eine Richtung

Beim Tauziehen ziehen zwei Mannschaften an einem Seil. Wer es schafft, das gegnerische Team über eine Linie zu ziehen, gewinnt das Spiel.

1. Beschreibe das Bild.
2. Erkläre, welche der beiden Mannschaften gewinnen wird.
3. Zwei Mannschaften ziehen mit der gleichen Kraft am Seil. Erstelle eine einfache Zeichnung mit den zugehörigen Kraftpfeilen.

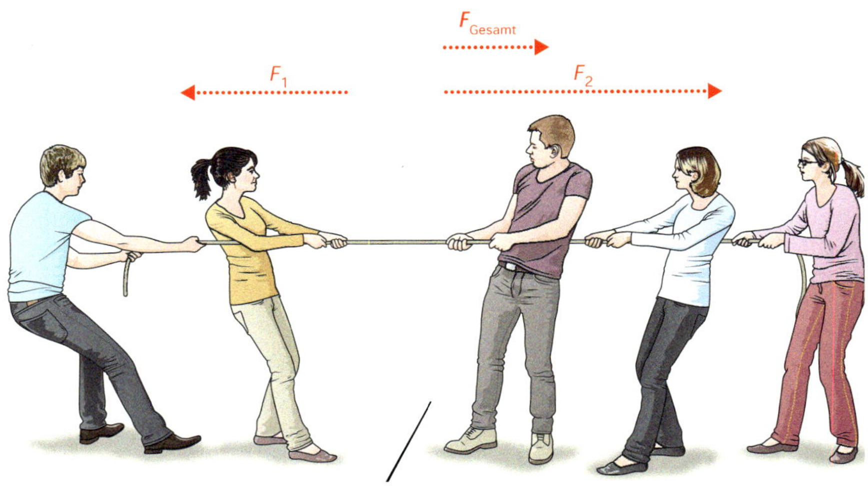

Der Federkraftmesser

Methode

Masse und Gewicht

Im Alltag sagt man, dass man mit einer Waage sein Gewicht bestimmen kann. Aus der Sicht eines Naturwissenschaftlers stimmt dies nicht. Mit einer Waage bestimmt man seine **Masse**.
Das Gewicht gibt an, mit was für einer Kraft ein Gegenstand nach unten gezogen wird. Diese **Gewichtskraft** kann man mit einem **Federkraftmesser** bestimmen.

Federkraftmesser

Ein Federkaftmesser besteht aus einer Schraubenfeder, an der eine Skala und ein Haken befestigt sind. Die Bauteile befinden sich in einem kleinen Rohr. Dieses schützt die einzelnen Bauteile. An dem Haken werden die Gegenstände befestigt, deren Gewichtskraft man bestimmen möchte.
Hängt man Gegenstände mit unterschiedlichen Massen an die Schraubenfeder, dehnt sie sich unterschiedlich stark aus. Je stärker sich die Feder ausdehnt, desto mehr ragt die Skala aus dem Rohr hinaus. An den sichtbaren Abschnitten der Skala kann die Kraft abgelesen werden.
Je nach Federkraftmesser steht ein Abschnitt für einen bestimmten Wert. Zum Beispiel kann ein Abschnitt 1 Newton bedeuten. Da nicht ein beliebig schweres Gewicht an jede Feder gehängt werden kann, gibt es verschiedene Federkraftmesser. In ihrem Inneren befinden sich Schraubenfedern in verschiedenen Dicken. Für Gegenstände mit größeren Massen und dadurch größeren Gewichtskräften benutzt man dickere Federn. Sie sind schwerer auseinander zu ziehen und gehen nicht so schnell kaputt.

A Erkläre den Unterschied zwischen den zwei Größen Masse und Gewichtskraft.

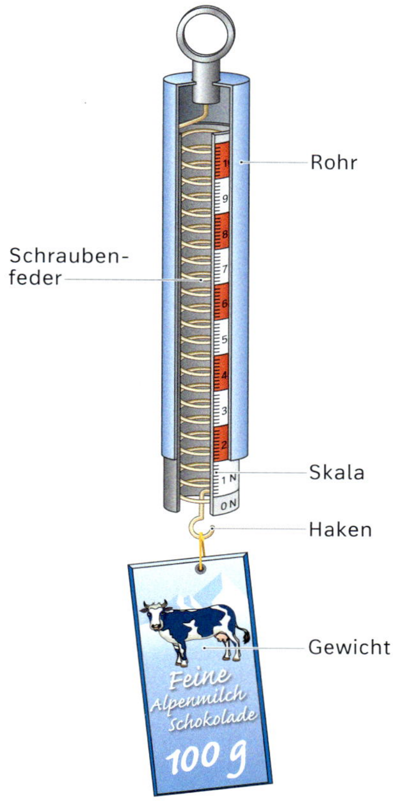

1 Ein Kraftmesser

Material mit Aufgaben

P1 **Kräfte messen**

Material: Mehrere Kraftmesser mit unterschiedlichen Messbereichen, Waage, Faden, verschiedene Gegenstände oder Wägestücke

Durchführung: Wiege die Gegenstände und wähle zum Messen der Gewichtskraft geeignete Federkraftmesser aus. Halte den Federkraftmesser gerade vor deine Augen und hänge vorsichtig den Gegenstand an den Haken. Verwende ein Stück Faden, wenn du den Gegenstand nicht einfach am Haken befestigen kannst.

1. Erstelle eine Tabelle mit den gemessenen Massen und Kräften.
2. Erstelle ein Liniendiagramm, dass die Kräfte zu den verschiedenen Massen zeigt.
3. Plane einen Versuchsaufbau mit dem du die Kraft bestimmen kannst, die man beim Ziehen von Gegenständen benötigt.

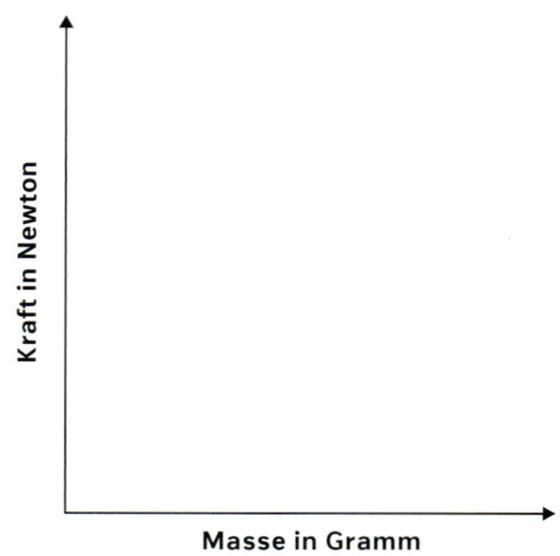

Vorlage: Kraft - Masse - Diagramm

1 Ein Kitesurfer am Strand.

Strömung

Luftströmungen

Als Strömung bezeichnet man die Bewegung von Flüssigkeiten oder Gasen wie Luft. Strömen Luftteilchen in eine Richtung, dann ziehen sie andere Teilchen mit. Je stärker die **Strömung**, desto mehr Teilchen werden angezogen. Man kann Luftströmungen nicht sehen, aber als **Wind** auf der Haut spüren.

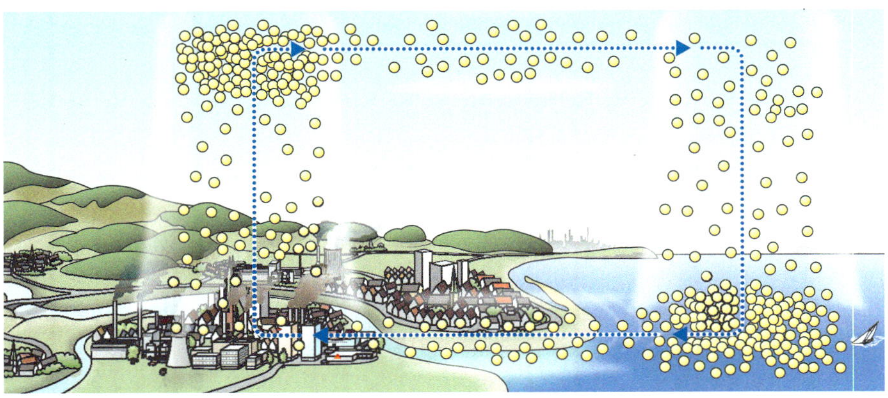

2 Entstehung von Wind und Druckausgleich

Entstehung von Wind

Die Sonne erwärmt den Boden und die untersten Luftschichten. Die erwärmten Luftteilchen bewegen sich schneller und steigen nach oben auf. Es entsteht ein **Aufwind**. In den unteren Luftschichten sind dann weniger Luftteilchen vorhanden. Am Boden ist ein **Tiefdruckgebiet** entstanden. Von den Seiten strömt nun Luft ins Tiefdruckgebiet nach. In den oberen Luftschichten befinden sich nach dem Aufstieg der Luftteilchen viele Luftteilchen. Es ist ein **Hochdruckgebiet** entstanden. Die Luft im Hochdruckgebiet kann nicht absinken, da von unten immer erwärmte Luft nachströmt. Die Luft strömt deswegen zu den Seiten in ein benachbartes Tiefdruckgebiet. Dabei kühlt sie ab und sinkt wieder zu Boden. Die Druckgebiete werden oft mit einem **H** für ein Hochdruckgebiet und einem **T** für ein Tiefdruckgebiet abgekürzt.

Land- und Seewind am Tag

An der Küste ist es oft windig. Die Entstehung des Windes kann man in mehrere Schritte aufteilen:

- **Erwärmung** • Die Sonne erwärmt am Tag das Land schneller als das Meer.
- **Luftaufstieg** • Die unteren Luftschichten an Land werden erwärmt und steigen auf. Es entsteht ein Tiefdruckgebiet am Boden. Die aufsteigende Luft bildet über dem Land in der Höhe ein Hochdruckgebiet. Da das Meer sich langsamer erwärmt, sind dort mehr Luftteilchen. Es entsteht ein Hochdruckgebiet über dem Meer.
- **Untere Winde** • Die Luft strömt vom Hochdruckgebiet des Meeres zum Tiefdruckgebiet des Landes nach.
- **Obere Winde** • Die Luft in der Höhe strömt vom Hochdruckgebiet des Landes ins Tiefdruckgebiet über dem Meer und kühlt sich dabei ab. Die kühlere Luft sinkt über dem Meer ab. Alle Luftströmungen am Tag über Land und Meer bilden einen Kreislauf des Windes.

Material mit Aufgaben

M1 Land- und Seewind bei Nacht

Am Tag erwärmt sich das Land schneller als das Meer. Jedoch kann das Wasser sehr gut Wärme speichern. In der Nacht gibt das Wasser des Meeres die gespeicherte Wärme wieder ab.

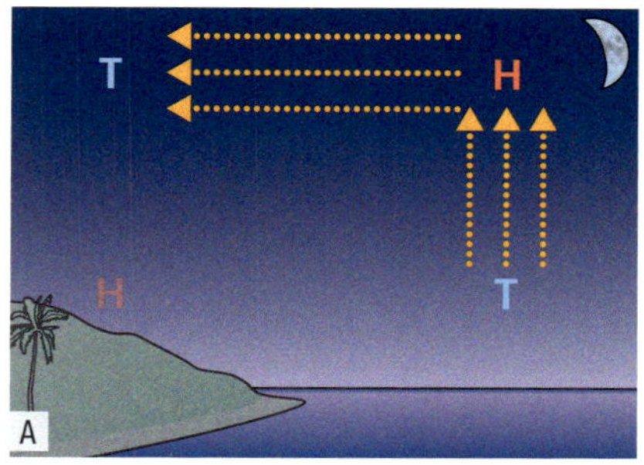

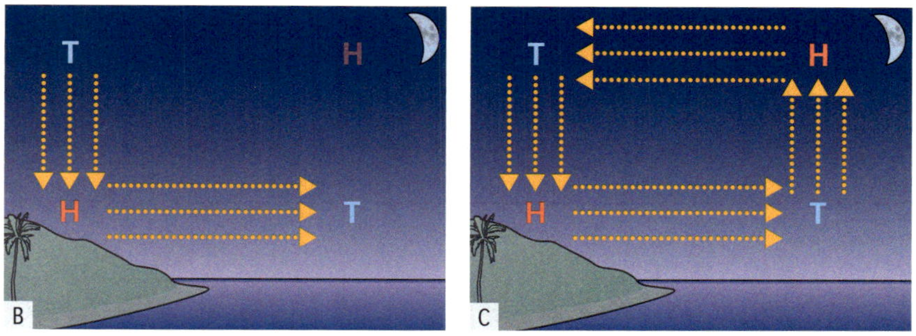

1. Beschreibe den Ablauf auf den Bildern A bis C.
2. Beschreibe unter Verwendung von Fachbegriffen die Bewegung der Lutf in der Nacht.
3. Wähle eine der Aufgaben aus:
   a Erkläre, warum sich die Luft am Tag und in der Nacht in unterschiedliche Richtungen bewegt.
   b Erkläre, warum Windsurfer gerne in der Mittagssonne surfen.

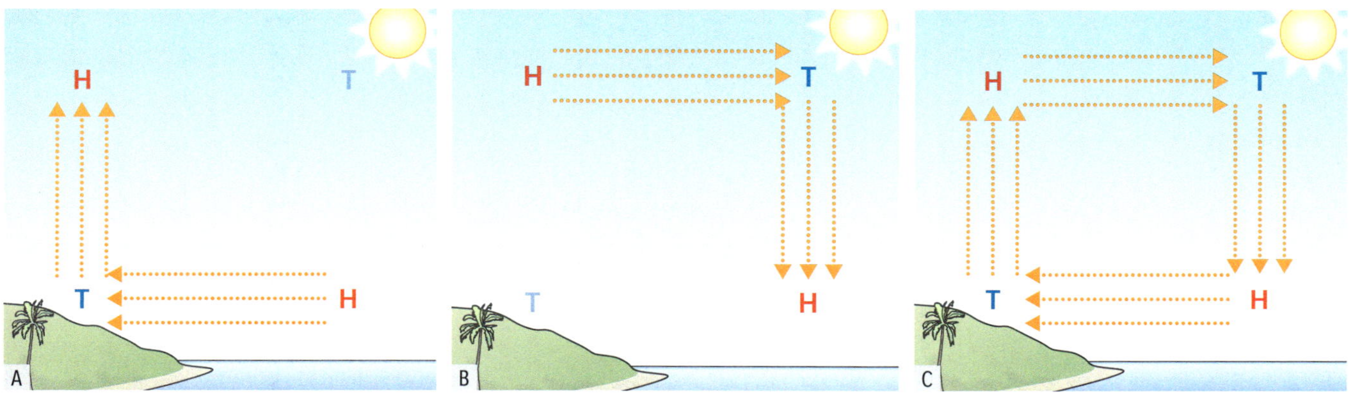

3 Land- und Seewind am Tag: **A** Luftaufstieg und untere Winde, **B** obere Winde und Abkühlung, **C** Kreislauf des Windes

1 Turmfalke im Gleitflug

Wie Vögel fliegen

Ruderflug

Wenn der Turmfalke abhebt, bewegt er in schneller Folge seine Flügel abwärts und aufwärts. Beim **Abwärtsschlag** werden die Flügel schräg nach unten geführt. Die Schwungfedern der Flügel bilden dabei eine große, luftundurchlässige Fläche. So kann sich der Vogel in der Luft halten und gleichzeitig einen Vor- und Aufwärtsschub entwickeln. Beim **Aufwärtsschlag** wird die Stellung der Schwungfedern geändert. Die Flügelfläche ist nicht mehr geschlossen. So kann die Luft zwischen den Federn hindurchströmen. Die Flügel werden nach oben gezogen. Durch die geöffnete Flügelfläche wird verhindert, dass der Vogel

2 Turmfalke beim Ruderflug

beim Aufwärtsschlag nach unten gedrückt wird. Danach erfolgt wieder ein kräftiger Abwärtsschlag. Diese Flugform bezeichnet man als **Ruderflug**. Er ist sehr anstrengend für den Vogel, weil die kräftigen Flugmuskeln ständig beansprucht werden.

Rüttelfug

Der Turmfalke beherrscht wie alle Greifvögel eine besondere Form des Ruderfluges. Er bleibt dabei „in der Luft stehen", obwohl er ganz schnell mit seinen Flügeln schlägt. Er rüttelt. Mit ausgebreiteten Schwanzfedern bremst der Vogel beim **Rüttelflug** seine Vorwärtsbewegung. So kann der Turmfalke die Höhe und Position über dem Boden halten und mit seinen guten Augen nach Beutetieren Ausschau halten.
Hat der Turmfalke ein Beutetier, wie eine Maus, erspäht, legt er seine Flügel nah an den Körper an. Dann stürzt er sich im **Sturzflug** mit bis zu 200 Kilometern pro Stunde auf sein Beutetier.

Gleitflug

Beim Fliegen hält der Turmfalke zwischendurch auch immer wieder seine Flügel ausgebreitet. Er schlägt nicht mit den Flügeln. Diese Flugform ist nicht so anstrengend. Fliegt der Turmfalke ausschließlich in diesem **Gleitflug**, verliert er an Geschwindigkeit und Höhe. Sein Gewicht und die Luft bremsen ihn. Deshalb muss er zwischendurch immer wieder mit den Flügeln schlagen.
Je nach Größe des Vogels und der Form der Flügel können in diesem energiesparenden Gleitflug weite Strecken zurückgelegt werden.

3 Turmfalke beim **A** Rüttelflug, **B** Sturzflug

Material mit Aufgaben

M1 Ruderflug

1. Ordne den Bildern A und B begründet die Begriffe Abwärtsschlag und Aufwärtsschlag zu.
2. Beschreibe den Ruderflug. Achte dabei auf den Einsatz der Flügel und die Stellung der Schwungfedern.
3. Wähle eine der Aufgaben aus:
   a Erkläre, warum der Ruderflug energieaufwändig ist.
   b Erkläre, warum der Vogel beim Ruderflug die Stellung seiner Schwungfedern ständig ändern muss.

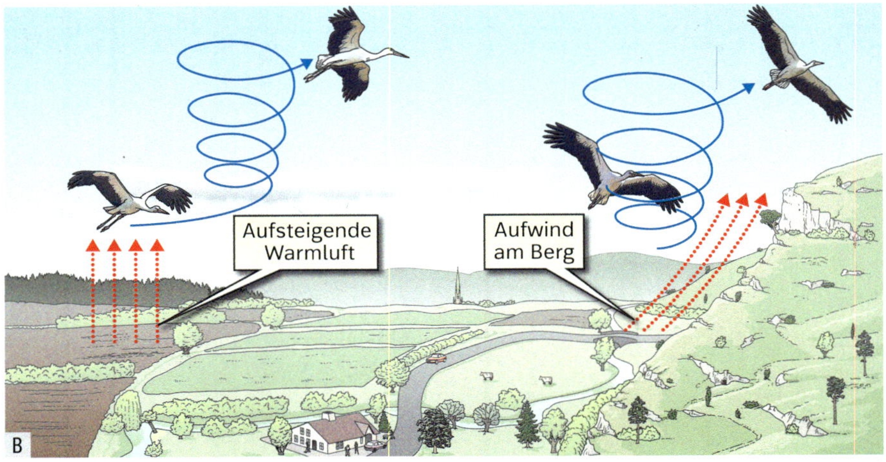

4 **A** Weißstorch im Flug, **B** Segelflug und Gleitflug bei Weißstörchen

Material mit Aufgaben

M2 Flugformen

1. Benenne die jeweilige Flugform, mit der der Bussard in den Bildern A-E fliegt. Begründe deine Zuordnungen.
2. Vergleiche die Flugformen B und C miteinander. Nenne Gemeinsamkeiten und Unterschiede.
3. Wähle eine der Aufgaben aus:
   a Erkläre, warum der Segelflug für Vögel energiesparender ist als der Ruderflug.
   b Welche Flugform ist am energieaufwändigsten? Erstelle eine Rangfolge des Energieverbrauches. Begründe deine Rangfolge.

Segelflug

Vögel mit großen Flügeln, wie der Weißstorch oder der Mäusebussard, können ohne einen Flügelschlag lange in der Luft bleiben. Sie legen dabei große Strecken zurück und können sogar an Höhe gewinnen. Die Vögel nutzen dabei nach oben aufsteigende Luft, sogenannte **Aufwinde**. Diese entstehen, wenn sich Luft zum Beispiel über Städten oder Feldern erwärmt. Die warme Luft steigt dann nach oben. Aufwinde können auch entstehen, wenn Luft an Hängen emporgleitet. Die Vögel nutzen diese Aufwinde und lassen sich mit ihnen in die Höhe tragen. Dabei kreisen sie mit ausgebreiteten Flügeln. Diese sehr energiesparende Flugform ohne Flügelschlag nennt man **Segelflug**.

Weißstörche können im Segelflug und Gleitflug Hunderte Kilometer ohne einen einzigen Flügelschlag zurücklegen. Ist ihre Flughöhe hoch genug, gleiten sie. Dabei verlieren sie an Höhe und steuern ein neues Gebiet mit Aufwinden an, das sie erneut in die Höhe schraubt.

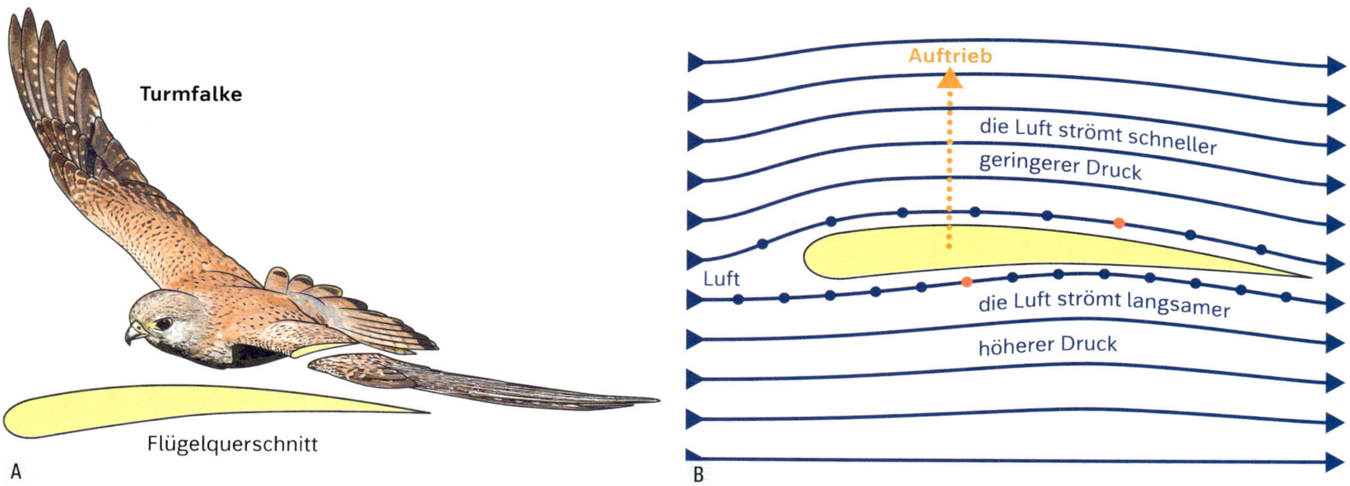

1 **A** Flügel im Querschnitt und **B** Auftrieb am Flügel

Auftrieb

Ein Vogel kann je nach Körpergröße und Flügelform im Gleitflug weite Strecken energiesparend zurücklegen. Die Form der Flügel ist für den Gleitflug entscheidend: Die ausgebreiteten Flügel sind an der Oberseite stärker gewölbt als an ihrer Unterseite. Wenn die Luft am Flügel vorbeiströmt, muss sie an seiner Oberseite einen weiteren Weg zurücklegen als auf der Unterseite des Flügels. Die Geschwindigkeit der Luft ist auf der Oberseite größer als auf der Unterseite. Die schnellere Luft strömt am Ende unter den Flügel und drückt ihn nach oben. Die langsamere Luft drückt den Flügel auch nach oben. Dadurch entsteht ein **Auftrieb**. Dieser trägt den Vogel in der Luft. Durch sein Körpergewicht verliert ein Vogel auch beim Gleitflug ständig an Höhe.

Material mit Aufgaben

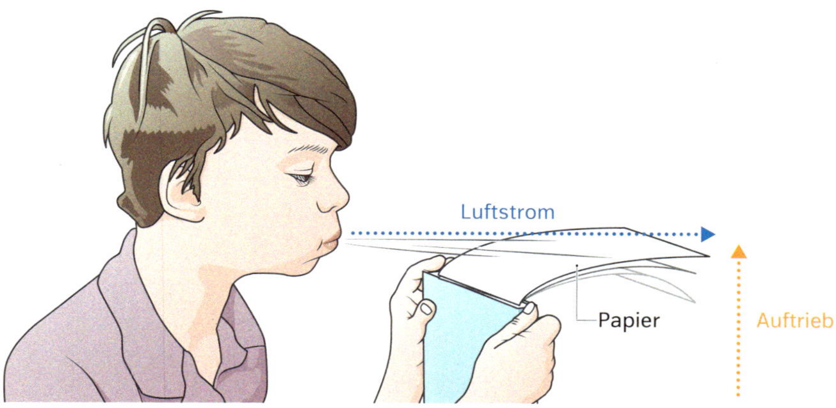

M1 Auftrieb im Modell

1. Beschreibe den Aufbau und das Ergebnis dieses Modellversuches.
2. Übertrage das Versuchsergebnis auf einen Vogelflügel. Erkläre, wie dieser angehoben wird.
3. Erläutere, was dieses Modell gut veranschaulicht und was es nicht zeigt.

1 Kohlmeise beim Fliegen

Die Vögel

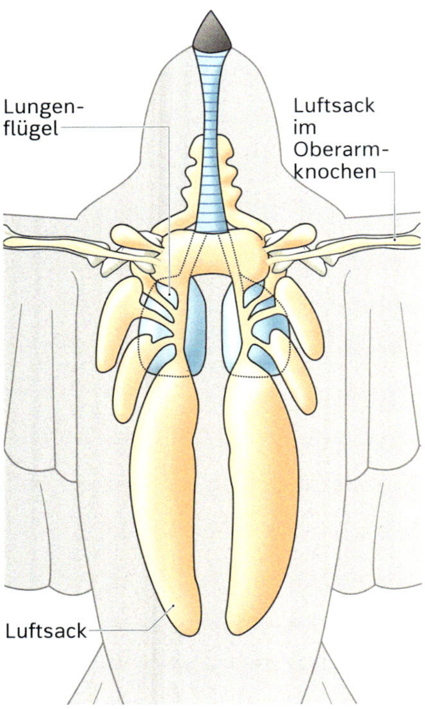

2 Lunge mit Luftsäcken

Körperbau der Vögel

Der Körper der Kohlmeise ist wie bei allen Vögeln **stromlinienförmig**. Diese Stromlinienform erleichtert ihr das Fliegen, denn sie bietet der Luft wenig Widerstand. Den Körper der Kohlmeise durchzieht eine Wirbelsäule. Vögel sind **Wirbeltiere**.

Das Skelett der Kohlmeise ist starr, denn bis auf die Halswirbel sind alle Wirbelknochen miteinander verwachsen. Die Wirbelsäule bildet so eine starre Achse. Der Körper bleibt dadurch beim Fliegen stabil. Die Rippen sind fest mit dem großen **Brustbein** verbunden, an dem die großen Flugmuskeln ansetzen. So erhält der Körper bei jedem kräftigen Flügelschlag seine Stabilität. Die Kohlmeise besitzt wie alle Vögel ein Federkleid. Nur die Füße und der Schnabel sind nicht mit Federn bedeckt.

Flügel

Jeder Flügel besteht aus den Oberarm-, Unterarm-, Hand- und Fingerknochen. Die Flügel sind zu **Flugorganen** umgewandelte Gliedmaßen. Die Flugfedern stecken in der Haut der Flügel und bilden die Tragflächen für das Fliegen.

Leichtbauweise

- **Atmung** • Die Lunge von Vögeln wie der Kohlmeise unterscheidet sich von den Lungen anderer Wirbeltiere durch ihre **Luftsäcke**. Dabei handelt es sich um Ausstülpungen der Lunge, die zwischen den inneren Organen liegen. Sie erstrecken sich sogar bis in die Knochen. Beim Atmen werden neben den Lungen auch die Luftsäcke mit Luft gefüllt. Deshalb kann ein Vogel mehr Luft einatmen, als in seine Lungen passt.

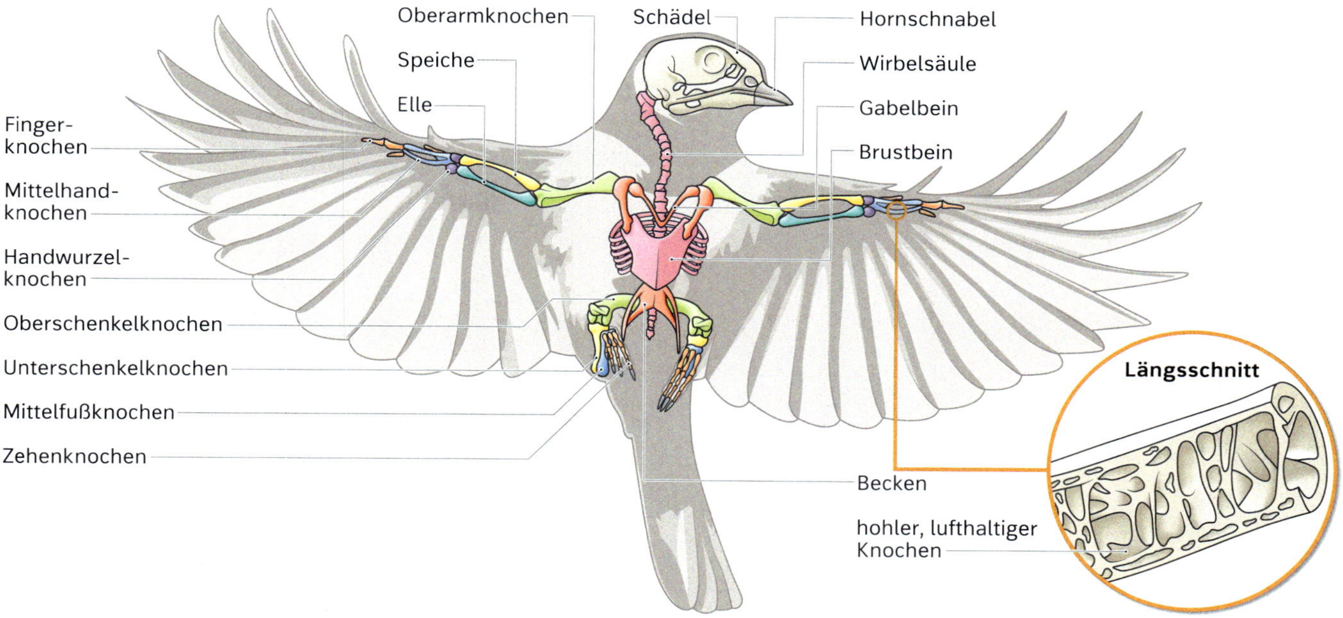

3 Skelett der Kohlmeise

▸ **Knochen** • Damit ein Vogel fliegen kann, muss er leicht gebaut sein. Die Kohlmeise besitzt daher dünnwandige, hohle Knochen. Sie sind nicht wie Säugetierknochen mit Knochenmark gefüllt, sondern mit Luft. Die leichten Knochen werden durch knöcherne Verstrebungen verstärkt und sind daher stabil. Der Schnabel ist zahnlos und mit Horn überzogen. Auch die Federn bestehen aus diesem sehr leichten, festen Material.

▸ **Ernährung und Fortpflanzung** • Vögel verdauen ihre Nahrung schnell. Kot und Urin werden häufig ausgeschieden. Eine Harnblase, in der sich Urin sammeln könnte, fehlt ihnen. Die Eier werden im Körper des Weibchens gebildet und werden nacheinander gelegt. Die Jungtiere entwickeln sich im Ei außerhalb des Körpers des Weibchens. So bleibt das Körpergewicht auch während der Fortpflanzungszeit niedrig. ▸

Material mit Aufgaben

M1 Gliedmaßen

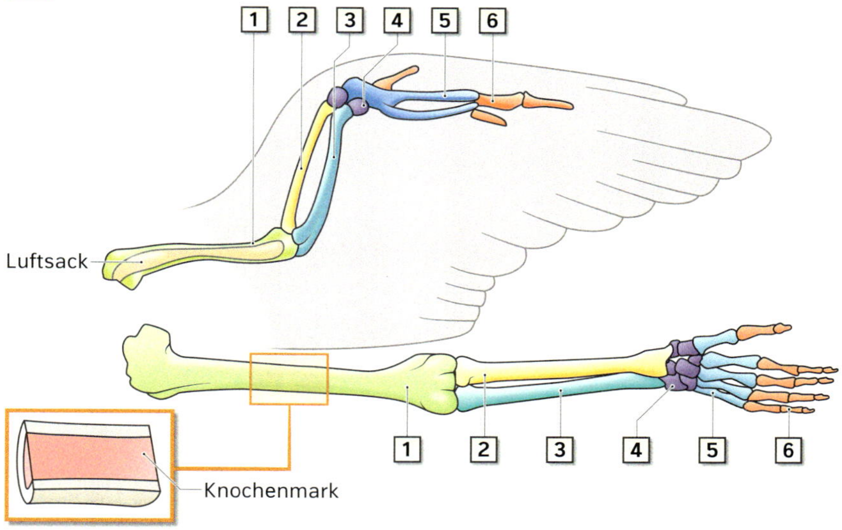

1. Benenne die mit Ziffern gekennzeichneten Teile der Arme.
2. Beschreibe Gemeinsamkeiten und Unterschiede der beiden Gliedmaßen.
3. Erkläre, warum Vogelknochen leicht, aber stabil sind.
4. Erkläre, weshalb ein Vogel leichter ist als ein etwa gleich großes Säugetier.

4 Federn der Kohlmeise

Federtypen

Der größte Teil des Vogelkörpers ist von Federn bedeckt. Die unterste Federschicht besteht aus kleinen, feinen **Daunenfedern**. Sie schließen Luft ein und bilden so eine isolierende Schicht. Die Daunenfedern schützen den gleichwarmen Vogel vor der Kälte. Die darüber liegenden **Deckfedern** liegen wie Dachziegel übereinander. Sie schützen den Körper des Vogels vor Wind, Regen und Schmutz. Die langen **Schwungfedern** bilden die Tragflächen der Flügel. Sie ermöglichen dem Vogel zu fliegen. Mit den **Steuerfedern** am Schwanz kontrolliert der Vogel in der Luft seinen Flug und bremst bei der Landung ab.

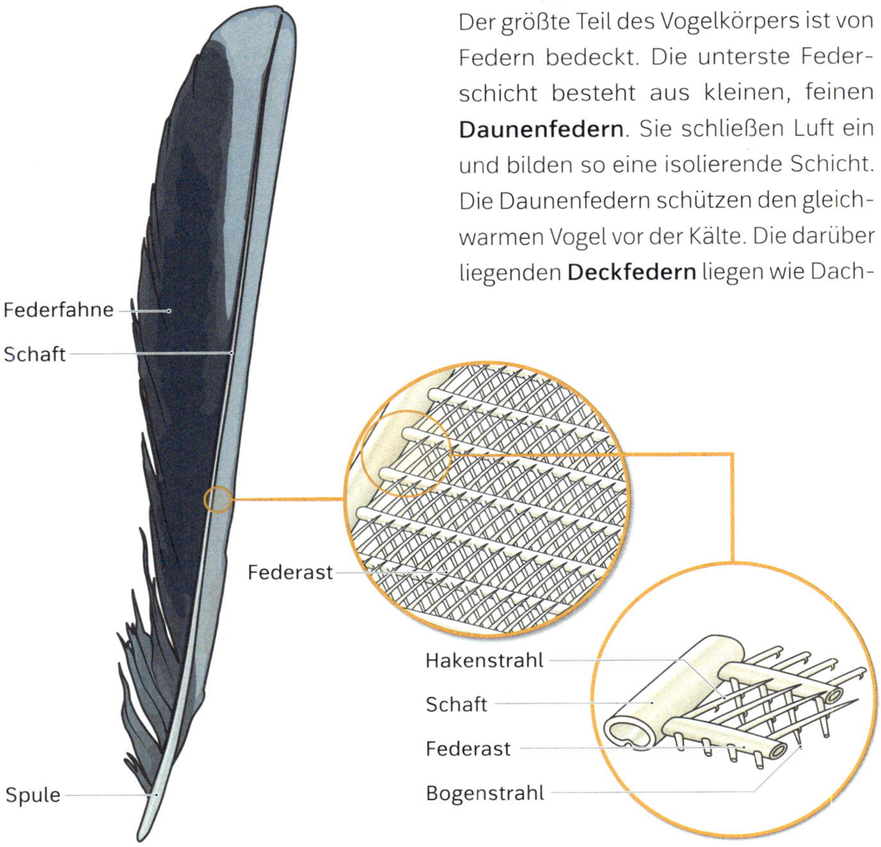

5 Bau einer Schwungfeder

Bau einer Schwungfeder

Federn bestehen aus leichtem Horn. Außer den Daunenfedern haben Federn einen langen und festen **Federkiel** und eine **Federfahne**. Der Federkiel unterteilt sich in Schaft und Spule. Mit der Spule steckt die Feder in der Haut des Vogels. Vom Schaft gehen nach links und rechts die Federäste ab. Der Federkiel und die Federäste sind hohl und darum sehr stabil und leicht. Die Federäste sind über kleine Bogenstrahlen und Hakenstrahlen wie ein Klettverschluss miteinander verzahnt. Die Federfahne bildet so eine glatte und luftundurchlässige Federfläche.

M2 Federtypen

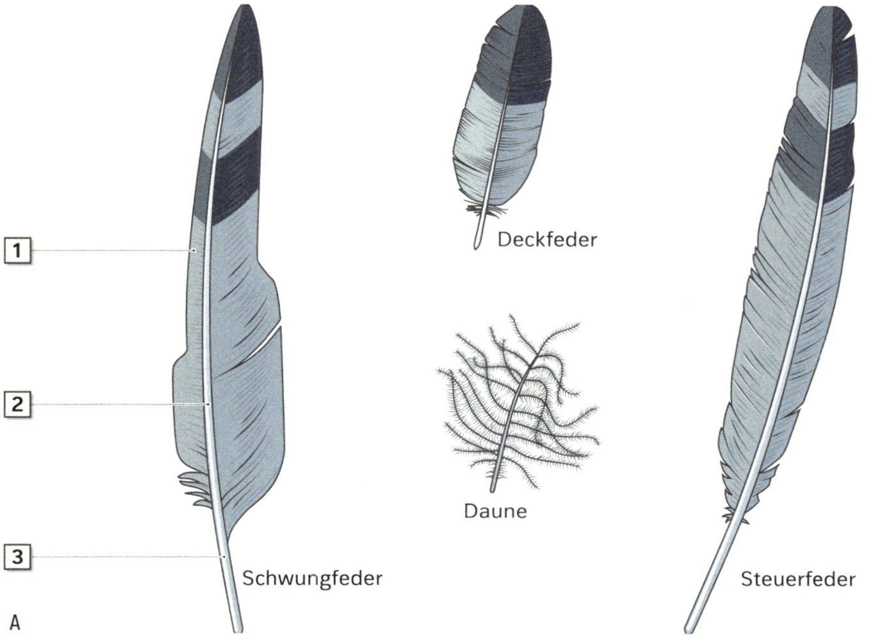

Bild A zeigt verschiedene Federtypen der Kohlmeise.
Bild B zeigt einen männlichen Pfau beim Radaufschlag.

1. Benenne die mit Ziffern gekennzeichneten Bauteile einer Feder.
2. Gib für die jeweiligen Federtypen ihre Funktion an.
3. Oft haben männliche Vögel auffällig gefärbte Schmuckfedern am Körper. Stelle Vermutungen über deren Funktion an.

P3 Untersuchung von Federn

Material: Lupe, Schwungfedern, Daunenfedern

Durchführung: Untersuche die Federn mit der Lupe. Ziehe dazu die Federfahne der Schwungfeder von der Spitze zur Spule durch deine Finger.
Ziehe die Feder anschließend in der Gegenrichtung durch die Finger. Betrachte die Fahne jeweils mit der Lupe.

1. Beschreibe den Aufbau der Fahne.
2. Vergleiche den Aufbau der Fahne einer Schwungfeder mit einem Klettverschluss.
3. Untersuche eine Daunenfeder mit der Lupe. Vergleiche den Bau einer Schwungfeder und einer Daunenfeder miteinander. Nenne Gemeinsamkeiten und Unterschiede der Federn.

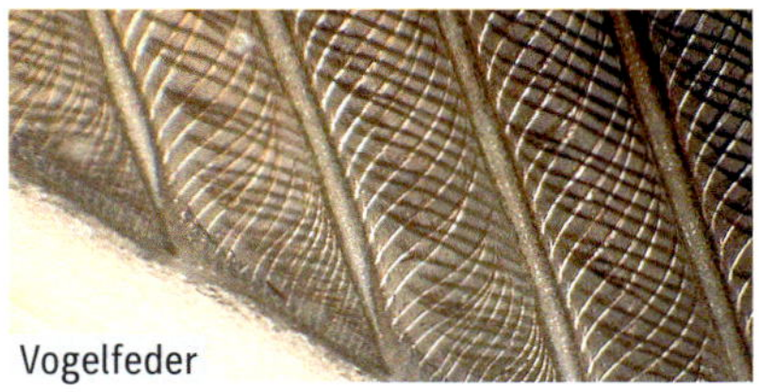

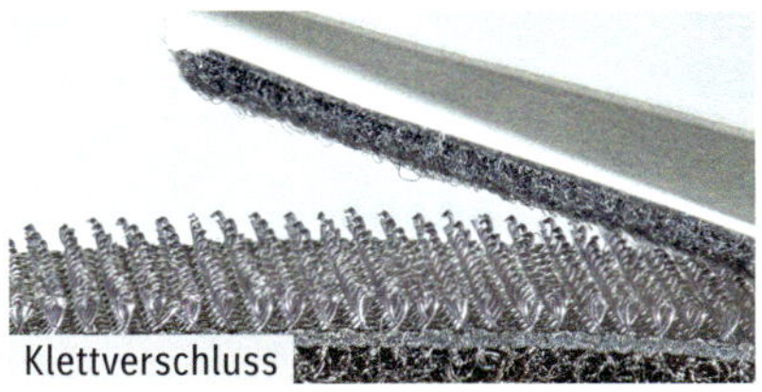

1 Frisch geschlüpftes Küken

Entwicklung der Vögel

Die Kloake ist die gemeinsame Mündung von Eileiter oder Spermienleiter und Enddarm.

Begattung

Nur aus befruchteten Eiern können Küken schlüpfen. Die Eier müssen also vorher von einem Hahn befruchtet werden. Wenn die Henne zur **Begattung** bereit ist, besteigt der Hahn ihren Rücken und presst seine hintere Körperöffnung, die **Kloakenöffnung**, auf die Öffnung der Henne. Dabei gibt er seine Spermienzellen in die **Kloake** der Henne ab.

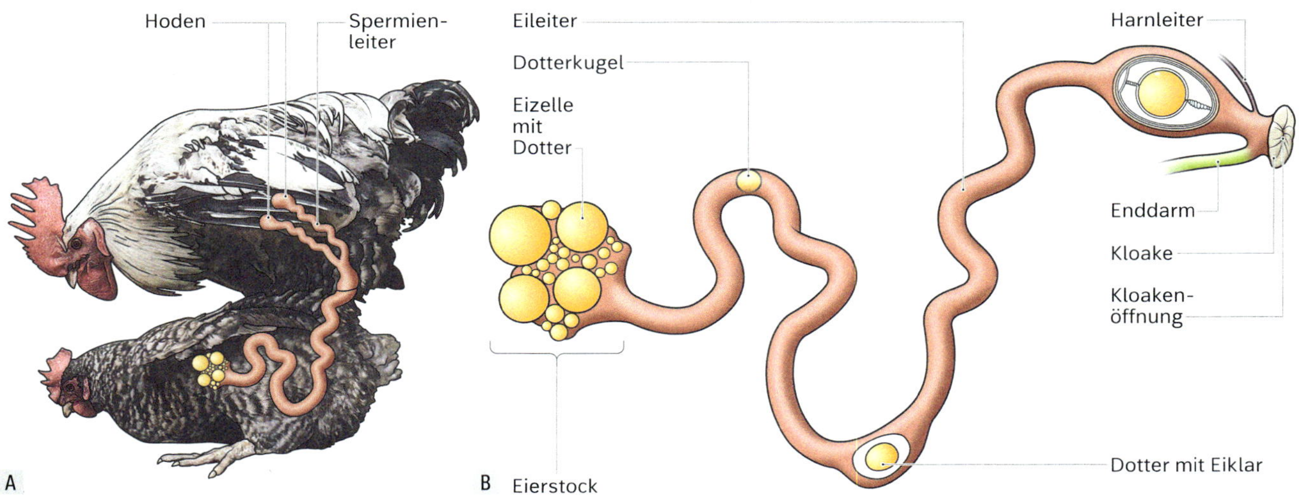

2 Entstehung eines Eies: **A** Begattung, **B** Bildung des Eies

Befruchtung

Im Eierstock der Henne liegen die Eizellen. Sie enthalten nährstoffreichen Dotter. Als große Dotterkugeln gelangen sie zunächst in den Eileiter. Trifft nach der Begattung durch den Hahn eine Spermienzelle im Eileiter auf die Eizelle, dringt die Spermienzelle in die Eizelle ein und verschmilzt mit ihr. Die Eizelle ist nun befruchtet. Da die Befruchtung im Körper der Henne stattfindet, spricht man von **innerer Befruchtung**.

Bildung eines Eies

Die befruchtete Eizelle teilt sich mehrfach und entwickelt sich zu einer flachen **Keimscheibe** auf dem Dotter. Auf dem Weg durch den Eileiter erhält das Ei weiteren Dotter, nährstoffreiches Eiklar und wasserdichte, luftdurchlässige Eihäute. Die **Hagelschnüre** halten den Dotter immer in der Mitte des Eies. Sie sorgen dafür, dass die Keimscheibe immer oben liegt. Am Schluss bildet sich eine harte, schützende Kalkschale. Sie hat sehr kleine Löcher, damit Luft und so auch Sauerstoff ins Ei gelangen. Bei unbefruchteten Eiern, die man im Supermarkt kauft, ist die Eizelle als ein kleiner weißer **Keimfleck** zu erkennen. Es bildet sich dann während der Entstehung des Eies keine Keimscheibe aus.

A Beschreibe die Entstehung eines Eies.

B Fertige eine Tabelle zu den Bestandteilen eines befruchteten Hühnereies an. Ergänze die jeweiligen Aufgaben in der Tabelle.

C Erkläre, warum aus einem gekauften Ei nie ein Küken schlüpfen kann.

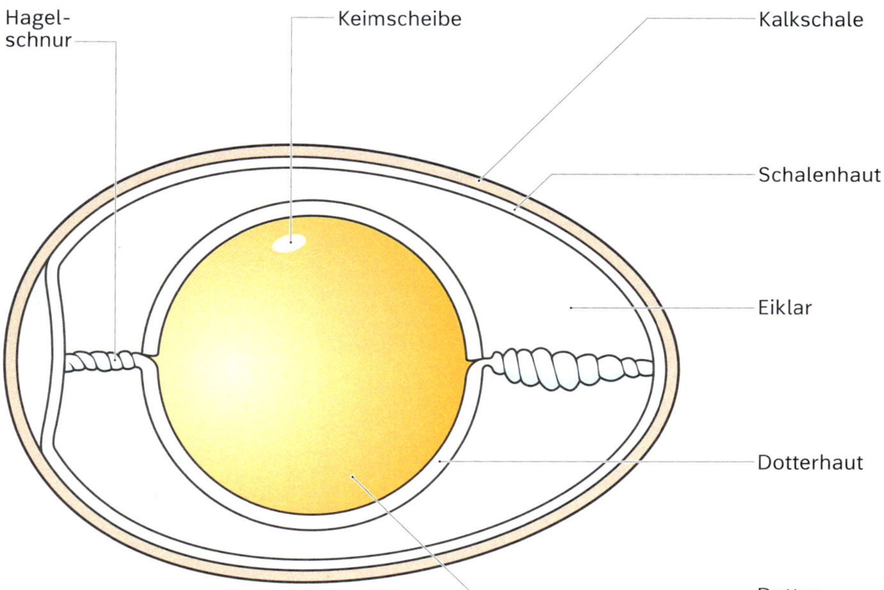

3 Aufbau eines befruchteten Hühnereies

Material mit Aufgaben

P1 Aufbau des Hühnereies

Material: leerer Eierkarton, Schere, Pinzette, Schale, unbefruchtetes Hühnerei

Durchführung: Lege das Hühnerei in eine Mulde des Eierkartons. Stich mit der Scherenspitze vorsichtig ein kleines Loch in die Kalkschale. Entferne nacheinander die Reste der Kalkschale vorsichtig mit der Pinzette, bis die Öffnung etwa so groß wie eine 2-Euro-Münze ist. Betrachte das Innere des Eies. Bewege es ein wenig hin und her und beobachte, wie sich der Eidotter bewegt. Schütte dann das Innere des Eies in eine Schale. Versuche, alle Eibestandteile zu finden.

1. Vergleiche deine Beobachtung mit Bild 3. Nenne die Bestandteile des Eies, die du sehen kannst und die Bestandteile des Eies, die du nicht sehen kannst.
2. Erkläre, woran du erkennst, dass das Ei unbefruchtet ist.

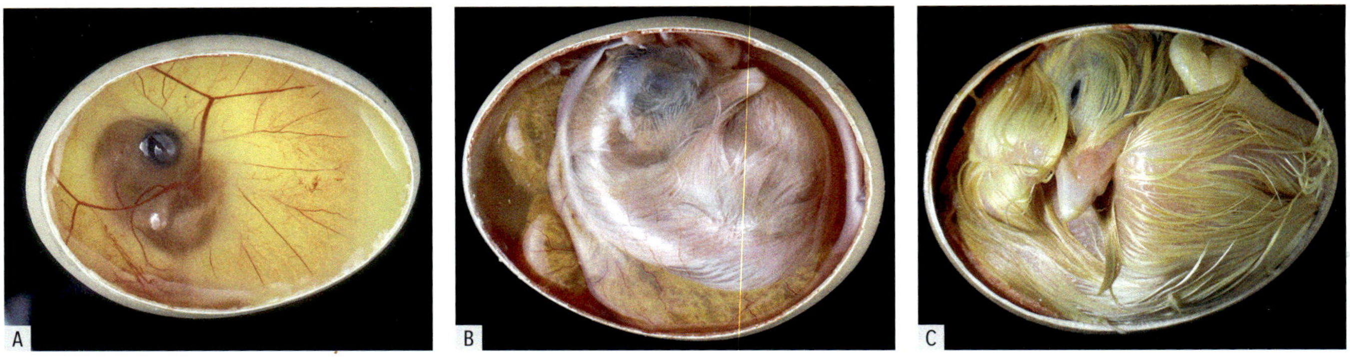

4 Vom Ei zum Küken: **A** 5. Tag, **B** 14. Tag, **C** 20. Tag

Material mit Aufgaben

M2 Vom Ei zum Küken

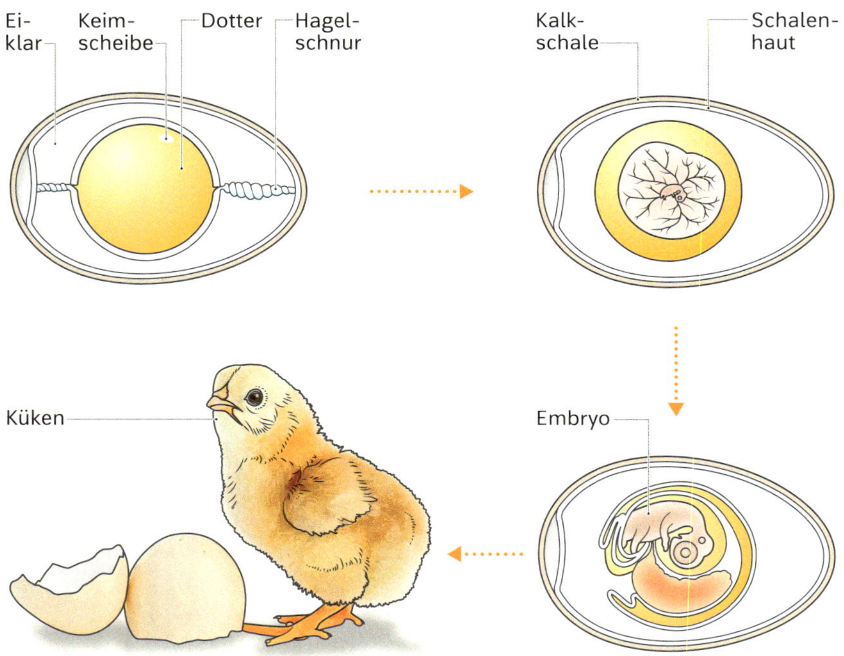

1. Beschreibe die Entwicklung des Hühnerkükens.
2. Erkläre die Bedeutung der Brutwärme für die Entwicklung des Kükens.
3. Wähle eine der Aufgaben aus:
   a Erkläre die Bedeutung der Kalkschale und der Schalenhäute.
   b Stelle Vermutungen an, ob sich im Kühlschrank aus einem befruchteten Ei ein Küken entwickelt.

Vom Ei zum Küken

Die Henne legt das fertige Ei in ein Nest, setzt sich darauf und beginnt zu brüten. Dadurch wird das befruchtete Ei auf einer gleichmäßig hohen Temperatur gehalten. Die Henne wendet das Ei regelmäßig mit dem Schnabel. So bleibt es auf allen Seiten gleichmäßig warm. Durch die Brutwärme entwickelt sich dann aus der Keimscheibe ein **Embryo**. Aus dem Embryo entwickelt sich später das Küken.

Nach drei Tagen bilden sich Blutgefäße, die das heranwachsende Küken mit Nährstoffen aus dem Dotter und Eiklar versorgen. Der für das Wachstum wichtige Sauerstoff gelangt durch die Kalkschale und Eihäute zum Küken. Nach etwa sechs Tagen sind der Kopf und die Augen bereits zu erkennen, nach 14 Tagen bilden sich der Schnabel, die Federn und die Flügel aus. Die Nährstoffe im Ei werden für das Wachstum des Kükens nach und nach aufgebraucht.

Nach etwa 21 Tagen öffnet das Hühnerküken die Kalkschale mit einer kleinen Erhebung auf der Oberseite des Schnabels, dem Eizahn. Das Hühnerküken schlüpft.

Nesthocker und Nestflüchter

Expertenwissen

Hühnerküken sind Nestflüchter

Die Henne brütet ihre Eier auf dem Boden aus. Nach dem Schlüpfen verlassen die Hühnerküken das Nest, nachdem ihre weichen Federn getrocknet sind. Ihre Augen sind dann bereits geöffnet. Außerhalb des Nests folgen die Küken aufmerksam der Henne und picken sofort selbstständig nach Nahrung. Mit lauten Rufen zeigt die Henne ihren Küken, dass sie die Mutter ist. Die Küken piepsen und machen so die Mutter auf sich aufmerksam. Die Henne führt ihre Küken aus, zeigt ihnen Futter und warnt sie vor möglichen Feinden. Diese Verhaltensweisen der Henne bezeichnet man als **Brutpflege**.

Vogelküken, die direkt nach der Geburt das Nest verlassen und sofort weitestgehend selbstständig sind, bezeichnet man als **Nestflüchter**.

Amselküken sind Nesthocker

Das Amselweibchen baut sein Nest in einem Baum oder Strauch. Die Amselküken sind nach dem Schlüpfen blind und nackt. Sie bleiben hilflos im Nest und werden von den Elterntieren gewärmt und beschützt. Die Küken betteln mit lauten Rufen nach Essen. Dabei recken sie ihre Köpfe nach oben und öffnen die Schnäbel. Dies zeigt den Elterntieren, dass sie Futter in ihren Rachen stopfen sollen. Die Eltern versorgen die Küken nach dem Schlüpfen fünf Wochen lang. Sie setzen die Brutpflege fort, bis die Jungtiere selbstständig sind. Erst wenn die Jungtiere ein vollständiges Gefieder haben, verlassen sie ihr Nest.

Vogelküken, die nach der Geburt unselbstständig und noch auf die Hilfe der Eltern angewiesen sind, bezeichnet man als **Nesthocker**.

1 Henne mit Hühnerküken

2 Amselmännchen mit Amselküken

Material mit Aufgaben

M1 Küken

1. Übertrage die Tabelle in dein Heft und vervollständige sie.
2. Begründe, ob die Küken in den Bildern A und B jeweils zu den Nesthockern oder Nestflüchtern zählen.
3. Stelle Vermutungen an, warum Nestflüchter meist mehr Eier legen als Nesthocker.

A | Teichrohrsänger, wenige Tage alt

B | Schwäne, einen Tag alt

	Augen	Gefieder	Nahrungsaufnahme nach dem Schlüpfen	Dauer der Brutpflege
Nesthocker	…	…	…	…
Nestflüchter	…	…	…	kurz

1 Uhu im Flug

Die Angepasstheiten der Vögel

Der Uhu

Mit seinen großen, nach vorn gerichteten Augen kann der Uhu auch nachts gut sehen. Der Uhu ist wie alle Eulen ein **Nachtjäger**. Zur Jagd sucht der Uhu einen erhöhten Sitzplatz. Von dort aus beobachtet er seine Umgebung. Dabei kann er seinen Kopf fast vollständig drehen. Hat er ein Beutetier erspäht, fliegt er lautlos darauf zu. Dies wird ihm durch weiche, ausgefranste Federn ermöglicht. Schließlich streckt er seine Beine nach vorn, spreizt seine Krallen und packt sein Beutetier. An den Füßen hat er eine **Wendezehe**, die nach vorn und hinten zeigen kann. So kann er auch kleine Beutetiere festhalten. Der Uhu ist ein Greifvogel. Seine Beute tötet der Uhu mit dem scharfkantigen **Hakenschnabel**.

Material mit Aufgaben

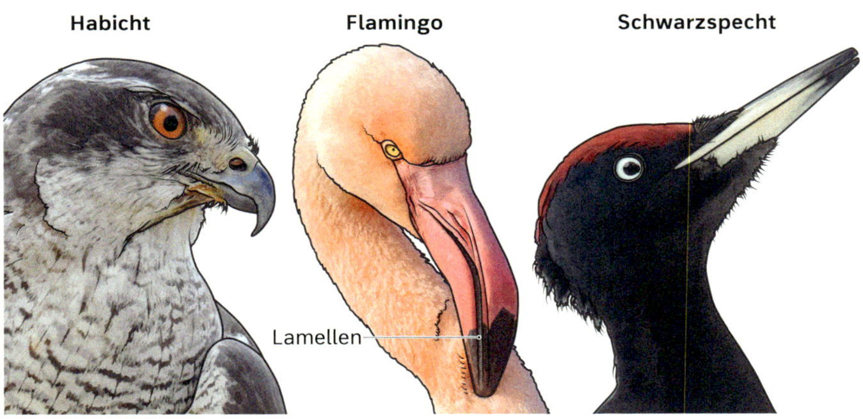

M1 Vogelschnäbel

1. Beschreibe die abgebildeten Vogelschnäbel vom Habicht, Flamingo und Schwarzspecht.
2. Erkläre, wie der Schnabel des Habichts an seine Ernährung angepasst ist.
3. Erkläre an allen drei Vögeln, wie die Schnäbel an die Ernährung angepasst sind.

Der Buntspecht

Mit ihrem kräftigen **Meißelschnabel** hacken Spechte an Bäumen. Ihre lange Zunge ist am Ende wie ein Pfeil geformt. Mit dieser **Schleuderzunge** erbeuten sie Insekten unter der Rinde. Dabei stützen sie sich mit den steifen Federn ihres **Stützschwanzes** am Stamm ab. Ihre Füße haben zwei nach vorn und zwei nach hinten gerichtete Zehen mit langen Krallen. Mit diesem **Kletterfuß** halten sich Spechte am Stamm fest.

Die Stockente

Die Zehen der Enten sind mit **Schwimmhäuten** verbunden. So können sie sich paddelnd durch das Wasser bewegen. Die meisten Enten haben Lamellen in ihrem **Seihschnabel**, mit dem sie ihre pflanzliche Nahrung wie mit einem Sieb aus dem Wasser filtern.

A Erkläre, wie der Uhu nachts erfolgreich jagen kann.

B Beschreibe die Angepasstheiten des Buntspechtes.

2 Angepasstheiten des Buntspechts

Material mit Aufgaben

M2 Vogelfüße

1. Beschreibe die drei abgebildeten Füße.
2. Wähle eine der Aufgaben aus:
   a Erkläre, wie der Fuß der Stockente an ihre Fortbewegung und an ihren Lebensraum angepasst ist.
   b Erkläre die jeweiligen Angepasstheiten der abgebildeten Füße.

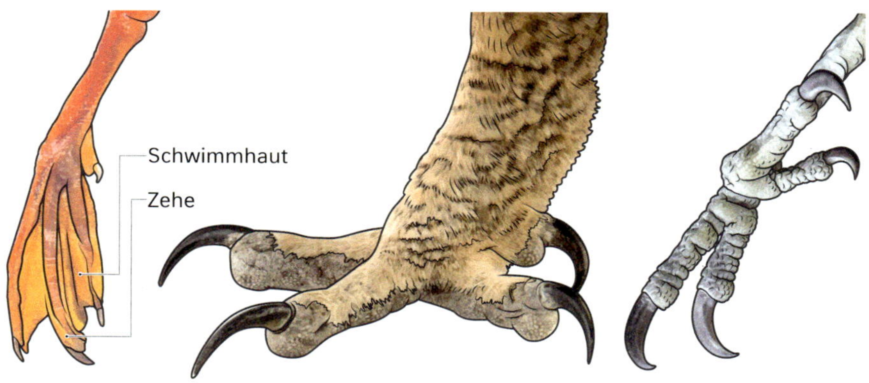

1 Schwimmendes Floß

Schwimmen, schweben, steigen, sinken

Schwimmende Gegenstände

Ein Floß aus Holz kann auf dem Wasser schwimmen. Es kann sogar Menschen auf dem Wasser transportieren ohne unterzugehen. Wirft man aber einen kleinen Nagel aus Eisen ins Wasser, geht er unter. Er sinkt, obwohl er leichter als die Menschen auf dem Boot ist.

Volumen und Masse

In Bild 2 erkennt man, dass der Holzhammer mehr wiegt als der Eisennagel. Er hat eine größere **Masse**. Dennoch sinkt der Eisennagel zu Boden. Ob ein Körper im Wasser schwimmt oder nicht, kann man nicht allein an seiner Masse ausmachen.
Der Holzhammer und der Eisenhammer nehmen beide den gleichen Raum ein. Sie haben das gleiche **Volumen**. Jedoch hat der Eisenhammer die größere Masse als der Holzhammer. Der Eisenhammer sinkt und der Holzhammer schwimmt. Der Schraubendreher aus Eisen hat die gleiche Masse wie der Holzhammer. Jedoch hat der Holzhammer ein viel größeres Volumen als der Schraubendreher aus Eisen. Der Schraubendreher sinkt und der Holzhammer schwimmt. Es ist also das Verhältnis der Masse zum Volumen entscheidend, ob ein Körper schwimmt oder nicht.

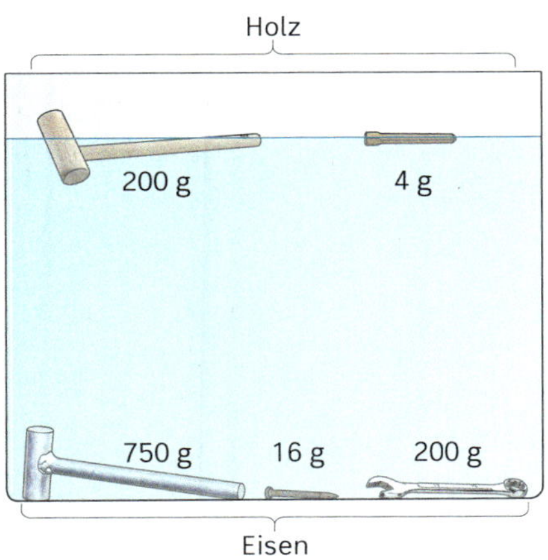

2 Körper aus Holz und Eisen im Wasser

Dichte

Damit man Materialien besser vergleichen kann, betrachtet man Körper mit dem gleichen Volumen. Dazu eignen sich Würfel aus unterschiedlichen Materialien mit einer Kantenlänge von 1 cm. Alle Würfel haben das gleiche Volumen von 1 Kubikzentimeter (1 cm^3). Ein gedachter Würfel aus Wasser mit einem

Volumen von 1 cm³ hat eine Masse von 1 g. Ein gleich großer Holzwürfel hat eine Masse von 0,7 g. Ein Eisenwürfel mit einem Volumen von 1 cm³ hat eine Masse von 7,8 g. Der Eisenwürfel hat also bei einem Volumen von 1 cm³ die höhere Masse als der Holzwürfel.
Ermittelt man die Masse bei einem bestimmten Volumen, dann hat man die **Dichte** eines Körpers bestimmt. Die Dichte ist die Stoffeigenschaft, die angibt, ob ein Körper schwebt, aufsteigt oder sinkt.

Berechnung der Dichte

Für die Berechnung der Dichte teilt man die Masse eines Körpers durch sein Volumen. Die Dichte wird in der Einheit Gramm pro Kubikzentimeter (g/cm³) angegeben.

$$\text{Dichte} = \frac{\text{Masse}}{\text{Volumen}}$$

Ein Eisennagel hat ungefähr ein Volumen von 2 cm³ und eine Masse von 16g. Teilt man die Masse durch das Volumen, erhält man eine Masse von ungefähr 8 g für 1 cm³. Die Dichte von Eisen ist daher etwa 8 g/ cm³.

Wann schwimmt ein Körper?

Ein Körper steigt im Wasser nach oben, wenn seine Dichte kleiner ist als die Dichte von Wasser. Der Körper sinkt, wenn seine Dichte größer ist als die Dichte von Wasser. Ist die Dichte eines Körpers genauso groß wie die Dichte des Wassers, dann schwebt der Körper. Wenn ein Körper auf dem Wasser schwimmt, dann ist seine Dichte auch kleiner als die von Wasser. ▶

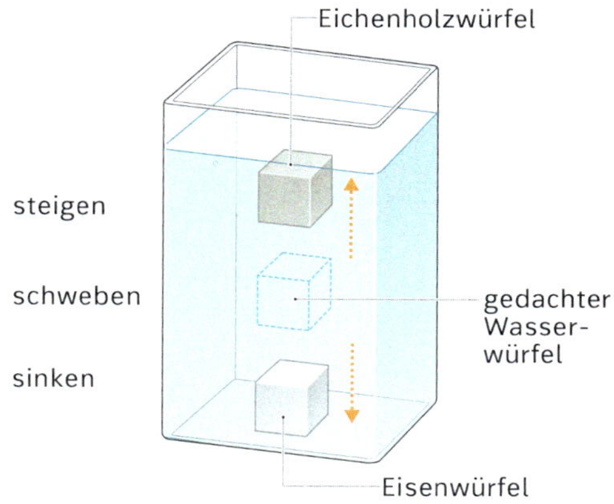

3 Steigen, schweben, sinken

steigen
Eichenholzwürfel
Dichte:
0,7 g/cm³

schweben
gedachter Wasserwürfel
Dichte:
1 g/cm³

sinken
Eisenwürfel
Dichte:
7,8 g/cm³

A Nenne die Voraussetzung, die ein Körper erfüllen muss, damit er steigt oder sinkt.

B Berechne die Dichte von einem Körper mit 250 g und 100 cm³.

Material mit Aufgaben

M1 Dichte bestimmen

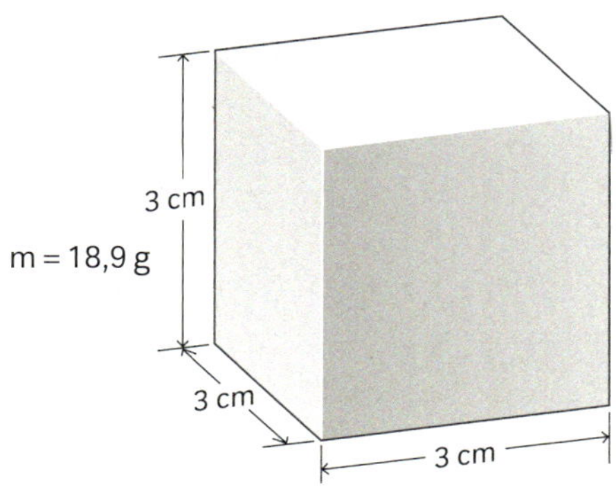

Stoff	Dichte in $\frac{g}{cm^3}$
Eisen	7,8
Aluminium	2,7
Blei	11,3
Zucker	1,6
Eichenholz	0,7

Volumen (Würfel) = Kantenlänge · Kantenlänge · Kantenlänge

1. Berechne die Dichte des abgebildeten Würfels. ⊞
2. Ordne dem Würfel ein Material aus der Tabelle zu. ⊞
3. Erkläre, ob der Würfel in einem Wasserbecken voller Wasser steigt oder sinkt.

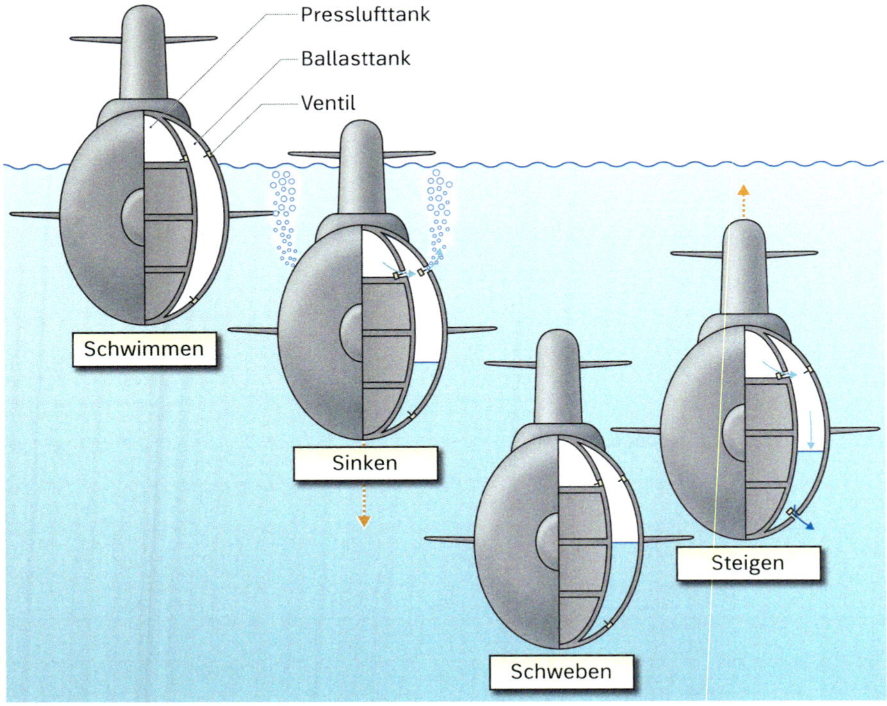

4 Tauchboot beim schwimmen, schweben, steigen und sinken

Material mit Aufgaben

M2 Schwimmblase

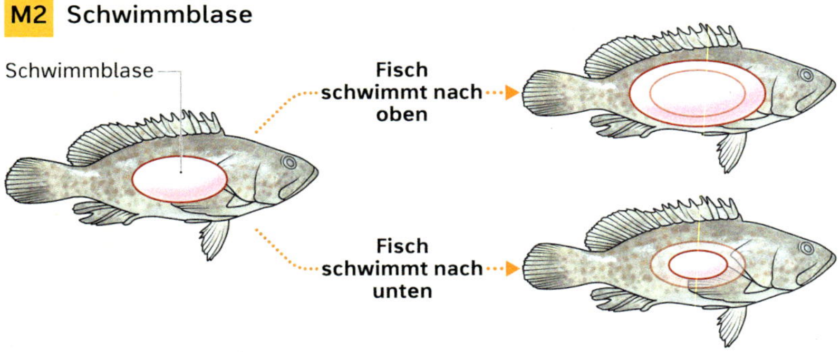

Viele Fische haben eine Schwimmblase, die mit Gas gefüllt ist. Über das Blut kann die Schwimmblase mit Gas befüllt werden oder Gas entweichen. Je nach Wassertiefe, in der der Fisch sich befindet, ist die Schwimmblase unterschiedlich stark befüllt.

1. Beschreibe die Veränderungen der Schwimmblase.
2. Erkläre, warum sich die Schwimmblase anpasst.
3. Vergleiche das Auf- und Absteigen der Fische mit einem Tauchboot.

Tauchboot

Tauchboote sind spezielle Boote, mit denen es möglich ist, Fahrten unter Wasser zu unternehmen. Sie werden beispielsweise für die Forschung verwendet. Tauchboote können im Wasser schwimmen, schweben steigen oder sinken. Sie sind mit mehreren Tanks ausgestattet, die mit Luft oder Wasser gefüllt werden können. Wenn das Tauchboot schwimmt, sind seine Tanks mit Luft gefüllt. Obwohl die Wände des Tauchboots zum Beispiel aus Eisen bestehen, schwimmt es auf der Wasseroberfläche. Die im Tauchboot eingeschlossene Luft verringert die Gesamtdichte des Tauchboots, weil Luft eine geringere Dichte als Wasser hat. Die Gesamtdichte, die **mittlere Dichte**, des Tauchboots ist dadurch geringer als die Dichte des Wassers.

Damit das Tauchboot sinkt, ist es notwendig, Wasser in die Ballasttanks des Tauchboots zu pumpen. So wird die Masse des Tauchboots erhöht. Da aber das Volumen des Tauchboots gleichbleibt, erhöht sich seine mittlere Dichte. Es sinkt nach unten. Je mehr Wasser hineingepumpt wird, desto schneller sinkt das Tauchboot. Ein Tauchboot hat neben den Tanks mit Wasser auch Behälter, die mit zusammengedrückter Luft, der **Pressluft**, gefüllt sind. Damit das Tauchboot steigt, muss das Wasser aus den Ballasttanks mit Pressluft herausgepresst werden. Die mittlere Dichte verringert sich und das Tauchboot steigt auf. Damit das Tauchboot in unterschiedlichen Wassertiefen schwebt, muss seine Dichte an die Dichte des Wassers angepasst werden.

Auftrieb

Schiffe bestehen vor allem aus Eisen. Dennoch schwimmen riesige Containerschiffe, obwohl sie tonnenschwer sind. Das liegt zum einen daran, dass das Innere des Schiffs nicht aus Eisen besteht. Im Innern des Schiffs befindet sich Luft. Durch die mit Luft gefüllten Hohlräume haben Schiffe ein großes Volumen. Die eingeschlossene Luft verringert die mittlere Dichte des Schiffs. Doch Containerschiffe schwimmen auch, wenn sie mit Containern auf und im Schiff beladen sind. Die Masse eines schwimmenden Schiffs lässt es ein wenig ins Wasser eintauchen. Dabei verdrängt das Schiff Wasser. Schiffe haben durch ihre bauchige Form ein großes Volumen. Dadurch verdrängen sie viel Wasser. Die Masse des verdrängten Wassers ist genau so groß, wie die Masse des gesamten Schiffs. Wenn der ins Wasser getauchte Teil des Schiffs leichter ist, als die verdrängte Wassermenge, schwimmt das Schiff. Man spricht vom **Auftrieb**. Je höher die verdrängte Wassermenge, desto größer ist der Auftrieb.

Auftriebskraft und Gewichtskraft

Schwimmt ein Körper, übt das Wasser von allen Seiten einen Druck auf den Körper aus. Da der Wasserdruck an der Unterseite eines schwimmenden Körpers größer ist als an seiner Oberseite, ergibt sich eine nach oben gerichtete Kraft, die **Auftriebskraft**. Der Auftriebskraft entgegen wirkt das Gewicht des Schiffs. Das Gewicht gibt an, mit was für einer Kraft, die **Gewichtskraft**, ein Gegenstand nach unten gezogen wird. Ein Körper schwimmt, wenn sich ein Teil außerhalb des Wassesrs befindet und die Auftriebskraft und Gewichtskraft gleich groß sind. Er sinkt, wenn die Auftriebskraft kleiner als seine Gewichtskraft ist. Ein Körper steigt im Wasser auf, wenn seine Auftriebskraft größer ist als seine Gewichtskraft.

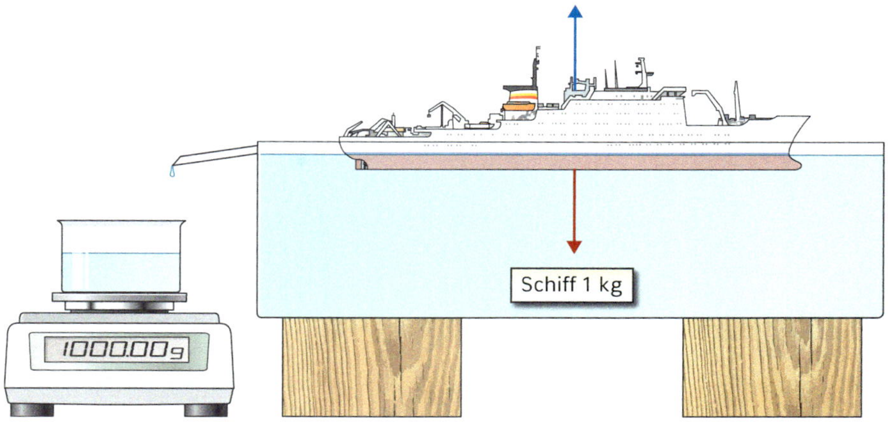

1 Wasser wird verdrängt

Material mit Aufgaben

M1 Auftrieb

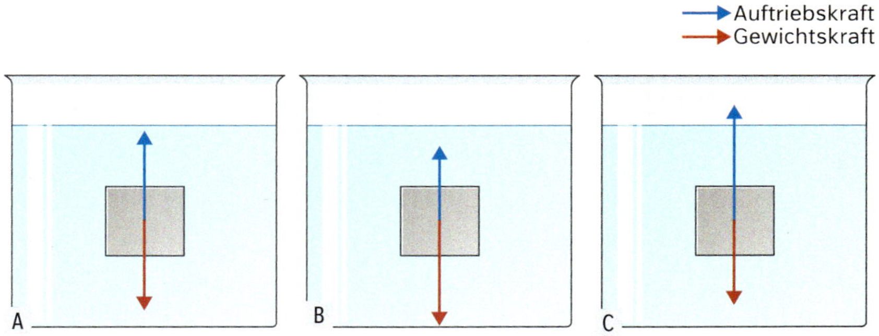

1. Erkläre ob die Körper in den Bildern A-C schweben, steigen oder sinken.
2. Erkläre, warum auch schwere Containerschiffe schwimmen.
3. Stelle Vermutungen an, wie groß Auftriebskraft und Gewichtskraft sein müssen, damit ein Körper im Wasser schwimmt. Erstelle eine Zeichnung.

Bestimmung der Dichte und des Volumens

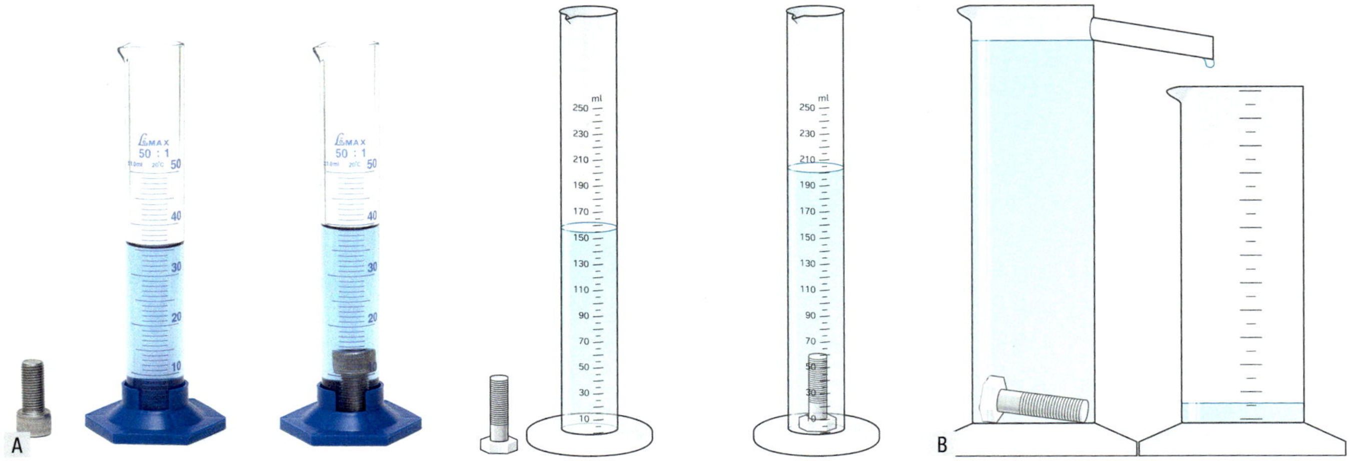

1 Dichte bestimmen: **A** Verdrängungs-Methode, **B** Überlauf-Methode

Material mit Aufgaben

P1 Bestimmung der Dichte

Material: Verschiedene Gegenstände (zum Beispiel Schrauben oder Muttern), Feinwaage, Messzylinder (50 ml), Wasser

Durchführung: Fülle den Messzylinder zur Hälfte mit 25 ml Wasser und notiere den Füllstand. Bestimme mit der Feinwaage die Masse der benötigten Gegenstände.
Lege nun viele gleiche Schrauben oder Muttern in das Wasser, bis du eine deutliche Wasserzunahme ablesen kannst. Notiere den neuen Füllstand.

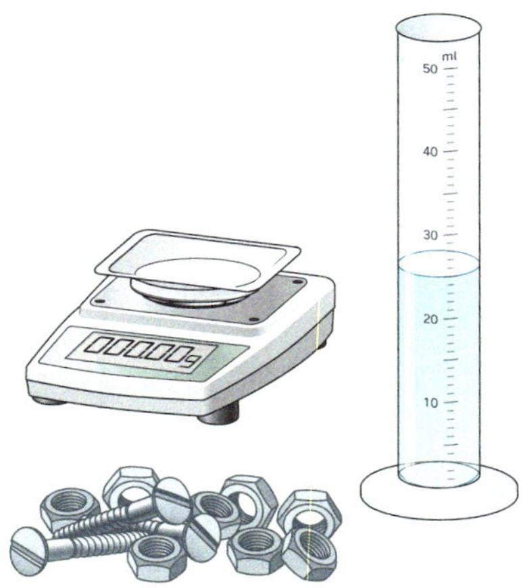

1. Ermittle das Volumen der untersuchten Gegenstände.
2. Berechne die Dichte der untersuchten Gegenstände.
3. Ordne den Gegenständen einen Stoff zu.

Stoff	Dichte in g/cm^3
Stahl	8
Aluminium	2,7
Kupfer	9

Dichte von Feststoffen bestimmen

Steine, Schrauben oder auch Schmuck sind unregelmäßig geformt. Das Volumen dieser Körper lässt sich nur schwer berechnen. Dafür gibt es zwei Methoden:

- **Methode A** • Man legt den Gegenstand in einen mit Wasser gefüllten Messzylinder. Der Körper verdrängt das Wasser und der Füllstand des Wassers steigt. Die Volumenzunahme des Wassers im Zylinder entspricht dem Volumen des eingetauchten Körpers.
- **Methode B** • Ist der Gegenstand zu groß für einen Messzylinder, kann die Überlaufmethode benutzt werden. Dazu taucht man den Körper in ein randvolles Gefäß mit Wasser. Durch einen Überlauf fließt das verdrängte Wasser in einen Messzylinder. Das Volumen des Wassers im Messzylinder ist gleich dem Volumen des eingetauchten Körpers.

Dichte von Flüssigkeiten bestimmen

Damit man die Dichte einer Flüssigkeit bestimmen kann, wird zunächst ein leerer Messzylinder gewogen. Die Masse des leeren Messzylinder wird notiert. Die zu untersuchende Flüssigkeit wird dann in den Messzylinder gegeben und das genaue Volumen an der Skala des Messzylinders abgelesen. Danach wird der Messzylinder mit der Flüssigkeit noch einmal gewogen und die Masse wieder notiert. Subtrahiert man dann von der Masse des Messzylinders mit der Flüssigkeit die Masse des leeren Messzylinders, erhält man die Masse der Flüssigkeit. Zusammen mit dem abgelesenen Volumen lässt sich dadurch die Dichte der Flüssigkeit berechnen.
Bei der Angabe der Dichte von Flüssigkeiten wird oft die Einheit Gramm pro Milliliter, g/ml, verwendet. Die Angaben in Gramm pro Milliliter von Flüssigkeiten, entsprechen genau den Angaben in Gramm pro Kubikzentimeter von Feststoffen.

Volumen: 4 cm^3

Masse Zylinder leer: 38,4 g

Masse Zylinder mit Flüssigkeit: 42,04 g

Masse der Flüssigkeit

Masse = 42,04 g -38,4 g = 3,64 g

$$\text{Dichte} = \frac{\text{Masse}}{\text{Volumen}}$$

$$\text{Dichte} = \frac{3{,}64\ \text{g}}{4\ \text{cm}^3} = 0{,}91 \frac{\text{g}}{\text{cm}^3}$$

0,91 g/cm^3 ist die Dichte von Speiseöl.

2 Beispielrechnung

Material mit Aufgaben

M2 Dichte, Masse und Volumen

Berechnung der Dichte

Die Dichte berechnet man, indem man die Masse eines Körpers durch das Volumen des Körpers teilt.

$$\text{Dichte} = \frac{\text{Masse}}{\text{Volumen}}$$

Berechnung der Masse

Ist nur die Dichte und das Volumen gegeben, berechnet man die Masse, indem man beide Größen miteinander multipliziert.

$$\text{Masse} = \text{Dichte} \cdot \text{Volumen}$$

Berechnung des Volumens

Ist nur die Dichte und die Masse gegeben, berechnet man das Volumen, indem man die Masse durch die Dichte teilt.

$$\text{Volumen} = \frac{\text{Masse}}{\text{Dichte}}$$

1. Übertrage die Tabelle in dein Heft und ergänze die fehlenden Werte.
2. Erläutere Vorteile von Styropor® als beliebtes Verpackungsmaterial.

Stoff	Dichte in g/cm^3	Masse in g	Volumen in cm^3
Styropor®	0,015	4,05	...
Eis (Wasser)	0,92	...	85,0
Aluminium	2,70	...	125,0
Wolfram (Metall)	...	337,0	17,55
Quecksilber	...	8807,5	650,0

1 Die Bachforelle lebt in klaren Bächen.

Die Fische

Fortbewegung im Wasser

Der Körper der Bachforelle unterteilt sich in Kopf, Rumpf und Schwanz. Zum Kopf und zum Schwanz hin läuft ihr Körper spitz zu. Durch diese Körperform strömt das Wasser leichter am Körper vorbei. Der Körper der Bachforelle ist **stromlinienförmig**. Ihre Haut ist mit Schuppen bedeckt, die wie Dachziegel übereinanderliegen. Die Haut ist so vor Verletzungen geschützt. Sie gibt nach außen Schleim ab. Die Bachforelle kann dadurch schnell durch das Wasser gleiten und ihre Beutetiere jagen.

Flossen

Die Bachforelle hat wie alle Fische Flossen. Diese bestehen aus feinen Knochenstäben, den Flossenstrahlen. Zwischen den Strahlen spannt sich die Flossenhaut. Durch Muskeln im Schwanz kann die Bachforelle mit der **Schwanzflosse** kräftig hin- und herschlagen. So bewegt sich die Bachforelle schlängelnd im Wasser vorwärts. Die **Rückenflosse** und **Afterflosse** halten die Bachforelle aufrecht. Die paarigen **Bauchflossen** und **Brustflossen** dienen vor allem der Steuerung im Wasser. Mit ihnen kann die Bachforelle langsam vorwärts und rückwärts schwimmen, sich drehen und bremsen. Bachforellen und Lachse haben zudem eine **Fettflosse**.

Material mit Aufgaben

M1 Flossen

1. Benenne die Flossen.
2. Ordne den Flossen die passenden Aufgaben zu. Erstelle dazu eine Tabelle.
3. Neben den Flossen sind auch die Körperform und die Haut für die Fortbewegung der Fische im Wasser wichtig. Erkläre diesen Sachverhalt.

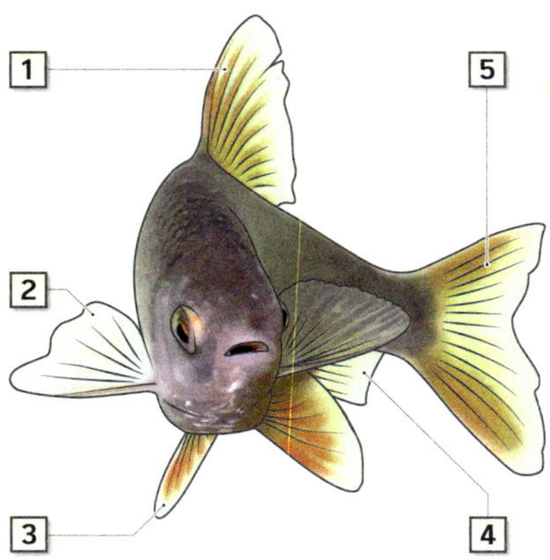

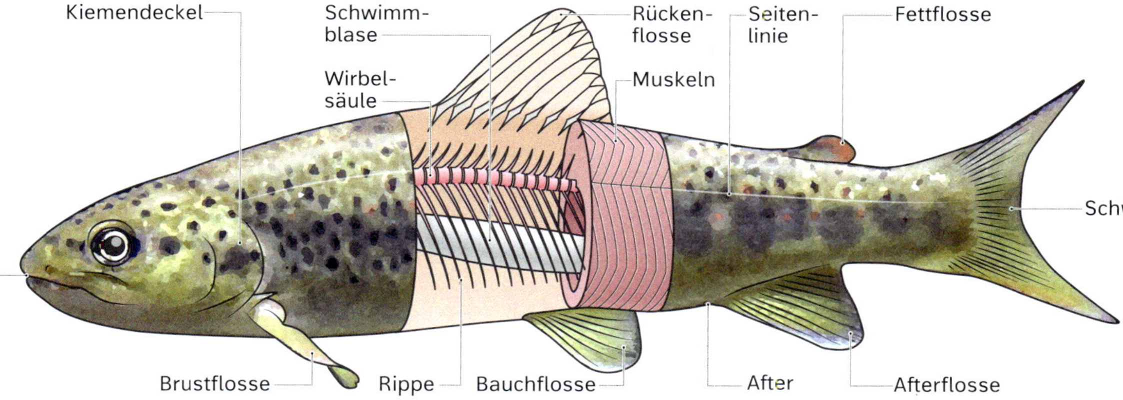

2 Körperbau der Bachforelle

Körperbau

Den Körper der Bachforelle durchzieht eine **Wirbelsäule**. Sie besteht aus einzelnen Wirbeln. Fische sind Wirbeltiere. Die Rippen setzen an den Wirbeln an und schützen die inneren Organe. Zwischen den Muskeln liegen feine, verknöcherte Stäbe, die **Gräten**. Sie festigen den Rumpf und sind nicht mit der Wirbelsäule verbunden.

Ernährung

Die Bachforelle hat spitze Zähne und ernährt sich von kleinen Fischen und anderen Kleintieren. Der Wels ertastet am Grund von Seen mit langen Fäden am Maul, den Barteln, kleine Fische. Die Bachforelle und der Wels zählen zu den **Raubfischen**. Der Karpfen sucht mit seinen Barteln den Boden nach Nahrung ab. Er frisst Pflanzen und Kleintiere. Er zählt zu den **Friedfischen**. Diese haben meistens gar keine Zähne im Kiefer.

A Nenne Angepasstheiten von Fischen an ihre Fortbewegung im Wasser.

Material mit Aufgaben

M2 Raubfisch und Friedfisch

1. Beschreibe die Köpfe und die Körperform der beiden Fische.
2. Erkläre, ob der Hecht ein Friedfisch oder ein Raubfisch ist.
3. Wähle eine der Aufgaben aus:

a Erkläre mithilfe der Körperform, welcher der beiden Fische der schnellere Schwimmer ist.

b Bei manchen Raubfischen ist die Position der Rückenflosse und Afterflosse so verändert, dass sie die Aufgabe der Schwanzflosse unterstützen. Erkläre diese Angepasstheit der Flossen mancher Raubfische.

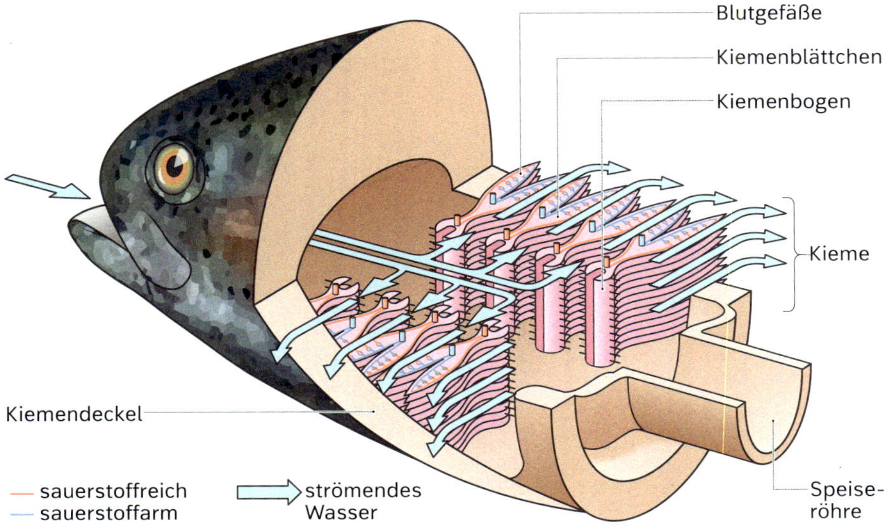

3 Kiemenatmung

Material mit Aufgaben

M3 Kiemenatmung

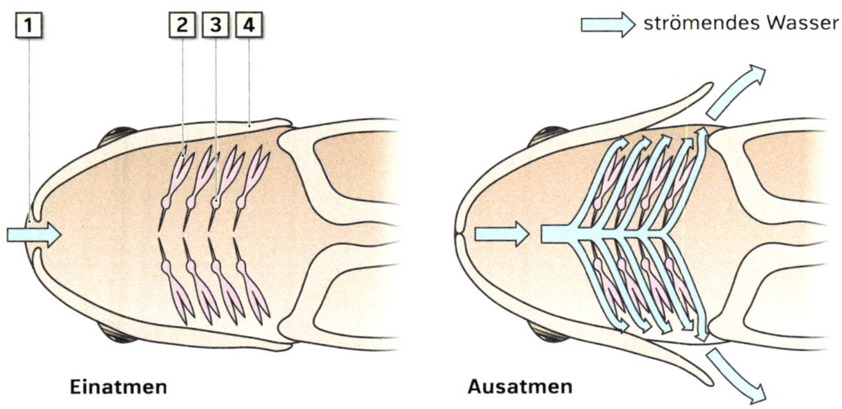

1. Benenne die mit Ziffern gekennzeichneten Bestandteile des Fischkopfes.
2. Beschreibe das Ein- und Ausatmen des Fisches. Beachte den Mund und die Kiemendeckel.
3. Erkläre, weshalb die Kiemenblättchen sehr dünn und stark durchblutet sind.
4. Begründe, warum viele Kiemenblättchen übereinander gestapelt sind. Beachte das Prinzip der Oberflächenvergrößerung.

Atmung unter Wasser

Fische können unter Wasser atmen. Sie nehmen den im Wasser gelösten Sauerstoff mit ihren Atmungsorganen, den **Kiemen**, auf. Diese liegen an beiden Kopfseiten und werden von harten Kiemendeckeln geschützt. Die Kiemen bestehen aus knöchernen Kiemenbögen, an denen hunderte hauchdünne, stark durchblutete **Kiemenblättchen** befestigt sind.

Atmungsvorgang

Beim Einatmen öffnet der Fisch sein Maul und saugt bei geschlossenen Kiemendeckeln Wasser ein. Beim Ausatmen presst er das Wasser mit pumpenden Bewegungen des Mauls durch die geöffneten Kiemendeckel nach außen. Das Wasser strömt an den Kiemenblättchen vorbei. Dabei wird Sauerstoff aus dem Wasser in die Blutgefäße der Kiemenblättchen aufgenommen. Der Sauerstoff wird dann mit dem Blut im Körper verteilt. Gleichzeitig wird das Kohlenstoffdioxid aus dem Blut über die Kiemenblättchen an das Wasser abgegeben.

Fische atmen mit Kiemen. Der im Wasser gelöste Sauerstoff wird über die Kiemenblättchen aufgenommen.

Körpertemperatur

Die Körpertemperatur der Bachforelle hängt von der Wassertemperatur ab. Fische zählen zu den **wechselwarmen** Tieren. Bachforellen bevorzugen kühle und sauerstoffreiche Gewässer.

B Beschreibe den Bau der Kiemen mithilfe von Bild 3.

Schwimmblase

Fische wie die Bachforelle können im Wasser schweben, aufsteigen oder auch absinken. Die Forelle hat direkt unter der Wirbelsäule einen mit Gas gefüllten Sack, die **Schwimmblase**. Die Gase gelangen über das Blut in die Schwimmblase und so auch wieder hinaus. In der Schwimmblase kann sich unterschiedlich viel Gas befinden. Wenn die Bachforelle nach oben steigt, nimmt die Schwimmblase mehr Gas auf. Sie wird größer. Wenn die Bachforelle im Wasser absinkt, gibt die Schwimmblase Gas an das Blut ab. Sie wird kleiner. So kann die Bachforelle in unterschiedlichen Wassertiefen schweben.

Sinnesorgane

An beiden Seiten der Bachforelle ist vom Kopf bis zur Schwanzflosse eine feine Linie zu erkennen, die **Seitenlinie**. Mit ihr kann die Bachforelle Strömungen des Wassers wahrnehmen. So kann sie Hindernissen ausweichen oder auch Fressfeinde wahrnehmen. Die Augen der Bachforelle befinden sich seitlich am Kopf. Sie kann dadurch gut nach vorn und nach hinten sehen. Mit ihren Geschmacksknospen am Mund kann die Bachforelle ihre Nahrung im Wasser aufspüren.

C Beschreibe die Aufgabe der Schwimmblase.

D Erkläre, warum ein Fisch in unterschiedlichen Wassertiefen schweben kann.

E Erkläre, wie Fische auch im trüben Wasser Beutetiere oder Hindernisse erkennen können.

4 Funktion der Schwimmblase

Material mit Aufgaben

M4 Funktion der Schwimmblase

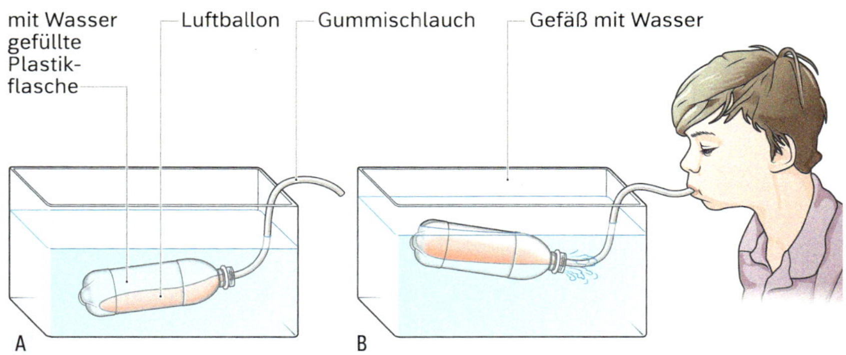

1. Beschreibe den Aufbau und die Durchführung des Versuchs.
2. Beschreibe die Versuchsbeobachtungen.
3. Erkläre, wie du vorgehen musst, damit die Plastikflasche in halber Höhe im Wasser schwebt.
4. Wähle eine der Aufgaben aus:
   - a Ordne die Teile des Modellversuches den Körperteilen des Fisches und seinem Lebensraum zu.
   - b Erkläre, ob dieser Modellversuch alle Vorgänge an der Schwimmblase zeigt.

1 Forellenweibchen schlägt eine Grube

Fortpflanzung und Entwicklung bei Fischen

Fortpflanzung

Während der Paarung gibt das Forellenweibchen bis zu 1500 unbefruchtete Eier, den **Laich**, ins Bachbett ab. Gleichzeitig gibt das Forellenmännchen eine milchige Flüssigkeit ins Wasser über den Laich. Die in der Flüssigkeit enthaltenen Spermienzellen befruchten die Eizellen. Die Befruchtung erfolgt außerhalb des Körpers des Weibchens. Diesen Vorgang nennt man **äußere Befruchtung**. Nach der Befruchtung bedeckt das Weibchen die Eier mit Kies und überlässt sie sich selbst. Es entwickelt sich im befruchteten Ei ein **Embryo**.

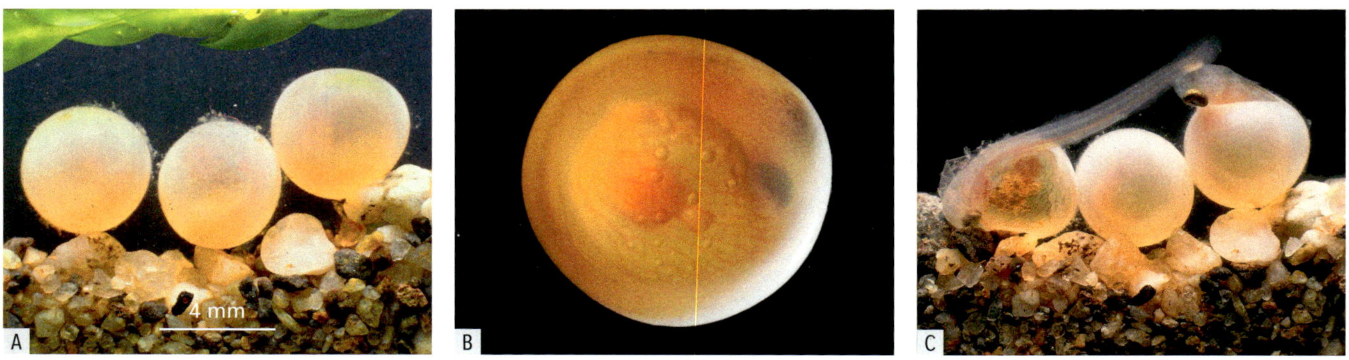

2 Entwicklung der Forelle: **A** Eier, **B** Ei mit Embryo, **C** Larven beim Schlüpfen, **D** Larven mit Dottersack, **E** Jungforelle, **F** erwachsene Forelle

Entwicklung

Etwa zwei Monate nach der Befruchtung schlüpfen aus den befruchteten Eiern die Jungtiere, die **Larven**. Die Larve der Forelle ist fast durchsichtig und ist nur wenige Millimeter groß. Sie ernährt sich zunächst von ihrem nährstoffreichen Dottersack an ihrer Bauchseite. Sie schwimmt zwischen den Kieselsteinen des Bachbetts, damit sie nicht von Fressfeinden entdeckt und gefressen wird. Erst wenn die Nährstoffe ihres Dottersacks fast aufgebraucht sind, verlässt sie als **Jungforelle** das schützende Bachbett und sucht im offenen Wasser nach Nahrung. Am Ende des ersten Jahres ist die Jungforelle etwa 10 bis 12 Zentimeter groß. Im Alter von zwei bis vier Jahren ist die Forelle etwa 30 Zentimeter groß. Sie ist nun geschlechtsreif und kann sich fortpflanzen.

A Erkläre, warum man bei der Forelle von einer äußeren Befruchtung spricht.

B Erkläre, weshalb das Forellenweibchen vor der Paarung eine Grube mit ihrer Schwanzflosse ins Bachbett schlägt.

Material mit Aufgaben

M1 **Entwicklung der Forelle**

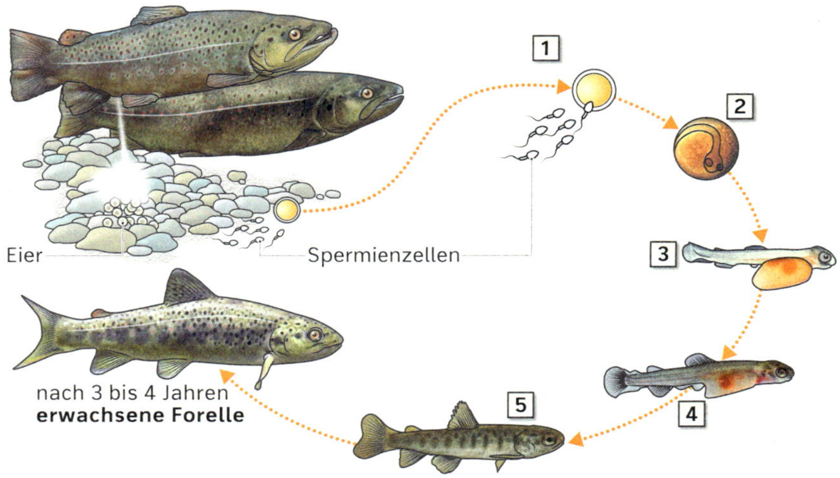

1. Ordne den Zahlen die folgenden Begriffe zu: Jungforelle, befruchtetes Ei, Embryo im Ei, Larve (3,5 Monate alt), Larve (2,5 Monate alt).
2. Beschreibe die Entwicklung der Forelle von der Larve zur erwachsenen Forelle.
3. Erkläre, warum sich die Größe des Dottersacks während der Entwicklung verändert.
4. Wähle eine der Aufgaben aus:
   a Erkläre, warum das Forellenweibchen und das Forellenmännchen bei der Paarung ganz dicht zusammen schwimmen.
   b Stelle Vermutungen an, weshalb Forellenweibchen eine große Anzahl von Eiern ins Bachbett ablegen.

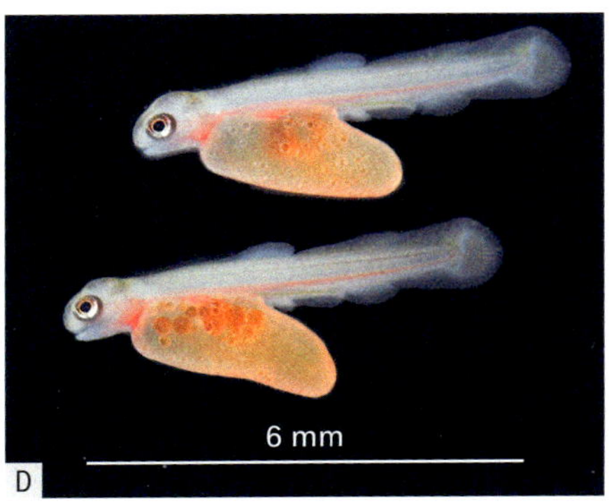

D

E

F

Der Wasserfrosch ist ein guter Taucher, Schwimmer und Springer. Was ermöglicht es ihm, im Wasser und auch an Land zu leben?

1 Ein Wasserfrosch

Die Amphibien

Das Wort Amphibie stammt aus dem Griechischen: amphi – beides, bios – Leben

Sinnesorgane

Der Wasserfrosch sitzt gut getarnt zwischen Wasserpflanzen. Seine kugeligen Augen sitzen seitlich am Kopf. Dahinter liegen die runden Ohröffnungen. Durch die Lage seiner Augen und Ohren kann der Wasserfrosch Geräusche und Bewegungen von Feinden und Beutetieren frühzeitig erkennen.

2 Beutefang beim Wasserfrosch

Ernährung

Der Wasserfrosch frisst Insekten. Dazu sitzt er regungslos an einer Stelle und wartet. Ist ein Beutetier nah genug, schleudert er seine Zunge aus dem Mund heraus. Das Beutetier bleibt an seiner klebrigen **Schleuderzunge** kleben. Beim Hereinziehen der Zunge ins Maul wird es als Ganzes verschluckt.

Körperbau

Mit den langen Hinterbeinen kann der Wasserfrosch gut schwimmen. Er zieht seine Hinterbeine zunächst an und stößt sie kräftig nach hinten. **Schwimmhäute** zwischen den Zehen verbessern den Abstoß im Wasser. Mit seinen muskulösen Hinterbeinen kann er an Land weit springen. Die Sprünge federt er mit seinen Vorderbeinen und Schulterblättern ab. Die Wirbelsäule ist starr. Der Wasserfrosch ist ein **Wirbeltier**. Er lebt im Wasser und an Land. Er ist ein Lurch oder eine **Amphibie**. Der Wasserfrosch

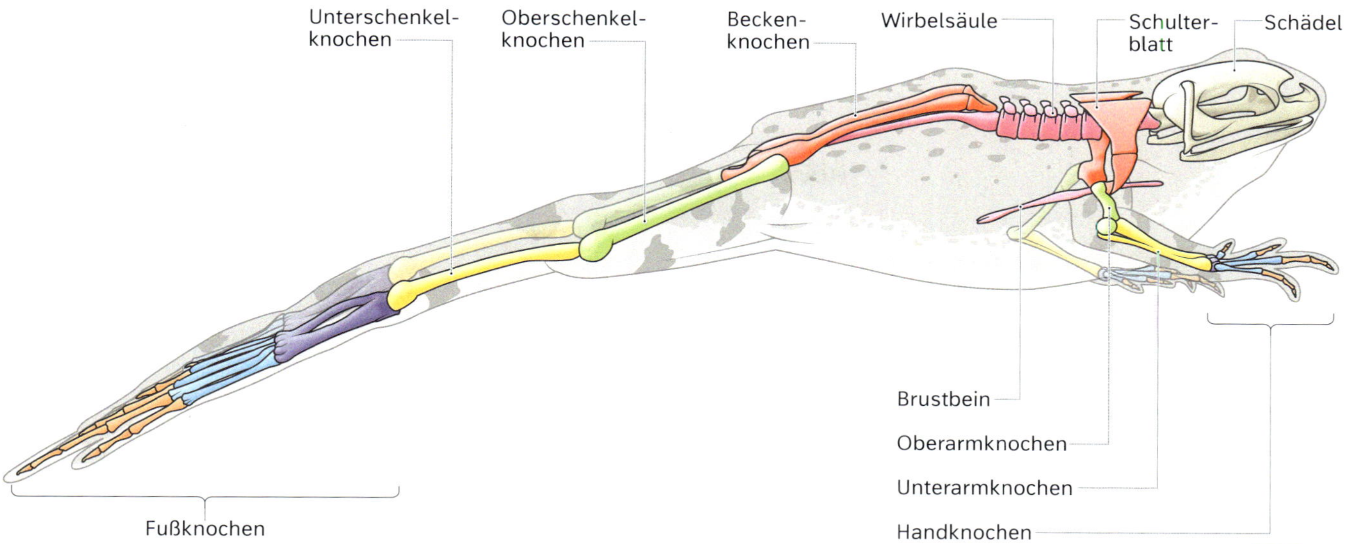

3 Skelett des Wasserfroschs

A

hat keinen Schwanz und zählt wie die Erdkröte zu den **Froschlurchen**. Der Teichmolch hat einen Schwanz und gehört wie der Feuersalamander zu den **Schwanzlurchen**. An Land bewegt sich der Teichmolch kriechend fort, mit seinem langen, abgeplatteten Schwanz schlängelt er schnell durchs Wasser.

Atmung

Der Wasserfrosch kann mit seiner Lunge an Land atmen. Beim Tauchen kann er einige Minuten unter Wasser bleiben. Dabei atmet er durch die Haut und kann so Sauerstoff aus dem Wasser aufnehmen. Amphibien sind Doppelatmer mit **Lungen**- und **Hautatmung**.

Aktivität

Die Körpertemperatur des Wasserfroschs ist in etwa so hoch wie seine Umgebungstemperatur. Amphibien sind **wechselwarme Tiere**. Wird es im Herbst kälter, bewegen sie sich kaum noch und fallen in **Kältestarre**. Seinen im Winter geringeren Sauerstoffbedarf deckt der Wasserfrosch über die Hautatmung.

Material mit Aufgaben

M1 Körperbau von Wasserfrosch und Teichmolch

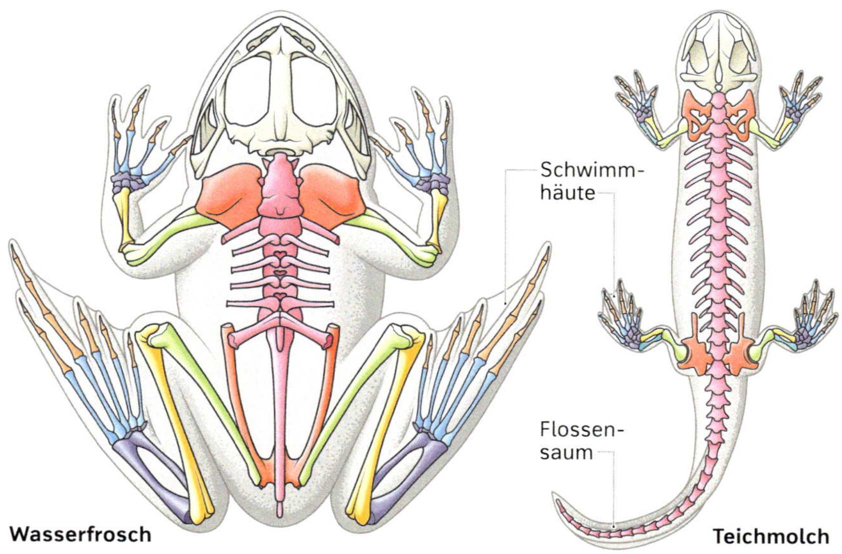

1. Beschreibe die Unterschiede im Körperbau von Wasserfrosch und Teichmolch. Beachte folgende Merkmale: Gliedmaßen, Schwanz und Schulterblätter.
2. Erkläre, warum der Wasserfrosch zu den Amphibien zählt.
3. Erkläre, wie der Teichmolch an die Fortbewegung im Wasser angepasst ist.
4. Erkläre, warum sich der Wasserfrosch sowohl im Wasser als auch an Land schnell fortbewegen kann.

Atmung bei Amphibien

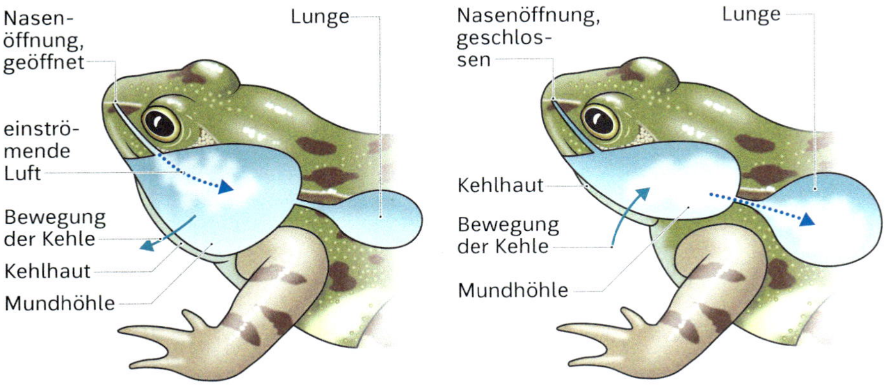

1 Schluckatmung

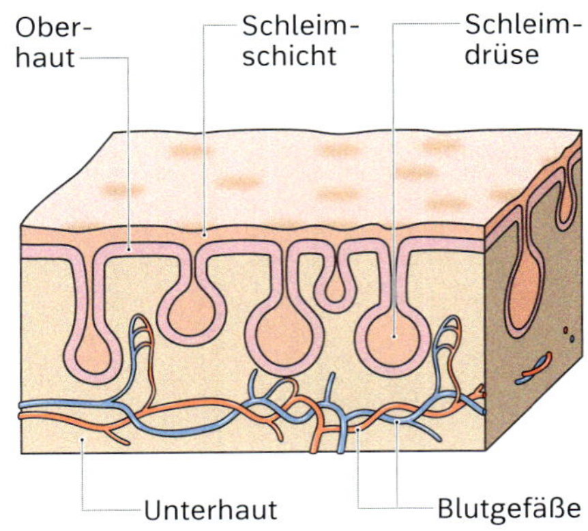

2 Querschnitt der Haut vom Wasserfrosch

Material mit Aufgaben

M1 Atmung bei Amphibien

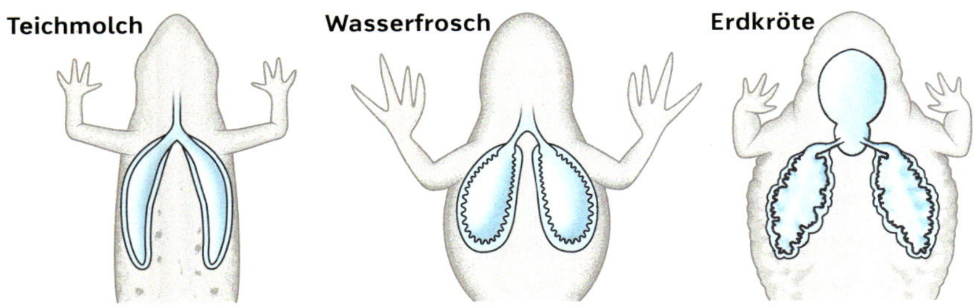

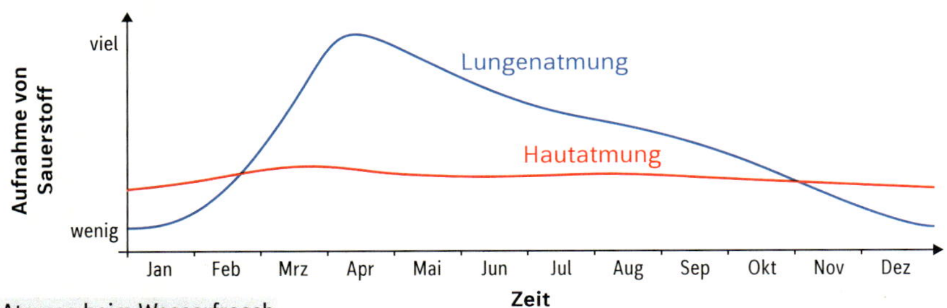

Atmung beim Wasserfrosch

1. Vergleiche die Lungen von Teichmolch, Wasserfrosch und Erdkröte.
2. Erkläre, welche der abgebildeten Lungen mehr Sauerstoff an Land aufnehmen kann.
3. Vergleiche die beiden Kurven im Diagramm miteinander.
4. Erläutere, warum der Wasserfrosch auf die Hautatmung angewiesen ist.
5. Stelle Vermutungen an, ob der Teichmolch oder die Erdkröte den Sauerstoffbedarf mehr über die Hautatmung deckt.

Atmung an Land und im Wasser

Der Wasserfrosch kann im Wasser und an Land über die Haut atmen. Über seine dünne und stark durchblutete Haut kann der Frosch Sauerstoff aus dem Wasser oder der Luft aufnehmen. Dafür muss die Haut immer feucht sein. Schleimdrüsen in der Haut produzieren deshalb einen Schleim, der die Haut überzieht.

Beobachtet man einen an Land sitzenden Wasserfrosch, fallen die ständigen Bewegungen der Kehlhaut auf. Frösche besitzen keine Rippen und keinen Brustkorb. Sie atmen anders als Menschen. Zunächst gelangt die Luft in den Mund des Frosches. Danach schließt der Frosch Mund und Nasenlöcher. Er drückt die Kehlhaut nach innen und presst so die Luft in seine Lungen. Man bezeichnet dies als **Schluckatmung**.

Über die innere Oberfläche der Lunge und die Schleimhaut der Mundhöhle wird der Sauerstoff aus der Luft aufgenommen. Amphibien wie die Erdkröte, die vorwiegend an Land leben, haben leistungsfähigere Lungen mit einer großen inneren Oberfläche.

Tiere bestimmen

Methode

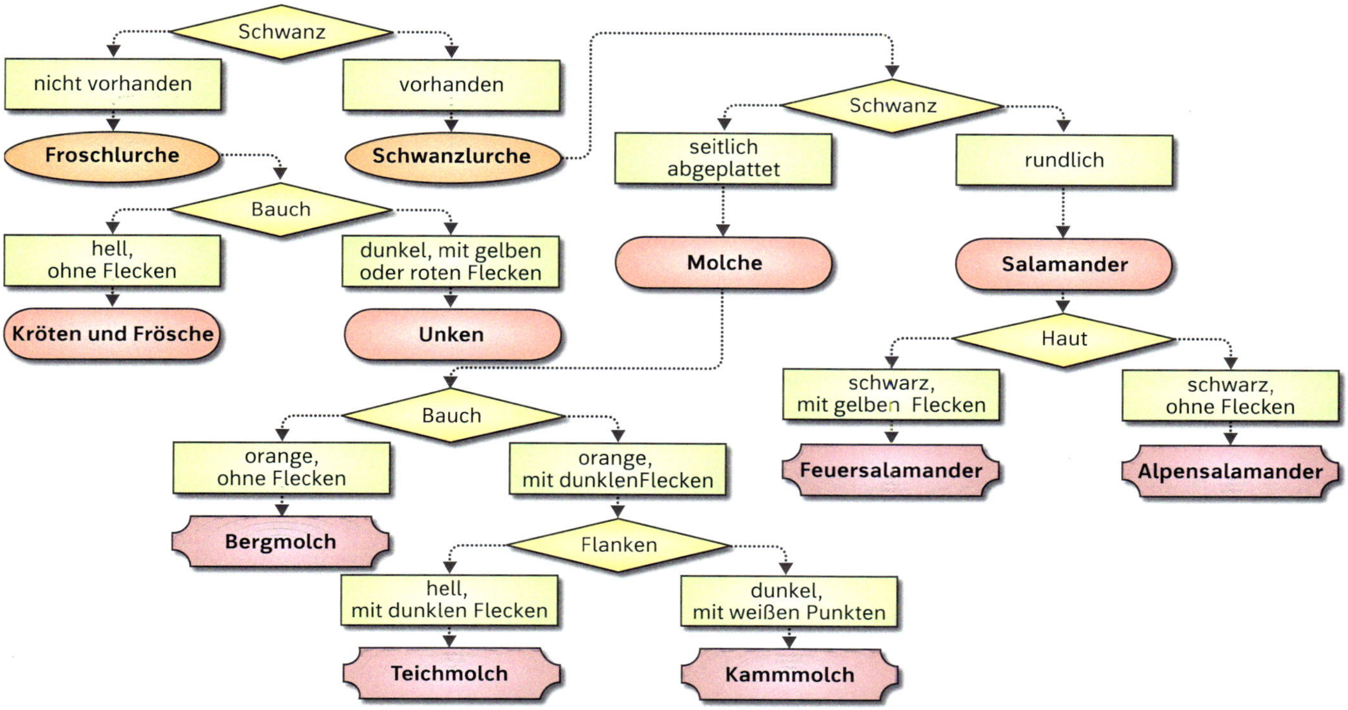

1 Bestimmungsschlüssel für einige heimische Schwanzlurche

Bestimmungsschlüssel

Teichmolch, Bergmolch oder doch der Kammmolch? Viele Amphibien sehen sich sehr ähnlich und doch sind es verschiedene Arten.

Biologen nutzen zur Bestimmung eines Tieres einen Bestimmungsschlüssel. In einem Bestimmungsschlüssel werden immer zwei Merkmale gegenübergestellt. In den gelben Vierecken stehen die Merkmale, nach denen gefragt wird. In den grünen Vierecken stehen die Möglichkeiten, wie das Merkmal ausgeprägt sein kann.

Nun hat man das zu bestimmende Tier einer Gruppe zugeordnet. Nach der Untersuchung mehrerer Merkmale kommt man schließlich bei dem zu bestimmenden Tier an.

Material mit Aufgaben

M1 Amphibien bestimmen

1. Bestimme die abgebildeten Amphibien mithilfe des Bestimmungsschlüssels.
2. Recherchiere Informationen zu einer Amphibie deiner Wahl. Erstelle einen Steckbrief.

A

B

C

1 Grasfrösche

Fortpflanzung und Entwicklung bei Amphibien

Fortpflanzung

Im Frühjahr beginnt die Paarungszeit des Grasfroschs. Dann blasen die Männchen die Schallblase an ihrer Kehle auf und erzeugen so knurrende Laute. Dies zeigt ihre Paarungsbereitschaft und so locken sie Weibchen an. Nähert sich ein Weibchen, klettert das Männchen auf seinen Rücken und umklammert es mit den Vorderbeinen. Beide bleiben verbunden, bis das Weibchen seine Eizellen, den **Laich**, in Laichballen ins Wasser ablegt. Gleichzeitig gibt das Männchen seine Spermienzellen über die Eizellen ins Wasser. Die Spermienzellen durchdringen die noch dünne, durchsichtige Gallerthülle der Eizellen und befruchten diese außerhalb des Körpers des Weibchens. Nach einigen Tagen sind die Embryonen als schwarze Striche zu sehen. Sie nehmen Nährstoffe für ihr Wachstum aus dem Eidotter auf.

2 Entwicklung beim Grasfrosch: **A** Laichballen, **B** Embryo im Ei, **C** 1. Larvenstadium, **D** 2. Larvenstadium, **E** 3. Larvenstadium, **F** Jungfrosch

Entwicklung

- **Erstes Larvenstadium** • Aus den Embryonen entwickeln sich nach dem Schlüpfen aus der Eihülle Larven, die **Kaulquappen**. Sie ernähren sich vom Dottersack. An den Seiten des Kopfes liegen Außenkiemen, mit denen sie im Wasser atmen.
- **Zweites Larvenstadium** • Zunächst entwickeln sich die Augen und die Mundöffnung. Mit ihr ernähren sich die Kaulquappen von Algen. Die Kiemen werden von einer Hautfalte überwachsen und sind als Innenkiemen nicht mehr sichtbar. Der Schwanz wächst zu einem Ruderschwanz mit Flossensaum heran.
- **Drittes Larvenstadium** • Nach etwa 8 Wochen entwickeln sich zuerst die Hinterbeine, dann die Vorderbeine. Die inneren Kiemen werden zurückgebildet. Die Lungen entwickeln sich.
- **Jungfrosch** • Der Ruderschwanz bildet sich zurück. Der Jungfrosch erbeutet nun Würmer und kleine Insekten mit seiner klebrigen Zunge. Etwa 12 Wochen nach dem Schlüpfen kann er auch an Land leben.

Die Umwandlung der Larve zum erwachsenen Tier heißt **Metamorphose**.

Material mit Aufgaben

M1 **Entwicklung des Grasfrosches**

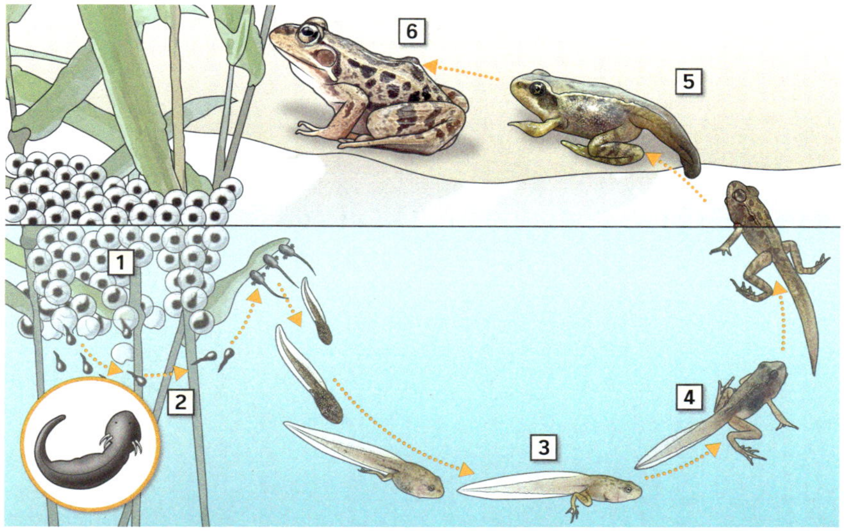

1. Benenne die dargestellten Entwicklungsstadien des Grasfroschs.
2. Beschreibe die Entwicklung der Larven an folgenden Merkmalen: Atmungsorgane, Gliedmaßen und Schwanz.
3. Erkläre, warum man die Entwicklung der Amphibien als Metamorphose bezeichnet.
4. Beschreibe mithilfe der unten gezeigten Tabelle ein ideales Laichgewässer für den Grasfrosch. Erläutere.

	Licht und Wärme	Wasserströmung	Flachwasser mit Pflanzen	Verstecke unter Wasser
Grasfrosch	benötigt	nicht benötigt	benötigt	nicht benötigt

D

E

F

1 Ein Zauneidechsen-Paar sonnt sich.

Die Reptilien

Das Wort Reptil stammt aus dem Lateinischen: reptilis – kriechend

Körperbau

Die Zauneidechse lebt an sonnigen Waldrändern, auf Wiesen und auf trockenen, steinigen Plätzen wie Trockenmauern. Sie besitzt eine Wirbelsäule und zählt daher zu den **Wirbeltieren**. Ihre kurzen Beine sitzen seitlich am Rumpf und können den Körper kaum vom Boden anheben. Beim Laufen schleift ihr Bauch auf dem Boden. Sie bewegt sich kriechend fort. Aufgrund dieses Kriechens zählt die Zauneidechse zu den Kriechtieren, den **Reptilien**.

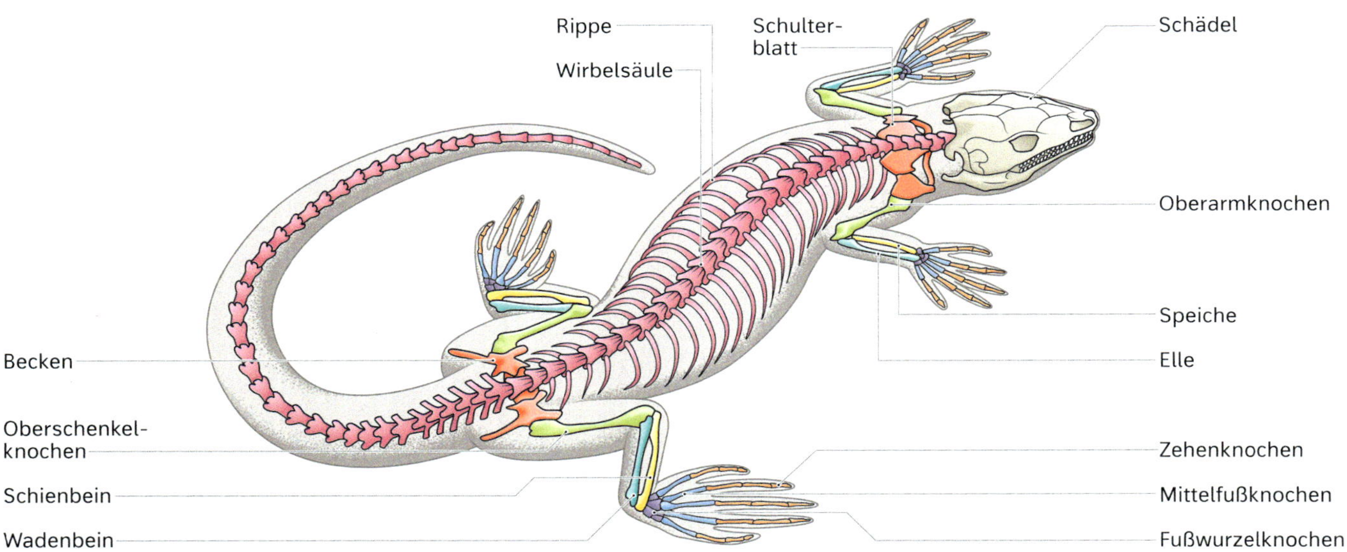

2 Skelett der Zauneidechse

A

Körperbedeckung und Atmung

Die Zauneidechse hat eine trockene Haut aus **Hornschuppen**. Diese schützen den Körper der Zauneidechse vor Verletzungen und vor Austrocknung. Sie kann daher in trockenen Gebieten leben. Durch die Hornschuppen gelangt kein Sauerstoff. Sie ist daher auf die Atmung mit ihren gut ausgebildeten **Lungen** angewiesen. Ihre Haut kann wegen der Hornschuppen beim Wachsen des Körpers nicht mitwachsen. Sie wird mit der Zeit zu eng, reißt an mehreren Stellen ein und blättert ab. Die Zauneidechse häutet sich.

Ernährung

Die Zauneidechse ernährt sich von Spinnen, Insekten und Würmern. Häufig lässt sie ihre gespaltene Zunge aus dem Maul herausschnellen. Sie züngelt. So nimmt sie Geruchsstoffe aus ihrer Umgebung wahr. Erkennt die Zauneidechse ein Beutetier, schnappt sie mit ihren spitzen Zähnen blitzschnell zu. Anschließend schluckt sie ihre Beutetiere in einem Stück hinunter.

Aktivität

Die Zauneidechse sonnt sich gern. Sie versucht, die Wärme des Sonnenlichtes einzufangen. Ist ihr Körper aufgewärmt, ist sie besonders aktiv und bewegt sich schnell . Bei kühlem Wetter ist sie träge und verkriecht sich in einem Versteck. Die Körpertemperatur gleicht in etwa der Temperatur ihrer Umgebung. Die Zauneidechse zählt daher wie alle Reptilien zu den **wechselwarmen** Tieren. Wenn es im Winter zu kalt wird, fallen Reptilien in **Kältestarre**. ▶

Material mit Aufgaben

M1 Körperbedeckung und Atmung

Reptilien

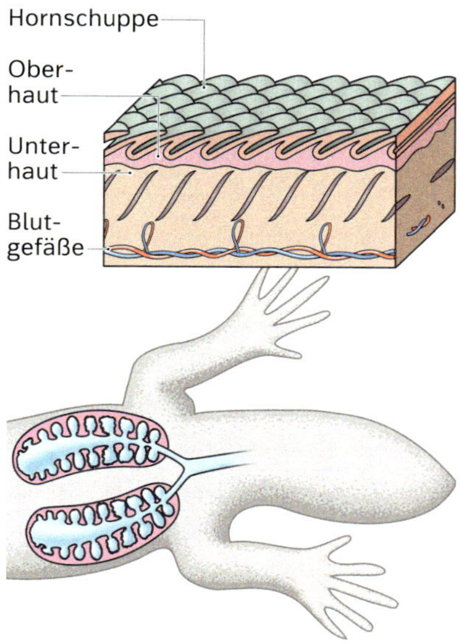

Amphibien

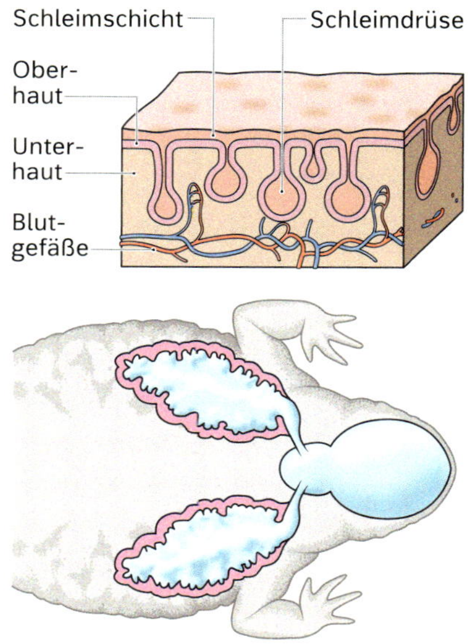

1. Beschreibe den Aufbau der Haut der Zauneidechse.
2. Vergleiche die Haut der Zauneidechse mit der Haut der Erdkröte. ⊞
3. Vergleiche die Lunge der Zauneidechse mit der Lunge der Erdkröte. ⊞
4. Erkläre, warum die Zauneidechse nicht über die Haut atmen kann. ⊞
5. Wähle eine der Aufgaben aus:
   a Erkläre, warum die Zauneidechse auf gut ausgebildete Lungen angewiesen ist.
   b Erkläre am Beispiel der Lunge der Zauneidechse das biologische Prinzip der Oberflächenvergrößerung.
6. Stelle Vermutungen an, warum die Amphibienhaut stärker durchblutet ist als bei Reptilien.

A Beschreibe die Fortbewegung der Zauneidechse.

B Erkläre, warum man Zauneidechsen bei kühlem Wetter selten sieht.

C Erkläre, weshalb sich Zauneidechsen häuten.

3 Entwicklung der Zauneidechse: **A** Paarung, **B** Jungtier beim Schlüpfen, **C** geschlüpfte Jungtiere

Fortpflanzung

Im Frühling beginnt die Paarungszeit der Zauneidechsen. Das Männchen ist dann auffällig grün gefärbt. Es wirbt um Weibchen und imponiert männlichen Rivalen. Trifft es ein Weibchen, ergreift es das Weibchen mit dem Maul. Danach umschlingt das Männchen das Weibchen und presst seine Kloakenöffnung auf die des Weibchens. Die Spermienzellen gelangen in die Kloake des Weibchens. Die Eizellen werden im Körper des Weibchens befruchtet. Diesen Vorgang nennt man **innere Befruchtung**.

Nach etwa vier Wochen gräbt das Weibchen an einem sonnigen Platz ein Erdloch und legt bis zu 15 Eier durch seine Kloake ab. Danach bedeckt es die Eier mit Erde. Die Eier sind durch ihre feste, ledrige Schale vor Austrocknung geschützt. Die Embryonen entwickeln sich in den Eiern und ernähren sich von einem Dottervorrat. Nach etwa acht Wochen schlüpfen die fertig entwickelten Jungtiere. Sie ritzen dazu mit ihrem Eizahn die Eischale auf. Sie suchen sofort selbstständig nach Nahrung.

Material mit Aufgaben

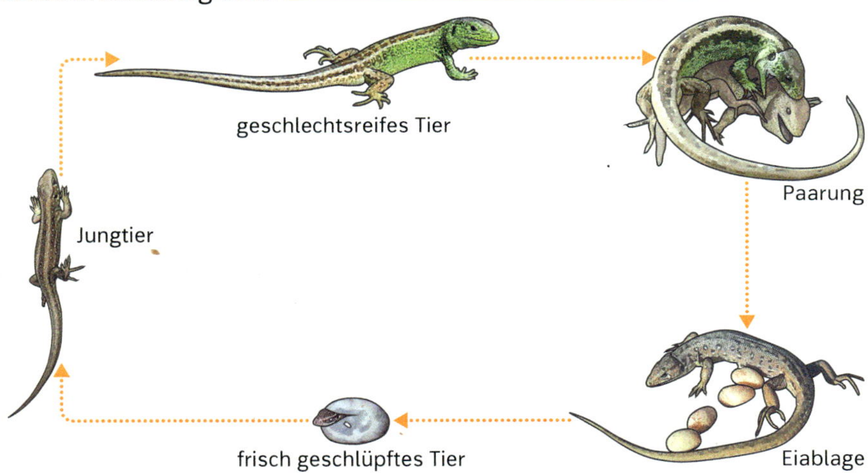

M2 Fortpflanzung bei Reptilien

1. Beschreibe die Fortpflanzung der Zauneidechse.
2. Erkläre, warum Reptilien ihre Eier an Land ablegen können.
3. Wähle eine der Aufgaben aus:
   a Vergleiche die Fortpflanzung von Reptilien und Amphibien.
   b Stelle Vermutungen an, warum Reptilien weniger Eier ablegen als Amphibien.

1 Kreuzotter

2 Europäische Sumpfschildkröte

3 Leistenkrokodil

Schlangen

Weltweit gibt es über 3600 Arten von Schlangen. Manche Giftschlangen wie die Mamba aus Afrika zählen zu den giftigsten Tieren der Welt. Zu den bekanntesten der 7 heimischen Schlangenarten zählt die Kreuzotter. Ihr Gift ist für den Menschen kaum gefährlich. Alle Schlangen besitzen einen langen Körper ohne Gliedmaßen. Sie bewegen sich schlängelnd fort. Dabei drücken sie sich mit den großen Bauchschuppen und kräftigen Muskeln vom Boden ab und schieben den Körper nach vorne.

Schildkröten

Weltweit gibt es etwa 340 Arten von Wasser-, Land- und Meeresschildkröten. Die europäische Sumpfschildkröte ist die einzige heimische Schildkrötenart. Zwischen ihren mit Hornschuppen bedeckten Zehen besitzt sie Schwimmhäute, mit denen sie sich in langsam fließenden Gewässern fortbewegen kann. Schildkröten besitzen einen Panzer, in den sie den Kopf und die Beine als Schutz vor Feinden einziehen können. Der Panzer besteht aus knöchernen Platten. Die Rippen und Wirbelsäule sind mit dem Panzer verwachsen.

Krokodile

Weltweit gibt es 25 Arten von Krokodilen. Zu ihnen zählen Kaimane, Alligatoren und der Gavial. Sie leben in und an warmen Gewässern und liegen häufig am Ufer, um sich zu sonnen. In Europa gibt es keine Krokodile. Mit einer Körperlänge von bis zu 8 Metern ist das Leistenkrokodil die größte Krokodilart und somit eines der größten Raubtiere. Der gesamte Körper der Krokodile ist von einem harten, mehrschichtigen Schuppenpanzer bedeckt. Krokodile wachsen ihr Leben lang.

Material mit Aufgaben

M1 Verbreitung von Reptilien

1. ▮▮▮ Beschreibe, was die Karte veranschaulicht.
2. ▮▮▮ Stelle Vermutungen an, warum die Artenviefalt in wärmeren Gebieten größer ist als in kühleren.
3. ▮▮▮ Stelle Vermutungen an, warum in Polargebieten keine Reptilien überleben können.

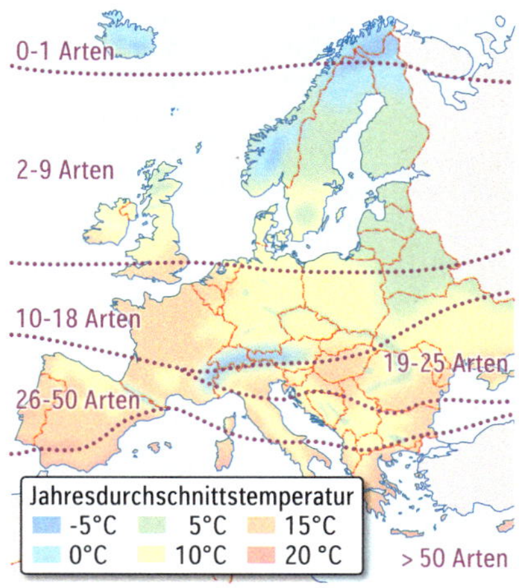

Die Klassen der Wirbeltiere

Fische

Fortpflanzung:
- äußere Befruchtung
- Eier mit Gallerthülle
- Larven

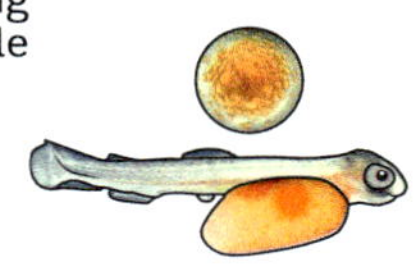

Körperbedeckung:
Haut mit Knochenschuppen

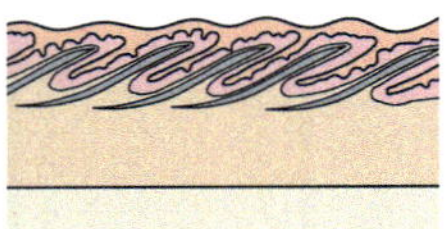

Atmung:
Kiemen

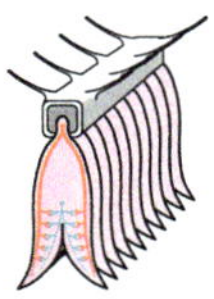

Körpertemperatur:
wechselwarm

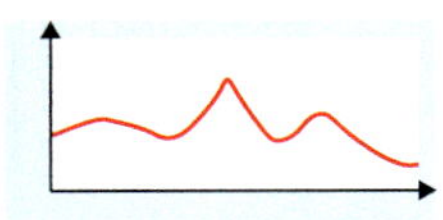

Amphibien

Fortpflanzung:
- äußere Befruchtung
- Eier mit Gallerthülle
- Kaulquappen
- Metamorphose

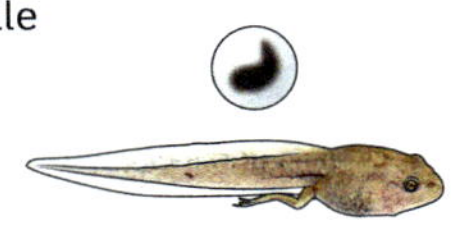

Körperbedeckung:
Haut feucht und drüsenreich

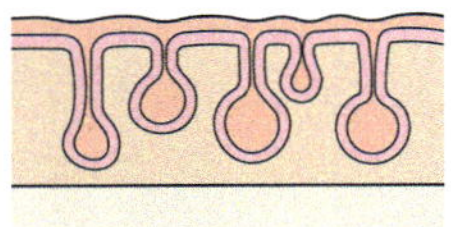

Atmung:
Kaulquappen mit Kiemen, erwachsene Amphibien mit Lunge und Haut

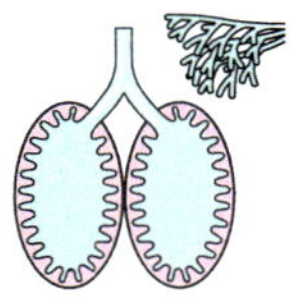

Körpertemperatur:
wechselwarm

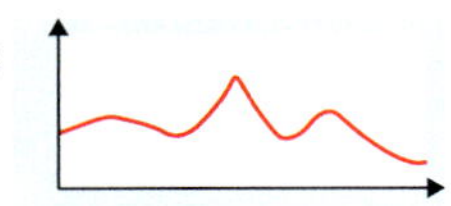

Reptilien

Fortpflanzung:
- innere Befruchtung
- Eier mit lederartiger Hülle

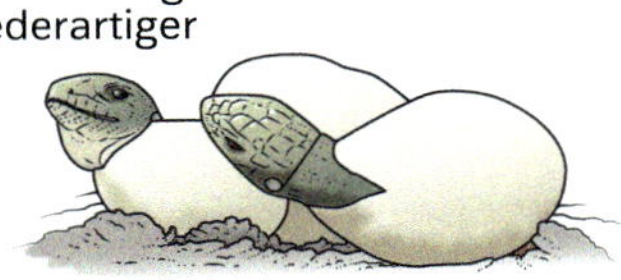

Körperbedeckung:
Haut mit Hornschuppen

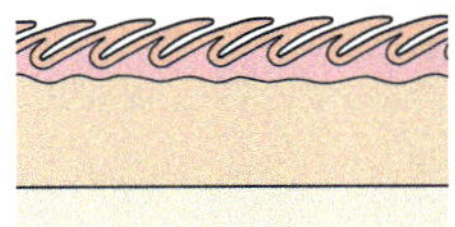

Atmung:
Lungen

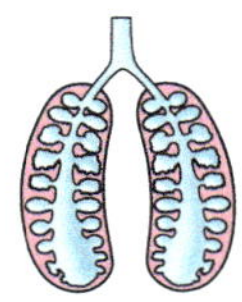

Körpertemperatur:
wechselwarm

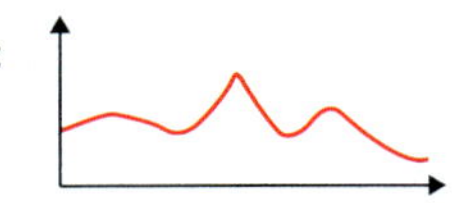

Alle Wirbeltiere lassen sich in fünf **Klassen** ordnen. Die fünf Klassen der Wirbeltiere sind Fische, Amphibien, Reptilien, Vögel und Säugetiere. Tiere, die zu einer Klasse gehören, sind eng miteinander verwandt und haben gemeinsame Merkmale. Diese betreffen vor allem die Fortbewegung, Atmung, Körperbedeckung und die Fortpflanzung und Entwicklung.

Vögel

Fortpflanzung:
- innere Befruchtung
- Eier mit harter Kalkschale

Atmung:
- Lungen mit Luftsäcken

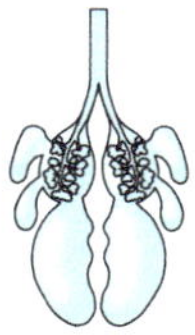

Körperbedeckung: Haut mit Federn

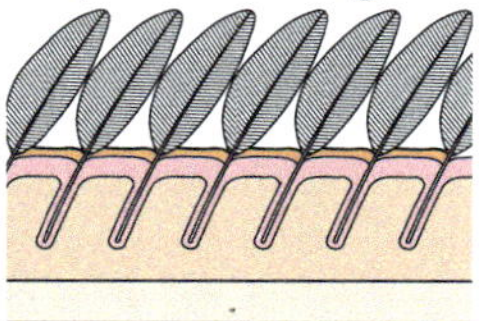

Körpertemperatur: gleichwarm

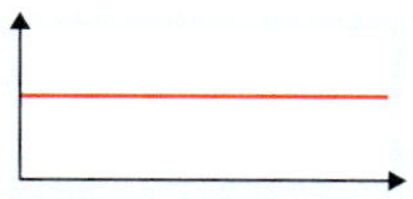

Säugetiere

Fortpflanzung:
- innere Befruchtung
- lebend gebärend
- Säugen mit Muttermilch

Atmung: Lungen

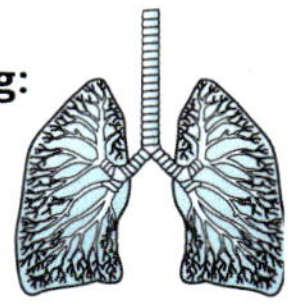

Körperbedeckung: Haut mit Fell

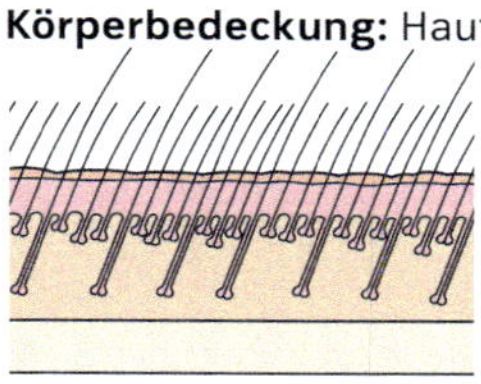

Körpertemperatur: gleichwarm

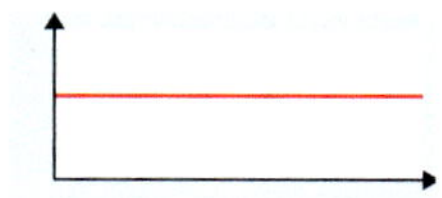

1. Übertrage die Tabelle in dein Heft und fülle sie für die fünf Klassen der Wirbeltiere aus.
2. Ordne den Menschen einer Wirbeltierklasse zu. Begründe deine Zuordnung.
3. Wähle eine Wirbeltierklasse aus:
   a Beschreibe die Fortbewegung der Tiere dieser Klasse in ihrem Lebensraum.
   b Erläutere am Beispiel der Körperbedeckung und Atmung, wie Tiere dieser Klasse an ihren Lebensraum angepasst sind.
4. Der Schutz der Nachkommen nimmt von den Fischen bis zu den Säugetieren zu. Begründe diese Beobachtung.

Klasse	Befruchtung	Ort der Eiablage	Entwicklung der Jungtiere	Körperbedeckung	Atmung	Lebensraum	Körpertemperatur
Fische	...	Wasser	im Wasser/Fischlarve	...	...	...	wechselwarm
Amphibien	...	...	...	...	...	...	...
...	...	...	...	...	...	...	...

1 Schafhirte mit seiner Herde

Der Mensch lebt mit Tieren

2 **A** Heimtier, **B** Nutztier

Der Mensch hält Tiere

Auf einem Bauernhof leben verschiedene Tiere. Rinder liegen auf der Weide, Schweine suhlen sich im Schlamm und Hühner scharren. Katzen verstecken sich im Heu, ein Hund passt auf den Hof auf. Alle diese Tiere sind **Haustiere**.

Aus Wildtieren werden Haustiere

Alle Haustiere stammen von Wildtieren ab. So stammt das Hausrind vom Auerochsen, dem Wildrind, ab. Der Mensch fing vor tausenden Jahren zunächst Wildrinder ein. Er wählte die Tiere aus, die für ihn nützliche Eigenschaften hatten. Wenn beispielsweise Tiere schnell wuchsen, verpaarte er sie miteinander, damit sie sich fortpflanzten. So entstanden durch diese **Züchtung** verschiedene Rinderrassen als Haustiere. Tiere wie Füchse, Rehe, Igel oder Feldhasen, die nicht vom Menschen durch Züchtung in ihren Merkmalen verändert wurden, bezeichnet man als **Wildtiere**.

Verschiedene Haustiere

- **Heimtiere** • Viele Menschen leben in ihren Wohnungen mit Hunden, Katzen, Meerschweinchen oder Fischen zusammen. Sie machen unsere Freizeit abwechslungsreich und trösten uns. Diese Tiere bezeichnet man als **Heimtiere**. Alle Heimtiere wurden aus Wildtieren gezüchtet.

- **Nutztiere** • Haustiere wie Schweine, Rinder, Hühner oder Schafe geben Fleisch, Milch, Eier oder Wolle. Der Mensch nutzt diese Tiere. Sie heißen daher **Nutztiere**. Der Mensch hat viele verschiedene Nutztiere gezüchtet und züchtet immer neue Nutztierrassen. Dabei verfolgt der Mensch bestimmte Ziele: Der Ertrag an Fleisch, Milch oder Eiern soll immer weiter gesteigert werden. Außerdem wird versucht, die Nutztiere weniger anfällig gegenüber Krankheiten und Stress zu machen.

Anschaffung eines Heimtiers

Viele Kinder wünschen sich zum Beispiel einen Hund als Haustier. Hunde sind anhängliche Begleiter des Menschen. Sie sind liebevolle Spielgefährten und nicht selten sind sie wie Familienmitglieder. Hunde benötigen viel Bewegung und Auslauf. Selbst kleine Hunde müssen täglich ausgeführt werden. Man muss sich daher täglich mit dem Hund beschäftigen: Mit ihm spielen, „Gassi gehen" oder das Fell pflegen.

Lebenslange Verantwortung

Ein junger Hund, ein **Welpe**, muss so erzogen werden, dass er alle Familienmitglieder akzeptiert. Er muss lernen, die Anweisungen eines Menschen zu befolgen. Der Besuch einer Hundeschule kann die Erziehung unterstützen. Hunde werden meist zwischen 10 und 12 Jahre alt. Wer sich einen Hund anschafft, muss bereit sein, für diesen Zeitraum Verantwortung zu übernehmen. Das Tier muss gepflegt werden, wenn es krank oder alt ist. Das Schicksal von vielen ausgesetzten Hunden zeigt, dass Familien ihre Entscheidung, einen Hund anzuschaffen, nicht gründlich durchdacht haben. Bevor man einen Hund aufnimmt, muss man sich über seine Bedürfnisse informieren.

Kosten

Viele Familien unterschätzen auch die Kosten, die ein Hund verursacht. Dies sind neben den Anschaffungskosten für den Hund auch Kosten für Futter, Spielzeug, Versicherungen oder die Hundesteuer. Wenn ein Hund krank wird, muss man Kosten für den Tierarzt einplanen.

Material mit Aufgaben

M1 Tiere auf dem Bauernhof

1. Ordne die Tiere den Heimtieren, Nutztieren oder Wildtieren zu.
2. Erkläre, warum das Wildschwein zu den Wildtieren und das Hausschwein zu den Nutztieren zählt.
3. Erläutere an einem Beispiel, dass die Einteilung in Heim- und Nutztiere oft schwierig ist.

M2 Anschaffung eines Hundes

A

B

1. Nenne Bedürfnisse eines Hundes, die man beachten muss.
2. Nenne mögliche Gründe, warum Hunde ausgesetzt werden.
3. Beschreibe die Situationen in den Bildern A und B. Bewerte das Verhalten der Hundehalter gegenüber den Hunden.

Ein Plakat erstellen

1 Suchmaschine

Präsentieren mit Plakaten

Plakate kennst du zum Beispiel aus Geschäften oder von den großen Werbetafeln an Gebäuden. Diese Werbeplakate werben für Produkte. Dazu müssen sie Informationen kurz und verständlich vermitteln. Ein gutes Werbeplakat setzt Bilder und kurze Texte auffällig ein, sodass vorbeigehende Personen stehen bleiben und die Werbung ihnen im Gedächtnis bleibt.
Auch im Biologieunterricht werden Plakate eingesetzt. Mithilfe der Plakate kann man Informationen zu einem bestimmten Thema präsentieren und sich besser zu merken.

Informationen beschaffen

Bevor man ein Plakat zu einem Thema gestaltet, sucht man nach Informationen, man **recherchiert**. Bei der Recherche solltest du einiges beachten:

1 Auftrag • Zu Beginn jeder Recherche steht eine Aufgabe oder Frage. Dabei solltest du berücksichtigen, wozu du die Informationen brauchst, zum Beispiel für einen Vortrag oder ein Plakat. Überlege, welche Informationen du präsentieren möchtest. Ein möglicher Auftrag wäre: **Erstelle ein Plakat zu einem Haustier deiner Wahl**.

2 Informationen suchen • Informationen findest du häufig in Fachbüchern und Fachzeitschriften, aber vor allem auch im Internet. Am einfachsten nutzt du zunächst eine Suchmaschine. Es gibt Suchmaschinen für Kinder wie „Blinde Kuh" oder „Planet Schule". Die Informationen auf diesen Seiten sind besonders verständlich geschrieben.
Verwende bei deiner Suche eindeutige Begriffe. Oft liefern Suchmaschinen dir eine sehr große Menge an Suchtreffern. Dann kannst du deine Suchanfrage eingrenzen. Schreibe zum Beispiel: **Meerschweinchen + Haltung + Pflege**.

3 Suchergebnisse bewerten • Auf guten Internetseiten steht im Impressum, wer die Seite erstellt hat und für ihre Inhalte verantwortlich ist. Der **Urheber** wird genannt. Nicht jeder Urheber präsentiert neutrale Fakten oder ist vertrauenswürdig. Internetseiten von Zeitungen, Fachzeitschriften und Universitäten kannst du in der Regel vertrauen.

4 Informationen verwenden • Lies deine gefundenen Informationen gründlich. Kopiere nur wichtige Informationen in dein eigenes Dokument. Formuliere daraus einen Text in eigenen Worten. Halte immer die Quelle fest, auch bei Bildern. Formuliere daraus einen Text in eigenen Worten.

Plakat gestalten

Ein gutes Plakat ist übersichtlich und hat ein passendes Verhältnis von Bildern und Texten. Es darf nicht zu überladen wirken. Kurze Sätze lassen sich leichter lesen und prägen sich besser ein. Es gibt also Gestaltungsregeln für die Entwicklung eines guten Plakats:

1 Gliederung:
- Notiere eine gut zu lesende Überschrift.
- Finde passende Teilüberschriften für dein Thema.
- Plane Platz für Bilder ein. Achte darauf, dass du zu jeder Teilüberschrift ein Bild zeigst.

2 Text:
- Schreibe deine Texte verständlich und fasse dich kurz.
- Schreibe gut lesbar. Du kannst deine Texte auch mit einem Textverarbeitungsprogramm auf dem Computer oder Tablet schreiben. Beachte die Schriftgröße und Farbe.
- Beachte die deutsche Rechtschreibung.
- Denke bei Zitaten an deine Quellenangabe.

3 Bilder:
- Achte darauf, dass deine Bilder ausreichend groß sind.
- Deine Bilder sollten einen Bezug zu deinen Teilüberschriften und Texten haben.
- Füge Bildunterschriften hinzu.
- Du kannst auch Zeichnungen selbst anfertigen. Füge bei Bildern aus dem Internet die Quellenangabe hinzu.

2 Skizze für ein Plakat

Profi-Tipps
1. Erstelle eine Skizze deines Plakats auf einem DIN-A4-Blatt. So kannst du unnötige Arbeit vermeiden.
2. Benutze verschiedene Farben, damit du Aufmerksamkeit erzeugst.
3. Schreibe deine Texte auf Extrablätter. So kannst du deine Texte leichter korrigieren.

3 Beispiel für ein Plakat

1 Ein Hund als Haustier

Der Hund

„Berufe" von Hunden

Hunde werden vom Menschen für viele Aufgaben trainiert. **Rettungshunde** suchen verschüttete Menschen unter Trümmern oder Schnee. Die Polizei setzt **Spürhunde** zum Aufspüren von Drogen oder Sprengstoff ein. Blinde Menschen werden von einem **Blindenhund** durch den Straßenverkehr geführt. Zum Schutz von Grundstücken und Häusern werden **Wachhunde** eingesetzt.

Sinnesorgane

Ein Hund kann viel besser hören als der Mensch. Selbst hohe Töne, die der Mensch nicht hört, nimmt er wahr. Die Ohren des Hundes sind beweglich, sodass er sie in die Richtung des Geräuschs drehen kann. So kann der Hund genau bestimmen, aus welcher Richtung ein Geräusch kommt.

Beim Schnüffeln nimmt der Hund Geruchsstoffe in der Luft über seine Nase auf. Sein Geruchssinn ist viel besser ausgeprägt als der eines Menschen. Selbst kleine Duftmengen genügen dem Hund, um Gegenstände oder Personen zu wittern.

Material mit Aufgaben

M1 „Berufe" von Hunden

A

B

1. Nenne die dargestellten „Berufe" des Hundes.
2. Beschreibe Sinne, die bei den „Berufen" gut ausgebildet sind und ihnen beim Einsatz helfen.

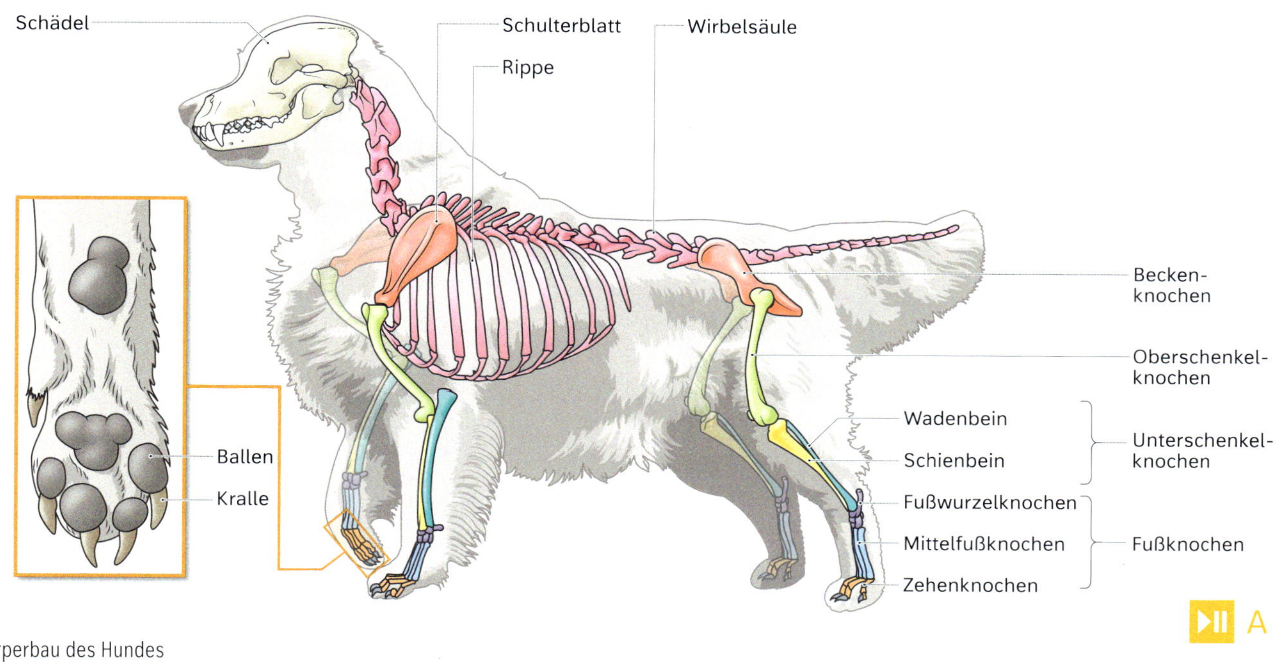

2 Körperbau des Hundes

Körperbau

Der Hund besitzt im Inneren des Körpers ein Knochengerüst, das **Skelett**. Dieses Skelett gliedert sich in das Schädelskelett, das Rumpfskelett aus Rippen und das Gliedmaßenskelett der Laufbeine. Die langgestreckte Wirbelsäule verläuft vom Kopf bis in den Schwanz. Sie besteht aus beweglich miteinander verbundenen Wirbeln. Der Hund ist ein **Wirbeltier**.

Die vier kräftigen Laufbeine des Hundes sind mit dem Rumpf beweglich verbunden. Der Oberschenkelknochen ist mit dem Schienbein und Wadenbein verbunden. Der Fuß gliedert sich in Fußwurzelknochen, Mittelfußknochen und Zehenknochen. Beim Laufen tritt der Hund nur mit den Zehenknochen und nicht mit der ganzen Sohle auf. Der Hund ist ein **Zehengänger**. Seine Krallen kann er nicht einziehen. An der Unterseite der Pfoten hat er abfedernde Ballen.

A Erkläre, warum Hunde zu den Wirbeltieren zählen.

Material mit Aufgaben

M2 Beinskelett von Hund und Bär

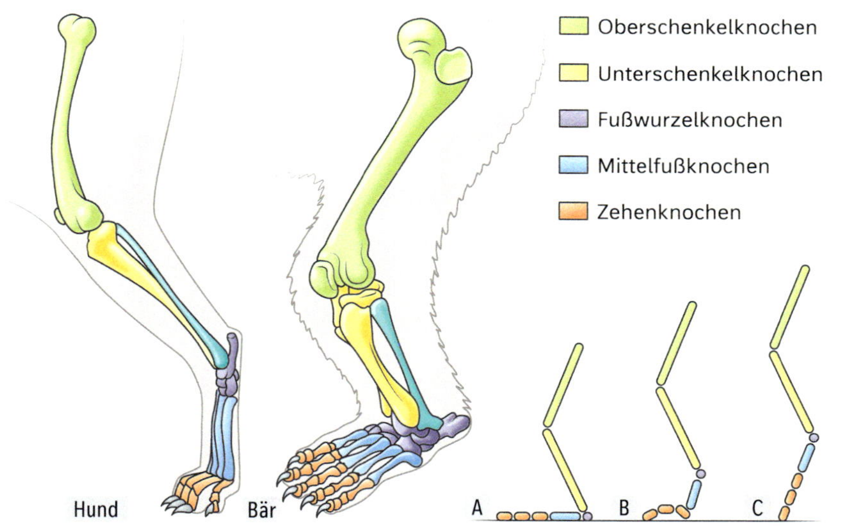

1. Ordne dem Hund und dem Bär je ein Modell A bis C zu. Begründe deine Zuordnung.
2. Erkläre, warum Hunde als Zehengänger und Bären als Sohlengänger bezeichnet werden.
3. Wähle eine der Aufgaben aus:
   a Stelle Vermutungen an, welche Aufgaben Ballen und Krallen bei der Fortbewegung des Hundes haben.
   b Stelle Vermutungen an, warum sich Bären auf ihre Hinterpfoten stellen können.

3 Begattung bei Hunden

Ernährung

Der Hund ist ein Fleischfresser. Er ergreift seine Beutetiere mit langen Eckzähnen, den **Fangzähnen**. Vor den Eckzähnen sind die Schneidezähne. Mit ihnen schabt er Fleisch vom Knochen ab. Hinter den Eckzähnen sind die Backenzähne. Die stärksten Backenzähne heißen **Reißzähne**. Sie arbeiten durch die Bewegung des Unterkiefers gegen den Oberkiefer wie eine Schere. Mit den hinteren Backenzähnen kann der Hund Knochen zerreiben. Der Hund hat ein **Fleischfressergebiss**.

Fortpflanzung

Ein weiblicher Hund, eine Hündin, wird zwei Mal im Jahr jeweils für ungefähr drei Wochen läufig. Nur in dieser Zeit kann sie sich fortpflanzen. Bei der Paarung begattet der männliche Hund, der Rüde, die Hündin. Dabei gibt er seine Spermienzellen ab, die die Eizellen der Hündin befruchten. Da dieser Vorgang im Körper der Hündin stattfindet, spricht man von **innerer Befruchtung**.

Im Körper der Hündin können sich bis zu zehn Jungtiere entwickeln. Die Jungtiere, die Welpen, wachsen in einer mit Fruchtwasser gefüllten Fruchtblase heran. So sind sie vor Erschütterungen geschützt. Nach ungefähr 63 Tagen kommen die lebenden Jungtiere nacheinander zur Welt. Hunde sind **lebend gebärend**.

Direkt nach der Geburt kriechen die Welpen an den Bauch der Hündin und suchen nach den Milchzitzen. Haben sie eine Milchzitze gefunden, beginnen sie Muttermilch zu saugen. Der Hund ist ein **Säugetier**. Die nährstoffreiche Muttermilch ist überlebenswichtig für die Welpen, denn sie können anfangs noch keine feste Nahrung fressen. Die Hündin muss ihre kleinen, hilflosen Welpen anfangs auch noch wärmen, damit sie nicht auskühlen. Die Augen der Welpen sind zuerst noch geschlossen. Sie sind blind und nackt. Das **Fell** der Welpen wird erst im Laufe ihres Wachstums dichter. Weil sich Welpen zu Beginn ihres Lebens nicht selbst versorgen können, bezeichnet man sie als **Nesthocker**.

B Erkläre, was man unter innerer Befruchtung versteht.

Material mit Aufgaben

M3 Ernährung

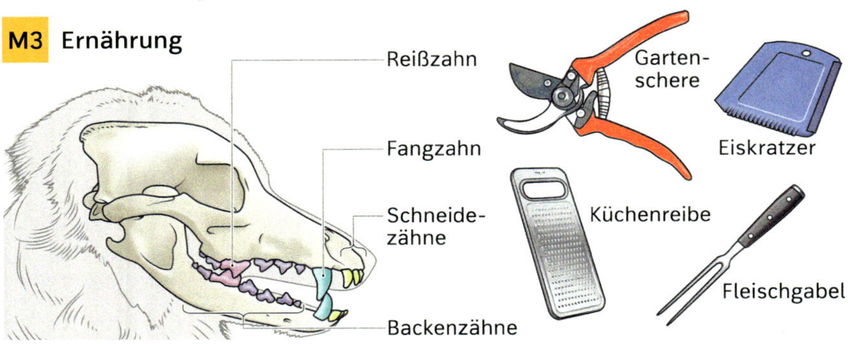

1. Beschreibe den Aufbau des Hundegebisses.
2. Ordne den Zahntypen begründet die Werkzeuge zu.
3. Der Hund hat ein Fleischfressergebiss. Erläutere die Aussage.

Der Geruchssinn von Hunden

Expertenwissen

Geruchssinn

Der Mensch nutzt die Sinnesleistungen von Hunden. Durch ihren guten Geruchssinn sind Hunde in der Lage, nach einer Lawine im Schnee Vermisste zu finden.
Die Polizei nutzt Hunde oft, um zum Beispiel nach Sprengstoff oder Drogen zu suchen. Das Aufspüren von Gegenständen, Personen oder Drogen erfolgt über die Nase. Die starke Riechleistung ist den Hunden angeboren. Jedoch müssen sie lernen, das Erkennen von Gegenständen und Personen durch Bellen anzuzeigen.

Riechschleimhaut

Die Nase von Hunden und Menschen ist mit einer besonderen Haut, der Schleimhaut, ausgekleidet. Ein Teil dieser Schleimhaut dient dem Riechen. Dieser Teil heißt **Riechschleimhaut**. In dieser befinden sich viele **Riechsinneszellen**. Diese nehmen Geruchsstoffteilchen aus der Luft auf und geben Informationen an das Gehirn ab. Im Gehirn findet dann das Erkennen des Geruchs statt.

Oberflächenvergrößerung

Beim Menschen hat die Riechschleimhaut eine Oberfläche von etwa fünf Quadratzentimetern. Beim Hund ist sie durch eine Vielzahl von Falten stark vergrößert. Man spricht in der Biologie von der **Oberflächenvergrößerung**. Auf der größeren Oberfläche haben viel mehr Riechsinneszellen Platz. Damit ist die Wahrscheinlichkeit höher, dass Geruchsstoffe in der Luft von Riechsinneszellen aufgenommen werden. Deshalb riecht ein Hund besser als ein Mensch.

1 Lawinensuchhund

2 Drogensuchhund

Material mit Aufgaben

M1 Riechschleimhaut

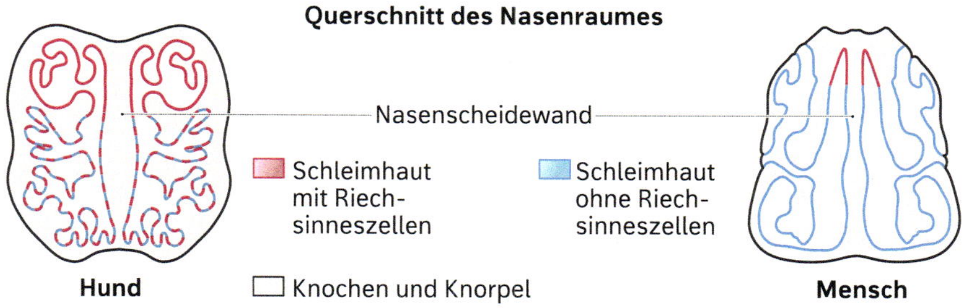

	Oberfläche Riechschleimhaut	Zahl der Sinneszellen
Mensch	5 cm²	20 Millionen
Dackel	80 cm²	125 Millionen
Schäferhund	200 cm²	200 Millionen

1. Vergleiche die Nasenschleimhaut von Hund und Mensch.
2. Erkläre, warum oft Schäferhunde als Spürhunde eingesetzt werden und nicht kleinere Hunderassen wie zum Beispiel Dackel.
3. Erkläre mit dem Prinzip der Oberflächenvergrößerung, warum Hunde besser riechen können als Menschen.
4. Stelle Vermutungen an, warum man bei Schnupfen schlechter riecht.

1 Huskys beim Schlittenhunderennen

Vom Wolf zum Hund

Zähmung

Der Husky und alle anderen Haushunde stammen vom Wolf ab. Der Wolf ist also die **Stammform** des Haushundes. Wahrscheinlich hielten sich Wölfe früher in der Nähe menschlicher Siedlungen auf. Sie suchten in der Nähe des Menschen nach Nahrung und wurden mit der Zeit immer zutraulicher. Die Wildtiere gewöhnten sich an die Anwesenheit des Menschen. Die Menschen nahmen vermutlich Wolfswelpen bei sich auf und zogen sie auf. So gewöhnte sich der Wolf langsam an das Zusammenleben mit dem Menschen. Der Mensch **zähmte** das Wildtier. Der Wolf ist im Laufe der Zeit ein Haustier geworden.

2 Variabilität bei Wölfen

Variabilität

Die gezähmten Wölfe waren für den Menschen nützlich. Die Nachkommen dieser Wölfe ähnelten ihren Elterntieren in ihren Merkmalen, waren aber doch immer ein wenig verschieden. Wölfe unterscheiden sich zum Beispiel in der Farbe und der Dichte ihres Fells, in ihrer Körpergröße und in ihrem Verhalten. Sie weisen Unterschiede in den Merkmalen auf, sie variieren. Diese **Variabilität** kann man bei allen Lebewesen beobachten. Sie ist eine Ursache für die Vielfalt aller Lebewesen.

Züchtung

Der Mensch wählte gezielt die Tiere für die Fortpflanzung aus, die nützliche Eigenschaften hatten. So eignen sich Hunde mit kurzen Beinen zum Beispiel für die Jagd in unterirdischen Tierbauten. Der Mensch verpaarte die Tiere miteinander, die dieses Merkmal zeigten. Unter den Nachkommen wählte er wieder die Tiere aus, die noch kürzere Beine hatten. Diesen Vorgang wiederholte man viele Male. Im Laufe von Jahrtausenden hat der Mensch so aus der Stammform Wolf viele verschiedene Hunderassen **gezüchtet**.

Heute gibt es über 420 Hunderassen. Viele sehen dem Wolf kaum noch ähnlich. Jedoch können sich alle Hunderassen miteinander fortpflanzen und bringen fortpflanzungsfähige Nachkommen hervor. Sie gehören zur gleichen **Art**.

Der Rottweiler ist wachsam und aggressiv. Er wird oft als Wachhund eingesetzt. Der Windhund ist schlank und kann ausdauernd laufen. Er wird oft bei Hunderennen eingesetzt. Der Mops ist klein und liebevoll. Er eignet sich als Familienhund. Der Mensch verfolgt also bei der Züchtung ein bestimmtes **Zuchtziel**.

A Erkläre folgende Begriffe: Zähmung, Züchtung, Art, Zuchtziel.

B Erkläre, was man unter Variabilität versteht. Nimm Bild 2 zu Hilfe.

C Stelle Vermutungen an, welche Vor- und Nachteile die verschieden gefärbten Wölfe in Bild 2 in ihrem Lebensraum haben.

D Beschreibe mögliche Zuchtziele, die der Mensch bei der Züchtung von Hunderassen verfolgt.

Material mit Aufgaben

M1 Züchtung

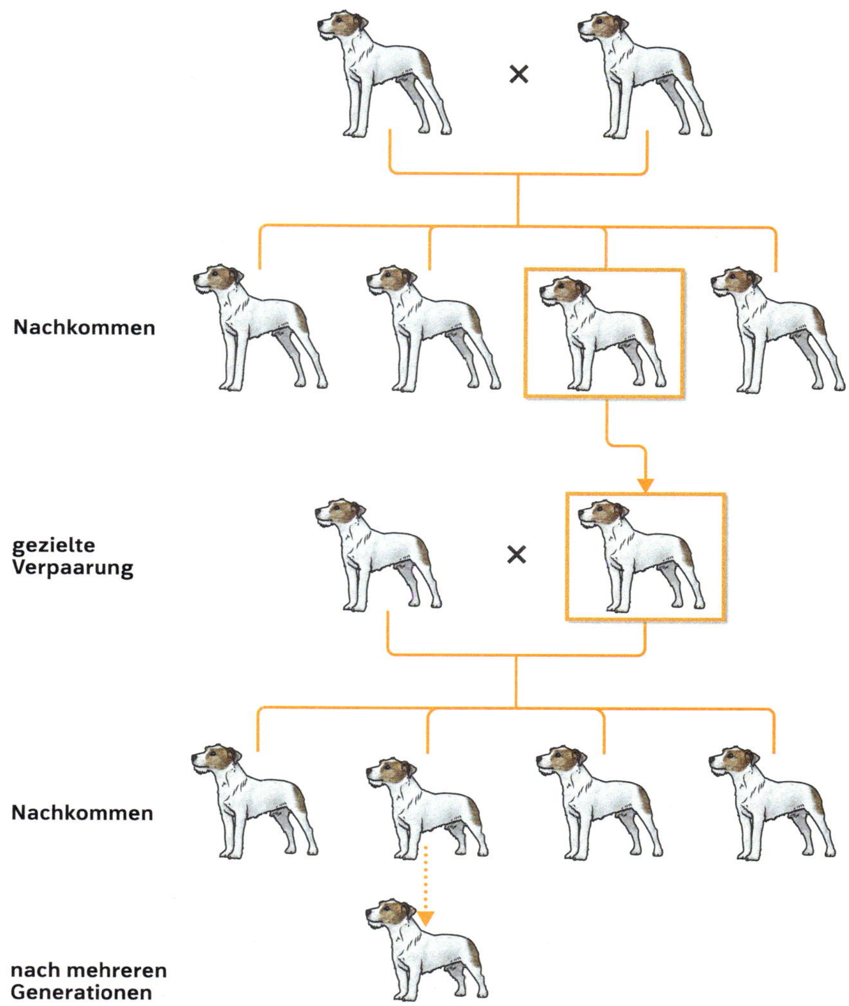

1. Nenne das Ziel bei der Züchtung des Jack Russel Terriers.
2. Beschreibe mithilfe des Bildes das Vorgehen bei der Züchtung des Jack Russel Terriers.
3. Erkläre, warum alle Hunderassen sich miteinander fortpflanzen können.
4. Wähle eine der Aufgaben aus:
   a Erläutere, warum Variabilität die Voraussetzung für die Züchtung ist.
   b Stelle Vermutungen an, was weitere mögliche Zuchtziele bei der Zucht des Jack Russel Terriers waren.

1 Wölfe bei der Jagd

Das Verhalten von Wolf und Hund

Leben und Jagen im Rudel

Wölfe leben in einer Gruppe mit bis zu 14 Tieren zusammen. Ein solches **Rudel** beansprucht ein eigenes **Jagdrevier**. Die Wölfe markieren die Grenzen ihres Reviers mit Kot und Urin. Ihr Geruch und ihr Heulen halten fremde Wölfe fern. Innerhalb ihres Reviers jagen Wölfe Tiere wie Rehe oder Hirsche im Rudel. Dabei verständigen sie sich durch lautes Heulen. Anschließend verfolgen mehrere Wölfe das Beutetier mit hoher Geschwindigkeit. Sie hetzen dem Beutetier hinterher, bis es erschöpft und ermüdet ist. Der Wolf ist ein **Hetzjäger**.

Die Wölfe eines Rudels kennen sich untereinander genau. Im Rudel nimmt jeder Wolf einen bestimmten Platz ein. Der stärkste Wolf ist der Leitwolf. Er leitet zusammen mit einer festen Partnerin das Rudel. Alle anderen Wölfe des Rudels ordnen sich den beiden in einer bestimmten Reihenfolge unter. Im Rudel gibt es eine **Rangordnung**.

2 Heulende Wölfe

3 Verhaltensweisen des Wolfes

Verständigung im Rudel

Die Rangordnung innerhalb des Rudels zeigt sich an der Körpersprache der Wölfe. Wenn sich zwei Wölfe begegnen, hebt der ranghöhere Wolf den Kopf und stellt seinen Schwanz auf. Er imponiert so dem rangniedrigeren Wolf. Dieses **Imponieren** kann zu einem aggressiveren **Drohen** werden. Der ranghöhere Wolf knurrt und fletscht dabei seine Zähne. Der rangniedrigere Wolf legt seine Ohren an, senkt seinen Schwanz und legt sich manchmal auch auf den Rücken. Dabei zeigt er seine verletzliche Kehle. So zeigt er dem Ranghöheren seine **Unterwürfigkeit**. So verhindert er, dass der Ranghöhere zubeißt und ihn verletzt. Bei einem Kampf wird die Rangordnung manchmal neu festgelegt.

A Beschreibe das Jagdverhalten des Wolfes.

B Erkläre, warum man Wölfe als Rudeltiere bezeichnet.

Material mit Aufgaben

M1 Verhalten des Hundes

1. Beschreibe die abgebildeten Verhaltensweisen der Hunde und erkläre ihre jeweilige Bedeutung.
2. Begründe, warum Hunde ähnliche Verhaltensweisen wie der Wolf zeigen.
3. Wähle eine der Aufgaben aus:
   - a Erkläre, warum Hunde beim Spaziergehen im Wald an der Leine geführt werden sollten.
   - b Erkläre, warum Hunde zum Schutz von Grundstücken eingesetzt werden können.

1 Katze beim Anschleichen

Die Katze

Jagdverhalten der Katze

Lautlos schleicht die Katze über eine Wiese und sucht Beutetiere. Dabei stellt sie aufmerksam ihre Ohren auf und richtet ihren Blick nach vorne. Beim Schleichen setzt sie ihre Pfoten mit eingezogenen Krallen auf und bewegt sich fast lautlos. Die Katze ist ein **Schleichjäger**. Hat sie eine Maus entdeckt, drückt sie sich flach auf den Boden und verharrt regungslos in dieser Lauerstellung. Ist das Beutetier nah genug, springt sie mit ihren muskulösen Hinterbeinen ab und schlägt ihre Krallen in das Beutetier. Mit den Krallen hält die Katze das Beutetier fest und tötet es mit einem Nackenbiss. Die Katze ist ein **Fleischfresser**. Sie jagt nicht in Gruppen, sondern allein. Bei der Jagd ist sie ein **Einzelgänger**.

Material mit Aufgaben

M1 Jagdverhalten

1. Ordne den Buchstaben folgende Begriffe zu: Sprung auf Beutetier, Lauern, Anschleichen, Zupacken und Töten.

2. Vergleiche das Jagdverhalten der Katze mit dem Jagdverhalten des Hundes. Nenne die Gemeinsamkeiten und die Unterschiede.

3. Erkläre, warum man die Katze als Schleichjäger bezeichnet.

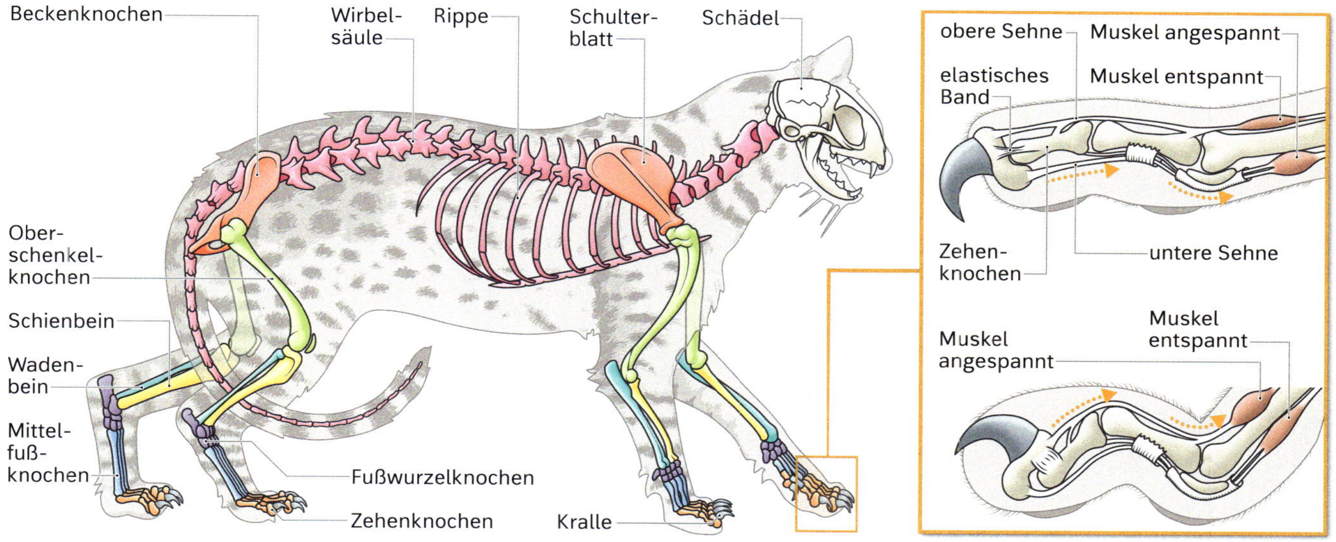

2 Körperbau der Katze

Körperbau

Die Katze hat einen an die Schleichjagd angepassten Körperbau. Sie kann sich mithilfe ihrer gelenkigen Beine in geduckter Haltung fortbewegen. Die Katze hat kräftige, scharfe Krallen, mit denen sie ihre Beutetiere festhält. Sie nutzt ihre Krallen auch, um zum Beispiel auf Bäume zu klettern.

Die Katze kann ihre Krallen einziehen. Dazu spannt sie Muskeln oberhalb der Zehenknochen an. Über Sehnen werden die Krallen eingezogen. Ein elastisches Band zwischen den Zehenknochen ist dann unter Spannung. Dadurch schnellen die Krallen der Katze hervor, wenn sie die Muskeln wieder entspannt.

Die Katze tritt beim Laufen nur mit den weichen Ballen an der Unterseite ihrer Pfoten auf. So kann sie fast lautlos schleichen. Die Katze läuft nur auf ihren Zehen. Sie ist ein **Zehengänger**.

Starke Muskeln und die bewegliche Wirbelsäule ermöglichen der Katze weite Sprünge. Die Wirbelsäule verläuft vom Kopf bis zum Schwanz. Die Katze ist ein **Wirbeltier**. Mit ihrem Schwanz hält sie beim Springen das Gleichgewicht.

Sinnesorgane

Die **Augen** der Katze sind sehr leistungsfähig. Mit ihnen kann sie auch bei geringen Lichtmengen, zum Beispiel während der Dämmerung und in der Nacht, noch gut sehen. Die Katze ist ein **Nachtjäger**.

Wenn es ganz dunkel ist, sieht aber auch die Katze nichts mehr. Dann orientiert sie sich mehr mit ihrem guten **Gehör**. Die Katze kann ihre Ohren steil aufrichten und unabhängig voneinander etwas nach links und rechts drehen. So kann sie genau bestimmen, aus welcher Richtung ein Geräusch kommt, ohne den Kopf bewegen zu müssen.

Die Katze hat lange Borstenhaare am Kopf und lange Schnurrhaare an der Oberlippe. Diese Haare sind sehr empfindlich für Berührungen. Mithilfe dieser speziellen **Tasthaare** kann sich die Katze auch in völliger Dunkelheit orientieren und so Hindernissen geschickt ausweichen.

A Beschreibe die Sinnesleistungen der Katze und ihre Bedeutung für die nächtliche Jagd.

A
B
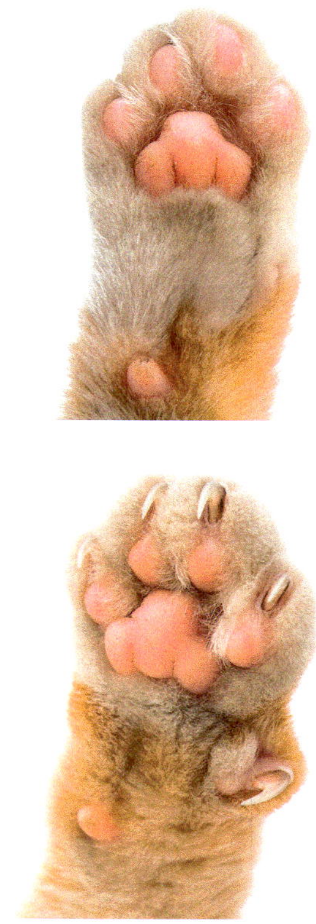

3 Krallen: **A** eingezogen, **B** ausgefahren

4 Eine Katze trägt ihr Jungtier.

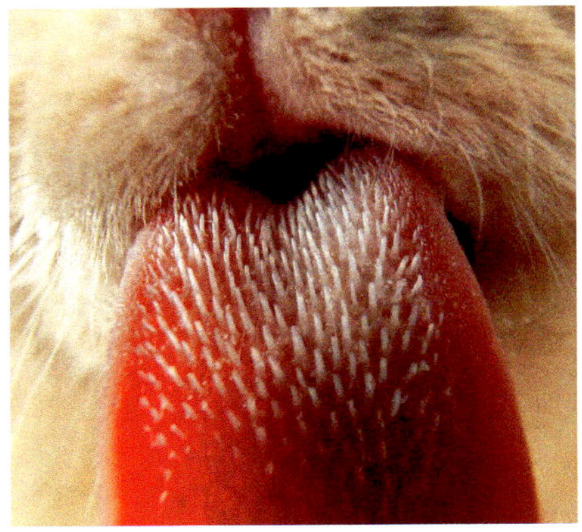

5 Zunge einer Katze

Ernährung

Mit langen, spitzen Eckzähnen hält die Katze ihr Beutetier fest. Man bezeichnet diese Eckzähne auch als **Fangzähne**. Mit den Fangzähnen tötet die Katze ihr Beutetier durch einen Nackenbiss. Vor den Eckzähnen sind die kleineren Schneidezähne. Mit ihnen kann die Katze Fleisch von Knochen schaben. Mit ihrer rauen Zunge leckt sie Fleischreste vom Knochen ab. In jeder Zahnreihe ist ein Backenzahn groß und scharfkantig. Wie eine kräftige Schere teilen diese **Reißzähne** das Fleisch in Stücke. Die Katze hat ein **Fleischfressergebiss**. Sie schluckt die Fleischstücke ohne weiteres Zerkauen hinunter.

Material mit Aufgaben

M2 Ernährung

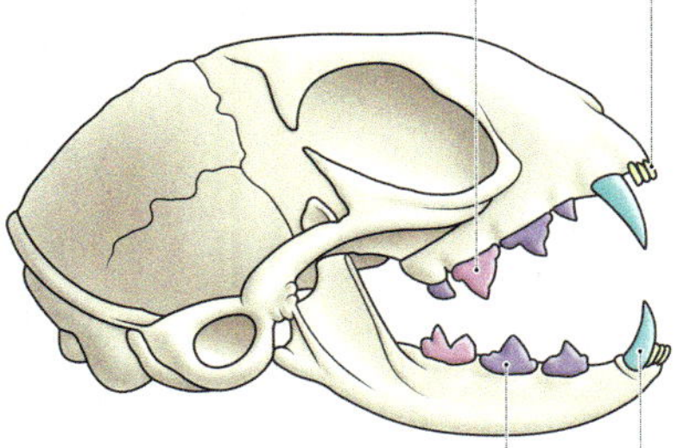

1. Nenne die Zahntypen der Katze und beschreibe ihre jeweiligen Funktionen. Lege dafür eine Tabelle an.
2. Erkläre, warum das Gebiss der Katze als Fleischfressergebiss bezeichnet wird.
3. Wähle eine der Aufgaben aus:

a Erkläre die Aufgabe der rauen Zunge bei der Ernährung der Katze.

b Erkläre die Funktion der Reißzähne bei der Ernährung der Katze.

Fortpflanzung

Bereits nach neun Wochen Schwangerschaft bringt die Katze zwei bis acht lebende Jungtiere zur Welt. Diese sind zunächst hilflos. Die Jungtiere sind direkt nach der Geburt blind und ihr Fell ist noch nicht voll entwickelt. Katzenjunge sind **Nesthocker**.

Die Katze trägt ihre Jungtiere mit ihren Zähnen vorsichtig im Genick. Die Jungtiere verharren dabei regungslos in der **Tragstarre**. In den ersten Wochen nach der Geburt werden sie von der Mutter gesäugt. Katzen sind **Säugetiere**.

Nach einigen Wochen lernen die Jungtiere das Anschleichen und das Fangen von Beutetieren. Die Mutter bringt ihnen dazu lebende Mäuse.

Der Sehsinn der Katze

Sehsinn

Beim Aufspüren der Beutetiere nutzt die Katze ihren leistungsstarken Sehsinn. Im hinteren Teil des Auges befinden sich viele kleine **Lichtsinneszellen**. Sie werden durch einfallendes Licht angeregt und erzeugen so einen Seheindruck.
Das Licht gelangt durch die Pupille in das Auge. Am hellen Tag verengen sich die Pupillen der Katze zu schmalen, senkrechten Schlitzen. So verringert die Katze das ins Auge einfallende Licht. Dadurch schützt sie ihre empfindlichen Lichtsinneszellen vor zu großen Lichtmengen. Bei Dämmerung vergrößern sich die Pupillen der Katze zu kreisrunden Öffnungen. Die geringen Lichtmengen können so besser ins Auge gelangen.
Eine zusätzliche Schicht in den Augen der Katze, die **Spiegelschicht**, wirft das aufgenommene Licht wieder zurück.

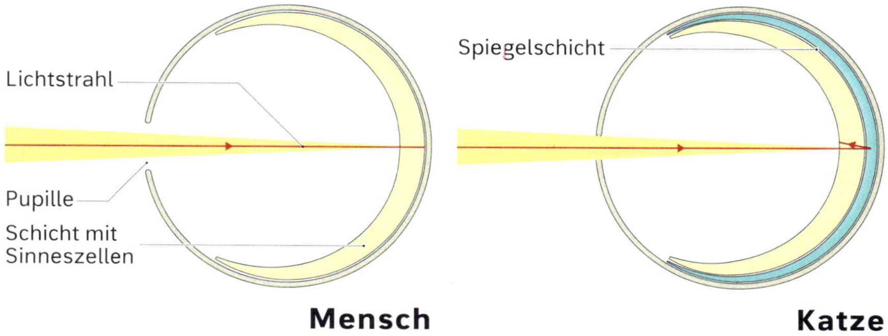

1 Augen mit und ohne Spiegelschicht

Das Licht wird reflektiert. Es wird dadurch den Lichtsinneszellen mehrfach zugeführt. Die geringe Lichtmenge bei Dämmerung wird durch diese Reflexion besser genutzt.
Durch die Spiegelschicht sieht es manchmal so aus, als würden die Katzenaugen leuchten, wenn sie angestrahlt werden.

2 Leuchtende Katzenaugen

Material mit Aufgaben

M1 Katzenaugen

A

B

1. ▮▮▯ Ordne den Katzenaugen in den Bildern A und B die entsprechenden Lichtverhältnisse zu. Begründe deine Zuordnung.
2. ▮▮▯ Erkläre, warum Katzen in der Dämmerung gut sehen können. Beachte die Besonderheit im Bau des Katzenauges.
3. ▮▮▮ Erkläre die Funktion der Pupillenverengung bei hellen Lichtverhältnissen.

Zusammenfassung Vielfalt der Wirbeltiere

Die Säugetiere

Säugetiere zählen zu den gleichwarmen Tieren. Der Körper der Säugetiere ist mit Fell bedeckt. Dies dient auch dazu die Körpertemperatur konstant zu halten. Säugetiere atmen mit Lungen. Das Gebiss eines Säugetiers besteht in der Regel aus Schneidezähnen, Eckzähnen und Backenzähnen. Je nach Ernährungsweise haben Säugetiere unterschiedlich angepasste Gebissformen. So gibt es zum Beispiel Pflanzenfressergebisse und Fleischfressergebisse.

Die Befruchtung und die Entwicklung der Jungtiere von Säugetieren erfolgt im Körper des Weibchens. Es bringt lebende Jungtiere zur Welt. Nach der Geburt werden diese von der Mutter gesäugt.

Die Vögel

Vögel haben hohle, mit Luft gefüllte Knochen. Sie atmen mit Lungen. Ihre Körper sind von zahlreichen Luftsäcken durchzogen. Die Schnäbel sind zahnlos und mit leichtem Horn überzogen. Vögel haben keine Harnblase und verdauen schnell. Diese Merkmale machen den Vogelkörper leicht. Man spricht von der Leichtbauweise des Vogelkörpers. Die Befruchtung erfolgt im Körper des Weibchens. Vögel legen dotterreiche Eier mit einer schützenden Kalkschale. Die Küken entwickeln sich im Ei außerhalb des weiblichen Körpers.

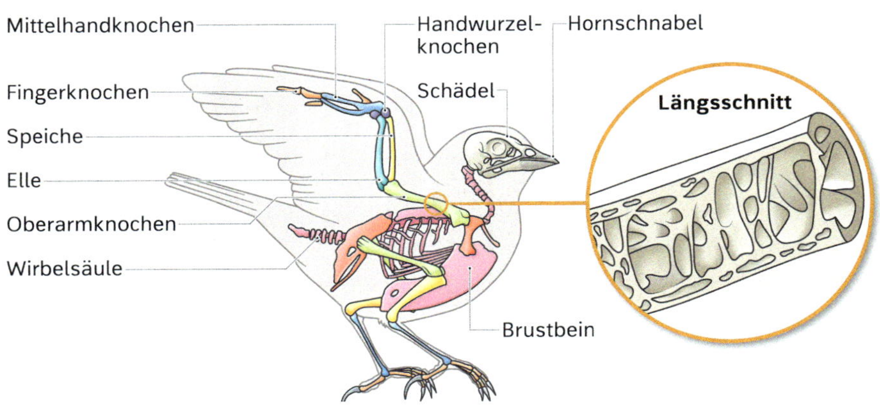

Die Fische

Fische haben Flossen und einen stromlinienförmigen Körper. Ihre Haut ist mit Schuppen bedeckt. Fische atmen mit Kiemen. Durch viele dünne, gestapelte Kiemenblättchen haben sie eine große Oberfläche. Damit nehmen sie den im Wasser gelösten Sauerstoff auf und geben Kohlenstoffdioxid aus dem Blut ab. Fische sind wechselwarme Tiere.

Bei der Paarung gibt das Weibchen ihre Eizellen ins Wasser ab und das Männchen gibt seine Spermienzellen über diesen Laich. Nach der äußeren Befruchtung schlüpfen aus den Eiern kleine Larven, die sich zu erwachsenen Fischen entwickeln.

Die Reptilien

Die Haut der Reptilien besteht aus wasserundurchlässigen Hornschuppen. Sie schützen die wechselwarmen Tiere vor Austrocknung und vor Verletzungen. Da ihre Haut nicht mitwächst, müssen sie sich häuten. Reptilien atmen mit Lungen. Die Weibchen legen ihre Eier in einem trockenen Versteck ab. Eine ledrige Schale schützt die Eier vor Austrocknung. Die Eier werden im Gegensatz zu Vogeleiern nicht bebrütet. Aus den Eiern schlüpfen die Jungtiere, die sofort selbstständig sind.

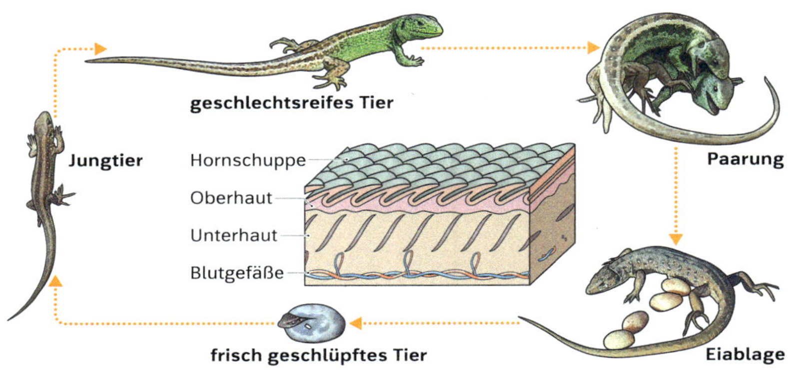

Zusammenfassung

Die Amphibien

Die meisten Amphibien besitzen vier Gliedmaßen. Schwanzlurche wie der Teichmolch haben zusätzlich einen langen Schwanz. Froschlurche wie der Wasserfrosch haben verlängerte Hinterbeine, mit denen sie weit springen können. Amphibien besitzen eine nackte Haut, die von einer Schleimschicht bedeckt ist. Sie können über ihre Haut Sauerstoff aufnehmen und Kohlenstoffdioxid abgeben. Amphibien atmen zusätzlich mit Lungen. Sie zählen zu den wechselwarmen Tieren. Amphibien suchen je nach Jahreszeit unterschiedliche Lebensräume auf. Die Fortpflanzung und Entwicklung findet im Wasser statt. Nach der äußeren Befruchtung entwickeln sich im Wasser aus den Eiern Larven. Aus den Larven entstehen die erwachsenen Tiere, die an Land leben können. Diese Umwandlung der Gestalt nennt man Metamorphose.

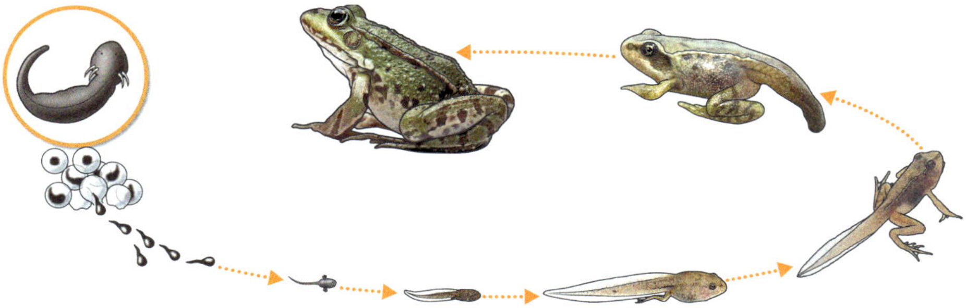

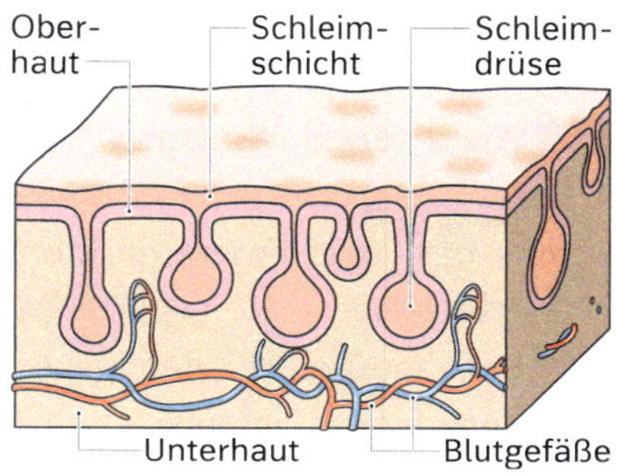

Der Hund

Der Hund ist ein Fleischfresser. Er hat ein Fleischfressergebiss. Hunde besitzen außerdem einen sehr guten Geruchssinn und Gehörsinn. Beim Laufen tritt der Hund nur auf seinen Zehen und nicht mit der ganzen Sohle auf. Er ist ein Zehengänger und Hetzjäger.Der Hund stammt vom Wolf ab. Der Wolf ist die Stammform des Hundes. Wölfe schlossen sich vor Jahrtausenden den Menschen an. Aus den Wildtieren entwickelten sich mit der Zeit Haustiere. Der Mensch züchtete viele verschiedene Hunderassen. Er nutzt die verschiedenen Merkmale. Hunde werden zum Beispiel als Spürhund, Wachhund oder Blindenhund eingesetzt.

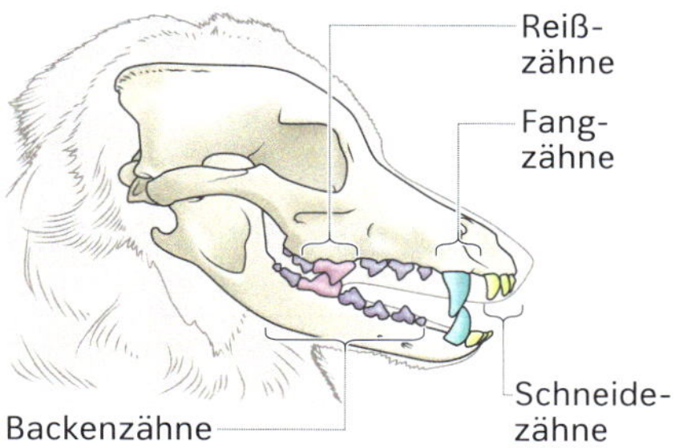

Die Katze

Katzen haben ein gutes Gehör und gute Augen. So können sie sich gut bei wenig Licht orientieren. Sie haben scharfe, einziehbare Krallen und laufen als Zehengänger auf ihren Zehen. Als Fleischfresser haben sie ein Fleischfressergebiss. Katzen sind Schleichjäger.

Wodurch wird unser Körper so beweglich?
Woraus gewinnt der Körper Energie?
Was passiert mit dem Körper in der Pubertät?

Gesunderhaltung des Körpers

Vielfalt der Wirbeltiere

1 Skelette im Vergleich

A Beschreibe den Bau der abgebildeten Skelette von Fisch und Amphibie.

B Beschreibe die jeweilige Fortbewegung der Tiere in ihren Lebensräumen.

C Erkläre, warum der Bau der verschiedenen Skelette eine Angepasstheit an den jeweiligen Lebensraum ist.

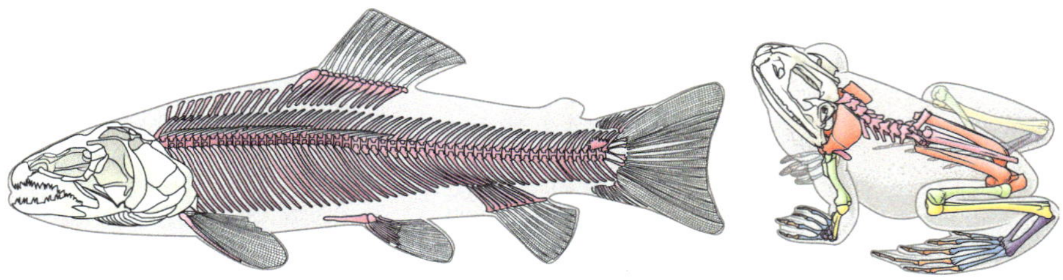

2 Vögel können fliegen

A Nenne mindestens fünf Merkmale des Vogelkörpers, die ihn leicht machen.

B Benenne die mit Ziffern gekennzeichneten Bestandteile.

C Erkläre, wie Schwungfedern eine nahezu luftundurchlässige Fahne bilden.

D Erkläre, warum Schwungfedern eine nahezu luftundurchlässige Fahne bilden.

E Nenne verschiedene Federtypen und beschreibe ihren Aufbau und ihre jeweilige Funktion.

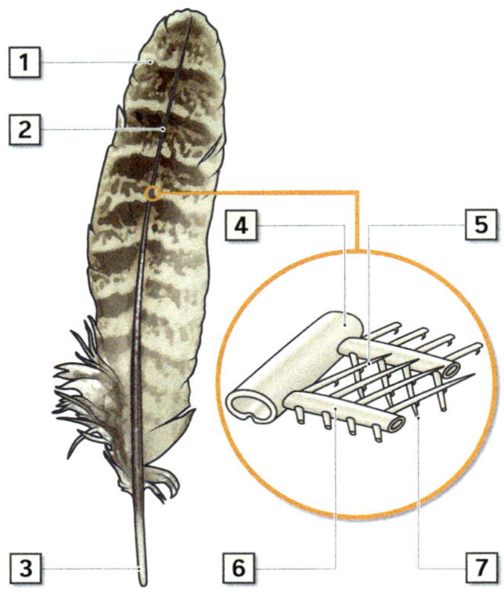

3 Flugformen der Vögel

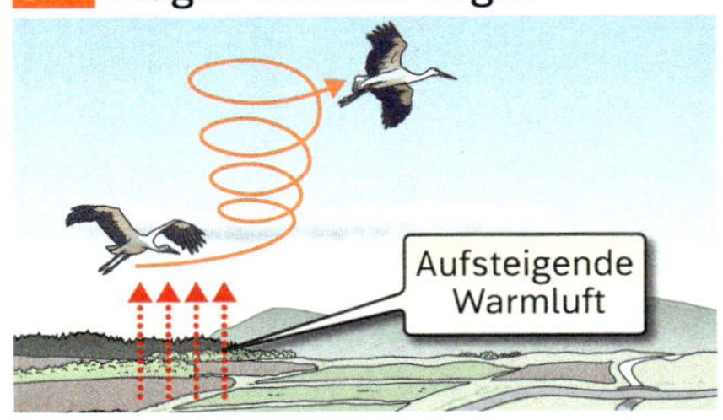

A Nenne verschiedene Flugformen der Vögel.

B Ordne dem Bild eine Flugform zu. Begründe deine Zuordnung.

C Erkläre, warum ein Vogel beim Ruderflug mehr Energie verbraucht, als beim Segelflug.

4 Reptilien sind wechselwarm

A Reptilien wie die Zauneidechse sind wechselwarme Tiere. Erkläre, was man darunter versteht.

B Erkläre, warum man Eidechsen häufig an sonnigen Plätzen findet.

C Bei höheren Temperaturen sind Reptilien aktiver. Die Vorzugstemperatur beträgt 38 °C. Beschreibe mithilfe des Bildes, wie die Eidechse ihre Körpertemperatur steuert.

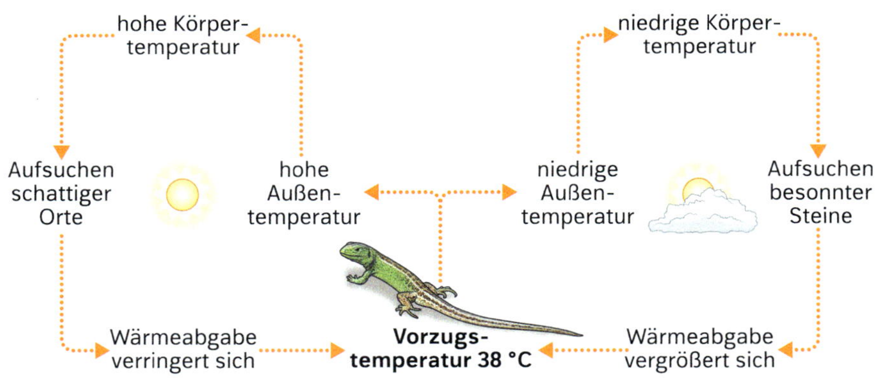

5 Entwicklung von Wirbeltieren

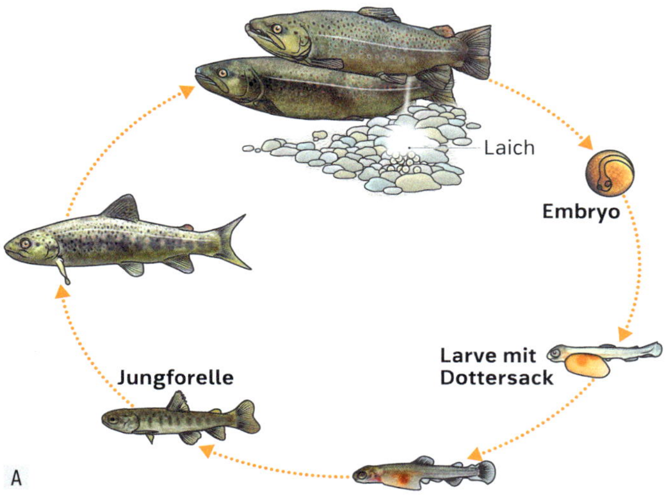

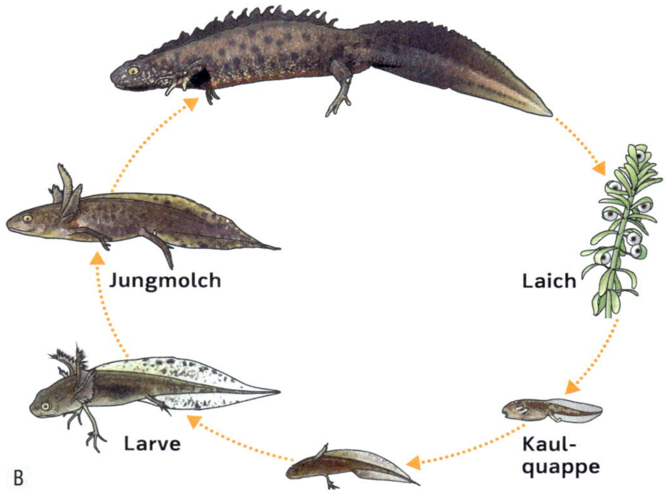

A Beschreibe die Entwicklung der Bachforelle in Bild A.

B Erkläre am Beispiel der Bachforelle, was man unter äußerer Befruchtung versteht.

C Erkläre die Bedeutung des Dottersacks für die Fischlarve und warum er sich mit der Zeit zurückbildet.

D Beschreibe die Entwicklung des Kammmolchs in Bild B.

E Erkläre, warum man die Entwicklung der Amphibien Metamorphose nennt.

F Vergleiche die Entwicklung des Kammmolchs mit der Entwicklung des Wasserfroschs. Nenne Gemeinsamkeiten und Unterschiede.

6 Heimtiere und Nutztiere

A Ordne den Bildern A und B die Begriffe Heimtier und Nutztier zu.

B Nenne ein weiteres Beispiel für ein Heimtier und ein Nutztier.

C Erkläre den Unterschied zwischen Heimtier, Nutztier und Wildtier.

A

B

7 Hund und Katze

Merkmal	Hund	Katze
Ernährung	...	...
Jagdverhalten	...	...
Besondere Sinne	...	...

A Übertrage die Tabelle in dein Heft. Vergleiche Hund und Katze miteinander.

Wodurch wird unser Körper so beweglich?
Woraus gewinnt der Körper Energie?
Was passiert mit dem Körper in der Pubertät?

Gesunderhaltung des Körpers

Modul 4

Mit seinen Armen stützt sich der Junge auf einer Bank ab und schwingt seine Beine über die Bretter. Für diese und andere Bewegungen muss der Körper beweglich und gleichzeitig stabil sein. Die Energie für diese Anstrengung gewinnt der Körper aus der Nahrung. Bei längeren Bewegungsabläufen schlägt das Herz schneller und man atmet häufiger. Viele Bereiche des Körpers arbeiten zusammen.

1 Jugendliche beim Fußballspielen

Das Skelett

„...bein" kommt vom mittelhochdeutschen Wort „Gebeine" und bedeutet Knochen.

Skelett des Menschen

Über 200 Knochen bilden das Knochengerüst des Körpers, das **Skelett**. Es stützt den Körper und gibt ihm Stabilität. Das Skelett ist aber keine starre Stütze. Die Knochen sind über Gelenke beweglich miteinander verbunden.

Das Kopfskelett

Am oberen Ende der Wirbelsäule ist der Schädel. Der **Gesichtsschädel** gibt dem Gesicht seine Form. Zu ihm gehören unter anderem das Nasenbein, das Jochbein und der Oberkiefer. Der Unterkiefer ist der einzige Knochen des

Material mit Aufgaben

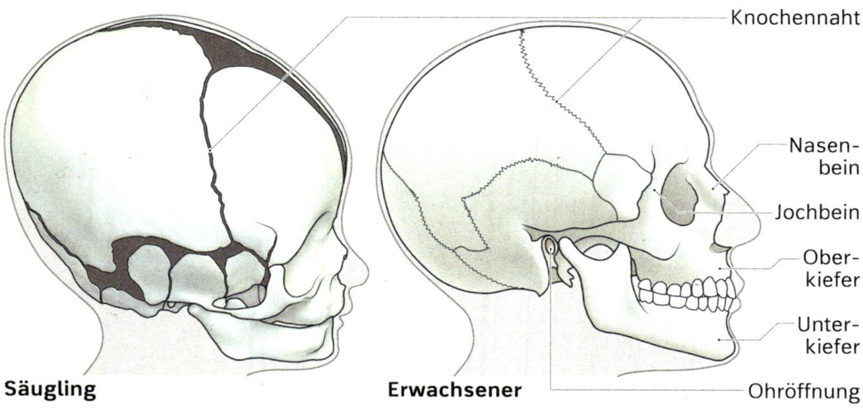

M1 Kopfskelett

1. Nenne die Knochen des Gesichtsschädels.
2. Beschreibe die Aufgabe des Gehirnschädels. +
3. Vergleiche das Aussehen der beiden Schädel. +
4. Stelle Vermutungen an, warum Säuglinge sanft hingelegt werden müssen.

Schädels, der bewegt werden kann. Der **Gehirnschädel** besteht aus flachen **Knochenplatten**. Er umgibt das Gehirn und schützt es vor Verletzungen. Der Gehirnschädel eines Neugeborenen ist noch nicht vollständig zusammengewachsen. Dies dauert ein Jahr. Die Stellen, an denen der Knochen zusammenwächst, heißen Knochennähte.

Das Rumpfskelett

Der **Rumpf** des Skeletts besteht aus den beiden Schulterblättern, dem Brustkorb, der Wirbelsäule und dem Beckenknochen. Die Wirbelsäule ist die Hauptachse des Skeletts. Sie hält den Körper aufrecht. Die Rippen setzen an der Wirbelsäule an, biegen sich bogenförmig nach vorne und bilden den Brustkorb. Er schützt Herz und Lunge. Der Beckenknochen bildet eine Art Schale und schützt die unteren Organe.

Das Gliedmaßenskelett

An den Schulterblättern setzen die Arme und am Beckenknochen die Beine an. Arme und Beine sind beweglich und werden als **Gliedmaßen** bezeichnet. Die Arme werden aus langen **Röhrenknochen** gebildet: dem Oberarmknochen und den zwei Unterarmknochen Speiche und Elle. Die Beine gliedern sich in den Oberschenkelknochen und die beiden Unterschenkelknochen Schienbein und Wadenbein. Auch diese Knochen sind lang und röhrenförmig. ▶

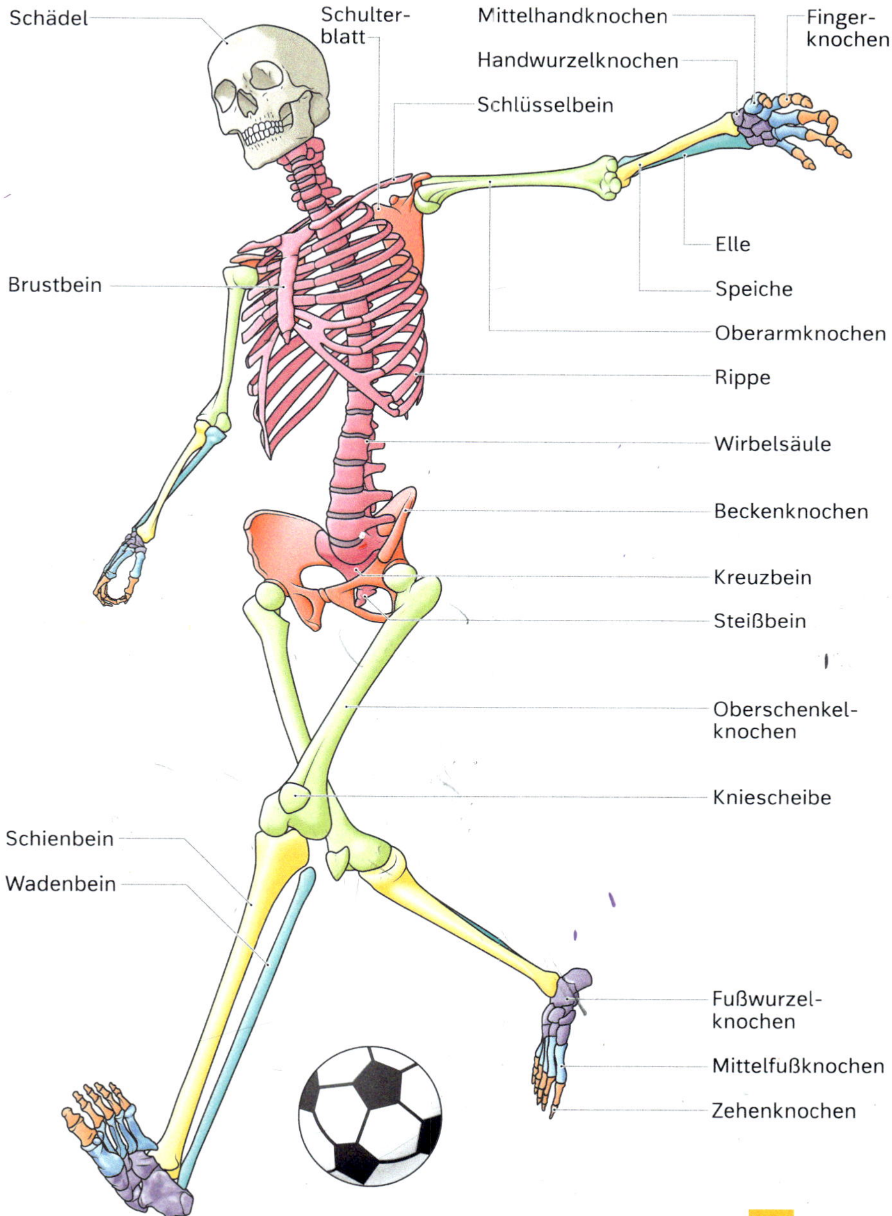

A+F

2 Skelett des Menschen

A Liste alle Knochen auf, die im Text genannt werden. Ertaste die Knochen an deinem Körper.

B Nenne die Aufgaben des Skelettes.

C Ordne folgende Knochen den Skelettbereichen zu: Speiche, Brustbein, Oberkiefer, Fersenbein, Kniescheibe, Schulterblatt, Elle.

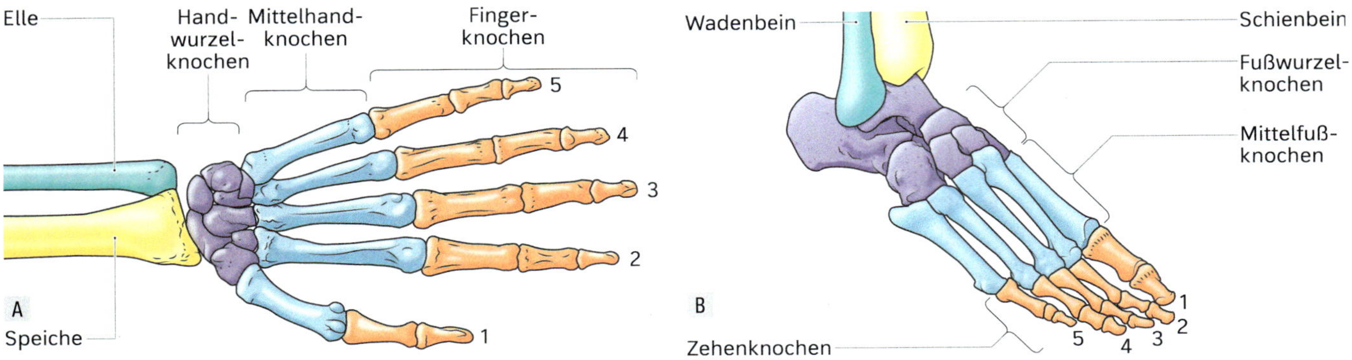

3 Gliedmaßenskelette: **A** Handskelett, **B** Fußskelett

Das Handskelett

An den Unterarmknochen setzt das Handskelett an. Zusammen mit den Mittelhandknochen bilden die Handwurzelknochen die Handfläche. Die Fingerknochen sind über die Gelenke beweglich mit den Mittelhandknochen verbunden. Der **Daumen** ist ein besonderer Finger: Er kann abgespreizt werden, nach links und rechts bewegt werden sowie den anderen Fingern gegenübergestellt werden. So kann man Gegenstände gut greifen.

Das Fußskelett

An den Unterschenkelknochen setzt das Fußskelett an. Es besteht aus den Fußwurzel-, Mittelfuß- und Zehenknochen. Der Mensch geht auf der Fußsohle. Er ist ein **Sohlengänger**. Das Fußskelett bildet ein Gewölbe und ist dadurch belastbar. Es trägt so das Körpergewicht und federt beim Gehen oder Springen Stöße ab. Wenn die Fußmuskeln dauerhaft überlastet werden, kann sich das **Fußgewölbe** durchdrücken. Ein solcher Senkfuß kann schmerzhaft sein.

Material mit Aufgaben

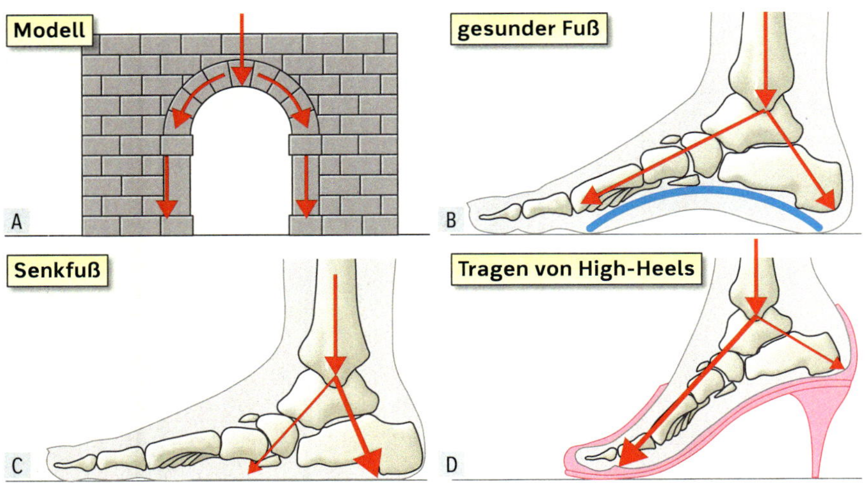

M2 Fußgewölbe

1. Beschreibe die besondere Form eines gesunden Fußskeletts.
2. Vergleiche die Gewichtsverteilung am gesunden Fußskelett und mit einem Torbogen.
3. Wähle eine der Aufgaben aus:
   a Beschreibe die Form und die Gewichtsverteilung bei einem Senkfuß.
   b Erkläre, warum ständiges Tragen von High-Heels schädlich ist.

Bau eines Röhrenknochens

Expertenwissen

Knochen sind belastbar

Bei einem ungeborenen Kind sind die Knochen noch sehr biegsam. Sie bestehen aus elastischem Knorpel. Nach der Geburt werden im Laufe der Zeit Kalk und andere Mineralstoffe im Knochen eingelagert. Dadurch wird er härter und belastbarer.

Blick in den Röhrenknochen

Ein Röhrenknochen ist innen nicht voll ausgefüllt, sondern beinhaltet an seinen Enden viele kleine Verstrebungen, die **Knochenbälkchen**. Die Hohlräume zwischen den Knochenbälkchen sind mit Knochenmark gefüllt. Der Knochen ist dadurch leicht und stabil.

Der Mittelteil eines Röhrenknochens bildet die Markhöhle. Sie ist ebenfalls mit Knochenmark gefüllt. Im Knochenmark werden die verschiedenen Bestandteile des Blutes gebildet. Die Markhöhle ist von einer harten Knochenschicht umschlossen, dem **Knochenschaft**. Die darauf liegende Knochenhaut ist mit Blutgefäßen und Nerven durchzogen und versorgt so den lebenden Knochen mit Nährstoffen und Sauerstoff. Nerven leiten Signale weiter. Deshalb schmerzt auch der Tritt gegen das Schienbein: Die Knochenhaut wird verletzt.

Die einzelnen Bestandteile eines Knochens werden im Laufe des Lebens ständig erneuert. So kann der Körper wachsen und auch Knochenbrüche können wieder verheilen.

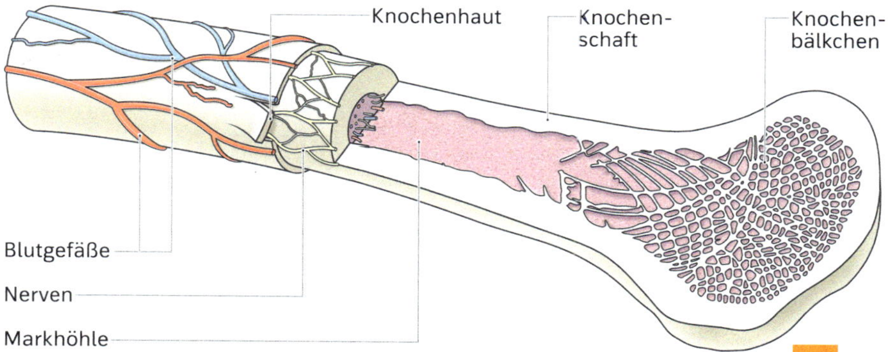

1 Bau eines Röhrenknochens

F

Material mit Aufgaben

M1 Knochenbälkchen

1. Beschreibe den Bau eines Röhrenknochens und die Funktionen seiner Bestandteile.
2. Vergleiche die Bilder A und B. Nenne Gemeinsamkeiten und Unterschiede.
3. Erkläre, warum der Knochen leicht und doch stabil ist.
4. Erläutere, welche Eigenschaften eines Knochens für den Bau von Gebäuden genutzt werden.

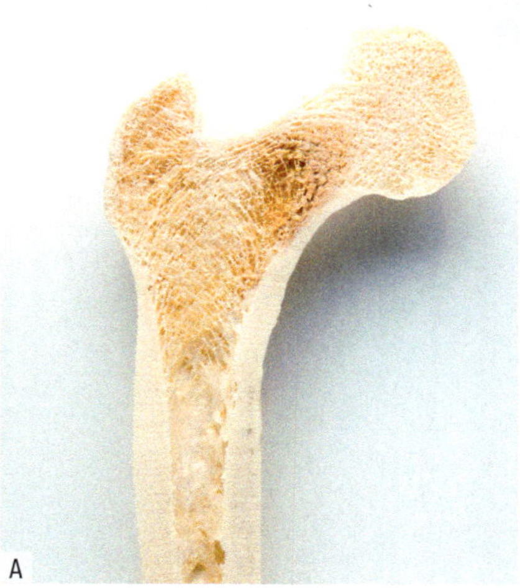
A

B

1 Turnerin beim Flickflack

Die Wirbelsäule

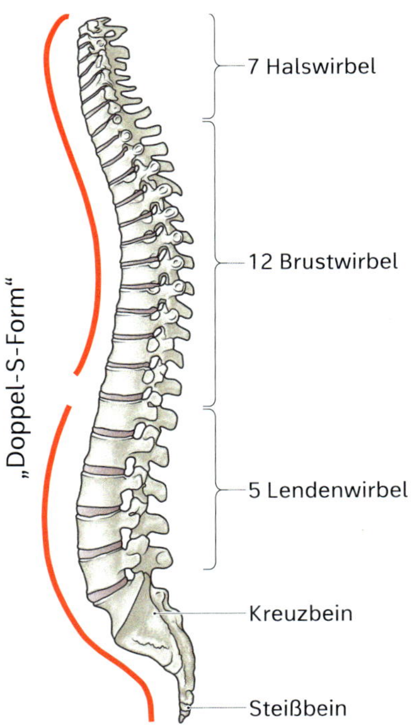

2 Bau der Wirbelsäule

Die Wirbelsäule

Vom Kopf bis zum Beckenknochen verläuft die **Wirbelsäule**. Sie besteht aus einzelnen Wirbelknochen, den **Wirbeln**. Die Wirbel lassen sich je nach Lage im Körper in sieben Halswirbel, zwölf Brustwirbel und fünf Lendenwirbel einteilen. Die beweglichen Halswirbel tragen den Kopf und ermöglichen seine Bewegungen. An den Brustwirbeln setzen die Rippen des Brustkorbes an. Die Lendenwirbel sind groß und tragen den größten Teil des Körpergewichts. Weitere fünf Wirbel sind zum Kreuzbein verwachsen. Die letzten Wirbel sind sehr klein und bilden das Steißbein. Kreuzbein und Steißbein bilden den Übergang zum Beckenknochen. Die Wirbelsäule ist vom Kopf bis zum Brustbereich S-förmig gebogen, auch vom Brustbereich bis zum Becken zeigt sie eine S-förmige Krümmung. Die Wirbelsäule des Menschen ist **doppelt-s-förmig** gebogen. Diese Form kann beim Gehen Stöße abfedern, das Gewicht des Körpers und Kopfes tragen und ermöglicht den aufrechten Gang.

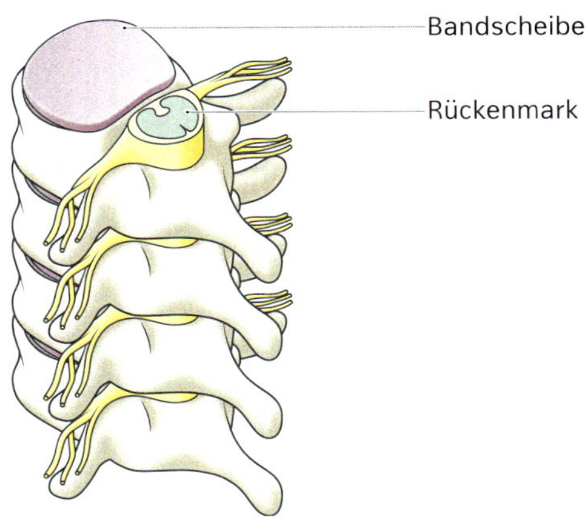

Bandscheiben

Zwischen den Wirbeln liegen die kissenartigen **Bandscheiben**. Sie sind mit Gel gefüllt und somit elastisch. Bei Sprüngen können die Bandscheiben zusammengedrückt werden. Sie können der Belastung nachgeben und den Sprung abfedern. Die Bandscheiben verhindern, dass die Wirbel schmerzhaft aneinander reiben. Einseitige Belastungen wie falsches Heben und Tragen können zu dauerhaften Haltungsschäden oder schmerzhaften Bandscheibenvorfällen führen. Bei einem Bandscheibenvorfall drücken die Bandscheiben auf die Nerven.

Bau der Wirbel

Jeder **Wirbel** besteht aus einem **Wirbelkörper**. An ihm befinden sich knöcherne Fortsätze, an denen Muskeln ansetzen. Die Rippen sind über die beiden **Querfortsätze** mit dem Wirbel verbunden. Den **Dornfortsatz** jedes Wirbels kann man beim Streichen über den Rücken spüren. In der Mitte des Wirbels liegt das **Wirbelloch**. In ihm verläuft der wichtigste Nervenstrang des Körpers, das **Rückenmark**. Alle Wirbel liegen übereinander und bilden so einen Kanal. Dadurch verläuft das Rückenmark ungehindert von oben nach unten. Das Rückenmark verbindet das Gehirn mit dem Körper. Das Gehirn schickt über das Rückenmark seine Befehle an die Muskeln und die Organe. Die Wirbelsäule stützt also nicht nur den Körper, sie schützt auch das Rückenmark.

A Beschreibe die Form, Gliederung und Aufgaben der Wirbelsäule.

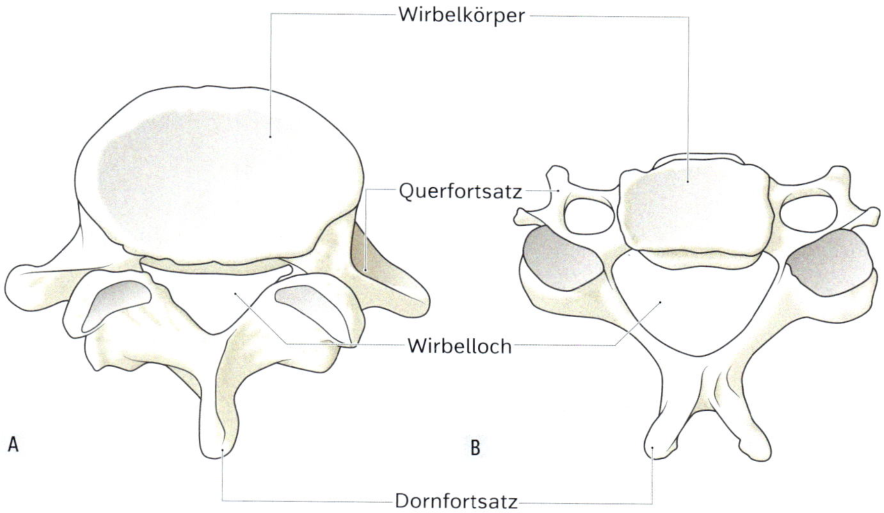

3 Bau eines Wirbels: **A** Lendenwirbel, **B** Halswirbel

Material mit Aufgaben

M1 Bandscheibenvorfall

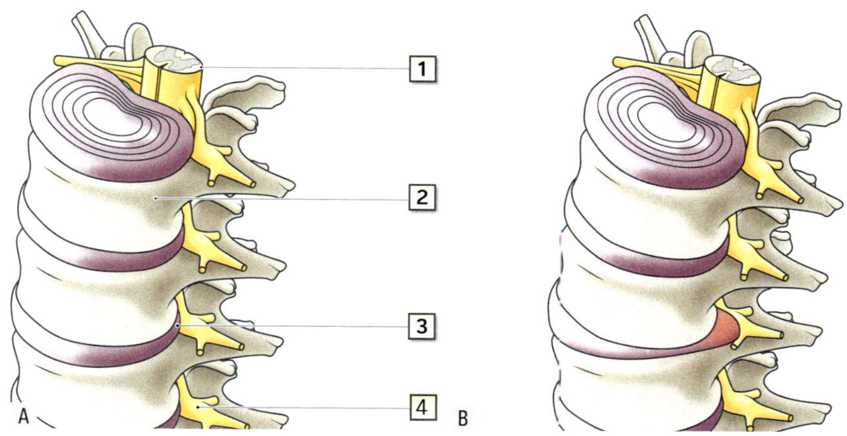

1. Benenne die mit Ziffern gekennzeichneten Teile.
2. Vergleiche die Bandscheiben in Bild A und B miteinander.
3. Beschreibe mithilfe von Bild B die Entstehung eines Bandscheibenvorfalls.
4. Wähle eine der Aufgaben aus:
   - a Erkläre, warum ein Bandscheibenvorfall starke Schmerzen verursacht.
   - b Stelle Vermutungen an, ob am Kreuz- und Steißbein ein Bandscheibenvorfall auftreten kann.

1 Getränkedose wird geöffnet

Hebel

Getränkedose öffnen

Um aus einer Getränkedose trinken zu können, muss vorher ein Teil des Deckels eingedrückt werden. Nur mit der Hand bekommt man den Deckel nur sehr schwer oder gar nicht eingedrückt. Hebt man aber die Metalllasche am Deckel der Dose an, geht sie ganz leicht auf. Die Metalllasche ist ein **Hebel**.

Drehpunkt

Lange, stabile Gegenstände können als Hebel eingesetzt werden. So kann zum Beispiel ein Metallrohr oder ein Holzbrett ein Hebel sein. Zu Hause helfen Hebel beim Knacken von Nüssen oder bei der Gartenarbeit. Jeder Hebel wird immer um einen bestimmten Punkt gedreht, den **Drehpunkt**.

2 Einseitiger Hebel

Einseitiger Hebel

Um eine schwere Truhe leichter anzuheben, wird das eine Ende einer Stange unter ihr platziert. Die Stange wird als Hebel benutzt. Wenn das freie Ende der Stange angehoben wird, dann bewegt sich auch die Truhe nach oben. Beim Anheben bewegt sich die gesamte Stange in eine Richtung. Die Stange ist ein **einseitiger Hebel**. Der Drehpunkt befindet sich bei einem einseitigen Hebel am unteren Stangenende auf dem Boden.

Zweiseitiger Hebel

Legt man eine Auflage wie einen Stein unter einen einseitigen Hebel, befindet sich der Drehpunkt nicht mehr am unteren Ende der Stange. Er liegt nun zwischen den beiden Enden des Hebels. Rechts und links vom Drehpunkt befinden sich dadurch zwei **Hebelarme**. Man spricht jetzt von einem **zweiseitigen Hebel**. Den Hebelarm vom Drehpunkt bis zum Gegenstand bezeichnet man als **Lastarm**. Der Hebelarm vom Drehpunkt bis zum Angriffspunkt der Kraft wird als **Kraftarm** bezeichnet. Mit einem zweiseitigen Hebel lassen sich schwere Gegenstände leichter heben. Um eine schwere Truhe anzuheben, muss der Kraftarm heruntergedrückt statt angehoben werden. Bei einem einseitigen Hebel liegen Lastarm und Kraftarm auf einer Seite vom Drehpunkt.

Will man noch mehr Kraft sparen, müssen die Armlängen eines Hebels verändert werden. Es gilt: Je länger der Kraftarm und je kürzer der Lastarm ist, desto weniger Kraft muss aufgebracht werden.

Die Wippe

Eine Wippe ist ein zweiseitiger Hebel. An ihr kann man leicht die Wirkungen der verschiedenen Armlängen sehen. Sitzt eine leichte Person am äußeren Rand eines Armes, kann sie auch eine viel schwerere Person anheben. Diese muss dafür auf dem anderen Hebelarm nah am Drehpunkt, der Mitte der Wippe, sitzen. Je weiter die zweite Person auf dem Hebelarm sich vom Drehpunkt entfernt, desto schwerer wird es, sie anzuheben.

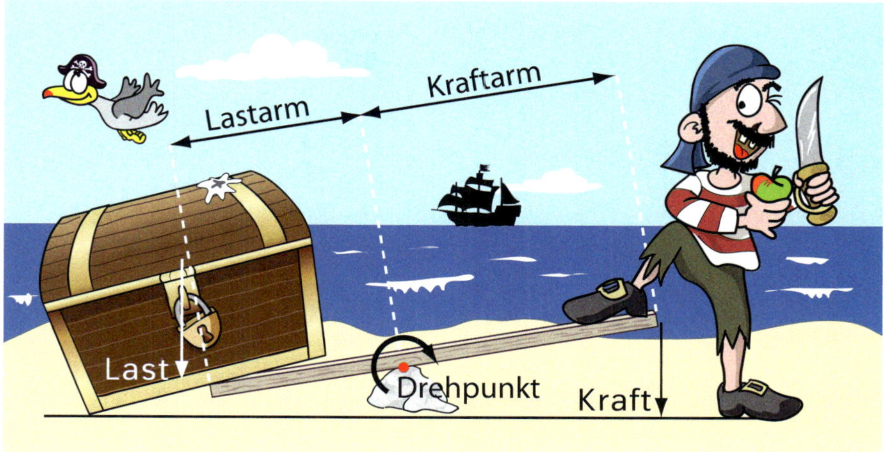

3 Zweiseitiger Hebel

Material mit Aufgaben

M1 Hebel

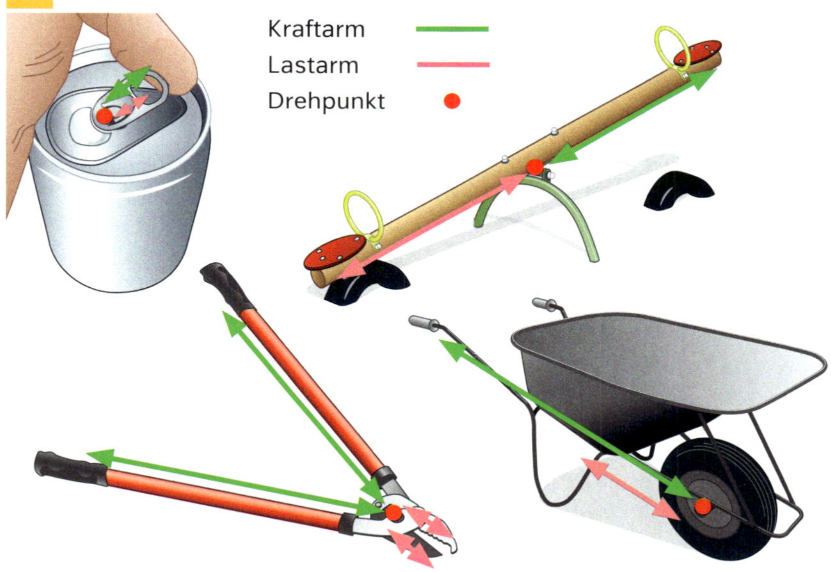

1. ▮▯▯ Ordne den Bildern begründet die passende Hebelart zu.
2. ▮▮▯ Beschreibe an je einem Beispiel die Funktionsweise eines einseitigen und eines zweiseitigen Hebels. ➕
3. Wähle eine der Aufgaben aus:
   a ▮▮▯ Erkläre, warum eine Astschere lange Griffe hat.
   b ▮▮▮ Erkläre, wie die Astschere gebaut sein muss, damit sie noch dickere Äste schneiden kann.

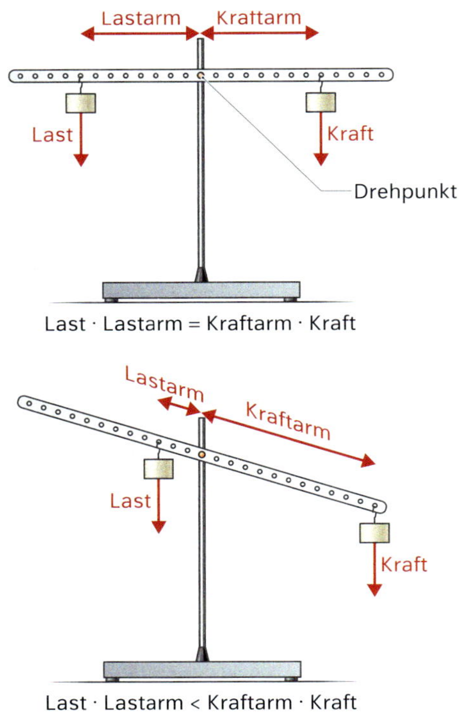

4 Hebelgesetz an einer Balkenwaage

Das Hebelgesetz

An einer Balkenwaage hängen zwei gleich schwere Gewichte gleich weit vom Drehpunkt entfernt. So sind Last- und Kraftarm wie Last und Kraft gleich groß. Die Waage ist im Gleichgewicht.
Hängt man ein Gewicht an den Rand, wird der Kraftarm größer. Hängt man das andere Gewicht näher an den Drehpunkt, wird der Lastarm kleiner. Die Waage ist nicht mehr im Gleichgewicht. Das Produkt aus Kraft und Kraftarm ist größer als das Produkt aus Last und Lastarm.
Wenn ein Hebel im Gleichgewicht ist, dann sind die Produkte aus Lastarmlänge und Last und Kraftarmlänge und Kraft gleich groß. Diesen Zusammenhang bezeichnet man als Hebelgesetz.

Last · Lastarm = Kraft · Kraftarm

Material mit Aufgaben

P2 Hebelgesetz

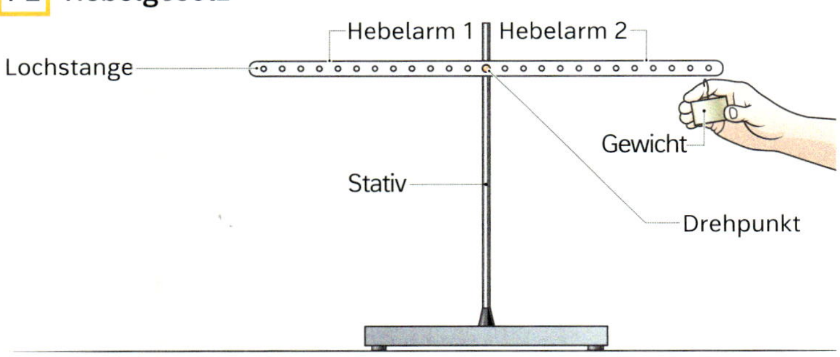

Hebelarm 1		Hebelarm 2	
Gewicht in g	Armlänge in cm	Gewicht in g	Armlänge in cm
...	...	...	...
...	...	...	...

Material: mehrere Gewichte, Stativ, Lochstange, Lineal

Durchführung: Befestigt am Stativ die Lochstange so, dass sie sich im Gleichgewicht befindet. Hängt nun mehrere Gewichte jeweils in ein Loch an beiden Hebelarmen. Versucht, die Lochstange ins Gleichgewicht zu bringen, ohne die Gewichte im gleichen Abstand zum Drehpunkt aufzuhängen. Bestimmt das Gesamtgewicht pro Hebelarm und messt mit dem Lineal die Länge der Hebelarme.

1. Übertragt die Tabelle in eure Hefte und tragt eure Ergebnisse ein.
2. Erklärt mithilfe eurer Beispiele das Hebelgesetz.

Werkzeuge

Ein Hammer, eine Säge, eine Feile oder auch ein Schraubenzieher sind Werkzeuge. Ein Werkzeug ist ein Gerät, dass die menschliche Körperkraft unterstützt oder sogar verstärken kann. Es gibt verschiedene Werkzeuge für unterschiedliche Bereiche und Aufgaben. Eine Laubsäge ist beispielsweise sehr gut geeignet um Holzmuster aus dünnen Holzplatten anzufertigen. Mit Schraubenziehern lassen sich Schrauben viel leichter in Holz schrauben als mit der bloßen Hand. Auch Feilen gibt es in verschiedenen Formen mit feinen oder groben Oberflächen. So kann man mit Feilen Holz, oder auch Metall abschleifen. Ein Hammer verstärkt die Muskelkraft des Arms, sodass Nägel leichter in Holz oder andere Materialien geschlagen werden können.

Werkzeuge und Hebel

Einige Werkzeuge sind Hebel. Ein Schraubenschlüssel zum Beispiel greift mit seinem einen Ende fest um den Kopf einer Schraube. Er ist ein einseitiger Hebel. Je weiter außen man den Schraubenschlüssel anfässt, desto größer ist der Hebelarm. Die Schraube lässt sich dann leichter eindrehen.

Maschinen

Nicht nur Werkzeuge, sondern auch viele Maschinen erleichtern verschiedene Arbeiten von Menschen. Im Gegensatz zu Werkzeugen besitzten Maschinen einen Antrieb. Sie können durch Muskelkraft, Strom, Treibstoffe wie Benzin oder auch Wasser und Wind angetrieben werden.

1 Werkzeuge: **A** Laubsäge, **B** Schraubenzieher, **C** Feile, **D** Hammer

Material mit Aufgaben

M1 Werkzeuge

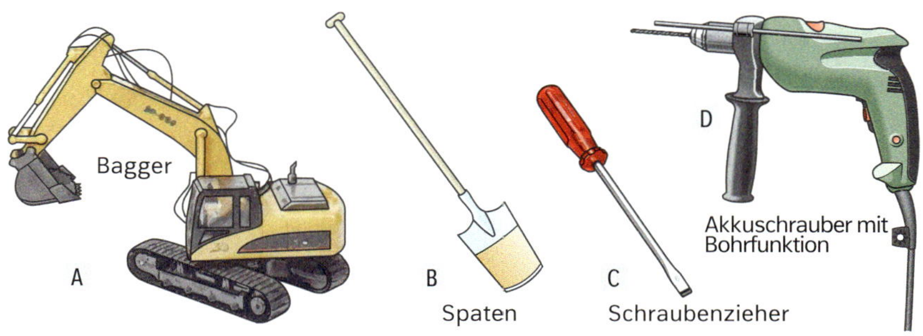

1. Ordne den Beispielen A-D die Begriffe Werkzeug und Maschine zu. Begründe.
2. Erkläre, bei welchem Gegenstand es sich um einen Hebel handelt.
3. Erkläre mithilfe der Bilder, wie die Arbeit mit Werkzeugen durch Maschinen zusätzlich erleichtert wird

1 Frauen beim Rudern

Gelenke und Muskeln

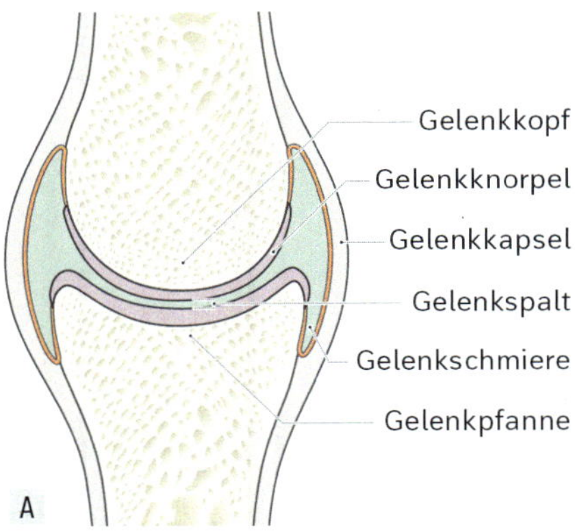

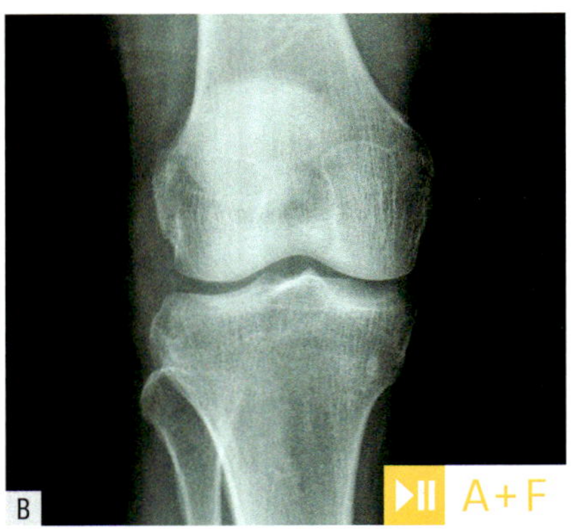

2 Aufbau eines Gelenks: **A** Schema, **B** Röntgenbild des Kniegelenks

Aufbau eines Gelenks

Das Zusammenspiel von Gelenken und Muskeln bewegt das Skelett. Die Enden eines Muskels sitzen an verschiedenen Knochen. Ziehen sich die Muskeln zusammen, bewegen sie die Knochen. Die Knochen sind über **Gelenke** beweglich miteinander verbunden. An einem Gelenk besitzt einer der beiden Knochen ein verdicktes Ende. Dieser **Gelenkkopf** passt genau in die Vertiefung des anderen Knochens, in die **Gelenkpfanne**. An ihren Kontaktflächen sind Gelenkkopf und Gelenkpfanne von glattem, elastischen **Gelenkknorpel** überzogen. Zwischen den beiden Kontaktflächen liegt der **Gelenkspalt**. Dieser ist mit der **Gelenkschmiere** gefüllt. Der Gelenkknorpel und die Gelenkschmiere schützen die Knochen. Um das Gelenk herum liegt die **Gelenkkapsel**. Sie sorgt dafür, dass der Gelenkkopf bei normaler Belastung nicht aus der Gelenkpfanne springt oder sich verschiebt.

Bänder stützen das Gelenk

Dehnbare **Bänder** an den Knochen geben Festigkeit und verhindern das Verschieben von Gelenkkopf und Gelenkpfanne im Gelenk. Gleichzeitig lassen sie Bewegungen zu. Regelmäßige, schonende Bewegung stärkt die Muskeln und die Bänder und somit die Gelenke.

Gelenktypen

Je nachdem, welche Bewegung ausgeführt werden kann, unterscheidet man zwischen verschiedenen **Gelenktypen**. Den Unterarm kann man im Ellbogengelenk nach oben und unten bewegen. Wie das Scharnier einer Tür ermöglicht das Ellbogengelenk Bewegungen in nur eine Richtung. Das Ellbogengelenk ist ein **Scharniergelenk**.
Zwischen dem ersten und zweiten Halswirbel gibt es ein besonderes Gelenk, das **Drehgelenk**. Damit kann man den Kopf drehen. Dabei bewegt sich ein zapfenförmiger Fortsatz des einen Wirbels

in der Öffnung des anderen Wirbels. Ein Drehgelenk ermöglicht Bewegungen in jede Richtung.

Der Oberarm kann in der Schulter in viele Richtungen bewegt werden. Der Gelenkkopf am oberen Ende des Oberarms hat die Form einer Kugel. Die Gelenkpfanne in der Schulter ist kugelig ausgehöhlt. Der Oberarm lässt sich daher kreisend bewegen. Das Schultergelenk ist ein **Kugelgelenk**.

Der Daumen hat zwei ineinandergreifende Gelenkflächen. Dadurch kann er abgespreizt und den anderen Fingern gegenübergestellt werden. Nur der Daumen hat ein **Sattelgelenk**. Es ermöglicht Bewegungen in zwei Richtungen.

Gelenkverletzungen

Gelenkverletzungen sind schmerzhaft und schränken Bewegungen des Körpers ein. Wird zum Beispiel das Kniegelenk verdreht, ist häufig ein wichtiger Knorpel betroffen. Dieser kann reißen. Bei ruckartigen Bewegungen kann man plötzlich mit dem Fuß umknicken. Hält das Sprunggelenk zum Beispiel beim Fußballspielen den Belastungen nicht stand, werden die Bänder überdehnt. Es kommt zu einer **Bänderdehnung**. Im schlimmsten Fall reißen die Bänder. Man spricht von einem **Bänderriss**. Wenn ein Gelenk überstreckt wird, kann der Gelenkkopf aus der Gelenkpfanne springen. Kehrt der Gelenkkopf nicht wieder in die Gelenkpfanne zurück, spricht man von einer **Verrenkung**. ▶

A Beschreibe den Bau eines Gelenks und nenne die Funktion der einzelnen Bestandteile.

Material mit Aufgaben

A+F

M1 Gelenkmodelle

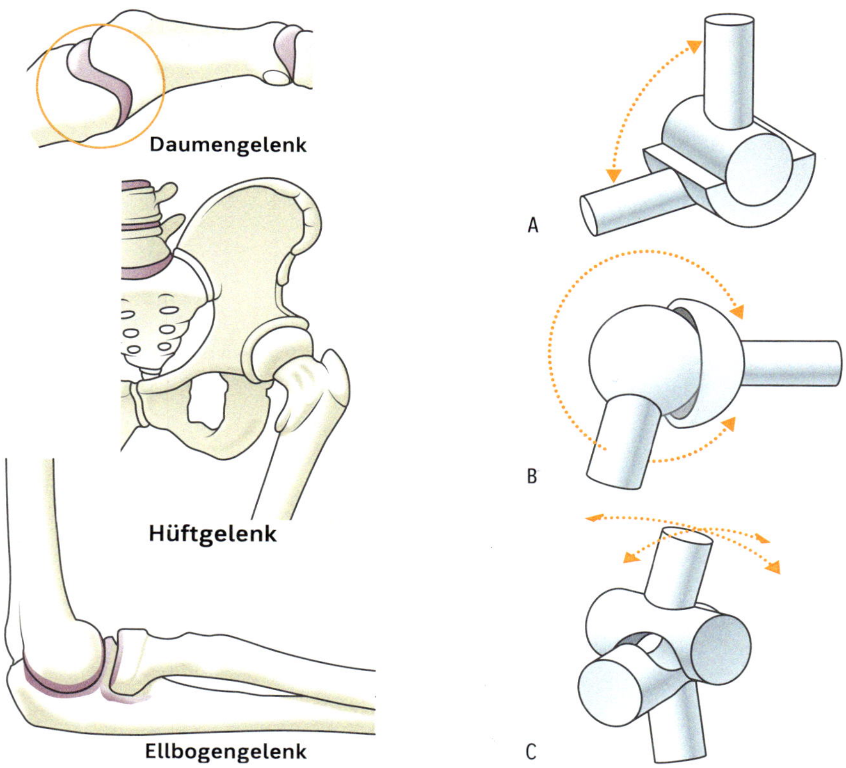

1. Beschreibe die Bewegungsrichtungen der Gelenkmodelle A bis C. Beachte die Pfeile.
2. Ordne den dargestellten Gelenken die passenden Gelenkmodelle zu. Begründe.
3. Übertrage die Tabelle in dein Heft und ergänze sie.
4. Beschreibe die Bewegungsrichtungen des Zeigefinger- und des Schultergelenks. Begründe, um welchen Gelenktyp es sich handelt.

Gelenktyp	Beweglichkeit	Beispiele
...	Eine Richtung: vor und zurück	...
Kugelgelenk	...	...
...	...	...

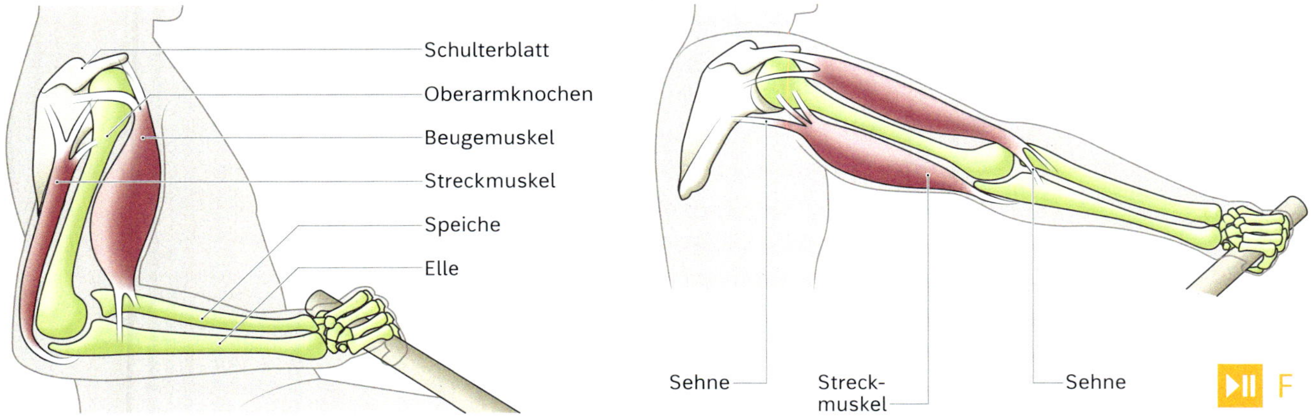

3 Muskeln arbeiten zusammen

Muskeln des Körpers

Im menschlichen Körper finden sich über 600 verschiedene Muskeln. Sie alle müssen zusammen arbeiten, damit der Körper beweglich ist.

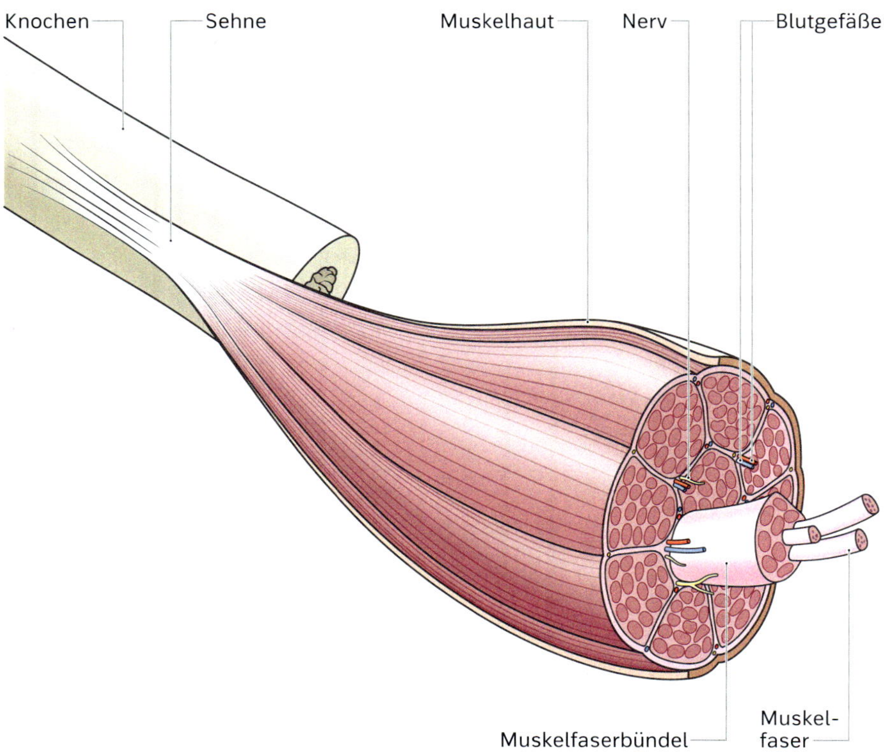

4 Bau eines Skelettmuskels

Bau der Skelettmuskulatur

Die Skelettmuskeln sind aus mehreren **Muskelfaserbündeln** zusammengesetzt. Jedes Muskelfaserbündel besteht aus mehreren **Muskelfasern**. Der Muskel wird von einer festen **Muskelhaut** umschlossen. Sie geht an den Enden des Muskels in straffe, stabile **Sehnen** über. Die Sehnen erstrecken sich über ein Gelenk hinweg und verbinden den Muskel mit dem dazugehörigen Knochen. Alle Muskeln arbeiten nach dem gleichen Prinzip: Sie ziehen sich zusammen und verkürzen sich. Dadurch bewegt sich der Körper. Zwischen und in den Muskeln liegen Blutgefäße und Nerven. Das Gehirn steuert die Bewegung der Muskeln. Es schickt Signale über das Rückenmark und die Nerven zu den Muskeln.

Muskeln brauchen Energie

Damit Muskeln sich zusammenziehen können, benötigen sie Energie. Dafür sind Sauerstoff und Nährstoffe nötig. Muskeln müssen daher gut mit Blut versorgt werden. Strengt man sich körperlich an, benötigen die Muskeln mehr

Energie. Dadurch wird die Atmung und der Herzschlag schneller und die Muskeln werden stärker durchblutet.

Gegenspielerprinzip

Skelettmuskeln arbeiten bei den verschiedenen Bewegungen eng zusammen. Beim Rudern werden zum Beispiel die Muskeln der Arme und der Beine beansprucht.
Die Arme müssen dabei abwechselnd angewinkelt und wieder gestreckt werden. Der vordere Oberarmmuskel, der **Bizeps**, ist über Sehnen mit dem Schulterblatt und dem Unterarmmuskel verbunden. Wenn sich der Bizeps zusammenzieht, wird er kürzer und dicker. Die Oberarmknochen und die Unterarmknochen bewegen sich aufeinander zu. Der Arm wird gebeugt. Man bezeichnet den Bizeps daher als **Beugemuskel**.
Damit der Arm aber nicht mehr gebeugt ist, muss ein anderer Muskel aktiv werden. Der hintere Oberarmmuskel, der **Trizeps**, ist mit dem Schulterblatt und mit der Elle verbunden. Wenn sich der Trizeps zusammenzieht, werden die Unterarmknochen nach unten bewegt. Der Arm wird gestreckt. Der Trizeps ist ein **Streckmuskel**.
Wenn sich der Trizeps zusammenzieht, wird automatisch der Bizeps gedehnt. Dieser wird dadurch länger und dünner. Umgekehrt wird der Trizeps gedehnt, wenn sich der Bizeps zusammenzieht. Bizeps und Trizeps arbeiten zusammen im Team. Der Beugemuskel und der Streckmuskel wirken dabei wie Gegenspieler. Viele Muskeln arbeiten nach diesem **Gegenspielerprinzip** zusammen.

Material mit Aufgaben

M2 Gegenspielerprinzip

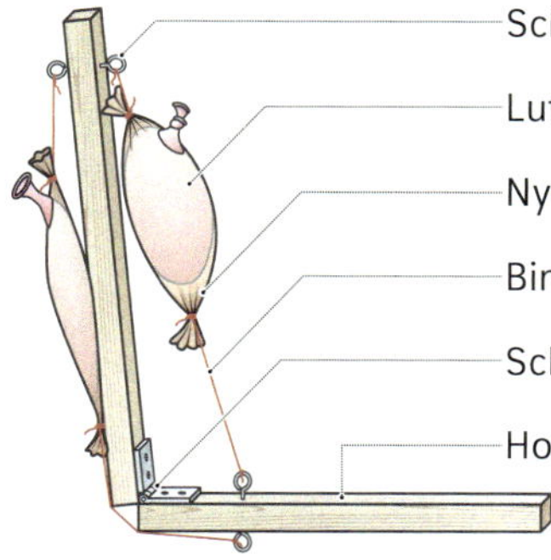

1. Ordne den Bauteilen des Modells die passenden Bauteile des Körpers zu.
2. Beschreibe die Funktionsweise des Modells und erkläre damit das Gegenspielerprinzip.

M3 Hebelwirkung

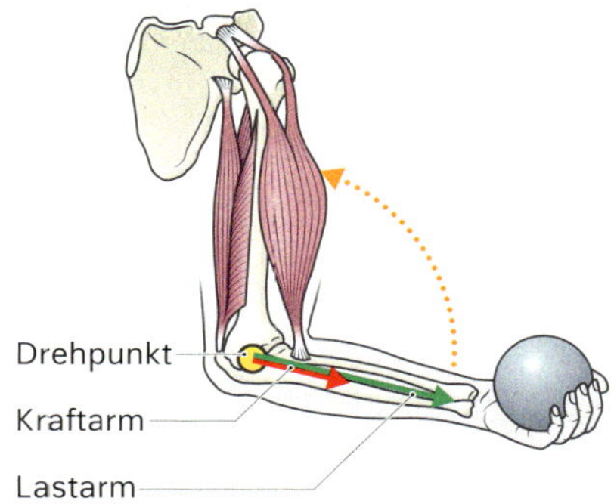

1. Beschreibe die Position der Hebelarme und des Drehpunkts.
2. Beschreibe das Heben der Kugel mithilfe der Hebelwirkung.

M4 Gesichtsmuskulatur

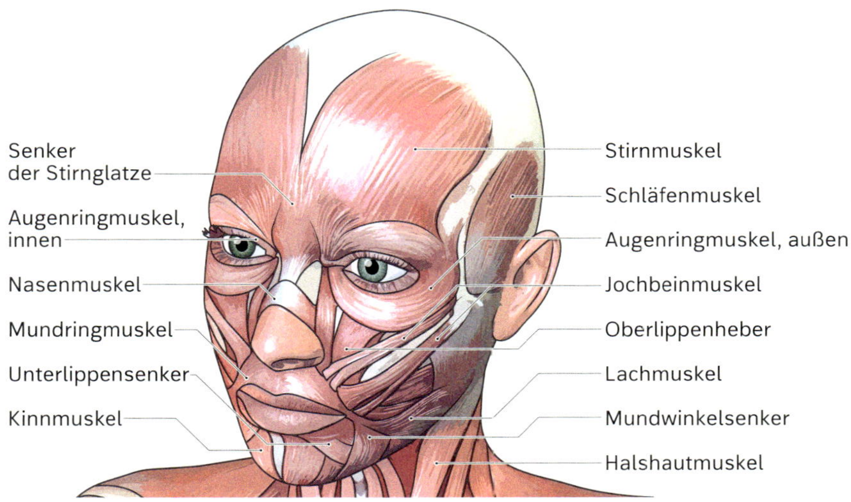

Überlegt euch drei verschiedene Gesichtsausdrücke und führt sie euch gegenseitig vor.

1. Beschreibt, welche Teile der Gesichtsmuskulatur jeweils verantwortlich sind.

1 Mann beim Einkaufen

Nahrung liefert Energie und Baustoffe

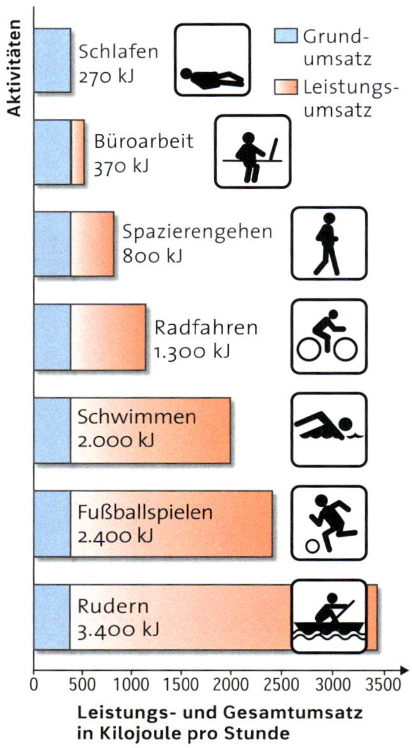

2 Energiebedarf bei verschiedenen Tätigkeiten

Der Mensch benötigt Energie

Wir benötigen für körperliche und geistige Tätigkeiten wie Sport oder Lernen ständig **Energie**. Die Energie ist in den Nährstoffen der Lebensmittel enthalten. Je mehr wir uns bewegen, desto mehr Energie benötigt der Körper. Im Körper wird die Energie umgesetzt. Den Umsatz der Energie in Bewegung bezeichnet man als **Leistungsumsatz**. Auch in körperlicher Ruhe, wie beim Schlafen, braucht der Körper Energie. Die inneren Organe wie Herz oder Lunge arbeiten pausenlos. Die dabei umgesetzte Energie wird als **Grundumsatz** bezeichnet. Auch muss der Körper seine Körpertemperatur aufrechterhalten. Deshalb ist der Mensch auf die stetige Zufuhr von Energie über die Nahrung angewiesen.

Gesamtumsatz = Leistungsumsatz + Grundumsatz

Energie steckt in der Nahrung

Energie ist unsichtbar. Dennoch kann sie Gegenstände bewegen und erwärmen. Energie tritt in verschiedenen Formen auf. Man spricht von Strahlungsenergie, Bewegungsenergie, elektrischer Energie oder auch Wärme. Energie, die in Stoffen enthalten ist, bezeichnet man als **chemische Energie**. Pflanzen wandeln die Strahlungsenergie der Sonne in chemische Energie um. Diese chemische Energie wird in Nährstoffen wie zum Beispiel Zucker gespeichert. Die Nährstoffe unserer Nahrung enthalten daher viel chemische Energie.

Kohlenhydrate und Fette sind die wichtigsten Energielieferanten. Der Gehalt an chemischer Energie von Nahrungsmitteln ist auf ihren Verpackungen als Brennwert angegeben. Er wird in **Kilojoule** (kJ) oder veraltet mit der Einheit **Kilokalorien** (kcal) angegeben.

Betriebsstoffwechsel

Nach der Aufnahme der Nahrung in den Körper werden die Nährstoffe in ihre kleinsten Bausteine zerlegt. Nur so können sie vom Körper in das Blut aufgenommen werden. Diesen Vorgang bezeichnet man als Verdauung.
Die kleinsten Bausteine der Nährstoffe werden mit dem Blut im Körper verteilt. Anschließend werden die Bausteine der Nährstoffe so vom Körper verarbeitet, dass der Körper die in ihnen gespeicherte Energie nutzen kann. So hält der Körper seine Lebensprozesse und seine Körpertemperatur aufrecht. Dem Körper dienen vor allem Kohlenhydrate und Fette als Energielieferanten für seinen **Betriebsstoffwechsel**.

Baustoffwechsel

Nährstoffe werden auch zum Aufbau und Wachstum des Körpers benötigt. Der Körper verarbeitet die Bausteine der Nährstoffe und bildet aus ihnen körpereigene Stoffe. So werden zum Beispiel Muskeln aufgebaut oder Blut gebildet. Für diesen **Baustoffwechsel** nutzt der Körper vor allem die über die Nahrung aufgenommenen Eiweißstoffe und ihre Aminosäuren-Bausteine als Baustoffe. So wird beispielsweise aus pflanzlichem Sojaeiweiß körpereigenes Muskeleiweiß.

Die Aufnahme, Verarbeitung und Abgabe von Stoffen bezeichnet man als **Stoffwechsel**.

A Nenne die Stoffe, die der Körper als Energielieferanten nutzt.

B Erkläre, warum Menschen auch im Schlaf Energie benötigen.

Material mit Aufgaben

M1 Betriebsstoffwechsel

Lebensmittel	Energiegehalt pro 100g oder 100ml	Zucker	Fett	Eiweiß
Haushaltszucker	1680 kJ	100 g	0 g	0 g
Cola	180 kJ	11 g	0 g	0 g
Apfelsaft	190 kJ	11,5 g	0 g	0 g
Schokoriegel	1.920 kJ	70 g	18 g	3 g

1. Ein Stück Würfelzucker wiegt etwa drei Gramm. Berechne seinen Energiegehalt in Kilojoule.
2. Berechne, wie viel Zucker in einem Liter Cola ist.
3. Erkläre, warum der Energiegehalt von Apfelsaftschorle geringer ist als der von Apfelsaft.
4. Wähle eine der Aufgaben aus:
   a Berechne, wie lange man mit der Energie eines 50g schweren Schokoriegels schwimmen könnte.
   b Erkläre, warum der Energieverbrauch beim Sport auch vom Körpergewicht abhängt.

M2 Baustoffwechsel

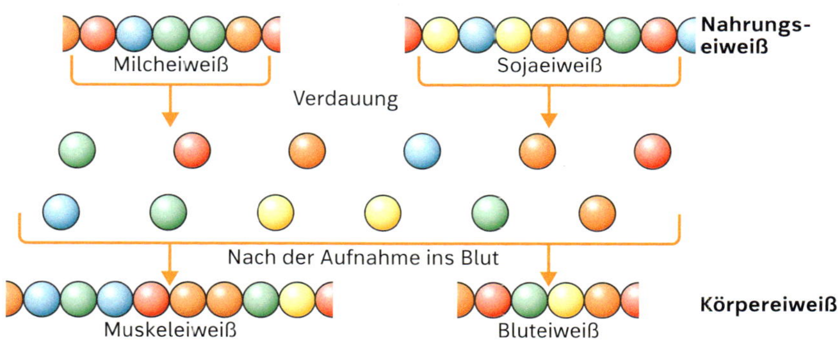

1. Beschreibe den Aufbau von Eiweißstoffen. Erkläre mithilfe des Bildes, worin sie sich unterscheiden können.
2. Erkläre mithilfe des Bildes, wie aus Nahrungseiweiß körpereigene Eiweißstoffe aufgebaut werden.
3. Wähle eine der Aufgaben aus:
   a Erläutere, warum Jugendliche auf eine eiweißhaltige Ernährung achten sollten.
   b Erläutere, warum Sojaeiweiß ein geeigneter Eiweißlieferant für die Menschen ist, die auf Fleisch und Fisch verzichten.

1 Burger essen

Ausgewogene Ernährung

Fehlernährung

Nimmt ein Mensch dauerhaft mehr Energie mit der Nahrung auf, als er benötigt, speichert der Körper die überschüssige Energie als Körperfett. Es kann **Übergewicht** entstehen. Viele Kinder und Jugendliche sind übergewichtig. Sie haben ein erhöhtes Risiko an Herz-Kreislauf-Erkrankungen, Diabetes oder Gelenkschäden zu erkranken. Mangelnde Bewegung fördert ebenfalls die Entstehung von Übergewicht. Wird über längere Zeit zu wenig Nahrung aufgenommen, kann sich **Untergewicht** entwickeln. Der Körper baut dann Körperfett und sogar Muskelmasse ab, um die benötigte Energie für den Betriebsstoffwechsel zu gewinnen. Untergewicht fördert Konzentrationsstörungen, Muskelschwäche und die Anfälligkeit für Krankheiten.

Ausgewogene Ernährung

Der Mensch muss mit der Nahrung so viel Energie aufnehmen, wie er für seine Lebensvorgänge benötigt. Bei einer **ausgewogenen Ernährung** müssen auch ausreichend Vitamine, Mineralstoffe und Ballaststoffe im richtigen Verhältnis aufgenommen werden.

Material mit Aufgaben

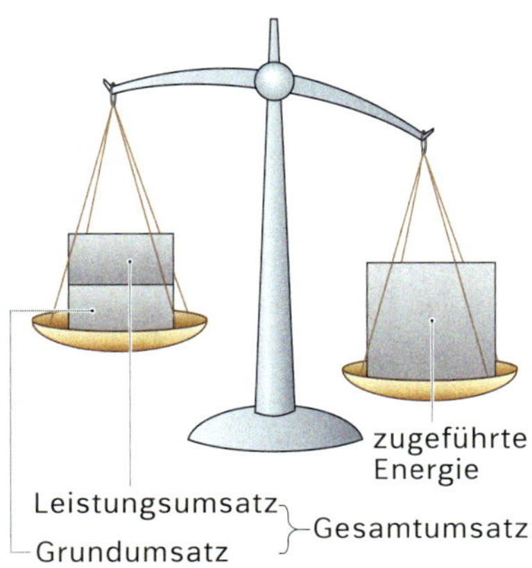

M1 Auf die Waage

1. Beschreibe das im Bild dargestellte Modell.
2. Erkläre, wie Übergewicht entsteht.
3. Erkläre, warum körperliche Betätigung für eine gesunde Lebensweise wichtig ist.
4. Erläutere anhand des Modells, wie Übergewichtige gesund abnehmen können.

Ernährungspyramide

Kein Nahrungsmittel enthält alle lebensnotwendigen Stoffe im richtigen Verhältnis. In der **Ernährungspyramide** sind die Nahrungsmittel in acht Gruppen eingeteilt und jeweils in einem Feld der Pyramide dargestellt. Je größer ein Feld, desto höher sollte ihr Anteil an der täglichen Ernährung sein. Fette und Öle stehen zusammen mit den Süßigkeiten an der Spitze der Pyramide. Davon sollte man nur wenig essen. Der Körper benötigt zwar Fette und Zucker, diese sind aber in vielen Lebensmitteln in versteckter Form enthalten. Der Körper benötigt für den Stoffwechsel Wasser. Daher sollte man täglich mindestens 1,5 bis 2 Liter trinken. Mineralwasser oder ungesüßte Kräuter- und Früchtetees sind dabei empfehlenswert. Auf alkoholische Getränke sollte verzichtet werden. Alkohol schädigt die Organe.

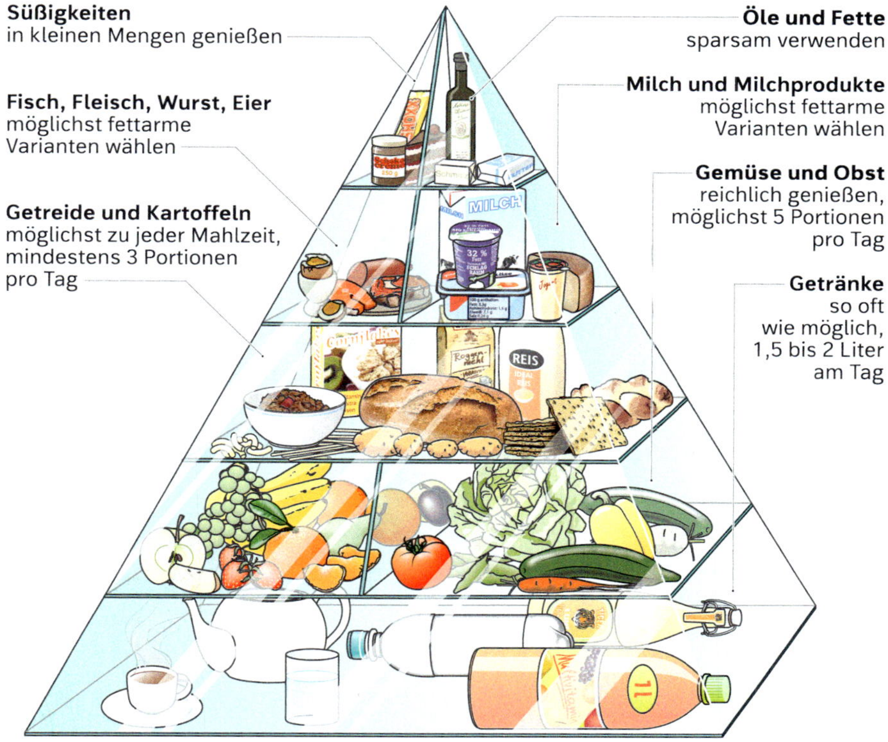

2 Ernährungspyramide

A Erkläre anhand der Ernährungspyramide, was man unter ausgewogener Ernährung versteht.

B Notiere, was du gestern gegessen hast. Beurteile, ob du dich ausgewogen ernährt hast.

Material mit Aufgaben

M2 Leistungsfähigkeit

1. Beschreibe mithilfe des Diagramms, wie sich Nahrung auf die Leistungsfähigkeit von Schüler A und Schüler B auswirkt.
2. Erkläre, warum ein ausgewogenes Frühstück wichtig ist.
3. Erläutere, warum mehrere kleine Mahlzeiten am Tag besser sind als wenige große Mahlzeiten.

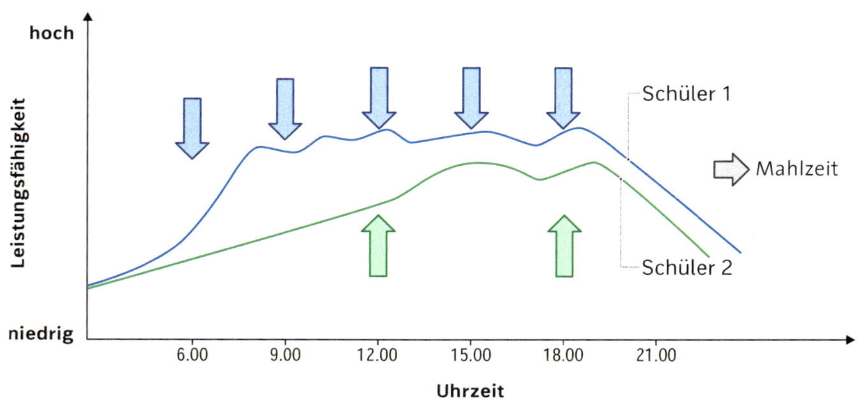

1 Der Blick auf die Waage

Essstörungen

Essstörungen

Manche Menschen finden sich zu dick. Daher essen sie weniger und machen Diäten. Was mit einer harmlosen Diät beginnt, kann aber manchmal in einer ernsthaften Erkrankung enden, einer **Essstörung**.

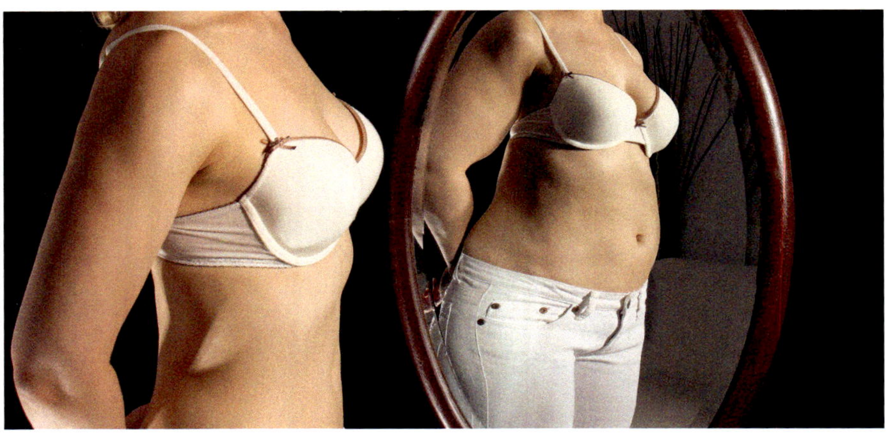

2 Gestörte Selbstwahrrnehmung

Magersucht

Die Magersucht ist eine sehr häufige Essstörung. Betroffene weisen ein extremes **Untergewicht** auf. Sie wiegen sich sehr oft und essen nur sehr wenig. Manche sind sehr ehrgeizig und treiben dazu noch übermäßig viel Sport. Viele Betroffene versuchen zusätzlich durch Erbrechen nach Mahlzeiten oder die Einnahme von Abführmitteln abzunehmen. Magersüchtige vergleichen ihr Körpergewicht ständig mit anderen Menschen. Sie sind davon überzeugt, erst dann wertvoll zu sein, wenn sie dünn sind. Ihr tägliches Handeln wird von der Idee bestimmt, noch mehr abzunehmen. Sie schätzen ihr körperliches Aussehen falsch ein. Sie fühlen sich trotz des extremen Untergewichts zu dick. Es ist sehr schwer für die Betroffenen ohne Hilfe mit diesem Verhalten aufzuhören.

Esssucht

Bei einer Esssucht leiden die Betroffenen an starken Essattacken. Dabei verschlingen sie wahllos große Mengen an Nahrung. Die Betroffenen verspüren einen ständigen Drang zu essen, obwohl sie eigentlich keinen Hunger haben. Sie leiden meist an starkem **Übergewicht**. Manche nehmen so stark zu, dass sie fettleibig werden. Nach ihren Essattacken zeigen die Betroffenen starke Schuldgefühle. Viele brechen im Laufe der Krankheit den Kontakt zu ihrer Familie und ihren Freunden ab. Sie fühlen sich allein und ausgegrenzt. Dadurch essen sie noch mehr.

Ess-Brechsucht

Bei der Ess-Brechsucht sind die Betroffenen meist normalgewichtig, leiden aber ebenfalls unter Essattacken. Regelmäßig schlingen sie heimlich größere Mengen an Essen hinunter. Sie haben große Angst, dick zu werden. Damit sie trotz ihren Essattacken nicht zunehmen, treiben sie sehr viel Sport oder hungern regelmäßig eine Zeit lang. Manche nehmen gezielt nach dem Essen Abführmittel oder übergeben sich. Dafür schämen sich die meisten Betroffenen. Das ständige Erbrechen und die wiederkehrenden Essattacken zerstören ihr Selbstwertgefühl. Sie verlieren dadurch auch den Kontakt zu ihren Freunden. Die Ess-Brechsucht heißt auch **Bulimie**.

A Nenne Gemeinsamkeiten und Unterschiede der dargestellten Essstörungen.

B Erkläre die Aussage, welche Bild 2 vermittelt.

Material mit Aufgaben

M1 Das Tagebuch von Myriam

29.08.2019
In den Sommerferien war ich zwei Wochen bei meiner Oma. Vor den Ferien wog ich noch etwa 54 Kilogramm. Als ich wiederkam, sagten alle, wie toll ich aussehe und dass ich hübsch bin. So glücklich war ich noch nie! Ich will unbedingt, dass es so bleibt. Deswegen esse ich jetzt nur noch ganz wenig, fast keine Kohlenhydrate mehr.

26.10.2019
Einen Apfel und ein bisschen mageres Fleisch am Tag habe ich in den letzten 6 Wochen gegessen. Ich bin stolz auf mich, denn ich habe so fast 10 Kilogramm abgenommen. Meine Eltern und meine Freunde zicken mich aber die ganze Zeit an. Sie sagen alle, ich wäre zu dünn und würde krank aussehen. Angeblich bin ich immer schlecht drauf. Sie verstehen mich nicht! Sie können von mir aus sagen, was sie wollen. Außerdem muss ich noch ein bisschen abnehmen. Mit meinen Beinen und meinem Bauch bin ich nicht zufrieden. Ich will doch nur hübsch sein.

20.11.2019
Meine Mutter will mit mir die ganze Zeit zum Arzt gehen. Sie will dort einen Ernährungsplan machen und mein Gewicht kontrollieren. Ich trinke einfach vorher zwei Liter Wasser. Das merken die doch sowieso nicht. So, ich geh' jetzt zum Sport – dann habe ich fünf Tage am Stück was gemacht!

14.04.2020
Morgen ist mein 13. Geburtstag. Eigentlich müsste ich mich freuen. Doch ich lache schon lange nicht mehr. Morgen muss ich für 8 Wochen in die Klinik. Mein Arzt hat das angeordnet. Er sagt, mein Puls ist zu niedrig. Mir ist die ganze Zeit übel, ich bin total schlapp. Ich wiege jetzt 36 Kilogramm. Was habe ich meinem Körper angetan? Ich habe Angst vor der Klinik und weine die ganze Zeit. Das wollte ich alles nicht!

1. Beschreibe Myriams Sucht und deren Ursachen.
2. Erkläre, an welcher Essstörung Myriam erkrankt ist.
3. Erläutere mögliche Gründe, warum manche Menschen sich in solche gefährlichen Situationen begeben.

1 Kind beißt in Wassermelone.

Die Verdauung

Verdauung
Die mit der Nahrung aufgenommenen Nährstoffe werden im Körper in die kleinsten Bausteine zerlegt. Nur so können sie ins Blut aufgenommen werden. Dieser Vorgang heißt **Verdauung**.

Im Mund
Die Nahrung wird mit den **Zähnen** zerkleinert und durchmischt. Mehrere **Speicheldrüsen** geben Speichel ab, sodass ein gleitfähiger Nahrungsbrei entsteht. Stoffe im Speichel beginnen die Stärke abzubauen. Diese „Zerlegungswerkzeuge" heißen **Enzyme**. Nach dem Kauen drückt die Zunge den Nahrungsbrei in den Rachen. Der Kehldeckel verschließt die Luftröhre, damit der Nahrungsbrei nur in die Speiseröhre gelangt.

In der Speiseröhre
Die Speiseröhre ist ein langer, muskulöser Schlauch und verbindet Mund und Magen. Die Muskeln der Speiseröhre ziehen sich hinter dem Nahrungsbrei zusammen und schieben ihn wellenartig vorwärts. Das Zusammenziehen der Muskulatur nennt man **Peristaltik**. So wird die im Mund vorverdaute Nahrung in den Magen gebracht.

Material mit Aufgaben

M1 Schluckvorgang

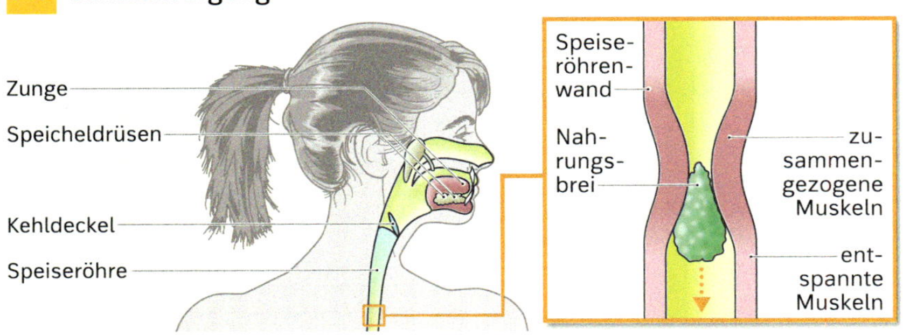

1. Beschreibe den Schluckvorgang mithilfe des Bildes.
2. Erkläre die Bedeutung des Speichels für das Schlucken.
3. Erkläre, warum man im Handstand trinken kann.
4. Erkläre das Sprichwort: „Gut gekaut ist halb verdaut".

Im Magen

Der Magen ist ein dehnbarer Muskelsack. Seine Innenwand ist mit einer Schleimhaut bedeckt. Sie gibt den **Magensaft** ab. Dieser wird durch Muskelbewegungen mit dem Nahrungsbrei vermischt. Der Magensaft enthält Enzyme für die Eiweiß-Verdauung und die **Magensäure**. Diese tötet Krankheitserreger ab und lässt Eiweiße aufquellen. So können die Enzyme die Eiweiße in ihre Bausteine, die Aminosäuren, zerlegen. Danach wird der Nahrungsbrei durch den Pförtner in den Dünndarm geschoben.

Im Dünndarm

Der Dünndarm ist etwa drei bis vier Meter lang. Sein erster Abschnitt heißt **Zwölffingerdarm**. Dorthin geben die Bauchspeicheldrüse und die Leber ihre **Verdauungssäfte** ab. Diese enthalten verschiedene Enzyme, die die Kohlenhydrate und Eiweiße vollständig in ihre kleinsten Bausteine zerlegen. Die Leber produziert den Gallensaft, der zunächst in der Gallenblase gespeichert wird. Er zerteilt Fett in kleine Tröpfchen. Fettspaltende Enzyme des Gallensafts wirken so besser. Nach dem Zerlegen der Nährstoffe gelangen ihre Bausteine durch die Dünndarmwand ins Blut und werden im Körper verteilt.

Im Dickdarm

Unverdauliche Reste gelangen in den Dickdarm. Dort werden dem Nahrungsbrei Wasser und Mineralstoffe entzogen. Die eingedickten Nahrungsreste sammeln sich im Enddarm. Sie werden als Kot über den After ausgeschieden.

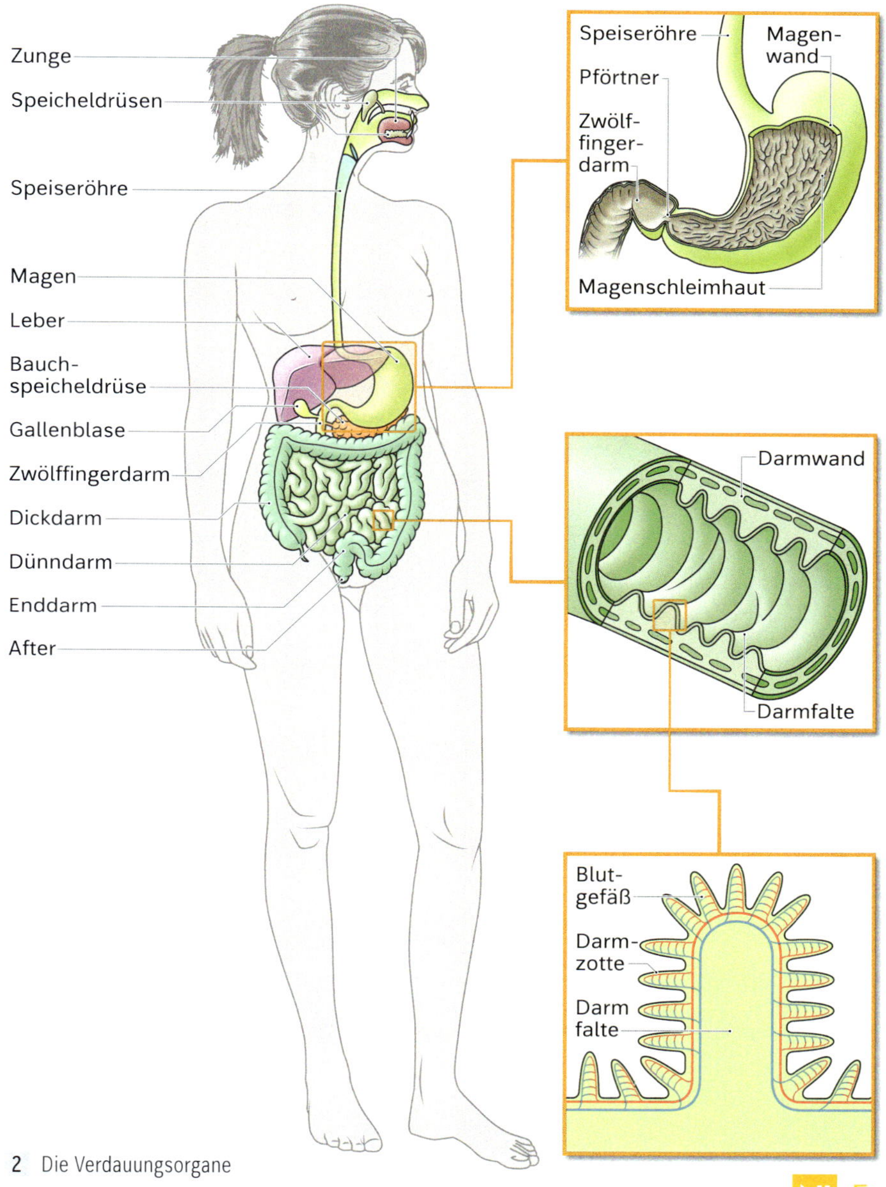

2 Die Verdauungsorgane

A Benenne die einzelnen Stationen der Verdauung und beschreibe ihre Aufgaben. Erstelle dazu eine Tabelle.

B Nenne die Organe, die Verdauungssäfte bilden.

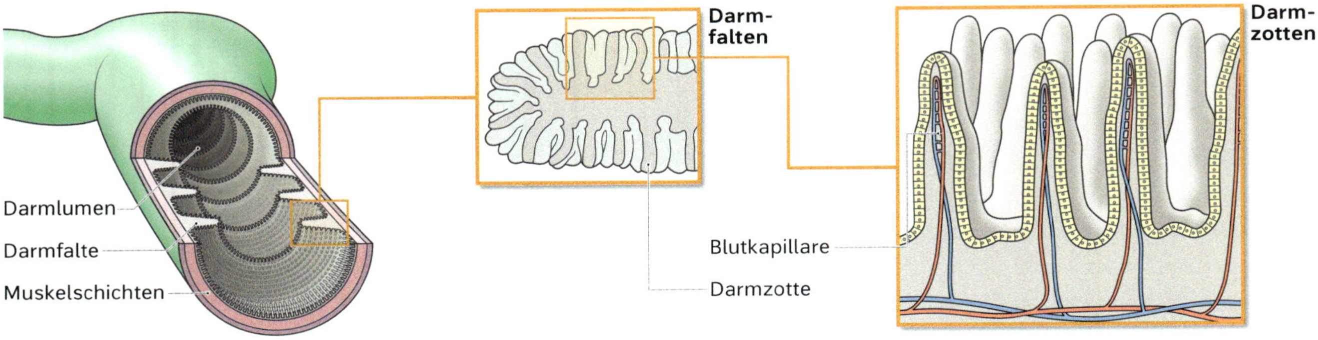

3 Oberflächenvergrößerung im Dünndarm

Material mit Aufgaben

M2 Enzyme

1. Beschreibe die Wirkung von Enzymen mit dem Bild.
2. Nenne Stationen des Verdauungssystems, an denen Enzyme wirken.
3. Ohne Enzyme gelangen keine Nährstoffe ins Blut. Erkläre diesen Sachverhalt.

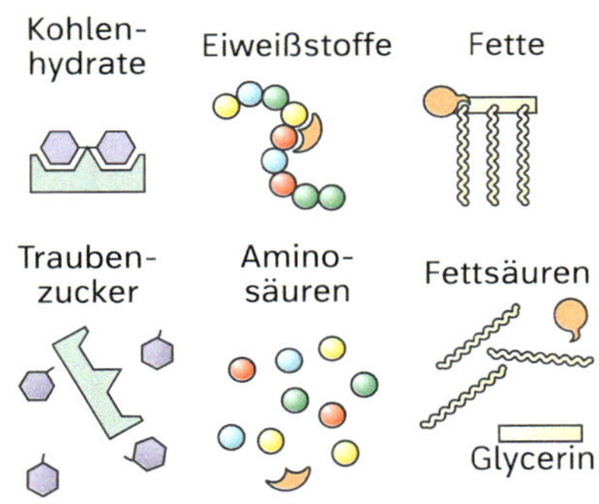

M3 Oberflächenvergrößerung

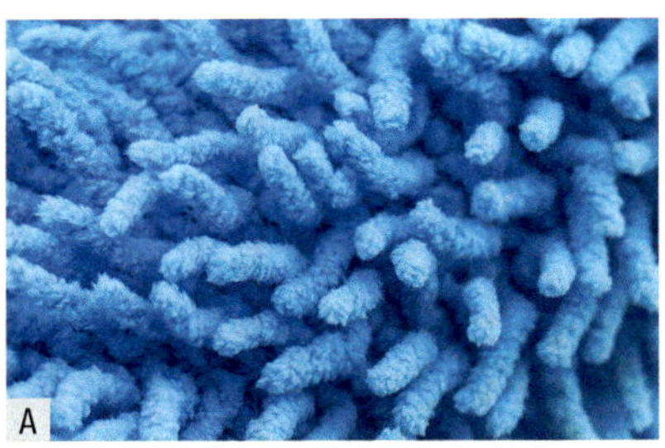

Außenkiemen des Axolotl

1. Vergleiche die Struktur des Mikrofasertuchs in Bild A mit dem Bau der Kiemen in Bild B.
2. Wähle eine der Aufgaben aus:

a Erkläre, warum ein Mikrofasertuch schnell viel Wasser aufnehmen kann.

b Erkläre das biologische Prinzip der Oberflächenvergrößerung am Beispiel der Außenkiemen.

Oberflächenvergrößerung

Die von Enzymen zerlegten Nährstoffe können erst ins Blut aufgenommen werden, wenn sie so klein sind, dass sie durch die Dünndarmwand gelangen. Die Innenwand des Dünndarms besitzt zahlreiche Falten und Wandausstülpungen, die **Darmzotten**. Sie ragen ins Darminnere wie kleine Finger. Die innere **Oberfläche** des Dünndarms ist so stark vergrößert. Bei einem Menschen hat die Darminnenseite etwa die Fläche einer großen Sporthalle. Der Bau der Dünndarmwand ist ein Beispiel für das biologische Prinzip der **Oberflächenvergrößerung**. Über die Dünndarmwand können so innerhalb von kurzer Zeit viele Nährstoffbausteine aufgenommen werden. Die Darmzotten sind von dünnen Blutgefäßen durchzogen. Die Nährstoffbausteine gelangen durch die Dünndarmwand ins Blut und werden dann im Körper verteilt.

C Beschreibe den Bau der Dünndarmwand. Nimm Bild 3 zu Hilfe.

D Erkläre das Prinzip der Oberflächenvergrößerung am Beispiel der Dünndarmwand.

Zerlegung von Stärke

In Nudeln und Kartoffeln befindet sich viel Stärke. Sie besteht aus vielen zusammenhängenden Traubenzuckerbausteinen. Die Stärke ist zu groß, um ins Blut zu gelangen. Sie wird mithilfe eines **Enzyms**, der **Amylase**, zerlegt. Dieses befindet sich im Mundspeichel und im Verdauungssaft der Bauchspeicheldrüse. Bei der Verdauung heftet sich nur die Amylase an die Stärke und trennt jede zweite Bindung der Traubenzuckerbausteine. So wird die Stärke zunächst in kleinere Zweifachzucker, den **Malzzucker**, zerlegt.

Zerlegung von Malzzucker

Die Amylase kann Stärke zerlegen, jedoch keine Fette oder Eiweißstoffe. Sie kann auch den Malzzucker nicht weiter zerlegen. Dafür ist ein anderes Enzym zuständig. Dieses heißt **Maltase** und wird in der Bauchspeicheldrüse gebildet. Die Maltase wird mit dem Verdauungssaft der Bauchspeicheldrüse in den Zwölffingerdarm gegeben. Sie kann sich nur an den Malzzucker heften und ihn in zwei Traubenzuckerbausteine zerlegen. Der **Traubenzucker** wird dann durch die Dünndarmwand ins Blut aufgenommen.

Schlüssel-Schloss-Prinzip

Das Anheften und das Zerlegen eines Stoffs ist vergleichbar mit einem Schlüssel, der in ein bestimmtes Schloss passt. Die Amylase ist der „Schlüssel“, der zur Stärke, „dem Schloss“, genau passt. Alle Enzyme erfüllen ihre Aufgabe nach diesem Prinzip. Man bezeichnet dieses Prinzip als **Schlüssel-Schloss-Prinzip**.

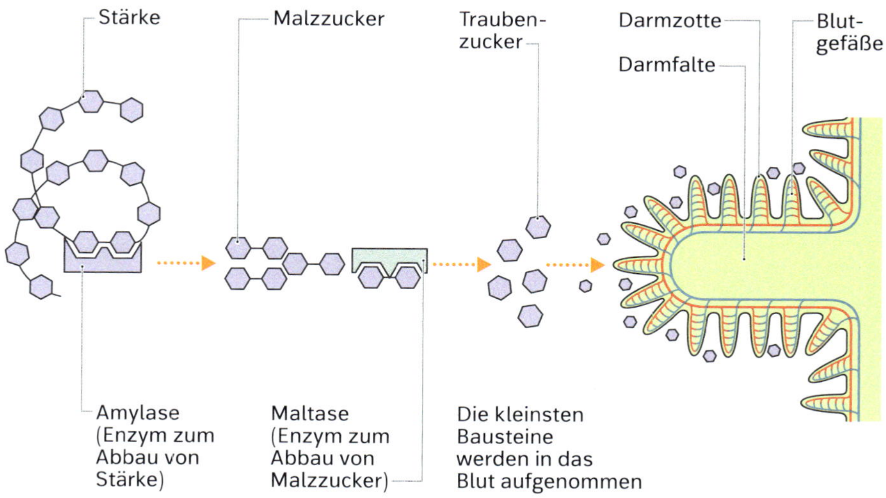

1 Enzyme wirken nach dem Schlüssel-Schloss-Prinzip

A Erläutere das Schlüssel-Schloss-Prinzip mithilfe von Bild 1.

Material mit Aufgaben

M1 Wirkung von Enzymen

Die Stärkelösung ist mit einer Iod-Kaliumiodid-Lösung versetzt. Bei Anwesenheit von Stärke, färbt sie sich violett.

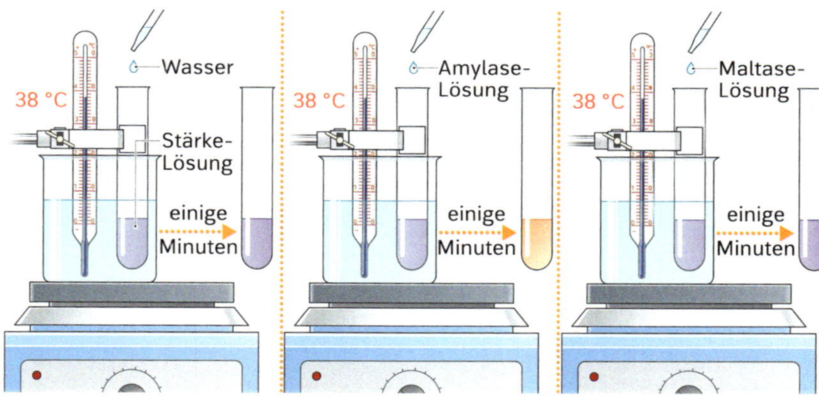

1. Beschreibe den dargestellten Versuchsaufbau.
2. Entwickle eine Frage, die mit diesem Versuch überprüft werden kann.
3. Erkläre die Versuchsergebnisse. Beachte bei deiner Antwort die Wirkungsweise von Enzymen.

1 Schülerinnen beim Zähneputzen

Die Zahnpflege

Bildung des Dauergebisses

Ab dem sechsten Lebensjahr wird aus dem kleineren Milchgebiss das größere **Dauergebiss**. Die Milchzähne fallen aus und die bleibenden Zähne wachsen nach. Das Dauergebiss hat mehr Zähne als das Milchgebiss. Bei Kindern sind Zahnlücken und der Verlust der Milchzähne nicht schlimm und ganz normal.

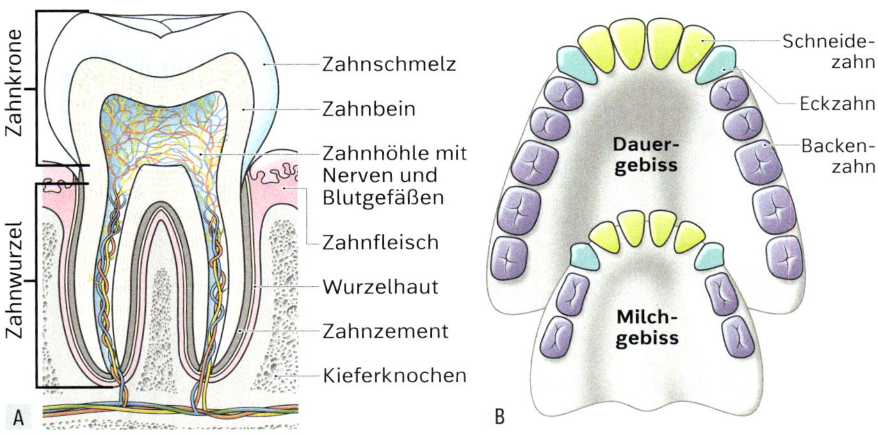

2 Zähne: **A** Bau eines Zahns, **B** Milch- und Dauergebiss

Bau eines Zahns

Mit den Schneide- und Eckzähnen beißt man die Nahrung ab. Mit den Backenzähnen wird die Nahrung zermahlen. Die hintersten Backenzähne heißen Weißheitszähne. Sie können im Laufe des ganzen Lebens auftauchen.

Von den Zähnen sieht man nur die **Zahnkrone**. Mit der **Zahnwurzel** steckt der Zahn im Kieferknochen und ist von Zahnfleisch umschlossen. Unsere Zähne sind beim Kauen der Nahrung sehr starken Belastungen ausgesetzt. Damit feste Nahrung die Zähne nicht beschädigt, ist der Zahn mit einem harten Material überzogen, dem **Zahnschmelz**. Dieser bildet auch die Kaufläche. Unter dem Zahnschmelz befindet sich das **Zahnbein**, das so hart wie Knochen ist. Im Inneren des Zahns befindet sich die **Zahnhöhle**. Sie enthält Nerven und Blutgefäße und versorgt so den lebenden Zahn mit Stoffen.

Entstehung von Karies

Im Mund leben Bakterien. Sie können sich an die Zahnoberfläche heften. Nahrungsreste und Bakterien bilden einen Zahnbelag, der den Zahnschmelz überzieht. Im Zahnbelag vermehren sich die Bakterien schnell, wenn sie zuckerhaltige Nahrung bekommen. Sie wandeln den Zucker in Milchsäure um. Diese Milchsäure greift den Zahnschmelz an. Wird dieser Zahnbelag nicht regelmäßig entfernt, können Vertiefungen und später Löcher im Zahnschmelz entstehen. Die Löcher werden mit der Zeit größer. Schließlich werden auch das Zahnbein und die Zahnhöhle von der Milchsäure angegriffen. Der Zahn fault. Man spricht von **Karies**.

Zahnpflege

Der Zahnschmelz kann vom Körper nicht nachgebildet werden. Bei Karies ist der Zahn daher dauerhaft geschädigt. Regelmäßige und sorgfältige Zahnpflege beugt der Entstehung von Karies und anderen Zahnerkrankungen vor. Zahnfleischentzündungen können zur Lockerung und zum Ausfall von Zähnen führen. Deshalb sollten die Zähne mehrmals täglich geputzt werden. Regelmäßige Besuche beim Zahnarzt unterstützen die Gesunderhaltung der Zähne.

A Nenne die Aufgaben der verschiedenen Zahntypen.

B Zeichne den Bau eines Backenzahns in dein Heft und beschrifte deine Zeichnung mit den Fachbegriffen.

C Vergleiche mithilfe von Bild 2 das Milchgebiss und das Dauergebiss.

Material mit Aufgaben

M1 Entstehung von Karies

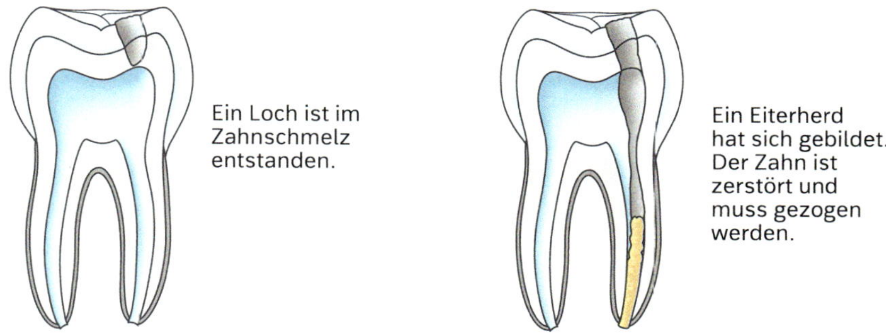

1. Beschreibe die Entstehung von Karies mithilfe des Bildes.
2. Erkläre, warum fortgeschrittene Karies schmerzhaft ist.
3. Regelmäßiges Zähneputzen beugt Karies vor. Begründe.
4. Erkläre, warum man bei beginnender Karies am Zahnschmelz noch keine Schmerzen empfindet.

M2 Zahnpflege

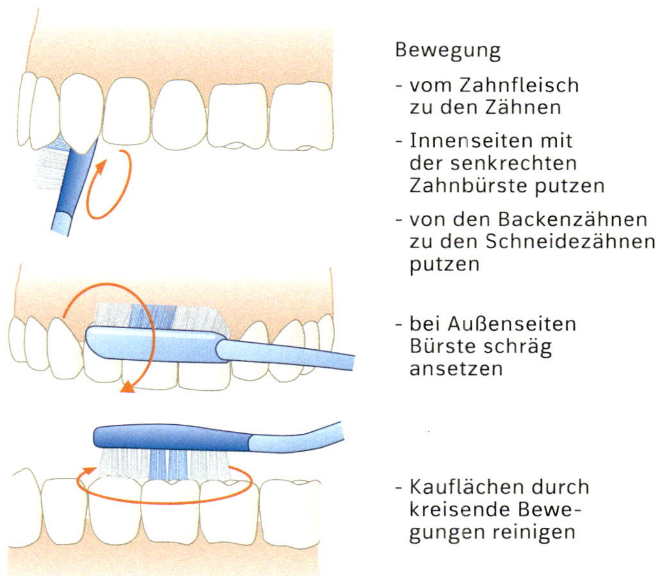

1. Beschreibe die richtige Putztechnik beim Zähneputzen.
2. Formuliere Regeln zum richtigen Zähneputzen.

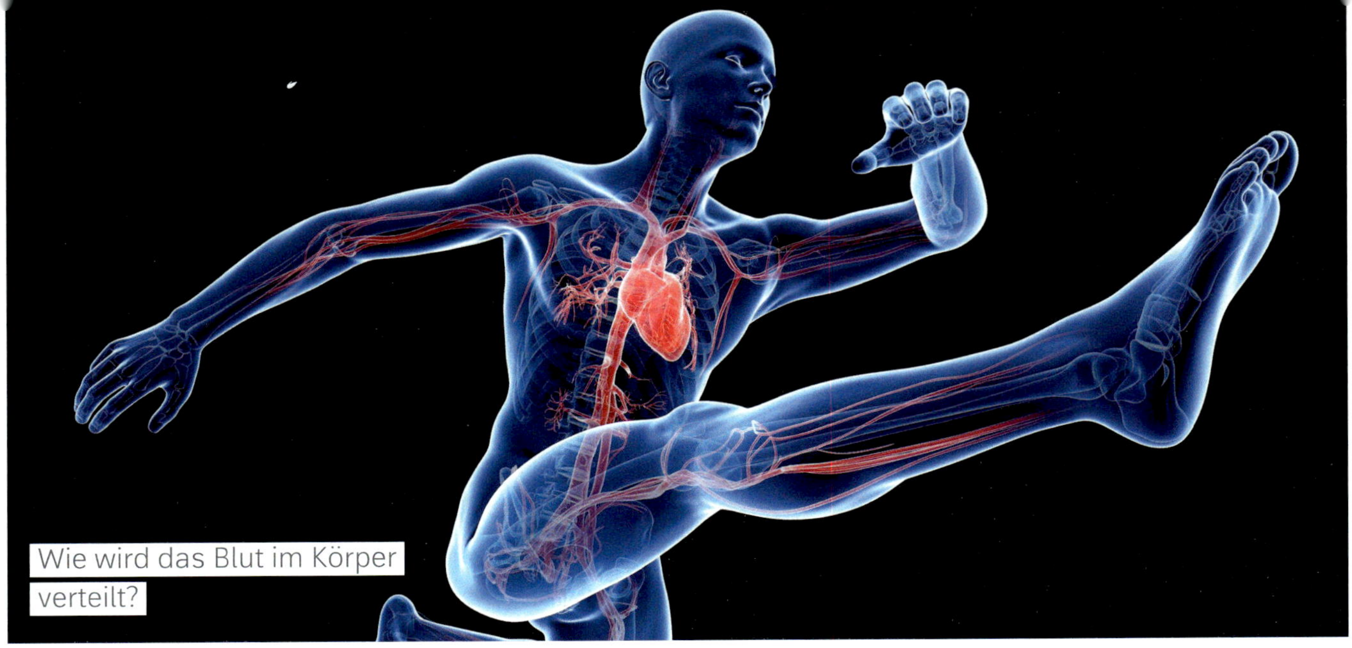

1 Das Blut fließt in Blutgefäßen.

Der Blutkreislauf

Blutgefäße

Das Blut fließt in den Blutgefäßen. Sie bilden im Körper ein **geschlossenes**, verzweigtes Röhrensystem. In diesem durchläuft das Blut einen Kreislauf, den **Blutkreislauf**. Alle Blutgefäße haben eine Länge von etwa 10 000 Kilometern.

- **Arterien** • Alle Blutgefäße, die das Blut vom Herzen wegführen, heißen **Arterien**. Ihre Wände haben eine dicke Muskelschicht. Diese Schicht kann gedehnt werden und sich langsam wieder zusammenziehen. So können die Arterien dem hohen Druck des vom Herzen herausgepressten Blutes standhalten.
- **Venen** • Alle Blutgefäße, die das Blut zum Herzen hinführen, nennt man **Venen**. In ihnen ist der Blutdruck geringer. Sie haben eine dünnere Muskelschicht als die Arterien. Sie besitzen **Venenklappen**, die sich nur in eine Richtung öffnen. Dadurch fließt das Blut nur in eine Richtung. Das Blut durchläuft im Körper einen doppelten Kreislauf, den **Körperkreislauf** und den **Lungenkreislauf**.

Material mit Aufgaben

M1 Blutgefäße

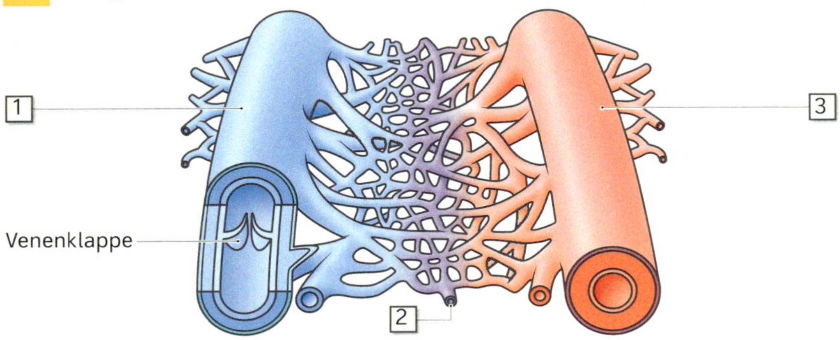

1. Benenne die mit Ziffern 1-3 gekennzeichneten Blutgefäße. Begründe deine Zuordnung.
2. Erkläre, warum die Muskelschicht der Arterien besonders stark ist.
3. Wähle eine der Aufgaben aus:
   a Beschreibe die Aufgabe der Kapillaren.
   b Erläutere das Prinzip der Oberflächenvergrößerung am Beispiel der Kapillaren.

Körperkreislauf

Der Körperkreislauf beginnt in der linken Herzhälfte. Von dort gelangt sauerstoffreiches Blut zunächst in das größte Blutgefäß des Körpers, die **Aorta**. Diese Arterie teilt sich zunächst in vier große Körperarterien. Diese verzweigen sich zu immer kleiner werdenden Arterien, durch die das Blut zu allen Organen fließt. In den Organen und Muskeln gehen die Arterien in feine Haargefäße über, die **Körperkapillaren**.

Die Kapillaren umschließen die Organe wie ein Netz und bilden so eine große Oberfläche. Sauerstoff aus dem Blut wird über die dünnen Kapillaren an die Organe abgegeben. Gleichzeitig werden Kohlenstoffdioxid und andere Abfallstoffe über die Kapillaren ins Blut aufgenommen. Die Kapillaren vereinigen sich zu größer werdenden Körpervenen. Das nun sauerstoffarme Blut gelangt zurück zum Herzen und fließt in die rechte Herzhälfte.

Lungenkreislauf

Das sauerstoffarme Blut wird von der rechten Herzhälfte in die **Lungenarterie** gepresst. Es strömt dann in die Lunge. In den **Lungenkapillaren** der Lungenbläschen wird das Kohlenstoffdioxid vom Blut zunächst in das Innere der Lungenbläschen abgegeben und kann dann ausgeatmet werden. Gleichzeitig wird wieder Sauerstoff über die Lungenbläschen und die Lungenkapillaren ins Blut aufgenommen. Das nun wieder sauerstoffreiche Blut fließt über die Lungenvene zurück zur linken Herzhälfte. Der Körperkreislauf kann jetzt erneut von vorne beginnen.

Material mit Aufgaben

M2 Blutkreislauf

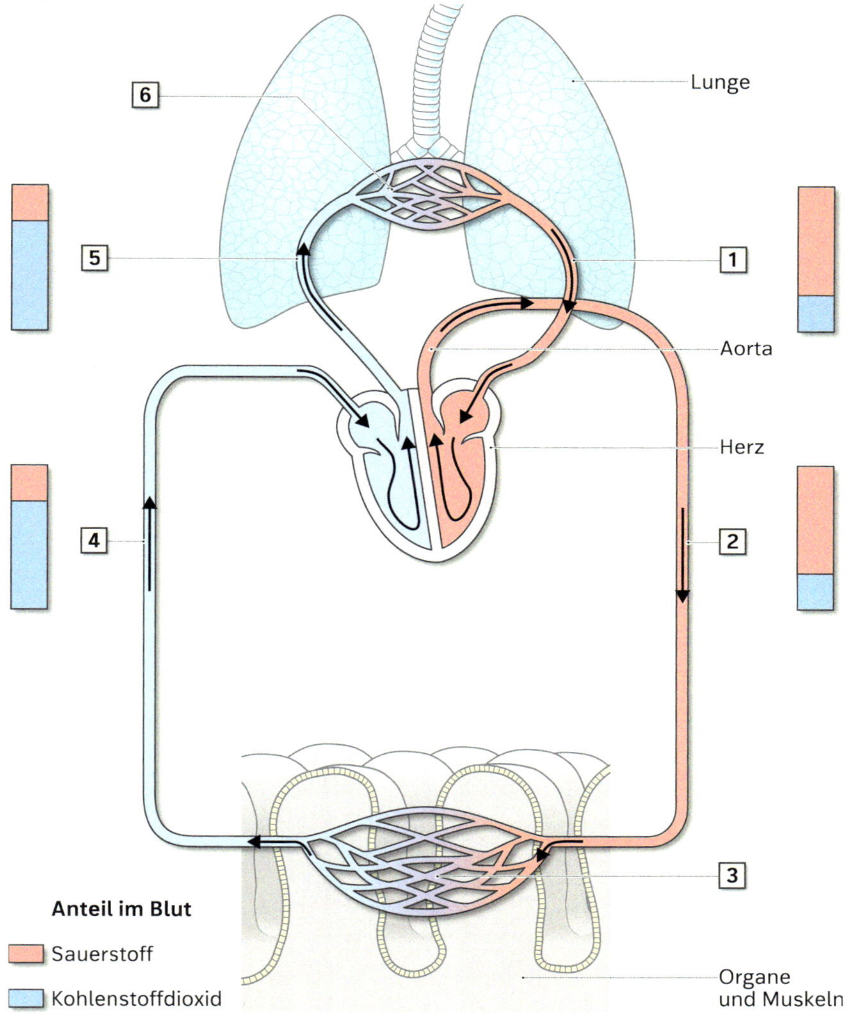

1. Nenne die beiden Teilkreisläufe des Blutkreislaufs.
2. Ordne den Ziffern folgende Begriffe zu: Lungenarterie, Lungenvene, Aorta, Körpervene, Lungenkapillaren und Körperkapillaren.
3. Erkläre die in den Balkendiagrammen gezeigten unterschiedlichen Anteile von Sauerstoff und Kohlenstoffdioxid.
4. Wähle eine der Aufgaben aus:
   a Ein Mitschüler behauptet: „Arterien transportieren immer sauerstoffreiches Blut!" Nimm Stellung zu dieser Aussage.
   b Erläutere, warum sich die Aorta in viele Körperarterien aufteilt.

1 Puls messen bei körperlicher Anstrengung.

Das Herz

Bau des Herzens

Das Herz liegt im Brustkorb zwischen den Lungenflügeln. Es ist ein etwa faustgroßer Muskel, der innen hohl ist. Das Herz ist durch die **Herzscheidewand** in eine linke Herzhälfte und eine rechte Herzhälfte geteilt. Der Muskel der linken Herzhälfte ist kräftiger. Jede der zwei Herzhälften besteht aus einem **Vorhof** und einer **Herzkammer**. Die Vorhöfe und die Herzkammern sind durch **Herzklappen** voneinander getrennt. Auch zwischen den Herzkammern und den Arterien befinden sich Herzklappen. Die Herzklappen öffnen und schließen sich wie Ventile. Dadurch strömt das Blut immer nur in eine Richtung.

Material mit Aufgaben

M1 Puls

Pulsmessung	vor der Belastung	zu Beginn der Belastung	am Ende der Belastung	2 Minuten nach Belastung	4 Minuten nach Belastung	6 Minuten nach Belastung
Herzschläge pro Minute	86	89	124	112	107	94

Vor, während und nach einer körperlichen Belastung wurde bei einer Person der Puls gemessen.

1. Erkläre, was man unter dem Puls versteht.
2. Erkläre die Veränderung des Pulses.

Puls spüren

Der Herzmuskel zieht sich regelmäßig zusammen und entspannt sich wieder. Beim Herausdrücken des Blutes entsteht eine Druckwelle. Diese kann man am Handgelenk oder am Hals als **Puls** spüren. Das Herz eines Erwachsenen schlägt etwa 70 Mal pro Minute und pumpt dabei etwa fünf Liter Blut durch den Körper. Bei körperlicher Belastung schlägt das Herz viel schneller. Es wird so in der gleichen Zeit viel mehr Blut durch den Körper gepumpt.

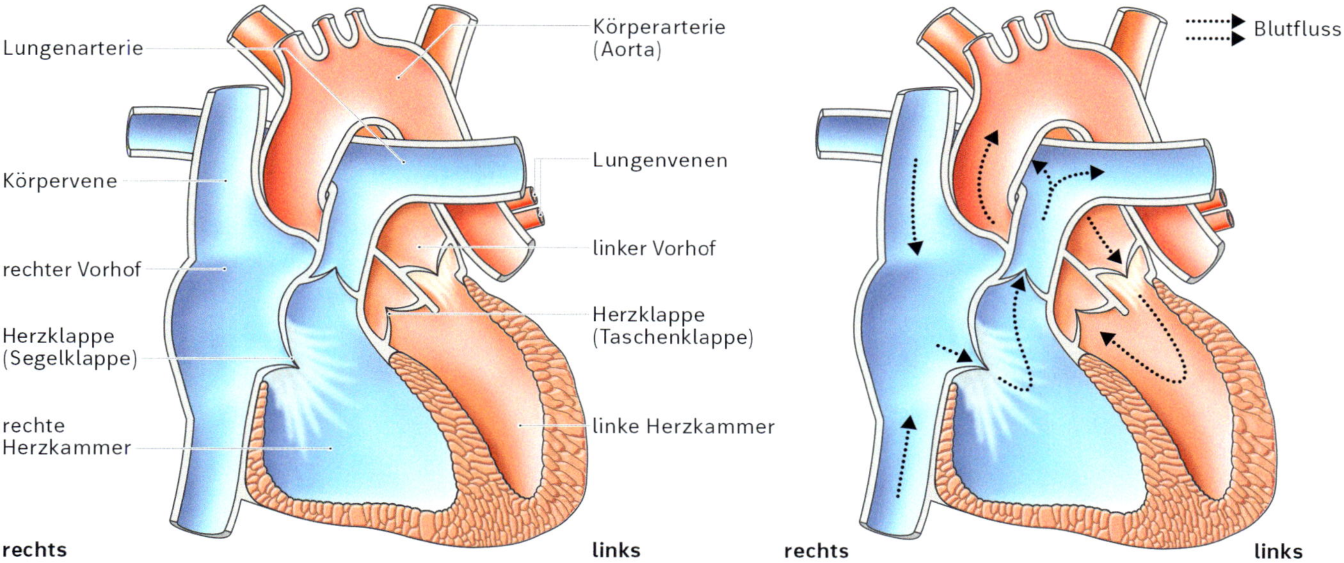

2 Bau des Herzens und Blutfluss um Herz

F

Blutfluss im Herzen

Das Herz treibt den Blutkreislauf an. Wie eine Pumpe befördert es das Blut durch die Blutgefäße. Zieht sich der Herzmuskel zusammen, wird das Blut gleichzeitig aus der linken Herzkammer in die Körperarterie und aus der rechten Herzkammer in die Lungenarterie gedrückt. Wenn sich der Herzmuskel entspannt, wird das Blut gleichzeitig aus den Körpervenen in den rechten Vorhof und aus den Lungenvenen in den linken Vorhof gesaugt. Das Herz wird so mit Blut gefüllt.

Wegen seiner Funktionsweise bezeichnet man das Herz auch als eine **Druck-Saug-Pumpe**.

Material mit Aufgaben

M2 Blutfluss

1. Beschreibe den Weg des Blutes durch das Herz.
2. Erkläre, warum das Herz als Druck-Saug-Pumpe bezeichnet wird.
3. Erkläre die Funktion der Herzscheidewand und der Herzklappen für den Blutfluss im Körper.
4. Stelle Vermutungen an, weshalb der Herzmuskel der linken Herzhälfte kräftiger ist.

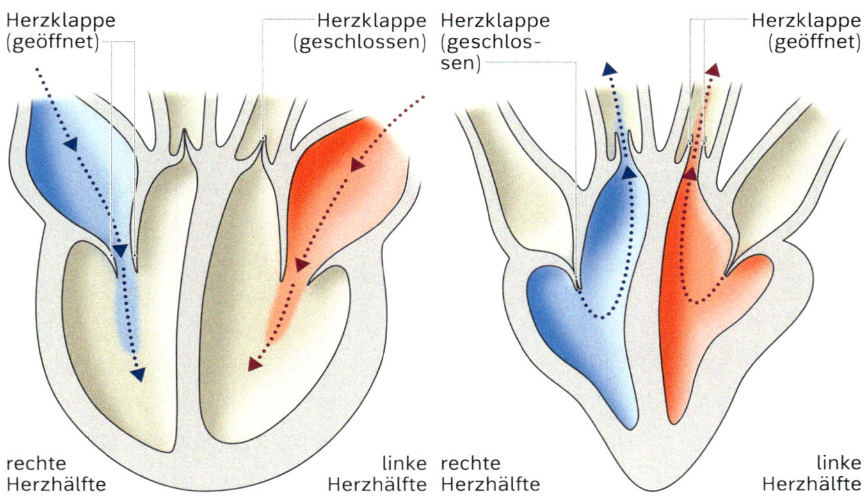

1 Schwimmer holt Luft

Die Lunge

Atmung

Alle Organe und Muskeln des Körpers benötigen **Sauerstoff**. Der Körper nimmt den Sauerstoff mit der eingeatmeten Luft über die **Lunge** auf. Von dort gelangt der Sauerstoff über das Blut zu den Organen.

Der Weg der Atemluft

Atmet man mit geschlossenem Mund ein und aus, gelangt die Luft durch die Nasenlöcher in die **Nasenhöhlen**. Diese sind mit einer feuchten Schleimschicht ausgekleidet. Die Nasenschleimhaut wärmt die eingeatmete Luft an und befeuchtet sie. Zudem bleiben Staub und Krankheitserreger an ihr hängen. Über den **Rachenraum** gelangt die Luft über den Kehlkopf in die **Luftröhre**. Der Kehldeckel kann die Luftröhre verschließen. Dadurch gelangt keine Nahrung in die Luftröhre. Feste Knorpelringe verhindern, dass die Luftröhre in sich zusammenfällt. Am unteren Ende teilt sich die Luftröhre in zwei Äste, die **Hauptbronchien**. Über die beiden Hauptbronchien gelangt die Atemluft in die beiden **Lungenflügel**. In diesen verzweigen sich die Hauptbronchien wie ein Baum in immer feinere Ästchen. Die Bronchien sind innen mit feinen Härchen und einer Schleimschicht ausgekleidet. Eingeatmete Teilchen bleiben hängen und werden über die Bewegung der **Flimmerhärchen** nach oben transportiert.

Am Ende der Bronchien befinden sich winzige, wie an einer Weintraubenrebe angeordnete **Lungenbläschen**. Beide Lungenflügel enthalten zusammen etwa 300 Millionen Lungenbläschen.

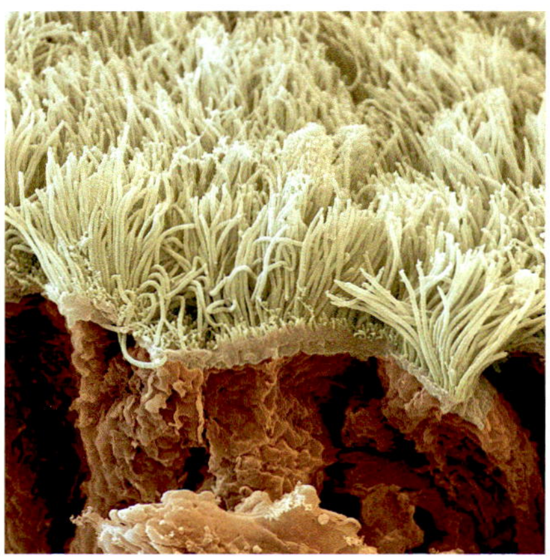

2 Flimmerhärchen (mikroskopische Aufnahme)

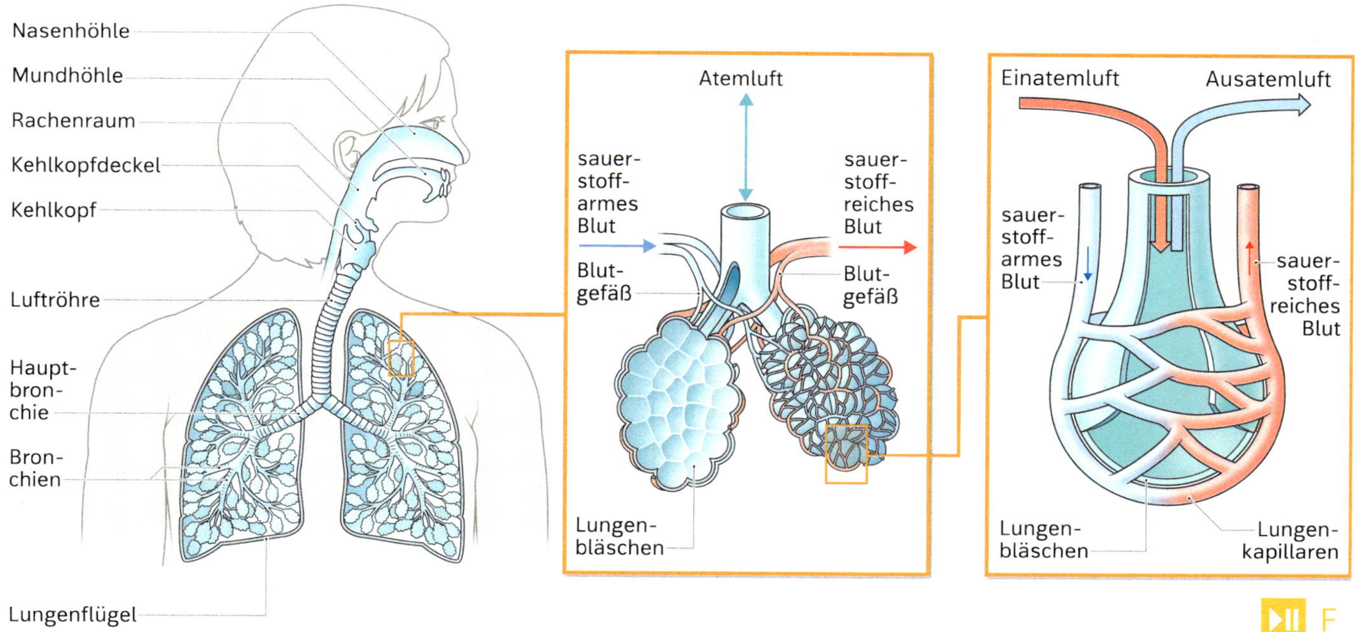

3 Atmungsorgane

F

Gasaustausch

Die Lungenbläschen vergrößern die innere Oberfläche der Lunge auf etwa 100 Quadratmeter. Das ist so groß wie eine große Wohnung. Die Lungenbläschen sind von vielen dünnen Blutgefäßen, den **Lungenkapillaren**, umschlossen. Sie bilden ein dichtes Netz um die Lungenbläschen. Beim Einatmen gelangt der **Sauerstoff** aus der Atemluft über die Lungenbläschen und die dünne Wand der Kapillaren ins Blut. Dieses Gas wird im Blut zu den Organen des Körpers transportiert. In den Organen entsteht durch den Abbau der Nährstoffe **Kohlenstoffdioxid**. Dieses Gas gelangt von den Körperzellen aus dem Blut über die Kapillaren in die Lungenbläschen und wird dann ausgeatmet. Es findet ein **Gasaustausch** statt.

A Erstelle ein Fließschema für den Weg des Sauerstoffs von den Nasenhöhlen bis ins Blut.

Material mit Aufgaben

F

M1 Gasaustausch

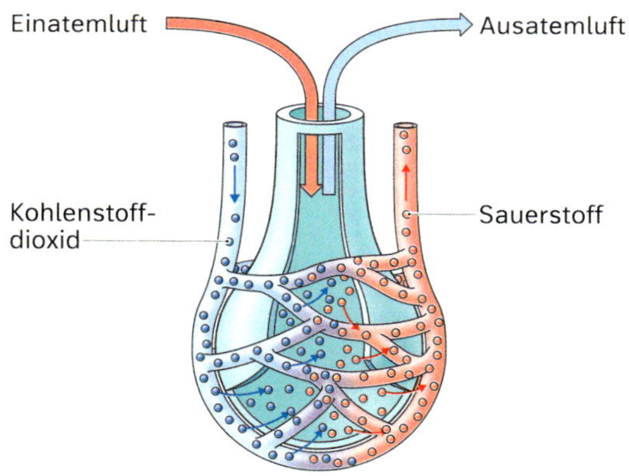

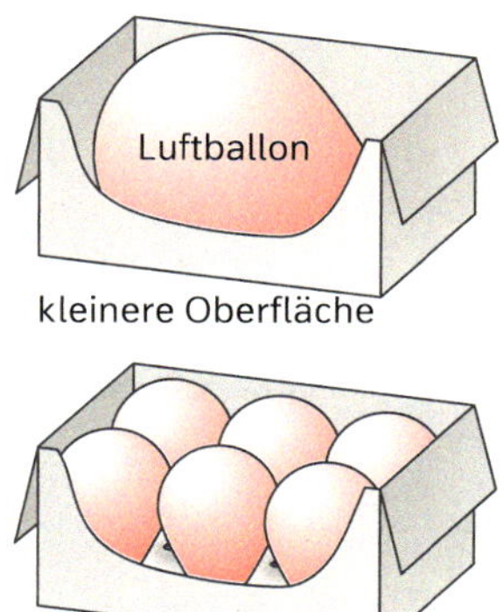

1. Nenne die Atemgase, die in der Lunge beim Gasaustausch gewechselt werden.
2. Beschreibe den Gasaustausch am Lungenbläschen.
3. Erkläre, warum die Wände der Kapillaren und Lungenbläschen sehr dünn sind.
4. Wähle eine der Aufgaben aus:
   a Erkläre das Prinzip der Oberflächenvergrößerung mithilfe des Modells der Luftballons.
   b Erkläre mithilfe des Modells der Luftballons das Prinzip der Oberflächenvergrößerung in der Lunge.

1 Sport macht Spaß und ist gesund.

Den Körper fit halten

Bewegung macht glücklich

Sport macht allein oder in der Gruppe Spaß. Bei köperlicher Bewegung werden Stoffe freigesetzt, die für gute Laune sorgen. Auch Stress und Frust werden abgebaut. Nach körperlicher Bewegung ist man entspannt und erholt.

Bewegung macht fitter

Durch Sport und regelmäßige Bewegung werden die Muskeln besser durchblutet, kräftiger und können Stöße besser abfangen. Die Rückenmuskulatur wird gekräftigt. Dies beugt Rückenschmerzen und Erkrankungen der Wirbelsäule vor. Auch die Knochen, Sehnen und Gelenke werden gestärkt, der Körper wird beweglicher. Ein trainierter Mensch verletzt sich daher bei einem Sturz nicht so schnell wie ein untrainierter Mensch. Bei körperlicher Bewegung erhöht sich die Zahl der Herzschläge. Die Organe werden besser durchblutet und besser mit energiereichen Stoffen versorgt. Je schneller sich die Zahl der Herzschläge nach Belastung wieder verringert, desto trainierter ist eine Person. Durch regelmäßige Bewegung erhöht sich die Leistungsfähigkeit des Herzens. Sport und Bewegung steigern daher die körperliche **Fitness**. Viele Menschen bewegen sich aber deutlich zu wenig. Wenn man sich zusätzlich falsch ernährt, kann dies dauerhaft zu Übergewicht führen.

Material mit Aufgaben

M1 Fitness

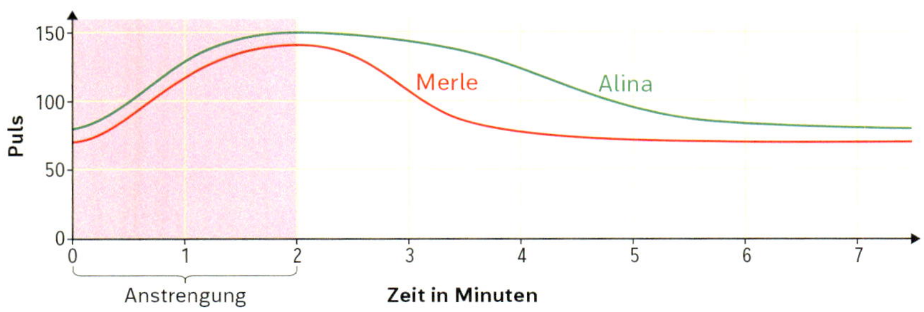

Alina und Merle haben 2 Minuten lang Kniebeugen gemacht. Die Anzahl ihrer Herzschläge wurde gemessen.

1. Vergleiche den Verlauf der beiden Kurven im Diagramm.
2. Erkläre, warum bei beiden Mädchen die Zahl der Herzschläge während der Belastung ansteigt.
3. Erkläre, welches der Mädchen fitter ist.

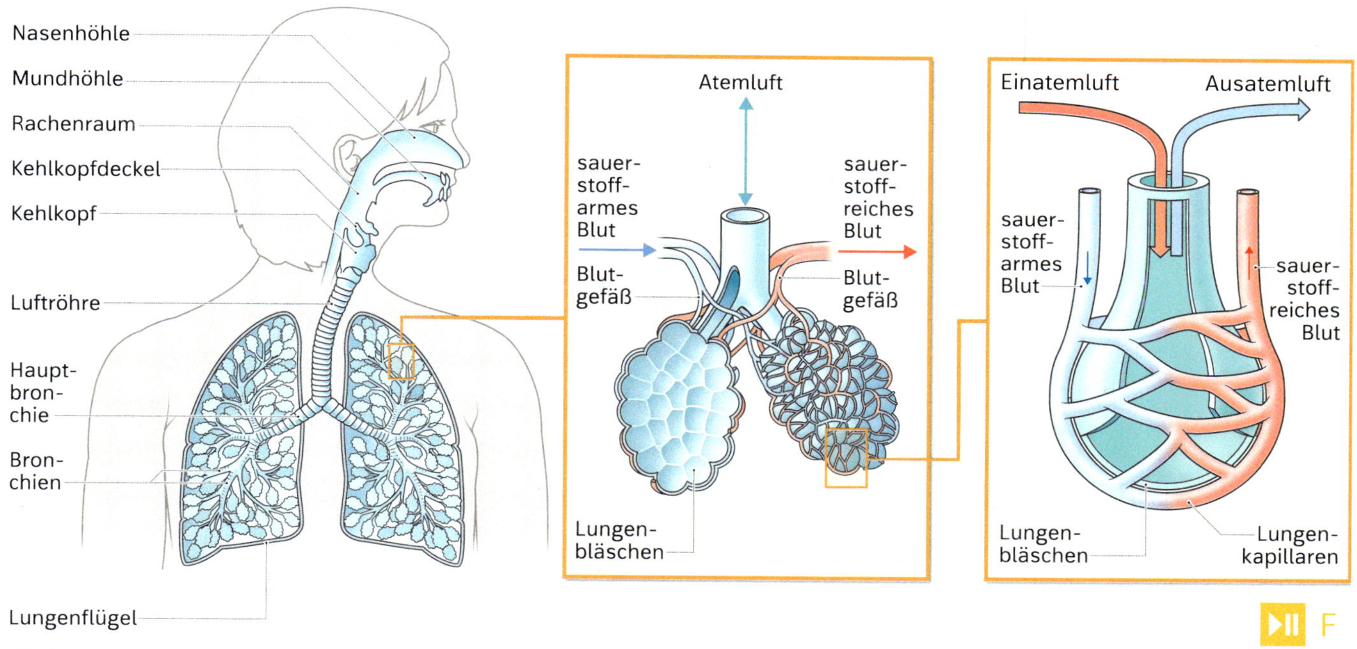

3 Atmungsorgane

Gasaustausch

Die Lungenbläschen vergrößern die innere Oberfläche der Lunge auf etwa 100 Quadratmeter. Das ist so groß wie eine große Wohnung. Die Lungenbläschen sind von vielen dünnen Blutgefäßen, den **Lungenkapillaren**, umschlossen. Sie bilden ein dichtes Netz um die Lungenbläschen. Beim Einatmen gelangt der **Sauerstoff** aus der Atemluft über die Lungenbläschen und die dünne Wand der Kapillaren ins Blut. Dieses Gas wird im Blut zu den Organen des Körpers transportiert. In den Organen entsteht durch den Abbau der Nährstoffe **Kohlenstoffdioxid**. Dieses Gas gelangt von den Körperzellen aus dem Blut über die Kapillaren in die Lungenbläschen und wird dann ausgeatmet. Es findet ein **Gasaustausch** statt.

A Erstelle ein Fließschema für den Weg des Sauerstoffs von den Nasenhöhlen bis ins Blut.

Material mit Aufgaben

M1 Gasaustausch

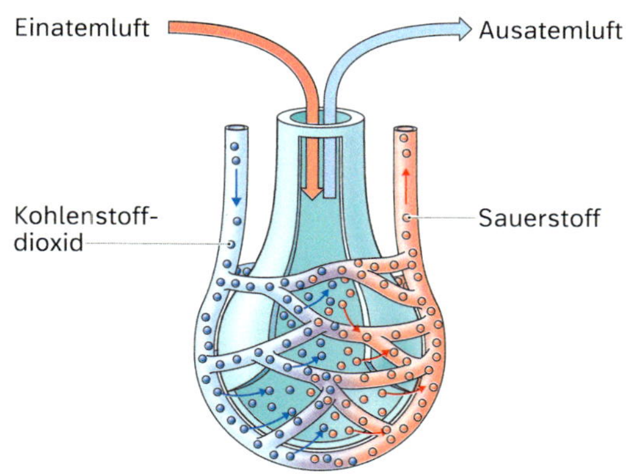

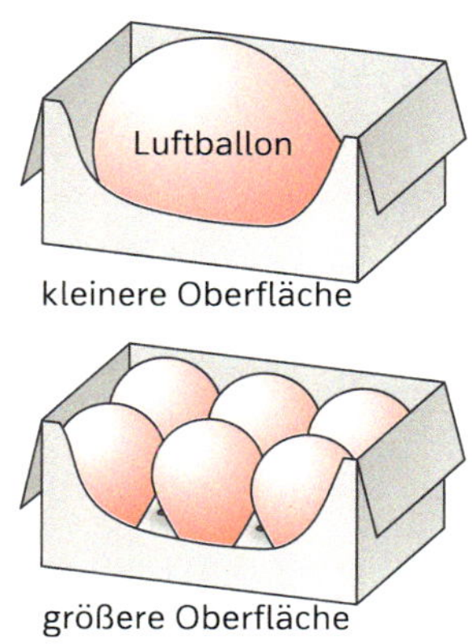

1. Nenne die Atemgase, die in der Lunge beim Gasaustausch gewechselt werden.
2. Beschreibe den Gasaustausch am Lungenbläschen.
3. Erkläre, warum die Wände der Kapillaren und Lungenbläschen sehr dünn sind.
4. Wähle eine der Aufgaben aus:
   a Erkläre das Prinzip der Oberflächenvergrößerung mithilfe des Modells der Luftballons.
   b Erkläre mithilfe des Modells der Luftballons das Prinzip der Oberflächenvergrößerung in der Lunge.

Material mit Aufgaben

M2 Atembewegungen

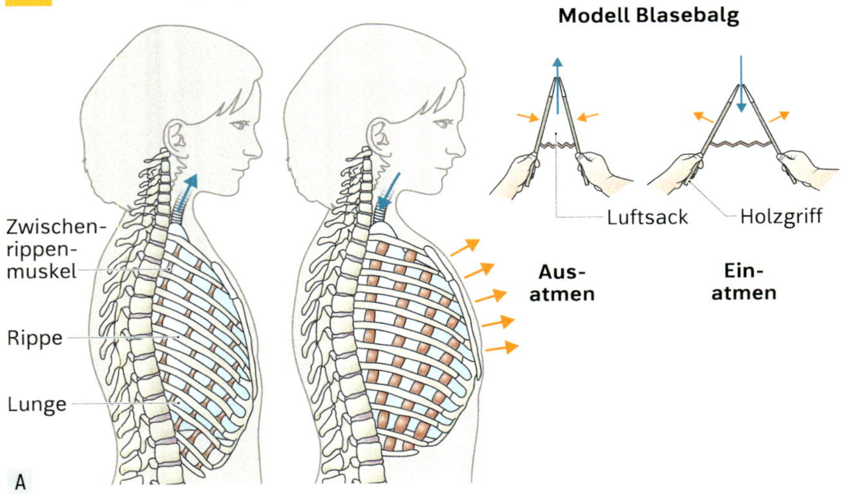

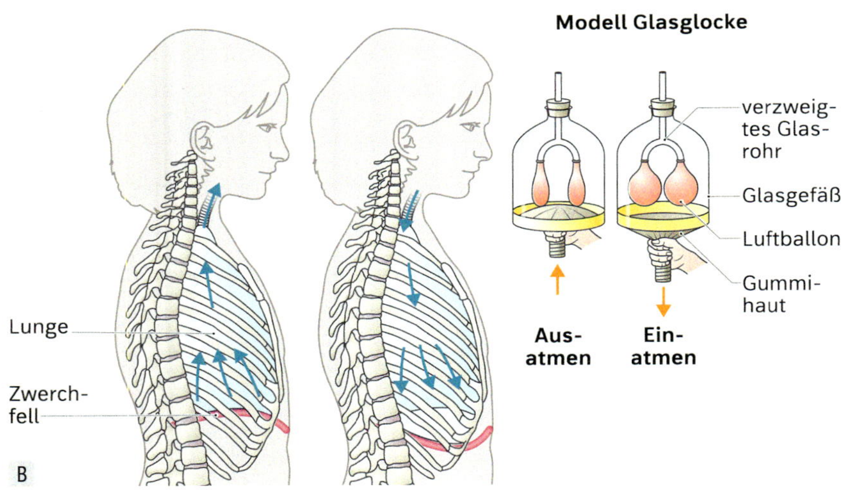

1. Beschreibe jeweils den Vorgang der Brustatmung und Bauchatmung mithilfe der Abbildung.
2. Wähle entweder das Modell zur Bauchatmung oder das Modell zur Brustatmung aus und bearbeite folgende Aufgaben:

a Ordne die Teile des Modells den Körperteilen des Menschen zu.

b Erkläre, wie Luft in die Lunge eingesaugt wird. Nimm das Modell zu Hilfe.

c Erkläre, wie Luft beim Ausatmen aus der Lunge gelangt.

Brustatmung

Bei großer körperlicher Anstrengung, wie zum Beispiel beim Sport, hebt und senkt sich der Brustkorb. Dies kann man gut von außen beobachten. Beim Einatmen ziehen sich die Zwischenrippenmuskeln zusammen und heben so die Rippen an. Der Brustkorb dehnt sich nach vorn und zur Seite aus. Da die Lunge mit dem Brustkorb verbunden ist, wird auch die Lunge ausgedehnt. Dadurch wird Luft in die Lunge gesaugt.
Wenn sich die Zwischenrippenmuskeln wieder entspannen, senkt sich auch der Brustkorb wieder ab. Das Innere des Brustkorbs und die Lunge werden wieder kleiner. Die Luft wird dadurch aus der Lunge gepresst. Man bezeichnet diese Form der Atmung als **Brustatmung**.

Bauchatmung

Bei geringer körperlicher Anstrengung erfolgt die Atmung vorwiegend über das Zwerchfell. Das Zwerchfell ist eine Muskelschicht zwischen dem Brustraum und dem Bauchraum. Beim Einatmen ziehen sich die Muskeln des Zwerchfells zusammen. Durch das Zusammenziehen senkt sich das nach oben gewölbte Zwerchfell ab und drückt die darunterliegenden Organe nach unten. Dadurch vergrößern sich der Brustraum und so auch die Lunge. So wird Luft in die Lunge gesaugt.
Beim Ausatmen entspannt sich das Zwerchfell wieder. Es wird durch die darunterliegenden Organe nach oben gewölbt. Der Brustraum wird dadurch verkleinert und die Luft aus der Lunge gepresst. Man bezeichnet diese Form der Atmung als **Bauchatmung**.

Sucht

Wenn Menschen ein bestimmtes Verhalten nicht mehr kontrollieren können, spricht man von einer Abhängigkeit oder **Sucht**. Man kann zum Beispiel süchtig nach Alkohol, Tabletten aber auch Computerspielen und sozialen Medien sein. Wenn Menschen süchtig nach etwas sind, kann es zu schweren gesundheitlichen Folgen kommen. Süchtigen fällt es sehr schwer, ihr Verhalten zu ändern.

Rauchen ist gefährlich

Mit dem Zigarettenrauch nehmen Raucher viele gefährliche Stoffe auf. Beim Verbrennen von Tabak entstehen zum Beispiel Teerstoffe. Sie verkleben die Flimmerhärchen. Der Körper begegnet den Schadstoffe mit einer vermehrten Schleimbildung. Der Schleim mit den Schadstoffen kann aber kaum noch abtransportiert werden. Selbst vermehrtes Husten löst den Schleim nicht. Der Raucher hat **Raucherhusten**. Die Teerstoffe verkleben auch die Lungenbläschen und behindern den Gasaustausch. Tabakrauch kann auch **Krebs** wie Lungenkrebs auslösen. Auch Nichtraucher, die den Tabakrauch einatmen, werden als **Passivraucher** geschädigt. Viele Raucher haben Probleme, mit dem Rauchen aufzuhören. Tabak enthält nämlich den Stoff **Nikotin**, der süchtig macht.

A Erstelle eine Liste von Verhaltensweisen und Dingen, die süchtig machen können.

1 Rauchen gefährdet die Gesundheit

Material mit Aufgaben

M1 Rauchen

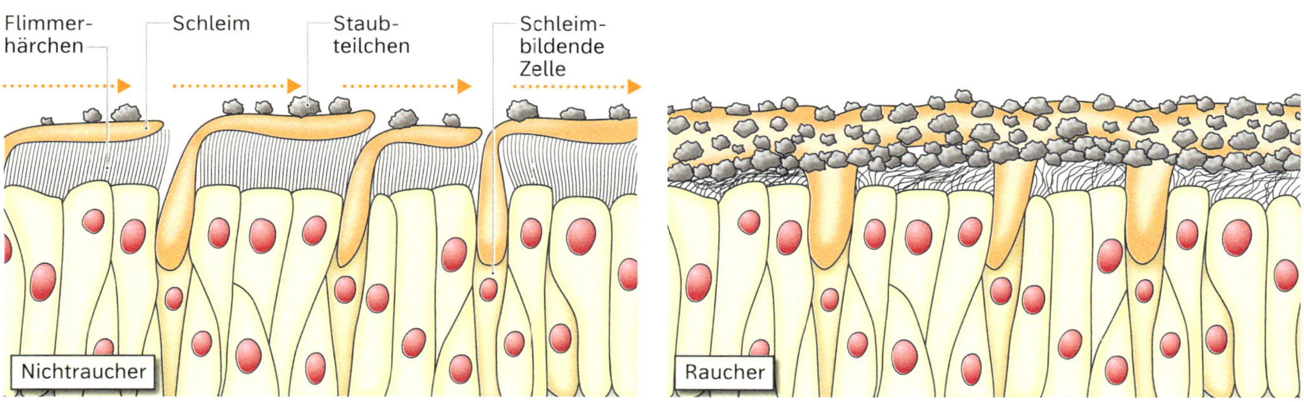

1. Beschreibe den Aufbau der Innenwand der Bronchien.
2. Nenne mögliche gesundheitliche Folgen vom Rauchen von Zigaretten.
3. Beschreibe, wie die Luft in den Bronchien gereinigt wird.
4. Erkläre, warum Rauchen das Reinigungssystem der Atemwege schädigt.
5. Erkläre die Entstehung von Raucherhusten.
6. Erläutere, warum Raucher bei körperlicher Anstrengung schneller außer Atem sind.

1 Sport macht Spaß und ist gesund.

Den Körper fit halten

Bewegung macht glücklich

Sport macht allein oder in der Gruppe Spaß. Bei köperlicher Bewegung werden Stoffe freigesetzt, die für gute Laune sorgen. Auch Stress und Frust werden abgebaut. Nach körperlicher Bewegung ist man entspannt und erholt.

Bewegung macht fitter

Durch Sport und regelmäßige Bewegung werden die Muskeln besser durchblutet, kräftiger und können Stöße besser abfangen. Die Rückenmuskulatur wird gekräftigt. Dies beugt Rückenschmerzen und Erkrankungen der Wirbelsäule vor. Auch die Knochen, Sehnen und Gelenke werden gestärkt, der Körper wird beweglicher. Ein trainierter Mensch verletzt sich daher bei einem Sturz nicht so schnell wie ein untrainierter Mensch. Bei körperlicher Bewegung erhöht sich die Zahl der Herzschläge. Die Organe werden besser durchblutet und besser mit energiereichen Stoffen versorgt. Je schneller sich die Zahl der Herzschläge nach Belastung wieder verringert, desto trainierter ist eine Person. Durch regelmäßige Bewegung erhöht sich die Leistungsfähigkeit des Herzens. Sport und Bewegung steigern daher die körperliche **Fitness**. Viele Menschen bewegen sich aber deutlich zu wenig. Wenn man sich zusätzlich falsch ernährt, kann dies dauerhaft zu Übergewicht führen.

Material mit Aufgaben

M1 Fitness

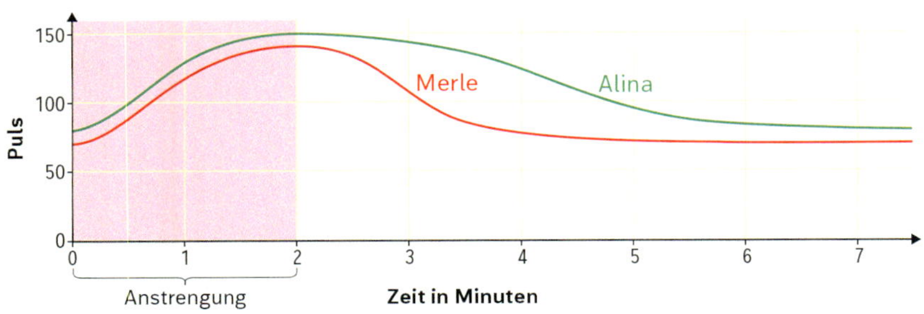

Alina und Merle haben 2 Minuten lang Kniebeugen gemacht. Die Anzahl ihrer Herzschläge wurde gemessen.

1. Vergleiche den Verlauf der beiden Kurven im Diagramm.
2. Erkläre, warum bei beiden Mädchen die Zahl der Herzschläge während der Belastung ansteigt.
3. Erkläre, welches der Mädchen fitter ist.

Skelettschädigungen vorbeugen

Rücken- und Bauchmuskeln arbeiten bei der Körperhaltung des Menschen zusammen. Während die Rückenmuskeln den Körper aufrichten und strecken, beugen die Bauchmuskeln als Gegenspieler den Körper nach vorne.

Werden die Muskeln nicht ausreichend beansprucht und so trainiert, verkümmern sie. Sie können den Körper nicht mehr aufrecht halten. Es können Fehlhaltungen und Wirbelsäulenerkrankungen wie Bandscheibenvorfälle folgen. Sitzt man zu oft in einer gekrümmten, nach vorne gebeugten Körperhaltung, werden die Muskeln einseitig beansprucht. Die Rückenmuskeln verkümmern. Auch Sehnen und Bänder, die die Wirbelsäule festigen, werden einseitig gedehnt. Festigt sich diese Fehlhaltung, können Haltungsschäden und Bandscheibenvorfälle die Folge sein.

Muskelverletzungen vorbeugen

Bei übermäßigem Sport können Muskeln geschädigt werden.

Werden Muskeln dauerhaft zu stark beansprucht, kann es zu kleinen Rissen der Muskelfasern kommen, die sich entzünden. Es entsteht **Muskelkater**.

Wenn ein Muskel zu stark gedehnt wird, werden die Muskelfasern stark auseinandergezogen. Es entsteht eine schmerzhafte **Muskelzerrung**.

Wird ein Muskel stark und ruckartig beansprucht, kann eine Muskelfaser oder ein ganzes Muskelfaserbündel reißen. Ein **Muskelfaserriss** ist sehr schmerzhaft und muss sofort vom Arzt behandelt werden. Bis ein Muskelfaserriss ausgeheilt ist vergehen mehrere Wochen.

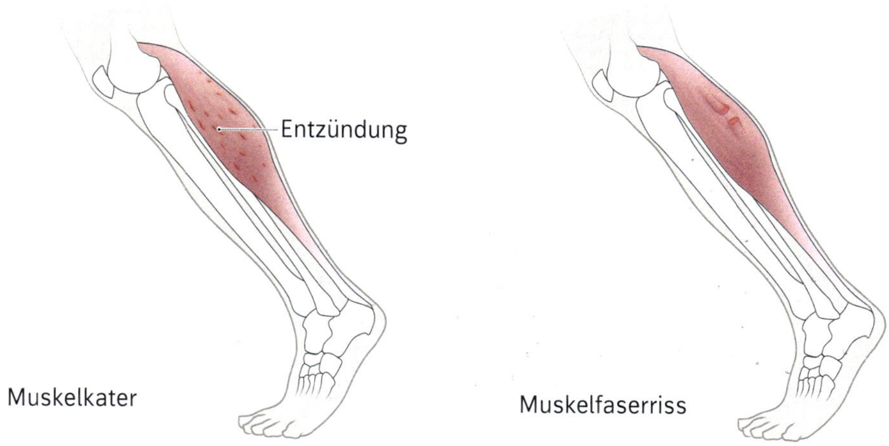

2 Muskelverletzungen

Material mit Aufgaben

M2 Haltungsschäden vermeiden

1. Beschreibe die Fehlhaltungen in den dargestellten Comics.
2. Erkläre, welche Folgen sich durch dauerhafte Fehlhaltungen ergeben können.
3. Wähle eine der Aufgaben aus:
   - a Beschreibe, wie man richtig sitzt.
   - b Erläutere, warum ein gut sitzender Rucksack besser für die Körperhaltung ist als das Tragen von Umhängetaschen.

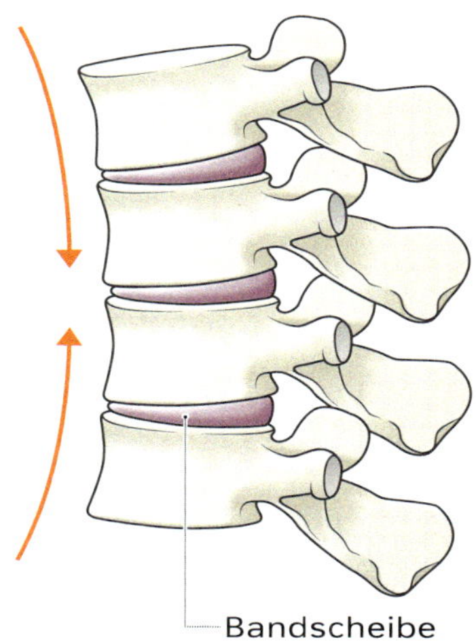

1 Kochen von Nudeln

Wärmetransport

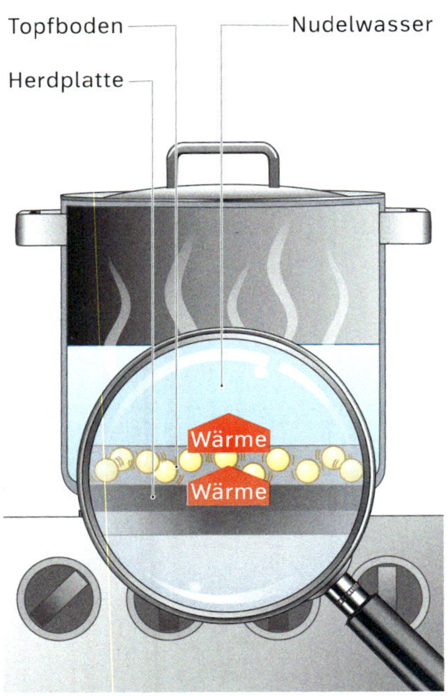

2 Wärmetransport beim Kochtopf

Arten des Wärmetransports

Lässt man einen Löffel aus Metall längere Zeit in einer heißen Suppe liegen, erwärmt sich dieser sehr schnell. Dadurch kann man sich leicht am Löffel verbrennen.

Wenn man Sport treibt, entsteht durch die Bewegungen der Muskeln Wärme. Über den Blutkreislauf wird diese Körperwärme in alle Regionen des Körpers transportiert. Damit der Körper nicht zu heiß wird, wird die nicht benötigte Wärme an die Luft abgeben.

Steht man im Sommer mit dem Auto im Stau, kann es im Inneren des Autos schnell sehr heiß werden. Durch die Strahlung der Sonne hat sich der Innenraum des Autos aufgewärmt.

In allen drei genannten Situationen wird Wärme auf unterschiedliche Weise transportiert. Die drei Arten des Wärmetransports sind: die **Wärmeleitung**, die **Wärmemitführung** und die **Wärmestrahlung**.

Wärmeleitung

Beim Nudelkochen kann man sich ganz leicht am Kochtopf verbrennen. Der Edelstahltopf erwärmt sich schnell und wird sehr heiß. Die Herdplatte gibt Wärme an den Topfboden ab. Die Wärme wird dann im Topf an das Wasser und auch an die Nudeln weitergegeben. Diese Art des Wärmetransports bezeichnet man als **Wärmeleitung**. Ein Löffel aus Metall, der längere Zeit im heißen Wasser liegt, kann sehr heiß werden. Das Metall nimmt die Wärme der Flüssigkeit auf. Die Wärme wird von der warmen Seite des Löffels zur kälteren Seite geleitet. Auch die heiße Herdplatte gibt ihre Wärme an den kalten Topfboden ab. Die Wärme wird immer von einem Ort mit hoher Temperatur zu einem Ort mit niedriger Temperatur transportiert.

Bei der Wärmeleitung wird Wärme innerhalb eines Stoffes geleitet. Der Stoff bewegt sich dabei nicht.

Wärmeleitung im Teilchenmodell

Die meisten Topfböden bestehen aus Edelstahl. Dieser Feststoff besteht aus Teilchen. Die Teilchen haben alle einen festen Platz und können nur auf diesem hin und her schwingen. Je mehr Wärme zugeführt wird, desto stärker schwingen die Teilchen auf ihren Plätzen. Wird der Topfboden unten erwärmt, schwingen die Teilchen immer schneller. Irgendwann schwingen sie so stark, dass sie benachbarte Teilchen anstoßen und diese zum Schwingen bringen. Dadurch kann die Wärme von Teilchen zu Teilchen weitergeleitet und durch den Stoff transportiert werden.

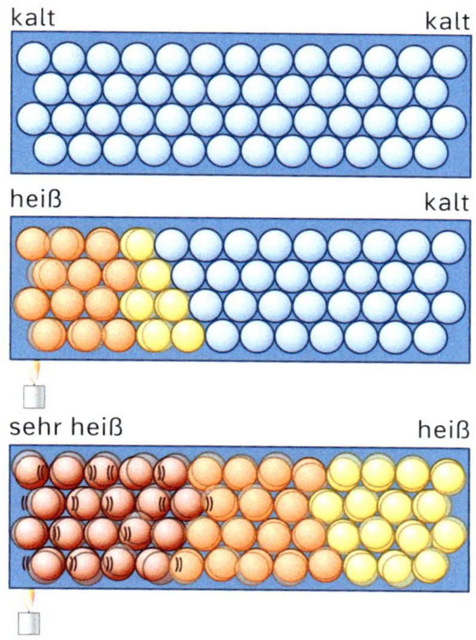

3 Wärmeleitung im Teilchenmodell

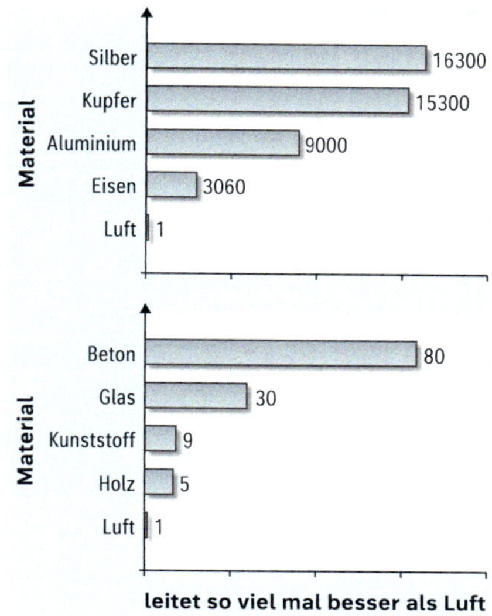

4 Wärmeleitfähigkeit verschiedener Stoffe

Gute und schlechte Wärmeleiter

Viele Metalle wie Silber, Kupfer, Aluminium und Eisen können die Wärme besser weiterleiten als andere Materialien. Sie sind **gute Wärmeleiter**. Daher werden diese Stoffe sehr oft für Böden von Töpfen und Pfannen oder für die Herstellung von Heizkörpern und Bügeleisen verwendet. Glas und Beton leiten die Wärme schlechter. Bei ihnen dauert es länger, bis die zugeführte Wärme weitergegeben wird. Ein besonders schlechter Wärmeleiter ist Kunststoff. Man bezeichnet Kunststoff daher auch als **Isolator**. Neben Kunststoff zählen auch Holz, Gummi, Kork und Schaumstoffe zu den Isolatoren.

A Beschreibe den Vorgang der Wärmeleitung beim Kochtopf mithilfe des Teilchenmodells.

B Erkläre, weshalb die Griffe von Kochtöpfen und Pfannen oft mit Kunststoff überzogen sind.

Material mit Aufgaben

M1 Wärmeleitung

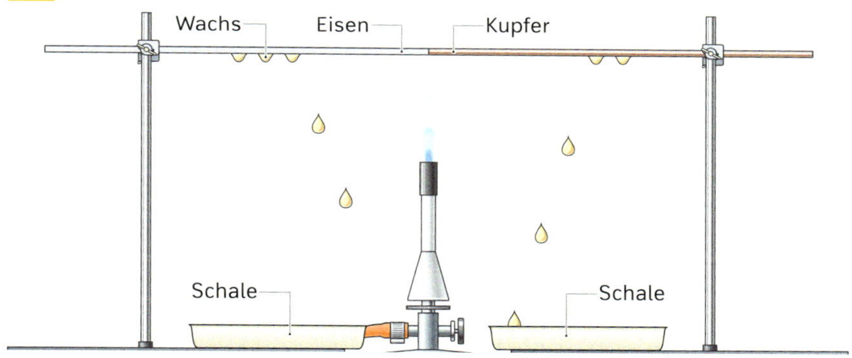

Mit Wachskugeln, einem Gasbrenner und Stangen aus verschiedenen Materialien kann man gut beobachten, wie Wärme geleitet wird.

1. Beschreibe den Versuchsaufbau.
2. Stelle eine Forscherfrage, die mit diesem Versuch überprüft wird.
3. Erkläre, warum bei beiden Stangen die Wachskügelchen nacheinander herunterfallen.
4. Wähle eine der Aufgaben aus:
   a Erkläre, warum die Wachskugeln bei Kupfer schneller abfallen.
   b Stelle Vermutungen über das Ergebnis an, wenn statt Kupfer Glas getestet wird.

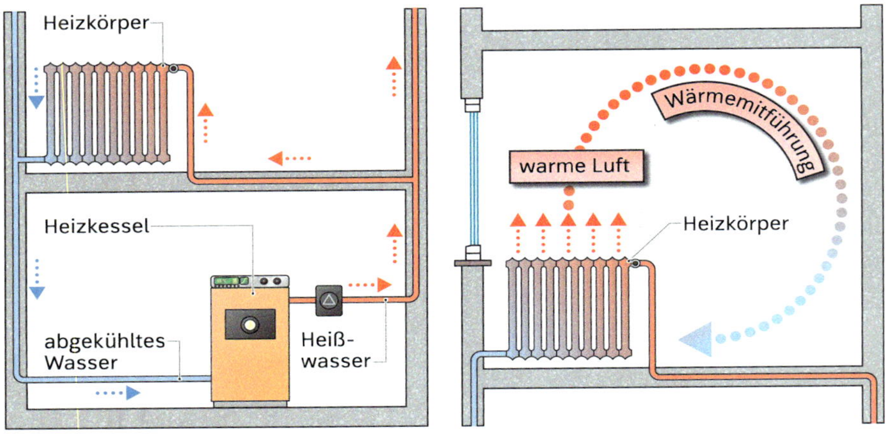

5 Wärmemitführung

Wärmemitführung

Wenn man seine Hand über einen warmen Heizkörper oder über eine Kerze hält, kann man fühlen, dass erwärmte Luft nach oben steigt. Warme Luft ist leichter als kalte Luft. Die Luft in der Nähe des warmen Heizkörpers wird erwärmt und steigt nach oben zur Zimmerdecke. Sie strömt unter der Decke entlang und wird dabei langsam abgekühlt. Dadurch sinkt die kältere, schwerere Luft auf der anderen Zimmerseite wieder nach unten. Nach einiger Zeit ist das Zimmer überall etwa gleich warm. Bei dieser Art des Wärmetransports wird die Wärme von der strömenden Luft mittransportiert. Man spricht von **Wärmemitführung**. Sie findet nicht nur in Luft, sondern in allen Gasen statt. Auch in Flüssigkeiten gibt es Wärmemitführung. Der Heizkörper wird warm, weil in ihn warmes Wasser strömt. Das Wasser kommt aus dem Heizkessel im Keller. Dort wird kaltes Wasser in einem Heizkessel erhitzt. Das erwärmte Wasser steigt in Heizungsrohren nach oben in die Heizkörper. Das strömende Wasser gibt über den Heizkörper die Wärme an die Raumluft ab. Da die Wärme mit dem Wasser mittransportiert wird, spricht man ebenfalls von Wärmemitführung. Das abgekühlte Wasser strömt über die Rohre wieder zum Heizkessel.

Wärmemitführung im Teilchenmodell

In Feststoffen haben die Teilchen einen festen Platz und können sich nicht bewegen. Daher gibt es bei Feststoffen keine Wärmemitführung. Bei Flüssigkeiten und Gasen schwingen die Teilchen nicht nur hin und her. Sie bewegen sich von ihren Stellen. Je stärker eine Flüssigkeit oder ein Gas erwärmt wird, desto schneller bewegen sich die Teilchen und desto besser ist die Wärmemitführung.

Bei der Wärmemitführung wird Wärme dadurch transportiert, dass Flüssigkeiten und Gase sie mit sich mitführen.

Material mit Aufgaben

M2 Heizung im Modell

Gibt man Tinte in Wasser, bilden sich Schlieren, bis sich die Tinte gelöst hat.

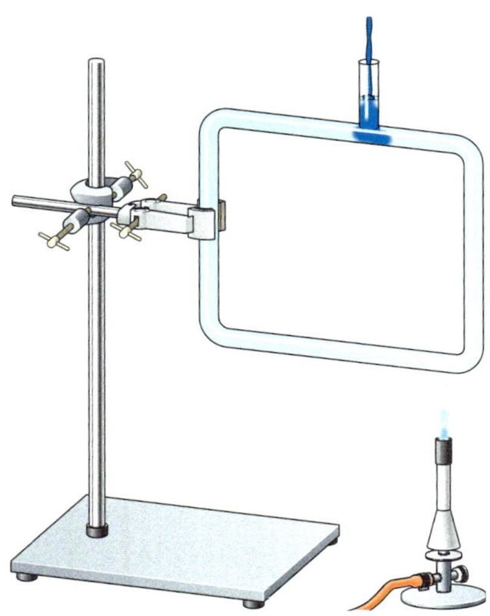

1. Stelle eine Forscherfrage, die mit diesem Versuch überprüft wird.
2. Stelle eine Vermutung an, wie sich die Tinte im Rohr bewegt.
3. Erkläre, wie du die Geschwindigkeit der Tinte ändern kannst.
4. Erläutere mithilfe des Modells die Funktionsweise einer Heizung.

Wärmestrahlung

Die Strahlung der Sonne ist eine Form von Energie. Die Sonne strahlt ständig Licht und Wärme ab. Ein Teil davon gelangt zur Erde. Zwischen der Erde und der Sonne befindet sich der Weltraum. Dieser Raum ist jedoch luftleer. Die Wärme kann daher nicht mit Luft mitgeführt werden. Die Sonne sendet Wärme in Form von **Wärmestrahlung** aus.

Die Sonne sendet Wärmestrahlung aus. Für diese Art des Wärmetransports wird kein Stoff benötigt.

6 Wärmestrahlung: **A** Absorption, **B** Reflexion

Körper strahlen Wärme ab

Auch ein heißes Bügeleisen strahlt Wärme ab. Man spürt die abstrahlende Wärme, wenn man vorsichtig die Hand vor die Heizplatte hält.
Jeder Gegenstand gibt Energie in Form von Wärmestrahlung an die Umgebung ab. Je höher die Temperatur eines Gegenstandes ist, desto mehr Wärmestrahlung sendet er aus. Auch der menschliche Körper gibt ständig Wärme in Form von Wärmestrahlung an seine Umgebung ab.

Aufnahme von Wärmestrahlung

Im Sonnenlicht nehmen alle Gegenstände Energie in Form von Wärmestrahlung auf. Die Gegenstände erwärmen sich. In der Mittagssonne wird der Sand am Strand oft so heiß, dass man kaum darauf laufen kann. Im Schatten ist er dagegen deutlich kühler. Dunkle Oberflächen nehmen die Strahlung besonders gut auf. Sie **absorbieren** die Strahlung besser als helle Oberflächen. Daher erwärmen sich dunkle Gegenstände schneller. Gegenstände mit hellen und glänzenden Oberflächen werfen einen Großteil der auftreffenden Wärmestrahlung zurück. Sie **reflektieren** sie. In vielen heißen Ländern nutzen die Einwohner dieses Wissen. Sie streichen ihre Häuser oft weiß.

Material mit Aufgaben

M3 Arten des Wärmetransports

1. Ordne den Bildern eine Art des Wärmetransports zu.
2. Beschreibe an einem der Beispiele den Wärmetransport. Nenne ein weiteres Beispiel
3. Erkläre, warum bei der Wärmemitführung und Wärmeleitung ein Stoff vorhanden sein muss.
4. Erkläre die Unterschiede der drei Arten des Wärmetransports.

1 Ein aufgeplustertes Rotkehlchen

Wärmedämmung

Schutz vor Kälte

Viele Säugetiere und Vögel müssen im Winter die Abgabe von Körperwärme verringern. Vögel haben eine Körpertemperatur zwischen 38 °C und 42 °C. Das Gefieder der Vögel verhindert, dass kein Luftzug direkt über die Haut streicht. Die Federn verhindern die Wärmemitführung. Im Winter plustern viele Vögel ihr Gefieder zusätzlich mit Luft auf. Das Rotkehlchen wirkt im Winter dicker als im Sommer. Zwischen seinen Federn befindet sich ein großes Luftpolster. Da Luft Wärme sehr schlecht weiterleitet, verringert das Luftpolster die Abgabe der Körperwärme über die Haut.

Wärmedämmung

Jedes Haus gibt Wärme an die Umgebung ab. Im Winter müssen die Häuser beheizt werden, damit es innen nicht zu kalt wird. Häuser werden heute so gebaut, dass sie möglichst wenig Wärme verlieren. Dazu verbaut man Materialien, die viel Luft enthalten. Sie sind wärmedämmend. Hohlziegel und Gasbetonsteine enthalten Luftkammern, die wärmedämmend wirken. Auch Matten aus Glaswolle haben einen hohen Anteil an eingeschlossener Luft. Die Mauern und Wände werden daher mit diesen Materialien verkleidet. Sie verbessern die **Wärmedämmung** des Hauses.

2 Materialien zur Wärmedämmung: **A** Hohlziegel, **B** Glaswolle

Wärmebildkamera

Eine Wärmebildkamera kann die abgegebene Wärmestrahlung messen und in einem Wärmebild darstellen. Sie macht unterschiedlich hohe Temperaturen für uns in einem Wärmebild sichtbar. Bei einem Wärmebild sind die wärmsten Bereiche des Bildes weiß dargestellt, kalte Bereiche sind blau dargestellt. Die Zwischenbereiche werden in rot, gelb und grün gezeigt.
Die Polizei setzt zum Beispiel Wärmebildkameras an Helikoptern oder in Wäldern ein, um vermisste Personen aufzuspüren.

3 Suche nach Personen mit einer Wärmebildkamera.

Material mit Aufgaben

M1 Thermoskanne

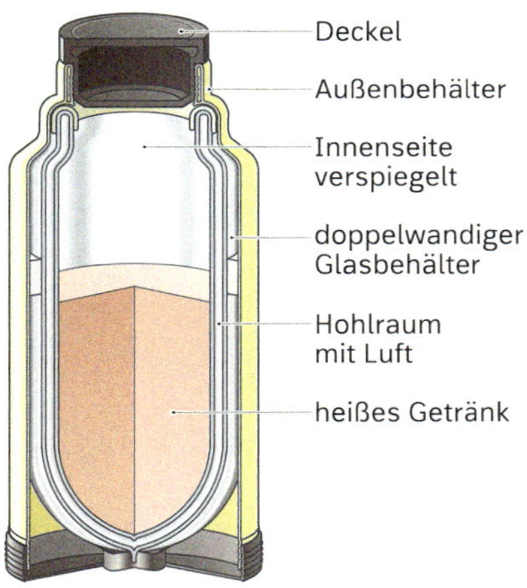

1. Beschreibe den Aufbau einer Thermoskanne.
2. Erkläre, warum warme Getränke in einer Thermoskanne lange warm bleiben.
3. Stelle eine begründete Vermutung an, weshalb Thermoskannen innen verspiegelt sind.

M2 Wärmebildkamera

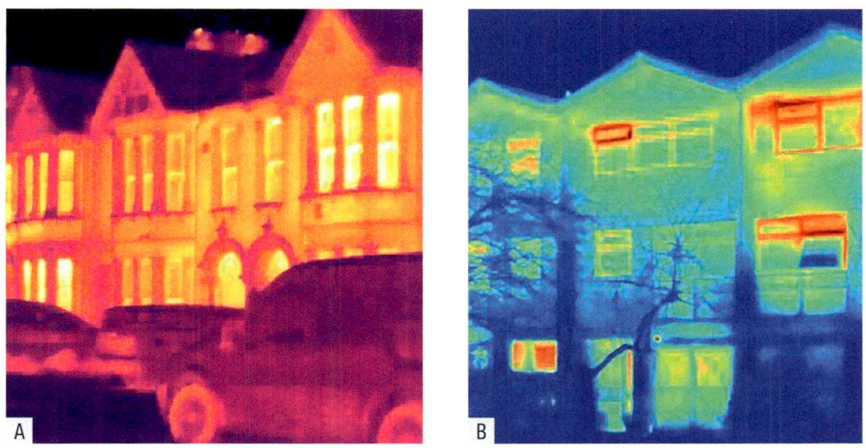

1. Vergleiche die beiden dargestellten Wärmebilder.
2. Erläutere, welche Häuser der Wärmebilder eine bessere Wärmedämmung besitzen.
3. Wähle eine Aufgabe aus:
   a Erläutere mithilfe der Wärmebilder, welche Teile eines Hauses am schlechtesten gedämmt sind.
   b Erläutere, warum gut gedämmte Häuser eine wichtige Maßnahme sind, Energie einzusparen.

1 Blindenschrift

Die Haut

Die Haut schützt uns

Unser Körper ist mit Haut bedeckt. Bei einem Erwachsenen ist die Haut etwa so groß wie die Fläche eines Betts, also etwa zwei Quadratmeter. Die Haut besteht aus mehreren Schichten: Der Oberhaut, der Lederhaut und der Unterhaut.

Oberhaut

Die **Hornschicht** der Oberhaut besteht aus abgestorbenen Zellen. Sie verhindert das Eindringen von Krankheitserregern und schützt die darunterliegenden Schichten vor Austrocknung. Fetthaltige Stoffe aus den **Talgdrüsen** sorgen dafür, dass die Haut geschmeidig bleibt. Solange die Haut unverletzt ist, können keine Krankheitserreger in den Körper durch die Haut eindringen. Die äußersten Hautzellen der Hornschicht werden ständig abgestoßen. In der Keimschicht unter der Hornschicht entstehen daher ständig neue Hautzellen. Abgestorbene Hautzellen werden so durch neue Hautzellen ersetzt. Einige Hautzellen bilden unter Einwirkung des Sonnenlichts braune Farbstoffe aus. Sie schützen uns gegen die gefährliche UV-Strahlung des Sonnenlichts.

Lederhaut

Unter der Keimschicht der Oberhaut schließt sich die Lederhaut an. Sie verleiht der Haut ihre Festigkeit. In die Lederhaut sind die **Schweißdrüsen** und **Haarwurzeln** eingebettet.

Unterhaut

Unter Oberhaut und Lederhaut befindet sich die Unterhaut. In der Unterhaut ist körpereigenes Fett gespeichert. Sie schützt die darunterliegenden Organe und Knochen bei Stürzen wie ein Stoßdämpfer.

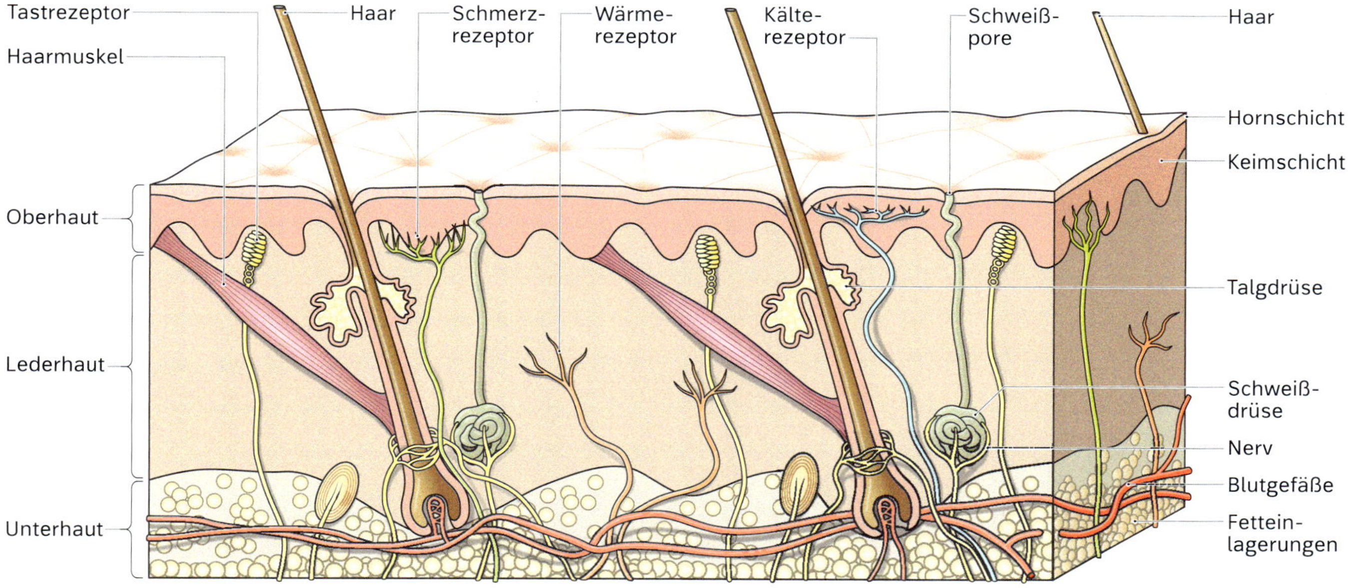

2 Aufbau der menschlichen Haut

Die Haut nimmt Reize auf

Die Haut schützt nicht nur vor äußeren Einflüssen. Sie stellt gleichzeitig eine wichtige Verbindung zur Außenwelt her. In der Haut liegen verschiedene Sinneszellen und Nervenenden, mit denen die Haut verschiedene Reize wie Berührungen aufnimmt. Man bezeichnet sie auch als **Rezeptoren**.

Tastrezeptoren reagieren auf mechanische Reize wie Berührungen. In den Fingerspitzen liegen die Tastrezeptoren besonders dicht zusammen. Mit ihnen können blinde Menschen sogar die kleinen Noppen der Blindenschrift ertasten. Kochendes Wasser fühlt sich sehr heiß an. Gefrorenes Eis dagegen kalt. Die Reize heiß und kalt werden von den **Wärmerezeptoren** und den **Kälterezeptoren** der Haut aufgenommen. **Schmerzrezeptoren** werden bei Verletzungen gereizt. Alle Rezeptoren leiten die Informationen über Nerven ans Gehirn, wo sie verarbeitet werden. Dort entsteht dann der Sinneseindruck. ▶

Material mit Aufgaben

P1 Blindenschrift verstehen

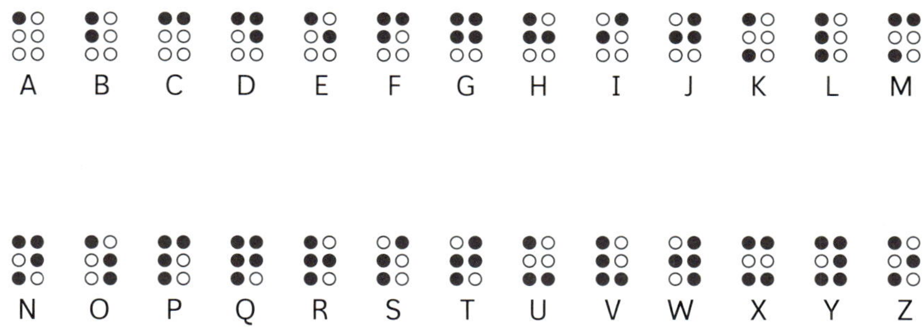

Material: 6 Noppen-Legostein, Pinsel, Perlkopfstecknadeln, Styropor, Stempelkissen oder Wasserfarbe

Durchführung: Tupfe auf die sechs Noppen eine beliebige Wasserfarbe. Stempele so viele 6er-Muster nebeneinander wie dein Name Buchstaben hat. Stecke nun mit den Perlkopfstecknadeln deinen Namen.

1. Ertaste das fertige Wort mit geschlossenen Augen.
2. Lies andere Wörter, die Mitschüler und Mitschülerinnen gesteckt haben.

Material mit Aufgaben

M2 Verteilung der Rezeptoren

	Schmerzrezeptoren	Kälterezeptoren	Wärmerezeptoren
1 cm^2 Handrücken	188	7	0,5
1 cm^2 Oberkörper	196	9	0,3
1 cm^2 Gesicht	184	8	0,6

1. Vergleiche mithilfe der Tabelle die Verteilung der verschiedenen Rezeptoren.
2. Begründe die große Anzahl der Schmerzrezeptoren in allen Körperregionen.

M3 Berührungsempfindlichkeiten

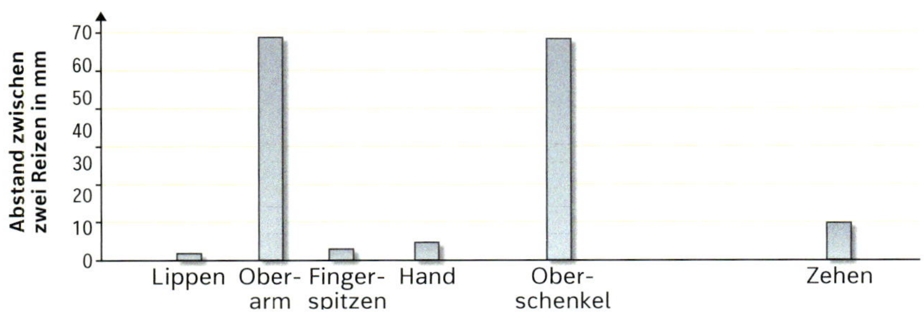

1. Erkläre, was man unter der Raumschwelle versteht.
2. Formuliere mithilfe des Diagramms zwei Je-desto-Sätze.
3. Schreibe eine Liste der berührungsempfindlichsten Körperteile. Beginne dabei mit dem empfindlichsten Körperteil.
4. Erkläre, welche Vorteile die unterschiedliche Verteilung der Berührungsempfindlichkeit hat.

Schmerzempfinden

Wer sich verbrannt hat, spürt den Schmerz deutlich. Dieser Sinneseindruck wird von Schmerzrezeptoren zum Beispiel in der Oberhaut ausgelöst. Die Rezeptoren für Schmerz befinden sich in großer Zahl in der Haut und weiteren Organen. Sie melden äußere Verletzungen und Entzündungen oder Reizungen im Körper wie Rückenschmerzen oder Bauchschmerzen. Dadurch schützt sich der Körper frühzeitig vor gefährlichen Schäden.

Berührungsempfindlichkeit

Berührungen werden an verschiedenen Körperteilen unterschiedlich genau gespürt. Am Oberarm werden zwei nah beieinanderliegende Berührungspunkte als nur eine Berührung wahrgenommen. Demgegenüber werden die gleichen Berührungen an der Fingerspitze deutlich als zwei Berührungen empfunden. Der Abstand von zwei gleich starken Berührungsreizen, die man gerade noch getrennt wahrnimmt, bezeichnet man als **Raumschwelle**. Je kleiner die Raumschwelle ist, desto größer ist die Empfindlichkeit des Tastsinns an dieser Körperstelle.
Blinde Menschen können mithilfe der Blindenschrift lesen. Dazu benutzen sie ihre Fingerkuppen. Mit dem Oberarm könnten sie die Schrift nicht wahrnehmen.

A Nenne die verschiedenen Schichten der Haut und ihre jeweiligen Aufgaben.

B Erkläre, was die Raumschwelle angibt.

Schutz vor Wärme

Bei Hitze und bei körperlicher Anstrengung ist der Körper erhitzt und die Haut gerötet. Die Schweißdrüsen scheiden durch Poren Schweiß aus. Er besteht vor allem aus Wasser. Auf der Hautoberfläche verdunstet der Schweiß, die Wärme wird mit dem Wasserdampf abtransportiert. Dadurch wird der Körper gekühlt. Gleichzeitig erweitern sich die Blutgefäße der Haut: Die Haut wird stärker durchblutet. Dadurch kann der Körper mehr Körperwärme nach außen abgeben.

Schutz vor Kälte

In der unteren Lederhaut sind die Haare mit der Haarwurzel verankert. Sie bestehen aus Horn. Jedes Haar ist mit einem Muskel verbunden. Bei Kälte ziehen sich die Muskeln an den Haaren zusammen. Dadurch richten sich die Körperhaare auf. Man bekommt eine **Gänsehaut**. Für Säugetiere hat dieser Vorgang eine große Bedeutung, weil durch das Aufstellen der Fellhaare mehr Luft im Fell eingeschlossen wird. Da ein solches Luftpolster isolierend wirkt, wird wenig Körperwärme an die Umgebung angegeben. So ist der Körper besser gegen Kälte geschützt. Gleichzeitig wird aus den Talgdrüsen Fett gepresst. Aufgerichtete Haare und Fett sorgen für einen zusätzlichen Schutz vor Kälte. Eine Fettschicht in der Unterhaut schützt außerdem gegen Wärmeverlust.

Ist es sehr kalt, beginnt man auch zu zittern. Beim **Zittern** ziehen sich die Muskeln in kurzen Abständen für einen kurzen Augenblick zusammen. Durch diese schnelle Muskelaktivität wird Wärme frei und man friert weniger.

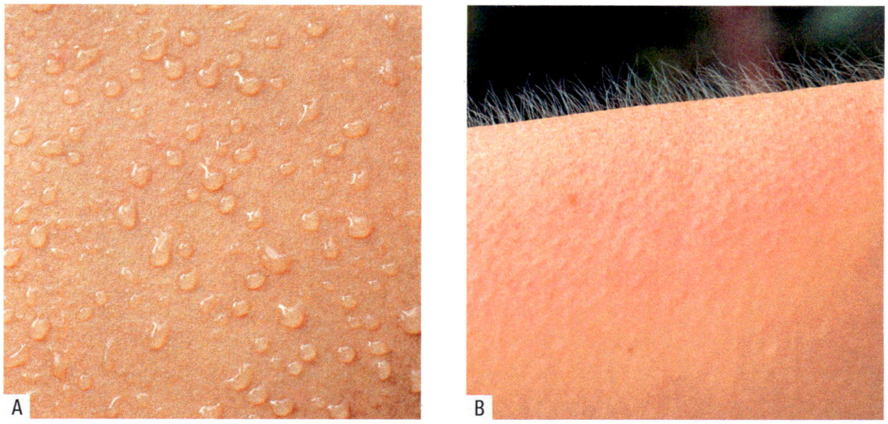

3 Schutzmechanismen der Haut: **A** Schwitzen, **B** Gänsehaut

Material mit Aufgaben

M4 Frieren und Schwitzen

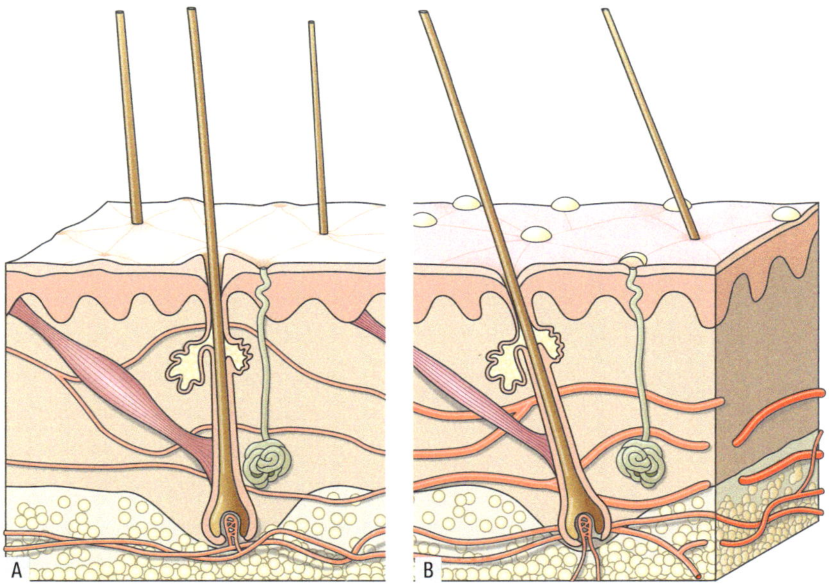

1. Ordne den Bildern A und B dem Schwitzen und dem Frieren zu. Begründe deine Zuordnung.
2. Erkläre die in den Bildern A und B dargestellte Veränderung der Haut.
3. Wähle eine der Aufgaben aus:
   - **a** Erläutere die Bedeutung des Schwitzens für den Körper.
   - **b** Erläutere, warum das Aufstellen der Körperhaare für den Menschen eine geringe Bedeutung hat.

1 Ein Tag am Strand

Schutz der Haut

Schutz vor UV-Strahlung

Die Haut schützt den menschlichen Körper vor äußeren Einflüssen. Das können zum Beispiel Verletzungen und die schädliche UV-Strahlung des Sonnenlichts sein. Die für uns unsichtbare **UV-Strahlung** bewirkt, dass die Zellen der Keimschicht Farbstoffe bilden. Die Farbstoffe bräunen die Haut und sorgen dafür, dass die Strahlen zurückgehalten werden. Dadurch können die schädlichen UV-Strahlen nicht in tiefere Hautschichten gelangen. Mit gebräunter Haut kann man daher länger in der Sonne bleiben, ohne Schaden zu nehmen als mit nicht gebräunter Haut. Dieser Eigenschutz der Haut ist bei jedem Menschen unterschiedlich stark ausgebildet und hängt vom **Hauttyp** ab.

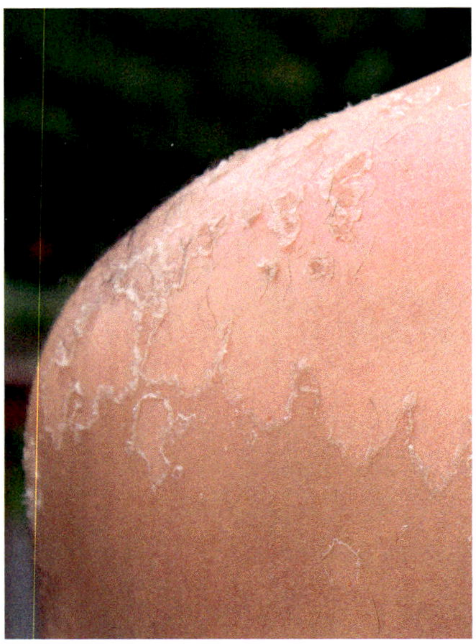

2 Starker Sonnenbrand

Sommersprossen

Bei vielen hellhäutigen Menschen entwickeln sich vor allem im Gesicht und auf den Armen kleine dunkle Flecken. Sie entstehen durch Anhäufungen von Farbstoffen. Diese **Sommersprossen** sind harmlos. Im Winter werden die Farbstoffe teilweise wieder abgebaut. Die Sommersprossen verschwinden.

Sonnenbrand

Bei einem sehr hellhäutigen Menschen mit dem Hauttyp 1 kann die UV-Strahlung schon nach zehn Minuten einen schmerzhaften **Sonnenbrand** verursachen. Dabei werden die Zellen der Haut geschädigt und sterben zum Teil ab. Die Haut wird dann stark durchblutet und rötet sich. Die Haut ist dann sehr empfindlich. Einige Zeit später werden die geschädigten Hautteile abgestoßen. Die Haut pellt sich ab.

Langfristige Schäden

UV-Strahlen können die Haut langfristig schädigen und die Hautzellen dauerhaft verändern. Jedoch zeigen sich die Veränderungen meist erst Jahrzehnte später. Bei bösartigen Veränderungen der Haut durch unkontrolliertes Zellwachstum spricht man von **Hautkrebs**. Er kann zum Tod führen. Daher sollte man die Haut regelmäßig beobachten und bei Veränderungen einen Arzt aufsuchen.

Richtiges Verhalten

Der Eigenschutz der Haut ist nur von kurzer Dauer und hängt vom jeweiligen Hauttyp ab. Daher sollte man sich nicht zu lange ungeschützt in der Sonne aufhalten. Der beste Schutz für die Haut besteht darin, die direkte Sonnenstrahlung zu vermeiden. Man sollte vor allem nicht in der starken, intensiven Mittagssonne nach draußen gehen. Die Haut sollte auch beim Sonnenbaden mit Kleidung und Sonnencremes geschützt werden. Sonnencremes können einen Teil der UV-Strahlen filtern.
Der Lichtschutzfaktor auf der Sonnencremeverpackung gibt an, wieviel mal länger man sich in der Sonne aufhalten kann, ohne einen Sonnenbrand zu bekommen. Dafür wird die Eigenschutzzeit mit dem Lichtschutzfaktor multipliziert.

Eigenschutzzeit x Lichtschutzfaktor = Aufenthaltsdauer in Minuten

Mehrfaches und regelmäßiges Eincremen ist wichtig. Nach dem Schwimmen muss die Sonnencreme erneut aufgetragen werden.

A Nenne Schutzmaßnahmen gegen die starke Sonneneinstrahlung.

B Beschreibe mögliche Folgen von zu viel Sonnenstrahlung für die Haut.

Material mit Aufgaben

M1 Entstehung von Hautkrebs

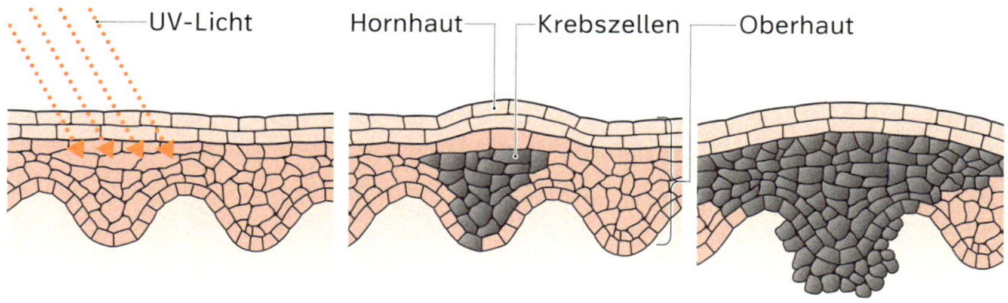

1. Beschreibe die Entstehung von Hautkrebs.
2. Erkläre, warum man seine Haut regelmäßig untersuchen lassen sollte.
3. Erkläre, warum man Hautkrebs erst Jahre später erkennt.

M2 Hauttypen

Merkmale	helle Haut, Sommersprossen, kaum Bräunung	helle Haut, blondes Haar, mäßige Bräunung	mittelhelle Haut, dunkelblondes Haar, gute Bräunung	leicht braune Haut, braunes bis dunkles Haar, schnelle Bräunung	dunkle Haut, dunkles Haar, schnelle Bräunung, selten Sonnenbrand	dunkle bis sehr dunkle Haut, schwarzes Haar, Sonnenbrand sehr selten
Eigenschutzzeit	5-10 Minuten	10-20 Minuten	20-30 Minuten	40-50 Minuten	über 60 Minuten	über 90 Minuten

	Typ 1	Typ 2	Typ 3	Typ 4	Typ 5	Typ 6

1. Bestimme deinen Hauttyp.
2. Berechne, wie lange sich ein Erwachsener mit Hauttyp 1 und mit Lichtschutzfaktor 30 in der Sonne aufhalten darf.
3. Erkläre, warum sich Menschen mit Hauttyp 1-3 beim Sonnen mit Sonnencreme mit hohen Lichtschutzfaktor eincremen sollten.
4. Stelle Vermutungen an, warum Menschen mit dem Hauttyp 1–3 schneller einen Sonnenbrand bekommen, als Menschen mit Hauttyp dem 4–6.

1 Zusammen erwachsen werden

Die Pubertät

Material mit Aufgaben

M1 Änderungen im Verhalten

1. Beschreibe die dargestellte Situation.
2. Entwickle einen Lösungsvorschlag für die Situation.
3. Erkläre, warum es in der Pubertät zu solchen Diskussionen kommen kann.

Erwachsen werden

Die Pubertät ist eine Zeit, in der Veränderungen auftreten. Es ist der Übergang vom Kind zum Erwachsenen. Die Pubertät setzt bei jedem zu einem anderen Zeitpunkt ein und kann auch unterschiedlich lange andauern.

Hormone

Die Veränderungen, die in der Pubertät auftreten, werden durch **Hormone** ausgelöst. Hormone sind Botenstoffe, die von Hormondrüsen gebildet werden. Sie werden ins Blut abgegeben und im gesamten Körper verteilt. So gelangen sie auch zu den Orten im Körper, an denen sie wirken sollen. Sie sorgen zum Beispiel für das Wachstum der Geschlechtsorgane und die Ausbildung der Geschlechtsmerkmale. Auch das Einsetzen der Menstruation beim Mädchen und die Bildung von Sperma beim Jungen werden durch Hormone ausgelöst.

Verhalten und Gefühlswelt

Hormone haben Einfluss auf die Gefühle. Gerade am Anfang der Pubertät kann es deshalb dazu kommen, dass man oft schlecht gelaunt ist oder Stimmungsschwankungen hat. Auch die Interessen verändern sich. Neue Ansichten können sich entwickeln und komplett anders sein als zuvor.

Viele Jugendliche verlieben sich in der Pubertät zum ersten Mal und sammeln viele neue Erfahrungen. In dieser Zeit ist es besonders wichtig, sich mit Freunden auszutauschen, die sich auch in der Pubertät befinden. Sie haben vergleichbare Interessen, ähnliche Probleme und auch die gleichen Unsicherheiten. Jugendliche wollen immer mehr Verantwortung für ihr eigenes Leben übernehmen und möchten mehr Freiheiten haben. Dies und auch die mitunter wechselhafte Laune können zu Konflikten mit Eltern führen.

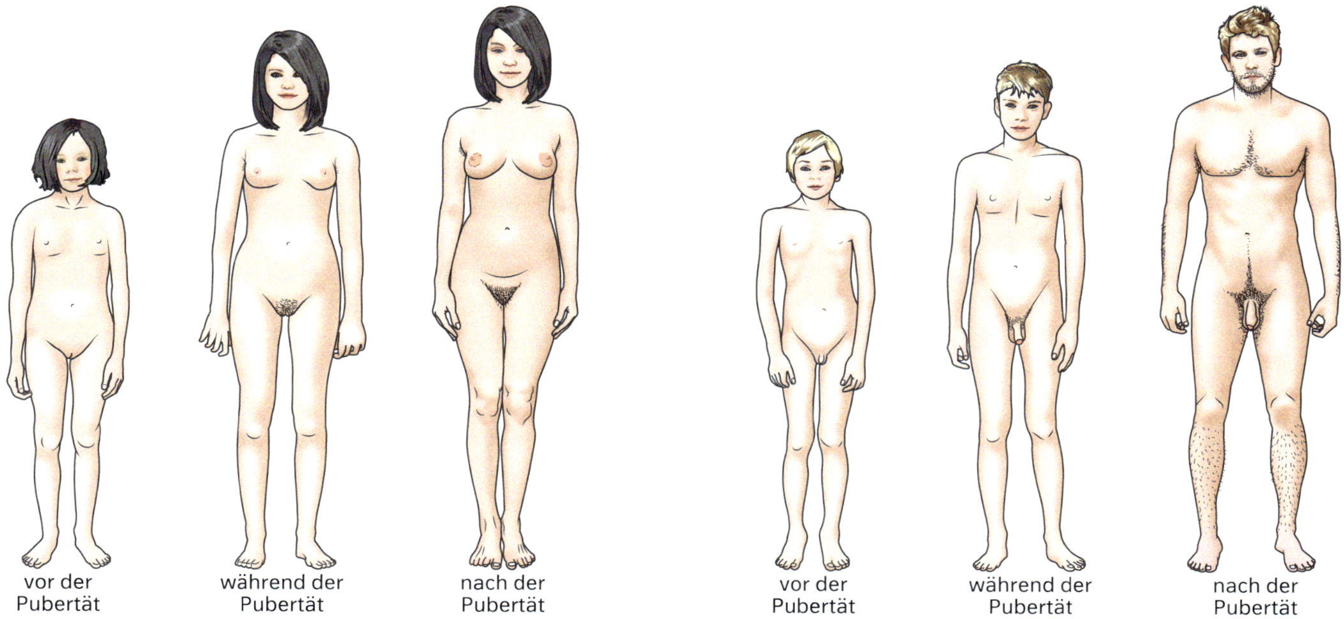

2 Erwachsen werden: **A** bei Mädchen, **B** bei Jungen

Körperliche Veränderungen

Einige Geschlechtsmerkmale sind seit der Geburt vorhanden. Sie werden als **primäre Geschlechtsorgane** bezeichnet. Zu ihnen zählen beim Jungen der Penis und die Hoden. Beim Mädchen sind es die Scheide, die Gebärmutter und die Eierstöcke. In der Pubertät wachsen die Geschlechtsorgane und nehmen ihre Funktion auf. Sie werden funktionsfähig.

Sekundäre Geschlechtsmerkmale bilden sich erst mit dem Beginn der Pubertät aus. Zu ihnen zählen unter anderem die Achselbehaarung und die Schambehaarung.

Bei den Jungen setzt der Bartwuchs ein und die Stimme verändert sich. Man spricht von einem Stimmbruch. Währenddessen wird die Stimme etwas tiefer, zwischendurch ist sie aber auch noch wieder höher. Bei Jungen kommt es während der Pubertät zum ersten Spermaerguss.

Bei Mädchen wachsen die Brüste und es kommt zur ersten Menstruation.

Material mit Aufgaben

M2 Körperliche Veränderungen

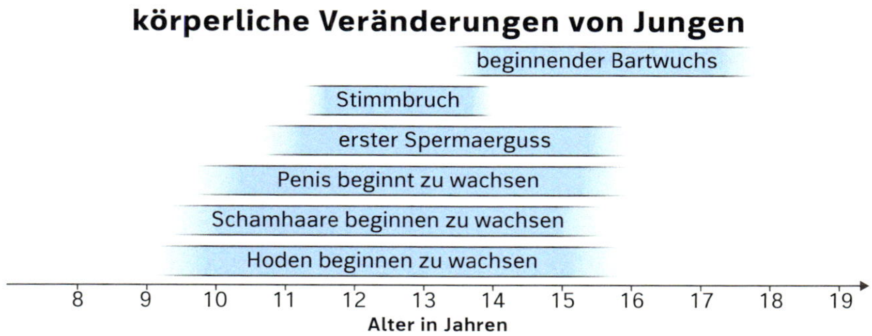

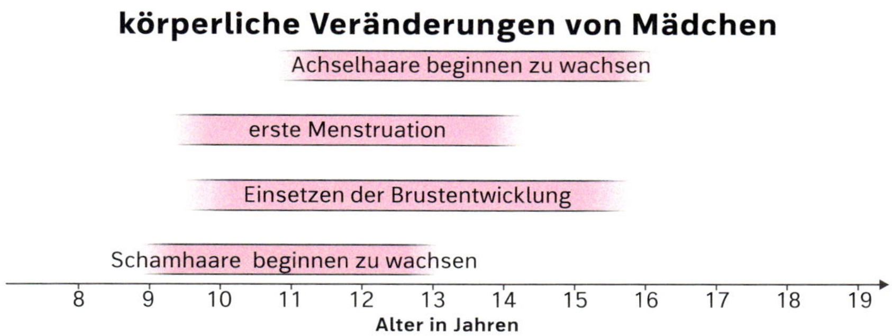

1. Gib an, wann sich die sekundären Geschlechtsmerkmale bei Jungen und Mädchen entwickeln.

2. Erkläre, warum für den Beginn der Pubertät kein eindeutiger Zeitpunkt bestimmt werden kann.

1 Jungen entwickeln sich unterschiedlich

Die männlichen Geschlechtsorgane

Bau und Funktion

Zu den äußeren Geschlechtsorganen zählen der Penis und der Hodensack. Die übrigen Geschlechtsorgane zählen zu den inneren Geschlechtsorganen. Die Geschlechtsorgane können sich in Form und Größe bei jedem etwas unterscheiden. Dies ist, ebenso wie der unterschiedliche Beginn der Entwicklung, ganz normal.

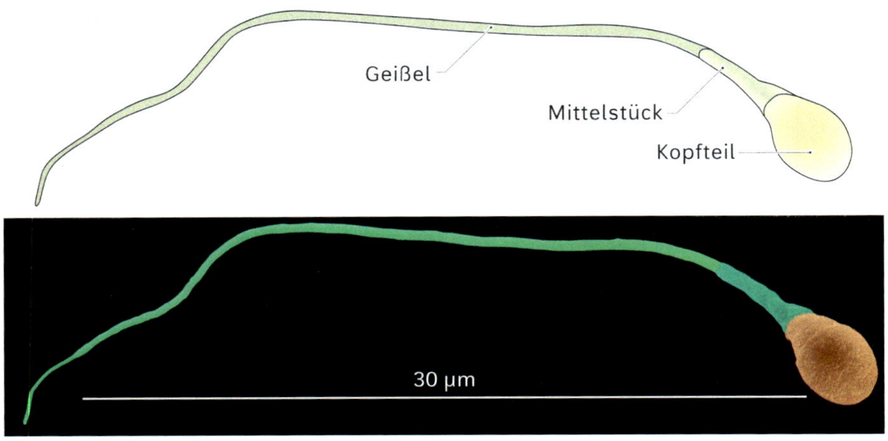

2 Spermienzelle

Penis, Schwellkörper und Eichel

Der größte Teil vom **Penis** ist von außen sichtbar. Er dient der Übertragung von Spermienzellen während des Geschlechtsverkehrs.
Den Penis durchzieht ein Netz aus vielen Blutgefäßen, die **Schwellkörper**. Wenn sich diese mit Blut füllen, wird der Penis steif. Dies wird als **Erektion** bezeichnet und ist wichtig für den Geschlechtsverkehr.
Die berührungsempfindliche **Eichel** bildet den vorderen Bereich des Penis. Sie ist von der Vorhaut bedeckt. Diese schützt die Eichel vor Verletzungen, Schmutz und Krankheitserregern.

Hoden und Hodensack

Der **Hodensack** ist von außen sichtbar. Darin befinden sich die zwei Hoden mit den beiden Nebenhoden. In den **Hoden** werden bis zum Lebensende täglich mehrere Millionen Spermienzellen gebildet. Sie werden in den **Nebenhoden** gespeichert. Die **Spermienzellen** sind die männlichen Geschlechtszellen und dienen der Fortpflanzung. Jede Spermienzelle besteht aus einem Kopfteil und einer Geißel zur Fortbewegung.

Der Weg der Spermienzellen

Die im Hoden gebildeten Spermienzellen gelangen über den Nebenhoden in den **Spermienleiter**. Dieser führt in die **Prostata**. Diese Drüse produziert eine Flüssigkeit, in der sich die Spermienzellen mit ihrer Geißel fortbewegen können. Die Flüssigkeit aus der Prostata und die Spermienzellen bilden zusammen das **Sperma**. Während eines Spermaergusses gelangt das Sperma über den **Harn-Spermienleiter** nach außen. Dies wird als **Ejakulation** bezeichnet. Kommt es nicht zu einer Ejakulation, sterben die gespeicherten Spermienzellen im Nebenhoden nach etwa einem Monat ab.

Hygiene

Zwischen Eichel und Vorhaut befinden sich Drüsen, die fetthaltige Stoffe abgeben. Um die abgesonderten Stoffe und Bakterien zu entfernen, ist eine tägliche Körperpflege wichtig. Sonst können die Bakterien Entzündungen hervorrufen. Zur Reinigung muss die Vorhaut vorsichtig zurückgezogen werden. Eichel und Penis werden mit warmem Wasser und milder Seife oder Duschgel gewaschen.

A Nenne die äußeren und die inneren männlichen Geschlechtsorgane.

B Erkläre die Fachbegriffe Erektion und Ejakulation.

C Erläutere, weshalb tägliche Hygiene sehr wichtig ist.

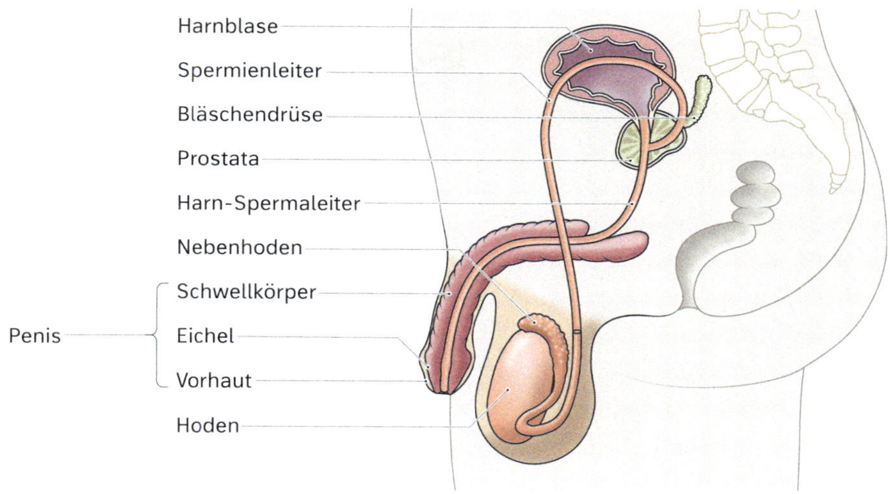

3 Die männlichen Geschlechtsorgane sowie Darm und Blase

Material mit Aufgaben

M1 Männliche Geschlechtsorgane

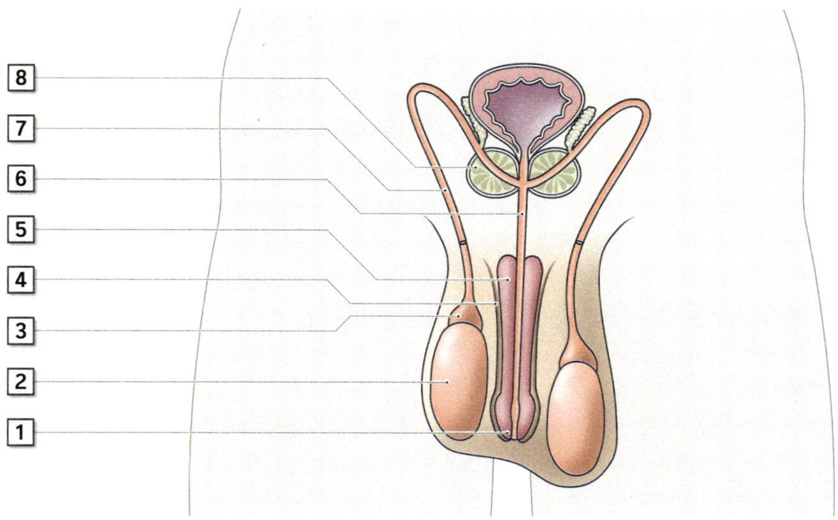

1. Benenne die mit Ziffern gekennzeichneten männlichen Geschlechtsorgane.
2. Erkläre die jeweilige Funktion der männlichen Geschlechtsorgane.
3. Wähle eine der Aufgaben aus:
   a Beschreibe anhand des Bildes den Weg der Spermienzellen von der Bildung bis zur Ejakulation.
   b Erstelle für den Weg der Spermienzellen ein Fließschema.

1 Mädchen entwickeln sich unterschiedlich

Die weiblichen Geschlechtsorgane

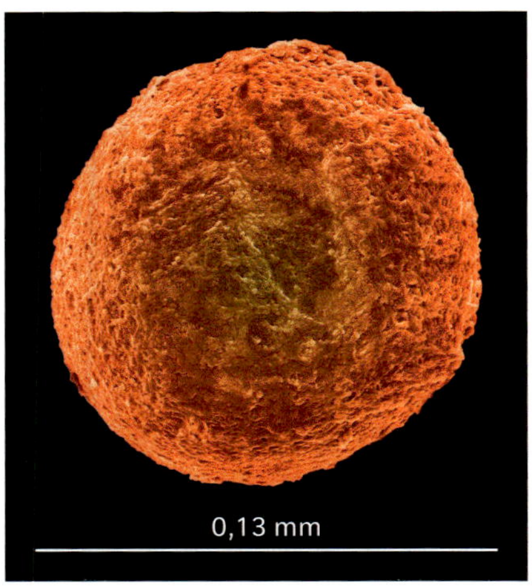

2 Eizelle

Scheide und Schamlippen

Zu den äußeren Geschlechtsorganen zählen nur die großen Schamlippen. Die übrigen Geschlechtsorgane liegen im Inneren des Körpers. Die großen Schamlippen umschließen und schützen die kleinen Schamlippen. Diese umschließen und schützen wiederum die **Scheidenöffnung** und die Harnröhrenöffnung. Am oberen Ende der kleinen Schamlippen liegt der berührungsempfindliche Kitzler, auch **Klitoris** genannt. Hinter den kleinen Schamlippen liegt die Scheide oder **Vagina**. Sie stellt die Verbindung zur Gebärmutter dar. Der Scheideneingang kann mit einem dünnen Häutchen, dem Jungfernhäutchen, verschlossen sein. Es schützt vor Schmutz und Krankheitserregern.

Gebärmutter

An die Scheide schließt sich die Gebärmutter an. Die Gebärmutterwand besteht zum großen Teil aus Muskeln. Innen ist sie mit einer Schleimhaut ausgekleidet. In dieser Schleimhaut kann sich eine befruchtete Eizelle einnisten. Während der Schwangerschaft wächst dann in der Gebärmutter ein Kind heran.

Eierstöcke und Eileiter

In den zwei Eierstöcken befinden sich seit der Geburt etwa 400.000 Eizellen. Die Eileiter stellen die Verbindung zum rechten und linken Eierstock her. Durch den Eileiter gelangt die Eizelle aus dem Eierstock zur Gebärmutter. Die Befruchtung der Eizelle durch eine Spermienzelle findet ebenfalls im Eileiter statt.

Eireifung und Eisprung

Mit Beginn der Pubertät und dem Einsetzen der Menstruation reift in einem der Eierstöcke etwa einmal im Monat eine Eizelle in einem **Eibläschen** heran. In welchem der beiden Eierstöcke dies passiert, ist zufällig.

Das Eibläschen wandert dann zum Rand des Eierstocks. Dort platzt es auf und die reife Eizelle wird in den **Eileiter-Trichter** freigesetzt. Über diesen gelangt die Eizelle in den Eileiter. Nach diesem Eisprung kann die Eizelle 12 bis 24 Stunden lang von einer Spermienzelle befruchtet werden.

Der Weg zur Gebärmutter

Mithilfe von Muskelbewegungen und Flimmerhärchen im Inneren des Eileiters wird die Eizelle zur Gebärmutter transportiert.

Während die Eizelle zur Gebärmutter transportiert wird, verdickt sich die Schleimhaut der Gebärmutter und wird stärker durchblutet. Kommt es im Eileiter zur Befruchtung der Eizelle, nistet sich die befruchtete Eizelle in der Gebärmutterschleimhaut ein.

Der Weg von der Befruchtung bis zur Einnistung dauert bis zu 8 Tage. Wenn die Eizelle nicht befruchtet wird, stirbt sie ab. Die Gebärmutterschleimhaut wird dann wieder abgebaut und zusammen mit der nicht befruchteten Eizelle ausgestoßen. Es kommt zur Monatsblutung. ▶

A Nenne die äußeren und die inneren weiblichen Geschlechtsorgane.

B Erkläre die Fachbegriffe Eireifung und Eisprung.

3 Die weiblichen Geschlechtsorgane sowie Darm und Blase

Material mit Aufgaben

M1 Weibliche Geschlechtsorgane

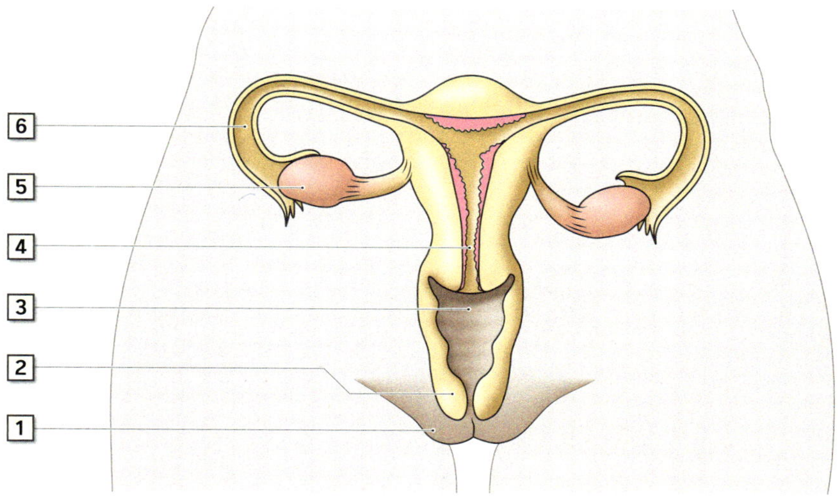

1. Benenne die mit Ziffern gekennzeichneten weiblichen Geschlechtsorgane.
2. Erkläre die jeweilige Funktion der Geschlechtsorgane. ⊞
3. Wähle eine der Aufgaben aus:
   a Beschreibe mit dem Bild den Weg der Eizelle.
   b Erstelle ein Fließschema zum Weg der Eizelle vom Eierstock bis zur Gebärmutter.

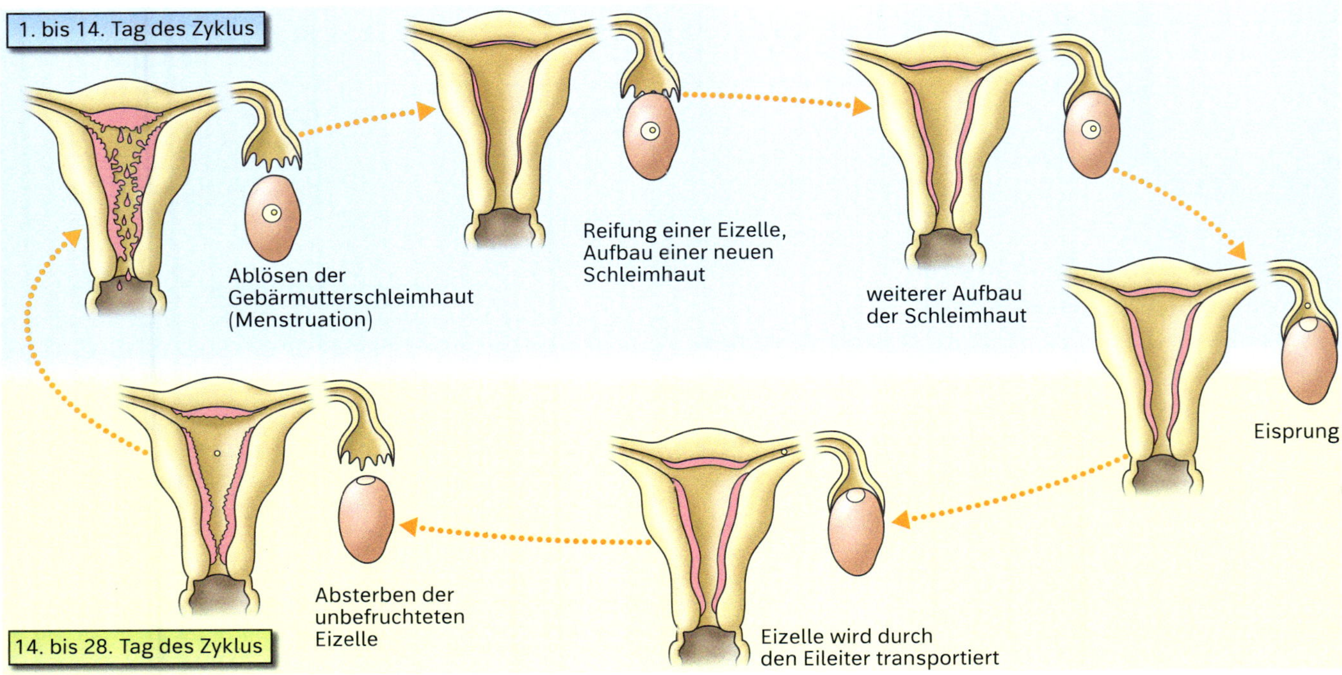

4 Ablauf des Menstruationszyklus

Material mit Aufgaben

M2 Der Menstruationszyklus

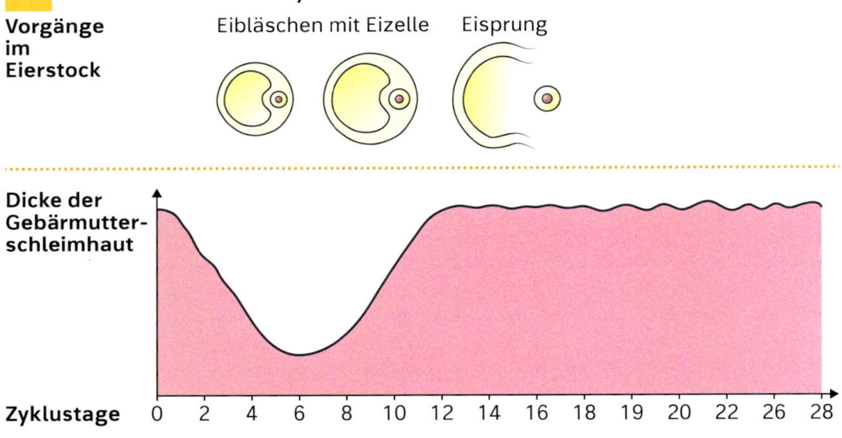

1. Beschreibe die Veränderungen der Gebärmutterschleimhaut.
2. Erkläre, warum sich die Gebärmutterschleimhaut verändert.
3. Erläutere die Vorgänge im Eierstock während des Zyklus.

Die Menstruation

Nach dem Eisprung wird die Eizelle zur Gebärmutter transportiert. Wird die Eizelle nicht befruchtet, nistet sie sich auch nicht in der Gebärmutter ein. Sie stirbt schließlich ab und die zuvor in der Gebärmutter aufgebaute Schleimhaut löst sich ab. Es kommt zur Monatsblutung, die auch als **Menstruation** bezeichnet wird. Dabei wird die Schleimhaut mit einer Blutung ausgestoßen. Die Menstruation dauert meist drei bis sieben Tage. Insgesamt vergeht vom Eisprung bis zum letzten Tag der Blutung ungefähr ein Monat.

Der Menstruationszyklus

Während der Menstruation reift in einem der beiden Eierstöcke bereits die nächste Eizelle heran. Der gesamte Vorgang

wiederholt sich deshalb jeden Monat. Wegen dieser regelmäßigen Wiederholung spricht man auch von einem Zyklus. Ein Zyklus dauert vom ersten Tag der Blutung bis zum ersten Tag der nächsten Blutung ungefähr 28 Tage. Bei jungen Mädchen ist die Menstruation jedoch oft noch unregelmäßig, so dass ein Zyklus auch mal länger oder kürzer sein kann. Ein Menstruationskalender hilft dabei, die Übersicht zu behalten.
Viele Mädchen und Frauen haben während der Menstruation Bauchschmerzen oder Rückenschmerzen. Die Beschwerden kommen daher, dass sich die Schleimhaut der Gebärmutter durch Zusammenziehen der Unterleibsmuskeln ablöst.

Hygiene

Die Schamlippen sollten regelmäßig mit warmem Wasser und einer milden Waschlotion gewaschen werden. Der Intimbereich sollte stets von der Scheide in Richtung After gewaschen werden, dadurch beugt man Infektionen vor. Andernfalls können Krankheitserreger in die Scheide und die Harnröhre gelangen.
Während der Menstruation ist eine gründliche Hygiene wichtig. Mit Binden kann das Blut aufgefangen werden. Diese sind selbstklebend und werden in den Slip eingelegt. Tampons werden in die Scheide eingeführt und saugen so das Blut auf. Binden und Tampons müssen regelmäßig gewechselt werden.

C Erläutere, warum tägliche Hygiene nicht nur während der Menstruation sehr wichtig ist.

Material mit Aufgaben

M3 Menstruationskalender

Februar

Mo	Di	Mi	Do	Fr	Sa	So
1	2	3	4	5	6	7
8	9	10	11	12	13	14
~~15~~	~~16~~	~~17~~	~~18~~	~~19~~	~~20~~	21
22	23	24	25	26	27	28

März

Mo	Di	Mi	Do	Fr	Sa	So
1	2	3	4	5	6	7
8	9	10	11	~~12~~	~~13~~	~~14~~
~~15~~	~~16~~	17	18	19	20	21
22	23	24	25	26	27	28
29	30	31				

April

Mo	Di	Mi	Do	Fr	Sa	So
			1	2	3	4
5	6	7	8	9	10	11
12	13	14	15	16	17	18
19	20	21	22	23	24	25
26	27	28	29	30		

In einem Menstruationskalender wurden für die Monate Februar und März bereits die Tage der Blutungen eingetragen.

1. Bestimme jeweils, wann der Eisprung stattgefunden hat.
2. Bestimme den ersten Tag der Menstruation im Monat April.

M4 Monatshygiene

Tampon

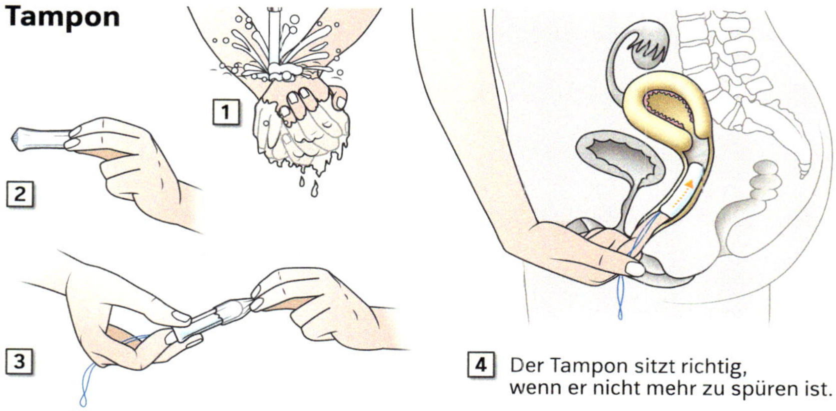

Binde

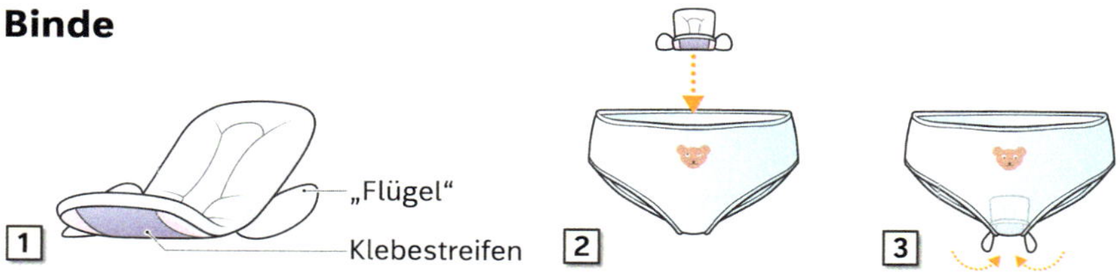

1. Beschreibe die Verwendung von Tampons und Binden.
2. Erkläre, warum es wichtig ist, sich vor der Verwendung von Tampons und Binden die Hände zu waschen.

1 Schwangere Frau

Von der Schwangerschaft bis zur Geburt

Geschlechtsverkehr

Damit eine Frau schwanger wird, muss eine Befruchtung stattfinden. Dies passiert oft durch Geschlechtsverkehr.

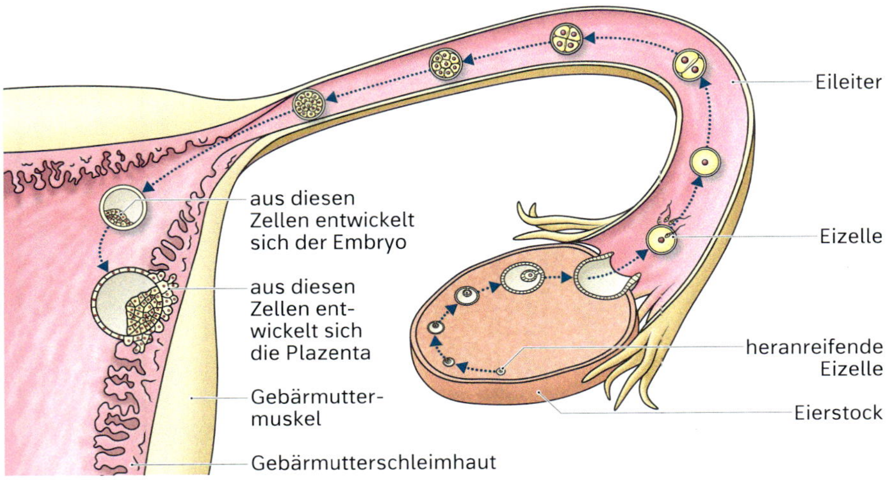

2 Befruchtung und Einnistung

Nachdem Frau und Mann sich gegenseitig durch Schmusen, Küssen und Streicheln sexuell erregt haben, wird der steife Penis des Mannes in die Scheide der Frau eingeführt. Rhythmische Bewegungen fühlen sich für beide sehr schön an und können bei beiden zu einem **Orgasmus** führen.

Beim Orgasmus des Mannes kommt es zur Ejakulation. Dadurch gelangen Spermienzellen nach einem Spermaerguss in die Scheide der Frau. Sie schwimmen in die Gebärmutter und weiter in den Eileiter. Dort können die Spermienzellen bis zu 5 Tage lang überleben. Nur wenige Spermienzellen gelangen zu der reifen Eizelle der Frau. Die erste eintreffende Spermienzelle befruchtet die Eizelle.

Die Befruchtung der Eizelle

Während der fruchtbaren Tage kann eine Eizelle auf dem Weg durch den Eileiter zur Gebärmutter 12 bis 24 Stunden lang durch Spermien befruchtet werden. Bei der **Befruchtung** dringt die Spermienzelle in die Eizelle ein. Jetzt kann keine weitere Spermienzelle mehr in die Eizelle eindringen. Die beiden Zellkerne verschmelzen. Aus der befruchteten Eizelle kann sich ein Kind entwickeln.

Einnistung

Direkt nach der Befruchtung teilt sich die befruchtete Eizelle zum ersten Mal. Auf dem Weg zur Gebärmutter finden weitere Zellteilungen statt. Es entsteht ein Zellverband. Nach sechs Tagen hat dieser den 15 Zentimeter langen Weg durch den Eileiter in die Gebärmutter zurückgelegt und nistet sich in die Gebärmutterschleimhaut ein. Der Zellverband wird nun als Embryo bezeichnet. Mit der **Einnistung** beginnt die Schwangerschaft.

Die Embryonalphase

Der Embryo schwimmt in einer mit Fruchtwasser gefüllten Blase, der **Fruchtblase**. Sie schützt ihn vor Erschütterungen. Über ein stark durchblutetes Gewebe der Gebärmutterwand, die **Plazenta**, und die Nabelschnur wird der Embryo mit Sauerstoff und Nährstoffen durch die Mutter versorgt. Dabei vermischt sich das Blut der Mutter nicht mit dem Blut des Kindes. Der Körper der Mutter versorgt in der gesamten Schwangerschaft das Kind mit. Abfallstoffe des Embryos werden über die Nabelschnur entsorgt. ▶

Material mit Aufgaben

M1 Die Plazenta

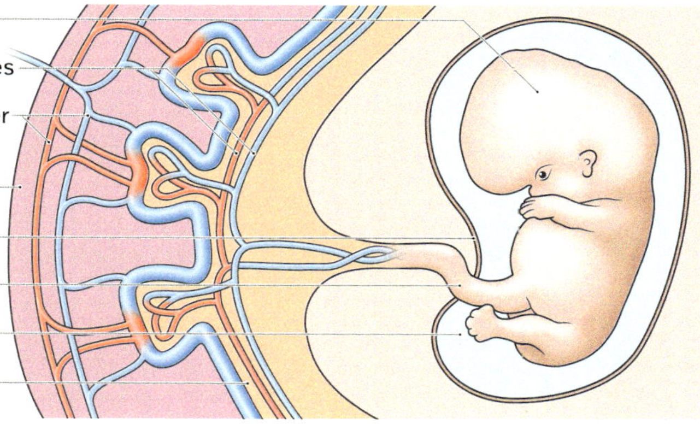

1. Beschreibe die Vorgänge in der Plazenta mithilfe des Bildes.
2. Erkläre, weshalb es wichtig ist, dass Nährstoffe und Sauerstoff von der Mutter zum Kind gelangen können und Abfallstoffe wie Kohlenstoffdioxid vom Kind zur Mutter gelangen können. ⊞

M2 Die Fruchtblase im Modell

Mit diesem Modell kann die Funktion der Fruchtblase verdeutlicht werden. Wenn das Gefäß geschüttelt wird, bleibt das Ei heil und nimmt keinen Schaden.

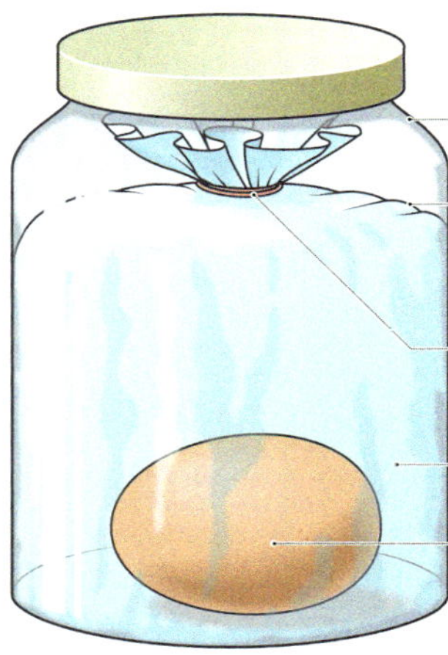

1. Beschreibe den Aufbau des Modells.
2. Ordne den Bauteilen des Modells die Teile der Wirklichkeit zu. Erstelle eine Tabelle. ⊞
3. Erkläre die Funktion der Fruchtblase für den Fetus. ⊞
4. Erläutere, was das Modell nicht veranschaulicht.

A Beschreibe den Weg der Eizelle von der Befruchtung bis zur Einnistung. Nimm Bild 2 zur Hilfe.

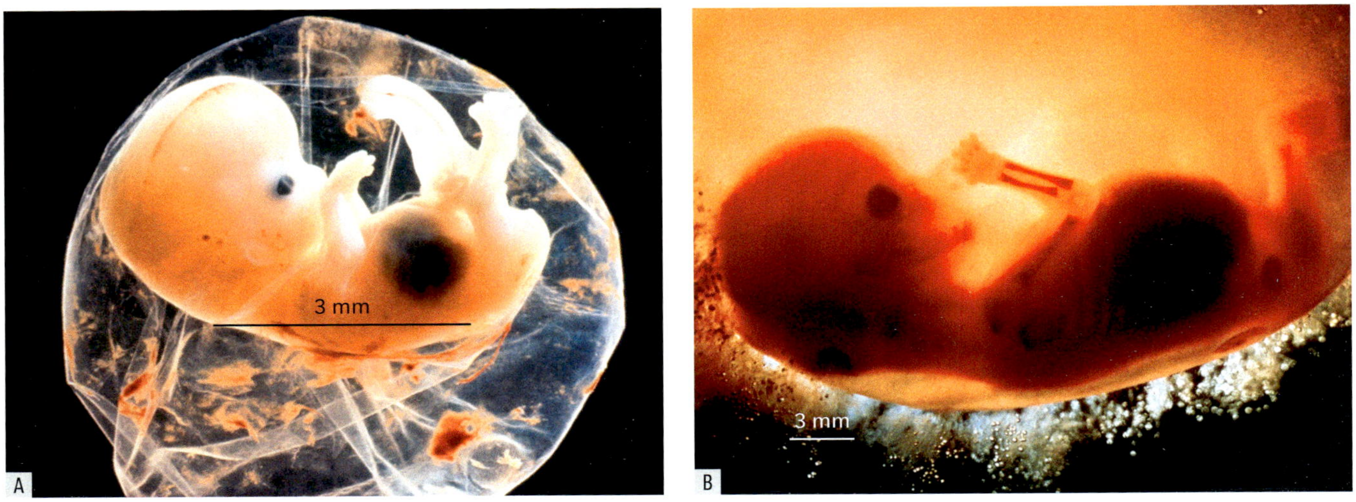

3 Kind im Mutterleib: **A** 5. Woche, **B** 10. Woche

Material mit Aufgaben

M3 Die Fetalphase

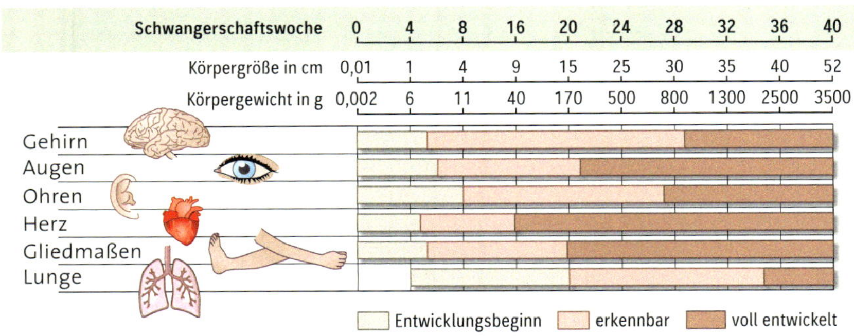

1. Beschreibe mithilfe des Bildes, welche Organe des Kindes sich im Mutterleib zuerst voll entwickeln. Erstelle eine Rangliste.
2. Beschreibe das Wachstum des Kindes während der Schwangerschaft. Beachte Körpergröße und Körpergewicht.
3. Erkläre, warum Kinder schon während der Schwangerschaft auf Geräusche reagieren.
4. Wähle eine der Aufgaben aus:
   a Erläutere mithilfe des Bildes, warum es meist kein Problem ist, wenn ein Kind 3 Wochen zu früh geboren wird.
   b Erläutere, warum die Gefahr einer Schädigung des Kindes größer wird, je früher es geboren wird.

Die Fetalphase

Ab dem vierten Monat bezeichnet man das Kind als **Fetus**. Der Fetus ist jetzt 10 Zentimeter groß. Arme und Beine sind voll ausgebildet. Man kann nun das Geschlecht erkennen. Ab dem fünften Monat spürt die Mutter Bewegungen des Fetus. Die Herztöne sind nun auch messbar. Der Fetus kann jetzt die Stimme der Mutter und andere Geräusche hören. Im sechsten Monat ist der Fetus 26 Zentimeter groß. Er nimmt jetzt Licht wahr. Im siebten Monat öffnen sich die Augen. Der Fetus ist jetzt 35 Zentimeter groß. Im achten Monat ist die Lunge voll ausgebildet, aber noch mit Fruchtwasser gefüllt. Der Fetus wächst bis zur Geburt weiter und nimmt vor allem kurz vor der Geburt viel an Gewicht zu. Während der Fetalphase wachsen also die Anlagen aller Organe des Kindes heran und entwickeln sich. Im Laufe der Entwicklung nähern sich die Körperproportionen denen eines Neugeborenen an. Die Fetalphase endet mit der Geburt des Kindes.

Die Geburt

Eine Schwangerschaft dauert im Durchschnitt etwa 265 Tage. Vier Wochen vor der Geburt dreht sich der Fetus, so dass der Kopf Richtung Scheide zeigt. Die Geburt lässt sich in zwei Phasen unterteilen.

- **Eröffnungsphase** • Die Geburt beginnt mit dem Einsetzen von **Wehen** und dem Reißen der Fruchtblase. Eine Wehe ist eine Muskelkontraktion der Gebärmutter. Ist das Fruchtwasser abgeflossen und die Scheide weit genug geöffnet, beginnt die Austreibung.
- **Austreibung** • In der zweiten Phase werden die Wehen stärker. Das Kind wird mit dem Kopf voran aus der Scheide gepresst. Der Rest des Körpers folgt mit weiteren Wehen.

Nach der Geburt

Das Kind befindet sich nun außerhalb der Mutter. Es heißt jetzt Säugling. Der Säugling muss zum ersten Mal atmen. Seine Lungen werden mit Luft gefüllt. Die Nabelschnur wird in der Nähe des Nabels des Kindes abgebunden und durchschnitten. Man spricht daher von einer **Entbindung**. Bei der Mutter beginnen nach der Geburt die Nachgeburtswehen. Die Plazenta löst sich. Zusammen mit der Fruchtblase und der Gebärmutterschleimhaut wird sie als Nachgeburt abgestoßen.

B Erstelle ein Fließschema mit den Entwicklungsschritten von der Befruchtung bis zur Geburt.

Material mit Aufgaben

M4 **Die Geburt**

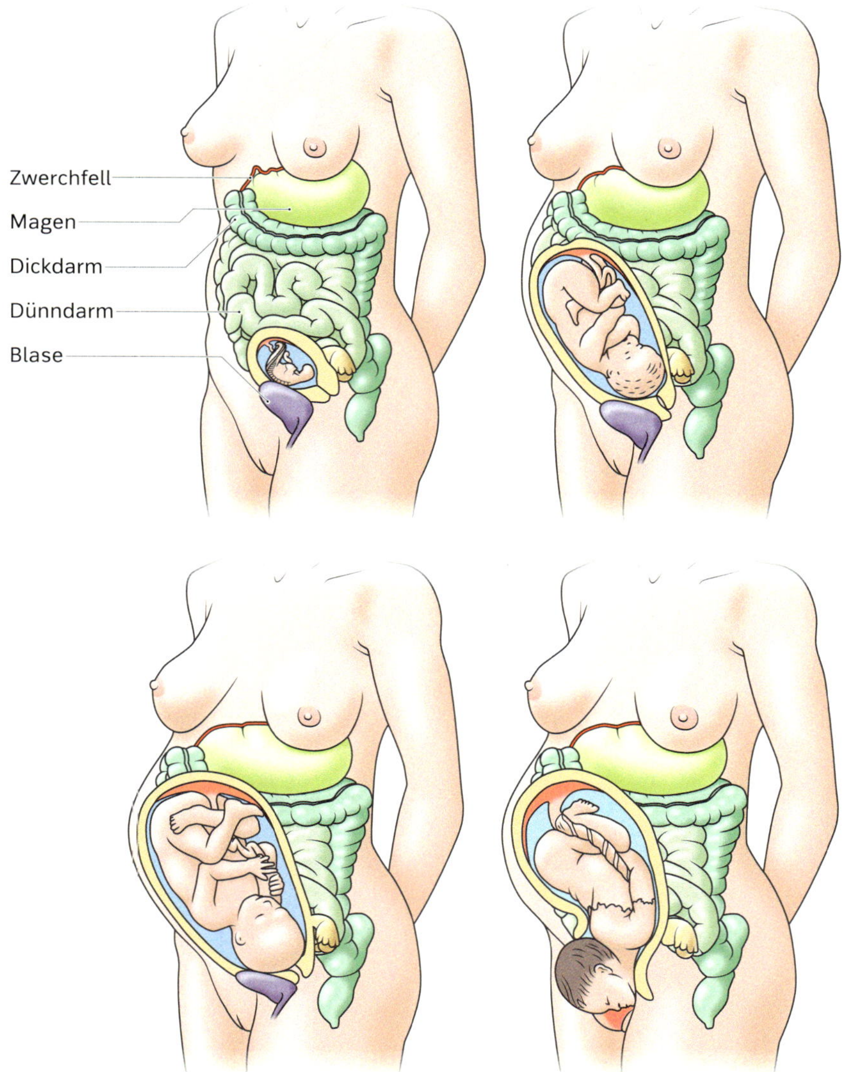

1. Beschreibe den Verlauf einer Schwangerschaft. Beachte die Größe und Lage des Kindes und die Größe der Gebärmutter.
2. Beschreibe den Geburtsvorgang.
3. Erkläre die Bedeutung der Wehen.
4. Erkläre mithilfe der Bilder, warum Schwangeren das Atmen gegen Ende der Schwangerschaft schwerfällt.

1 Eine unangenehme Situation

Grenzen und Verantwortung

Regeln für das Miteinander:

- Dein Körper gehört dir.
- Du bestimmst allein, wer dich wie anfassen darf.
- Gefallen dir Berührungen nicht, so sage laut und deutlich „Nein!"
- Du musst niemanden anfassen oder Körperstellen anschauen.
- Achte auf dein Bauchgefühl.
- Stelle sicher, dass jemand weiß, wo du bist.
- Stelle sicher, dass du jederzeit Hilfe holen kannst.

Beratungsstellen:

- ProFamilia
- Zartbitter e.V.
- Jugendamt
- Nummer gegen Kummer: 116111

Beziehungen zu anderen

Zur Entwicklung der eigenen Persönlichkeit gehört es auch, neue Beziehungen zu anderen Menschen zu knüpfen. Dabei ist es wichtig, eigene **Grenzen** zu setzen und die Grenzen anderer zu respektieren. Jede und jeder entscheidet selbst, welche Situationen und körperlichen Kontakte angenehm sind und welche nicht. Freundschaft und Partnerschaft bedeuten **Vertrauen** und **Respekt**. Das gilt für dich, aber auch für deinen Umgang mit Anderen.

Grenzüberschreitung

Immer wieder werden Grenzen überschritten. Das gilt zum Beispiel für körperliche **Berührungen**, wie Küssen und Anfassen. Das gilt jedoch auch, wenn dich jemand per Handy belästigt, bedrängt, filmt oder fotografiert.

Rechte

In Gesetzen ist geregelt, welche dieser Grenzüberschreitungen strafbar sind. Das Recht am eigenen Bild bedeutet zum Beispiel, dass niemand ohne deine **Zustimmung** ein Foto von dir veröffentlichen darf. Wenn jemand ein Bild von dir nutzen möchte, muss er oder sie dich zuvor um Erlaubnis fragen. Wenn du noch nicht volljährig bist, müssen deine Eltern ihre Zustimmung geben.

Grenzen im Internet

Auch im Internet ist Vorsicht geboten. Sage deinen Eltern, in welchen sozialen Netzwerken und Internetseiten du bist. Gib nie deine Adresse oder deine Telefonnummer heraus. Wenn du von fremden Personen eingeladen wirst, solltest du dich nicht mit ihnen treffen. Du kannst nicht wissen, ob die Person wirk-

2 Gefahren im Internet

lich ein Junge oder Mädchen in deinem Alter ist und dir die Wahrheit sagt. In sozialen Netzwerken kann jeder so tun, als sei er jemand anderes.

Hilfe finden

Falls du selbst schon eine bedrohliche oder unangenehme Grenzüberschreitung erlebt hast, kannst du dir bei deiner Familie, Freunden oder Lehrern **Hilfe holen**. Du musst dies nicht als **Geheimnis** für dich behalten.
Wenn du dir bei der Einschätzung einer Situation unsicher bist, sprich mit Freunden, Eltern oder Lehrern darüber. Hast du das Gefühl, dich keiner Person in deinem Umfeld anvertrauen zu können, gibt es **Beratungsstellen**. Diese können dir bei Problemen weiterhelfen. Auch helfen sie dir, eine Situation einzuschätzen. Sie behandeln dein Anliegen streng vertraulich. Auch das Gesetz schützt dich vor Übergriffen anderer. ▶

A Beschreibe die Situation in Bild 1.
B Bewerte die Situation in Bild 1.

Material mit Aufgaben

M1 Nein heißt nein!

Dem Bauchgefühl zu vertrauen und Wünsche auszusprechen, ist nicht immer leicht. Du darfst aber immer sagen, wenn du etwas nicht willst.

1. Nenne Situationen, in denen du Nein sagen würdest.
2. Nenne Gründe, warum es einem vielleicht schwer fallen könnte, in unangenehmen Situationen Nein zu sagen.
3. Bewerte anhand der Regeln folgende Situationen:
   a Dein bester Freund möchte dich küssen. Du möchtest das nicht.
   b Ein Mitschüler schickt dir Nacktfotos auf dein Handy. Du möchtest das nicht.

3 Ein Musiker

Rollenbilder

Jungs spielen Fußball, Mädchen gehen reiten. Viele haben gezielte Vorstellungen, was typisch für Jungen und typisch für Mädchen ist. Diese Vorstellungen sind jedoch mit Vorurteilen belastet. Männern und Frauen werden oftmals bestimmte Eigenschaften zugeschrieben. Gelten Männer als aggressiv, sportlich und stark, werden Frauen oft nur als hübsch und emotional und so als „schwaches Geschlecht" dargestellt. Da jeder Mensch anders ist und eigene Eigenschaften und Interessen hat, treffen diese Rollenbilder kaum zu. Interessen haben nichts mit dem Geschlecht zu tun.

Einfluss der Medien

Oftmals bedient man sich in den Medien dieser Rollenbilder. Rapper provozieren mit frauenfeindlichen Texten, Sängerinnen zeigen sich auf der Bühne mit freizügigen Outfits. Auch in Fernsehshows und in der Werbung werden Frauen häufig als verletzlich und gefühlsbetont dargestellt, Männer als cool und ehrgeizig. Zudem stellen diese Medien ein scheinbar allgemein gültiges Schönheitsideal dar. Jugendliche orientieren sich gerade in der Pubertät an diesem völlig verzerrten und übertriebenen Bild. Dies kann zu einer falschen Selbstwahrnehmung führen.

Material mit Aufgaben

M2 Typisch Junge - typisch Mädchen?

A

B

C

D

E

F

1. Beschreibe die dargestellten Situationen in den Bildern A-F.
2. Beschreibe, welchen Vorurteilen jeweils widersprochen wird.
3. Beurteile die Darstellung der verschiedenen Rollenbilder von Männern und Frauen in der Gesellschaft und in den Medien.
4. Diskutiert in der Klasse, ob es heutzutage in der Gesellschaft noch Rollenbilder gibt. Bewertet diese gemeinsam.

Eltern tragen Verantwortung

Expertenwissen

In der Schwangerschaft

Im Mutterleib ist das Kind gegen Einflüsse von außen geschützt. Die Entwicklung des Kindes wird während der Schwangerschaft regelmäßig durch **Vorsorgeuntersuchungen** kontrolliert.

Entwicklung des Kindes

Mit der Muttermilch aus der Brust oder der Flasche nimmt der Säugling alle wichtigen Nährstoffe auf. Erst mit vier bis fünf Monaten kann das Kind Brei essen. Es entwickelt durch die Nähe und den Hautkontakt beim Füttern auch ein **Vertrauen**, welches für seine Entwicklung wichtig ist. Der enge körperliche Kontakt mit Eltern und Geschwistern, gibt dem Neugeborenen das Gefühl von **Sicherheit** und **Geborgenheit**.

Das Leben des Babys besteht hauptsächlich aus Schlafen, Essen und Verdauen. Es schreit, wenn es Hunger hat, müde ist oder wenn es sich gestört fühlt. Es ist dabei völlig auf die **Hilfe** seiner Eltern angewiesen.

A Beschreibe, was sich für das Baby nach der Geburt ändert.

B Beschreibe, warum Eltern für die Entwicklung ihres Kindes besonders wichtig sind.

1 Babys sind auf ihre Eltern angewiesen

Material mit Aufgaben

M1 Entwicklung im ersten Jahr

Monat	Entwicklungsschritte	Untersuchung
Direkt nach der Geburt		U1
In den ersten 10 Tagen	erkennt die Stimme der Mutter	U2
1. Monat	äußert Geräusche, lächelt und kann Finger umfassen	U3
2. Monat	lacht und brabbelt vor sich hin und kann leichtes Spielzeug festhalten	
3. Monat	kann sich auf den Bauch drehen	U4
4. Monat	reagiert auf Stimmen und dreht sich zu Geräuschen hin	
5. Monat	schaut Bewegungen hinterher und kann sich auf dem Bauch liegend mit den Armen abstützen	
6. Monat	kann Spielzeug greifen und bekannte Personen unterscheiden	U5
7. Monat	hat Angst vor fremden Personen und unternimmt erste Krabbelversuche	
8. Monat	kann sich selbst hinsetzen	
9. Monat	versteht ungefähr 60 verschiedene Wörter und kann an der Hand schon stehen	
10. Monat	kann gezielt nach Gegenständen greifen	U6
11. Monat	reagiert auf den eigenen Namen und kann kurze Zeit alleine stehen	
12. Monat	versteht Verbote, kann an der Hand gehen und kann mit einem Löffel essen	

In Deutschland werden im Rahmen eines Früherkennungsprogrammes alle Kinder von der Geburt bis zur Einschulung, also ungefähr bis zum sechsten Geburtstag, von Ärzten untersucht. Die Untersuchungen U1 bis U9 stellen sicher, dass das Kind sich altersgemäß entwickelt und mögliche Krankheiten früh erkannt und behandelt werden können. Die Untersuchungen werden in einem Kinderuntersuchungsheft protokolliert.

1. Gib an, ab wann sich ein Baby meist selbstständig fortbewegt.
2. Erläutere an zwei Beispielen, warum regelmäßige Untersuchungen während des ersten Lebensjahres wichtig sind.

Skelett und Wirbelsäule

Das Skelett festigt den menschlichen Körper und ermöglicht Bewegungen. Die Wirbelsäule liegt zentral und ist doppelt-S-förmig. Die Bandscheiben liegen zwischen den Wirbeln und federn Erschütterungen und Stöße ab.

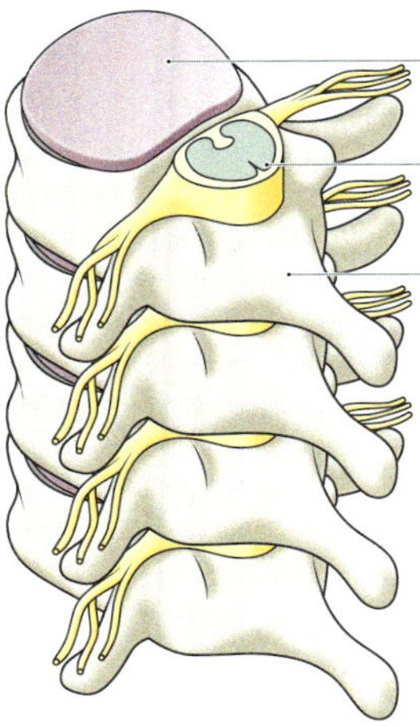

Gelenke und Muskeln

Die Gelenke ermöglichen Bewegungen des Skeletts. Man unterscheidet verschiedene Gelenktypen. Ein Scharniergelenk lässt sich in eine Richtung bewegen. Dagegen ermöglicht ein Kugelgelenk Bewegungen in alle Richtungen. Die Knochen sind über Sehnen mit den Muskeln verbunden. Skelettmuskeln arbeiten nach dem Gegenspielerprinzip zusammen. Ein gutes Beispiel sind der Streckmuskel und Beugemuskel im Oberarm.

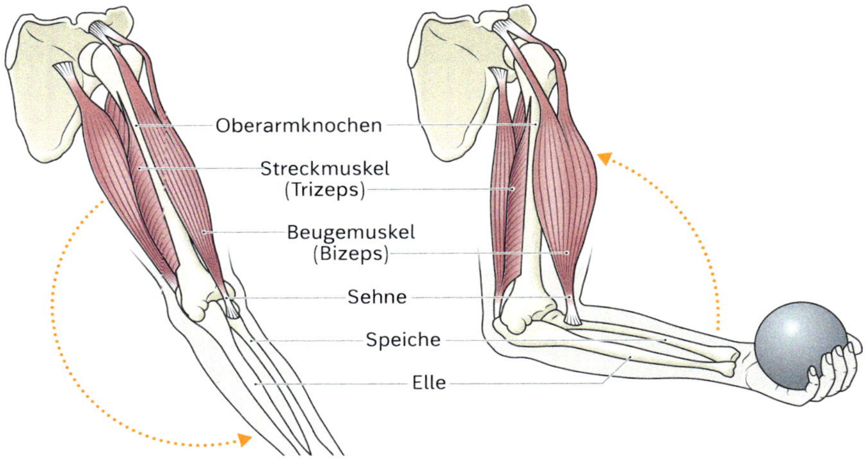

Pubertät

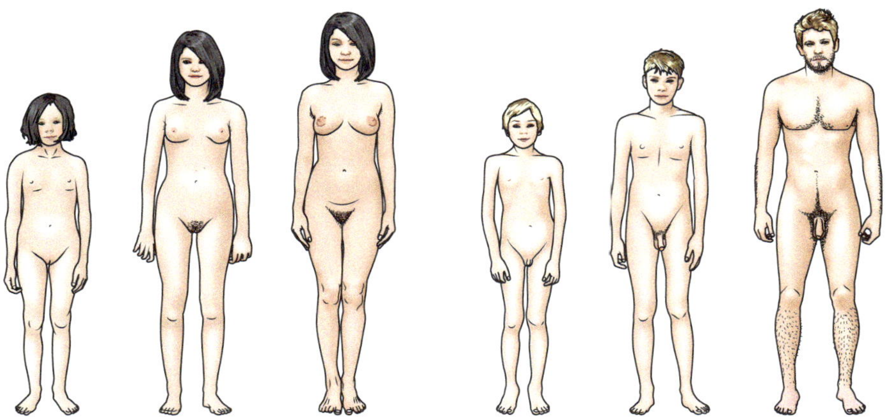

Die Pubertät beginnt ungefähr in einem Alter zwischen 10 und 14 Jahren. In der Pubertät kommt es zu körperlichen Veränderungen. Die primären Geschlechtsmerkmale wachsen und die sekundären Geschlechtsmerkmale beginnen sich zu entwickeln. Neben den körperlichen Veränderungen kommt es auch zu Veränderungen der Gefühlswelt. Ansichten und Meinungen können sich ändern. Häufig verliebt man sich zum ersten Mal.

Schwangerschaft und Geburt

Damit eine Frau schwanger wird, muss eine Befruchtung stattfinden. Dies passiert meist beim Geschlechtsverkehr. Bei der Ejakulation des Mannes gelangt Sperma in die Scheide der Frau. Die Spermienzellen schwimmen in die Gebärmutter und weiter in den Eileiter. Dort verschmilzt die schnellste Spermienzelle mit der reifen Eizelle. Die befruchtete Eizelle teilt sich auf ihrem Weg durch den Eileiter mehrmals und nistet sich schließlich in der Gebärmutterschleimhaut ein. Mit der Einnistung der befruchteten Eizelle beginnt die Schwangerschaft. Nach zwölf Wochen sind alle Organe des Embryos vorhanden. Nach etwa 40 Wochen wird das Kind geboren.

1 Verdauung

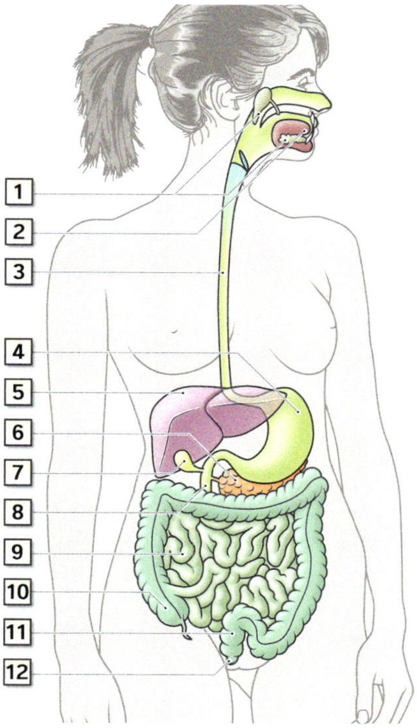

A Benenne die Bestandteile des Verdauungssystems.

B Ordne den Bestandteilen ihre jeweiligen Aufgaben zu.

C Erstelle ein Fließschema für den Weg der Nahrung.

4 Wärmetransport

Die Weihnachtspyramide wird mit Kerzen zum Drehen gebracht.

A Nenne verschiedene Arten des Wärmetransports.

B Ordne den Bildern eine Wärmetransportart zu. Begründe.

C Erkläre die verschiedenen Arten des Wärmetransports.

Weihnachtspyramide

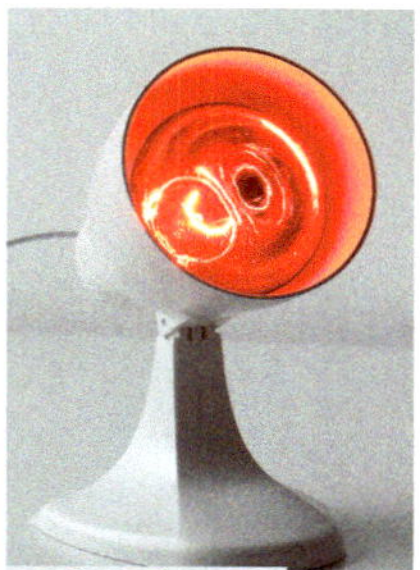
Wärmelampe

2 Ausgewogene Ernährung

A Nenne Nahrungsmittel einer jeden Gruppe der Ernährungspyramide.

B Erläutere, was man unter einer ausgewogenen Ernährung versteht.

3 Weg der Atemluft

A Benenne die Organe und Bestandteile des Atmungssystems.

B Erläutere den Gasaustausch an den Lungenbläschen.

C Beschreibe die Brustatmung und die Bauchatmung.

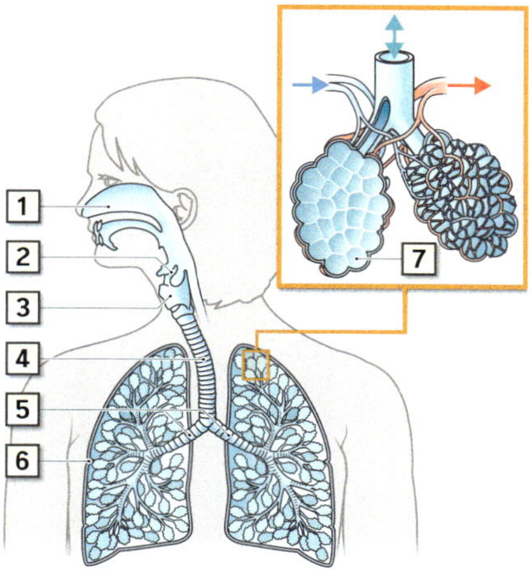

5 Blutkreislauf

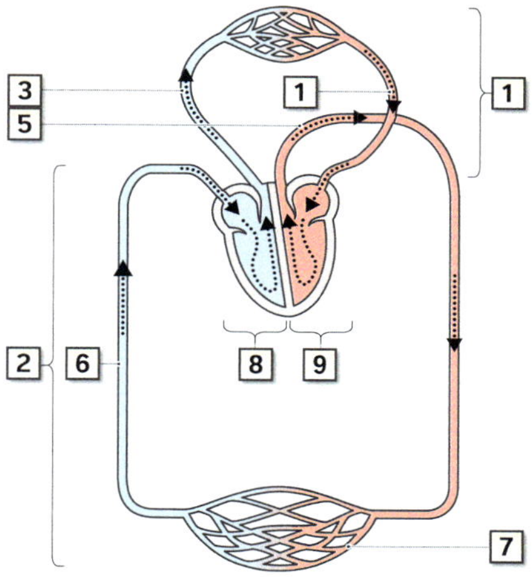

A Nenne die beiden Kreisläufe.

B Ordne den Ziffern im Bild die Fachbegriffe zu.

C Übertrage die Tabelle in dein Heft. Gib jeweils an, ob der Gehalt an Sauerstoff beziehungsweise Kohlenstoffdioxid hoch oder niedrig ist.

Ort	Sauerstoff-Gehalt	Kohlenstoffdioxid-Gehalt
linke Herzhälfte	...	...
Beinarterie	...	...
Beinvene	...	...
rechte Herzhälfte	...	...
Lungenvene	...	...

D Erstelle ein Fließschema zum Weg des Blutes durch den Körper. Starte und ende in der linken Herzhälfte.

Was sind Merkmale von Lebensräumen?
Wie verbringen Tiere den Winter?
Was bedeutet „artgerechte“ Tierhaltung?

Lebensräume

Modul 5

In einem See leben viele verschiedene Tiere. Wasserpflanzen wachsen im Wasser, Schilf steht am Ufer. Auf der angrenzenden Wiese wachsen Blumen, Büsche und andere Pflanzen. Die Lebewesen, die hier zu finden sind, unterscheiden sich von den Bewohnern des Teichs. Wenn man sich in der Umgebung umsieht, kann man viele Lebensräume und Lebewesen entdecken.

1 Luftbildaufnahme

Lebensräume

Die Umgebung ist vielfältig

Auf einer Luftbildaufnahme kann man entdecken, dass unsere Umgebung sehr vielfältig ist. Man erkennt nicht nur Straßen und Wohnhäuser, sondern auch Wiesen, Äcker, Wälder und vielleicht auch einen Teich. In vielen Gebieten gibt es auch einen Bach oder einen Fluss.

Merkmale eines Lebensraums

Wenn Pflanzen und Tiere in einem Gebiet dauerhaft vorkommen, spricht man von einem **Lebensraum**. Neben Wäldern, Wiesen und Flüssen, sind auch Mauern und Hecken Lebensräume. Lebensräume unterscheiden sich in den dort vorherrschenden Umweltbedingungen. Für Pflanzen sind Licht, Wasser und die Zusammensetzung des Bodens wichtig. Aber auch Tiere sind vom Wasserangebot, der Temperatur oder den Lichtverhältnissen abhängig. Alle diese Umweltbedingungen bezeichnet man als **abiotische Faktoren**.

Lebensraum Gewässer

Es gibt verschiedene Gewässertypen. Ein See oder ein Teich zählen zu den **stehenden Gewässern**.
Flüsse sind **Fließgewässer**. Aus einer Quelle gelangt Wasser an die Erdoberfläche. Ein kleiner Fluss heißt Bach, einen großen Fluss nennt man auch Strom. Ein Fluss endet an seiner Mündung, wo er ins Meer, einen See oder einen anderen Fluss fließt.
Je schneller das Wasser fließt, desto kälter und sauerstoffreicher ist es. In einem Fluss leben viele verschiedene Fische, Kleinstlebewesen und Wasserpflanzen.

Lebensraum Wald

Stehen viele hohe Bäume dicht zusammen, spricht man von einem **Wald**. Die Bäume bilden ein dichtes Blätterdach und lassen kaum Licht auf den Waldboden. In einem Wald ist es daher auch bei hohen Temperaturen kühl. In naturnahen Wäldern ist der Boden nur wenig bewachsen und meist feucht. Der Wald ist ein Lebensraum für verschiedene Tiere. Viele Vogelarten wie der Buntspecht oder die Waldohreule bauen in den Bäumen ihre Nester und suchen dort nach Nahrung. Auch größere Säugetiere, wie Rehe und Füchse, leben in den Wäldern.

Lebensraum Wiese

Auf einer Wiese leben viele verschiedene Pflanzen und Tiere. Die Pflanzen stehen das ganze Jahr im vollen Sonnenlicht. Das schützende Blätterdach von Bäumen fehlt auf einer Wiese. Der starke Pflanzenbewuchs verhindert jedoch, dass der Boden austrocknet. Daher können auch Schnecken und Regenwürmer dort leben. Diese Tiere sind auf eine feuchte Umgebung angewiesen. Zwischen den Pflanzen spannen Spinnen ihre Netze. Im Boden gräbt der Maulwurf seine Gänge. Seine ausgeworfenen Maulwurfshügel kann man auf vielen Wiesen entdecken. Zu jeder Jahreszeit verändert die Wiese ihr Aussehen, weil die verschiedenen Pflanzen zu unterschiedlichen Jahreszeiten blühen. Viele Insekten finden zur Blütezeit ihre Nahrung. Eine Wiese wird 2-3 Mal im Jahr gemäht. Landwirte benutzen die gemähten Kräuter und Gräser als wertvolles Viehfutter. ▶

2 Lebensräume: **A** stehendes Gewässer, **B** Wald, **C** Wiese, **D** Fließgewässer

Material mit Aufgaben

M1 Temperatur im Wald und auf der Wiese

Uhrzeit	**7:00**	**9:00**	**11:00**	**13:00**	**15:00**	**17:00**	**19:00**	**21:00**
Temperatur Wald in °C	6	8	13	17	20	17	15	11
Temperatur Wiese in °C	4	6	20	28	32	29	20	12

Am selben Tag wurde die Temperatur an der Bodenoberfläche im Wald und auf einer Wiese gemessen.

1. Vergleiche den Temperaturverlauf der beiden untersuchten Lebensräume im Verlauf des Tages.
2. Erkläre die Unterschiede der Temperaturen.
3. Erstelle aus den Werten der Tabelle für den Wald und die Wiese ein Liniendiagramm.

3 Lebensräume: **A** Rasen, **B** Pflasterritze

Material mit Aufgaben

M2 Veränderung von Lebensräumen

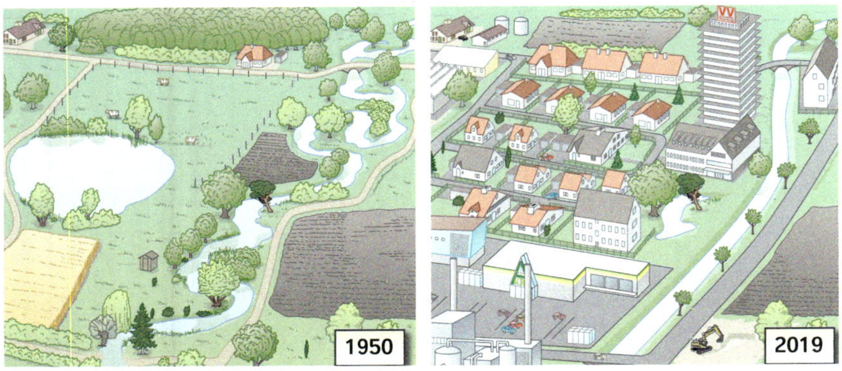

1. Nenne die Lebensräume im Jahr 1950 und 2019.
2. Beschreibe die Veränderung der Landschaft.
3. Erläutere mögliche Auswirkungen für die in den verschiedenen Lebensräumen vorkommenden Lebewesen.

M3 Wiese und Rasen

1. Vergleiche Wiese und Rasen miteinander.
2. In vielen Städten werden großflächig Rasenflächen angelegt. Bewerte dieses Vorgehen.

Lebensraum Rasen

Im Garten werden oft Grasflächen angelegt. Auf diesem Rasen wachsen nur wenige Pflanzen. Neben Gräsern findet man auch Gänseblümchen. Im Gegensatz zur Wiese wird der Rasen sehr häufig gemäht. Die Pflanzen haben kaum Zeit zu wachsen und Blüten oder Samen zu bilden. Auf einem Rasen leben nur wenige Tier- und Pflanzenarten.

Lebensraum Pflasterritze

Viele Gehwege und Schulhöfe sind gepflastert. Zwischen den Pflastersteinen ist sehr wenig Platz. In diesen Pflasterritzen haben Pflanzen nur wenig Raum zum Wachsen. Bei starkem Regen überfluten die Pflasterritzen sehr schnell. Bei sonnigem Wetter trocknen sie schnell aus. Die Pflanzen, die dort wachsen, sind meist sehr klein. Sie sind fest und biegsam und unempfindlichen gegenüber Verletzungen durch Tritte.

Lebensraum Hecke

Zwischen Feldern, Äckern und Wegen wachsen oft Hecken. Hecken werden oft auch als Begrenzung zwischen Grundstücken angelegt. Sie dienen als Sichtschutz und schützen vor Lärm und Wind. Landwirte legen auch zwischen ihren Äckern Hecken an. Sie verhindern, dass

4 Lebensraum Hecke

der Wind Boden und Saat wegweht.
In naturnahen Hecken wachsen verschiedene Straucharten und Baumarten nebeneinander. In der Mitte stehen Bäume wie der Feldahorn und die Hainbuche. Darunter wachsen schattenliebende Sträucher wie Hasel, Holunder oder Weißdorn. Sie bilden ein für uns undurchdringbares Dickicht.
Am Rand der Hecke und unter den Sträuchern und Bäumen wachsen viele verschiedene Kräuter, die auf den landwirtschaftlichen Äckern nicht wachsen können. An der kühleren Schattenseite der Hecke wachsen typische Waldkräuter, auf der eher sonnigen Seite Gräser und Kräuter. Sie vertragen die Trockenheit besser.
Viele verschiedene Tiere halten sich in den Hecken auf. Bienen und Schmetterlinge suchen an den Blüten der Pflanzen nach Nahrung. Viele Vögel ernähren sich dort von den Früchten oder fangen Insekten. Die Hecke ist ein artenreicher Lebensraum.

A Beschreibe was abiotische Faktoren sind.

B Nenne verschiedene Formen vom Lebensraum Gewässer.

C Erkläre, warum die Hecke ein artenreicher Lebensraum ist.

Material mit Aufgaben

M4 Die Hecke

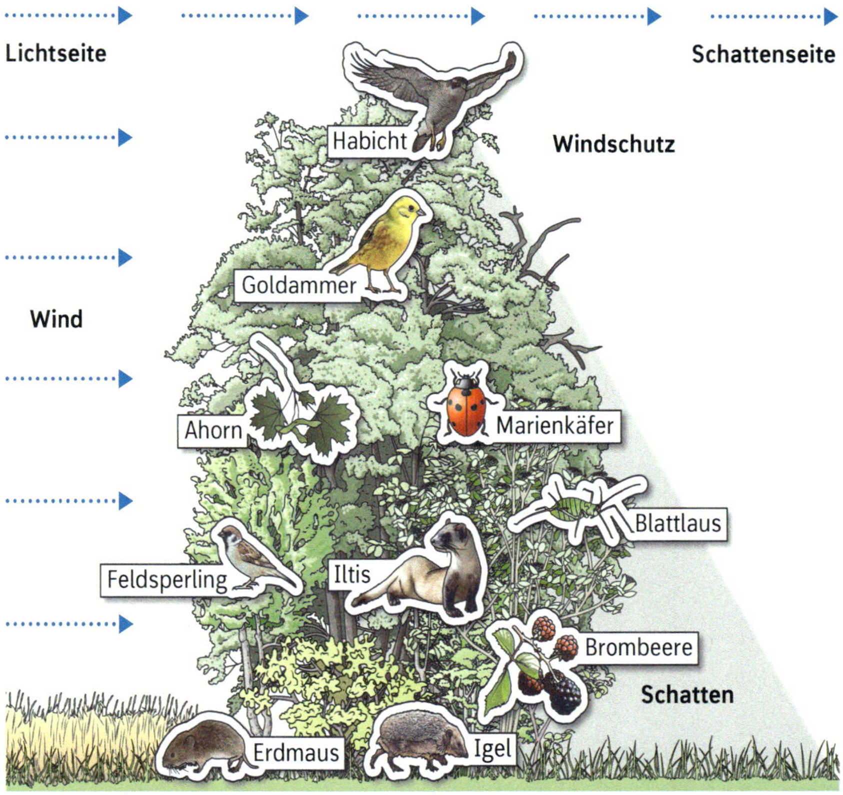

1. Nenne die abiotischen Faktoren, die auf dem Bild dargestellt werden.
2. Beschreibe die Bedeutung der Hecke mithilfe des Bildes.
3. Erkläre die Bedeutung der Hecke für die Landwirtschaft.
4. Erkläre, warum viele verschiedene Tiere und Pflanzen in diesem Lebensraum vorkommen.

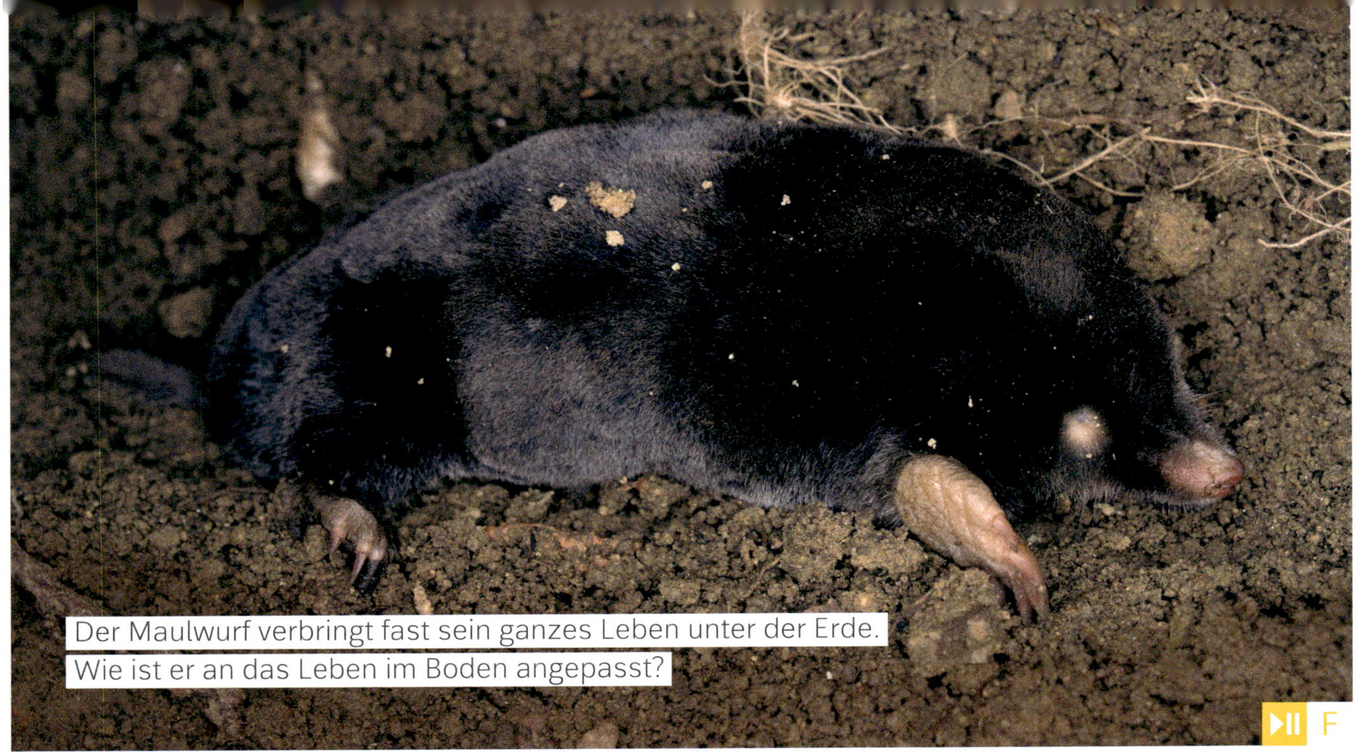

1 Maulwurf beim Graben

Der Maulwurf

Lebensweise

Der Maulwurf verbringt fast sein ganzes Leben unter der Erde. Seine Anwesenheit ist aber an den **Maulwurfshügeln** zu erkennen. Die Maulwurfshügel sind durch ein weit verzweigtes Gangsystem, etwa 50 Zentimenter unter der Erdoberfläche, miteinander verbunden. Den Mittelpunkt dieses Gangsystems bildet der **Wohnkessel**. Dieser ist mit Gras und Laub ausgepolstert. Er dient dem Maulwurf als Ruhe- und Schlafort. In der Nähe des Wohnkessels gibt es oft mehrere **Vorratskammern**. Vom Wohnkessel zweigen **Laufgänge** ab. Sie führen in sein Jagdrevier. Dort gräbt der Maulwurf dicht unter der Erdoberfläche ständig neue **Jagdgänge**. Die Erde schiebt er beim Graben mit der Stirn durch **Aushubgänge** an die Erdoberfläche. So entstehen die Maulwurfshügel.

Der Maulwurf duldet in seinem Revier keine Artgenossen. Der Maulwurf ist ein **Einzelgänger**.

Sinnesorgane

Der Maulwurf kann sehr schlecht sehen. Er kann nur hell und dunkel unterscheiden. Seine winzigen Augen liegen im Fell verborgen. Jedoch hört er sehr gut. Sein Gehör erkennt vor allem tiefe Töne. Auch nimmt er kleinste Erschütterungen im Boden wahr. Durch das Fehlen der Ohrmuscheln kann er sich leichter in den Gängen bewegen. Der Maulwurf kann gut riechen und so Beutetiere aufspüren. Die Mundöffnung ist nach unten gerichtet, damit sie nicht mit Erde verstopft wird. Die empfindlichen Tasthaare an seiner Schnauze ermöglichen eine Orientierung in den dunklen Gängen.

2 Maulwurfshügel auf einer Wiese

Bedeutung des Maulwurfs

Der Maulwurf durchwühlt beim Bau seiner Lauf- und Jagdgänge den Boden. Er lockert den Boden auf. In der lockeren und gut durchmischten Erde können Pflanzen besser wachsen. Auf der Jagd frisst der Maulwurf auch Schädlinge, die die Wurzeln der Pflanzen befallen. Der Maulwurf ist ein Nützling.

Maulwurf und Wühlmaus

Viele Menschen denken, dass die aufgeschobenen Erdhügel immer vom Maulwurf stammen. Das ist jedoch nicht immer der Fall. Es kann sich auch um die Erdhügel der Großen Wühlmaus handeln.

Die Große Wühlmaus ist ein Pflanzenfresser und frisst hauptsächlich Wurzeln. Sie legt daher ihre Gänge direkt unter der Grasoberfläche an. Im Gegensatz zu Maulwurfshügeln sind ihre Hügel nicht rund, niedriger und oft mit Wurzelmaterial durchzogen. Die Wühlmaus kann aus diesem Grund schwere Schäden an Wurzelgemüse, Kartoffeln, Obstbäumen und anderen Nutzpflanzen verursachen.

Gartenbesitzer versuchen die Große Wühlmaus zu verscheuchen oder mit speziellen Wühlmausfallen zu fangen. Es ist für Gartenbesitzer wichtig zu wissen, wie sie erkennen können, ob sich in ihrem Garten ein Maulwurf oder Wühlmäuse aufhalten. Der Maulwurf ist nämlich eine streng geschützte Art, die nicht gefangen oder getötet werden darf. ▶

A Erkläre, warum der Maulwurf sich auch ohne einen guten Sehsinn im Boden zurechtfinden kann.

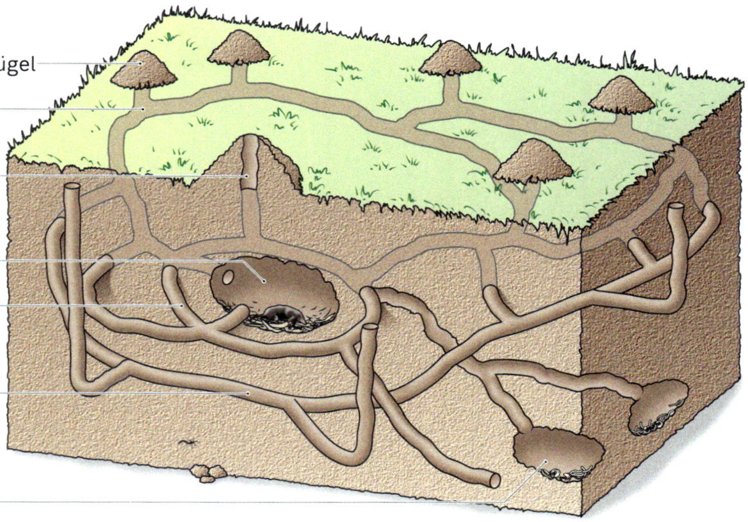

3 Gangsystem des Maulwurfs

Material mit Aufgaben

M1 Bau der Wühlmaus

1. Beschreibe den Wohnbau der Wühlmaus.
2. Vergleiche den Bau mit dem Gangsystem des Maulwurfs. ⊞
3. Nimm Stellung zu der Aussage: „Der Maulwurf beschädigt die Wurzeln von Pflanzen." ⊞
4. Erläutere, warum es für Gartenbesitzer wichtig ist zu wissen, ob die Erdhügel im Garten vom Maulwurf oder von der Wühlmaus verursacht wurden.

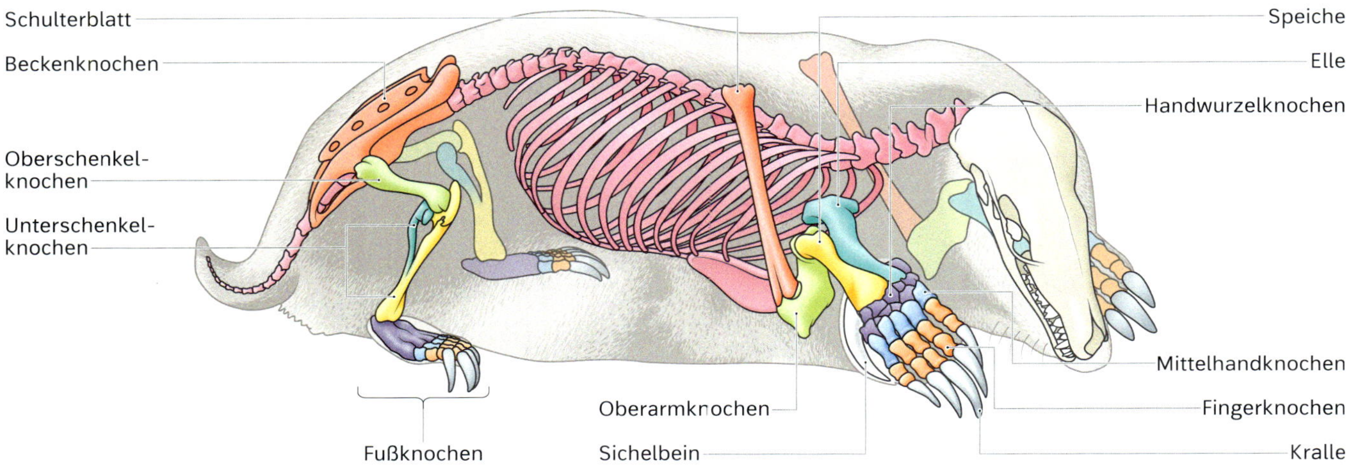

4 Skelett des Maulwurfs

Material mit Aufgaben

M2 Vordergliedmaßen

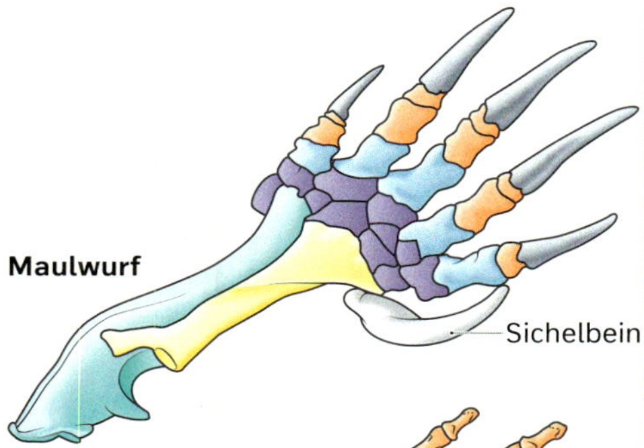

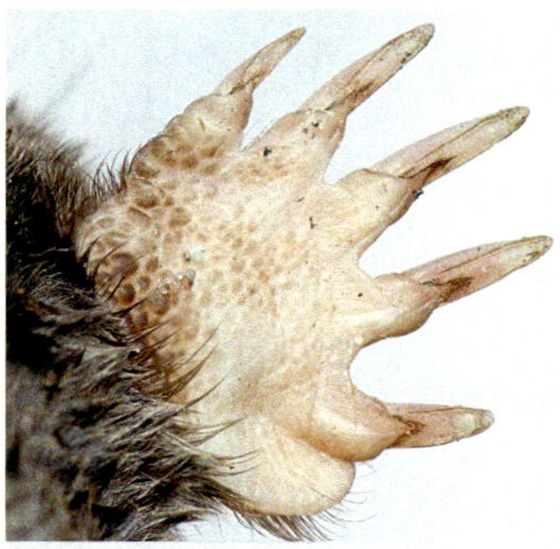

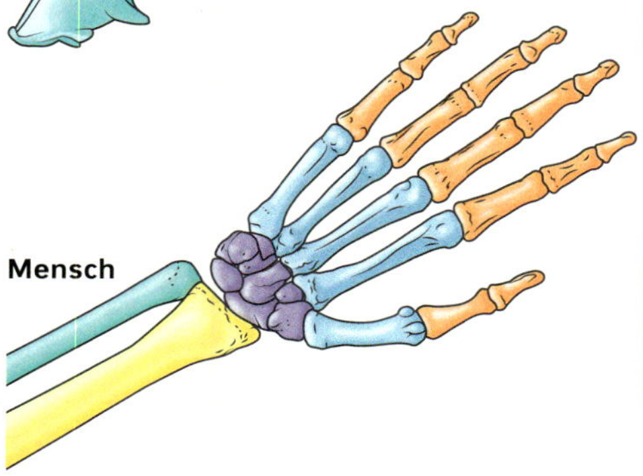

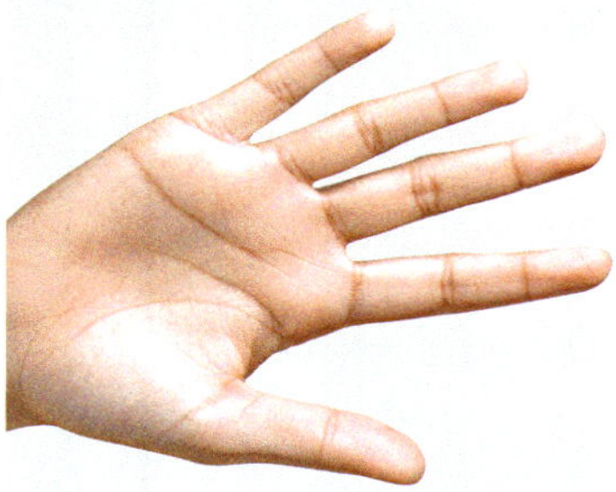

1. Vergleiche den Arm des Maulwurfs mit dem Arm des Menschen.

2. Erkläre, warum die Vordergliedmaßen des Maulwurfs gut zum Graben geeignet sind.

Körperbau

Der Maulwurf besitzt einen walzenförmigen Körper. Mit seinen kurzen Hinterbeinen schiebt er sich durch die Gänge. Dabei bohrt er seinen spitz zulaufenden Kopf ins Erdreich. Seine Nase ist rüsselartig verlängert. In ihr ist ein biegsamer Knorpel, der **Rüsselknorpel**. So wird seine Nase nicht verletzt, wenn der Maulwurf gegen etwas stößt.

Der Maulwurf hat ein dichtes, schwarzes Fell, das ihn vor Kälte und Nässe schützt. Anders als bei anderen Tieren, legen sich seine Haare beim Vorwärtskriechen wie auch beim Rückwärtskriechen durch die Gänge an den Körper an. Sein Fell hat **keine Strichrichtung**. So wird der Maulwurf beim Kriechen durch seine Gänge nicht behindert.

Besonders auffällig sind seine seitlich vom Körper abstehenden **Grabhände**. Durch einen zusätzlichen Knochen, das **Sichelbein**, wird die Handfläche verbreitert. Mit den langen **Krallen** lockert er die Erde auf und scharrt sie anschließend nach hinten.

Ernährung

Der Maulwurf frisst Insekten, Spinnen und vor allem Regenwürmer. Außerdem vertilgt er viele Wurzelschädlinge wie Insektenlarven. Er spürt seine Beutetiere in seinen Gängen auf. Der Maulwurf ergreift sie mit seinen scharfen, spitzen Zähnen. Mit ihren harten Schmelzkanten durchdringt er die harte Schale von Insekten und die zähe Haut von Regenwürmern. Mit seinen spitzen Zähnen wird das Beutetier zerkaut. Der Maulwurf hat ein **Insektenfressergebiss**. Durch einen Biss in den vorderen Körperteil kann der Maulwurf Regenwürmer bewegungsunfähig machen. Er lagert sie so als Vorrat in seiner Vorratshöhle.

Fortpflanzung

Nur zur Paarung kommen Maulwürfe zusammen. Nach etwa vier Wochen Tragzeit bringen die Weibchen die Jungtiere zur Welt. Diese sind **Nesthocker** und werden etwa zwei Monate lang gesäugt. Der Maulwurf ist ein **Säugetier**.

Aktivität

Auch im Winter läuft der Maulwurf durch sein Gangsystem. Er ist auf der Suche nach Beutetieren und verteidigt sein Gangsystem gegen Eindringlinge. Er ist ein **aktiver Überwinterer**. Seine Körpertemperatur ist unabhängig von der Umgebungstemperatur. Er ist wie alle Säugetiere **gleichwarm**. Sind in kalten Wintern seine Gänge zugefroren, zieht er sich in tiefere, nicht gefrorene Erdschichten zurück.

B Beschreibe, wie der Maulwurf an ein Leben im Boden angepasst ist.

5 Maulwurf beim Fressen

Material mit Aufgaben

M3 Gebisse von Maulwurf und Wühlmaus

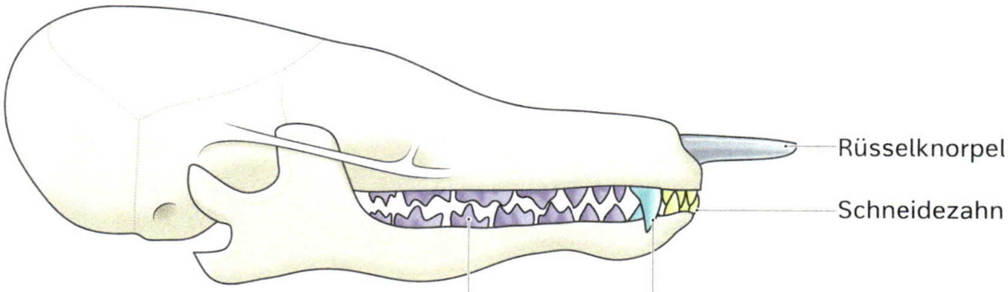

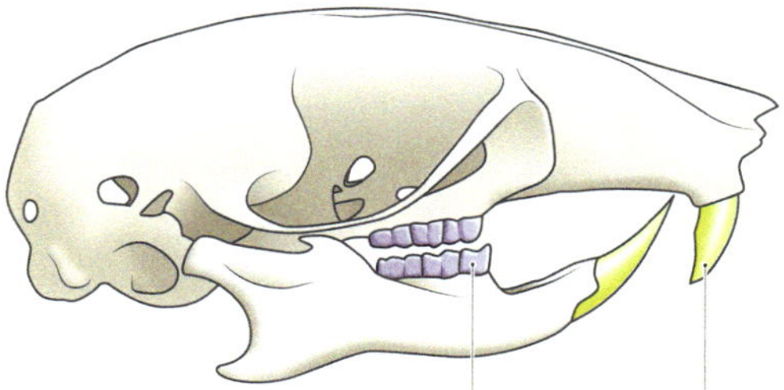

1. Vergleiche die beiden Gebisse.
2. Erkläre, warum man das Gebiss des Maulwurfs als Insektenfressergebiss bezeichnet.
3. Erkläre die Aufgabe der Schmelzkanten beim Kauen.
4. Stelle Vermutungen zur Ernährungsweise der Wühlmaus an.

1 Der Kleine Abendsegler

Die Fledermaus

2 Kleiner Abendsegler mit Jungtieren

Lebensweise

Den Sommer verbringt der Kleine Abendsegler tagsüber in hohlen Baumstämmen, Höhlen oder Felsspalten. Er bewohnt auch Dachböden von Häusern. Bei Anbruch der Nacht kann man ihn aus seinem Versteck fliegen sehen. Er geht auf die Jagd. Der Kleine Abendsegler ist wie alle Fledermäuse **nachtaktiv**. Den Winter verbringt der Kleine Abendsegler in hohlen Baumstämmen. Er hält sich mit den Krallen der Hinterbeine fest und schläft mit dem Kopf nach unten. Die Flügel sind dabei eng an den Körper gelegt. In einem Versteck überwintern oft mehrere hundert Fledermäuse.

Fortpflanzung

Das Männchen des Kleinen Abendseglers sucht im späten Herbst und Winter das Weibchen zur Paarung in ihren Verstecken auf. Dabei weckt das Männchen das Weibchen mit einem Biss in den Nacken. Nach der Begattung erfolgt die innere Befruchtung der Eizelle erst nach dem Winter. Nach etwa 70 Tagen bringt das Weibchen meist eines, manchmal aber auch zwei Jungtiere zur Welt. Fledermäuse sind **lebend gebärend**. Jedes Jungtier ist nach der Geburt nackt und blind. Der Kleine Abendsegler ist wie alle Fledermausarten ein **Nesthocker**. Das Jungtier klettert nach der Geburt zu einer Zitze der Mutter und wird mit Muttermilch gesäugt. Mit seinen Krallen hält es sich am Fell der Mutter fest, damit es beim Flug nicht verloren geht. Fledermäuse sind fliegende **Säugetiere**.

Körperbau

Zwischen dem Rumpf, den Gliedmaßen und dem Schwanz der Fledermaus sind dünne **Flughäute** gespannt. Sie sind sehr elastisch. Die Unterarmknochen und die Fingerknochen sind stark ver-

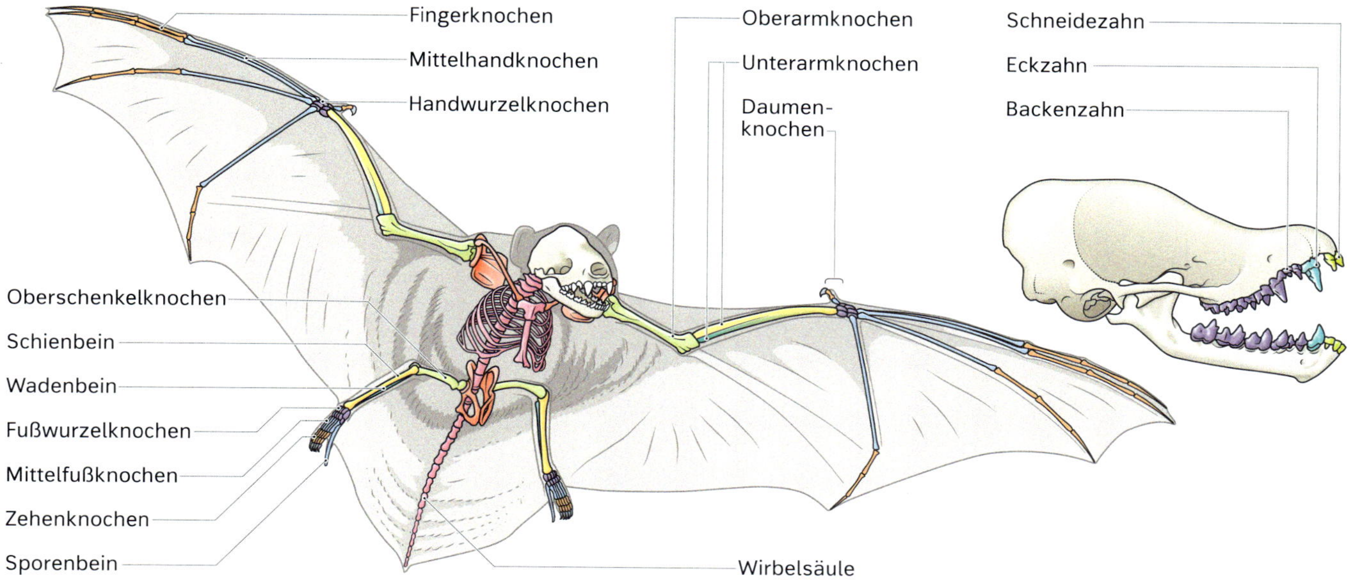

3 Skelett der Fledermaus

längert. So kann die Flughaut zwischen den Fingern wie ein Regenschirm aufgespannt werden. Mithilfe dieser großen, häutigen Oberfläche kann die Fledermaus mit schnellen, flatternden Bewegungen fliegen. An den Hinterbeinen hat die Fledermaus einen dünnen, elastischen Fortsatz aus Knochen. Dieses **Sporenbein** dient dazu, die Flughaut am Schwanz zu spannen.

Ernährung

Auf seinen nächtlichen Jagdausflügen frisst der Kleine Abendsegler viele Insekten. Eine zehn Gramm schwere Fledermaus fängt in einer Nacht bis zu 1500 Insekten. Das entspricht fast der Hälfte ihres eigenen Körpergewichts. Der Kleine Abendsegler hat wie alle Fledermäuse sehr spitze, scharfkantige Zähne. Die Eckzähne sind größer als die anderen Zähne. Mit ihnen fängt der Kleine Abendsegler seine Beutetiere. Mit seinen spitzen Zähnen bricht er die harte Schale von Insekten auf. Fledermäuse haben ein **Insektenfressergebiss**.

Material mit Aufgaben

M1 Zum Fliegen gebaut

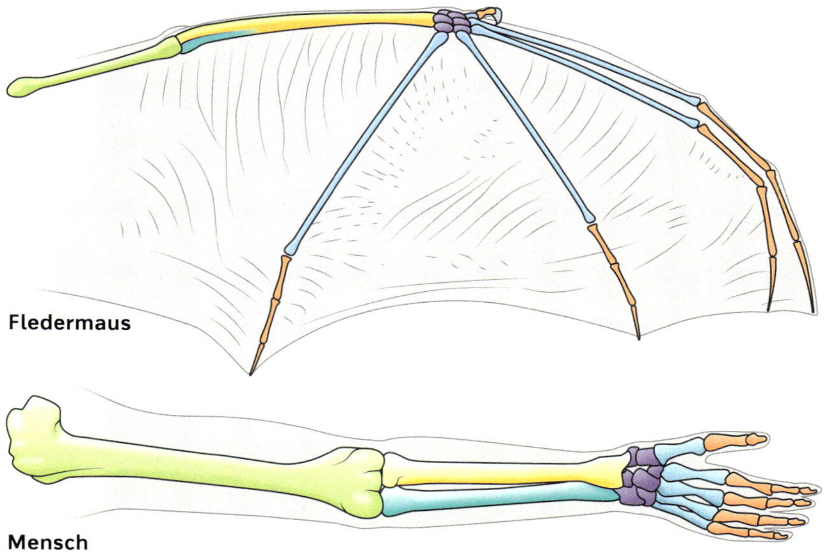

1. Vergleiche das Armskelett einer Fledermaus mit dem eines Menschen. Beachte den Bau der Knochen und der Körperbedeckung.
2. Erkläre, wie das Armskelett der Fledermaus an das Fliegen angepasst ist.
3. Beschreibe den Bau und die Funktion des Sporenbeins.

4 Fledermäuse **A** im Sommer, **B** während des Winterschlafes

Material mit Aufgaben

M2 Quartiere im Winter

1. Beschreibe mithilfe des Bildes mögliche Winterquartiere für Fledermäuse.
2. Fledermäuse stehen unter strengem Schutz. Erkläre, warum es wichtig ist, ihre Verstecke nicht zu zerstören.
3. Stelle Vermutungen an, wie Quartiere für Fledermäuse geschaffen werden können.

M3 Aktivität der Fledermaus

Bei einer Fledermaus wurden die Körpertemperatur und die Zahl der Atemzüge pro Minute bei verschiedenen Umgebungstemperaturen gemessen.

Umgebungs-temperatur	Körper-temperatur	Atemzüge pro Minute
25 °C	37 °C	40
3 °C	5 °C	3
-5 °C	37 °C	40

1. Erkläre die Veränderung der Werte bei den verschiedenen Umgebungstemperaturen.
2. Erkläre, wie die Fledermaus ihren Energiebedarf verringert.

Energiebedarf

Die Fledermaus muss viel Energie für das Fliegen über ihre Nahrung aufnehmen. Im Winter ist das Nahrungsangebot gering, da die meisten Insekten sich im Winter verstecken oder sterben. Die Fledermaus hat daher eine energiesparende Überwinterungsstrategie.

Winterschlaf

Fledermäuse suchen vor dem Winter frostsichere Höhlen und andere Verstecke auf. Dort überbrücken sie die kalten Wintermonate bis zum Frühling, ohne ihre Verstecke zu verlassen. Fledermäuse zählen wie alle Säugetiere zu den **gleichwarmen** Tieren. Ihre ansonsten gleichbleibende Körpertemperatur sinkt im Winter fast auf die Umgebungstemperatur ab. Die Zahl der Atemzüge und der Herzschläge pro Minute verringert sich. Der Stoffwechsel der Fledermaus verlangsamt sich. Das spart Energie. Fledermäuse halten **Winterschlaf**. Während des Winterschlafes nutzen sie ihre Fettreserven im Körper. Wenn es zu kalt wird, erwachen sie schnell. So verhindern sie ein Erfrieren im Winter.

Orientierung der Fledermaus

Expertenwissen

Orientierung in der Dunkelheit

Fledermäuse starten ihre Beutezüge in der Dämmerung. Dabei orientieren sie sich nicht mit ihren kleinen Augen, sondern vor allem mit ihrem Gehörsinn. Die Fledermaus stößt während des Fluges in sehr kurzen Abständen hohe Schreie aus. Menschen können diese Ultraschall-Schreie nicht hören. Wenn Ultraschall auf einen Gegenstand oder ein Beutetier trifft, wird er zurückgeworfen. Diese Echo-Schallwellen fängt die Fledermaus mit ihren großen Ohrmuscheln auf. Mithilfe dieser **Echoortung** kann die Fledermaus die Größe, die Geschwindigkeit und die Form eines Objektes erkennen. Da das Echo von weit entfernten Objekten später zu den Ohren gelangt als von nahen Objekten, kann die Fledermaus auch die Entfernung eines Objektes abschätzen.

1 Orientierung bei der Fledermaus

Material mit Aufgaben

M1 Ein Gedankenexperiment

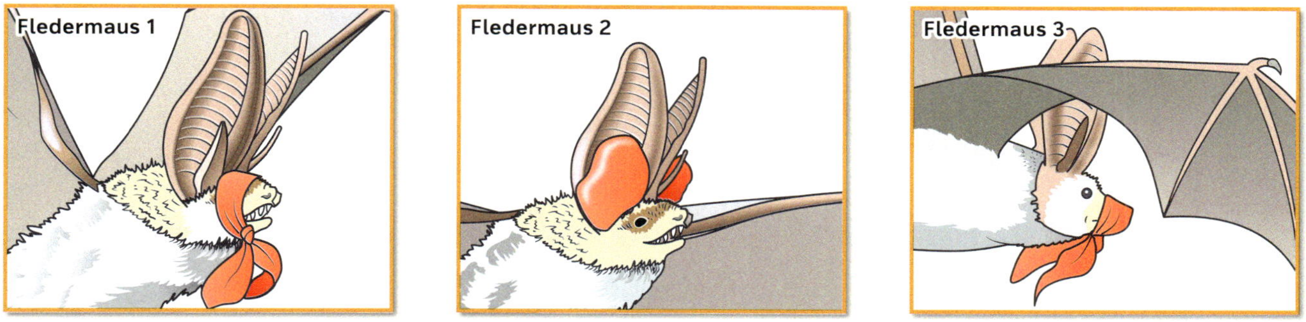

Stell dir vor, man würde die Sinnesleistungen der Fledermaus einschränken. Welche der Fledermäuse könnte noch erfolgreich jagen?

1. Entscheide, welche der drei Fledermäuse erfolgreich jagen kann. Begründe deine Entscheidung.
2. Erkläre, wie die Echoortung bei der Fledermaus funktioniert.
3. Stelle Vermutungen an, ob eine Fledermaus einen hochgeworfenen Stein als Beute erkennen und fangen würde.

1 Honigbiene auf einer Blüte

Die Honigbiene

Bedeutung der Honigbiene

Honigbienen zählen zu den Insekten. Sie sind wichtige Bestäuber von Pflanzen und produzieren Honig. Der Mensch ist auf die Honigbiene angewiesen, denn sie bestäubt auch die Nutzpflanzen. Ohne die Bestäubung durch Insekten wie die Honigbiene würden sich keine Früchte wie Äpfel, Birnen oder Kirschen entwickeln. Ohne die Honigbiene gäbe es also sehr viele Produkte im Supermarkt nicht zu kaufen.

Körperbau der Honigbiene

Insekten besitzen kein Innenskelett aus Knochen. Sie haben keine Wirbelsäule. Sie zählen zu den **wirbellosen Tieren**. Der Körper der Honigbiene ist von einem festen Panzer umhüllt und somit gut geschützt. Dieses **Außenskelett** besteht nicht aus Knochen, sondern aus Chitin. Der Körper gliedert sich in drei Abschnitte: **Kopf**, **Brust** und **Hinterleib**. Diese Abschnitte sind dabei deutlich voneinander zu unterscheiden.

A

B

C

2 Körperbau der Biene: **A** Kopf, **B** Saugrüssel, **C** Sammelbein

Kopf der Honigbiene

Am Kopf der Biene erkennt man zwei große Augen. Die Oberfläche der Augen sieht aus wie ein Netz. Jedes der beiden großen **Facettenaugen** besteht aus etwa 5 000 Einzelaugen.
Am Kopf befinden sich außerdem zwei bewegliche **Fühler**. Mit den Fühlern tastet und riecht die Honigbiene. Um an den Nektar von Blüten zu kommen, hat die Honigbiene einen **Saugrüssel**. Diesen kann sie ausrollen, damit sie bis auf den Blütenboden gelangt. Den Nektar speichert sie in ihrem **Honigmagen**.

Brust und Beine

An der Brust der Honigbiene setzen vier **Flügel** und sechs gegliederte **Beine** an. Bei einem Blütenbesuch bleiben Pollenkörner an ihrem Pelz hängen. Mit ihren Vorderbeinen befördert sie die hängengebliebenen Pollenkörner in Richtung ihrer oberen Hinterbeine. An diesen befinden sich viele kurze Bürsten. Damit werden die Pollenkörner weiter aus dem Pelz zu den unteren Hinterbeinen gefegt. An der Außenseite der unteren Hinterbeine befindet sich eine tiefe Delle, das **Körbchen**. Die Honigbiene knetet mit dem Fußglied einen Pollenballen, den sie ins Körbchen drückt. Nach einigen Blütenbesuchen ist dieser Ballen als gelbes „Höschen" mit dem bloßen Auge sichtbar. Ist das Körbchen voll, fliegt die Honigbiene zurück in ihren Bienenstock. Die gesammelten Pollenkörner dienen den Honigbienen neben dem Honig als Nahrung.

A Beschreibe die Körpergliederung der Honigbiene in Bild 3.

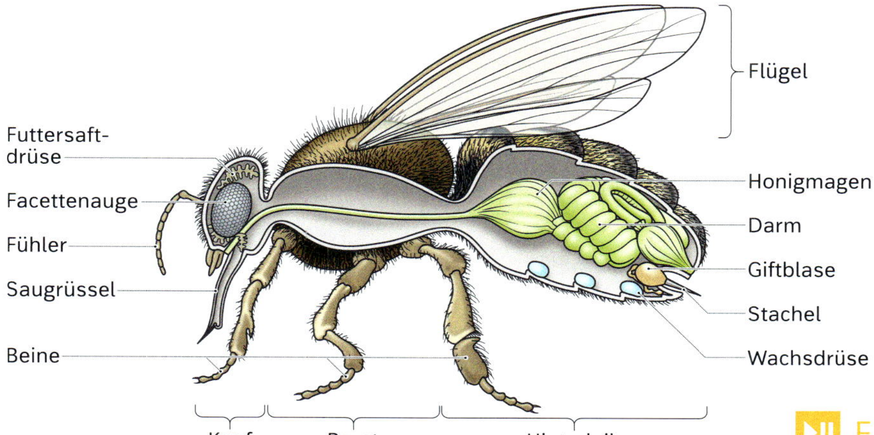

3 Körperbau der Honigbiene

F

Material mit Aufgaben

M1 Körperbau im Vergleich

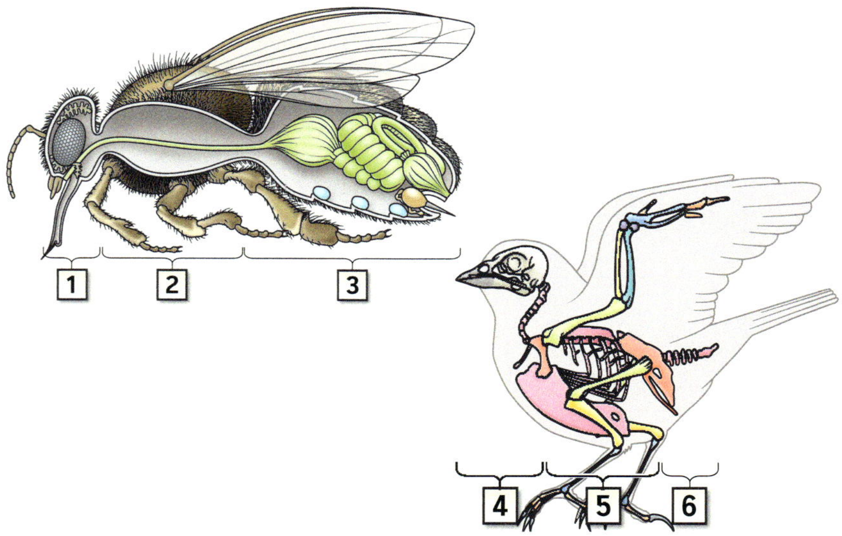

1. Benenne die mit Ziffern gekennzeichneten Teile.
2. Vergleiche die Körpergliederung, die Zahl der Gliedmaßen und das Skelett von Biene und Vogel.
3. Erkläre, warum die Biene zu den wirbellosen Tieren zählt und der Vogel zu den Wirbeltieren.
4. Erläutere die Besonderheit im Bau eines Insektenauges im Vergleich zu einem Wirbeltierauge.

4 Mitglieder eines Bienenstaates

Der Staat der Honigbiene

Die heimische Honigbiene zählt zu den **staatenbildenden Insekten**. Ein Bienenstaat besteht aus bis zu 80 000 Bienen, die gemeinsam in einem Bienenstock leben. Dieser ist aus Waben aufgebaut. Eine Wabe besteht aus tausenden sechseckigen Wachszellen. Im Bienenstock bauen **Arbeitsbienen** große **Brutzellen**. In diesen entwickeln sich die Bienenlarven aus Eiern. Nur die **Königin** eines Staates legt Eier. Bei Hochzeitsflügen paart sie sich mit den männlichen Bienen, den **Drohnen**. Dabei befruchten die Drohnen die Eier. Anschließend sterben sie.

Die Königin legt täglich bis zu 2 000 Eier. Aus diesen entwickeln sich Larven, die sich verpuppen. Aus den Puppen schlüpfen Arbeitsbienen. Aus unbefruchteten Eiern entwickeln sich Drohnen. Wenn der Staat zu groß wird, werden einige Larven mit einem besonderen Futter gefüttert, dem **Gelee royale**. Diese Larven entwickeln sich in speziellen Zellen, den Weiselzellen, zu Königinnenlarven. Die erste geschlüpfte Königin tötet die anderen mit ihrem Stachel. Die alte Königin verlässt dann den Stock mit etwa der Hälfte der Arbeitsbienen und gründet einen neuen Staat.

Das Leben einer Arbeitsbiene

Das Leben einer Arbeitsbiene dauert etwa sechs Wochen. Die ersten 18 Tage arbeitet sie als **Stockbiene** im Bienenstock. Zunächst reinigt sie dort leere Waben. Danach pflegt und füttert die Arbeitsbiene die älteren Bienenlarven mit Futtersaft, Pollen und Honig. Ab dem sechsten Tag kümmert sie sich nur noch um die jüngeren Larven. Nach der Brutpflege ist die Arbeitsbiene für den Wabenbau verantwortlich. Mit Wachs aus ihren Wachsdrüsen baut sie neue Waben und Wabendeckel. Von Sammelbienen nimmt die Arbeitsbiene den Nektar und den Pollen entgegen. Aus dem Nektar stellt sie den Honig her und lagert diesen in Wabenzellen. Anschließend bewacht sie das Flugloch. Sie lässt nur die Bienen des eigenen Staates hindurch. Fremde Tiere tötet sie mit ihrem Stachel. Ab dem 22. Tag arbeitet die Arbeitsbiene als **Sammelbiene**. Sie sammelt Pollen und Nektar von Blüten.

Material mit Aufgaben

F

M2 Das Leben einer Arbeitsbiene

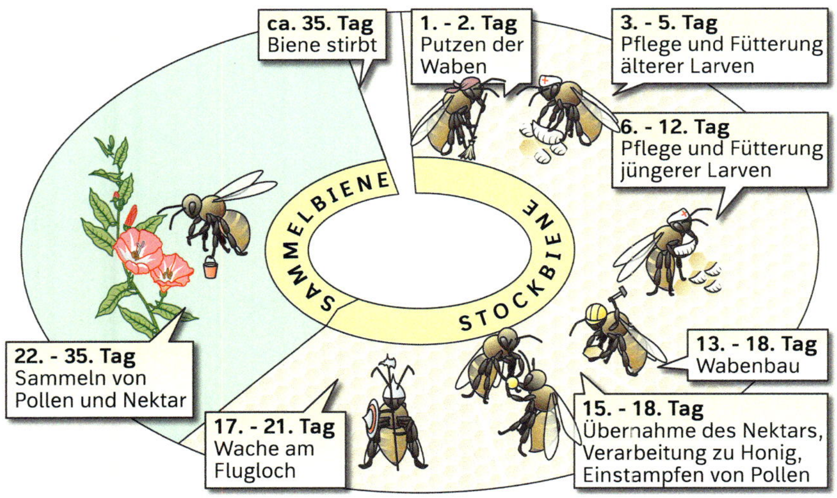

1. Beschreibe das Leben einer Arbeitsbiene mithilfe des Bildes.
2. Erkläre, warum es wichtig ist, dass die Bienenkönigin täglich Eier legt.
3. Im Bienenstaat herrscht das Prinzip der Arbeitsteilung. Erläutere diesen Sachverhalt. Beachte dabei die Aufgaben aller Mitglieder des Bienenstaates.

Gewinnung von Honig

Bienen stellen den Honig vor allem aus Nektar her. Diesen speichert die Biene in ihrem Honigmagen. Dort wird er durch Drüsensäfte verändert. Dadurch entsteht Honig. Er wird in Waben gefüllt und mit einem Wachsdeckel verschlossen. Früher sammelte man Honig von Wildbienen. Heute kommt er meist von gezüchteten Honigbienen. Sie werden oft in Holzkästen mit Rahmen gehalten, in die die Bienen ihre Waben bauen. Bei der Ernte entnimmt der **Imker** die Rahmen und kratzt die Wabendeckel ab. Danach wird der Honig aus den Waben geschleudert.

5 Entfernen der Wabendeckel

6 Varroa-Milbe auf Bienenlarve

Bienen in Gefahr

Große Gefahr für die Honigbiene geht von der **Varroamilbe** aus. Diese lebt als Parasit im Bienenstock. Sie sitzt auf den Bienen und Larven und ernährt sich von den Körperflüssigkeiten der Tiere. Ihre Eier legt die Milbe in die Brutzellen der Bienen. Die neugeschlüpften Milben befallen sofort weitere Larven.

Auf einer Wiese mit vielen verschiedenen Wildkräutern finden Bienen monatelang Nahrung. Durch die Landwirtschaft sind viele Wiesen durch Felder mit nur einer Nutzpflanze ersetzt worden, den **Monokulturen**. Die Nutzpflanzen blühen nur kurz. Danach fehlen den Bienen Nahrungsquellen.

In Deutschland leben mehr als 500 Wildbienenarten. Sie bauen ihre Nester im Boden, in Baumstämmen oder in Mauerritzen. Durch das Anlegen von Rasen und landwirtschaftlichen Flächen sowie den Bau von Städten verlieren Wildbienen ihren Lebensraum.

Material mit Aufgaben

▶II F

M3 Bedeutung der Honigbiene

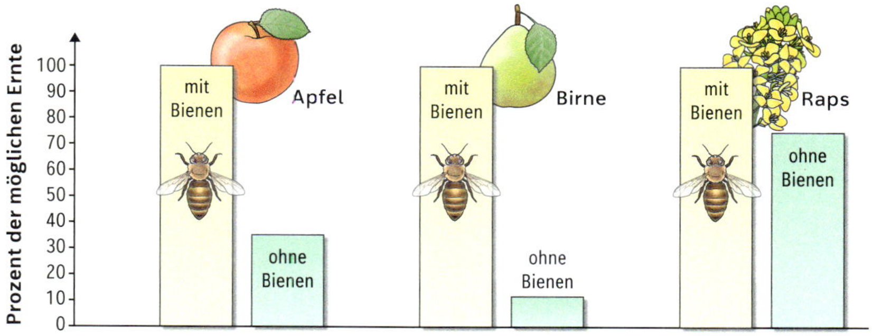

1. Vergleiche die Ernteerträge.
2. Erkläre die Bedeutung der Biene und anderer Insekten für die Landwirtschaft.
3. Beschreibe Ursachen dafür, dass Bienen heute zunehmend gefährdet sind.
4. Stelle Vermutungen an, warum die Ernteerträge ohne Bienen so unterschiedlich ausfallen.

In den Medien wird vor dem Insektensterben gewarnt. Dies betrifft alle Bienenarten.

5. Wähle eine der Aufgaben aus:
   a Erläutere langfristige Folgen des zunehmenden Insektensterbens.
   b Entwickle Vorschläge, wie man Bienen schützen kann.

1 Regenwurm im Boden

Der Regenwurm

Ein Leben im Boden

Der Regenwurm lebt in Wohnröhren unter der Erde. Dort ist es dunkel und feucht. Mit seinen Lichtsinneszellen kann der Regenwurm nur hell und dunkel unterscheiden. Er orientiert sich in seinen Wohnröhren mit seinem Tastsinn. An den Enden des Regenwurms liegen besonders viele Tastsinneszellen.

Der Regenwurm frisst bevorzugt Pflanzenreste. Diese findet er mithilfe seines guten Geruchs- und Geschmackssinns. Der Regenwurm kann über die Haut atmen. Diese **Hautatmung** ist nur möglich, wenn seine Körperoberfläche feucht ist. Daher vermeidet er Sonnenlicht und Trockenheit.

2 Kopf eines Regenwurms

3 Segmente mit Borsten

Körperbau des Regenwurms

Am eher runden Vorderende des Regenwurms befindet sich der Mund. Am flacheren Hinterende liegt der After.
Betrachtet man einen Regenwurm genauer, erkennt man seine geringelte Oberfläche. Der Körper ist in zahlreiche Abschnitte, die **Segmente**, gegliedert. Der Regenwurm ist ein **Ringelwurm**.
An jedem dieser Segmente befinden sich acht **Borsten**.
Der Regenwurm hat keine Gliedmaßen und kein Skelett aus Knochen. Er zählt

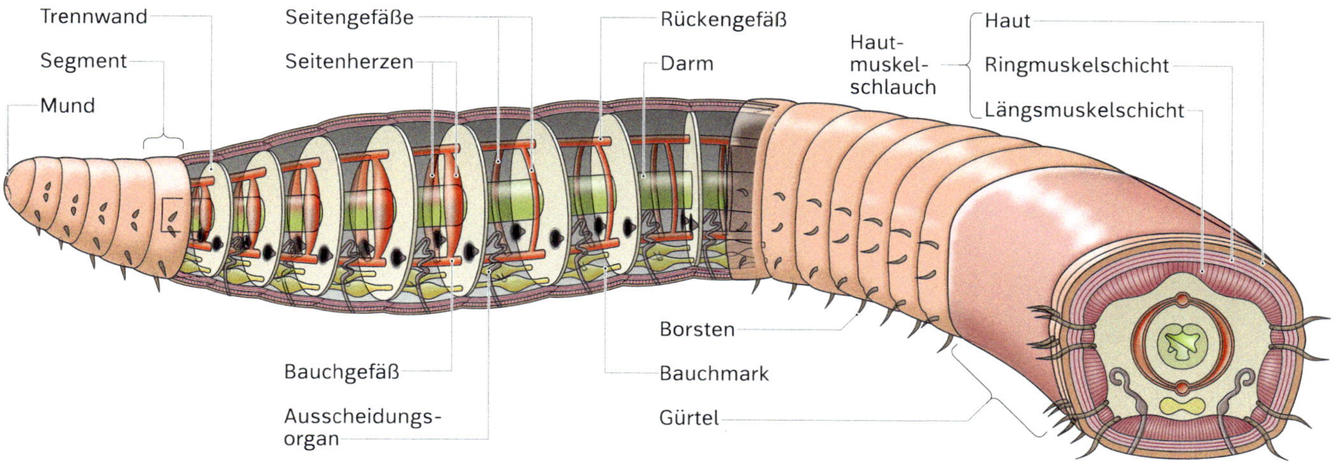

4 Körperbau des Regenwurms

daher zu den wirbellosen Tieren. Unter der stabilen Haut des Regenwurms liegt eine Schicht von Ringmuskeln und darunter eine Schicht von Längsmuskeln. Durch diesen **Hautmuskelschlauch** erhält der Regenwurm seine Stabilität.

A Beschreibe Sinnesleistungen, die dem Regenwurm ein Leben im Boden ermöglichen.

B Erkläre, warum man den Regenwurm nur nach starken Regenfällen an der Erdoberfläche findet.

Fortbewegung des Regenwurms

Wenn sich der Regenwurm vorwärts bewegt, ziehen sich zunächst die Ringmuskeln zusammen. Dadurch wird die vordere Körperregion gestreckt und dünn. Dann erschlaffen die Ringmuskeln wieder. Nun ziehen sich die Längsmuskeln des Regenwurms zusammen. Dadurch wird die vordere Körperregion des Regenwurms wieder dick und der Rest des Körpers wird nach vorne gezogen. Durch dieses abwechselnde Zusammenziehen der Muskelschichten bewegt sich der Regenwurm vorwärts. Beim Zusammenziehen der Längsmuskeln werden seine zahlreichen Borsten ausgestreckt. Sie verhaken sich im Erdboden. So kann sich der Regenwurm bewegen, ohne zurück zu rutschen.

Material mit Aufgaben

M1 Fortbewegung des Regenwurms

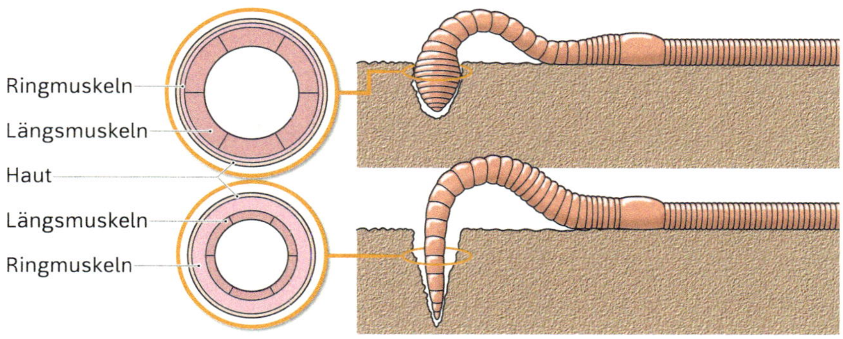

1. Beschreibe die Fortbewegung des Regenwurms.
2. Erkläre die Funktion der Ring- und Längsmuskeln bei der Fortbewegung.
3. Erkläre, warum der Regenwurm in seinen glatten Wohnröhren nicht abrutscht.

5 Regenwürmer bei der Paarung

6 Regenwurm beim Schlupf

7 Regenwurm zieht Blatt in Wohnröhre

Material mit Aufgaben

M2 Bedeutung des Regenwurms

	ohne Regenwürmer	mit Regenwürmern
Getreidekörner pro Halm	60 Stück	110 Stück
Bohnenmasse	4g	11g

1. Vergleiche die Ernteerträge in der Tabelle.
2. Erkläre die Bedeutung des Regenwurms für die Bodenfruchtbarkeit.

Fortpflanzung

Wenn sich Regenwürmer paaren, legen sie sich auf feuchtem Boden dicht nebeneinander. Ein Teil des Regenwurmkörpers ist verdickt. Dieser **Gürtel** gibt einen Schleim ab, der die beiden Regenwürmer bei der Paarung miteinander verbindet.

Jeder Regenwurm kann sowohl männliche Spermienzellen als auch weibliche Eizellen bilden. Es gibt also keine rein männlichen oder weiblichen Regenwürmer. Der Regenwurm ist ein **Zwitter**.

Bei der Paarung tauschen die beiden Regenwürmer Spermienzellen aus. Diese werden zunächst in einer Spermientasche gespeichert. Wenn die Regenwürmer später ihre Eier ablegen, werden diese von den zuvor aufgenommenen Spermienzellen befruchtet. Nach wenigen Wochen schlüpft aus jedem Ei ein junger Regenwurm.

Bedeutung des Regenwurms

Unter einem Quadratmeter Boden leben bis zu 400 Regenwürmer. Sie graben ihre Wohnröhren bis zu zwei Meter in den Boden. Dabei lockern sie den Boden auf. Die Erde wird besser durchlüftet und kann mehr Wasser aufnehmen. Regenwürmer ziehen mit ihrem Mund heruntergefallene Blätter in ihre Röhren. Wenn diese Blätter vermodert sind, werden sie zusammen mit Erde gefressen. Unverdauliche Nahrungsreste scheiden die Tiere durch den After aus. Dabei werden auch Mineralstoffe ausgeschieden. Diese sind wichtig für das Wachstum der Pflanzen. Der Kot des Regenwurms ist also ein wertvoller Dünger und erhöht die Bodenfruchtbarkeit.

C Erkläre, warum man keine männlichen oder weiblichen Regenwürmer finden kann.

Wirbellose

Wirbeltiere wie Fische, Amphibien, Reptilien, Vögel und Säugetiere umfassen nur 5 Prozent aller Tierarten auf der Welt. Die restlichen 95 Prozent haben keine Wirbelsäule und kein Innenskelett. Sie zählen zu den Wirbellosen. Diese sind sehr vielfältig. Mithilfe von bestimmten Körpermerkmalen werden sie verschiedenen Stämmen zugeordnet.

Weichtiere

Schnecken, **Muscheln** und auch **Tintenfische** zählen zum Stamm der Weichtiere. Ihre Körper sind sehr weich. Sie besitzen keine Gliedmaßen. Muscheln und Gehäuseschnecken besitzen eine Kalkschale, die den weichen Körper schützt. Die Weinbergschnecke kann ihr Gehäuse mit einem Deckel verschließen, sodass sie an Land nicht so schnell austrocknet. Nacktschnecken besitzen keine schützende Kalkschale.

Gliederfüßer

Der Stamm der Gliederfüßer umfasst über eine Million Arten weltweit. Er ist der artenreichste Stamm im Tierreich. Die Gliedmaßen dieser Tiere sind in Abschnitte unterteilt. Gliederfüßer haben ein Außenskelett. Ihr Körper wird durch eine harte Schale aus Chitin geschützt. Diese umschließt den Körper als Schutzpanzer. Der Stamm der Gliederfüßer unterteilt sich in verschiedene Klassen: die **Insekten**, die **Spinnentiere**, die **Krebstiere** und **Tausendfüßer**. An der Anzahl ihrer Beine können die Klassen unterschieden werden. Zusammen mit den Ringelwürmern bilden die Gliederfüßer die Gruppe der Gliedertiere.

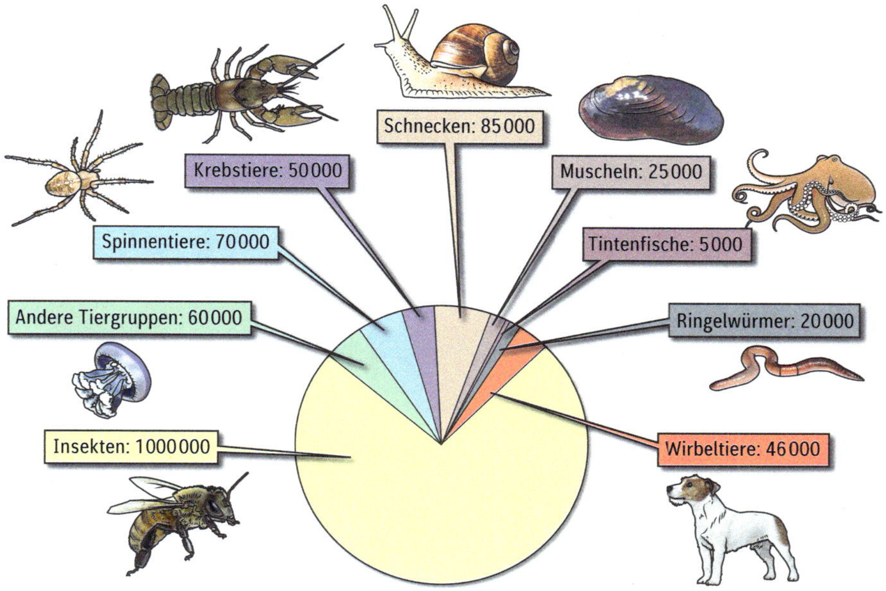

1 Vielfalt der Wirbellosen

Material mit Aufgaben

M1 Wirbellose bestimmen

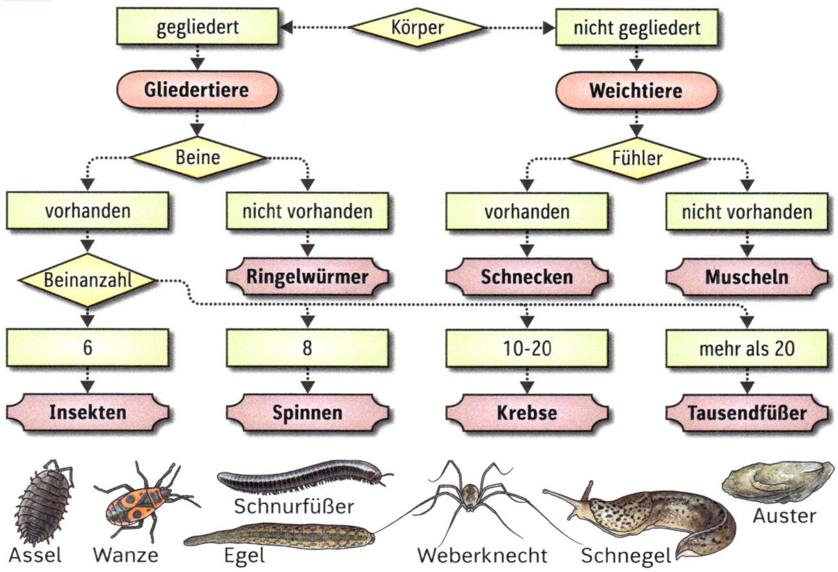

1. Ordne die unten abgebildeten Tiere einer Tiergruppe zu.
2. Begründe deine Zuordnungen.

1 Ein Mischwald

Aufbau des Waldes

Lichtung: Eine Fläche ohne Bäume mitten in einem Wald

Der Wald

Laub- und Mischwälder gliedern sich in verschiedene Schichten. Man bezeichnet sie als **Stockwerke des Waldes**.

Baumschicht

In einem Mischwald sieht man viele verschiedene Bäume, die den Wald auszeichnen. Je nach Baumart erreichen sie eine Höhe von bis zu 40 Metern. Zu den verschiedenen Bäumen in einem Mischwald gehören neben Nadelbäumen wie Kiefer und Fichte auch Laubbäume wie die Rotbuche, die Stieleiche und die Hainbuche. Sie alle bilden mit ihren Stämmen und den Blattkronen die **Baumschicht** des Waldes.

Das mehr oder weniger geschlossene Kronendach der Bäume lässt nur wenig Sonnenlicht bis zum Waldboden durch. Außerdem fängt das dichte Kronendach Niederschläge auf. Das Wasser wird dann nur langsam über die Blätter zum Boden abgeleitet.

Strauchschicht

Bis zu einer Höhe von etwa 5 Metern wächst die **Strauchschicht**. Diese setzt sich aus jungen Bäumen und Sträuchern wie Hasel und Eberesche zusammen. Diese Pflanzen wachsen vor allem auf Lichtungen und am Waldrand. Sie bilden eine dichte Schicht, die nur wenig Wind hindurchlässt. So wird der Waldboden vor Abtragung geschützt. An den Bäumen und Sträuchern wachsen Kletterpflanzen wie Efeu und Waldrebe. Vogelarten wie die Amsel nisten in der Strauchschicht.

Krautschicht

Die kleineren Pflanzen unter der Strauchschicht bilden die **Krautschicht**. Die Pflanzen werden selten höher als einen Meter. Im Frühjahr bilden sie einen Blütenteppich aus Frühblühern wie Buschwindröschen und Schneeglöckchen. Im Sommer blühen dagegen nur Kräuter. Sie kommen mit wenig Licht

2 Stockwerke des Waldes

aufgrund des geschlossenen Blätterdachs der Bäume aus. In der Krautschicht leben viele Insekten, Spinnen, aber auch Waldeidechsen. Bodenbrütende Vögel wie das Rotkehlchen finden dort gute Verstecke. Größere Säugetiere wie Rehe finden dort Nahrung.

Moosschicht

Wenn das Laub nicht zu hoch am Waldboden liegt, breiten sich Moose aus. Neben den Moospolstern wachsen verschiedene Flechten und die Fruchtkörper von Pilzen in dieser **Moosschicht**. Die Moose können gut Wasser speichern. Viele Kleintiere wie Insekten und Schnecken finden dort Nahrung.

Wurzelschicht

Der Waldboden ist von einem Wurzelgeflecht verschiedener Pflanzen durchzogen. Auch Pilzgeflechte durchziehen den Boden. Mit den Wurzeln nehmen die Pflanzen Wasser und Mineralstoffe auf. In der Wurzelschicht leben zum Beispiel Spitzmäuse und auch Kleintiere wie Regenwürmer und Milben. Zusammen mit Bakterien und Pilzen zersetzen sie Blätter und anderes totes Tier- und Pflanzenmaterial. Dadurch entsteht ein mineralstoffreicher Boden.

A Beschreibe mithilfe von Bild 2 den Aufbau eines Mischwaldes.

Material mit Aufgaben

M1 Lichteinfall in Wäldern

1. Beschreibe die Stockwerke in den beiden Wäldern.
2. Vergleiche den Lichteinfall der beiden Wälder miteinander.
3. Erkläre, warum in einem Mischwald mehr Tierarten vorkommen als in einem Nadelwald.

1 Steinkauz erbeutet eine Maus.

Nahrungsbeziehungen im Wald

Pflanzen sind Produzenten

Pflanzen bilden bei der Fotosynthese energiereiche Nährstoffe wie Traubenzucker. Man bezeichnet die Pflanzen daher als Erzeuger oder **Produzenten**.

Tiere sind Konsumenten

Die Rötelmaus lebt in Wäldern und Hecken. Sie ernährt sich von Gräsern, Nüssen und Beeren. Tiere wie die Rötelmaus, die sich von Pflanzen ernähren, nennt man **Pflanzenfresser**.

Die über die pflanzliche Nahrung aufgenommenen Nährstoffe werden von der Rötelmaus zum Aufbau körpereigener Stoffe und zum Erhalt der Körperfunktionen verwendet. Die in den Nährstoffen enthaltene chemische Energie wird genutzt, damit sich die Rötelmaus bewegt oder die Körpertemperatur aufrechterhalten wird. Da die Rötelmaus energiereiche Nährstoffe „verbraucht", ist sie ein Verbraucher oder **Konsument**.

A

B

C

2 Nahrungskette: **A** Brombeeren, **B** Rötelmaus, **C** Steinkauz

Die Rötelmaus wird von anderen Tieren, wie dem Waldkauz, gefressen. Der Waldkauz frisst keine Pflanzen, sondern ernährt sich von anderen Tieren. Tiere wie der Waldkauz, die sich hauptsächlich von anderen Tieren ernähren, zählen zu den **Fleischfressern**. Auch Fleischfresser zählen daher zu den Konsumenten. Sie nutzen die über die Nahrung aufgenommenen Nährstoffe ebenfalls zum Aufbau körpereigener Stoffe und als Energielieferanten.

Nahrungskette

Die Brombeere wird von der Rötelmaus gefressen, die Rötelmaus wird vom Waldkauz gefressen. Die Nahrungsbeziehung von Brombeeren über die Rötelmaus bis zum Waldkauz kann als **Nahrungskette** dargestellt werden:
Brombeere → Rötelmaus → Waldkauz
Der Pfeil bedeutet: ...wird gefressen von...

Nahrungsnetz

Der Waldkauz ernährt sich nicht nur von der Rötelmaus, sondern frisst auch andere Beutetiere wie junge Eichhörnchen. Auch der Rotfuchs ernährt sich wie der Waldkauz von der Rötelmaus. Es gibt auch andere Tiere neben der Rötelmaus, die Nüsse und Beeren als Nahrungsgrundlage haben. Die Lebewesen sind also durch viele verschiedene Nahrungsketten miteinander verbunden. Da die Nahrungsketten wie die Fäden eines Netzes miteinander verknüpft sind, bezeichnet man diese Nahrungsbeziehungen als **Nahrungsnetz**.

A Erläutere die Begriffe Produzent und Konsument.

Material mit Aufgaben

M1 Nahrungsnetz im Wald

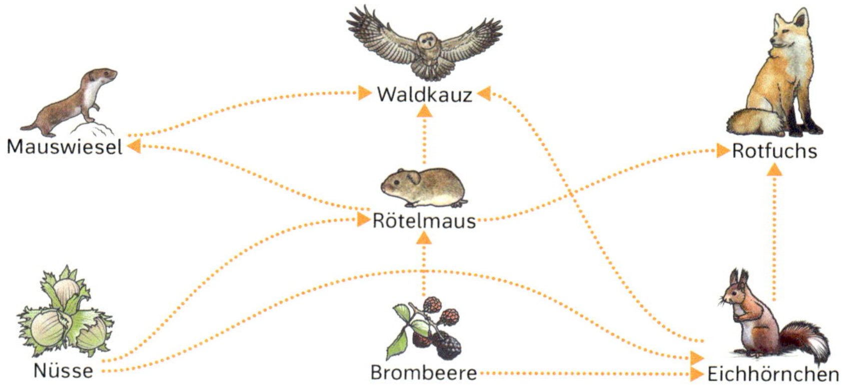

1. Ordne den abgebildeten Tieren die Begriffe Pflanzenfresser und Fleischfresser zu.
2. Erstelle mithilfe des Nahrungsnetzes drei möglichst lange Nahrungsketten.
3. Begründe, warum grüne Pflanzen immer am Anfang einer Nahrungskette stehen.

M2 Nahrungsnetz erstellen

1. Erstelle aus den abgebildeten Lebewesen eine möglichst lange Nahrungskette.
2. Erstelle aus den abgebildeten Lebewesen ein Nahrungsnetz.
3. Erkläre was passiert, wenn sich plötzlich die Anzahl der Buchen durch vermehrtes Fällen von Bäumen schlagartig verringert.

1 Wald mit Buchen und Kiefern im Herbst

Laub- und Nadelbäume

Die Rotbuche ist ein Laubbaum

Die Rotbuche kann bis zu 50 Meter hoch werden. Im Frühling entfaltet sie ihre breiten, dünnen Blätter. Diese Laubblätter haben eine große Oberfläche, mit denen die Buche in der warmen Jahreszeit viel Wasser verdunsten und viel Licht für die Fotosynthese einfangen kann. Ende April erscheinen die Blüten. Die Staubblätter und Samenanlagen sind nicht wie beim Kirschbaum in einer Blüte, sondern liegen in verschiedenen Blüten an einem Baum. Die Buche ist getrenntgeschlechtlich einhäusig. Nach der Bestäubung durch den Wind und der Befruchtung entwickeln sich aus den Blüten die Früchte, die **Bucheckern**. Im frühen Herbst fallen die Bucheckern zu Boden und keimen dann im nächsten Frühjahr.

Im Herbst entzieht die Rotbuche den Blättern die zuvor aufgebauten Nährstoffe und speichert sie im Stamm. Die Laubblätter verfärben sich zunächst gelb. Sie sterben dann ab und fallen zu Boden. Im Winter gefriert das Wasser im Boden und die Wurzeln der Rotbuche können kein Wasser aufnehmen. Mit dem **Laubabwurf** schützen Laubbäume ihre empfindlichen Blätter vor Frostschäden und verringern ihren Wasserbedarf. Wenn das Wasser in den Blättern

2 Rotbuche: **A** Baum, **B** Zweig mit Blättern und Blüten, **C** Frucht

3 Waldkiefer: **A** Baum, **B** Zweig mit Blättern und Blütenständen, **C** verholzte Zapfen

gefriert, würden sich Eiskristalle bilden und die Blätter zerstören. Wenn das Wasser in Stamm und Ästen gefriert, kann der Baum sogar absterben.

Die Waldkiefer ist ein Nadelbaum

Die Waldkiefer kann bis zu 35 Meter hoch werden. Sie hat schmale, nadelförmige Blätter. Sie zählt, wie die Gewöhnliche Fichte und die Weißtanne, zu den Nadelbäumen. Die Nadeln haben im Vergleich zu den Blättern von Laubbäumen eine geringere Blattoberfläche. Die Oberfläche der Nadeln ist zusätzlich von einer dicken wasserundurchlässigen Wachsschicht überzogen. Die Nadeln verdunsten daher nur wenig Wasser und überstehen so Frost. Die immergrünen Nadelbäume behalten im Winter daher ihre Blätter. Die Waldkiefer kann ganzjährig Fotosynthese betreiben.
Die männlichen Blütenstände sind unten an den Ästen. Die weiblichen, zapfenförmigen Blütenstände sind an den Spitzen der Äste. Die Waldkiefer ist getrenntgeschlechtlich einhäusig.

A Vergleiche Blätter und Blüten von Rotbuche und Waldkiefer.

B Erkläre, warum die Waldkiefer zu den immergrünen Pflanzen zählt.

Material mit Aufgaben

M1 Aussehen eines Laubbaums

1. Benenne die jeweilige Jahreszeit in den Bildern A-D. Begründe.
2. Beschreibe die Veränderungen im Aussehen des Laubbaumes.
3. Erläutere, warum die Veränderungen im Laufe des Jahres für den Baum lebenswichtig sind.

M2 Laubbäume bestimmen

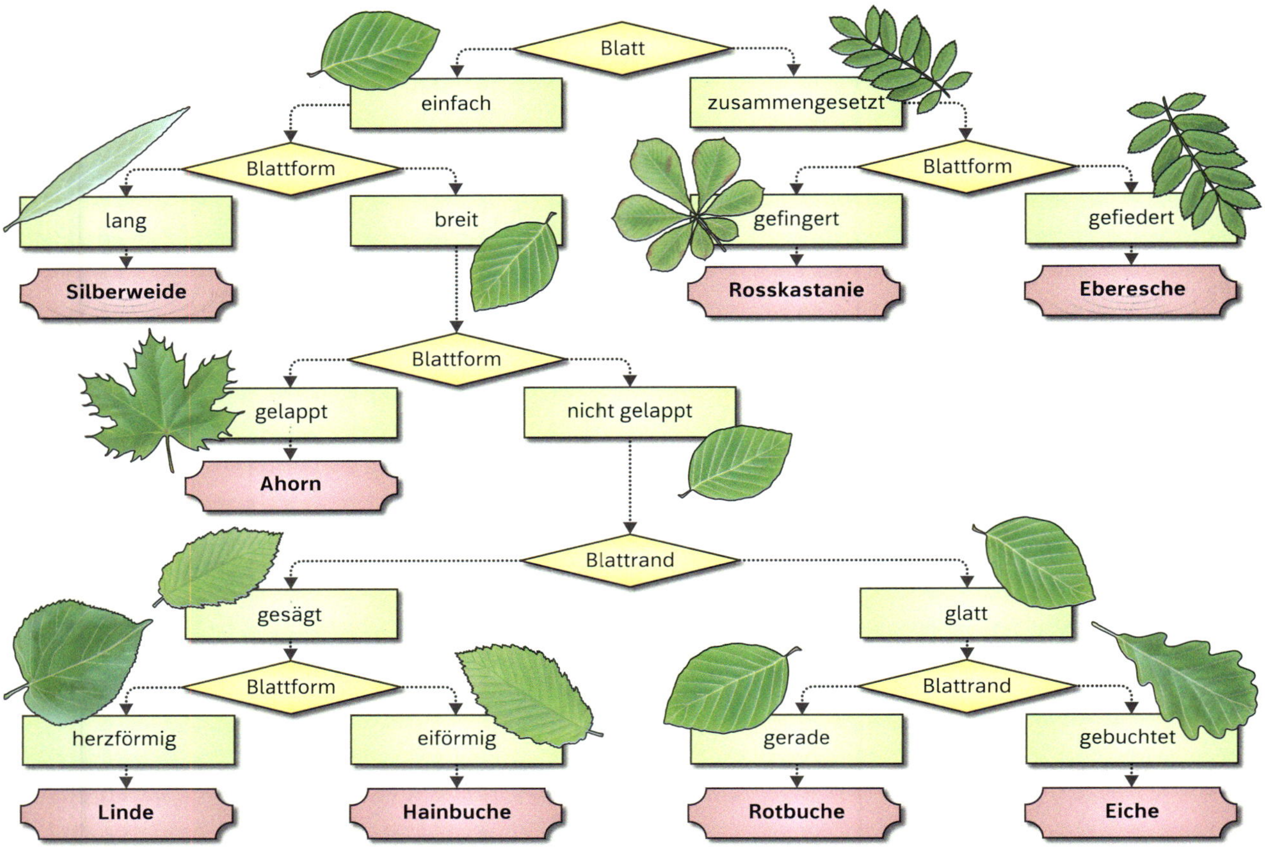

A

B

C

1. Bestimme die abgebildeten Laubbäume A-C mithilfe des Bestimmungsschlüssels.

2. Beschreibe an einem Beispiel, anhand welcher Merkmale der Laubbaum bestimmt wurde.

3. Informiere dich zur Waldkiefer, Tanne, Fichte und Lärche. Erstelle einen Bestimmungsschlüssel.

Bedecktsamer

Bei der Rotbuche ist die Samenanlage in der Blüte von einem Fruchtknoten umschlossen. Die Samenanlage der Rotbuche liegt also nicht frei, sondern sie ist von den Fruchtblättern bedeckt. Die Rotbuche zählt daher, wie alle Laubbäume, zu den **Bedecktsamern**. Die meisten Pflanzenarten auf der Welt sind Bedecktsamer. Sie bilden alle zu ihrer jeweiligen Blütezeit Blüten aus.

Nacktsamer

Im Frühjahr geben die Staubblätter der männlichen Blütenstände der Waldkiefer großen Mengen an Pollenkörnern in die Luft ab. Sie sind sehr leicht und können vom Wind weite Strecken transportiert werden. Die Pollenkörner gelangen zu den unscheinbaren, weiblichen Blütenständen der Waldkiefer. Die Blütenstände haben viele dünne Deckschuppen und die Samenschuppen. Auf den Samenschuppen liegen die Samenanlagen frei und können gut von den angewehten Pollenkörnern bestäubt werden. Da die Samenanlagen nicht von einem Fruchtknoten bedeckt sind, sondern freiliegen, zählt man die Waldkiefer zu den **Nacktsamern**. Nach der Bestäubung schließt sich der Blütenstand. Die Befruchtung und anschließende Bildung des Embryos findet auf der Innenseite der Samenschuppe statt. Zunächst ist der Blütenstand noch grün, später verholzt er zu einem Zapfen. Wenn es warm ist, öffnen sich die verholzten Zapfen und die geflügelten Samen werden vom Wind verbreitet. Die Waldkiefer bildet Samen, aber keine Früchte aus.

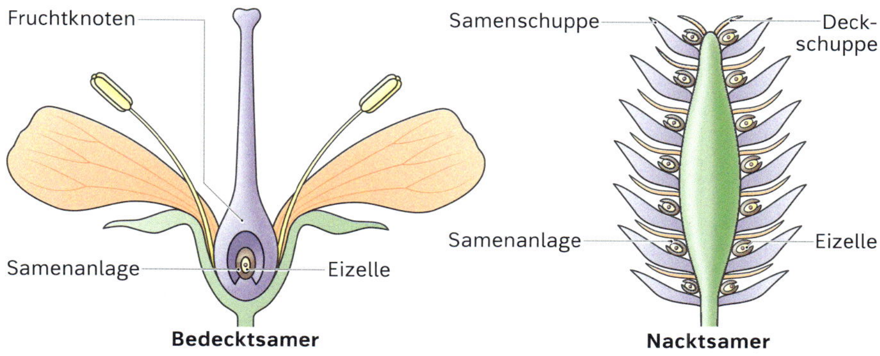

1 Bedecktsamer und Nacktsamer

Material mit Aufgaben

M1 **Samenbildung der Waldkiefer**

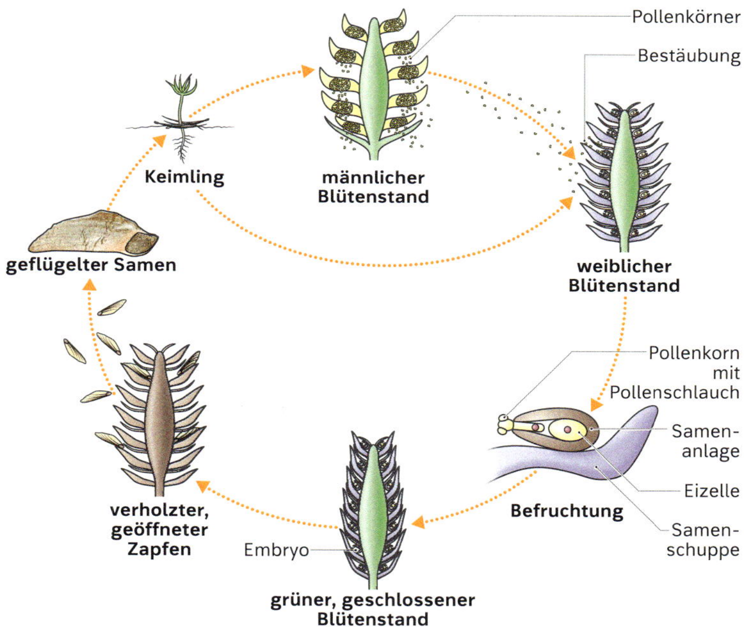

1. Beschreibe die Samenbildung der Waldkiefer.
2. Begründe, warum man die Waldkiefer als Nacktsamer und die Rotbuche als Bedecktsamer bezeichnet.
3. Die Pollenkörner und Samen der Waldkiefer werden durch den Wind verbreitet. Beschreibe die jeweiligen Angepasstheiten.
4. Erkläre, warum die Waldkiefer keine Früchte bilden kann, sondern lediglich Samen.

1 Lebensraum See

Lebensraum See

Vielfalt im und am See

Ein See bietet für viele Tier- und Pflanzenarten einen **Lebensraum**. Zwischen dem Schilf des Ufers bauen Vögel wie der Teichrohrsänger ihre Nester. Auf Seerosenblättern sitzen Wasserfrösche und warten auf Nahrung. Auf der Wasseroberfläche bewegen sich Wasserläufer ruckartig hin und her. Im Wasser leben Fische wie der Hecht und der Karpfen. Winzig kleine Algen und kleine Krebse, die Wasserflöhe, treiben im Wasser umher. Am Grund eines Sees leben Teichmuscheln und Flusskrebse.

Umweltbedingungen

Die Umweltbedingungen in einem See sind in den verschiedenen Bereichen unterschiedlich. Der **Wind** bewegt oft nur die oberste Wasserschicht.

Die **Sonnenstrahlen** durchdringen nur die oberen Bereiche des Wassers. Deshalb nimmt die Temperatur von oben nach unten ab. Es wird dunkler und kälter. Da Pflanzen für die Fotosynthese Licht benötigen, können sie ab einer bestimmten Tiefe nicht mehr leben. Der **Sauerstoffgehalt** am Seegrund ist niedriger als an der Wasseroberfläche. Der **Mineralstoffgehalt** ist ebenfalls in den verschiedenen Bereichen des Sees unterschiedlich.

2 Umweltbedingungen im Lebensraum See

Material mit Aufgaben

M2 Nahrungsbeziehungen im See

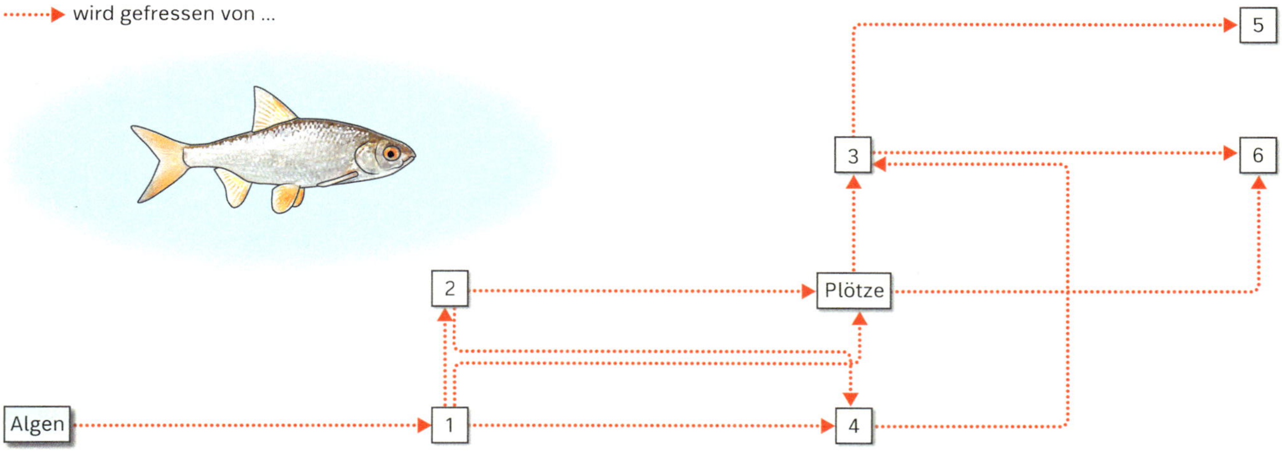

1. Übertrage das Nahrungsnetz in dein Heft. Ergänze die in den Fotos dargestellten Tiere.
2. Erkläre, warum Pflanzen und Algen die Grundlage aller Nahrungsbeziehungen sind.

3. Wähle eine der Aufgaben aus:
   a Erkläre Auswirkungen, wenn die Plötze stark befischt wird.
   b Erkläre mithilfe des Nahrungsnetzes, dass Lebewesen zueinander in Konkurrenz stehen.

4. Stelle Vermutungen an, wie sich Umweltverschmutzungen auf die Lebewesen in einem See auswirken können.

1 Lachse auf Wanderung

Von der Quelle zur Mündung

Junglachse jagen an der Quelle

Lachse leben in Flüssen und im Meer. Sie paaren sich in der Nähe der Quellen von Flüssen. Nach dem Schlüpfen ernähren sich die **Larven** zunächst von ihrem Dottersack. Nach wenigen Tagen gehen sie als **Junglachse** auf die Jagd nach kleinen Insekten und deren Larven.

Lachse wandern

Nach einigen Jahren beginnen die Junglachse, flussabwärts in Richtung Meer zu schwimmen. Dort leben sie im offenen Wasser und wachsen schnell. Nach einigen Jahren kehren sie als erwachsene Lachse in die Nähe der Quelle zurück. Dazu schwimmen sie denselben Fluss hinauf, aus dem sie zuvor ins Meer gewandert sind. Sie schwimmen bis in die Nähe der Quelle, wo sie sich paaren. Nach ihrer **Wanderung** und der Paarung sterben sie.

Regionen eines Fließgewässers

Die Umweltbedingungen eines Flusses ändern sich von seiner Quelle bis zur Mündung ins Meer. Die Temperatur, die Fließgeschwindigkeit und der Sauerstoffgehalt des Wassers sind unterschiedlich. Fließgewässer sind in Regionen unterteilt.

Quellregion

An der Quelle tritt das Grundwasser an die Erdoberfläche. Das Wasser ist kalt, klar und hat einen niedrigen Sauerstoffgehalt. Etwas entfernt von der Quelle fließt das Wasser sehr schnell und wird an den Felsen des Untergrunds aufgewirbelt. Dadurch wird das Wasser in der Quellregion mit viel Sauerstoff angereichert. Im Uferbereich wachsen kleine Pflanzen. Zwischen den Steinen verstecken sich Insekten und ihre Larven. Hier leben auch Bachforellen und Lachse.

Oberlauf

Weiter abwärts ist die Wassertemperatur immer noch niedrig und der Sauerstoffgehalt hoch. Das Wasser im Bach fließt schnell. Es schmirgelt Steine ab und transportiert sie mit. So besteht der Untergrund aus großen, runden Steinen, dem **Kies**. Im Oberlauf wachsen wenige Pflanzen. Hier lebt die Äsche.

Mittellauf

Immer mehr Bäche vereinen sich zu einem Fluss. Dieser wird wärmer, breiter und tiefer. Die Fließgeschwindigkeit nimmt ab. Der Sauerstoffgehalt verringert sich. Es wachsen Wasserpflanzen. Im Mittellauf lebt die Flussbarbe. Sie frisst Algen vom feinen Kies des Bodens.

Unterlauf

Im breiten Unterlauf fließt der Fluss nur noch langsam. Das Wasser ist wärmer als im Mittellauf. Der Untergrund besteht vor allem aus Sand und Schlamm. Der Sauerstoffgehalt nimmt weiter ab. Hier lebt die Brachse. Sie ernährt sich von Insektenlarven und Schnecken.

Mündung

Im Übergang zum Meer fließt der Fluss sehr langsam. Das Wasser ist warm. Es gibt nur noch wenig Sauerstoff im Wasser. Hier leben auf schlammigen und sandigen Böden die Flunder und der Kaulbarsch. Das Wasser kann durch den Einfluss des Meeres ein wenig salzhaltig sein.

A Beschreibe, welche Flussregionen die Lachse bei ihrer Wanderung ins Meer durchqueren.

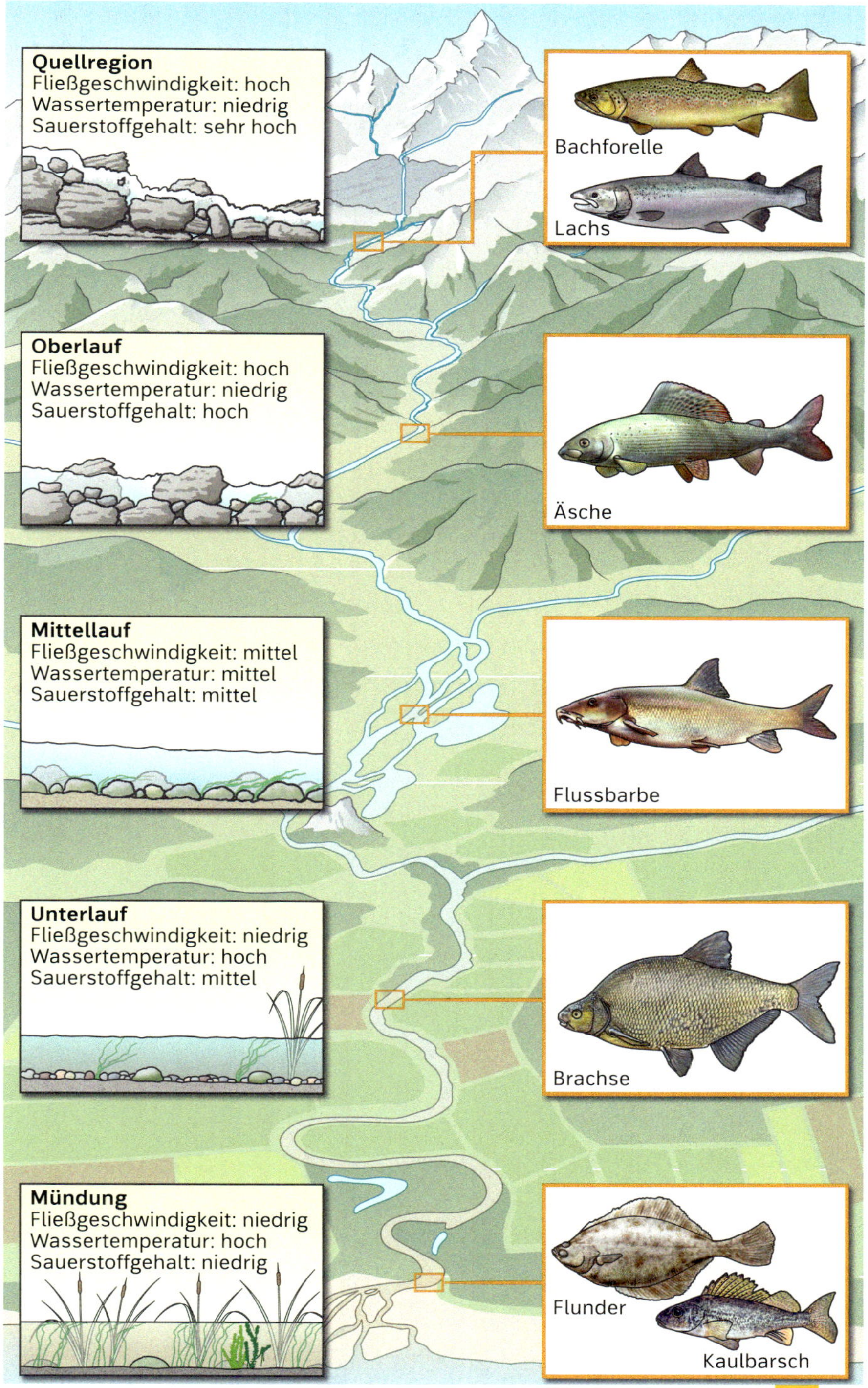

2 Gewässerregionen mit typischen Fischarten

F

3 Fluss: **A** vor der Renaturierung, **B** nach der Renaturierung

Veränderung von Gewässern

Einige Flussläufe hat der Mensch verändert, sodass sie gerade durch die Landschaft verlaufen. Dadurch nimmt der Fluss nur wenig Platz ein und es werden neue Flächen für Siedlungen und Felder gewonnen. Oft haben solche Flüsse hohe Dämme auf beiden Seiten. Durch solche **Begradigungen** wird der Fluss besser für den Schiffsverkehr nutzbar. Zur Trinkwasserspeicherung oder zur Stromgewinnung werden Staudämme gebaut, die Wasser anstauen.

Gefahren durch Veränderungen

Schmilzt im Frühjahr in den Bergen der Schnee, führen die Flüsse mehr Wasser. Schlängeln sie sich natürlich durch die Landschaft, gibt es genügend Überschwemmungsgebiete entlang der Flüsse. Bei begradigten Flüssen kann das Wasser nicht entweichen. Deshalb ist die Fließgeschwindigkeit sehr hoch. Bricht an einer Stelle ein Damm, werden oft riesige Flächen überflutet. Ein solches **Hochwasser** kann Straßen, Gebäude und ganze Städte zerstören.

Renaturierungen

Manchmal wird versucht, begradigte Flüsse wieder in einen natürlichen Flusslauf zurückzuversetzen. Dazu gräbt man ein sich schlängelndes Flussbett und bringt Steine und Pflanzen aus. Man achtet auf genügend Überschwemmungsflächen in Flussnähe. Solche Maßnahmen nennt man **Renaturierung**.

Material mit Aufgaben

M1 Renaturierung

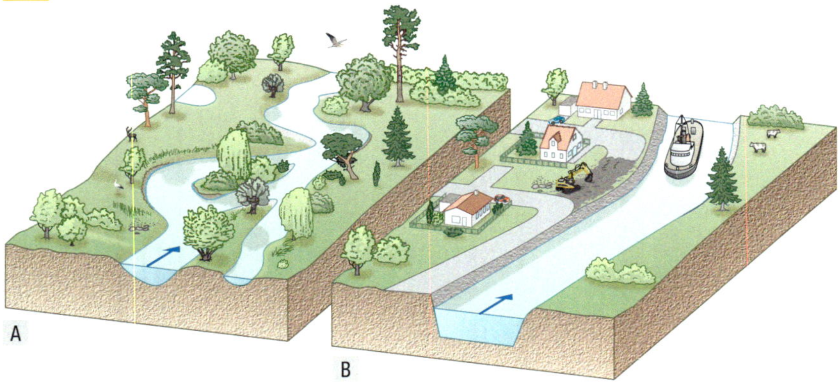

1. Vergleiche beide Flussläufe.
2. Erkläre, warum begradigte Flüsse in heutiger Zeit wieder renaturiert werden.
3. Stelle Vermutungen an, warum es oft viele Jahre dauert, bis aus einem renaturierten Fluss ein annähernd natürlicher Fluss wird.

Atmosphäre enthalten. Deshalb bilden sich fast nur dort Wolken und es fällt Niederschlag zu Boden.

Wetterbericht erstellen

Zur Erstellung von Wetterberichten werden die Informationen von vielen Messstationen zum aktuellen Wetter gesammelt. Aus allen gesammelten Informationen werden Vorhersagen über das künftige Wetter erstellt. Man bezeichnet diese als **Wetterprognosen**. Trotz genauer Messungen lässt sich das Wetter aber nicht ganz genau vorhersagen.

Luftdruck und Barometer

Der Luftdruck wird mit einem **Barometer** gemessen. Er wird in der Einheit Hectopascal, hPa, angegeben. Bei höherem Luftdruck ist der Himmel oft wolkenlos. Bei niedrigem Luftdruck regnet es oft.

Niederschlagsmesser

Um die Niederschlagsmenge zu bestimmen, wird in einem Behälter Regen, Schnee oder Hagel aufgefangen. Die Füllstandshöhe gibt die Niederschlagsmenge in Liter pro Quadratmeter an.

Luftfeuchtigkeit und Hygrometer

Wasser liegt in der Luft in Form von gasförmigem Wasserdampf vor. Den Anteil des Wasserdampfes an der Luft bezeichnet man als Luftfeuchtigkeit. Messgeräte zur Bestimmung der Luftfeuchtigkeit werden als **Hygrometer** bezeichnet. ▶

A Beschreibe das Wetter in Bild 1. Gib an, welche Kleidung man tragen sollte.

A

B

3 Messgeräte: **A** Barometer, **B** Niederschlagsmesser

Material mit Aufgaben

M1 Wetterbeobachtungsbogen

Name: Camil Haghi
Woche vom: 11.5.2020 bis: 17.5.2020 Uhrzeit der Messung: 16 Uhr

Tag	Mo	Di	Mi	Do	Fr	Sa	So
Bewölkung	fast bedeckt	halb bedeckt	bedeckt	halb bedeckt	halb bedeckt	heiter	sonnig
Temperatur in °C	13 °C	14 °C	13 °C	10 °C	15 °C	14 °C	18 °C
Niederschlag ja/nein	nein	ja	ja	nein	ja	nein	nein
Wind	mäßig	leicht	leicht	stark	mäßig	windstill	windstill

Legende:
Bewölkung: bedeckt, fast bedeckt, halb bedeckt, heiter, sonnig
Windstärke: windstill, leicht, mäßig, stark, stürmisch

Bei der Wetterbeobachtung hilft ein Wetterbeobachtungsbogen. Dabei ist es wichtig, die verschiedenen Wetterelemente immer zur gleichen Uhrzeit und am gleichen Ort zu messen. Nimm die Legende zur Eintragung der Elemente zu Hilfe.

1. Erstelle einen Wetterbeobachtungsbogen. Trage in diesen deine gemessenen und bestimmten Werte für eine Woche ein.
2. Stelle deine Messwerte zur Temperatur in einem Liniendiagramm dar.

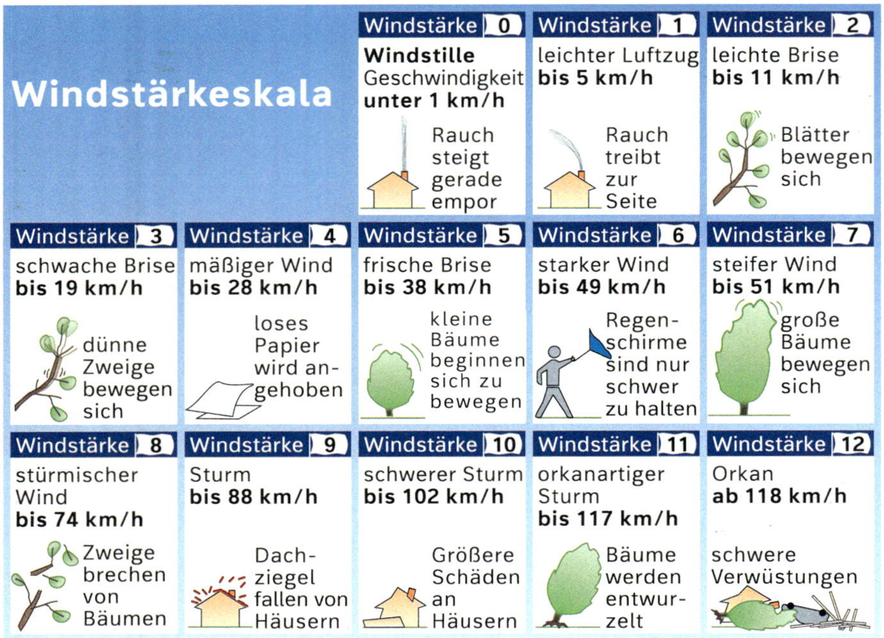

4 Windstärkeskala

Windstärke

Wind ist bewegte Luft. Wenn Rauch senkrecht aufsteigt und auf der Haut kein Lufthauch zu spüren ist, ist es windstill. Bei einem **Orkan** ist der Wind dagegen so stark, dass er sogar schwere Gegenstände bewegt und heftige Verwüstungen verursacht. Der Wind kann unterschiedlich stark sein. Dies bezeichnet man als **Windstärke**. Die Windstärke wird in der Windstärkeskala beschrieben. Sie reicht von 0 bei Windstille bis Windstärke 12 bei einem Orkan. Zu jeder Windstärke gehört eine bestimmte Windgeschwindigkeit. Ein starker Wind mit der Windstärke 6 weht mit einer Windgeschwindigkeit von etwa 40 Kilometer pro Stunde. Das ist in etwa so schnell wie ein Auto im Stadtverkehr.

Material mit Aufgaben

M2 Windstärke

1. Ordne die Bilder A bis D nach steigender Windstärke.
2. Ordne den Bildern eine Windstärke zu. Begründe deine Zuordnungen.
3. Der Deutsche Wetterdienst rät ab Windstärke 10 nicht mehr nach draußen zu gehen. Begründe.

Klima und Klimazonen

Betrachtet man Wetterelemente über sehr lange Zeiträume an einem Ort oder größeren Gebieten, spricht man von **Klima**. Das Klima eines Gebiets ergibt sich aus langjährigen Auswertungen von Wetterelementen. Das Klima ist nicht überall gleich ausgeprägt. Am Nordpol herrscht ein anderes Klima als am Äquator. Große Gebiete, in denen sich die Wetterelemente ähnlich sind, zählt man zu **Klimazonen**. Die unterschiedlichen Klimazonen ziehen sich als Bänder um die Erde.

Was beeinflusst das Klima?

Die gleiche Menge an Sonnenstrahlen bestrahlt in den nördlichen und südlichen Gebieten nahe den Polen eine viel größere Fläche als am Äquator. Die unterschiedliche **Sonneneinstrahlung** bestimmt maßgeblich das Klima in einem Gebiet. Das Meer nimmt die Energie der Sonne auf und erwärmt sich. Meerwasser kann Wärme lange speichern. Im Winter kann es diese wieder abgeben. Gebiete am Meer sind daher geringeren Temperaturschwankungen im Jahresverlauf ausgesetzt als Landflächen, die weit vom Meer entfernt sind. Mit zunehmender **Höhe** nimmt die Lufttemperatur ab. Höher liegende Orte in Gebirgen haben niedrigere Lufttemperaturen als tiefer liegende Orte. Auch die **Bodenbedeckung** beeinflusst das Klima. In Städten mit dunklen Straßen und Gebäuden ist die Erwärmung stärker als zum Beispiel auf schneebedeckten Flächen. Dunkle Flächen können die Energie des Sonnenlichts besser aufnehmen und erwärmen sich stärker.

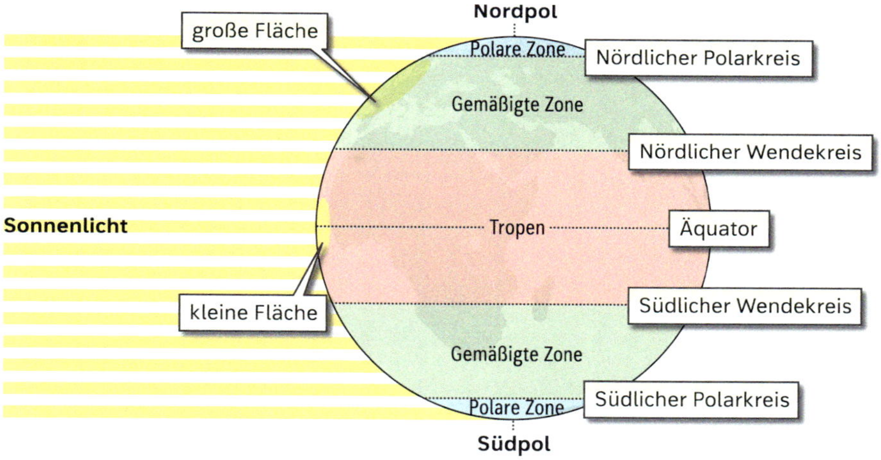

1 Klimazonen der Erde

Material mit Aufgaben

M1 Sonneneinstrahlung

Zeitpunkt der Messung	Schräger Winkel	Senkrechter Winkel
Beginn	20 °C	20 °C
Nach 2 Minuten	25 °C	30 °C
Nach 4 Minuten	28 °C	35 °C
Nach 6 Minuten	31 °C	40 °C

Zwei Gefäße mit Erde wurden jeweils aus zwei Richtungen beleuchtet. Mit einem Infrarotthermometer wurde die Temperatur der Erde gemessen.

1. Beschreibe den Versuchsaufbau und die Versuchsergebnisse.
2. Formuliere einen Zusammenhang zwischen Sonneneinstrahlung und Erwärmung des Bodens.
3. Erläutere mithilfe des Versuchs wie die Sonneneinstrahlung das Klima auf der Erde bestimmt.

1 Kaiserpinguine mit Küken

Leben im Eis

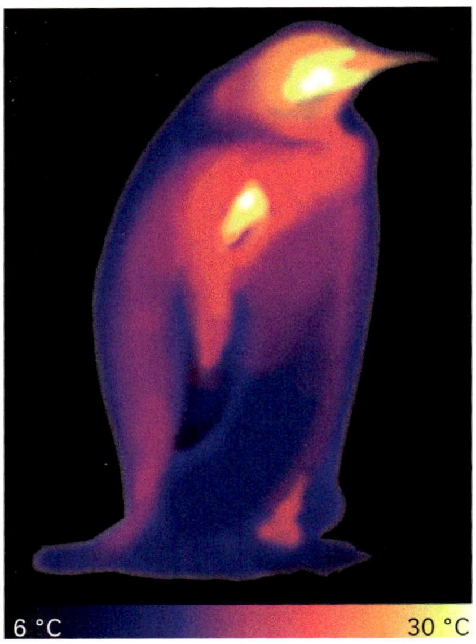

2 Wärmebild von einem Pinguin

Arktis und Antarktis

Die Nordpolregion, ein eisbedecktes Meer, wird **Arktis** genannt. Die Temperaturen liegen hier im Winter zeitweise unter –40 °Celsius. Im Sommer steigen sie kaum über 0 °Celsius. Der Südpol liegt auf einem eisbedeckten Kontinent, der **Antarktis**. Hier ist der Boden ständig gefroren. Im Sommer steigen die Temperaturen kaum über –10 °Celsius, im Winter sinken sie bis auf –50 °Celsius. Nur wenige Tierarten sind an diese lebensfeindlichen, sehr kalten **Eiswüsten** angepasst.

Kaiserpinguin

Der Kaiserpinguin lebt in der Antarktis. Sein Körper ist mit einem dichten Federkleid bedeckt. Über einer dicken Daunenschicht liegen kurze, schuppenartig angeordnete Deckfedern. So entsteht eine wasserabweisende und winddurchlässige Schicht. Zusammen mit der dicken Fettschicht unter der Haut schützen die Federn vor Nässe und Kälte. Der Kaiserpinguin brütet auf dem Eis und zieht dort auch seine Jungtiere auf. Zu Beginn des Winters im Mai suchen die Pinguine ihre Brutplätze auf. Bis zu 20000 Tiere stehen dort ganz dicht beieinander und wärmen sich so gegenseitig. Dabei wechseln sie regelmäßig die Plätze. Jedes Tier steht so mal am Rand und mal in der Mitte.
Fasst man einen sehr kalten Gegenstand an, schmilzt durch die Körperwärme etwas Eis an der Oberfläche und gefriert durch den kalten Gegenstand wieder. Deshalb „klebt“ man fest.
Kaiserpinguine stehen auf dem Eis, frieren aber nicht fest. Wärmebilder zeigen, dass die Temperatur in den Füßen niedriger ist als im übrigen Körper. Über die Füße wird also kaum Wärme abgegeben. Die Pinguine frieren deshalb nicht fest.

Eisbär

Der Eisbär lebt in der Arktis. Bis auf die Nase und die Ballen an der Unterseite der Tatzen ist sein Körper vollständig behaart. Sein dichtes Fell sieht weiß aus. Jedes Haar ähnelt aber einer durchsichtigen Glasröhre. Die vielen Haare halten auf der Haut ein Luftpolster, das vor Wärmeverlust schützt. Das Fell ist sehr fettig und wasserabweisend, was das Schwimmen im Meer erleichtert. Eine dicke Fettschicht unter der Haut schützt zusammen mit dem Fell vor Wärmeverlust.

Der Eisbär ist größer und schwerer als der Braunbär. Auch sein großer Körper schützt ihn vor Kälte. Denn ein großer, schwerer Körper produziert mehr Wärme und kühlt langsamer aus als ein kleiner, leichter Körper.

A Begründe, warum Pinguine zu den Vögeln gehören.

B Erkläre, warum Pinguine auf dem Eis nicht festfrieren.

C Beschreibe, wie der Eisbär an die Kälte angepasst ist.

3 Eisbär mit Jungtier

F

Material mit Aufgaben

M1 Lebensraum und Körperbau von Pinguinen

Pinguin-Art	A Galapagos-Pinguin	B Magellan-Pinguin	C Kaiser-Pinguin
Gewicht	2 kg	4 kg	35 kg
Körpergröße	50 cm	70 cm	120 cm

Die Jahresdurchschnittstemperatur ist in den Lebensräumen der drei gezeigten Pinguin-Arten unterschiedlich: In der Antarktis liegt sie bei −19 °Celsius und an der Küste Argentiniens bei 8 °Celsius. Auf den Galapagos-Inseln liegt sie dagegen bei 24 °Celsius.

1. Vergleiche die drei Pinguin-Arten mithilfe der Tabelle.
2. Ordne die drei Pinguin-Arten begründet jeweils einem der genannten Lebensräume zu.
3. Stelle Vermutungen an, warum der Galapagos-Pinguin nur in seinem Lebensraum überleben kann.

P2 Wärmeverlust

Material: zwei Petrischalen, zwei Thermometer, Heizplatte, Gefäß (Topf), Wasser, eine kleine und eine große Kartoffel (vorgekocht)

Durchführung: Erwärme die Kartoffeln auf 45 °C. Lege jede Kartoffel in eine Petrischale und stecke in jede ein Thermometer. Warte, bis die Temperatur nicht mehr steigt. Lies dann die Temperatur nach 2, 5, 10 und 15 Minuten ab. Notiere die Messwerte in einer Tabelle.

1. Beschreibe die Versuchsergebnisse.
2. Begründe mithilfe deiner Messergebnisse, warum der Eisbär besser an das Leben in der Arktis angepasst ist als der kleinere Braunbär.

1 Dromedar in der Wüste

Leben in der Wüste

Wüstenklima

In Wüsten herrschen extreme Lebensbedingungen. Es gibt kaum Wasser. Oft regnet es jahrelang nicht. Die Tiere in der Wüste müssen extreme Temperaturschwankungen aushalten. Tagsüber herrschen Temperaturen bis zu 50 °C, nachts können sie auf 0 °C absinken.

Dromedar

Das Dromedar ist hervorragend an das Leben in der Wüste angepasst. Es hat lange Beine, sodass der Körper weit vom heißen Boden entfernt ist. Die beiden Zehen der tellerförmigen Füße spreizen sich beim Laufen. Deshalb sinkt das Tier nicht in den Sand ein. Die dicke Horn-

Material mit Aufgaben

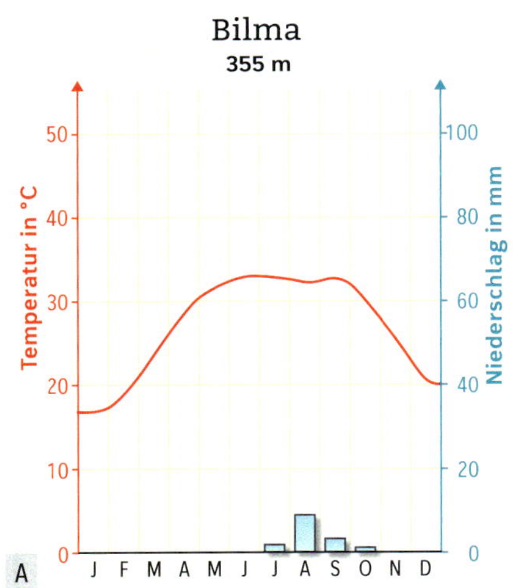

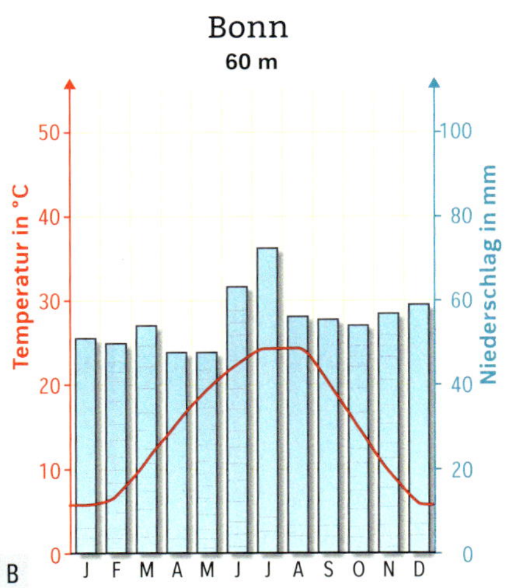

M1 Wüstenklima

Bilma ist eine Stadt in Zentralafrika in der Sahelzone. Bonn ist eine Stadt in Deutschland.

1. Vergleiche die Temperaturen und die Niederschlagsmengen über das Jahr in den beiden Städten.
2. Beschreibe mithilfe der Informationen in den Diagrammen die Lebensbedingungen in den beiden Städten.

schicht an den Fußsohlen schützt vor Verbrennungen. Dichte Wimpern, verschließbare Nasenlöcher und die dichten Haare an den Ohren verhindern das Eindringen von Sand. Das dichte Fell schützt am Tag vor Hitze und nachts vor Kälte. Zusätzlich ändert sich die Körpertemperatur des Dromedars um bis zu 8 °C. Nachts sinkt sie oft auf 34 °C und steigt am Tag bei Hitze auf 42 °C. Das Dromedar beginnt erst ab einer Umgebungstemperatur von über 42 °C zu schwitzen. Dadurch verliert es nicht so viel Wasser.

Ein Dromedar kann innerhalb von 15 Minuten bis zu 200 Liter Wasser trinken. Dieses wird zusammen mit Nährstoffen in speziellen Zellen gespeichert. Der Höcker speichert Fettreserven für nahrungsarme Zeiten. Das Tier scheidet auch nur wenig Wasser aus. Dem Urin und dem Kot wird möglichst viel Wasser entzogen. So kommt es bis zu vier Wochen ohne Wasser und Nahrung aus.

Wüstenfuchs

Auch der Wüstenfuchs ist gut an das Leben in heißen Sandwüsten angepasst. Seine behaarten Fußsohlen verhindern das Einsinken in den heißen Sand und schützen vor Verbrennungen. Auffällig sind seine sehr großen Ohren, mit denen er sehr gut hören kann. Sie dienen gleichzeitig zur Kühlung. Bei Hitze erweitern sich die Blutgefäße in den Ohren, sodass mehr Blut hindurchfließen kann. Dabei wird überschüssige Wärme abgegeben. In der Arktis wäre dieser Wärmeverlust gefährlich. Die Ohren würden dann abfrieren. Der Polarfuchs hat deshalb sehr kleine Ohren.

Material mit Aufgaben

M2 Lebensräume und Körperbau von Füchsen

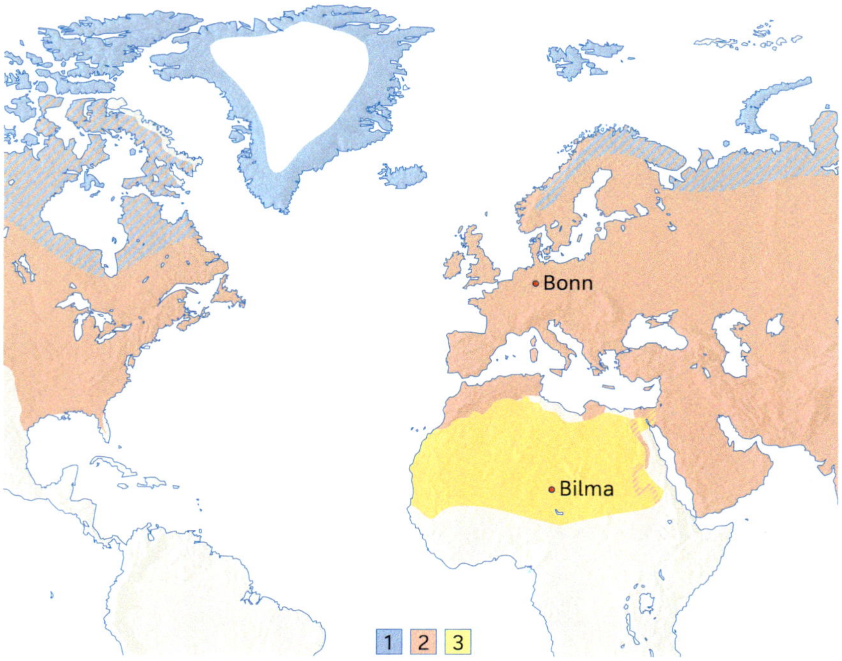

1. Ordne den Füchsen A bis C die richtigen Namen zu: Polarfuchs, Rotfuchs, Wüstenfuchs.
2. Beschreibe die Klimabedingungen in den Gebieten 1-3.
3. Ordne die Füchse dem jeweils richtigen Lebensraum zu.
4. Erkläre, wie dir die Größe der Ohren bei der Zuordnung helfen kann.

A Nenne Angepasstheiten des Dromedars an das Wüstenklima.

B Erkläre, wieso der Wüstenfuchs große Ohren hat.

1 Rotfuchs mit Winterfell

Überwinterung von Säugetieren

Schutz vor Kälte

Im Herbst verändert sich das Fell des Rotfuchses und vieler anderer Säugetiere. Bei diesem Haarwechsel wachsen zusätzlich viele, dicht beieinander stehende Wollhaare. Die Luft zwischen den Haaren bildet eine isolierende Schicht, die vor Wärmeverlust schützt. Sie schützt so gut, dass Schnee auf dem Winterfell nicht schmilzt. Einige Tiere haben im Winter auch eine andere Fellfarbe als im Sommer. Das Sommerfell von Polarfüchsen ist braun-beige. Im Winter haben sie oft ein weißes Fell. So sind sie im Schnee gut getarnt.
Das Fettgewebe von Säugetieren besteht aus weißen und braunen Fettzellen. Weiße Fettzellen speichern Energie. Die Zellen des braunen Fettgewebes wandeln diese Energie in Wärme um.

2 Reh im Winter

Aktive Überwinterer

Rotfüchse, Wildschweine, Hirsche und Rehe sind den ganzen Winter über **aktiv**. Ihre Körpertemperatur bleibt das ganze Jahr in etwa gleich hoch. Dafür benötigen sie Nahrung. Wie viele Säugetiere sorgen sie für die nahrungsarme Zeit im Winter vor. Bereits im Herbst fressen sie sich ein Fettpolster an. Bei hohem Schnee finden die Tiere nicht immer genug Nahrung. Die angefressenen Fettreserven liefern dann die notwendige Energie zur Aufrechterhaltung der Körperfunktionen. Außerdem bewegen sich die Tiere nur wenig. Das spart auch Energie. Der Maulwurf ist ebenfalls ein aktiver Überwinterer. Bei Frost verlegt er seine Jagdgänge in tiefere, frostfreie Bodenschichten. Er ernährt sich hier von Insektenlarven und Regenwürmern.

Winterruhe

Das Eichhörnchen frisst sich vor dem Winter eine dicke Fettschicht an. Gleichzeitig legt es auch vor dem Winter Nahrungsvorräte an. Es vergräbt in mehreren Verstecken Nüsse, Eicheln, Bucheckern und Zapfen von Fichten und Kiefern. Während des Winters hält das Eichhörnchen dann einen Ruheschlaf in seinem kugelförmigen Nest, dem Kobel. Dieser ist mit Moos und Laub ausgepolstert, sodass die Tiere gut vor Kälte geschützt sind. Die Körpertemperatur des Eichhörnchens bleibt während des Schlafens gleich. Die Anzahl der Herzschläge und Atemzüge pro Minute nimmt dagegen leicht ab. Ab und zu erwacht das Eichhörnchen und verlässt den Kobel, um Kot und Urin auszuscheiden. Dann frisst es auch von seinen verschiedenen Nahrungsvorräten. Die Verstecke findet es sogar unter einer dichten Schneedecke wieder.

Säugetiere, die wie das Eichhörnchen überwintern, halten eine **Winterruhe**. Auch Braunbären und Dachse halten in geschützten Verstecken Winterruhe. Nahrungsvorräte legen sie aber nicht an. Sie fressen sich nur eine dicke Fettschicht an. Wenn sie im Winter aufwachen, machen sie sich auf die Suche nach Nahrung. ▶

3 Eichhörnchen im Winter

A Vergleiche die Überwinterungsstrategie von Fuchs und Eichhörnchen.

Material mit Aufgaben

M1 Winterfell und Sommerfell

Das Hermelin hat im Winter eine andere Fellfarbe als im Sommer. Sein Winterfell ist weiß, sein Sommerfell dagegen braun.

1. Vergleiche mithilfe der Bilder Winterfell und Sommerfell des Hermelins. Nenne Gemeinsamkeiten und Unterschiede.
2. Erkläre, warum das Winterfell gut vor Kälte schützt. ⊞
3. Beschreibe und erkläre, welche Vorteile die weiße Fellfarbe des Hermelins im Winter hat. ⊞

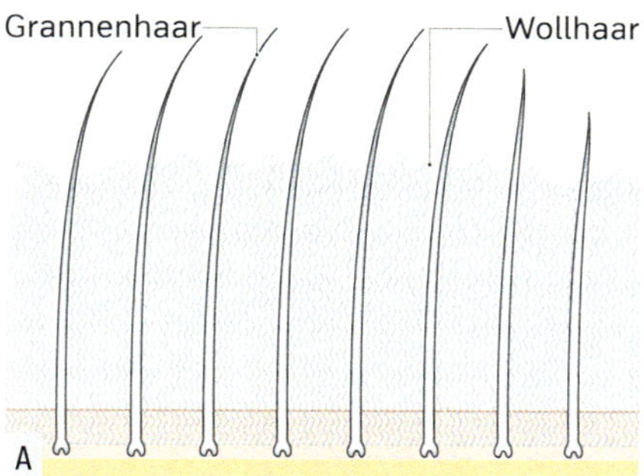

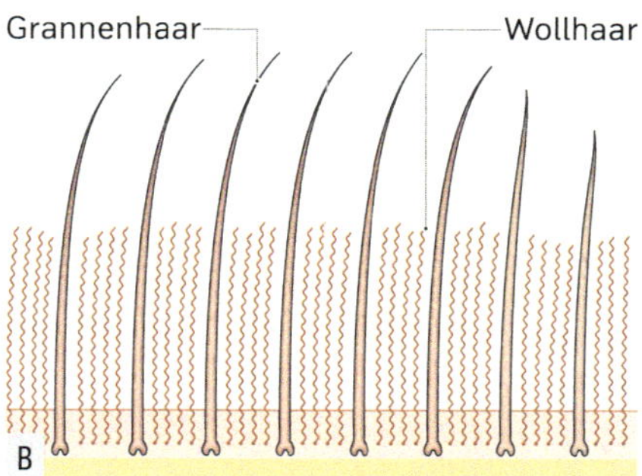

4 Igel im Winterschlaf

Winterschlaf

Einige Tiere schlafen den ganzen Winter über. Sie schlafen viele Wochen oder sogar einige Monate lang. Während dieser Zeit leben sie nur von den Fettreserven, die sie sich im Herbst angefressen haben. Während dieses **Winterschlafs** werden die Körpertemperatur und die Anzahl der Atemzüge und Herzschläge pro Minute stark verringert. Auf diese Weise wird der Energiebedarf des Körpers stark gesenkt. Sollte es so kalt werden, dass die Tiere während des Winterschlafes zu erfrieren drohen, wachen sie auf. Atmung, Herztätigkeit und Körpertemperatur erreichen dann wieder die normalen Werte. Da dies viel Energie kostet, ist ein häufiges Erwachen für das Tier lebensbedrohlich.

Der Igel sucht sich im Herbst unter einem Laubhaufen ein geeignetes, frostsicheres Versteck. Dort rollt er sich zusammen und fällt in einen tiefen Winterschlaf. Die Körpertemperatur des Igels fällt während des Winterschlafs von ungefähr 37 °Celsius auf 5 °Celsius. Sein Herz schlägt nur noch 2 bis 12 Mal in der Minute, statt sonst ungefähr 200 Mal. Die Zahl der Atemzüge wird von 50 Atemzüge pro Minute auf ungefähr 13 Atemzüge vermindert. Erwacht

Material mit Aufgaben

M2 Aktive Überwinterung und Winterschlaf

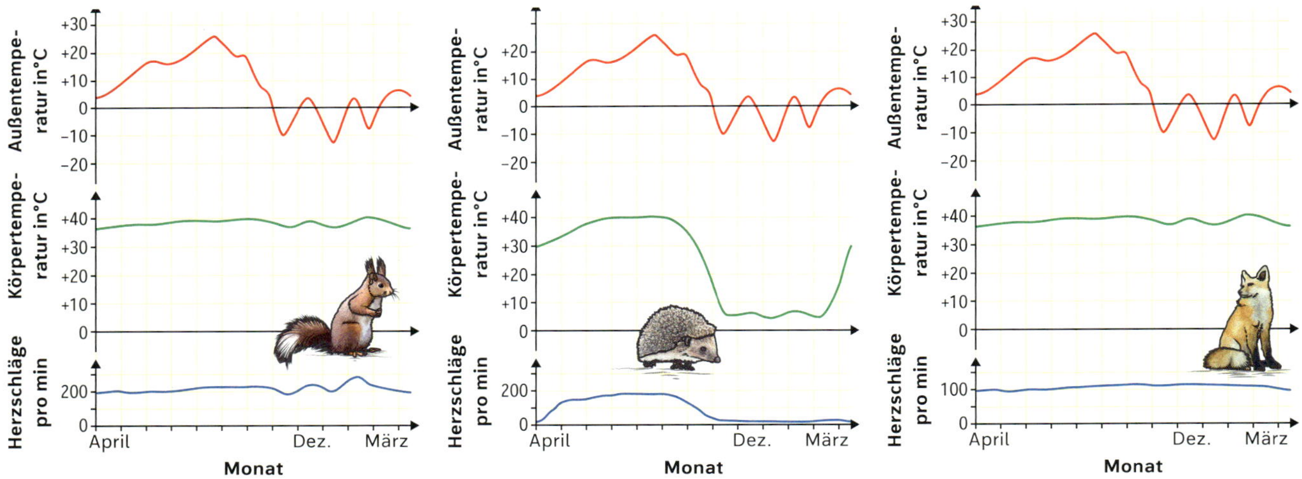

1. Ordne den Diagrammen begründet die drei Strategien Winterschlaf, aktive Überwinterung und Winterruhe zu.

2. Beschreibe und vergleiche die Zahl der Atemzüge, Herzschläge und die Körpertemperatur. Erstelle dazu eine Tabelle.

3. Ordne jeder Strategie zwei Säugetiere zu, die auf diese Weise überwintern. Begründe deine Zuordnung.

der Igel während des Winters oder im Frühjahr aus dem Winterschlaf, muss die Körpertemperatur schnell wieder auf die normale Betriebstemperatur erhöht werden. Dies geschieht mithilfe des braunen Fettgewebes.
Fledermäuse suchen zu Beginn des Winters frostgeschützte Höhlen, Felsspalten oder hohle Bäume auf. Dort hängen sie dann kopfüber und dichtgedrängt nebeneinander und halten gemeinsam ihren Winterschlaf.
Der Siebenschläfer ist ein ausgesprochener Langschläfer. In seinem geschützten Versteck wie Baumhöhlen oder Nischen in alten Gebäuden, schläft er von Ende September bis in den folgenden Mai hinein.

B Vergleiche die Überwinterungsarten der Säugetiere. Lege dazu eine Tabelle an.

C Erläutere, warum der Haarwechsel für viele felltragende Tiere lebensnotwendig ist.

D Fledermäuse und Maulwürfe sind Insektenfresser. Begründe, warum die Fledermaus zu den Winterschläfern gehört und der Maulwurf zu den aktiven Überwinterern.

5 Siebenschläfer im Winterschlaf

Material mit Aufgaben

M3 Winterschläfer

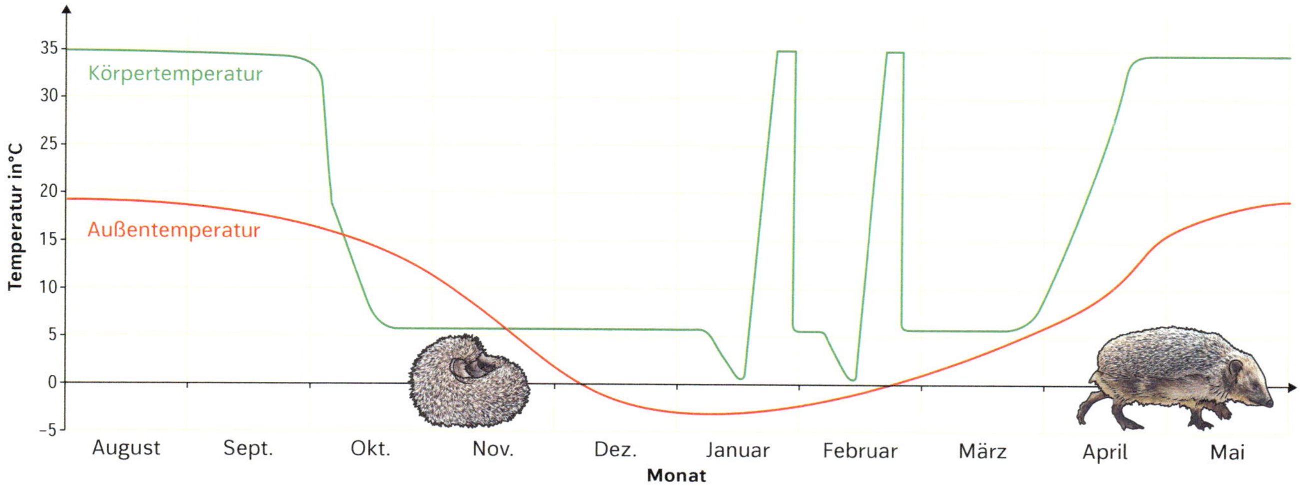

1. Beschreibe die Veränderung der Körpertemperatur des Igels im Laufe des Jahres.
2. Erkläre, welche Ursache die „Zacken" in der Kurve haben.
3. Wähle eine der Aufgaben aus:
   a Erkläre, warum Igel im Winter nicht gestört werden dürfen.
   b Erkläre die Bedeutung des braunen Fettgewebes für den Igel.

1 Ein leeres Storchennest

Überwinterung von Vögeln

Standvögel

Alle Vögel können sich mit ihrem Gefieder vor der Kälte schützen. Dafür plustern sie sich auf. Durch das Aufplustern gelangt mehr Luft ins Gefieder, wodurch die Vögel auch bei starkem Frost nicht erfrieren. Schwierig ist im Winter aber die Futtersuche. Körnerfresser wie zum Beispiel der Stieglitz und der Grünfink ernähren sich im Winter von den Samen stehengebliebener Pflanzen. Diese Körnerfresser verlassen im Winter ihre europäischen Brutgebiete nicht. Solche Vögel werden **Standvögel** genannt.

Schwieriger ist die Futtersuche im Winter für die Vögel, die sich von Insekten ernähren. Sie finden dann kaum Nahrung. Dennoch gehören auch einige insektenfressende Vögel zu den Standvögeln. Der Zaunkönig sucht zum Beispiel im Winter unter Laub, an Zweigen und unter Baumrinden nach Insekten. Andere Vögel wie die Amsel und Meisen ändern ihre Ernährung im Winter. Im Sommer fressen sie überwiegend Regenwürmer, Insekten oder Schnecken. Im Winter ernähren sie sich dagegen von Samen und Früchten.

Material mit Aufgaben

M1 Standvögel im Winter

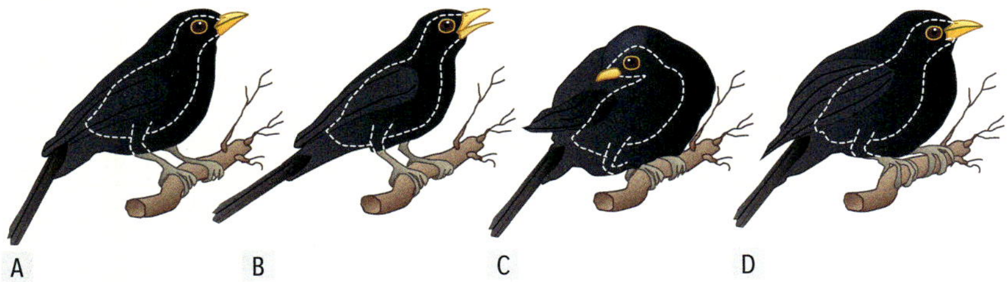

Amseln ändern wie alle heimischen Vögel je nach Umgebungstemperatur ihre Körperform, indem sie ihr Federn aufstellen und sich so aufplustern.

1. Ordne den Bildern A-D folgende Temperaturen zu: 35 °C, 18 °C, –15 °C und 0 °C.
2. Erkläre, warum das Aufplustern vor Kälte schützt.

Strichvögel

Einige Vögel bleiben zwar im Winter in ihren europäischen Brutgebieten, ziehen aber auf der Suche nach Nahrung weit umher. Diese Vögel verlassen bei ungünstigen Bedingungen ihre Reviere und suchen Gebiete auf, in denen sie im Winter noch Nahrung finden. Man bezeichnet sie als **Strichvögel**. Dazu gehört beispielsweise der Eisvogel, der Fische frisst. Auf der Suche nach eisfreiem Wasser legt er im Winter oft größere Strecken zurück. Auch der Buntspecht ist ein Strichvogel. Er ernährt sich meist von Insekten. Im Winter frisst er aber auch Nüsse und Samen von Nadelbäumen.

2 Überwinterung von Vögeln: **A** Standvogel (Blaumeise), **B** Strichvogel (Buntspecht)

Material mit Aufgaben

M2 Schutz vor Wärmeverlust

Mit dem gezeigten Versuch wurde untersucht, wie gut Federn vor Wärmeverlust schützen. Alle fünf Minuten wurde die Temperatur gemessen. Im Diagramm sind die Ergebnisse des Versuchs dargestellt.

1. Beschreibe den Versuchsaufbau.
2. Beschreibe die Ergebnisse des Versuchs mithilfe des Diagramms.
3. Wähle eine der Aufgaben aus:

a Erläutere mithilfe der Ergebnisse, wie sich Vögel vor Kälte schützen.

b Erläutere, weshalb viele Winterjacken mit locker gepackten Daunen gefüllt sind.

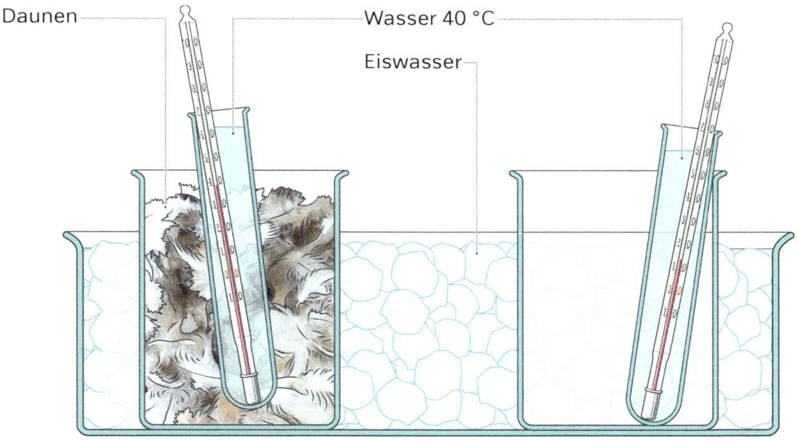

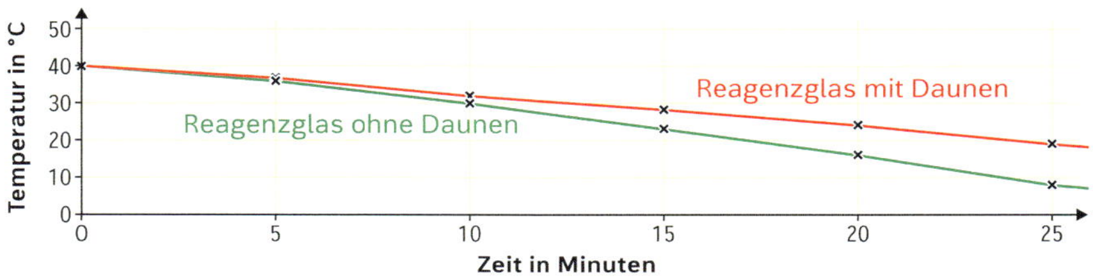

3 Stare auf Wanderung

Regeln für die Winterfütterung von Vögeln:

- Nur geeignetes Futter aus dem Fachhandel verwenden.
- Keine Essensabfälle verfüttern.
- Geeignete Futterhäuschen verwenden.
- Futterhäuschen regelmäßig reinigen.
- Futterstellen vor Katzen geschützt aufstellen.

Winterfütterung

Viele Menschen füttern im Winter die freilebenden Vögel. Dabei müssen einige Regeln beachtet werden. Ob die Winterfütterung sinnvoll ist oder nicht, darüber sind Wissenschaftler unterschiedlicher Meinung. Einige sagen, Vögel sollten im Winter regelmäßig gefüttert werden. Andere sind der Meinung, an die Futterstellen würden hauptsächlich die Vögel kommen, die auch ohne Winterfütterung überleben könnten. Bedrohte Vogelarten erreiche man selten bei der Winterfütterung. Deshalb sei das Füttern im Winter kein geeignetes Mittel zum Schutz dieser Vögel.

Zugvögel

Stare verbringen nur den Sommer in Deutschland und ziehen hier ihre Jungtiere auf. Wenn der Herbst beginnt, versammeln sie sich auf Stromleitungen, Bäumen und Hausdächern. Gemeinsam fliegen sie dann in ihre Überwinterungsgebiete in Spanien oder in Nordafrika. Stare gehören zu den **Zugvögeln**.

Ungefähr zwei Drittel der in Deutschland heimischen Vogelarten fliegen im Winter in wärmere Gebiete, um Kälte, Schnee und Nahrungsmangel zu entgehen. Dazu gehören auch die Störche. Sie legen tausende Kilometer zurück, bevor sie ihre Überwinterungsgebiete in Südeuropa oder Nordafrika erreichen. Im Verlauf des Frühjahres entgehen viele Zugvögel der Trockenheit des afrikanischen Sommers und kehren wieder zurück. Bei uns finden sie wieder ein großes Nahrungsangebot, wie zum Beispiel Insekten.

Zugvögel orientieren sich mithilfe ihrer Sinnesorgane. **Tagzieher** nutzen zur Orientierung den Sonnenstand, Gebirge und Küstenlinien. **Nachtzieher** richten sich nach dem Stand der Sterne. Aber auch das Magnetfeld der Erde hilft den Vögeln bei der Orientierung. Sie können die Richtung und Stärke des Magnetfeldes wahrnehmen.

Erforschung der Zugwege

Forscher befestigen manchen Vögeln Ringe mit Erkennungscodes am Fuß. Mithilfe dieser **Beringung** können sie die Zugwege erforschen. Unterwegs und am Ziel werden die beringten Vögel erneut eingefangen. So kann man Karten ihrer Zugwege erstellen. Eine andere Möglichkeit ist die Satellitenbeobachtung. Dabei werden einzelne Vögel mit kleinen Sendern versehen und die Flugroute wird aufgezeichnet.

A Nenne die unterschiedlichen Arten der Überwinterung von Vögeln.

Material mit Aufgaben

M3 Winterfütterung

Verschiedene Menschen wurden nach ihrer Meinung zu der Winterfütterung von Vögeln befragt.

1. Lies zuerst alle Texte. Erstelle dann eine Tabelle. Nenne in der ersten Spalte alle Argumente, die für eine Winterfütterung sprechen. In der zweiten Spalte nennst du Argumente, die gegen eine Winterfütterung sprechen.
2. Bewerte, ob die Winterfütterung von Vögeln sinnvoll ist oder nicht.

A *Vogelarten sterben nicht aus, wenn sie im Winter nicht gefüttert werden. Vögel, die im Winter verhungern, sind meistens krank oder alt. Viele Vogelarten brüten im Sommer mehrmals. Die hohe Zahl an Jungtieren gleicht die Verluste im Winter wieder aus. Die Winterfütterung ist also für den Vogelschutz von geringer Bedeutung.*

B *Im Winter brauchen Vögel wegen der niedrigen Temperatur mehr Energie als zu anderen Jahreszeiten. Die Vögel müssen also mehr fressen. Viele Vögel finden aber bei Schnee keine oder nicht genügend Nahrung.*

C *In Wäldern und naturnahen Gärten finden Vögel auch bei Schnee noch Nahrung. Sie ernähren sich dann von Beeren an Sträuchern und Samen von Gräsern. Durch falsches Futter oder unsaubere Futterstellen können die Vögel krank werden.*

D *An den Futterstellen kann man Vögel gut beobachten. Dies ist vor allem in der Stadt sonst kaum möglich. Auf diese Weise wird bei vielen Menschen das Interesse an Vögeln geweckt. Aus der Beobachtung der Vögel lassen sich auch geeignete Maßnahmen zu ihrem Schutz ableiten.*

M4 Zugwege von Zugvögeln

1. Ordne die Vögel im Bild nach der Länge ihrer Zugwege von kurz nach lang.
2. Beschreibe den Verlauf der drei Zugwege von Europa nach Afrika.
3. Wähle eine der Aufgaben aus: Störche fressen unter anderem Frösche, Kröten und Mäuse.
   a Erkläre mithilfe der abgebildeten Karte, warum man bei Störchen von Westziehern und Ostziehern spricht.
   b Erkläre, warum Störche vor dem Winter ihr Brutgebiet bei uns verlassen.
4. Stelle Vermutungen an, warum Störche nicht über das Meer fliegen.

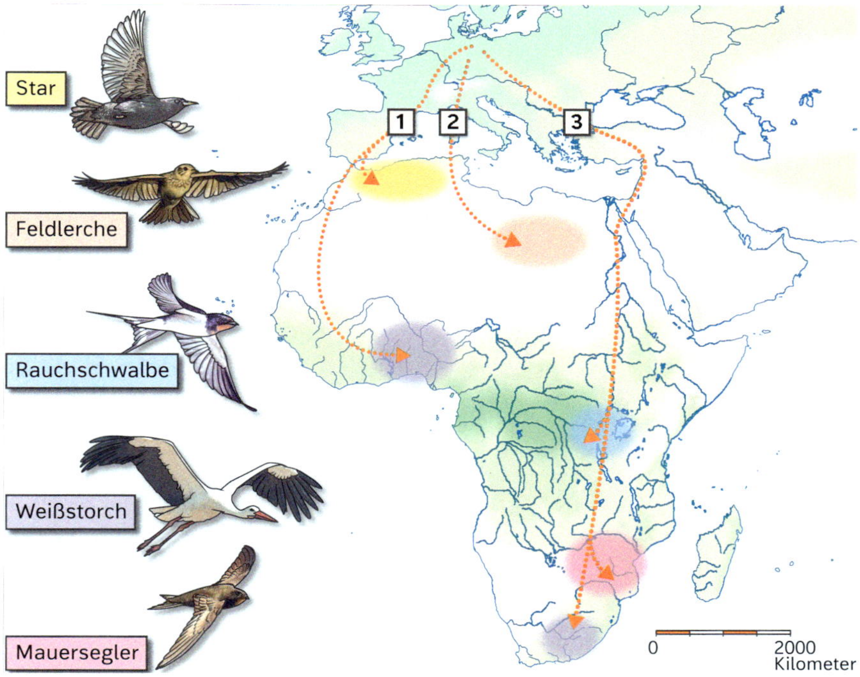

1 Zitronenfalter im Winter

Überwinterung von wechselwarmen Tieren

Gleichwarm und wechselwarm

Vögel und Säugetiere sind gleichwarme Tiere. Egal wie niedrig die Außentemperatur ist, ihre Körpertemperatur bleibt meist gleich. Reptilien, Amphibien, Fische und wirbellose Tiere wie Insekten sind wechselwarm. Bei wechselwarmen Tieren passt sich die Körpertemperatur der Außentemperatur an.

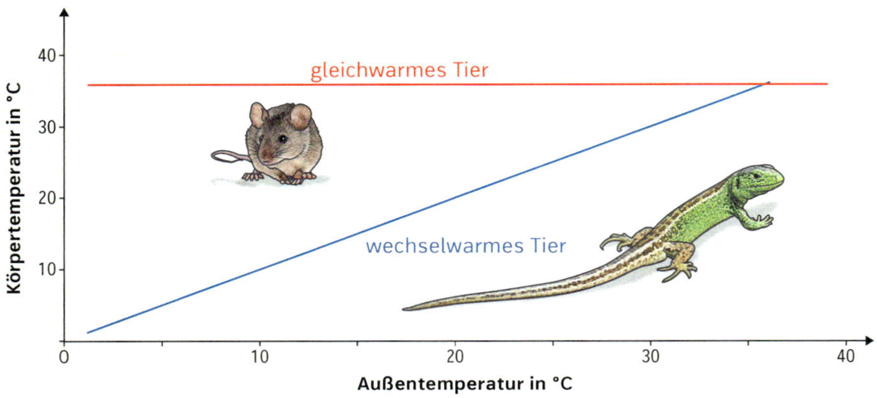

2 Körpertemperatur bei wechselwarmen und gleichwarmen Tieren

Kältestarre

Wechselwarme Tiere haben kein Fell, keine Fettschicht und keine Federn, die sie vor der Kälte schützen könnten. Bei niedrigen Temperaturen ist die Beweglichkeit der Tiere deshalb stark eingeschränkt. Im Winter sind wechselwarme Tiere bewegungsunfähig. Sie ruhen dann in frostsicheren Verstecken. Das Herz schlägt sehr langsam und sie atmen kaum. Dieser Ruhezustand heißt Winterstarre oder **Kältestarre**. Sinkt die Temperatur in ihrem Versteck unter 0 °Celsius, erwachen die Tiere nicht. Sie können sich auch nicht bewegen, um sich zum Beispiel tiefer einzugraben. Die Tiere erfrieren dann. Auf diese Weise überwintern zum Beispiel Eidechsen, Schlangen, Molche und Frösche. Auch viele Spinnen, Insekten und andere wirbellose Tiere verfallen in schützenden Verstecken in eine Kältestarre.

Fische

Ein See friert von der Wasseroberfläche her zu. Während die Temperatur an der Oberfläche unter 0 °Celsius liegt, beträgt die Wassertemperatur an der tiefsten Stelle des zugefrorenen Sees 4 °Celsius. Am Grund des Sees können deshalb Fische wie der Karpfen überwintern. Sie bewegen sich dann kaum. Ihre Körperfunktionen sind stark eingeschränkt und die Körpertemperatur ist abgesenkt.

Amphibien und Reptilien

Eidechsen und Erdkröten suchen im Winter frostsichere Höhlen unter Steinen oder Komposthaufen auf. Hier fallen die Tiere in Kältestarre und überwintern in kleinen Gruppen dicht beieinander liegend. Einige Amphibien und Reptilien überleben sogar kurzzeitig geringe Minustemperaturen. In ihrem Blut bildet sich eine Art Frostschutzmittel, das ein Erfrieren verhindert.

Insekten

Mitten im Winter sieht man manchmal Zitronenfalter an den Zweigen. Auch sie bilden eine Art Frostschutzmittel. Im Frühling erwachen die Falter aus der Kältestarre. Bei den meisten Schmetterlingsarten sterben die Falter im Herbst. Es überwintern nur die gelegten Eier. Bei Hummeln überleben nur die jungen Königinnen im Boden. Im Frühling gründen sie dann einen neuen Staat.

Regenwürmer

Regenwürmer überwintern in einer Tiefe von 40 bis 80 Zentimeter im Boden. Sie verlieren im Winter bis zu 80 Prozent ihres Körpergewichts.

Material mit Aufgaben

M1 Orte der Überwinterung

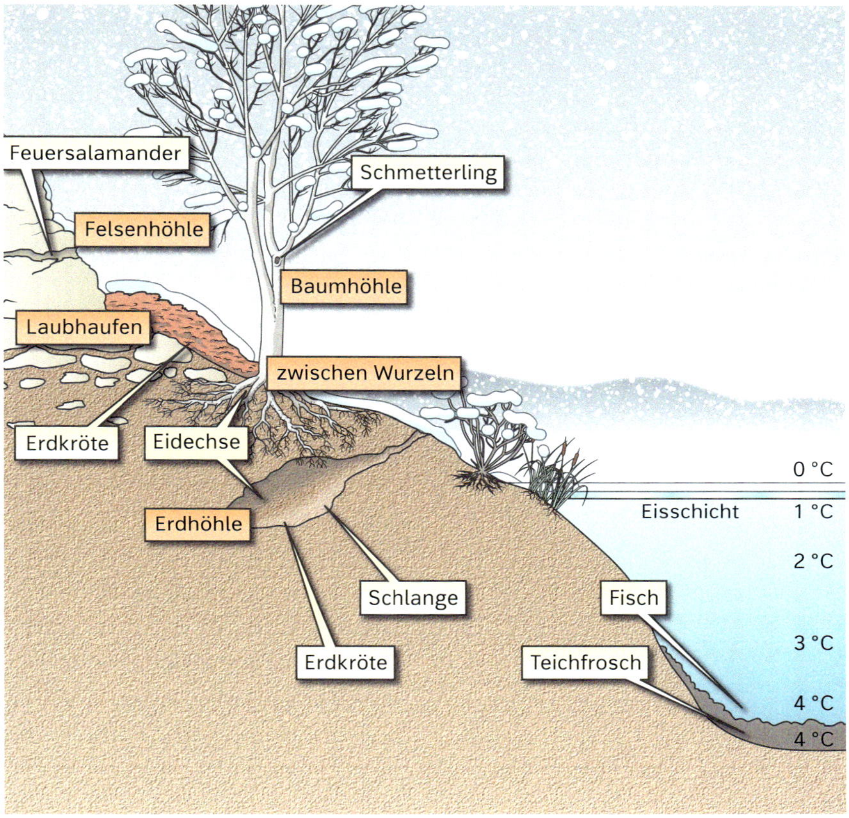

1. Gib an, welches Tier in welchem Winterquartier überwintert. Erstelle eine Tabelle mit den Spalten Tier und Winterquartier.
2. Erkläre, warum Gartenteiche eine Mindesttiefe von einem Meter haben sollten.
3. Wähle eine Aufgabe aus:
   a Beschreibe, wie Insekten überwintern.
   b Ordne Eichhörnchen, Igel und Frosch die jeweils richtige Art der Überwinterung zu: Kältestarre, Winterruhe, Winterschlaf.

A Nenne drei gleichwarme und wechselwarme Tiere.

B Erkläre den Begriff Kältestarre.

C Erkläre, warum der Zitronenfalter in Bild 1 nicht erfriert.

1 Rind beim Grasen

Das Rind

Ernährung

Rinder fressen überwiegend Gras und Kräuter. Sie sind **Pflanzenfresser**. Mit ihrer langen, rauen Zunge umfassen sie Grasbüschel und ziehen sie in das Maul. Das Rind besitzt im Oberkiefer eine **Hornleiste**. Die Grasbüschel werden zwischen der Hornleiste und den Schneide- und Eckzähnen des Unterkiefers eingeklemmt. Hebt das Rind ruckartig den Kopf, wird das Grasbüschel abgezupft. Die **Backenzähne** des Rindes sind breit und stehen dicht nebeneinander. Sie haben harte Kanten, die **Schmelzfalten**. Die Oberfläche der Backenzähne ist durch die Schmelzfalten der Zähne immer rau. So können die Pflanzenteile zermahlen werden. Die Backenzähne des Rindes werden daher auch als Mahlzähne bezeichnet. Das Rind hat ein **Pflanzenfressergebiss**.

Das Rind ist ein Wiederkäuer

Die abgezupfte Nahrung wird mit Speichel vermengt und zunächst fast unzerkaut geschluckt. Dann legt sich das Rind hin und stößt die Nahrung portionsweise ins Maul zurück. Der Nahrungsbrei wird sorgfältig zerkaut und erneut geschluckt. Das Rind ist ein **Wiederkäuer**.

Material mit Aufgaben

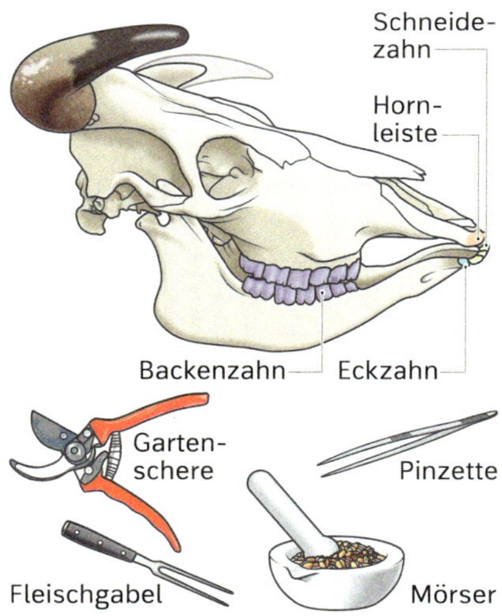

M1 Gebiss

1. Beschreibe den Aufbau des Rindergebisses und nenne die Aufgaben der einzelnen Bestandteile.
2. Ordne den Schneide- und Eckzähnen mit der Hornleiste sowie den Backenzähnen ein passendes Werkzeug zu. Begründe deine Zuordnung.
3. Erkläre, warum die Backenzähne des Rindes auch als Mahlzähne bezeichnet werden.

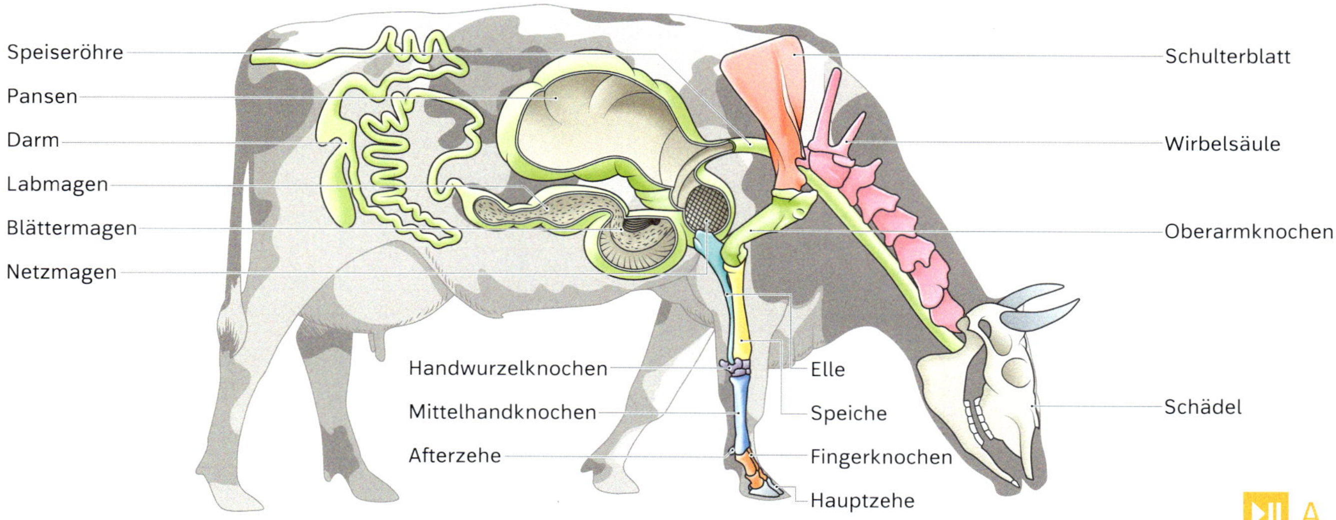

A

2 Körperbau des Rindes

Wiederkäuermagen

Der Magen des Rindes kann sehr viel Nahrung aufnehmen. Doch pflanzliche Nahrung ist schwer verdaulich. Die noch unzerkaute Nahrung gelangt zunächst über die Speiseröhre in den ersten Teil des Magens, den **Pansen**. Dort wird die Nahrung lange Zeit eingeweicht und von Bakterien zersetzt. Vom Pansen gelangen kleine Nahrungsportionen in den **Netzmagen**. Er besitzt netzartig gefaltete Innenwände und kann sich zusammenziehen. Die Nahrung wird so zu kleinen Nahrungsballen geformt. Diese werden über die Speiseröhre wieder ins Maul gestoßen. Nach dem Wiederkäuen gelangt der nun feine Nahrungsbrei wieder in den Pansen. Während das grobe Pflanzenmaterial dort noch eingeweicht wird, rutscht der feine Nahrungsbrei in den **Blättermagen**. Hier wird dem Nahrungsbrei Wasser entzogen. Im folgenden **Labmagen** zerlegen Verdauungssäfte die Nahrungsbestandteile in kleine Bausteine. Diese gelangen in den Dünndarm und werden dort in das Blut aufgenommen.

Material mit Aufgaben

M2 Verdauung

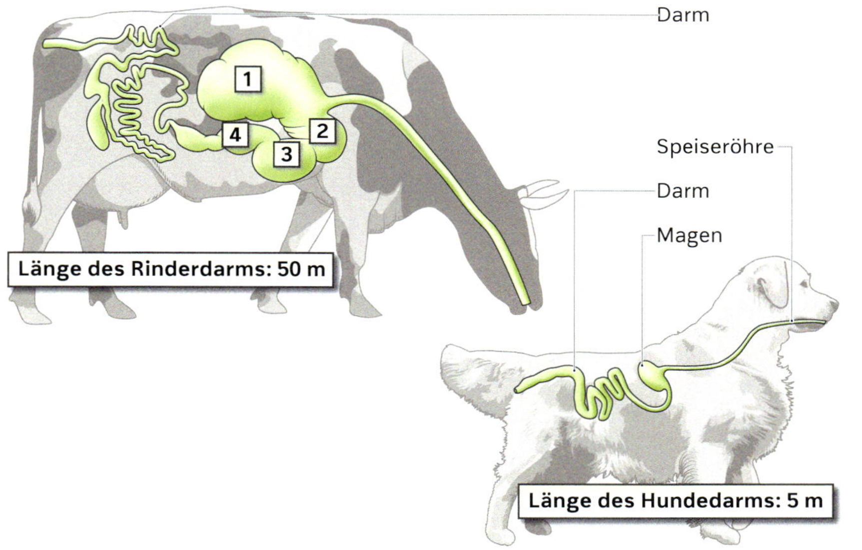

1. Benenne die mit den Ziffern 1-4 gekennzeichneten Teile des Wiederkäuermagens und nenne ihre jeweiligen Aufgaben.
2. Vergleiche das Verdauungssystem vom Hund mit dem Verdauungssystem vom Rind.
3. Wähle eine der Aufgaben aus:
   a Erkläre, wie das Rind durch sein Verdauungssystem an seine Ernährung angepasst ist.
   b Stelle Vermutungen an, warum das Verdauungssystem beim Hund anders aufgebaut ist.

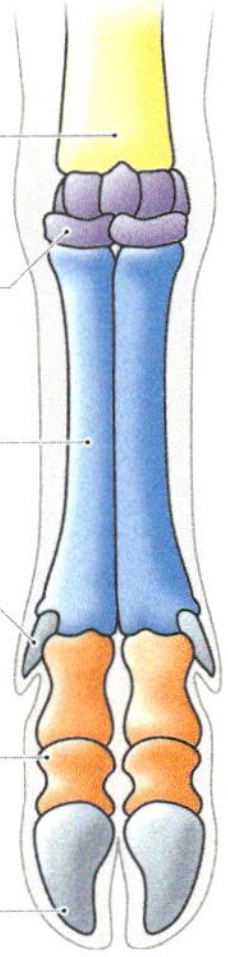

3 Aufbau des Rinderbeins

Rinder sind Huftiere

Das Rind tritt nur mit der Spitze der Zehen auf. Es ist ein **Zehenspitzengänger**. Die Zehen sind mit einem Huf aus Horn überzogen, der die Knochen schützt. Das Rind ist ein **Huftier**. Auf feuchten Wiesen spreizen sich die paarigen Zehen. Mit den nach hinten gerichteten Afterzehen vergrößert dies die Trittoberfläche. Es sinkt im Schlamm nicht so leicht ein. Das Rind ist ein **Paarhufer**.

Lebensweise

Rinder stammen vom Urrind ab. Dieses lebte in einer Gruppe, der Herde. Dort gab es eine Rangordnung. Die Herde wurde von einem männlichen Rind, dem Bullen, angeführt. Auch die heutigen Hausrinder sind **Herdentiere**.
Das weibliche Rind, die Kuh, bringt ein Jungtier zur Welt. Nach der Geburt sucht das Kalb das Euter der Mutter. Die Kuh säugt das Kalb mit Milch. Das Rind ist ein **Säugetier**. Nach der Geburt folgt das Kalb der Mutter. Es kann sehen, hat ein voll ausgebildetes Fell und ist fast selbstständig. Das Rind ist ein **Nestflüchter**.

Züchtung von Rindern

Rinder werden hauptsächlich als Milch- und Fleischlieferanten gehalten. Der Mensch hat verschiedene Rinderrassen gezüchtet.
Bei einigen **Milchrinderrassen** geben die Kühe bis zu 50 Liter Milch am Tag. Dafür werden sie mit Milchviehfutter gefüttert. Bei diesen Hochleistungskühen sind die Euter so groß, dass sie sich kaum hinlegen können. Damit sie ständig Milch geben, müssen sie einmal im Jahr ein Kalb zur Welt bringen.
Es gibt auch Rinderrassen, die besonders viel Muskelfleisch ansetzen. Diese **Fleischrinderrassen** wachsen schnell und legen schnell an Körpergewicht zu. Dazu werden sie mit Kraftfutter gefüttert.

Material mit Aufgaben

Schwarzbunte

Weißblauer Belgier

Rinderrasse	durchschnittliches Gewicht in Kilogramm	durchschnittliche Milchmenge in Liter pro Jahr	durchschnittliche Gewichtszunahme in Gramm pro Tag
Schwarzbunte	690	7400	850
Weißblauer Belgier	860	3400	1500

M3 Züchtung

1. Vergleiche den Körperbau der abgebildeten Rinderrassen.
2. Ordne den Rinderrassen der Tabelle die Begriffe Milchrinderrasse oder Fleischrinderrasse zu. Begründe deine Zuordnungen.
3. Wähle eine der Aufgaben aus:

a Erläutere, weshalb der Mensch verschiedene Rinderrassen gezüchtet hat.

b Bewerte die Zucht von Hochleistungsmilchkühen.

Haltung von Rindern

Früher wurden Rinder fast immer auf Weiden gehalten. Dort können sie sich frei bewegen und sich ins Gras legen. Sie haben ständig Kontakt zu anderen Rindern. In dieser **Freilandhaltung** werden ihre Bedürfnisse erfüllt. Man bezeichnet dies als artgerecht. Zum Melken, nachts und bei kalten Temperaturen kommen sie in große Ställe.

Damit Rinder mehr Fleisch ansetzen, müssen sie mehrmals täglich mit Kraftfutter gefüttert werden. Außerdem dürfen sie sich nicht so viel bewegen, damit das Kraftfutter zum Aufbau von Muskelfleisch genutzt wird. Früher wurden daher oft mehrere Hundert Tiere auf engstem Raum gehalten. Dies nennt man **Intensivtierhaltung**. Die Rinder stehen oft auf rutschigen Böden mit großen Spalten, durch die der Urin und Kot ablaufen kann. Milchrinder stehen oder liegen den ganzen Tag an ihrem Platz. Sie werden ständig gefüttert und mehrmals am Tag gemolken. Da die Tiere auf engstem Raum in großer Anzahl gehalten werden, können sich Krankheiten dort schnell ausbreiten. Deshalb bekommen sie oft zur Vorbeugung Medikamente.

Viele Milchbetriebe halten heute Rinder in geräumigen **Boxenlaufställen**. Die Tiere können sich im Stall frei bewegen. Es gibt Liegeplätze und sie können frisches Futter fressen. An der Melkstation werden die Rinder regelmäßig gemolken. Tierärzte kontrollieren bei häufigen Besuchen die Gesundheit der Tiere.

A Erkläre, warum das Rind zu den Paarhufern gezählt wird.

Material mit Aufgaben

M4 Rinderhaltung

A Boxenlaufstall

B Freilandhaltung

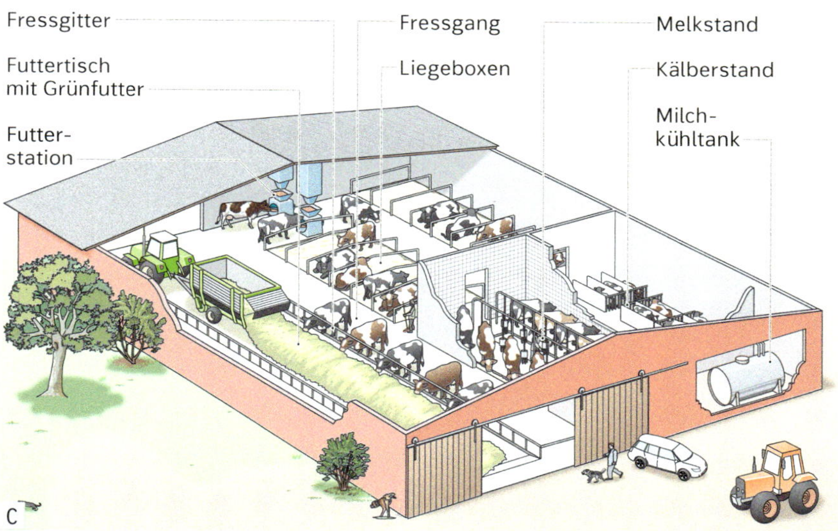

C

1. Beschreibe mithilfe von Bild A und Bild C den Aufbau eines modernen Boxenlaufstalls.
2. Vergleiche mithilfe der Bilder A und B die Freilandhaltung mit der Haltung im Boxenlaufstall.
3. Erläutere, warum Rinder in Freilandhaltung langsamer wachsen oder weniger Milch geben.
4. Beurteile, ob die Haltung in Boxenlaufställen artgerecht ist. Beachte bei deiner Antwort, ob die Tiere im Boxenlaufstall ihre natürlichen Verhaltensweisen zeigen können.
5. Stelle Vermutungen an, welche Nachteile ein Spaltenboden für die Rinder als Huftiere hat.

1 Bache mit Frischlingen

Das Schwein

Aas: tote Tiere, die bereits verwesen

Ernährung

Das Wildschwein frisst Nüsse, Kräuter und Gras. Mit seinem guten Geruchssinn spürt es Würmer und Insektenlarven im Boden auf. Das Wildschwein frisst auch Aas. Es ist ein **Allesfresser**. Im Ober- und Unterkiefer besitzt es stark entwickelte Eckzähne, die **Hauer**. Mit ihrer Hilfe kann es den Boden aufwühlen. Mit den Schneidezähnen kann es Blätter abzupfen und mit den hinteren Backenzähnen zermahlen. Die vorderen Backenzähne sind scharfkantig und dienen dem Zerreißen von Fleisch. Das Wildschwein hat ein **Allesfressergebiss**.

Material mit Aufgaben

M1 Gebisse

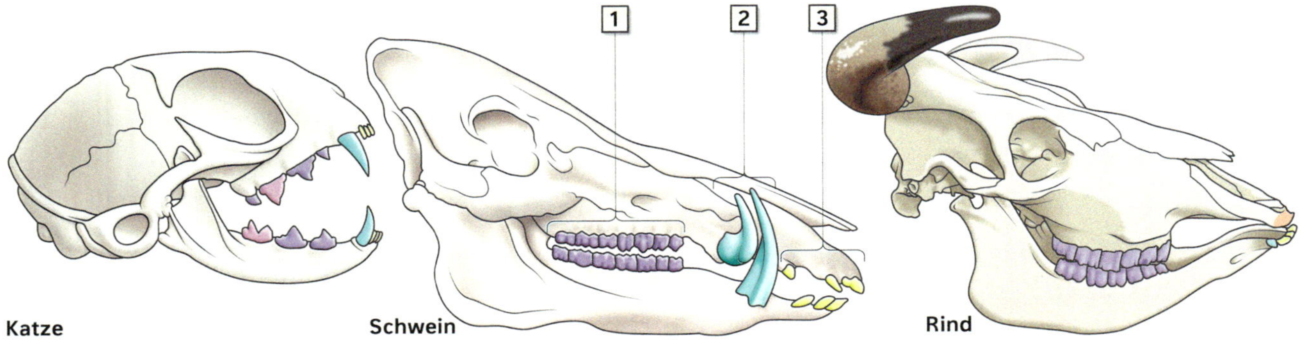

1. Benenne die Zahntypen 1-3.
2. Erkläre die Aufgaben der verschiedenen Zahntypen.
3. Wähle eine der Aufgaben aus:
   a Ordne dem Wildschwein begründet eine Art der Ernährung zu.
   b Ordne den drei Tieren jeweils begründet eine Art der Ernährung zu.

Fortpflanzung

Wildschweine leben in Familienverbänden, den **Rotten**. Eine Rotte besteht aus mehreren weiblichen Tieren, den **Bachen** und ihren Jungtieren. Die männlichen Wildschweine, die **Keiler**, sind Einzelgänger. Sie schließen sich den Rotten nur zur Paarungszeit an. Im Frühjahr bringt die Bache bis zu zwölf Jungtiere zur Welt. Die **Frischlinge** werden mehrere Monate von der Bache gesäugt. Das Wildschwein ist ein **Säugetier**.

Lebensweise

Das etwa 100 Kilogramm schwere Wildschwein lebt in Wäldern. Den Tag verschläft es im Schutz des Dickichts und sucht erst in der Dämmerung nach Nahrung. Das Wildschwein wälzt sich gerne im Schlammpfützen. Es suhlt sich. Dabei bedeckt es den Körper mit Schlamm. Dieser dient der Abkühlung und schützt vor Insekten. Wenn der Schlamm getrocknet ist, scheuert es sich an Bäumen. Das Fell mit harten Borsten schützt dabei vor Verletzungen.

Körperbau

Auf matschigem Boden spreizen sich die paarigen Hauptzehen des Schweins auseinander. Zusammen mit den kleinen nach hinten gerichteten Nebenzehen, den **Afterzehen**, verhindern sie ein Einsinken in den Boden. Alle Zehen sind mit Horn überzogen und bilden einen Huf. Schweine sind **Paarhufer**. Sie treten nur mit den Zehenspitzen auf und sind deshalb Zehenspitzengänger.

A Beschreibe die Zusammensetzung einer Rotte.

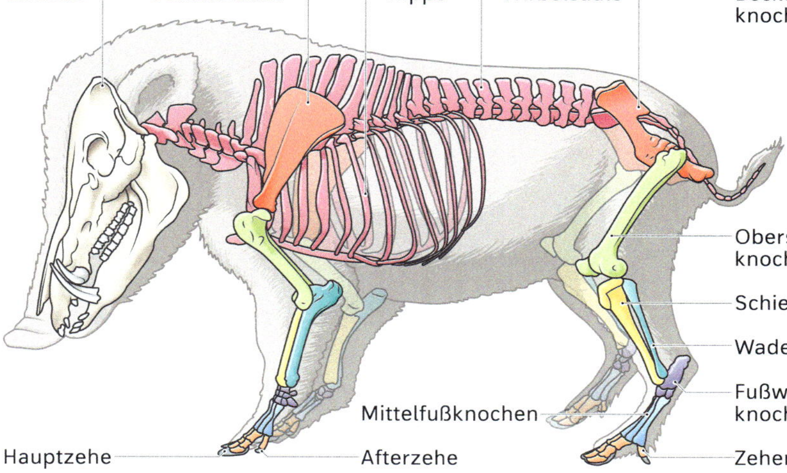

2 Körperbau des Wildschweins

Material mit Aufgaben

M2 Huftiere

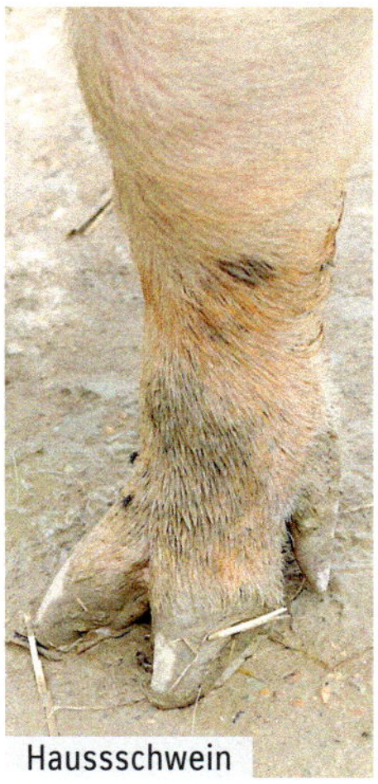

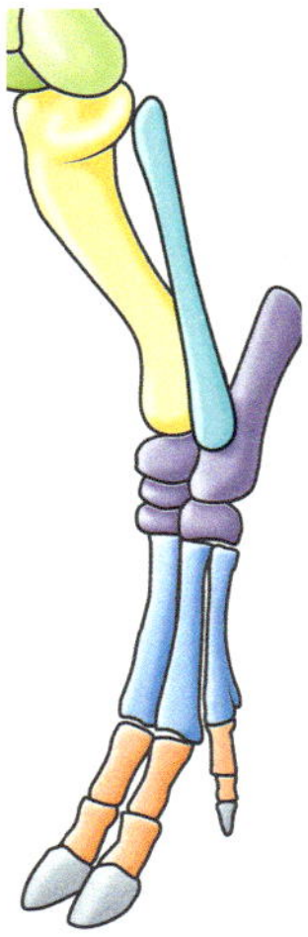

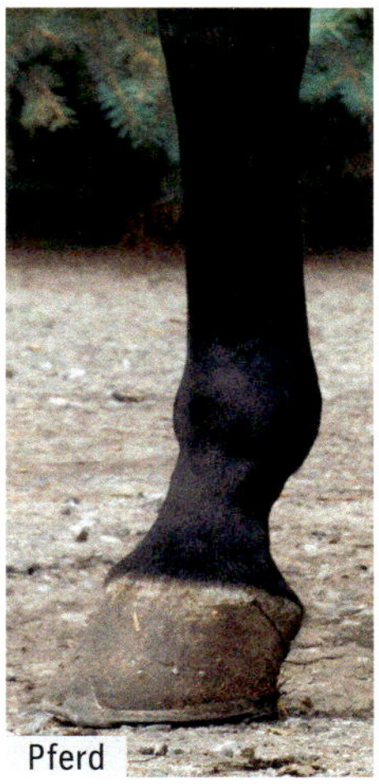

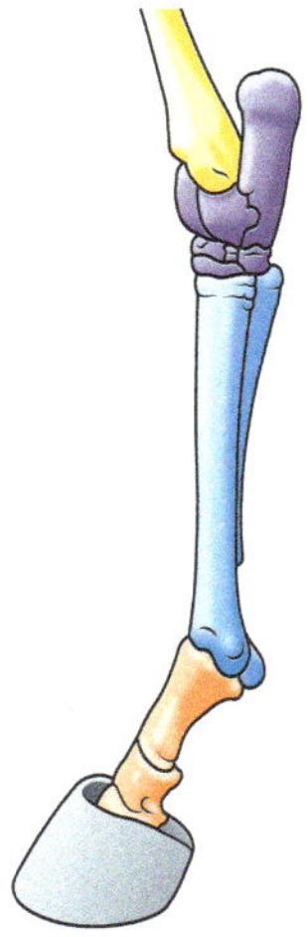

1. Erkläre, warum das Wildschwein zu den Paarhufern zählt.
2. Ordne dem Schwein und dem Pferd die Begriffe Zehengänger oder Zehenspitzengänger zu. Begründe deine Zuordnungen.
3. Wähle eine der Aufgaben aus:
   a Erkläre am Beispiel der Hauptzehen und der Afterzehen, wie das Schwein an seinen Lebensraum angepasst ist.
   b Erläutere, warum man das Pferd zu den Unpaarhufern zählt.

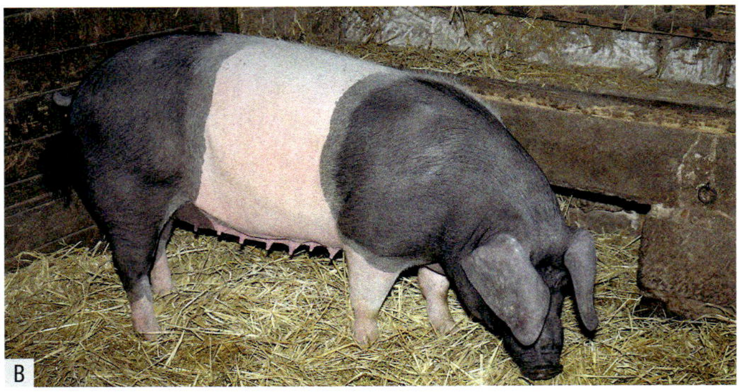

3 Hausschweinrassen: **A** Deutsches Edelschwein, **B** Schwäbisch-Hällisches Landschwein

Züchtung von Hausschweinen

Das Hausschwein stammt vom Wildschwein ab. Im Laufe der Zeit züchtete der Mensch verschiedene Hausschweinrassen. Das **Hausschwein** ist ein Allesfresser. Der Schädel des Hausschweins ist weniger keilförmig als der Schädel des Wildschweins. Der Körper ist länger und weniger stark behaart. Manche Hausschweinrassen besitzen Schlappohren und einen Ringelschwanz.

Das männliche Hausschwein, der **Eber**, hat kleinere Hauer. Das weibliche Hausschwein, die **Sau**, wirft zweimal im Jahr bis zu 20 Jungtiere, die **Ferkel**. Der Mensch nutzt das Hausschwein als Fleischlieferanten. Es werden heute vor allem Hausschweinrassen gezüchtet, die schnell wachsen, sich schnell vermehren und viel fettarmes Fleisch ansetzen.

Material mit Aufgaben

M3 Vom Schwein zur Bratwurst

1. Beschreibe mithilfe der Darstellung den Weg vom Schwein zur Bratwurst.
2. Erkläre, warum heute vor allem Schweinerassen gezüchtet werden, die schnell wachsen, sich schnell vermehren und viel fettarmes Fleisch ansetzen.
3. Beurteile die gezielte Züchtung von Schweinerassen, die schnell wachsen, sich schnell vermehren und viel Fleisch ansetzen.

4 Haltung von Schweinen: **A** Intensivtierhaltung, **B** Freilandhaltung

Haltung von Hausschweinen

Schweine werden in Mastbetrieben oft zu Hunderten in Ställen gehalten. Sie sind in kleinen Boxen untergebracht. Die Boxen haben Bodenplatten mit Spalten, sodass der Kot und der Urin der Tiere unter den Boxen in Behältern aufgefangen wird. Die Tiere werden mit Kraftfutter gefüttert und können sich kaum bewegen. Bei dieser **Intensivtierhaltung** legen die Schweine schnell an Gewicht zu und sind innerhalb eines Jahres schlachtreif. So kann günstig und in sehr kurzer Zeit viel Fleisch produziert werden.

Bei der **Freilandhaltung** können sich die Tiere in einem geräumigen Stall und zusätzlich im Freien viel bewegen. Sie können im Boden selbst nach Nahrung wühlen und sich im Schlamm suhlen. Das Hausschwein benötigt jedoch bis zu zwei Jahre, damit es mit einem Körpergewicht von über 100 Kilogramm schlachtreif ist.

B Beschreibe die Lebensbedingungen des Mastschweins bei der Intensivtierhaltung und bei der Freilandhaltung.

Material mit Aufgaben

M4 Offenfront-Schweinestall

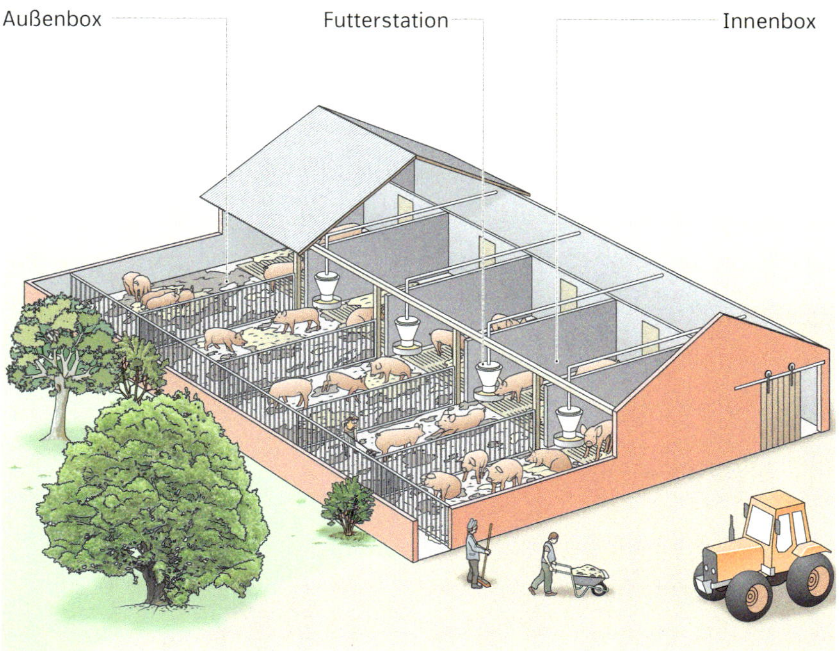

1. Beschreibe den Aufbau eines Offenfront-Schweinestalls.
2. Erkläre, warum das Fleisch aus der Freilandhaltung meist teurer ist als das aus der Intensivtierhaltung.
3. Erkläre, ob diese Art der Stallhaltung die natürlichen Verhaltensweisen der Schweine berücksichtigt.
4. Beurteile, ob diese Art der Stallhaltung artgerecht ist.

1 Huhn beim Sandbaden

Das Huhn

Das Bankivahuhn

Unsere Haushühner stammen vom asiatischen Bankivahuhn ab. Es lebt in Gruppen von mehreren weiblichen Hühnern, den **Hennen**, und einem männlichen Huhn, dem **Hahn**. In dieser **Hühnerschar** gibt es eine feste Rangordnung. Bankivahühner schlafen auf Bäumen. Tagsüber gehen sie auf Nahrungssuche. Dazu scharren sie mit ihren Krallen im Laub und im Boden. Sie picken Samen und Würmer mit ihrem Schnabel. Häufig schleudern sie Sand in ihr Gefieder und schütteln ihn wieder ab. Bei diesem **Sandbaden** reinigen sie ihr Gefieder.

Material mit Aufgaben

M1 Tagesablauf eines Huhns

1. Beschreibe den Tagesablauf eines Huhns.
2. Erkläre, weshalb Hühner Sandbaden. +
3. Erläutere, welche Eigenschaften ein Lebensraum haben muss, damit Hühner ihren Verhaltensweisen nachgehen können. +

Hühnerzüchtung

Hühner sind die am häufigsten gehaltenen Nutztiere. Der Mensch hat im Laufe der Zeit aus dem Bankivahuhn über 500 verschiedene Hühnerrassen gezüchtet. **Masthühner** wachsen schnell und setzen viel Muskelfleisch an. Bei ihnen werden Hahn und Henne gemästet. Bei **Legehühnern** werden nur die Hennen gehalten, die männlichen Tiere werden kurz nach dem Schlupf getötet. Legehennen können bis zu 300 unbefruchtete Eier pro Jahr legen.

2 Bankivahühner

Hühnerhaltung

In Deutschland sind verschiedene Haltungsformen von Legehühnern erlaubt. Man unterscheidet zwischen Kleingruppen-, Boden-, Freiland- und ökologischer Haltung.

Kleingruppenhaltung

Um günstig Eier zu produzieren, werden Legehennen in Gruppen von bis zu 60 Tieren in Käfigen gehalten. Bei dieser Kleingruppenhaltung hat jede Henne weniger als 0,8 Quadratmeter Platz. Das ist etwas größer als dieses aufgeschlagene Buch. Die Käfige sind übereinander gestapelt, sodass mehr als 10000 Hühner in einem Betrieb gehalten werden können. Damit sich die Hühner ruhiger verhalten, sind die Ställe innen künstlich beleuchtet. In den Käfigen sind Sitzstangen angebracht. Kleine Bereiche des Käfigs haben einen sandigen Untergrund zum Scharren. Die Tiere haben keinen Auslauf. Sie legen die Eier in abgedunkelte Nestboxen. Ihre Schnäbel werden oft gekürzt, damit sie sich nicht gegenseitig verletzen.

Bodenhaltung

Bei der Bodenhaltung dürfen sich die Hühner in geräumigen Ställen frei bewegen. Die einzelnen Betriebe dürfen bis zu 6000 Hühner halten. Jedes Huhn hat etwa 1,5 Quadratmeter Platz. Die Ställe sind mit Stroh, Sand und Sägespänen ausgelegt. In einem abgetrennten Bereich sind Sitzstangen in verschiedenen Höhen angebracht. Die Tiere legen ihre Eier in Nestboxen, die auf mehreren Ebenen angebracht sind.

Freilandhaltung

Die Bedingungen im Stall und die Zahl der Hühner sind bei der Freilandhaltung ähnlich wie bei der Bodenhaltung. Zusätzlich haben die Tiere jedoch Auslauf im Freien auf einer Wiese. Jedes Huhn hat zusätzlich etwa vier Quadratmeter Auslauffläche zur Verfügung.
Bei der **ökologischen Haltung** bekommen die Tiere zudem Futter aus ökologischem Anbau. Häufig baut der Betrieb einen Teil des Futters selbst an. Ein Betrieb mit ökologischer Haltung darf höchstens 3000 Hühner halten.

3 Kleingruppenhaltung

4 Bodenhaltung

5 Freilandhaltung

6 Masthühner

Masthühner

Für die Fleischproduktion werden spezielle Rassen gezüchtet, die schnell viel Fleisch ansetzen. Vor allem die Brustmuskeln, welche normalerweise dem Fliegen dienen, sind dabei von Interesse. Innerhalb von vier bis fünf Wochen erreichen die Hühner ihr Schlachtgewicht von etwa zwei Kilogramm. Sie werden in mit Stroh ausgelegten Ställen mit bis zu 40000 Tieren gemästet. Die zunehmende Enge sorgt für wenig Bewegung und weißes Fleisch.

Material mit Aufgaben

M2 Haltungsformen

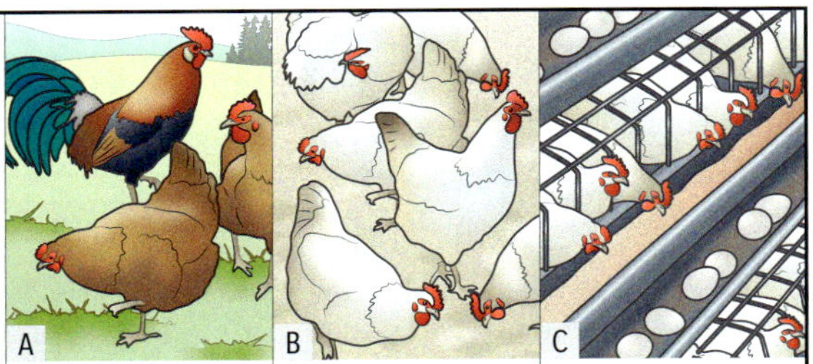

Haltungsbedingungen	A	B	C
Die Hühner können sich frei bewegen	?	?	?
Die Hühner können sandbaden	?	?	?
Die Hühner können nach dem Picken scharren	?	?	?
Der Preis für ein Ei ist niedrig	?	?	?
Man kann auf wenig Fläche viele Hühner halten	?	?	?

1. Ordne die Bilder A bis C einer Haltungsform zu.
2. Vergleiche alle verschiedenen Haltungsformen von Hühnern mithilfe der Tabelle.
3. Wähle eine Haltungsform aus. Beurteile, ob die Hühner dort artgerecht gehalten werden.
4. Entwickle Vorschläge für eine zukünftige Hühnerhaltung.

M3 Eiercode

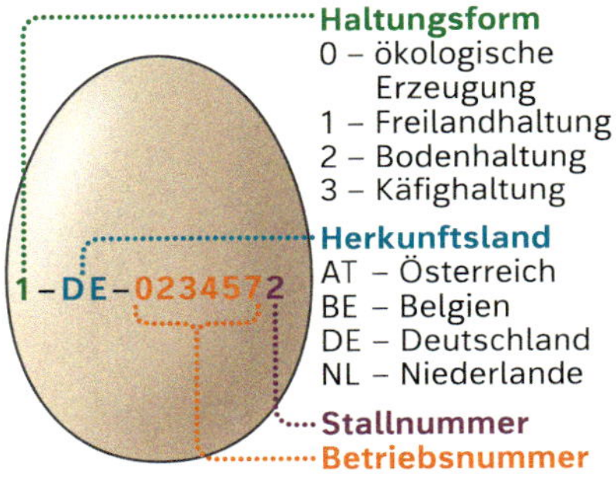

Eiercodes:	0-NL-4365873
1-DE-0257234	2-BE-1564942

Jedes Ei im Handel ist mit einem Eiercode bedruckt.

1. Ordne den Eiercodes die verschiedenen Haltungsformen zu.
2. Erkläre die Preisunterschiede von Eiern aus den verschiedenen Haltungsformen.
3. Stelle Vermutungen an, warum heute kaum noch Eier aus Kleingruppenhaltung verkauft werden.

Diagramme auswerten

Jahr	1935	1961	1971	1988	2018
Legeleistung pro Huhn pro Jahr	100	148	218	260	298

1 Tabelle

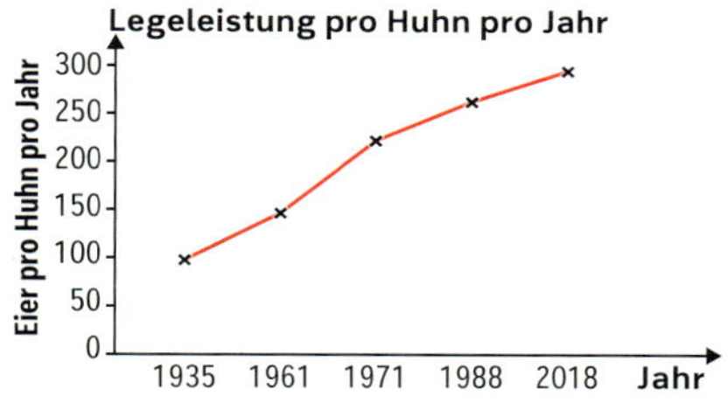

2 Liniendiagramm

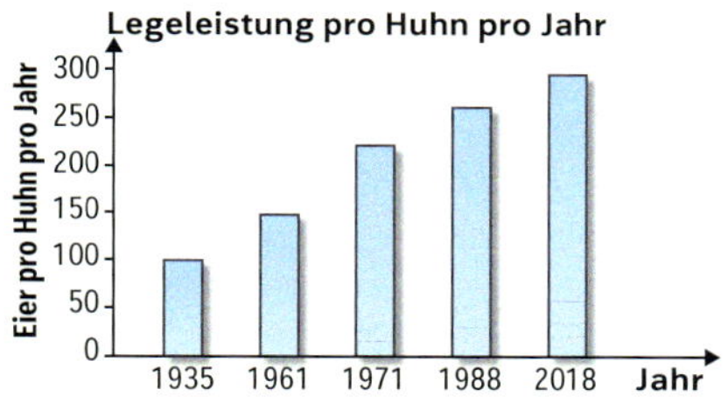

3 Säulendiagramm

Tabellen

Bei Auswertungen und vielen Versuchen in den Naturwissenschaften werden Messungen durchgeführt. Die ermittelten Werte werden zunächst in eine **Tabelle** eingetragen. Hier wird jeder ermittelte Messwert, zum Beispiel die durchschnittliche Legeleistung von Hühnern, einer festen Größe, wie einem Jahr, zugeordnet.

Verschiedene Diagramme

Damit Messwerte aus einer Tabelle übersichtlich dargestellt werden können, benutzt man **Diagramme.** In einem Diagramm werden Messwertepaare aus der Tabelle in ein Koordinatensystem eingetragen. Auf der Längsachse steht immer die feste Größe, oft ist dies die Zeit. Der festen Größe werden die ermittelten Werte zugeordnet. Es gibt verschiedene Formen von Diagrammen:

1. Liniendiagramme

In einem Liniendiagramm sucht man zunächst den passenden Wert auf der Längsachse. Dann folgt man der Skala auf der Hochachse nach oben und macht auf der richtigen Höhe über dem Wert der Längsachse ein Kreuz. Anschließend werden die Kreuze miteinander verbunden. So kann man die Veränderung der Werte gut erkennen.

2. Säulendiagramme

In einem Säulendiagramm werden die Wertepaare ebenfalls mit einem Kreuz markiert. Danach werden allerdings Säulen von der Längsachse zu den jeweiligen Messpunkten gezeichnet.Je höher die Säule ist, desto höher ist der Wert. Will man beispielswiese eine Rangfolge darstellen, eignet sich ein **Balkendiagramm.** Es sieht wie ein gekipptes Säulendiagramm aus.

Liniendiagramme auswerten

Die Auswertung eines Diagramms kann in Schritte aufgeteilt werden:

1. Beginne mit der Beschreibung, was das Diagramm zeigt. Benutzte dazu die Beschriftung der beiden Achsen.

2. Beschreibe danach den Verlauf der Werte auf der Hochachse von links nach rechts. Benutze Formulierungen wie „die Kurve steigt an“, „die Kurve fällt“ oder „die Werte bleiben gleich“.

3. Schließe deine Beschreibung mit einem zusammenfassenden Satz ab. Dieser könnte sein: „Im Lauf der Zeit legten Hühner immer mehr Eier.“

Material mit Aufgaben

M1 Diagramme auswerten

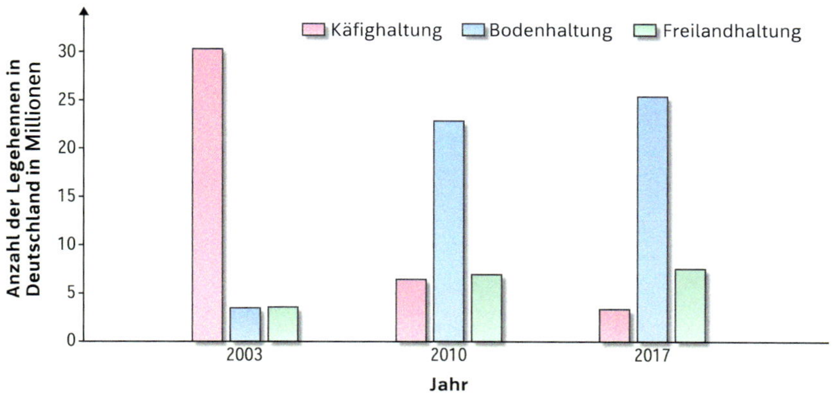

1. Beschreibe, was in dem Diagramm gezeigt wird.

2. Werte das Diagramm aus.

1 Fische im Aquarium

Regelkreise in Natur und Technik

Aquarium

Beliebte Fische für Aquarien wie Diskusfische, sind keine heimischen Fische. Sie stammen aus viel wärmeren Regionen der Erde. Daher darf auch die Wassertemperatur in ihren Aquarien nie zu niedrig sein. Damit die Wassertemperatur immer gleich bleibt, verwendet man verschiedene elektrische Bauteile, die zusammenarbeiten.

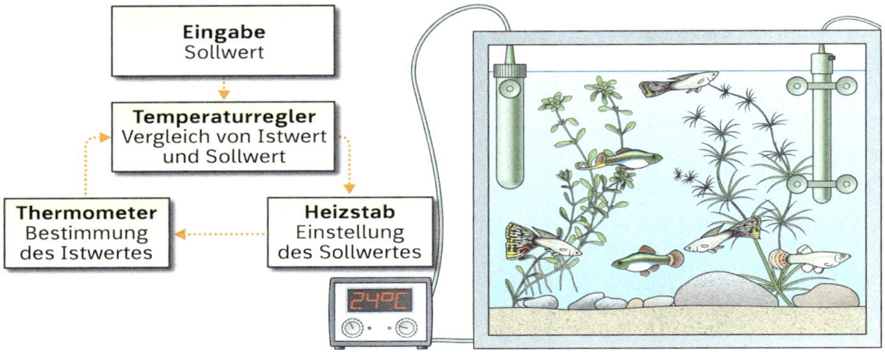

2 Temperatur-Regelkreis für ein Aquarium

Regelkreis

Viele Fische in Aquarien fühlen sich bei einer Temperatur von 25 °C wohl. Allerdings beträgt die Raumtemperatur oft nur um die 20 °C. Das Wasser würde ohne eine Temperaturregelung langsam abkühlen. 25°C ist der angestrebte Temperaturwert, der **Sollwert**. Dieser wird in einen **Temperaturregler** eingegeben. Mithilfe eines Thermometers wird ständig die aktuelle Wassertemperatur bestimmt, der **Istwert**. Der Istwert wird an den Temperaturregler übertragen und dort mit dem Sollwert verglichen. Wenn der Istwert niedriger als der Sollwert ist, schaltet der Temperaturregler einen Heizstab an. Dieser erwärmt das Wasser, bis der Sollwert und der Istwert gleich sind. Temperaturregler, Thermometer und Heizstab bilden einen **Regelkreis**, der die Wassertemperatur auf einem gleich bleibenden Wert hält.

Schutz vor Wärme

Gleichwarme Lebewesen können ihre Körpertemperatur regeln. So bleibt die Körpertemperatur in warmen und kalten Umgebungen immer gleich. Bei einem erwachsenen Menschen liegt eine gesunde Körpertemperatur meist bei 37 °C. Wird die Umgebung wärmer, steigt auch die Körpertemperatur an. Dieser Anstieg wird von den Sinneszellen in der Haut wahrgenommen. Die Information wird dann über Nerven an das Gehirn geleitet. Das Gehirn verarbeitet die Informationen und vergleicht, ob die aktuelle Körpertemperatur über oder unter dem Sollwert von 37 °C liegt. Ist die Temperatur zu hoch, dann sendet das Gehirn über Nerven Signale an die Schweißdrüsen der Haut. Es wird Schweiß abgegeben, der auf der Haut verdunstet und so den Körper kühlt. Ist der Sollwert erreicht, hört die Abgabe von Schweiß auf.

Schutz vor Kälte

Wird die Umgebung kälter, wird das auch von den Sinneszellen der Haut erkannt. Die Informationen werden an das Gehirn gesendet und dort verglichen. Ist die Körpertemperatur zu niedrig, dann werden wieder Signale an die Haut gesendet. Die Haare der Haut stellen sich auf, man bekommt eine **Gänsehaut**. So kann weniger Wärme abgegeben werden. Ist die Temperatur sehr niedrig, beginnt der Körper zu zittern. Durch die Muskelbewegung entsteht Wärme. Ist der Sollwert erreicht, endet das Zittern und die Gänsehaut verschwindet.

A Beschreibe den Regelkreis in einem Aquarium.

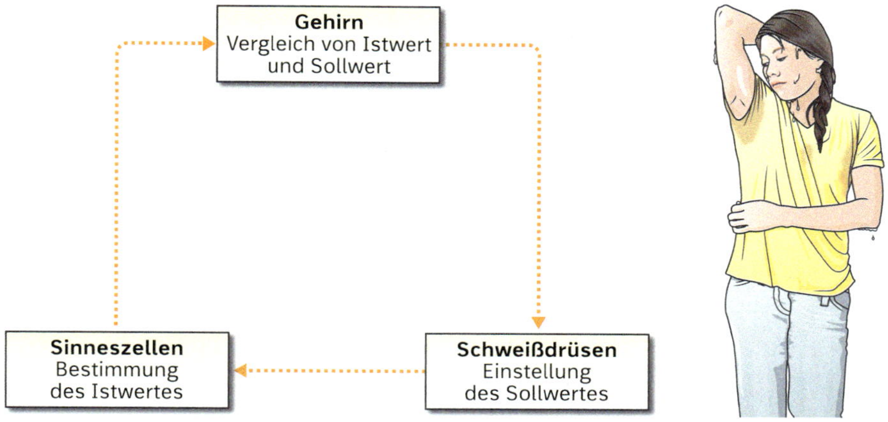

3 Temperatur-Regelkreis des Körpers in warmer Umgebung

Material mit Aufgaben

M1 Gewächshaus

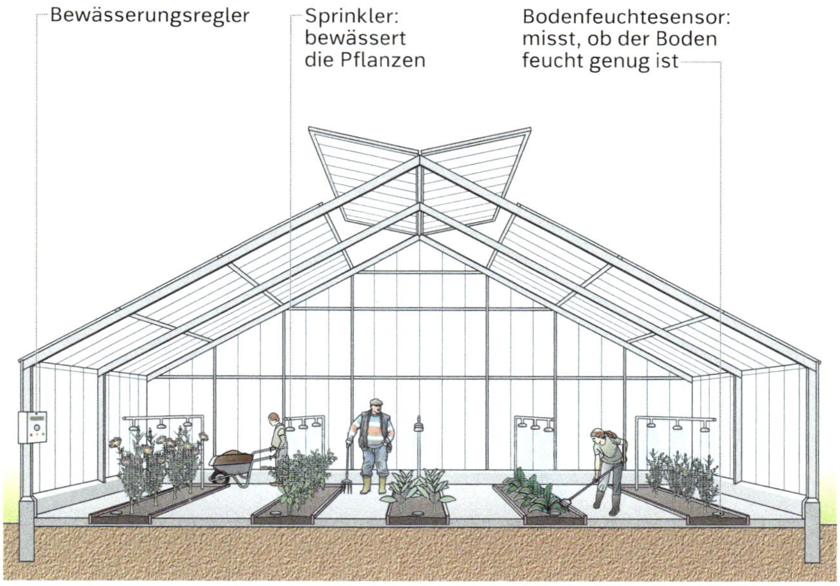

1. Nenne alle Bestandteile des Regelkreises für die Bewässerung in einem Gewächshaus.
2. Beschreibe den Regelkreis für die Bewässerung in einem Gewächshaus. Erstelle ein Schema für den Regelkreis für die Bewässerung im Gewächshaus.
3. Stelle Vermutungen an, wie ein Temperatur-Regelkreis in einem Gewächshaus aussehen könnte. Erstelle ein Kreisschema.

1 Fischotter springt ins Wasser

Natur- und Artenschutz

Angepasstheiten des Fischotters

Der Fischotter ist ein an das Leben im Wasser angepasstes Säugetier. Er zählt zu den besten Schwimmern unter den Landraubtieren. Er kann bis zu acht Minuten unter Wasser bleiben, ohne aufzutauchen. Mit seinem runden, muskulösen Schwanz steuert er im Wasser. Sein Körper ist gestreckt und walzenförmig, seine Beine sind kurz. Dies erleichtert das Gleiten im Wasser. Zwischen den Zehen befinden sich Schwimmhäute. Sein bräunliches Fell ist besonders dicht und wasserabweisend. Es schützt den Fischotter gegen Kälte und Nässe. Der Fischotter jagt vor allem Fische, Amphibien und kleine Vögel. Mit den scharfen Zähnen seines Raubtiergebisses kann er das Fleisch zerteilen. Kleinere Beutetiere frisst er im Wasser, größere zieht er an Land.

2 Fischotter beim Fressen

Lebensraum des Fischotters

Der Fischotter kommt natürlicherweise in ganz Europa vor. Er bevorzugt flache, fischreiche Flüsse mit zugewachsenen Ufern und Überschwemmungsflächen. Am Ufer gräbt der Fischotter seinen Bau, dessen Eingang unter der Wasseroberfläche liegt. Im Bau bringt das Weibchen seine Jungtiere zur Welt.

Wasserqualität bestimmen

Zeigerorganismen

In Fließgewässern leben verschiedene Kleinstlebewesen wie Insektenlarven oder Wasserasseln. Manche dieser Tiere benötigen sauerstoffreiches und klares Wasser. Andere Tiere leben auch in Gewässerbereichen mit trübem und sauerstoffarmem Wasser. Je nachdem, welche Tiere sich im Wasser befinden, kann man Rückschlüsse auf die Qualität des Wassers ziehen. Solche Tiere nennt man **Zeigerorganismen**. Um die Wasserqualität zu bestimmen, müssen Zeigerorganismen gefangen und bestimmt werden.

Material mit Aufgaben

P1 Wasserqualität

F

Material: Kescher, weiße Plastikschale, Pinzette, Glasgefäße, Pinsel, Lupe, Bestimmungsbuch oder Bestimmungs-App

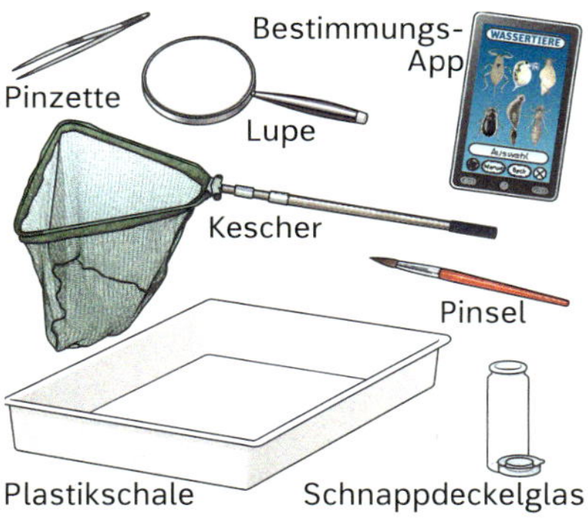

Durchführung: Suche Steine im Bachbett. Sammle die Tiere von der Unterseite ab. Streiche sie vorsichtig mit dem Pinsel ab. Du kannst auch den Kescher vorsichtig über den Grund des Wassers ziehen. Achte darauf, nicht zu viele Äste und Steine aufzunehmen. Entleere den Inhalt des Keschers in die Plastikschale. Nimm alle Lebewesen mit der Pinzette oder dem Pinsel und setze sie einzeln in durchsichtige Gefäße. Jetzt kannst du sie mithilfe von Bestimmungsbüchern oder Bestimmungsapps bestimmen.

1. Betrachte die gefundenen Tiere mit einer Lupe und bestimme sie. Protokolliere die Anzahl.
2. Erläutere mit den gefundenen Zeigerorganismen, welche Gewässergüte der Bach hat.
3. Erkläre, warum jedes Tier in ein eigenes Gefäß soll.
4. Ordne der Eintagsfliegenlarve und dem Schlammröhrenwurm eine Region des Fließgewässers zu, in der sie vorkommen. Begründe deine Zuordnungen.

Methode

Arbeiten mit dem Mikroskop

1 Mikroskopieren

Mikroskopieren

Mit einem Lichtmikroskop kann man Objekte untersuchen, die man selbst mit Lupen nicht sieht. Das Lichtmikroskop besteht aus verschiedenen Linsen. Der obere Teil, durch den man schaut, heißt **Okular**. Auf ihm steht seine Vergrößerung, beispielsweise 10x. Dies bedeutet, dass das Okular 10-fach vergrößert. Die Linse, die dem zu untersuchenden Objekt zugewandt ist, heißt **Objektiv**. Im Objektivrevolver sind oft Objektive mit verschiedenen Vergrößerungen. Mit einem Lichtmikroskop kann man Objekte bis zu 1000-fach vergrößern.

Berechnung der Gesamtvergrößerung

Die Gesamtvergrößerung berechnet man, indem man die Vergrößerungen von Objektiv und Okular multipliziert.

Beispiel:

Vergrößerung Okular: 10-fach

Vergrößerung Objektiv: 40-fach

10 x 40 = 400

Die Gesamtvergrößerung des Objektes ist 400-fach.

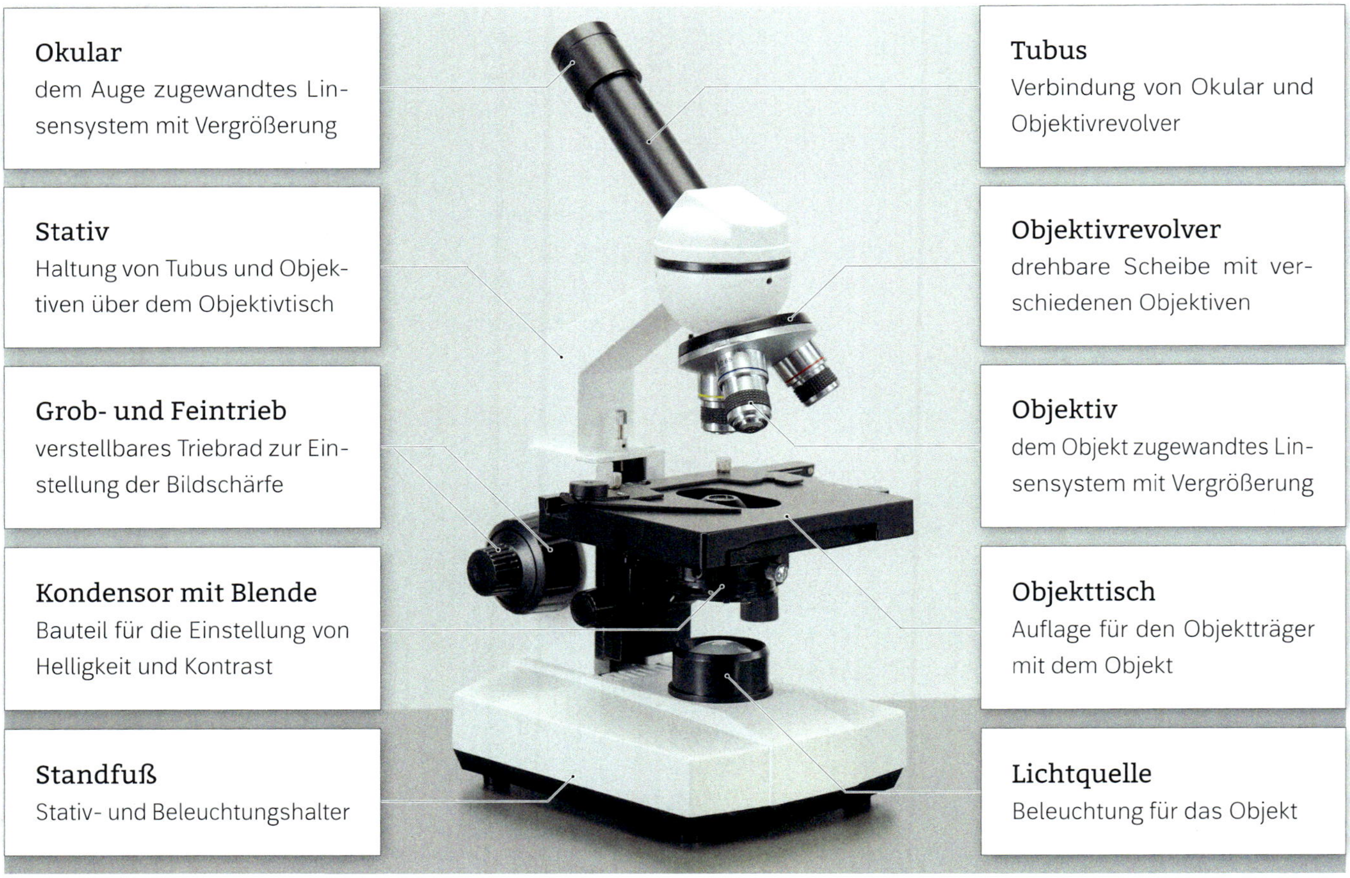

2 Aufbau eines Mikroskopes

Einstellen der Bildschärfe

Die Bildschärfe des Objektes wird durch Drehen des Grob- und Feintriebes eingestellt. Dadurch wird der Objekttisch nach oben oder nach unten bewegt. So wird der Abstand von Objekt und Objektiv verändert.

Beim Mikroskopieren beginnt man mit der kleinsten Vergrößerung. Mit dem Grobtrieb stellt man das Bild scharf und regelt mit dem Feintrieb nach. Wenn man die nächst höhere Vergrößerung einstellt, reicht es in der Regel, das Bild nur noch mit dem Feintrieb scharf zu stellen.

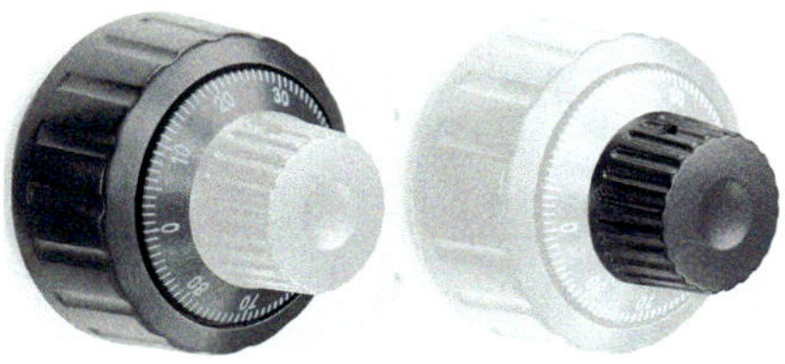

3 Schärfeeinstellung: **A** Grobtrieb, **B** Feintrieb

Gebrauch des Mikroskops

- Trage das Mikroskop immer aufrecht am Stativ.
- Berühre die Linsen des Okulars und der Objektive nie mit den Fingern.
- Lege das Präparat so auf den Objekttisch, dass sich das Objekt in der Mitte des Objekttisches befindet. Klemme es fest.
- Stelle die kleinste Vergrößerung ein.
- Betrachte das Mikroskop von der Seite. Bewege Objektiv und Objekttisch so weit wie möglich aufeinander zu. Achte darauf, dass das Objektiv das Präparat nicht berührt.
- Schalte das Licht ein und schaue durch das Okular.
- Drehe mit dem Grobtrieb den Objekttisch langsam nach unten, bis das Bild scharf ist. Regele mit dem Feintrieb nach.
- Schraube zum Wechseln der Vergrößerung den Objekttisch nach unten. Drehe erst dann am Objektivrevolver, um das Objektiv zu wechseln.
- Schalte nach dem Mikroskopieren die Lampe aus und stelle wieder die kleinste Vergrößerung ein. Entferne das Präparat vom Objekttisch.

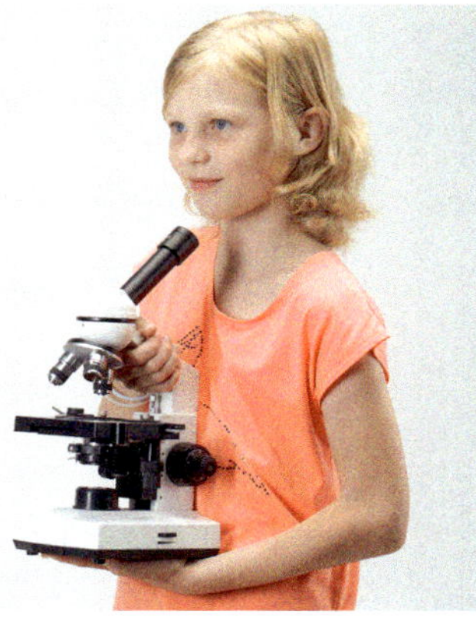

4 Richtiges Tragen eines Lichtmikroskopes

Material mit Aufgaben

M1 Arbeiten mit dem Mikroskop

1. Benenne die im Bild dargestellten Bauteile des Mikroskops.
2. Ordne den Bauteilen ihre entsprechende Funktion zu.
3. Überprüfe, welche Vergrößerungen das Okular und die Objektive deines Schulmikroskops haben. Berechne jeweils die Gesamtvergrößerung.

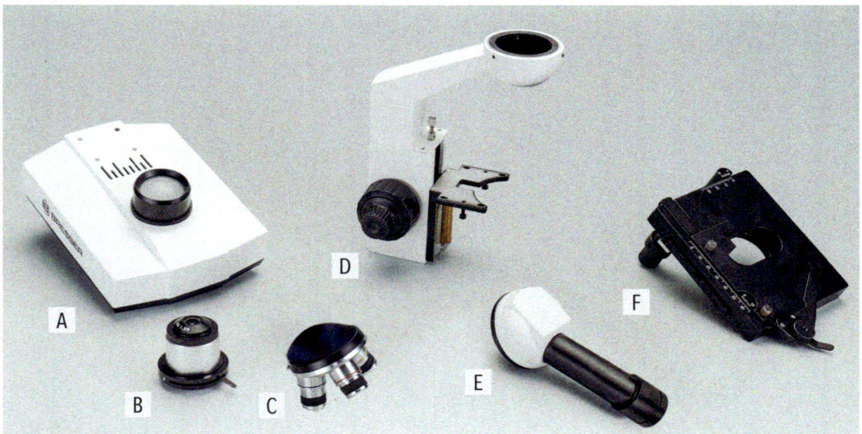

Ein mikroskopisches Präparat herstellen

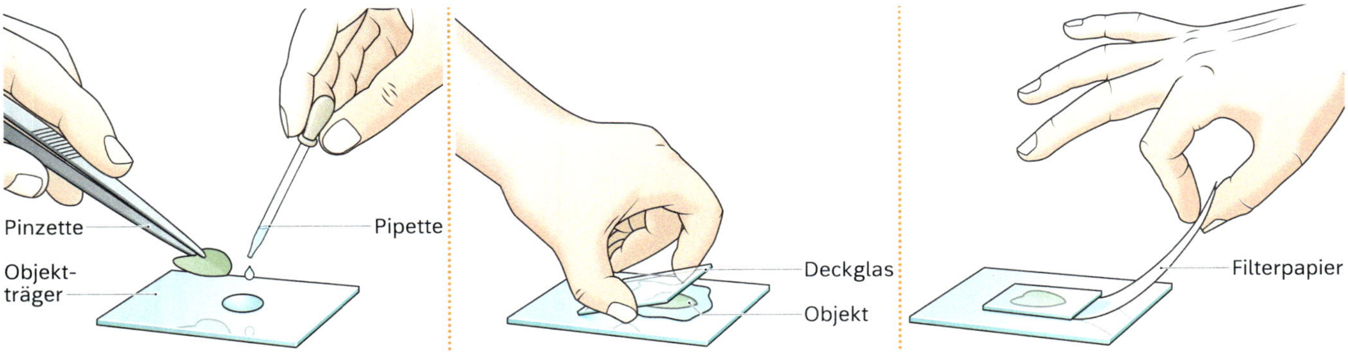

1 Herstellen eines Präparates

Objekt: ein Gegenstand oder ein Gewebestück, das unter dem Mikroskop betrachtet wird.

Präparat: ein Gewebestück, das zur Betrachtung unter dem Mikroskop vorbereitet wurde.

Ein Präparat herstellen

Um **Objekte** mit dem Mikroskop betrachten zu können, müssen sie vorbereitet werden. Dabei wird das Objekt in hauchdünne Scheiben geschnitten, die die **Präparate**. Die meisten Geräte, die du zum Präparieren benötigst, sind aus Glas. Mit diesen musst du sehr vorsichtig umgehen, damit du dich und andere nicht verletzt.

Vorgehensweise

- Gib mit einer Pipette einen Tropfen Wasser in die Mitte eines Objektträgers. Lege dann mit einer Pinzette das Objekt glatt in den Tropfen.
- Setze ein Deckglas seitlich an den Tropfen und lege es vorsichtig auf.
- Sauge mit einem Streifen Filterpapier das unter dem Deckglas hervorquellende Wasser auf.

Material mit Aufgaben

P1 Untersuchung von Wasserpest und Zwiebelhäutchen

Material: Pinzette, Pipette, Mikroskop, Objektträger, Deckgläser, Filterpapier, Wasser, Wasserpest

Durchführung:

a Gib mit der Pipette einen Wassertropfen auf den Objektträger.

b Zupfe mit der Pinzette vorsichtig ein Blatt der Wasserpest ab.

c Lege das Blatt in den Wassertropfen auf dem Objektträger. Bedecke es mit einem Deckglas.

d Sauge das überschüssige Wasser mit einem Filterpapier auf.

1. Beschreibe das Aussehen der Wasserpest unter dem Mikroskop.
2. Vergleiche die Wasserpest mit einem Zwiebelhäutchen. Fertige dazu mithilfe der Abbildung ein Präparat von einem Zwiebelhäutchen an und mikroskopiere es.

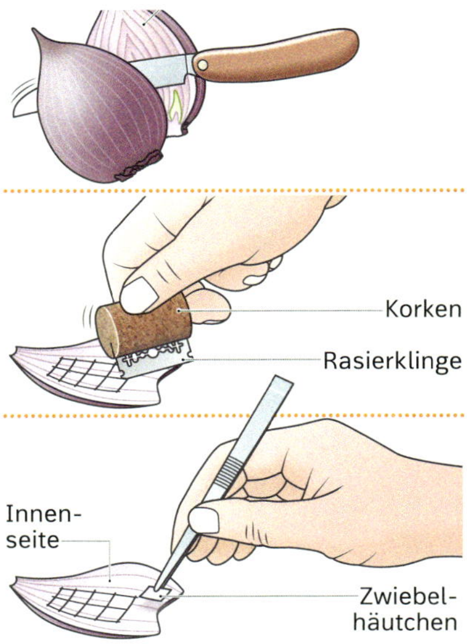

Eine Fachzeichnung anfertigen

Eine Fachzeichnung erstellen

Naturwissenschaftler fertigen oft eine Zeichnung von dem Objekt an, das sie mit dem Mikroskop untersuchen. Diese **Fachzeichnung** sollte möglichst alle Einzelheiten des Objektes wiedergeben, die unter dem Mikroskop zu erkennen sind.

Vorgehensweise

- Zeichne mit angespitztem Bleistift auf weißem Papier ohne Linien oder Gitter.
- Schreibe den Namen des Objekts, das Datum und deinen Namen über die Zeichnung. Notiere auch die eingestellte Vergrößerung des Mikroskops.
- Zeichne möglichst groß. Fülle mindestens eine halbe Seite.
- Beschrifte deine Zeichnung mit den entsprechenden Fachausdrücken.

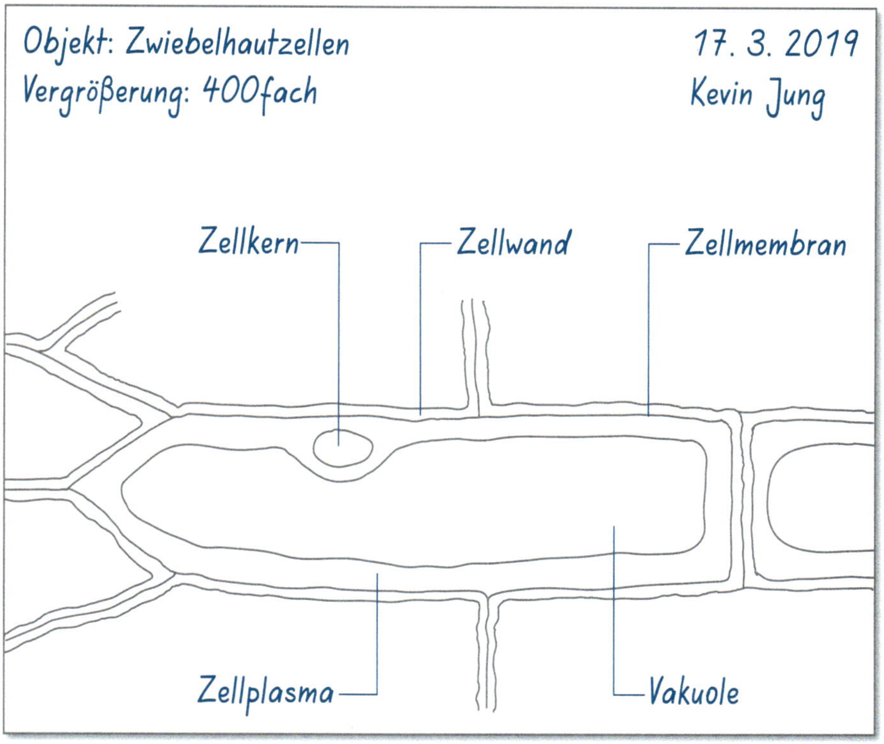

1 Beispiel für eine Fachzeichnung

Material mit Aufgaben

P1 Untersuchung von Mundschleimhautzellen

Nutze eine Tischunterlage

Material: Wasser, Methylenblau-Lösung (0,01 %), Teelöffel, Pipette, Filterpapier, Objektträger, Deckglas, Mikroskop

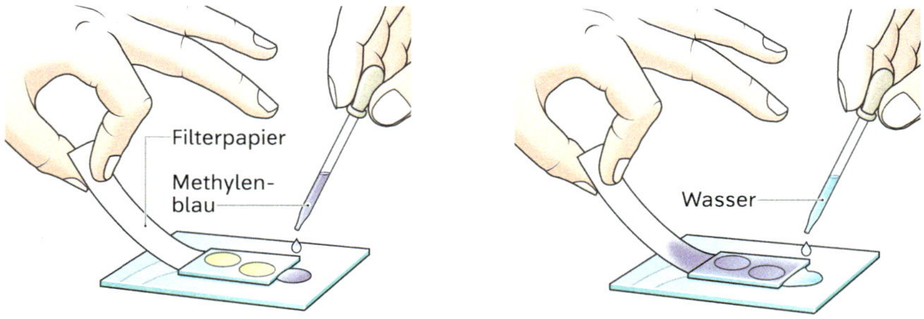

Durchführung:

a Schabe mit dem Teelöffel von der Innenseite deiner Wange etwas Mundschleimhaut ab.

b Stelle mit den Mundschleimhautzellen zwei Präparate her.

c Färbe ein Präparat an. Gib dazu einen Tropfen Methylenblau-Lösung an den Rand des Deckglases. Halte etwas Filterpapier an den gegenüberliegenden Rand. Sauge damit die Farblösung unter das Deckglas. Wiederhole den Vorgang mehrmals.

1. Mikroskopiere die Präparate. Fertige von jedem Präparat eine Zeichnung an und vergleiche sie.

1 Wettervorhersage einer Wetter-App

Das Wetter

Die Wetterelemente

In einem Wetterbericht im Fernsehen oder auch online bekommt man viele Informationen über die Bestandteile des Wetters. Es wird berichtet, ob es regnet, wie warm oder kalt es ist oder ob es bewölkt oder wolkenlos ist. Neben der **Temperatur** und dem **Niederschlag** sind zudem auch die **Windstärke** und die **Bewölkung** Teil des Wetterberichts. Manchmal wird auch über den **Luftdruck** und die **Luftfeuchtigkeit** berichtet. Das Wetter setzt sich aus Teilen zusammen, den **Wetterelementen**. Das Wetter ist das Zusammenspiel der Wetterelemente zu einer bestimmten Zeit an einem bestimmten Ort. Betrachtet man das Wetter an einem Ort über längere Zeit, spricht man von **Witterung**.

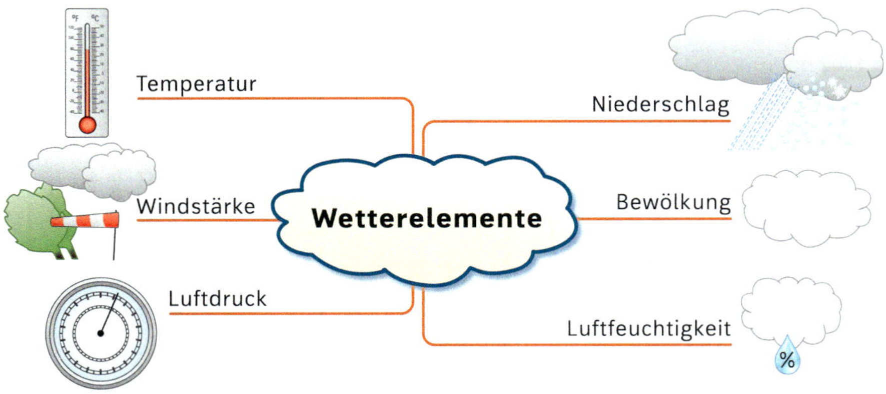

2 Verschiedene Wetterelemente

Wetter in der Troposphäre

Die unterste Schicht der Atmosphäre nennt man **Troposphäre**. Nur in der Troposphäre findet das Wetter statt. Sie reicht in eine Höhe von bis zu 10 Kilometern. Die Lufttemperatur in der Troposphäre nimmt mit der Höhe ab.
Die Sonne erwärmt den Erdboden. Die warme Luft steigt vom Boden auf und kältere Luft sinkt wieder herab. Die Luft wird durchmischt. In der Troposphäre ist fast der gesamte Wasserdampf der

Gefährdung des Fischotters

Fischotter wurden in der Vergangenheit vor allem wegen ihres wertvollen Fells gejagt. Die Bejagung führte in Deutschland fast zu seiner Ausrottung. Nur in wenigen Gebieten konnte eine geringe Zahl von Fischottern überleben. Erst durch ein Jagdverbot und weitere Schutzmaßnahmen erholte sich der Bestand an Fischottern wieder.

Durch viele Wiederansiedlungsprojekte konnte der Fischotter in seinen natürlichen Lebensraum zurückkehren. Doch durch die Begradigung von Flüssen, die Bebauung von Ufern oder Überfischungen fehlt es dem Fischotter an intakten Lebensräumen. Der Fischotter ist daher in Deutschland sehr selten und durch die Zerstörung der Lebensräume durch den Menschen immer noch gefährdet.

Die Rote Liste

Viele Tier- und Pflanzenarten auf der Welt sind bedroht oder bereits ausgestorben. Gefährdete Arten werden in die Rote Liste eingetragen. Die Rote Liste gibt Auskunft darüber, wie stark eine Pflanzen- oder Tierart gefährdet ist. Es gibt in Deutschland 478 Wirbeltierarten. Davon stehen 207 Arten auf der Roten Liste.

Erhaltung der Artenvielfalt

Jedes Lebewesen ist Teil einer Lebensgemeinschaft. Diese Lebensgemeinschaft festigt das biologische Gleichgewicht innerhalb eines Ökosystems. Daher werden seltene oder noch intakte Lebensräume geschützt. Dazu werden sie zu Naturschutzgebieten oder zu Nationalparks erklärt. In diesen Gebieten darf nicht gejagt, gefischt oder die Natur verändert werden. Gefährdete Lebewesen können sich in diesen Gebieten ungestörter aufhalten und sich besser vermehren. Wegen der dichten Besiedelung in Deutschland sind viele Naturschutzgebiete recht klein und oft weit voneinander entfernt. Wandernde Arten wie die Geburtshelferkröte erreichen dadurch nicht ihre Laichgewässer und Überwinterungsgebiete.

A Beschreibe, wie der Fischotter an seinen Lebensraum angepasst ist.

Material mit Aufgaben

M1 Artenschutz

1. Vergleiche das Vorkommen des Fischotters im Jahr 2003 und im Jahr 2017.
2. Erkläre, warum der Fischotter früher und auch noch heute gefährdet ist.
3. Beschreibe mögliche Maßnahmen, wie der Fischotter geschützt werden kann.
4. Beurteile die Entstehung von Naturschutzgebieten und Nationalparks.

Zusammenfassung Lebensräume

Lebensräume

Wenn Pflanzen und Tiere in einem Gebiet dauerhaft gemeinsam vorkommen, spricht man von einem Lebensraum. Beispiele sind Wälder, Wiesen, stehende Gewässer wie Seen und Teiche oder Fließgewässer. Auch Hecken, Mauern oder Pflasterritzen sind Lebensräume. Die Lebensräume unterscheiden sich in den dort vorherrschenden Umweltbedingungen wie Licht, Wasser, Temperatur sowie der Zusammensetzung des Bodens. Diese Umweltbedingungen bezeichnet man als abiotische Faktoren. So benötigen Pflanzen, die am Waldboden wachsen, wenig Licht und einen feuchten Boden.

Nahrungsbeziehungen

Pflanzen bilden bei der Fotosynthese energiereiche Nährstoffe wie Traubenzucker. Man bezeichnet die Pflanzen daher als Erzeuger oder Produzenten. Tiere „verbrauchen" energiereiche Nährstoffe. Ein Tier ist ein Verbraucher oder Konsument. Tiere, die sich von Pflanzen ernähren, nennt man Pflanzenfresser. Tiere, die sich vom Fleisch anderer Tiere ernähren, sind Fleischfresser. Nahrungsbeziehungen kann man als Nahrungskette oder als Nahrungsnetz darstellen. Ein Nahrungsnetz besteht aus mehreren Nahrungsketten.

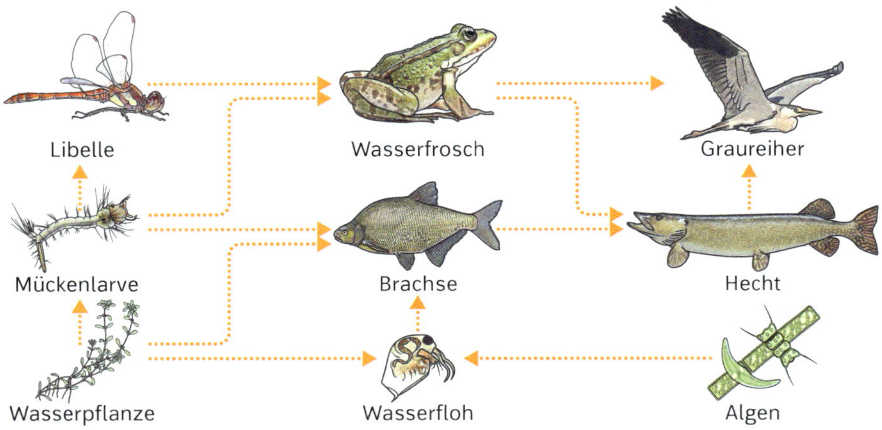

Lebensräume schützen

Veränderungen in natürlichen Lebensräumen gefährden dort lebende Pflanzen und Tiere. Durch die Einrichtung von Nationalparks und Naturschutzgebieten wird versucht, Pflanzen, Tiere und Lebensräume zu schützen. Nicht mehr genutzte Flächen, bebaute Ufer oder begradigte Bäche können wieder in naturnahe Lebensräume umgewandelt werden. Außerdem gibt es Maßnahmen, um die Luftverschmutzung durch Kraftfahrzeuge und Industrie zu verringern.

Zusammenfassung

Überwinterung von Tieren

Viele Säugetiere bekommen im Winter ein dichtes Winterfell. Vor Kälte schützt auch eine dicke Fettschicht.
Aktive Überwinterer ernähren sich von dem, was die Natur ihnen bietet.
Winterschläfer halten Winterschlaf. Dann sind Herztätigkeit, Körpertemperatur und Atmung herabgesetzt.
Winterruher erwachen gelegentlich und fressen von Nahrungsvorräten.
Standvögel bleiben im Winter in ihren Brutgebieten.
Zugvögel fliegen im Herbst in ihre Überwinterungsgebiete und kehren im Frühjahr zurück. Während des Vogelzugs orientieren sie sich am Sonnenstand, an der Landschaft und dem Erdmagnetfeld.

Wechselwarme Tiere wie Insekten, Fische, Reptilien und Amphibien suchen Verstecke und fallen in Kältestarre.

Tiere in extremen Lebensräumen

Das Fell von Wirbeltieren in Hitzewüsten, wie Dromedaren oder Wüstenfüchse, schützt vor der Kälte der Nacht und vor Überhitzung am Tag. Tiere in der Wüste müssen viel Wasser sparen. Aus diesem Grund geben sie zum Beispiel über Schweiß und Urin kaum Wasser ab.
Tiere in den Polargebieten, wie Eisbären oder Pinguine, schützen sich vor der dort herrschenden Kälte mit einem dichten Fell oder Gefieder. Zusätzlich haben viele Tiere noch ein Fettpolster unter der Haut. Tiere in Kältewüsten sind größer und schwerer als verwandte Arten in wärmeren Gebieten.

Das Rind

Das Hausrind stammt vom Wildrind ab. Der Mensch hält Rinder vor allem als Milch- und Fleischlieferanten. Fleischrinderrassen setzen schnell viel Muskelfleisch an. Milchrinderrassen geben viel Milch. Rinder sind Zehenspitzengänger. Sie haben paarige Zehen und zählen zu den Huftieren. Sie haben ein Pflanzenfressergebiss. Ihr Wiederkäuermagen besteht aus: dem Pansen, dem Netzmagen, dem Blättermagen und dem Labmagen.

Das Huhn

Unsere Haushühner stammen vom Bankivahuhn ab. Sie leben in einer Hühnerschar mit mehreren Hennen und einem Hahn. Bei der Haltung von Haushühnern unterscheidet man die Kleingruppenhaltung, Bodenhaltung, die Freilandhaltung und ökologische Haltung.

Das Schwein

Das Hausschwein stammt vom Wildschwein ab. Wie das Wildschwein ist das Hausschwein auch ein Zehenspitzengänger und ein Huftier. Es hat ein Allesfressergebiss.
Der Mensch hat im Laufe der Jahre vor allem Hausschweinrassen gezüchtet, die sich schnell vermehren, schnell wachsen und viel Muskelfleisch ansetzen.

Trainer Lebensräume

1 Lebensräume

A Benenne die abgebildeten Lebensräume.

B Beschreibe, was einen Lebensraum kennzeichnet.

C Beschreibe anhand von zwei der abgebildeten Lebensräume, wie sie sich in den abiotischen Faktoren unterscheiden.

2 Die Honigbiene

A Beschreibe mithilfe des Bildes die Körpergliederung und den Körperbau der Honigbiene.

B Erkläre, woran man erkennt, dass die Honigbiene ein wirbelloses Tier ist.

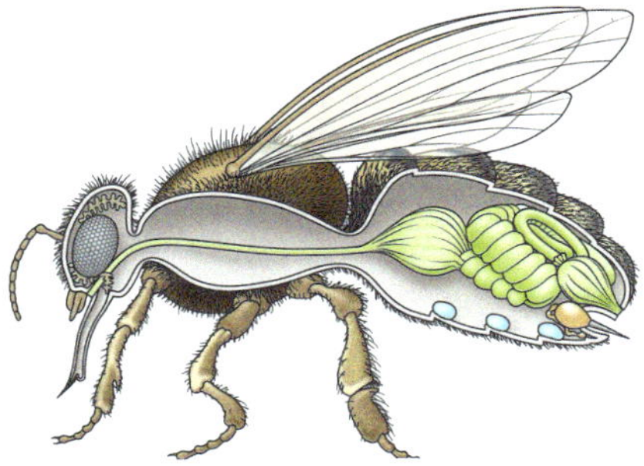

3 Staat der Honigbiene

A Benenne die verschiedenen Mitglieder des Bienenstaats in den Bildern A-D.

B Erläutere die Aufgabenteilung der verschiedenen Bienen im Bienenstaat.

4 Lebensraum Wald

A Nenne die Stockwerke des Waldes.

B Beschreibe den Lichteinfall in einem Laubwald.

C Erstelle eine Nahrungskette mit Uhu, Himbeere und Rötelmaus.

5 Fließgewässer

A Benenne die abgebildeten Regionen eines Fließgewässers und nenne je eine Fischart.

6 Zugvögel und Standvögel

A Erkläre die Begriffe Standvogel und Zugvogel.

B Erkläre, warum Zugvögel im Winter ihre Brutgebiete verlassen und in wärmere Gebiete fliegen.

C Beschreibe, wie sich Zugvögel auf ihrem Weg in die Überwinterungsgebiete orientieren.

D Beschreibe die Wege, auf denen Mauersegler und Stare in ihre Überwinterungsgebiete ziehen.

E Beschreibe Methoden, mit denen der Vogelzug erforscht wird.

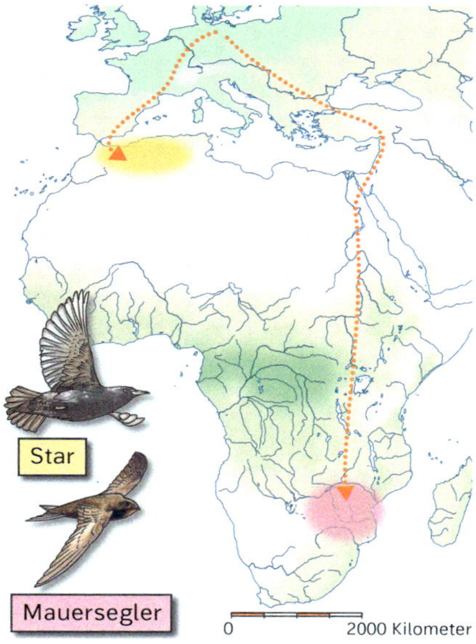

7 Tiere im Winter

A Erkläre folgende Begriffe: Aktive Überwinterung, Winterruhe, Winterschlaf und Kältestarre.

B Ordne den Diagrammen die Begriffe aktive Überwinterer und Winterschläfer zu. Begründe.

C Begründe, warum Winterschläfer im Winter nicht gestört werden dürfen.

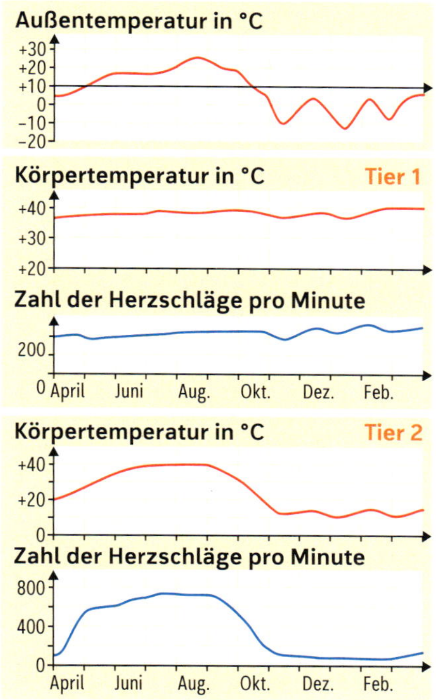

8 Ernährung

A Ordne die drei Schädel einem Fleischfresser, Allesfresser und Pflanzenfresser zu. Begründe deine Zuordnungen.

B Nenne weitere Tierarten, die die jeweiligen Gebisstypen besitzen.

C Erkläre, welche Zähne für das jeweilige Gebiss typisch sind. Ordne Funktionen für diese Zähne zu.

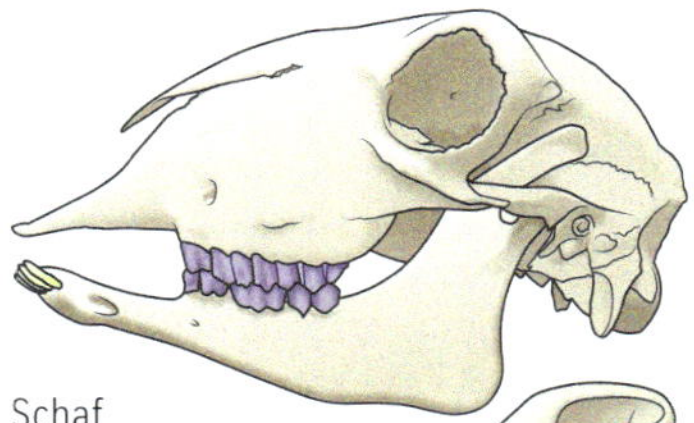

1 Schaf

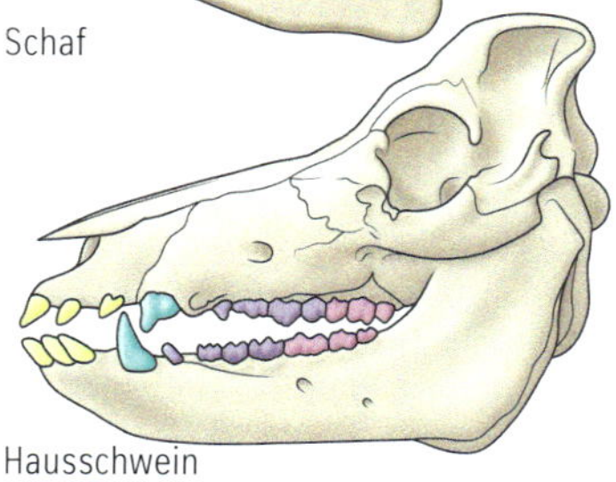

2 Hausschwein

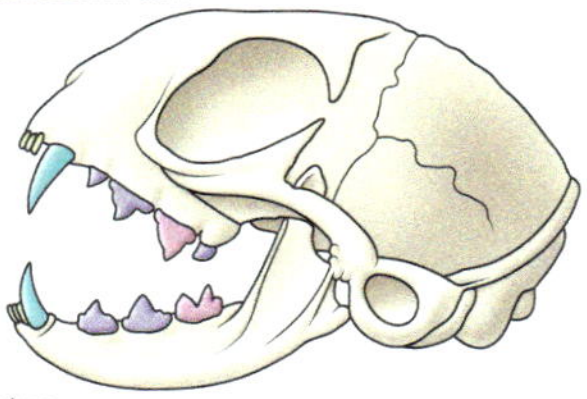

3 Katze

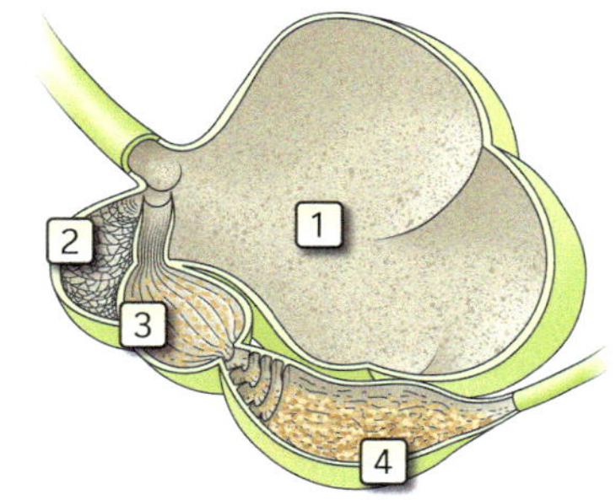

9 Rindermagen

A Benenne die einzelnen Teile des Rindermagens.

B Erstelle eine Tabelle und ordne den einzelnen Teilen des Rindermagens ihre Funktionen zu.

C Erkläre, warum Rinder zu den Wiederkäuern zählen.

10 Hühner sind Eierlieferanten

A Nenne die verschiedenen Haltungsformen von Hühnern.

B Vergleiche die Freilandhaltung mit der Bodenhaltung.

C Beurteile, welche der drei Haltungsform am ehesten artgerecht ist.

Seite 15

M1 Aufgabe 2
Überprüfe für den Uhu und die Drohne alle Kennzeichen des Lebendigen: Fortpflanzung, Wachstum und Entwicklung, Bewegung, Reizbarkeit, Stoffwechsel.

Seite 16

M2 Aufgabe 2
Beachte, dass die Venusfliegenfalle Insekten fängt und verdaut, um wichtige Stoffe für ihren Stoffwechsel zu erhalten.

Seite 21

M1 Aufgabe 2
Tipp: Viele Stoffe verbreiten reizende und giftige Dämpfe, die nicht direkt eingeatmet werden dürfen.

P2 Aufgabe 2
Geschmackstests sind als Schutzmaßnahme nicht im Fachraum erlaubt.

Seite 23

M1 Aufgabe 2
Beachte, dass die Messgeräte immer einen geeigneten Messbereich haben müssen.

Seite 24

M1 Aufgabe 2
Beachte bei deiner Antwort, dass zu Beginn des Versuchs in den Bechergläsern unterschiedlich viel Wasser enthalten ist.

Seite 25

P2 Aufgabe 2
Beachte bei deiner Antwort, dass das Temperaturempfinden abhängig davon ist, ob man vorher in einer wärmeren oder kälteren Umgebung war.

M3 Aufgabe 2
Tipp: Das linke Mädchen hat vorher kalt geduscht und das rechte Mädchen warm.

Seite 27

M1 Aufgabe 2
Beachte bei deiner Erklärung beispielsweise das Material der Thermometer und die Messgenauigkeit.

Seite 30

M1 Aufgabe 3
Nutze folgenden Satzanfang:
- *Für die Beobachtung von beweglichen Objekten eignen sich … .*

Seite 31

M2 Aufgabe 2
Beachte bei deiner Beschreibung den Aufbau der Flügel.

Seite 36

M1 Aufgabe 2
Beachte bei deinem Vergleich, dass sich an der Wurzel viele, dünne Wurzelhärchen befinden.

Seite 38

M2 Aufgabe 2
Nutze bei deiner Antwort folgende Begriffe:

Wasserstand, Sinken, Wasser, Verdunstung, Blätter

Seite 41

M1 Aufgabe 2
Tipp: Der Glimmspan flammt nur auf, wenn Sauerstoff vorhanden ist.

M2 Aufgabe 2
Beachte bei deiner Erklärung, dass Pflanzen Mineralstoffe aus dem Boden aufnehmen und umwandeln.

Seite 43

M1 Aufgabe 2
Betrachte vor allem die Kronblätter der beiden Pflanzen. Wie viele Kronblätter haben sie?

Seite 47

M1 Aufgabe 2
Übertrage den Text in dein Heft und ergänze die Lücken:

Die Schlüsselblume wird durch … bestäubt. Es handelt sich daher um eine … .

M1 Aufgabe 3
Beachte, dass bei der Schlüsselblume bei jeder Blüte Griffel und Staubblätter unterschiedlich lang sind.

M2 Aufgabe 3
Tipp: Bienen können mit ihren kurzen Saugrüssel an den Nektar aus flachen, kurzen Blüten kommen.

Seite 58

M3 Aufgabe 2

Beachte bei deiner Antwort die Oberfläche der Pollenkörner. Windbestäuber haben zum Beispiel glatte Pollenkörner.

M3 Aufgabe 3

Nutze folgenden Satzanfang:

- *Der Wind kann die Pollenkörner in viele verschiedene ... .*

M3 Aufgabe 4

Tipp: Der Haselstrauch wird durch Wind bestäubt.

Seite 49

M4 Aufgabe 2

Beachte bei deiner Antwort, dass die Salweide entweder nur männliche oder nur weibliche Blütenstände besitzt.

Seite 50

M1 Aufgabe 2

Nutze bei deiner Antwort folgende Begriffe:

Narbe, Pollenschlauch, Innere des Fruchtknotens, weibliche Eizelle, verschmelzen

Seite 51

M2 Aufgabe 2

Nutze folgenden Satzanfang:

- *Bei der Kirschfrucht ist der Samen umgeben von ... .*

Seite 53

M2 Aufgabe 2

Beispiel:

Pflanzenart: Süß-Kirsche

Fruchttyp: Lockfrucht

Begründung: Durch ihr auffällige Färbung werden Kirschen von Tieren gefressen und der unverdauliche Kern wird wieder ausgeschieden.

Seite 55

M1 Aufgabe 2

Benutze bei der Beschreibung Formulierungen wie zum Beispiel:

die Kresse keimt, die Kresse keimt nicht, bei geringer Wärme, ...

Seite 61

Aufgabe 3

Tipp: Die Blüte wurde mithilfe der Biene befruchtet.

Aufgabe 4

Beachte bei deiner Antwort, dass sich die Kirsche mithilfe von Tieren verbreitet.

Seite 63

M1 Aufgabe 1

Tipp: Viele Familien lassen sich zum Beispiel an der Form der Blüten erkennen.

Seite 65

P1 Aufgabe 2

Bestandteil	Stoffe
Fruchtschale	Ballast- und Mineralstoffe
...	Ballast- und Mineralstoffe
Eiweißschicht	...
Mehlkörper	Stärke

Seite 69

M1 Aufgabe 2

Nutze folgende Satzanfänge:

- *Bei der Möhre werden die verdickten ... . Wie bei Äpfeln, wird auch bei der Birne die ... .*

Seite 71

M1 Aufgabe 2

Vervollständige die Tabelle:

Körper	Stoff
Eiswürfel	Wasser
Nagel	...
...	Luft
Buch	...
Faden	...
...	Gummi
...	Holz
Kaffeetasse	...
...	Porzellan
Ehering	...

+ Hilfen

M2 Aufgabe 2
Tipp: Denke daran, dass es wichtig ist, dass Gefahrstoffe besonders gelagert werden.

Seite 73

M1 Aufgabe 2
Nutze folgenden Satzanfang:
- *Der Lösevorgang beginnt, wenn Kaliumpermanganat in Wasser gegeben wird. Vom Kristall beginnen sich die Kaliumpermanganatteilchen ... .*

Seite 75

M1 Aufgabe 3
Nutze folgende Satzbausteine: flüssig werden - gasförmiger Wasserdampf - Wasserdampf wird wieder flüssig

M1 Aufgabe 4
Nutze folgenden Satzanfang:
- *Zuerst wird das feste Blei über einer Kerzenflamme erhitzt. Es beginnt zu ... .*

Seite 76

M2 Aufgabe 2
Nutze folgenden Anfang:
- *Wenn das feste Iod erhitzt wird, entsteht sofort ... .*

Seite 77

M3 Aufgabe 2
Beachte dabei die Abstände der Teilchen.

Seite 79

P2 Aufgabe 2
Tipp: Glas ist härter als Aluminium.

Seite 81

M4 Aufgabe 2
Beispiel: Stoffpaar Wachs und Kalk.

Beide Stoffe unterscheiden sich nur im Verhalten beim Erhitzen. Mithilfe eines gasbrenners kann dies überprüft werden.

Seite 82

M5 Aufgabe 2
Beachte, dass feste Stoffe am dichtesten gepackt sind.

Seite 85

M1 Aufgabe 1
Folgende Begriffe musst du in die Tabelle eintragen: Gemenge, Suspension, Zuckerwasser, Rauch eines Feuers, Emulsion, Luft, Lösung (2x), zerstäubtes Parfum

Seite 87

M2 Aufgabe 1
Nutze folgende Anfänge:
- *Sprudelwasser ist eine ... . Das Gas ... ist in ... gelöst. Die Gasteilchen ... .*

M3 Aufgabe 2
Schreibe zu den anderen Gemischen einen ähnlichen Text: Im Nebel liegen Wassertröpfchen in der Luft vor. Dabei liegen die Wasserteilchen in großen Gruppen zusammen. Es bilden sich sichtbare Nebelschlieren.

Seite 88

P1 Aufgabe 1
Tipp: Starte mit Stein-Sand-Salz-Gemenge und dann mit aussortieren.

Seite 89

M3 Aufgabe 1
Nutze für das Filtrieren folgende Begriffe:

Filter - Wasserteilchen - Sandteilchen - Salzteilchen - unterschiedliche Teilchengröße - Filtrat

Seite 90

M1 Aufgabe 1
Nutze folgende Anfänge:
- *Die Sonne erwärmt das ... . Dieses verdampft und ... an der Glasscheibe.*

Seite 91

M2 Aufgabe 1
Nutze folgende Begriffe:

Destillat - Siedetemperatur - kühlen - kondensieren

M3 Aufgabe 2
Nutze die Fachbegriffe aus dem Bild.

Seite 93

M1 Aufgabe 2
Beispiel: Beim Fettkännchen wird das Trennverfahren Dekantieren benutzt. Die verwendete Stoffeigenschaft ist die Dichte.

Seite 94

M3 Aufgabe 2
Wähle zwei passende Trennverfahren aus: Adsorbieren, Filtrieren, Eindampfen, Extrahieren

M3 Aufgabe 3

Vervollständige den Text:

Beim Extrahieren von Kafee werden die löslichen ... des Kaffeepulvers vom Extraktionsmittel ... .

Seite 97

M1 Aufgabe 3

Tipp: Nur Gegenstände, die Eisen, Nickel oder Kobalt enthalten, werden von einem Magneten angezogen.

Seite 99

M1 Aufgabe 2

Tipp: Man schont die Umwelt, wenn man Energie einspart.

M2 Aufgabe 2

Folgende Trennverfahren spielen eine Rolle: Schwimm-Sink-Verfahren, Magnettrennen.

Seite 101

Aufgabe 2

Beispiel: Möchte man bei Salzwasser das Salz als Endprodukt, kann man das Trennverfahren Eindampfen benutzen.

Seite 103

M1 Aufgabe 2

Beachte, dass bei einer chemischen Reaktion immer ein neuer Stoff entsteht.

M2 Aufgabe 2

Nutze folgende Anfänge:

- *Beim Entzünden der Kerze schmilzt das ... . Kerzenwachs. Es wird ... .*
- *Bei der Verbrennung von Wachsdampf ... .*

M2 Aufgabe 3

Beachte, dass bei einer chemischen Reaktion immer ein neuer Stoff entsteht.

Seite 105

M1 Aufgabe 2

Beachte, dass bei vielen Energieumwandlungen Wärme enststeht.

M2 Aufgabe 2

Nutze folgenden Anfang:

- *Bei einem Bungeesprung befindet sich die Person am Anfang in großer Höhe. Sie hat also eine große ... .*

M2 Aufgabe 3

Beispiel:

Vor dem Sprung befindet sich die Person in einer großen Höhe. Sie hat eine große Lageenergie. Springt sie, wird die Lageenergie in Bewegungsenergie umgewandelt.

Seite 113

M1 Aufgabe 2

Beachte dabei die Funktion, die die einzelnen Vordergliedmaßen haben.

M1 Aufgabe 3

Nutze folgende Anfänge:

- *Der Frosch hat sehr ausgeprägte ... . Somit kann er gut springen und schwimmen. Der Vogel hat fleingliedrige ... . So kann er seine Flügel spannen.*

Seite 114

M2 Aufgabe 2

Nutze folgenden Satzanfang:

- *Beim Einatmen gelangt der Sauerstoff über die Lungebläschen ... .*

M2 Aufgabe 3

Nutze folgende Satzbausteine:

gleicher Raum - einzelner Ballon - kleiner Oberfläche - viele kleine Ballons - größere Oberfläche - bei gleichem Raum

Seite 115

M3 Aufgabe 2

Beachte bei deinem Vergleich, ob die Blutgefäße nur einen Kreislauf bilden oder mehrere Kreisläufe.

M3 Aufgabe 3

Nutze folgenden Anfang:

- *Durch die vielen Verzweigungen, besitzen die Kappilaren eine größere ... .*

M3 Aufgabe 4a

Beachte dabei, ob sich das sauerstoffarme und sauerstoffreiche Blut vermischen oder nicht.

Hilfen

Seite 117

M1 Aufgabe 3

Vervollständige den Text:

Wirbeltiere müssen regelmäßig ... zu sich nehmen. Die Nahrung liefert wichtige ... und ..., damit die Tiere überleben. Die Energie ist dabei in den Nährstoffen gebunden.

M1 Aufgabe 4

Nutze folgenden Anfang:

- *Die Verdauungssäfte zerlegen die Nährstoffe in ... .*

M2 Aufgabe 1

Nutze folgende Begriffe für deine Beschreibung:

Darmlängen - Anteile pflanzlicher und nicht pflanzlicher Futterbestandteile - Körperlänge

M2 Aufgabe 2

Tipp: Je breiter der grüne Balken ist, desto länger ist der Darm von Pflanzenfressern. Je breiter der rote Balken ist, desto kürzer ist der Balken von Fleischfressern.

M2 Aufgabe 3

Beachte, dass sich pflanzliche Nahrung schwerer verdauen lässt.

Seite 119

M3 Aufgabe 3

Nutze folgenden Anfang:

- *Die Backenzähne des Rehs werden als Mahlzähne bezeichnet, da zwischen ihnen ... .*

M3 Aufgabe 4

Beachte, dass die Reißzähne die schärfsten Backenzähne sind.

Seite 121

M3 Aufgabe 3

Tipp: Eine gleichförmige Bewegung ändert nie ihre Geschwindigkeit.

Seite 123

Aufgabe 3

Beispiel: Vögel können fliegen. Dabei halten sie sich aus eigener Kraft in der Luft.

Amphibien können ... .

Aufgabe 4

Beachte, dass Vögel zum Beispiel nicht nur fliegen, sondern auch schwimmen können.

Seite 124

M1 Aufgabe 2

Tipp: Elastische Verformungen nehmen ihre ursprüngliche Form wieder an.

Seite 125

M2 Aufgabe 2

Ordne die Begriffe beschleunigen, bremsen und Richtung ändern den Bildern A bis C zu.

Seite 126

M3 Aufgabe 2

Tipp: Je länger der Kraftpfeil, desto größer die Kraft.

Seite 129

M1 Aufgabe 2

Vervollständige die Beschreibung.

Das Meer gibt in der Nacht Wärme ab. Die unteren Luftschichten über dem Meer erwärmen sich und steigen auf. Es entsteht über der Wasseroberfläche ein Tiefdruckgebiet. Die aufsteigende Luft ... .

Seite 131

M1 Aufgabe 2

Nutze folgende Satzbausteine:
Abwärtsschlag - schräg nach unten - Aufwärtsschlag - Flügelfläche nicht geschlossen - erneuter Abwärtsschlag

Seite 132

M2 Aufgabe 2

Beachte bei deinem Vergleich zum Beispiel die Flügelposition, Nutzung von Aufwinden oder die Geschwindigkeit und Höhe.

Seite 135

M1 Aufgabe 3

Tipp: Knochen von Säugetieren sind mit Knochenmark gefüllt. Das macht sie stabiler, aber auch schwerer. Wie sieht es bei Vögeln aus?

Seite 137

M2 Aufgabe 2

Schwungfeder – Die langen Schwungfedern bilden die Tragflächen der Flügel. Mit ihnen können Vögel fliegen.

Deckfeder – Die Deckfedern liegen wie Dachziegel übereinander. Sie schützen ...

Steuerfeder – ?

Daune – ?

P3 Aufgabe 2

Beachte bei deinem Vergleich die Hakenstrahlen und Federäste der Feder und die Haken und Schlaufen beim Klettverschluss.

Seite 139

P1 Aufgabe 1

Tipp: Überprüfe, welche der folgenden Bestandteile du sehen kannst: Hagelschnur, Keimscheibe, Kalkschale, Schalenhaut, Eiklar, Dotterhaut, Dotter.

P1 Aufgabe 2

Beachte, dass sich eine befruchtete Eizelle mehrfach teilt und sich eine Keimscheibe ausbildet.

Seite 140

M2 Aufgabe 2

Tipp: Damit sich ein Küken entwickelt, muss das Ei auf einer gleich bleibenden Temperatur gehalten werden.

Seite 142

M1 Aufgabe 2

Beachte, dass der Uhu einen sehr scharfkantigen Schnabel hat.

Seite 145

M1 Aufgabe 1

Beispiel:

Masse = 5,4 g , Volumen = 2 cm^3

Dichte = 5,4 g : 2 cm^3 = 2,7 g/cm^3

M1 Aufgabe 2

Der Würfel aus dem Beispiel mit 2,7 g/cm^3

ist aus Aluminium.

Seite 146

M2 Aufgabe 2

Nutze folgende Satzbausteine:

Schwimmblase wird größer - aufsteigen - Tauchboot pumpt Luft in die Kammern - Schwimmblase wird kleiner - absteigen - Tauchboot lässt Luft in die Kammern

Seite 150

M1 Aufgabe 2

Vervollständige die Tabelle.

Flossen	Aufgaben
Schwanzflosse	Fortbewegung im Wasser
Rückenflosse	...
...	Hält Fisch aufrecht
Bauchflosse	...
Brustflosse	...

Seite 151

M2 Aufgabe 2

Tipp: Friedfische suchen den Boden nach Nahrung ab. Sie haben meistens gar keine Zähne im Kiefer.

Seite 152

M3 Aufgabe 2

Nutze folgenden Anfang:

- *Beim Einatmen sind die Kiemendeckel geschlossen. Durch das Maul saugt der Fisch Wasser ein. Beim Ausatmen ... .*

M3 Aufgabe 3

Beachte bei deiner Antwort, dass der Sauerstoff aus dem Wasser über die Blutgefäße der Kiemenblättchen aufgenommen wird.

Seite 153

M4 Aufgabe 3

Tipp: Steigt ein Fisch nach oben, ist in seiner Schwimmblase viel Gas. Sinkt der Fisch ab, ist in seiner Schwimmblase wenig Gas.

Seite 155

M1 Aufgabe 2

Nutze folgende Satzbausteine: fast durchsichtig und wenige Millimeter groß - ernährt sich vom Dottersack - Nährstoffe des Dottersacks aufgebraucht - Jungforelle verlässt Bachbett - ist ausgewachsen und geschlechtsreif

M1 Aufgabe 3

Beachte, dass die Forelle erst als Jungforelle das Bachbett verlässt und eigenständig nach Nahrung sucht.

+ Hilfen

Seite 157

M1 Aufgabe 3
Beachte bei deiner Erklärung den Flossensaum und die Schwimmhäute beim Teichmolch.

M1 Aufgabe 4
Nutze folgenden Satzanfang:
- *Der Wasserfrosch hat nicht nur Schwimmflossen, sondern auch sehr kräftige … .*

Seite 161

M1 Aufgabe 3
Tipp: Bei einer Metamorphose sehen die Jungtiere anders aus und haben eine unterschiedliche Lebensweise.

Seite 163

M1 Aufgabe 2
Beachte bei deinem Vergleich zum Beispiel wie die Haut bedeckt ist und welche Drüsen sich in der Haut befinden.

M1 Aufgabe 3
Zauneidechse: Die Lunge ist an der Innenseite sehr stark gefaltet.

Erdkröte: ?

M1 Aufgabe 4
Tipp: Die Hornschuppen sind sehr fest und dicht gepackt.

Seite 162

M2 Aufgabe 2
Tipp: Reptilieneier haben eine feste, ledrige Schale.

Seite 169

M1 Aufgabe 2
Beachte bei deiner Antwort, dass Wildtiere nicht in ihren Merkmalen durch Züchtungen des Menschen verändert wurden.

M2 Aufgabe 2
Tipp: Neben genügend Zeit für einen Hund, benötigt man außerdem noch Geld für Futter, Spielzeug, Körbchen oder einen Tierarzt.

Seite 172

M1 Aufgabe 2

Beispiel: Die Polizei nutzt Spürhunde zum Aufspüren von Drogen oder Sprengstoffen zum Beispiel in Koffern oder Verstecken. Hunde sind dafür besonders geeignet, da sie einen sehr guten Geruchssinn haben.

Seite 173

M2 Aufgabe 2
Tipp: Der Bär läuft auf seiner ganzen Fußsohle. Er ist daher ein Sohlengänger. Wie ist es beim Hund?

Seite 174

M3 Aufgabe 2
Schneidezahn – Schaber: Der Hund kann mit seinen flachen Schneidezähnen Fleischreste vom Knochen abschaben.

Eckzahn – Fleischgabel: ?

Backenzahn – ?

Reißzahn – ?

Seite 177

M1 Aufgabe 2
Nutze folgenden Satzanfang:
- *Die Menschen wählten zunächst gezielt die Tiere für die Fortpflanzung aus, die bereits kurze Beine hatten. Sie verpaarten … .*

M1 Aufgabe 3
Tipp: Ein Hund und eine Katze können sich nicht fortpflanzen, weil sie zwei unterschiedliche Arten sind.

Seite 179

M1 Aufgabe 2
Nutze folgenden Satzanfang:
- *Früher haben wilde Wolfsrudel in der Nähe des Menschen nach Nahrung … .*

Seite 180

M1 Aufgabe 2
Erstelle eine ähnliche Tabelle für die Katze wie beim Hund.

Jagdweise	Jagdverhalten	Merkmale
Hetzjäger	hetzt Beutetieren hinterher	Zehengänger, Krallen nicht einziehbar

M1 Aufgabe 3
Beachte bei deiner Antwort, dass die Katze bei der Jagd ihre Krallen einzieht.

Seite 182

M2 Aufgabe 2
Tipp: Fangzähne und Reißzähne sind typisch für ein Fleischfressergebiss.

Seite 190

M1 Aufgabe 2

Tipp: Der Gehirnschädel umgibt das Gehirn.

M1 Aufgabe 3

Beachte bei deinem Vergleich zum Beispiel den Abstand der Knochenplatten.

Seite 192

M2 Aufgabe 2

Nutze folgenden Anfang:

- *Das Gewicht wird im Modell gleichmäßig auf beide Seiten des Torbogens verteilt. Bei einem gesunden Fußskelett ... .*

Seite 195

M1 Aufgabe 2

Beachte beim Vergleich die Neigung der Wirbel und den verfügbaren Platz für die Bandscheiben.

M1 Aufgabe 3

Tipp: Einseitige Belastungen können zu einem Bandscheibenvorfall führen.

Seite 197

M1 Aufgabe 2

Nutze folgende Satzbausteine:

wird angehoben - wird herunter gedrückt - Drehpunkt am Ende - Drehpunkt in der Mitte

Seite 201

M1 Aufgabe 3

Tipp: Ein Kugelgelenk kann man in alle Richtungen bewegen.

Seite 203

M2 Aufgabe 2

Tipp: Die Holzleisten stellen die Knochen dar und die Luftballons stehen für die Muskeln.

M3 Aufgabe 1

Beachte, in welche Richtung die Hebelarme zeigen und welches Gelenk der Drehpunkt ist.

M4 Aufgabe 1

Tipp: Führt die Gesichtsausdrücke langsam durch und versucht zu spüren oder ertasten, welche Muskeln benutzt werden.

Seite 205

M1 Aufgabe 2

Tipp: 1 Liter sind 1000 Milliliter.

M1 Aufgabe 3

Beachte, dass Schorlen mit Mineralwasser gemischt werden.

M2 Aufgabe 1

Beachte bei deiner Beschreibung die Anordnung der Eiweißstoffe.

M2 Aufgabe 2

Nutze folgende Satzbausteine:

Eiweißstoffe zerlegt - Aufnahme ins Blut - neu zusammengefügt

Seite 206

M1 Aufgabe 2

Nutze folgenden Satzanfang:

- *Ist die zugeführte Energie höher als der ... .*

M1 Aufgabe 3

Tipp: Bei sportlichen Aktivitäten wird aufgenommene Energie umgewandelt.

Seite 207

M2 Aufgabe 2

Tipp: Vergleiche die Kurven in der Grafik zwischen Mittagessen und Abendessen.

Seite 209

M1 Aufgabe 2

Tipp: Myriams Essstörung hat extremes Untergewicht zur Folge.

Seite 210

M1 Aufgabe 2

Beachte, dass man einen Nahrungsbrei beim Essen herunterschluckt.

Seite 212

M2 Aufgabe 1

Beachte bei deiner Beschreibung die Nährstoffe vor und nach der Zerlegung.

M2 Aufgabe 2

Tipp: Enzyme zerlegen Nährstoffe, wie zum Beispiel im Mund.

+ Hilfen

Seite 215

M1 Aufgabe 2
Beachte, dass das Zahnmark viele Nerven und Blutgefäße enthält.

M1 Aufgabe 3
Tipp: Bakterien vermehren sich im Zahnbelag sehr schnell.

M2 Aufgabe 2
Nimm für die Formulierung die Stichworte aus der Grafik zuhilfe.

Seite 216

M1 Aufgabe 2
Beachte, dass das Blut mit hohem Druck aus dem Herz gepresst wird.

Seite 217

M2 Aufgabe 3
Beachte, dass der Sauerstoff aus dem Blut an die Organe abgegeben wird.

Seite 218

M1 Aufgabe 2
Beachte, dass bei körperlicher Belastung der Körper mehr mit Sauerstoff versorgt werden muss.

Seite 219

M2 Aufgabe 2
Nutze folgende Satzbausteine:

Herzmuskel zieht sich zusammen - Blut heraus gedrückt - Herzmuskel entspannt - Blut wird eingesaugt

M2 Aufgabe 3
Beachte, dass das Herz aus zwei Herzkammern besteht und Blut immer nur in eine Richtung fließen darf.

Seite 221

M1 Aufgabe 2
Nutze folgenden Satzanfang:
- *Beim Einatmen gelangt der Sauerstoff über die Lungebläschen ... .*

M1 Aufgabe 3
Tipp: Sauerstoff gelangt nicht so leicht durch dicke Blutgefäße.

Seite 224

M1 Aufgabe 2
Beachte, dass bei körperlicher Belastung der Körper mehr mit Sauerstoff versorgt werden muss.

Seite 225

M2 Aufgabe 2
Beachte bei deiner Beschreibung, dass Muskeln nicht einseitig beansprucht werden dürfen und ausreichend trainiert werden müssen.

Seite 227

M1 Aufgabe 2
Nutze folgenden Anfang:
- *Welches der Materialien leitet ... ?*

M1 Aufgabe 3
Beachte, dass die Wärme von einem Ort hoher Temperatur zu einem Ort niedriger Temperatur transportiert wird.

Seite 228

M2 Aufgabe 2
Tipp: Warmes Wasser steigt nach oben.

Seite 229

M3 Aufgabe 3
Beachte bei deiner Antwort, dass sich Wärmestrahlung ohne einen Stoff ausbreiten kann.

Seite 231

M1 Aufgabe 2
Tipp: Dünne Luftschichten sind wärmedämmend.

M2 Aufgabe 2
Beachte, dass warme Bereiche rot, gelb und weiß dargestellt sind. Kalte Bereiche blau oder grün.

Seite 234

M2 Aufgabe 2
Tipp: Verletzungen müssen frühzeitig erkannt werden.

M3 Aufgabe 2
Nutze folgenden Anfang:
- *Je kleiner der Abstand zwischen zwei Reizen noch wahrgenommen werden kann, desto ...*

M3 Aufgabe 3
Tipp: Je kleiner der Abstand zwischen zwei Reizen in der Grafik ist, desto empfindlicher ist die Körperstelle.

Seite 235

M4 Aufgabe 2
Beachte die Veränderung der Blutgefäße.

Seite 237

M1 Aufgabe 2
Beachte, dass Hautkrebs zu den langfristigen Schäden gehört.

M2 Aufgabe 2
5 Minuten x 30 Lichtschutzfaktor = ...

Seite 238

M1 Aufgabe 2
Beachte bei der Entwicklung eines Lösungsvorschlags zum Beispiel, dass beide Seiten mit dem Ergebnis zufrieden sind und die möglichen Reaktionen.

M1 Aufgabe 3
Tipp: Veränderungen in der Pubertät werden durch Hormone ausgelöst.

Seite 239

M2 Aufgabe 2
Beachte bei der Erklärung das Einsetzten der körperlichen Veränderungen bei Jungen und Mädchen.

Seite 241

M1 Aufgabe 2
Penis: dient der Übertragung von Spermienzellen.

Hoden: In den Hoden werden bis zum Lebensende mehrere Millionen ...

Eichel: - ?

Nebenhoden: - ?

Schwellkörper: - ?

Harn-Spermienleiter: - ?

Spermienleiter: - ?

Seite 243

M1 Aufgabe 2
Gebärmutter: In der Schleimhaut der Gebärmutter kann sich eine befruchtete Eizelle einnisten. Während der Schwangerschaft wächst in der Gebärmutter das Kind heran.

Eileiter: - ?

Eierstock: - ?

Scheide: - ?

Innere Schamlippen: - ?

Äußere Schamlippen: - ?

Seite 244

M2 Aufgabe 2
Nutze folgende Satzbausteine:

Ei nistet sich nicht in Gebärmutter ein - Schleimhaut wird abgestoßen - Menstruation - Aufbau einer neuen Schleimhaut

Seite 245

M3 Aufgabe 2
Tipp: Ein Zyklus dauert vom ersten Tag der Blutung ungefähr 28 Tage.

M4 Aufgabe 2
Beachte, dass keine Krankheitserreger in die Scheide und die Harnröhre gelangen dürfen.

Prostata: - ?

Seite 247

M1 Aufgabe 2
Tipp: Das Kind kann während der Schwangerschaft noch nicht selbstständig atmen.

M2 Aufgabe 2
Vervollständige die Tabelle

Fruchtblase	Modell
Fetus	rohes Ei
...	Plastikbeutel
Fruchtwasser	...
Gummiband	keine Funktion
Schraubglas	...

M2 Aufgabe 3
Beachte, dass Wasser ein guter Schutz sein kann.

Seite 248

M3 Aufgabe 3
Beachte, ab wann die Ohren voll entwickelt sind.

Seite 249

M4 Aufgabe 3
Tipp: Damit das Kind aus der Scheide gepresst werden kann, sind Muskelkontraktionen nötig.

Seite 259

M1 Aufgabe 2
Tipp: Wälder haben im Gegensatz zu Wiesen ein dichtes Blätterdach.

Seite 260

M2 Aufgabe 2
Nutze bei deiner Antwort folgende Begriffe:

Wiese, Fluss, See, Wald, begradigt, Felder, Stadt, vielfältig

M2 Aufgabe 3
Tipp: Lebewesen sind immer an einen bestimmten Lebensraum angepasst.

M3 Aufgabe 1
Beachte bei deinem Vergleich die Anzahl der Tiere und Pflanzen.

Seite 261

M4 Aufgabe 2
Nutze folgende Satzanfänge:
- *Eine Hecke besteht aus vielen verschiedenen … . Viele Tiere halten sich … .*

M4 Aufgabe 3
Tipp: Hecken sind ein guter Schutz vor Wind.

Seite 263

M1 Aufgabe 2
Beachte bei deinem Vergleich zum Beispiel die Tiefe der Gänge, Anzahl und Funktion der Kessel und die Form der Hügel.

M1 Aufgabe 3
Tipp: Der Maulwurf ist ein Nützling. Er frisst Wurzelschädlinge und lockert mit seinen Gängen den Boden auf.

Seite 264

M2 Aufgabe 2
Nutze folgenden Anfang:
- *Der Maulwurf besitzt Grabhände. Durch das Sichelbein wird die Handfläche … .*

Seite 265

M3 Aufgabe 2
Beachte bei deiner Antwort, dass der Maulwurf mit seinen Zähnen Insekten zerbeißen und zermahlen muss.

M3 Aufgabe 3
Beachte bei deiner Antwort, dass der Maulwurf mit seinen Zähnen durch die harte Schale von Insekten und die zähe Haut von Regenwürmern kommen muss.

Seite 267

M1 Aufgabe 2
Nutze folgende Satzbausteine:

verlängerte Finger- und Unterarmknochen - dünne Flughäute - Sporenbein - Flughaut am Schwanz spannen

Seite 268

M2 Aufgabe 2
Beachte bei deiner Antwort, dass Fledermäuse den ganzen Winter über Winterschlaf halten.

M3 Aufgabe 1
Tipp: Die Körpertemperatur und die Anzahl der Atemzüge sinkt im Winter.

Seite 271

M1 Aufgabe 2
Nutze folgenden Satzanfang:
- *Vogel und Biene haben die gleiche Anzahl an … .*

M1 Aufgabe 3
Tipp: Wirbeltiere besitzen eine Wirbelsäule.

Seite 272

M2 Aufgabe 2
Beachte bei deiner Erklärung, dass aus befruchteten Eiern Arbeiterinnen schlüpfen.

Seite 273

M3 Aufgabe 3
Tipp: Bienen brauchen große Wiesen mit vielen verschiedenen Kräutern und Blumen. Ihre Bienenstöcke bauen sie im Boden oder in Baumstämmen.

Seite 275

M1 Aufgabe 2
Nutze folgende Satzanfänge:
- *Bei der Vorwärtsbewegung ziehen sich erst die … zusammen. Die vordere Körperregion streckt sich dann und … .*

Seite 276

M2 Aufgabe 2
Tipp: Regenwürmer graben ihre Wohnröhren bis zu 2 Meter tief in die Erde. Frisst der Regenwurm Erde und vermoderte Blätter, scheidet er unverdauliche Reste mit Mineralstoffen wieder aus.

Seite 279

M1 Aufgabe 2
Beachte bei deinem Vergleich die Prozentangaben in der Grafik. Je höher der Wert ist, desto größer ist der Lichteinfall.

Seite 280

M1 Aufgabe 3

Tipp: Produzenten liefern Nährstoffe, die alle Lebewesen benötigen.

M2 Aufgabe 1

Anfang einer möglichen Nahrungskette:

Samen der Buche → Buchfink → ...

Seite 283

M1 Aufgabe 3

Beispiel: Im Frühjahr bildet der Laubbaum Blüten aus, damit er sich fortpflanzen kann.

Seite 284

M2 Aufgabe 1

Beginne oben und stelle dir Fragen zu den Merkmalen der Blätter. Du hast immer zwei Antworten zur Auswahl. Beginne bei Blatt A so:

Ist das Blatt einfach oder zusammengesetzt?

→ einfach

Ist die Blattform lang oder breit?

→ breit

Ist die Blattform gelappt oder nicht gelappt?

→ ...

Seite 287

M1 Aufgabe 2

Tipp: Pflanzen nehmen über die Spaltöffnungen Kohlenstoffdioxid aus der Luft auf.

Seite 289

M2 Aufgabe 1

Nummer 1: Wasserfloh

Nummer 4: Teichmolch

Seite 292

M1 Aufgabe 2

Tipp: Wenn im Frühjahr in den Bergen der Schnee schmilzt, führen die Flüsse sehr viel Wasser.

Seite 299

M1 Aufgabe 1

Achte darauf, dass du deine Werte immer zur gleichen Uhrzeit aufnimmst.

M1 Aufgabe 2

Trage auf der Rechtsachse die Tage und auf der Hochachse die Temperatur ein.

Seite 300

M2 Aufgabe 2

Tipp: Bei Windstärke 0 steigt Rauch gerade nach oben und bei Windstärke 12 entstehen schwere Verwüstungen

Seite 303

M1 Aufgabe 2

Nutze folgenden Anfang:

- *Je wärmer es ist, desto kleiner und leichter sind die Pinguine. Bild A ist aus diesem Grund der ... .*

P2 Aufgabe 2

Nutze folgenden Satzanfang:

- *Die große Kartoffel steht in diesem Versuch für den ... .*

Seite 304

M1 Aufgabe 2

Beachte bei der Beschreibung die Höhe der Temperatur, den Temperaturverlauf und die Menge an Niederschlag.

Seite 305

M2 Aufgabe 2

Tipp: Je weiter man im Norden ist, desto kälter wird es.

M2 Aufgabe 3

Beachte, dass Füchse in wärmeren Gebieten größere Ohren haben.

Seite 307

M1 Aufgabe 2

Nutze folgenden Satzanfang:

- *Beim Wechsel zum Winterfell wachsen zusätzlich viele, dicht beeinander stehende Haare. Diese bilden ... .*

M1 Aufgabe 3

Tipp: Wenn im Winter Schnee liegt, sind Hermeline im braunen Fell deutlich zu erkennen.

Seite 308

M2 Aufgabe 2

Verwende beim Vergleich Begriffe wie zum Beispiel: bleibt gleich, steigt in folgenden Monaten, schwankt stark ...

Seite 309

M3 Aufgabe 2

Tipp: Igel können im Frühjahr aus dem Winterschlaf erwachen.

Hilfen

Seite 310

M1 Aufgabe 2

Beachte bei deiner Erklärung, dass eine Luftschicht vor Kälte schützt.

Seite 313

M3 Aufgabe 2

Tipp: Überlege dir Kriterien, wie zum Beispiel das Nahrungsangebot im Winter für Vögel. Prüfe damit, ob die Winterfütterung sinnvoll ist.

M4 Aufgabe 2

Beachte bei deiner Beschreibung zum Beispiel, ob die Vögel über das Meer fliegen und wie weit im Süden sie überwintern.

Seite 315

M1 Aufgabe 2

Tipp: Beachte die verschiedenen Temperaturen in einem tiefen See in der Grafik.

Seite 316

M1 Aufgabe 2

Backenzahn - Mörser: Pflanzenteile werden zermahlen

Schneidezahn und Eckzähne mit Hornleiste - ?

Seite 317

M2 Aufgabe 2

Beachte bei deinem Vergleich die Länge des Darms und die Anzahl der Mägen.

Seite 318

M3 Aufgabe 2

Tipp: Milchrinderrassen produzieren viel Milch, wiegen aber nicht so viel wie Fleischrinderrassen. Die Fleischrinderrassen sind sehr schwer, brauchen viel Kraftfutter und geben wenig Milch.

Seite 319

M4 Aufgabe 2

Beachte bei deinem Vergleich zum Beispiel den verfügbaren Platz zum Laufen und Liegen und das Nahrungsangebot.

M4 Aufgabe 3

Beachte bei deiner Antwort, dass Rinder viel Kraftfutter bekommen und sich wenig bewegen sollten, wenn sie mehr Milch geben sollen.

Seite 320

M1 Aufgabe 2

Nutze folgende Satzbausteine: zerreißen von Fleisch - zermahlen pflanzliche Nahrung - Durchwühlen des Bodens - Abrupfen von Blättern

Seite 321

M2 Aufgabe 2

Hinweis: Hunde laufen auf ihren Zehen, wenn sie ihren Beutetieren hinterher hetzen. Sie zählen deshalb zu den Zehengängern. Wie ist es bei Schweinen und Pferden?

Seite 322

M3 Aufgabe 3

Folgende Zuchtziele solltest du beachten: Schlachtgewicht und Wachstum.

Seite 323

M4 Aufgabe 2

Beachte bei deiner Antwort, dass man in kurzer Zeit viel Fleisch produzieren muss, um es günstig anbieten zu können.

M4 Aufgabe 3

Beurteile, ob die Schweine sich bei dieser Haltung suhlen, frei bewegen, Futter suchen und mit anderen Tieren zusammenleben können.

Seite 324

M1 Aufgabe 2

Tipp: Hühner putzen sich.

M1 Aufgabe 3

Beachte bei deiner Antwort die Futtersuche, das Sandbaden und die Schlafstätten der Hühner.

Seite 326

M2 Aufgabe 2

Hinweis: In der Freiland- und Bodenhaltung können sich Hühner frei bewegen und es ist Sand zum Sandbaden vorhanden.

M3 Aufgabe 2

Nutze folgenden Anfang:

- *Um Eier günstig anbieten zu können, müssen sehr viele Hühner … .*

Seite 329

M1 Aufgabe 2

Orientiere dich für das Schema des Regelkreises an Abbildung 2.

Seite 331

M1 Aufgabe 2

Beachte bei deiner Antwort, ob Fischotter genug intakte Lebensräume haben.

M1 Aufgabe 3

Tipp: In Naturschutzgebieten darf nicht gejagt, gefischt oder die Natur verändert werden.

Register

f. = die folgende Seite, ff. = die folgenden Seiten

A

Aas 320
abiotische Faktoren 55
Absorption 229
Abwärtsschlag 130
Achselbehaarung 239
Adsorbtion 93
After 211
Afterflosse 150
Afterzehen 321
Aggregatzustände 74, 76
Ähre 64
Aktive Überwinterer 265, 306 f.
Aktivität 265, 268
Algen 286
Allesfresser 119, 320, 322, 335
Altglas 99
Aminosäuren-Bausteine 205
Amöbe 17
Amphibien 112, 156, 315
Angriffspunkt 126
Antarktis 302
Aorta 217
Aquarium 328
Arbeitsbiene 272
Arktis 302
Armskelett 267
Art 62, 177
Artenschutz 331
Arterien 216
Atembewegung 222
Atmung 41, 114, 220
Auftrieb 133, 147
Auftriebskraft 147
Aufwärtsschlag 130
Aufwinde 132
Augen 153, 181, 262
Augendusche 9
Ausatmen 222
Ausbreitung von Samen und Früchten 52
Ausgangsstoffe 103

Ausgewogene Ernährung 206
Auslesezüchtung 64
Außenkiemen 161
Außenskelett 270, 277
äußere Befruchtung 112, 154
äußeren Geschlechtsorgane 240
Austreibung 249
Auswertung 56

B

Backenzähne 174, 214, 316, 320
Balkendiagramm 327
Balkenwaage 198
Ballaststoffe 206
Bänder 200, 225
Bänderdehnung 201
Bänderriss 201
Bandscheiben 195
Bandscheibenvorfall 195, 225
Barometer 299
Bartwuchs 239
Batterien 96
Bauchatmung 222
Bauchflossen 150
Bauchmuskeln 225
Bauchschuppen 113
Bauchspeicheldrüse 211
Baumschicht 278
Baustoffwechsel 205
Becherlupen 30, 32
Bedecktsamer 285
Befruchtung 50, 139, 242, 60, 247
Begattung 138
Belastung 224
Beobachten 18
Beratungsstellen 251
Beringung 312
Berührungsempfindlichkeit 234
Beschreiben 18

Bestäubung 34, 50, 46, 60
Bestimmungsschlüssel 159
Betriebsstoffwechsel 205
Beugemuskel 203
Beutetier 131, 174, 265, 267
Beweglichkeit 314
Bewegung 15, 16, 41, 224
Bewegungsarten 120
Bewegungsenergie 104, 204
Bewölkung 298
Bienenlarven 272
Bienenstock 271, 273
Bildschärfe 295
Binokular 31
Bizeps 203
Blättermagen 317
Blindenhund 172
Blindenschrift 233
Blut 115, 117, 205, 217, 238
Blüten 16, 42, 60
Blütenbestandteile 43
Blütenblätter 42
Blütendiagramm 43, 45
Blütenstand 68, 283
Blutfluss 219
Blutgefäßen 115, 193
Blutkreislauf 115, 216
Bodenfruchtbarkeit 276
Bodenhaltung 325
Borsten 274, 321
Botenstoffe 238
Boxenlaufställe 319
Brennwert 204
Brustatmung 222
Brustbein 134
Brüste 239
Brustflossen 112, 150
Brustkorb 222
Brustkorb 194
Brustwirbel 194
Brutgebiet 311
Brutpflege 141
Brutplätze 302
Brutzellen 272, 273

C

Celsius-Skala 32
chemische Energie 204 f.
Chitin 270, 277
Chloroplasten 40
Chromatografie 95
Chromatogramm 95

D

Darmlängen 117
Darmwand 117
Darmzotten 212
Dauergebiss 214
Daumen 192
Daunenfedern 136

Deckfedern 136, 302
Deckglas 296
Dekantieren 92
Destillation 90, 91
Diagramm 29, 327
Dichte 144, 145
Dickdarm 211
Digitalthermometer 27
doppelt s-förmig 194
Dornfortsatz 195
Dotter 139, 140
Dottersack 155, 161
Drehgelenk 200
Drehpunkt 196
Drohnen 272
Dromedar 304
Dünndarm 211

E

Eber 322
Eckzähne 118 f., 174, 182, 214, 267, 320
Ei 135, 140, 160, 276
Eibläschen 243
Eichhörnchen 18
Eidechse 315
Eiercode 326
Eierstock 139, 239, 242
Eihäute 139, 140
Eiklar 139, 140
Eileiter 139, 242, 246, 255
Eileiter-Trichter 243
Eindampfen 89
Einfachzucker 116
einhäusig 48, 282, 283
Einheit 22
Einschlaglupe 30 f.
Einseitiger Hebel 196
Einzelgänger 180, 262
Einzeller 17
Eireifung 243
Eisbär 303
Eisprung 243
Eiweiße 41, 64
Eizelle 50, 139, 154, 164, 242, 246, 276
Ejakulation 241, 246, 255
elastische Verformung 124
Elektrische Energie 105, 204
Elle 203
Ellenbogengelenk 200
Embryo 54, 140, 154, 247
Embryonalphase 247
Emulsion 85, 87
Enddarm 211
Energie 104, 117, 188, 202
Energiebedarf 268, 308
Energieformen 104
Energiegehalt 204
Entbindung 249
Enzyme 210
Erektion 240, 257
Ernährung 64, 116, 135, 151, 174, 182, 206, 265, 267, 317, 320, 335
Ernährungspyramide 207
Ernteerträge 276
Eröffnungsphase 249
Extraktion 94

F

Facettenauge 271
Fachraum 8
Fachzeichnung 297
Familie 62
Fangzähne 118, 174,182
Federäste 136
Federfahne 136
Federkiel 136
Federkraftmesser 127
Federn 134, 140, 310
Fehlerdiskussion 56
Fehlernährung 206
Fehlhaltung 225
Fernglas 31, 32
Fetalphase 248
Fette 41, 117, 204, 205, 207
Fettflosse 150
Fettgewebe 306
Fettpolster 306
Fettreserven 268, 305, 308
Fettschicht 302, 307
Fettspaltende Enzyme 211
Fetus 248
Feuerlöscher 9
Filtration 89, 93
Filtrierpapier 296
Fingerknochen 192
Fische 112, 150, 315
Fixpunkte 26
Fleischfresser 118, 174, 180, 281, 288, 335
Fleischfressergebiss 174, 182
Fleischrinderrassen 318
Fließgewässer 290
Flimmerhärchen 220, 243
Fluchtweg 9
Flügel 134, 140, 271
Flugfedern 134
Flugform 132, 186
Flugfrüchte 52
Flughaut 52, 266 f.
Flüssigkeitsthermometer 27
Fortbewegung 150
Fortpflanzung 14, 16, 135, 154, 164, 174, 177, 182, 265, 266, 321
Fotosynthese 40, 282, 286
Freilandhaltung 319, 323, 325
Freiwasserzone 287
Fremdbestäubung 47, 49
Freundschaft 250
Fruchtblase 174, 247
Fruchtblatt 43
Fruchtformen 51
Fruchtknoten 50 f.
Fruchtschale 51, 64
Fruchtwand 51
Fruchtwasser 174, 247
Fühler 271
Fußgewölbe 192
Fußmuskeln 192
Fußskelett 192
Fußsohle 192
Fußwurzelknochen 173

G

Gallenblase 211
Gallensaft 211
Gallerthülle 160
Gangsystem 265
Gänsehaut 235
Gasaustausch 114, 221
Gasbrenner 8
Gattung 62
Gebärmutter 239, 242, 246, 247, 255
Gebärmutterschleimhaut 243, 247, 255
Geburt 246, 249, 255
Gefühle 238
Gegenspielerprinzip 203

Register

Gehör 181, 262
Gehörsinn 20
Geißel 241
Gelee royale 272
Gelenke 192, 200, 224
Gelenkkapsel 200
Gelenkknorpel 200
Gelenkkopf 200
Gelenkpfanne 200
Gelenkschmiere 200
Gelenkspalt 200
Gelenktypen 200
Gelenkverletzungen 201
Gemenge 85, 86
Gemisch 88
Gerste 65
Geruchssinn 20, 172
Geruchsstoffe 172, 175
geschlechtliche Fortpflanzung 69
Geschlechtsmerkmale 238
Geschlechtsorgane 238, 239, 240 f., 257
Geschlechtsverkehr 240, 246, 255
Geschlechtszelle 50, 60
Geschlossener Blutkreislauf 115
Geschmacksknospen 153
Geschmackssinn 20
Geschwindigkeit 120
Gesichtsmuskulatur 203
Getreidepflanzen 64 f.
getrenntgeschlechtlich 48, 49
Gewächshaus 329
Gewässer 258
Gewichtskraft 127, 147
Glas 96, 99
Glasschmelze 99
gleichförmig 120
Gleichgewicht 181
gleichwarm 113, 268, 314
Gleitflug 131, 133
Gliederfüßer 277
Gliederung eines Vortrags 67
Gliedmaßenskelett 173
Glimmspanprobe 41
Gräser 64
Griffel 50
Grob- und Feintrieb 294
Grundumsatz 204

H

Haarwurzel 232
Hafer 65
Haftfähigkeit 93, 95
Hagelschnüre 139
Hahn 138, 324
Hakenschnabel 142
Hakenstrahlen 136
Halm 64
Halswirbel 134, 194
Haltung 319, 323
Haltungsform 325 f.
Haltungsschäden 195
Handskelett 192
Handwurzelknochen 192
Hauptbronchien 220
Haushunde 176
Hausrind 168
Hausschwein 169, 322
Haustier 169, 176
Haut 232
Hautatmung 157, 274
Hautkrebs 237
Hautmuskelschlauch 275
Hauttyp 236 f.
Hebel 196
Hebelarme 197
Hebelgesetz 198
Hecke 260, 261
Heimtier 168, 187
Henne 138, 140, 325
Herbarium 44
Herbariumsbogen 44
Herz 115, 218
Herzkammer 218
Herzklappen 218
Herzmuskel 218
Herzscheidewand 218
Hetzjäger 178
Hochachse 29
Hochdruckgebiet 128
Hochwasser 292
Hochzeitsflüge 272
Höcker 305
Hoden 239, 240
Hodensack 240
Honig 270, 272
Honigbiene 270, 272
Honigmagen 271, 273
Hormone 238
Hornleiste 118, 316
Hornschuppen 113, 163
Huftier 318
Huhn 14, 324
Hühnerhaltung 325
Hund , 168, 172, 14, 187
Hygiene 241, 245
Hygrometer 299

I

Imker 273
Innenkiemen 161
innere Befruchtung 113, 139, 164, 174, 266
innere Geschlechtsorgane 240
Insekten 270, 277
Insektenbestäubung 46, 47
Insektenfressergebiss 265, 265
Insektensterben 273
Intensivtierhaltung , 319
Iod-Kaliumiodid-Lösung 58
Istwert 328

J

Jagdrevier 178
Jagdverhalten 179
Jugendliche 238
Jungfernhäutchen 242

K

Kaliumpermanganat 73
Kalkschale 139, 140, 277
Kälte 235
Kälterezeptoren 25, 233
Kältestarre 157, 163, 314
Kapillaren 115, 216
Karies 215
Katze 180, 187
Kaufläche 214
Kaulquappen 161
Kehldeckel 210
Kehlhaut 158
Keimblätter 54
Keimling 16, 57
Keimscheibe 139, 140
Keimung 54
Keimungsbedingungen 57

Keimwurzel 54
Kelchblätter 42
Kieferknochen 214
Kiemen 114, 152
Kiemenatmung 152
Kiemenblättchen 152
Kiemenbögen 152
Kiemendeckel 152
Kilogramm 22
Kilojoule 204
Kilokalorien 204
Kilometer 22
Kitzler 242
Klasse 63, 112, 166
Kleingruppenhaltung 325
Klettfrüchte 53
Klima 301
Klimazonen 301
Klitoris 242
Kloake 138, 164
Knochen 135, 193, 200, 202, 224
Knorpel 193, 201
Kochsalz 88, 89
Kohlenhydrate 116, 204, 205
Kohlenstoffdioxid 40, 114, 115, 152, 217, 221
Kondensor 294
Königin 272
Konkurrenz 288
Konsument 41, 280, 288
Körperarterie 219
Körperbau 113, 134, 151, 181, 264, 266, 321
Körperkapillaren 217
Körperkreislauf 216
körperliche Fitness 224
Körperpflege 241
Körpertemperatur 305, 306, 329
Körpervene 217
Kraft 124
Kraftarm 197
Krallen 173, 180, 264
Krautschicht 278
Krebs 223
Kreisbewegung 120
Kreisschema 45
Kreuzbein 194
Kronblätter 42, 51
Kugelgelenk 201
Kunststoffe 99
kurzer Vortrag 67

L

Labmagen 317
Lageenergie 104
Laich 154, 160
Laichballen 160
Larve 112, 155
Lastarm 197
Laubabwurf 282
lebend gebärend 174
Lebensbedingungen 304
Lebensmittel 64
Lebensraum 286, 303
Leber 211
Lederhaut 232
Legebild 43, 45
Legehühner 325
Legierung 84
Leichtbauweise 134
Leistungsfähigkeit 207, 224
Leistungsumsatz 204
Leitfähigkeit 80
Leitungsbahnen 40
Lendenwirbel 194
Lichteinfall 279
Lichtmikroskop 294
Lichtquelle 294
Lichtschutzfaktor 237
Lichtsinneszellen 183, 274
Liebigkühler 90
Lineal 23
Liniendiagramm 327
Lockfrüchte 53
Löschdecke 9
Löslichkeit 78, 94
Lösung 84, 86
Luftdruck 298
Luftfeuchtigkeit 298
Luftröhre 210, 220
Luftsäcke 114, 134
Lunge 114, 157, 161, 163, 220, 222
Lungenarterie 217, 219
Lungenbläschen 114, 217, 220
Lungenflügel 220
Lungenkapillaren 217, 221
Lungenkreislauf 216, 217
Lungenvene 217
Lupe 18, 32

M

Magen 116, 210
Magensaft 211
Magensäure 211
Magnetfeld 312
magnetisch 80
Mahlzähne 118, 316
Maltase 213
Malzzucker 213
männlichen Geschlechtsorgane 240
Markhöhle 193
Maschinen 199
Masse 127, 144
Masthühner 325, 326
Meißelschnabel 143
Menstruation 238, 243, 244
Menstruationszyklus 244, 257
Messbereich 23, 27
Messwerte 22, 29, 56
Messzylinder 148
Metamorphose 161
Meter 22
Mikroskop 296, 297
mikroskopisches Präparat 296
Milben 273
Milchgebiss 214
Milchrinderrassen 318
Milchsäure 215
Milchzähne 214
Milchzitze 174
Millimeter 22
Mindmap 66
Mineralstoffe 41, 64, 193, 206
Mineralstoffgehalt 286
Mischwald 279
Mittelfußknochen 173
Mittelhandknochen 192
mittlere Dichte 146
Monatsblutung 243, 244
Monokultur 273
Moosschicht 279
Müll 98
Müllsortieranlage 96, 97
Mundschleimhaut-Zellen 297
Mündung 291
Muscheln 277
Muskelfaserbündel 202
Muskelfaser 202

Register

Muskelfaserriss 225
Muskelhaut 202
Muskelkater 225
Muskeln 181, 200, 202, 224
Muskelschicht 216, 222
Muskelzerrung 225
Muttermilch 113, 174, 253

N

Nabelschnur 247, 249
Nachgeburt 249
Nachkommen 176, 177
Nachtjäger 142, 181
Nachweisverfahren 58
Nacktsamern 285
Nadelbaum 52, 283
Nährstoffbausteine 115
Nährstoffe 40, 51, 68, 116, 205, 253
Nährstoffnachweise 58
Nahrung 116, 176, 204
Nahrungsbeziehungen 280, 289
Nahrungskette 281, 288
Nahrungsnetz 281, 288
Nebenhoden 240
negative Kontrollversuch 58
Nektar 35, 46
Nerven 193
Nestflüchter 141, 318
Nesthocker 141, 174, 182, 265
Netzmagen 317
Newton 126
Niederschlag 298
Niederschlagsmesser 299
Nikotin 223
Nützling 263
Nutzpflanzen 68
Nutztier 168, 187

O

Oberarmmuskel 203
Oberfläche 21, 212
Oberflächenvergrößerung 114, 152, 163, 175, 212, 216
Oberhaut 232
Oberkiefer 174, 316
Oberlauf 291
Oberschenkelknochen 173
Objektiv 294
Objektivrevolver 294
Objekttisch 295
Okular 294
Ordnung 62
Organe 248
Orgasmus 246
Orientierung 269

P

Paarhufer 318, 321
Paarungszeit 14, 164
Pansen 317
Pantoffeltierchen 17
Parasit 273
Passivraucher 223
Penis 239, 240
Pflanzenfresser 118, 280, 263, 335
Pflanzenfressergebiss 316
Pflanzenzellen 17
Pflanzenzonen 287
Pflasterritze 260
Pinzette 296
Pipette 296
Plakat 170
plastische Verformung 124
Plazenta 247
Pollen 35, 42, 272
Pollenkörner 48, 50, 285
Pollenschlauch 50
positiver Kontrollversuch 58
Präparat 295, 296
Präsentation 59
Präsentieren 170
Pressluft 146
primäre Geschlechtsorgane 239
primären Geschlechtsmerkmale 255
Produzenten 41, 280, 288
Prostata 241
Pubertät 238, 240, 243, 255
Puls 218
Pupille 183
Pupillenverengung 183

Q

Quellregion 290
Quellung 54
Querfortsätze 195

R

Rachenraum 220
Radieschen 68
Rangordnung 178, 324
Rasen 260
Raubfische 151
Raubtiere 165
Rauch 85
Raumschwelle 234
Raumtemperatur 328
Reaktionsprodukte 103
Recherche 170
rechte Herzkammer 219
Rechtsachse 29
Recycling 98, 99
Reflexion 183, 229
Regelkreis 328
Regenwurm 265, 274
Reich 63
Reinstoffe 84, 86
Reißzähne 118, 174, 182
Reiz 20, 32
Reizbarkeit 15, 16
Renaturierung 292
Reptilien 113, 162, 315
Respekt 250
Restmüll 96
Resublimation 76
Rettungshund 172
Revier 311
Rezeptor 233
Riechschleimhaut 175
Riechsinneszellen 175
Rind 14, 316
Rindermagen 335
Rinderrassen 168
Ringelwurm 274
Ringmuskeln 275
Rippen 134, 173, 194
Roggen 65
Röhrenknochen 193
Röhrichtzone 287
Rote Liste 331
Rötelmaus 280
Rotten 321
Rückenflosse 150
Rückenmark 195
Rückenmuskel 225
Rückenmuskulatur 224
Rückenschmerzen 224

Rüde 174
Rudel 178 f.
Ruderflug 130, 186
Ruderschwanz 161
Ruheschlaf 307
Rumpf 173
Rumpfskelett 173
Rüttelfug 131

S

Salzlagerstätte 88
Samen 16, 51, 54, 60
Samenanlage 50, 282
Samenerguss 238, 239
Samenruhe 54
Samenschale 54, 64
Samenschuppe 285
Sammelbiene 272
Sandbaden 324
Sattelgelenk 201
Sau 322
Sauerstoff 40, 114, 140, 152, 220, 221
Säugetier 113, 182, 265 f., 318
Säugling 249
Saugrüssel 271
Säulendiagramm 327
Säure 58
Schädelskelett 173
Schaft 136
Schale 64
Schambehaarung 239
Schamlippen 242, 245
Scharniergelenk 200
Schätzen 33
Scheide 239, 242, 255
Scheidenöffnung 242
Schienbein 173, 193
Schleichjäger 180
Schleimdrüsen 112, 158
Schleimhaut 211, 175
Schleimschicht 220
Schleuderfrüchte 53
Schleuderzunge 143, 156
Schluckatmung 158
Schlüssel-Schloss-Prinzip 213
Schmelzfalten 316
Schmelzkanten 265
Schmelztemperatur 26, 74, 82
Schmerzrezeptoren 233
Schneidezähne 118, 174, 182, 316, 320
Schnurrhaare 181
Schulterblatt 203
Schultergelenk 201
Schuppen 112
Schuppenpanzer 165
Schutzbrille 8
Schwangerschaft 246, 249, 255
Schwanzfedern 131
Schwanzflosse 112, 150
Schwanzlurch 157
Schwein 14, 320
Schweißdrüsen 232, 235
Schwellkörper 240
Schwimmblase 146, 153
Schwimmblätter 287
Schwimmblattzone 287
Schwimmfrüchte 53
Schwimmhäute 156, 165
Schwingung 120
schwitzen 305
Schwungfedern 130, 136
Sediment 92
Sedimentieren 89, 92
Seerosen 287
Seewind 129
Segelflug 132, 186
Segmente 274
Sehnen 181, 203, 224, 202
Sehsinn 20
Seihschnabel 143
Seitenlinie 153
Seitenwurzel 54
sekundäre Geschlechtsmerkmale 239, 255
Sekunde 22
Selbstbestäubung 47
Selbstverbreitung 53
Senkfuß 192
Sichelbein 264
Sicherheitseinrichtungen 9
Sicherheitsregeln 8
Sieben 96
Siedetemperatur 26, 75, 82
Sinne 32
Sinnesleistung 175
Sinnesorgane 153, 156, 172, 181, 262
Skelett 173, 200
Skelettmuskeln 202 f.
Skelettschädigungen 225
Skizze 56
Sohlengänger 173, 192
Sole 90
Sollwert 328
Sommerfell 306, 307
Sommersprossen 236
Sondermüll 96
Sonnenbrand 236
Sonneneinstrahlung 301
Sonnenlicht 16
soziale Netzwerke 250
Spaltöffnung 40
Spannenergie 104
Speichel 210
Speicheldrüsen 210
Speicherorgane 68
Speiseröhre 116, 210, 317
Sperma 241, 255
Spermienerguss 241 ff.
Spermienleiter 241
Spermienzellen 139, 154, 160, 164, 174, 240, 246, 255
Spiegelschicht 183
Spinnentiere 277
Sporenbein 267
Sprossachse 57, 68
Sprossknolle 68
Sprunggelenk 201
Spule 136
Spürhunde 172
staatenbildenden Insekten 272
Stachel 272
Stammform 176
Standfuß 294
Standvögel 310
Stängel 16
Stärke 41, 68, 213
Stativ 294
Staubbeutel 42
Staubblätter 42, 282
Staubfaden 42
Steinfrüchte 51
Steinsalz 88, 89
Steißbein 194
Steuerfeder 136
Stillupen 30, 32
Stimmbruch 239
Stimmungsschwankungen 238
Stockbiene 27
Stoff 70 f.

Register

Stoffeigenschaften 78, 103
Stoffgemisch 84
Stoffsteckbriefe 83
Stoffumwandlung 102
Stoffwechsel 15, 16, 205, 268
Stoppuhr 23
Strahlungsenergie 104, 204
Strauchschicht 278
Streckmuskel 203
Stress 224
Streufrüchte 53
Strichrichtung 264
Strichvögel 311
Strom 8
Stromlinienform 134, 150
Sturzflug 131
Stützschwanz 143
Sublimation 76
Südpol 302
suhlen 14
Suspension 85, 86

T

Tabelle 327
Tagzieher 312
Talgdrüse 232
Tasthaare 181, 262
Tastrezeptor 233
Tastsinn 20
Tastsinneszellen 274
Tauchblätter 287
Tauchblattzone 287
Tauchboot 146
Teichmolch 157, 159
Teilchenmodell 72
Temperatur 24, 26, 28, 32, 298
Temperaturschwankungen 304
Thermometer 23, 24, 28
Thermoskanne 231
Tiefdruckgebiet 128
Tierzelle 17
Tragstarre 182
Tragzeit 265
Transport von Stoffen 216
Traubenzucker 16, 40, 116, 213
Trennverfahren 92
Triebe 68
Trinkwasser 90
Trizeps 203
Trockenheit 54
Troposphäre 298
Tubus 294

U

Übergewicht 206, 224
Überlauf-Methode 148
Überwinterung 306, 310, 314
Überwinterungsarten 309
Überwinterungsgebiete 312
Überwinterungsstrategie 268, 307
Ultraschall-Rufe 269
Umwelteinflüsse 20
Umweltfaktoren 286
ungeschlechtliche Vermehrung 69
ungleichförmig 120
Unterarmknochen 192
Untergewicht 206
Unterhaut 232
Unterkiefer 174, 320
Unterlauf 291
Unterschenkelknochen 192
Unterwürfigkeit 179
UV 236

V

Vagina 242
Variabilität 176
Varroamilbe 273
Venen 216
Venenklappe 216
Ventile 218
Verdauung 41, 117, 205, 210
Verdauungssäfte 117, 211
Verdauungssystem 317
Verdrängungs-Methode 148
Verformbarkeit 79
Verformung 124
Verhalten 176, 178, 238
Verhaltensweise 179
Vermutungen 56
Verständigung 179
Versuchsprotokoll 56
Vertrauen 250
Vielfalt 165, 176
Vielzeller 17
Vitamine 64 ff., 206
Vögel 113, 130
Vogelfüße 143
Vogelschutz 313
Volumen 144
Vordergliedmaße 264
Vorhaut 240
Vorhof 218
Vorrat 265
Vorratshöhle 265
Vorratskammer 262
Vorsorgeuntersuchung 253
Vortrag 67

W

Waage 23
Waben 272
Wabenzelle 272
Wachsdeckel 273
Wachsdrüse 272
Wachstum 15, 54, 55, 140

Wachszelle 272
Wadenbein 173
Wald 258
Waldzone 287
Wanderung 290
Wärme 24, 204, 235
Wärmebild 231
Wärmebildkamera 231
Wärmedämmung 230
Wärmeleiter 80, 227
Wärmeleitfähigkeit 80
Wärmeleitung 226, 227
Wärmemitführung 228
Wärmequellen 8
Wärmerezeptor 25, 233
Wärmestrahlung 229
Wärmetransport 226
Wärmeverlust 303, 311
Wasserpest 287
Wasserqualität 293
Wasserverbreitung 53
wechselwarm 112, 157, 163, 314
Wechselwirkungsgröße 124
Wehen 249
Weichtiere 277
Weide 14
Weinbergschnecke 277
Weiselzellen 272
Weizenpflanze 64
Welpe 169
Wendezehe 142
Werkzeuge 199
Wertetabelle 29
Wertstoff 96
Wetter 298
Wetterbeobachtungsbogen 299
Wetterbericht 299
Wetterelemente 298
Wetterprognose 299
Wiederkäuer 316
Wiederkäuermagen 317
Wiese 259
Wildrind 168
Wildschwein 169, 320, 322
Wildtier 168, 176
Windbestäubung 48
Windstärke 298, 300
Windstärkeskala 300
Windverbreitung 52
Winterfell 306, 307
Winterfütterung 312
Winterquartier 315
Winterruhe 307, 308, 315
Winterschlaf 268, 308, 315
Winterstarre 314
Wippe 197
Wirbel 195
Wirbelknochen 134
Wirbelkörper 195
Wirbelloch 195
Wirbellose 270 ff., 277
Wirbel 173, 194
Wirbelsäule 112, 134, 151, 156, 162, 173, 181, 194, 225
Wirbelsäulenerkrankung 225
Wirbeltier 112, 134, 156, 162, 166, 173, 18, 187
Wirbeltierklasse 167
Wirkungsrichtung 126
Witterung 298
Wohnkessel 262
Wohnröhre 274
Wolf 176, 178
Wühlmaus 263
Wurzel 16, 68
Wurzelschicht 279
Wüstenfuchs 305
Wüstenklima 304

Z

Zahlenwert 22
Zähmung 176
Zahnbein 214
Zahnbelag 215
Zähne 116, 210, 267, 335
Zahnfleisch 214
Zahnkrone 214
Zahnlücke 214
Zahnmark 214
Zahnpflege 214, 215
Zahnschmelz 214, 215
Zahntypen 320
Zahnwurzel 214
Zapfen 285
Zauneidechse 162, 163, 164, 186
Zehengänger 173, 181
Zehenknochen 173, 181, 192
Zehenspitzengänger 318, 321
Zeigerorganismen 293
Zelle 17
Zellkerne 50, 247
Zellteilungen 247
Zellulose 116
Zellverband 17
Zentrifugieren 92
Züchtung 64, 69, 168, 177, 318, 322
Zuchtziel 177
Zugvögel 312
Zunge 182, 210
zweihäusig 49
Zweiseitiger Hebel 197
Zwerchfell 222
Zwiebelhautzelle 296
Zwischenrippenmuskel 222
Zwitter 276
Zwitterblüte 43
Zwölffingerdarm 211
Zyklus 245

Stoffliste und GHS-Gefahrenhinweise

Beim Experimentieren im Fachraum ist immer eine Schutzbrille zu tragen.

Stoff Gefahrenpiktogramm, Sicherheits- und Entsorgungssymbole	Signalwort Hinweise
Iod-Kalium-Iodid-Lösung GHS08 2	Gefahr H373 P260, P314
Methylenblau-Lösung GHS07	Achtung H302, H412 P270, P273
Brennspiritus (Ethanol) GHS02 GHS07	Gefahr H225, H319 P210, P233, P241, P243, P280

GHS02: entzündlich

GHS07: reizend

GHS08: gesundheitsschädlich

2 Behälter für anorganische Stoffe

Gefahren- und Sicherheitshinweise (H- und P-Sätze)
H225: Flüssigkeit und Dampf leicht entzündbar.
H302: Gesundheitsschädlich bei Verschlucken.
H319: Verursacht schwere Augenreizung.
H373: Kann die Organe schädigen bei längerer oder wiederholter Exposition.
H412: Schädlich für Wasserorganismen, mit langfristiger Wirkung.
P210: Von Hitze, heißen Oberflächen, Funken, offenen Flammen sowie anderen Zündquellenarten fernhalten. Nicht rauchen.
P233: Behälter dicht verschlossen halten.
P241: Explosionsgeschützte Geräte verwenden.
P243: Maßnahmen gegen elektrostatische Entladungen treffen.
P260: Staub / Rauch / Gas / Nebel / Dampf / Aerosol nicht einatmen.
P270: Bei Gebrauch nicht essen, trinken oder rauchen.
P273: Freisetzung in die Umwelt vermeiden.
P280: Schutzhandschuhe / Schutzkleidung / Augenschutz / Gesichtsschutz tragen.
P314: Bei Unwohlsein ärztlichen Rat einholen / ärztliche Hilfe hinzuziehen.

Bildquellen

|adpic Bildagentur, Köln: Haid, R. 51.3. |Alamy Stock Photo (RMB), Abingdon/Oxfordshire: age fotostock/Ciesla, Piotr 321.4; All Canada Photos/Zurowski, Tim 289.6; Anderson, Tomas 102.1; ANDRITOIU, MIHAI 259.1, 334.9; Arco Images GmbH 171.5; Armyagov, Andrey 328.1; Arndt, Vladimir 296.3; Arterra Picture Library 286.1, 323.1; Arterra Picture Library/De Meester, Johan 42.1, 136.1; averio Gatto 289.4; Avico Ltd 284.4; Bednar, Fero 155.3; Berkut, Anna 204.1; bildbroker.de 193.3; Black, Jude 125.3; BSIP SA 48.3; Buschkind 159.2; Cephas Picture Library 43.6; Chapman, David 118.3, 282.3; CHROMORANGE/Dietsch, Manfred 283.3; Costina, Mircea 305.1, 306.1; Cultura RM 231.3, 231.4; Darrington, Andrew 131.2, 159.4, 289.3; Dembinsky Photo Associates/Moody, Skip 31.4; Dorling Kindersley ltd 57.2, 59.1, 93.2, 193.2; Down, Cairney 171.4; Downie, Catherine 305.2; Drobot, Vadym 238.1; Dutler, Samuel 46.1; Dwyer, Michael 200.1; Elkin, Andrey 84.1, 86.1, 107.2; Ercolani, Giulio 130.1; Etchart, Julio 87.5; EThamPhoto 104.1; Fälchle, Jürgen 325.4; Felepchuk, Ken 74.1; Fletcher, James 39.2; Florin, Oprea 65.8; Gavin, Julia 64.1; Gilbert, Anne 4.1, 34.1; Gon2Foto/Mittleman, Richard 303.1; Gooday, John 280.3; GraficallyMinded 236.2; Grant, Michael 321.2; Grund, Eduardo 118.1; Hecker, Frank 44.1, 155.2; HENNO, Robert 289.5; Herrick, Dan 98.1; HUTCHINSON, Wayne 187.3, 318.3; imageBROKER 176.2, 214.1, 270.1, 283.1, 334.3; imageBROKER /Siepmann, Martin 259.4; imageBROKER/Blossey, Hans 292.1; imageBROKER/Huwiler, Stefan 156.1; imageBROKER/Martin, Wilfried 141.4; imageBROKER/Weber, Michael 125.4; Ivanko, Lubo 229.5; Jaturawutthichai, Puwadol 200.3; Juniors Bildarchiv GmbH 169.2, 302.1; Kazlowski, Steven J. 305.3; Kelly, Gina 169.3; Koserowsky, Carola 332.2; Koskinen, Henri 264.3; lane, mike 276.1; Leszczynski, Dariusz 283.2; Lou-Foto 39.5; manfredrf 299.2; Martinez, Francisco 76.2; Mattison, Chris 165.1; MediaWorldImages 312.1; Melnychuk, Nataliia 320.1; Minaeva, Ekaterina 196.1; MISCELLANEOUSTOCK 230.2; Nady-Zima_klgd 260.2; Nature Photographers Ltd 160.2; Nature Picture Library/Rouse, Andy 330.1; Oliveira, Paulo 156.2, 262.1; Orcea David 84.2, 86.2; Panther Media GmbH 33.2, 39.3; Papilio 282.2; phillips, mark 259.3; PhotoStock-Israel 333.3; Piepgras, Michael 229.1; Poteko, Uros 306.2; Premium Stock Photography GmbH 284.3; preve, beatrice 176.1; Price, Kerryn 270.3; Prisma by Dukas Presseagentur GmbH/Reiner, Bernhardt 330.2; Ramos, Enrique 199.4; Razvan Cornel Constantin 270.2; robertharding/Clark, Neale 229.2; Rodimov, Pavel 199.2; Ruckszio, Manfred 62.1; Ruiz, Hector 112.2; Schaldach, Julian 304.1; Science History Images 248.1; Science Photo Library 31.1; Shinn, Steve 274.2; Sintapanon, Warut 9.1; Stakauskas, Giedrius 307.1, 333.1; Toon, Ann and Steve 230.1; Top-Pics TBK 141.3; Tyakht, Victor 134.1; van Wijk, Fred 168.1; Volkov, Kira 52.1; Walls, Rob 165.3; Wankowicz, Bogdan 57.3, 59.2; Watts, Barrie 160.4; WENN Rights Ltd 252.1; Westend61 GmbH 8.1; WILDLIFE GmbH 280.2, 333.4; www.mjt.photography 323.2; yanadjana 22.1; Zoonar GmbH 18.1, 282.4. |Atelier tigercolor Tom Menzel, Klingberg: 10.2, 10.3, 11.2, 11.4, 17.3, 18.2, 19.1, 21.1, 21.2, 22.2, 25.1, 25.2, 28.1, 28.2, 29.1, 33.5, 36.2, 37.1, 37.2, 38.1, 38.2, 39.1, 40.2, 41.1, 41.2, 42.2, 43.1, 43.2, 43.3, 43.5, 45.1, 45.2, 46.2, 47.1, 47.2, 47.3, 47.4, 47.5, 48.2, 49.1, 49.2, 50.2, 51.2, 52.2, 53.1, 53.2, 53.3, 53.4, 54.2, 55.1, 55.2, 56.2, 58.3, 58.4, 58.5, 59.3, 60.1, 63.1, 63.2, 64.2, 65.1, 65.2, 65.3, 65.4, 65.5, 65.11, 66.1, 66.2, 67.1, 69.1, 69.2, 73.1, 73.2, 73.4, 75.1, 75.2, 76.1, 77.1, 77.2, 78.2, 79.1, 80.1, 80.2, 82.1, 82.2, 86.3, 86.4, 86.8, 86.9, 86.10, 87.1, 87.2, 87.3, 87.4, 88.2, 89.1, 89.2, 90.2, 91.1, 91.2, 91.3, 92.2, 92.3, 92.4, 93.3, 93.4, 94.4, 95.3, 97.1, 98.2, 99.1, 99.2, 100.1, 100.2, 100.3, 100.4, 100.5, 100.6, 100.7, 101.1, 101.2, 101.3, 103.3, 105.3, 106.1, 106.3, 107.2, 107.3, 107.4, 107.5, 108.1, 108.2, 108.3, 109.1, 109.2, 109.3, 109.4, 109.5, 109.8, 109.9, 113.1, 114.1, 114.2, 115.1, 115.2, 116.2, 117.1, 117.2, 118.2, 118.4, 119.2, 119.4, 119.5, 121.1, 122.1, 125.1, 126.1, 126.2, 126.3, 126.4, 128.2, 129.1, 129.2, 129.3, 129.4, 129.5, 129.6, 131.4, 131.5, 132.2, 132.3, 133.1, 133.2, 133.3, 134.2, 135.1, 135.2, 136.2, 137.2, 138.2, 139.1, 140.4, 142.2, 143.1, 143.2, 144.2, 145.2, 146.1, 146.2, 147.1, 147.2, 148.3, 148.4, 150.2, 151.1, 151.2, 152.1, 152.2, 153.1, 153.2, 155.1, 157.1, 157.2, 158.1, 158.2, 158.3, 159.1, 161.1, 162.2, 163.1, 163.2, 164.4, 165.4, 167.1, 169.1, 172.2, 173.1, 173.2, 174.1, 174.2, 175.3, 177.1, 179.1, 179.2, 180.2, 181.1, 182.3, 184.1, 184.2, 185.1, 185.2, 186.1, 186.2, 186.3, 186.4, 187.1, 187.2, 190.2, 191.1, 192.1, 192.2, 192.3, 192.4, 193.1, 194.2, 194.3, 195.1, 195.2, 198.1, 198.2, 199.5, 200.2, 201.1, 202.1, 202.2, 203.1, 203.2, 203.3, 205.1, 207.1, 207.2, 210.2, 211.1, 212.1, 212.3, 212.4, 213.1, 213.2, 214.2, 214.3, 215.1, 216.2, 217.1, 219.1, 219.2, 219.3, 221.1, 221.2, 222.1, 223.2, 224.2, 225.2, 227.3, 228.1, 228.2, 228.3, 228.4, 231.2, 233.1, 233.2, 234.1, 234.2, 235.3, 237.1, 237.2, 239.1, 239.2, 241.1, 241.2, 243.1, 243.2, 244.1, 244.2, 245.1, 245.2, 246.2, 247.1, 247.2, 249.1, 251.2, 254.1, 254.2, 254.3, 255.1, 255.2, 255.3, 260.3, 260.4, 261.2, 263.1, 263.2, 264.1, 264.2, 265.2, 267.1, 267.2, 268.3, 268.4, 268.5, 268.6, 269.1, 269.2, 271.1, 271.2, 271.3, 272.1, 272.2, 275.1, 275.2, 277.1, 277.2, 277.3, 279.1, 281.1, 281.2, 283.8, 283.9, 283.10, 283.11, 285.1, 285.2, 286.2, 287.1, 287.2, 288.1, 288.2, 289.7, 291.1, 292.3, 293.1, 293.2, 296.1, 296.2, 297.1, 297.2, 297.3, 301.1, 303.2, 303.3, 303.4, 304.2, 304.3, 304.4, 305.4, 305.5, 305.6, 307.4, 307.5, 308.2, 309.2, 311.3, 313.1, 314.2, 315.1, 316.2, 317.1, 317.2, 318.1, 319.3, 320.2, 321.1, 321.3, 321.5, 322.3, 323.3, 326.3, 328.2, 329.1, 329.2, 331.1, 332.3, 334.4, 335.1, 335.2, 335.3, 335.4, 358.1, 358.3, 358.10, 359.1. |Berghahn, Matthias, Bielefeld: 170.1. |fotolia.com, New York: ColognePhotos 65.9; fineart-collection 322.1; Jargstorff, Wolfgang 333.2; jeremykeithbrown 289.1; martiposa 159.3; RioPatuca Images 208.2; Wylezich, B. 64.3, 65.6, 65.7, 65.10. |Getty Images (RF), München: 500px Plus 142.1; Bernat Bacete, Jose A. 78.1; BraunS 172.1; digital_eye 16.2; EyeEm/Takaki, Jun 112.1; fotoVoyager 258.1; imageBROKER/Sohns, Jurgen & Christine 5.1, 110.1; Jason_V 250.1; Johner RF 24.1; Karkalicheva, Maya 14.2, 32.1; Westend61 96.1; © 2010 Ray Van Eng 96.2. |Hardel, Thorsten/www.39punkt.de (RV), Flensburg: 9.5, 196.2, 197.1, 225.3, 225.4, 225.4, 238.2, 251.1, 300.2, 300.3, 300.4, 300.5. |Imago, Berlin: blickwinkel 314.1. |iStockphoto.com, Calgary: alexxx1981 39.7; Andjic, Vesna 210.1; ArtMarie 31.2; AVRORRA 183.3; BanksPhotos 199.3; bgfoto 87.6; chatsimo 232.1; Dubrovskii, Sergei Titel; FamVeld 144.1; gabort71 318.2; GooDween123 39.6; HakuNellies 119.3; Imgorthand 236.1; isitsharp 220.1; Iurii_Au 51.1; Jmichl 128.1; KatarzynaBialasiewicz 253.1; KiraGunderson Titel; korionov 183.4; Lorado 190.1; Marccophoto 231.1; matteodestefano 325.3; MegaV0lt 183.2; Nastasic, Nikola 199.1; NataliaDeriabina 246.1; Parsons, David 268.2; Philiphotographer 229.3, 255.4; R-J-Seymour 316.1; rotofrank 283.4, 283.5, 283.6, 283.7; sarayuth3390 212.5; shironosov 120.3; Svetl 83.2; tattywelshie Titel; vadimguzhva 208.1. |juniors@wildlife Bildagentur GmbH, Hamburg: 4Nature 165.2; Avalon 212.6; Biosphoto 265.1; Bogon, K. 164.2; Hamblin, M. 106.4; Harms, D. 322.2; Klein, J.-L. & Hubert, M.-L. 14.3, 32.2, 178.1, 308.1; Minden Pictures 40.1, 130.2, 141.1, 141.2, 160.3, 161.2, 161.3, 161.4, 274.1, 311.1; Muller, S. 162.1; Stich, F. 270.4; Teigler, F. 49.3; Walz, U. 137.1; WILDLIFE/Harms, D. 49.4. |Luftbild Hans Blossey, Hamm: 292.2. |mauritius images GmbH, Mittenwald: imageBROKER/Sarti, Alessandra 160.1; imageBROKER/Schneider, Thomas 88.1; Minden Pictures/Arndt, Ingo 154.3; Minden Pictures/Koch, Heidi & Hans-Juergen 274.3; nature picture library/Radisic/Wild Wonders of Europe 282.1; Weimann, Peter 15.2. |mauritius images GmbH (RF), Mittenwald: imageBROKER 131.3, 131.6. |Mettin, Markus, Offenbach: 11.3. |Minkus Images Fotodesignagentur, Isernhagen: 16.3, 16.4, 30.1, 30.2, 71.1, 71.3, 80.3, 81.1, 81.2, 81.3, 92.1, 102.2, 102.3, 102.4, 137.4, 139.2, 194.1, 294.1, 294.2, 294.3, 294.4, 294.5, 294.6, 294.7, 295.1, 295.2, 295.3, 295.4. |MMCD NEW MEDIA GmbH, Düsseldorf: 85.1, 85.2, 85.3, 86.5, 86.6, 107.3. |OKAPIA KG - Michael Grzimek & Co., Frankfurt/M.: ARDEA/Bevan, Brian 280.4; ARDEA/du Feu, Geoff 119.1; ARDEA/Watson, M. 309.1; Ausloos, Henry 116.1; BIOS/Gautier, Christian 137.3; BIOS/Labat, Jean-Michel 140.1, 140.2, 140.3, 276.3; BIOS/Tourneret, Eric 334.2; Bosch, Christoph 307.3; Christen 154.2, 155.4; FLPA/Eveson, John 326.1; Günter, Roland 131.1; imageBROKER 175.2, 185.3, 307.2; imageBROKER/Guy, Christian 150.1, 154.4; imageBROKER/Krüger, Olaf 51.4; imageBROKER/Martin, Wilfried 311.2; imageBROKER/Robiller, Franz Christoph 266.1; imageBROKER/Sollinger, Horst 273.2; NAS/Dimijian, Gregory G. 268.1; Nill, Dietmar 266.2; Schwenk, Uwe 48.1; Steimer, Christine 175.1; Werle 16.1. |PantherMedia GmbH (panthermedia.net), München: Cervo, Diego 240.1; lacroix2007 180.1, 185.4; shorst 230.3. |Photocuisine.de, München: Maximilian Stock Ltd 86.7. |Picture-Alliance GmbH, Frankfurt/M.: blickwinkel 154.1; blickwinkel/Hartl, A. 289.2; imageBROKER/Hösel, Mario 87.7; OKAPIA/Pforr, Manfred 164.3; ZB/Skolimowska, Monika 223.1. |plainpicture, Hamburg: Image Source 14.1. |Rössler, Michal, Tübingen: 20.2, 41.3, 56.1, 158.4, 183.1, 212.2, 225.1, 227.2, 273.3, 276.4, 284.1, 324.2, 326.2, 327.1, 327.2, 327.3. |Schlierf, Birgit und Olaf, Lachendorf: 58.2, 85.4, 109.6, 109.7, 297.4, 358.2, 358.4, 358.5, 358.6, 358.7, 358.8, 358.9. |Science Photo Library, München: 58.1; Calvo, Jose 17.1; Chillmaid, Martyn F. 264.4; CNRI/Bevilacqua, R. 248.2; DENNIS KUNKEL MICROSCOPY 240.3, 242.2; Durham, John 17.2; EYE OF SCIENCE 220.2; Giphotostock 26.2, 26.3, 27.1, 95.1, 95.2, 148.1, 148.2; Science Source/Kinsman, Ted 124.2, 124.3, 124.4. |Science Photo Library (RF), München: Gschmeissner, Steve 48.4; SciePro 216.1. |Shutterstock.com, New York: 360b 252.6; Action Sports Photography 105.2; ADS-DESIGN 9.3; Africa Studio 252.5; altanaka 32.6; Andronache, Florian 132.1; AnEduard 74.3; ArkXp 260.1; Benoist 124.1; Berbegal Miguel Angel 280.1; Bloomicon 298.1; Bolbot, Aleksander 259.2; Bradford, John 11.1, 103.1; Bruxelle, Marc 273.1; Canadapanda 290.1; carballo 6.1, 188.1; chytil, miroslav 112.3; claraxy 72.1; Cripps, Peter 324.1; Daniel Prudek 36.1; daniilphotos 334.11; Drakonyashka 85.6; Erasmus, Elana 120.1; FamVeld 120.2; Farrant, Jamie 54.1; fewerton 31.5; Filimonov, Iakov 252.7; Flystock 235.2; Fowler, Martin 62.3; Glevalex 70.2; Grigorita Ko 182.1; Gudella, Peter 9.4; HaiGala 50.1; Hlavko, Miroslav 171.3, 187.4; imagedb.com 71.2; Imageman 72.3; JSep 299.1; Julio F 319.2; Kalinovsky, Dmitry 15.1, 33.1; Kosmider, Patryk 7.1, 256.1; Kulinenko.G 252.4; Lotay, Minnie 31.3; Maica 3.1, 12.1; Mierzejewski, Marek 164.1; mols, mike 26.1; mosufoto 72.2; MyImages - Micha 310.1; N K 278.1; naruedech nunta 103.2; Nitr 226.1; Nomad_Soul 72.4; Normann, Igor 85.5; oksana2010 181.2, 181.3; PhotoSky 90.1; Poprotskiy, Alexey 224.1; slawomir.gawryluk 94.1, 94.2, 94.3; SMITH, EMJAY 261.1; Sornnoi, Setta 325.1; Strannik_fox 74.4; Tendo 107.6; Toa55 74.2; Valitov, Rashid 10.4; wavebreakmedia 252.2; WIRACHAIPHOTO 235.1; xpixel 83.1; Zaitseva, Zoriana 20.1, 32.4. |stock.adobe.com, Dublin: Africa Studio 252.3; Alice_D 334.8; Alinute 206.1; bdavid32 182.2; countrypixel 319.1; Dziurek 125.2; eqroy 106.2; Fälchle, Jürgen 229.4, 255.5; Flamingo Images 242.1; Fokussiert 9.2; fotofabrika 105.1; Gerold 39.4; Haase, Nadine 178.2; jenoche 168.3; Kobyakov, Serhiy 168.2; Kottmann, Jürgen 334.6; Kuttelvaserova, Vera 334.7; Küverling, Heiko 284.2; lamio 68.1; mmphotographie.de 262.2; Pedant, Christian 43.4; Philipimage 93.1; PhotoSG 33.3; pixelaway 218.1; rohappy 14.4, 32.3; rsooll 62.2; Scharlap, Jeljena 332.1; swillklitch 31.6; tl6781 334.1; TTstudio 325.2; victoria p. 70.1; Weiss, Konrad 334.5; wideonet 138.1. |Tegen, Hans, Hambühren: 73.3, 73.5, 76.3. |Tierbildarchiv Angermayer, Holzkirchen: 276.2. |von Goessel, Hannes, Erding: 10.1, 23.1, 24.2, 27.2, 32.5, 33.4, 33.6, 44.2, 45.3, 57.1, 58.6, 79.2, 107.1, 121.2, 127.1, 127.2, 145.1, 148.5, 171.1, 171.2, 197.2, 204.2, 206.2, 215.2, 226.2, 227.1, 240.2, 248.3, 279.2, 298.2, 299.3, 300.1, 301.2, 302.2, 310.2, 334.10.

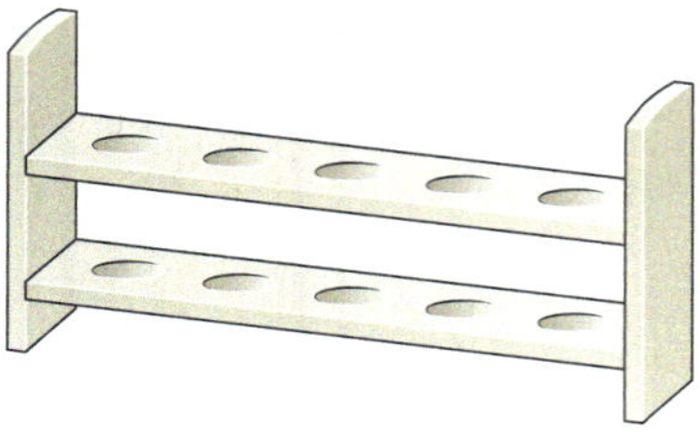
Reagenzglasgestell

Reagenzglas

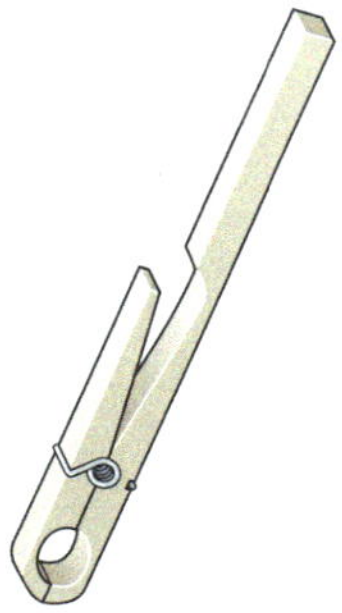
Reagenzglas-
halter

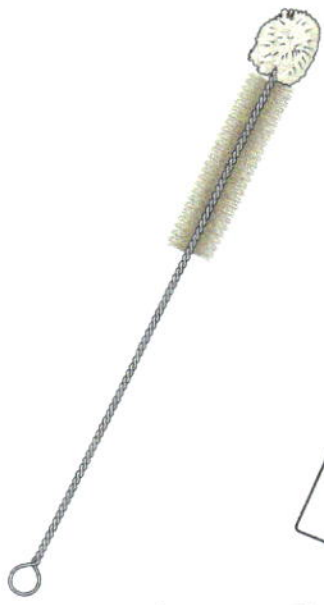
Reagenzglas-
bürste

Spatellöffel

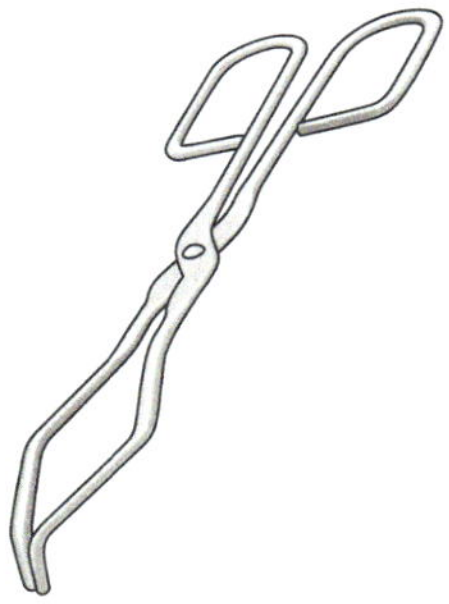
Tiegelzange

Becherglas

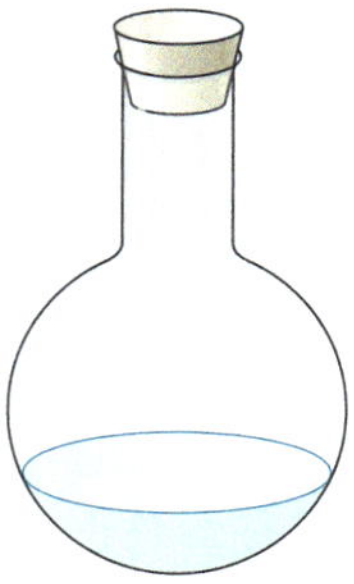
Rundkolben

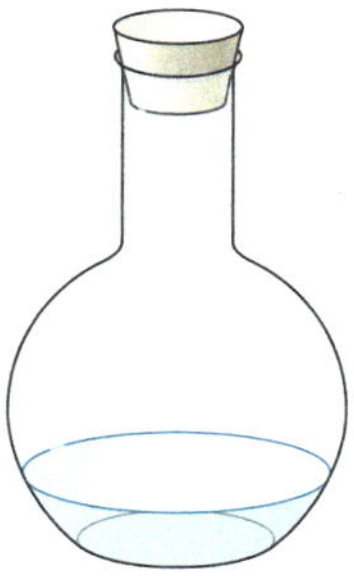
Stehkolben

Messkolben

Erlenmeyerkolben

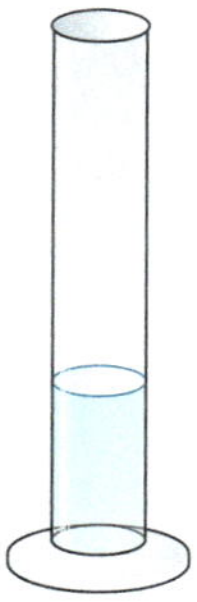
Standzylinder

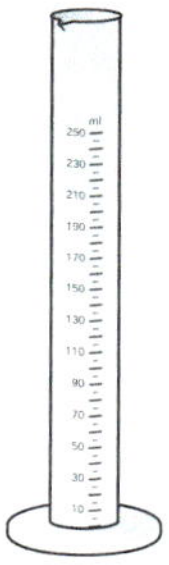
Messzylinder

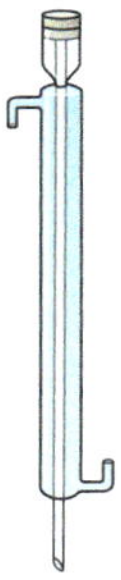
Liebigkühler

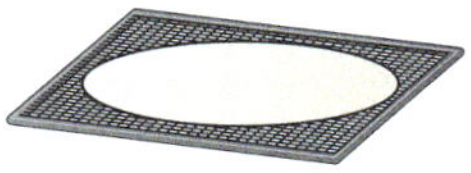
Drahtnetz

Dreibein

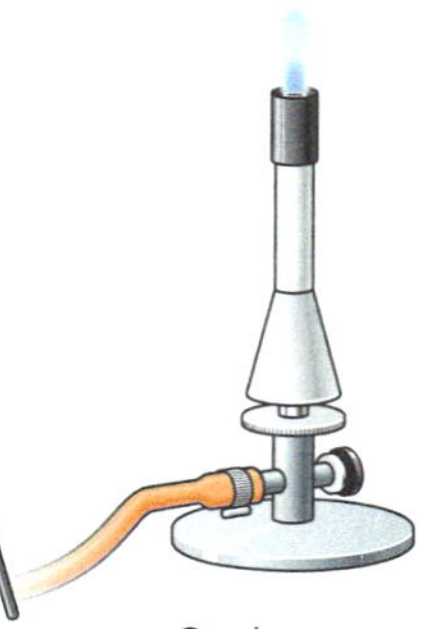
Gasbrenner

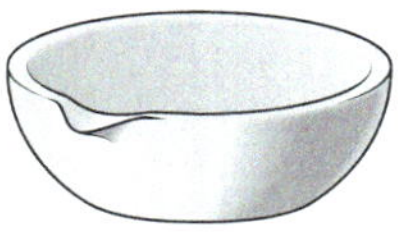
Abdampfschale

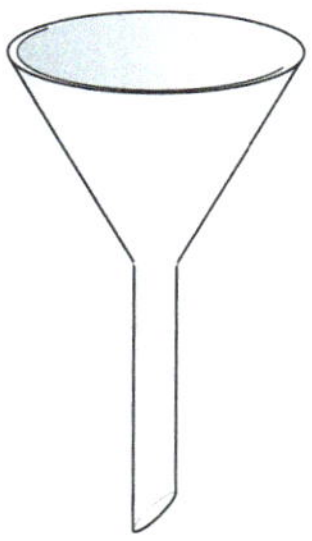
Trichter

Glasstab

Glasrohr

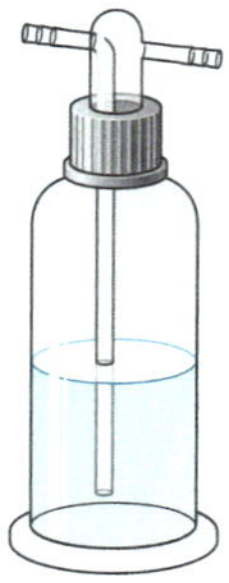
Gaswaschflasche

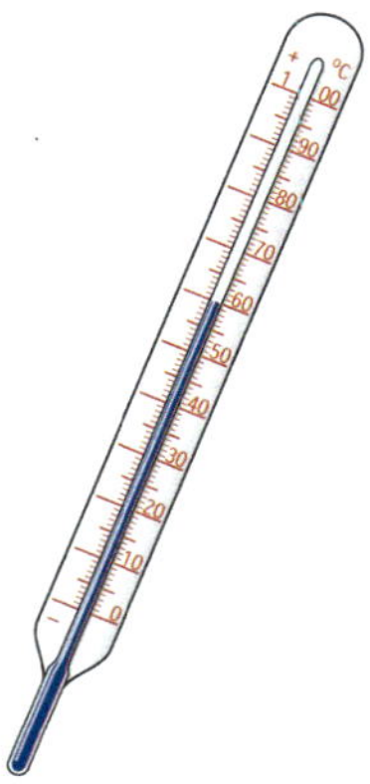
Thermometer

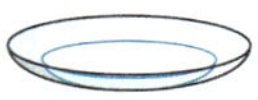
Uhrglas

Gummistopfen

Durchbohrter
Gummistopfen

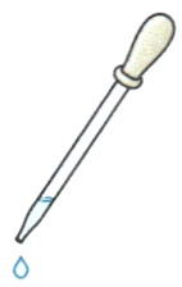
Tropfpipette

Aufgaben richtig bearbeiten

Im Unterricht und bei Klassenarbeiten musst du Aufgaben lösen. Dazu ist es wichtig, genau zu verstehen, was mit dem jeweiligen Arbeitsauftrag gemeint ist. Dafür musst du wissen, was die Verben in den Aufgaben bedeuten.

Nennen

Beim Nennen listest du Daten, Fakten, Personen oder Begriffe ohne weitere Erklärung auf.

1. Nenne die verschiedenen Gelenktypen des menschlichen Körpers.

Aufgabenlösung:
Scharniergelenk, Drehgelenk, Kugelgelenk, Sattelgelenk.

Beschreiben

Beim Beschreiben gibst du Sachverhalte, den Aufbau oder Zusammenhänge wieder. Die Antwort soll in ganzen Sätzen und in eigenen Worten formuliert sein. Es sind keine weiteren Informationen oder Erklärungen nötig.

2. Beschreibe den Grundbauplan eines Gelenks.

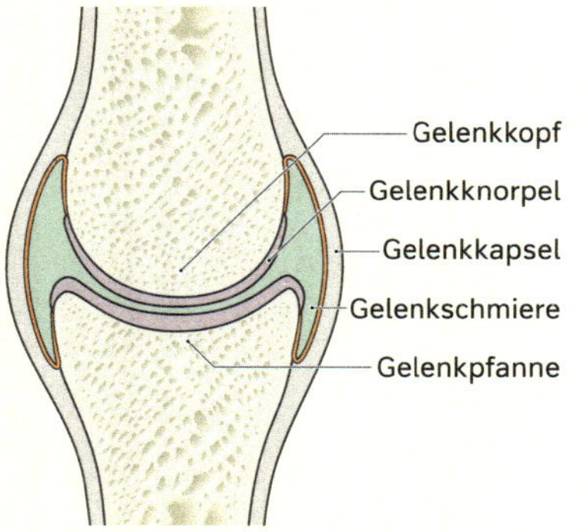

Aufgabenlösung:
Der Gelenkkopf des einen Knochens passt in die Gelenkpfanne des anderen Knochens. Im dazwischen liegenden Gelenkspalt befindet sich Gelenkschmiere. Der Gelenkkopf und die Gelenkpfanne sind mit elastischen Gelenkknorpel überzogen. Das Gelenk wird durch die elastische Gelenkkapsel und Bänder zusammengehalten.

Vergleichen

Beim Vergleichen stellst du Gemeinsamkeiten und Unterschiede gegenüber. Eine Tabelle kann helfen, Vergleiche anschaulich darzustellen.

3. Vergleiche ein Kugelgelenk mit einem Scharniergelenk. Berücksichtige die Form des Gelenkkopfs, die Form der Gelenkpfanne und die möglichen Bewegungsrichtungen des Gelenks.

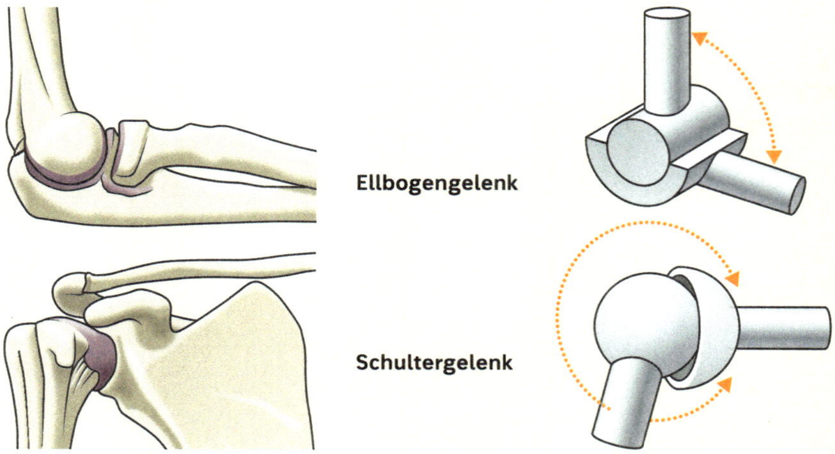

Aufgabenlösung:

Gelenktyp	*Kugelgelenk*	*Scharniergelenk*
Form des Gelenkkopfes	*Kugel*	*Walze*
Form der Gelenkpfanne	*Kugelformig ausgehölt*	*Rinne*
Bewegungsrichtungen	*In alle Richtungen*	*Nach oben und unten*